国家社科基金重大项目
"经济持续健康发展与收入倍增计划的实现路径研究"
（批准号：13&ZD034）最终研究成果

Lun Shouru Beizeng Yu
Zhongguo Jingji Zengzhang Fangshi Zhuanbian

论收入倍增与中国经济增长方式转变

龚　敏　李文溥　靳　涛◎著

人民出版社

目　录

第一章　实现居民收入倍增计划的路径探析 ⋯⋯⋯⋯⋯ 1

第一节　引　言 ⋯⋯⋯⋯⋯⋯⋯⋯⋯⋯⋯⋯⋯⋯⋯⋯⋯ 1

第二节　实现收入倍增计划的微观基础：矫正要素比价扭曲 ⋯⋯ 3

第三节　转变经济增长方式是实现收入倍增计划的可行
　　　　而且必要的途径 ⋯⋯⋯⋯⋯⋯⋯⋯⋯⋯⋯⋯⋯ 5

第四节　旨在提高劳动者报酬占比的"工资导向型"增长方式 ⋯ 7

第二章　政府干预、金融歧视与资本市场扭曲 ⋯⋯⋯⋯⋯ 12

第一节　引　言 ⋯⋯⋯⋯⋯⋯⋯⋯⋯⋯⋯⋯⋯⋯⋯⋯ 12

第二节　文献综述 ⋯⋯⋯⋯⋯⋯⋯⋯⋯⋯⋯⋯⋯⋯⋯ 14

第三节　理论模型 ⋯⋯⋯⋯⋯⋯⋯⋯⋯⋯⋯⋯⋯⋯⋯ 17

第四节　计量模型、变量与数据 ⋯⋯⋯⋯⋯⋯⋯⋯⋯⋯ 24

第五节　结论和政策建议 ⋯⋯⋯⋯⋯⋯⋯⋯⋯⋯⋯⋯ 29

第三章　利率管制与居民财产性收入下降 ⋯⋯⋯⋯⋯⋯ 33

第一节　居民财产性收入的界定及核算 ⋯⋯⋯⋯⋯⋯⋯ 33

第二节　居民财产性收入与国民收入分配结构 ⋯⋯⋯⋯ 40

第三节　非劳动报酬在各部门间的分配情况 ⋯⋯⋯⋯⋯ 47

第四节　结　论 ⋯⋯⋯⋯⋯⋯⋯⋯⋯⋯⋯⋯⋯⋯⋯⋯ 53

第四章　资本报酬分配的合理性分析 ⋯⋯⋯⋯⋯⋯⋯⋯ 57

第一节　引　言 ⋯⋯⋯⋯⋯⋯⋯⋯⋯⋯⋯⋯⋯⋯⋯⋯ 57

第二节　居民金融资产规模与金融资产回报率的估算与
　　　　国际比较 ……………………………………… 59

第三节　资本报酬分配的合理性分析 ……………………… 69

第四节　利率管制下的居民财产收入损失 ………………… 80

第五节　结　论 ……………………………………………… 84

第五章　谈判地位、价格加成与劳资博弈 ………………… 86

第一节　引　言 ……………………………………………… 86

第二节　劳动报酬份额决定的均衡分析 …………………… 89

第三节　不同放松管制方式的影响分析 …………………… 94

第四节　劳动报酬份额下降的原因 ………………………… 96

第五节　结论与政策含义 …………………………………… 101

第六章　两部门一般均衡条件下劳动报酬占比的决定 …… 104

第一节　引　言 ……………………………………………… 104

第二节　模型设定和变量说明 ……………………………… 106

第三节　估计结果和分析 …………………………………… 111

第四节　结　论 ……………………………………………… 120

第七章　"刘易斯拐点"的一个理论证伪 ………………… 125

第一节　引　言 ……………………………………………… 125

第二节　文献综述 …………………………………………… 128

第三节　基准模型 …………………………………………… 131

第四节　封闭经济的情形 …………………………………… 136

第五节　开放经济的情形 …………………………………… 140

第六节　结　论 ……………………………………………… 145

第八章　二元经济中的"不变工资" ……………………… 149

第一节　引　言 ……………………………………………… 149

第二节　劳动力市场和产品市场 ……………………………… 152

第三节　国内需求 ……………………………………………… 159

第四节　劳动工资增长停滞的原因分析 ……………………… 167

第五节　结　论 ………………………………………………… 172

第九章　中国城镇失业的实证分析 …………………………… 176

第一节　引　言 ………………………………………………… 176

第二节　城镇失业的变化和特征 ……………………………… 178

第三节　数据说明和分析模型 ………………………………… 184

第四节　城镇失业决定因素的面板数据分析 ………………… 188

第五节　结论和政策建议 ……………………………………… 191

第十章　政府财政支出与就业的经验分析 …………………… 194

第一节　引　言 ………………………………………………… 194

第二节　数据说明和构建模型 ………………………………… 195

第三节　实证结果 ……………………………………………… 199

第四节　结论和政策建议 ……………………………………… 203

第十一章　要素替代弹性、产业结构调整与劳动者报酬占比

　　　　　的变化：实证分析 ……………………………… 205

第一节　引　言 ………………………………………………… 205

第二节　文献综述 ……………………………………………… 207

第三节　实证分析：要素替代弹性及偏向技术进步的估计 …… 209

第四节　中国劳动份额的演变规律 …………………………… 217

第五节　结论和政策含义 ……………………………………… 225

第十二章　产业结构调整与劳动者报酬占比的变化：理论模型 …… 230

第一节　引　言 ………………………………………………… 230

第二节　文献综述 ……………………………………………… 231

第三节　理论模型构建及求解 ……………………………… 233

第四节　参数校准及数值模拟 ……………………………… 244

第五节　结论及政策建议 …………………………………… 249

第十三章　要素错配、产业结构调整与劳动者报酬占比 ……… 253

第一节　引　言 ……………………………………………… 253

第二节　文献综述 …………………………………………… 254

第三节　理论模型构建 ……………………………………… 257

第四节　参数校准 …………………………………………… 261

第五节　数值模拟 …………………………………………… 264

第六节　结论及政策建议 …………………………………… 269

第十四章　经济发展与国民收入分配格局变化：国际比较 ……… 273

第一节　引　言 ……………………………………………… 273

第二节　样本国家现阶段国民收入分配特征比较 ………… 274

第三节　样本国家相近发展阶段的国民收入分配特征 …… 278

第四节　国民收入分配格局比较 …………………………… 284

第五节　结　论 ……………………………………………… 286

第十五章　收入分配的库兹涅茨倒 U 曲线 ………………… 289

第一节　引　言 ……………………………………………… 289

第二节　文献综述 …………………………………………… 292

第三节　经验观察：从传统向现代发展过程中的收入分配演变…… 295

第四节　理论分析：库兹涅茨倒 U 曲线的传统—现代分析

框架 ……………………………………………… 299

第五节　如何面对库兹涅茨倒 U 曲线？ ………………… 307

第十六章　收入分配的库兹涅茨倒 U 曲线：跨国数据再证实……… 312

第一节　引　言 ……………………………………………… 312

第二节　理论分析：现代化进程中的二元结构转变和制度

变迁 ……………………………………………………………… 314

第三节　模型、变量和样本、数据 ……………………………… 319

第五节　倒 U 曲线在中国的实践 ……………………………… 334

第六节　结论与政策建议 ………………………………………… 338

第十七章　最优收入分配制度：收入分配对经济增长倒 U 型

影响的启示……………………………………………………… 341

第一节　引　言 …………………………………………………… 341

第二节　文献综述 ………………………………………………… 343

第三节　理论分析：收入分配影响经济增长的经济

环境——总需求—总供给框架 ……………………… 345

第四节　实证分析：模型、变量及样本、数据 ………………… 354

第五节　计量结果分析和稳健性检验 …………………………… 358

第六节　最优的收入分配制度 …………………………………… 364

第七节　中国收入分配制度变迁与经济增长 …………………… 367

第十八章　中国城乡收入差距扩大化是内植于体制吗？ ……… 372

第一节　引　言 …………………………………………………… 372

第二节　文献综述 ………………………………………………… 374

第三节　体制柔性与收入差距的典型化事实 …………………… 376

第三节　体制柔性与城乡收入差距的回归结果与分析 ………… 386

第四节　结　论 …………………………………………………… 392

第十九章　中国式财政分权及支出结构促进了城乡收入均衡化吗？ … 401

第一节　引言与文献回顾 ………………………………………… 401

第二节　理论框架 ………………………………………………… 404

第三节　计量方法、指标选择和数据说明 ……………………… 409

第四节　实证结果分析 …………………………………………… 412

第五节　结论与政策建议 …………………………………… 416

第二十章　收入不平等、经济增长与财政支出偏向 ……… 419
　　第一节　引　言 …………………………………………… 419
　　第二节　文献综述 ………………………………………… 422
　　第三节　理论模型 ………………………………………… 425
　　第四节　实证研究 ………………………………………… 428
　　第五节　结论与政策建议 ………………………………… 433

第二十一章　中国高资本报酬率与低消费率的一个解释 … 438
　　第一节　引　言 …………………………………………… 438
　　第二节　文献综述 ………………………………………… 441
　　第三节　理论模型 ………………………………………… 443
　　第四节　模型校准及实证结果 …………………………… 448
　　第五节　结　论 …………………………………………… 454

第二十二章　不确定性、信贷约束、习惯形成与居民消费率
　　　　　　　下降 ………………………………………… 459
　　第一节　引　言 …………………………………………… 459
　　第二节　文献综述 ………………………………………… 460
　　第三节　理论模型：动态随机一般均衡分析 …………… 467
　　第四节　模型校准及模拟分析 …………………………… 473
　　第五节　结　论 …………………………………………… 477

第二十三章　调整社保缴费率对城镇居民消费储蓄行为的
　　　　　　　影响分析 ……………………………………… 481
　　第一节　引　言 …………………………………………… 481
　　第二节　文献综述 ………………………………………… 482
　　第三节　理论模型 ………………………………………… 485

第四节　数值模拟 …………………………………………………… 492

第五节　结　论 ……………………………………………………… 499

第二十四章　中国城乡不同收入组别家庭的边际消费倾向测定 …… 504

第一节　引　言 ……………………………………………………… 504

第二节　文献综述 …………………………………………………… 508

第三节　收入增长、收入差距与边际消费倾向 ………………… 513

第四节　城乡居民收入增长与边际消费倾向的变化特征 ……… 517

第五节　城乡不同收入组别家庭边际消费倾向的估计 ………… 533

第六节　结论及政策建议 …………………………………………… 539

第二十五章　政府支出和对外开放如何影响中国居民消费？ ……… 545

第一节　引言与文献综述 …………………………………………… 545

第二节　理论模型 …………………………………………………… 548

第三节　计量模型、指标选择与数据说明 ……………………… 553

第四节　计量结果及分析 …………………………………………… 557

第五节　结论与政策建议 …………………………………………… 568

第二十六章　中国资本利用率、企业税负与结构调整 ……………… 572

第一节　引　言 ……………………………………………………… 572

第二节　文献综述 …………………………………………………… 574

第三节　理论模型 …………………………………………………… 577

第四节　模拟分析 …………………………………………………… 583

第五节　结论和政策建议 …………………………………………… 588

第二十七章　中国经济持续增长的阶段性动力解析与比较 ………… 594

第一节　引　言 ……………………………………………………… 594

第二节　文献综述 …………………………………………………… 595

第三节　经济增长理论与逻辑构建 ………………………………… 598

第四节 模型与数据 …………………………………………… 601

第五节 实证分析 ……………………………………………… 604

第六节 对经济增长的进一步分析 ………………………… 609

第七节 结论与政策建议 …………………………………… 614

第二十八章 中国经济增长的结构性羁绊与国际比较 ……… 619

第一节 引 言 ………………………………………………… 619

第二节 国际经验与比较分析 ……………………………… 621

第三节 中国经济的结构症结与国际比较 ………………… 624

第四节 结论与政策建议 …………………………………… 631

第二十九章 体制柔性与经济增长之谜 …………………………… 634

第一节 引 言 ………………………………………………… 634

第二节 体制柔性指标的界定和构建 ……………………… 636

第三节 计量模型、变量与数据 …………………………… 646

第五节 结论与政策建议 …………………………………… 652

第三十章 需求结构升级转换背景下的供给侧结构性改革 ………… 656

第一节 引 言 ………………………………………………… 656

第二节 产能过剩与有效供给不足并存：产品供给与消费
需求失衡的后果 ……………………………………… 658

第三节 过渡阶段中国城乡居民消费结构的升级转换 ……… 662

第四节 以消费结构升级为导向、以市场化为手段，借助
体制改革进行供给调整 ……………………………… 669

第五节 结论及政策建议 …………………………………… 672

图表索引 ………………………………………………………… 675

第一章　实现居民收入倍增
计划的路径探析[*]

中国现有的经济增长方式尽管快速提高了人均 GDP，但却不能有效地提高人均收入水平。旨在使中国城乡居民实际收入翻番的"收入倍增计划"试图以提高居民实际收入为切入口，推进经济结构的调整和经济发展方式的转变。本章首先从微观层面，提出要素比价扭曲是形成中国现有经济增长方式的微观基础，从而矫正要素比价扭曲是实现收入倍增计划的重要前提；其次从宏观层面，提出使现有经济增长转向以提高劳动者报酬占比为目的的"工资导向型"增长方式，是实现收入倍增计划的可行而且必要的途径；最后，提出相关政策设计框架。

第一节　引　言

中国自 20 世纪 90 年代中期以来坚持既有经济发展方式所导致的重大问题是高投资促进了人均 GDP 迅速增长，人均收入水平的提高却远远滞后于经济发展。2011 年，中国人均 GDP 是 1978 年的 16 倍，但城镇居民可支配收入及农村人均纯收入分别仅为 1978 年的 10.5 倍和 10.6 倍。收入增长缓慢，在很大程度上抑制了居民消费的快速增长。

---

* 本章作者：龚敏、李文溥。

居民消费占 GDP 比重（居民消费率）不断下降成为中国经济近十余年来结构失衡最重要的表现。2000 年至 2011 年，中国居民消费率从 46.4% 下降到 35.4%，年均下降了 0.92 个百分点。[①] 在世界 189 个国家按购买力平价以及可比价（2005 年价格）计算的人均 GDP 排序中，2010 年中国人均 GDP 为 7746 美元，列第 91 位；但居民消费率为 44.2%，仅列第 171 位。[②] 这两个位次的差距，进一步凸显了中国经济的高增长没能快速提高居民收入，进而导致居民消费增长缓慢的事实。居民消费率持续下降使中国经济增长不得不严重依靠"投资驱动"和"出口拉动"；同时，经济结构体现出"高投资、高出口、低消费"即"两高一低"的失衡特征（李文溥和龚敏，2013；2010）。这一国民经济结构的失衡特征已成为目前以至今后一个阶段制约中国经济健康持续发展的主要原因。

在此背景下，中共中央《关于制定国民经济和社会发展第十二个五年规划的建议》及十八大报告都提出了在 2011 年至 2020 年内，使中国城乡居民实际收入翻番的"收入倍增计划"，试图以提高居民实际收入为切入口，推进经济结构的调整和经济发展方式的转变。然而，收入倍增计划的实现需要怎样的经济发展方式的保证？收入倍增计划在什么样的条件下才能有效促进经济结构的调整并保证经济健康持续的发展？本章首先从微观层面，提出要素比价扭曲是形成中国现有经济增长方式、经济结构失衡以及居民收入占比下降的微观基础，从而矫正要素比价扭曲是实现收入倍增计划的重要前提；其次从宏观层面，提出使现有经济增长方式转向以提高劳动者报酬占比为目的的"工资导向型"增长，是实现收入倍增计划的可行而且必要的途径；最后提出相关政策设计框架。本章拟为研究中国经济跨越人均 GDP5000 美元，进入后赶超阶段的社会经济发展战略提供一个综合的理论分析框架。

---

① 《中国统计年鉴》（2012 年）。
② 美国宾夕法尼亚大学生产、收入和价格国际比较研究中心（CIC），Penn World Table 7.1。

第二节　实现收入倍增计划的微观基础：
矫正要素比价扭曲

一、要素比价扭曲的体制性原因分析

始于 1978 年的中国经济体制改革一个重要甚至核心的内容是价格的市场化。从单一的指令性价格到指令性价格与指导性价格并存，从价格双轨制到向单一的市场价格并轨，从仅有即期市场到建立远期市场，从只有商品市场到资金、土地、劳动力、资源等各类要素市场的逐渐形成，经济体制转轨的过程在某种程度上可以看作是一个市场价格体系的重建、恢复和形成的过程。经过几十年的经济体制改革，中国大部分最终商品已经基本能够由市场供需决定价格。然而，令人遗憾的是，由于向市场经济的转型至今尚未完成，政府主导型市场经济体制下，政府实行以 GDP 及财政收入最大化为核心的经济发展方式，以及既得利益集团的阻挠，中国要素市场的市场化改革在较长一段时期里受到阻滞，市场化进程相对滞后。要素价格因行政干预而严重扭曲。没有合理的要素市场定价，商品市场的价格也就不可能合理。

要素比价扭曲是指由于市场不完善导致的生产要素的市场价格与其边际产出或机会成本之间的偏差或背离。其中，正向扭曲是指要素价格大于或超过其机会成本或边际产出所决定的均衡价格；负向扭曲则是指要素价格小于或低于其机会成本或其边际产出所决定的均衡价格（姜学勤，2009）。大部分现有的研究认为中国要素市场存在负向的价格扭曲（罗德明、李晔、史晋川，2012；康志勇，2012；陈永伟和胡伟民，2011；张曙光和程炼，2010；等）。

负向的要素比价扭曲产生于政府主导型市场经济下的各级政府奉行以 GDP 和财政收入增长最大化为导向的经济发展方式。在政府主导型经济中，对经济增长及财政收入最大化的追求，必然使各级地方政府千方百计地扩大投资。降低投资成本成为吸引投资的最重要的保障。在过去的 40 年，通过负向扭曲要素比价吸引资本，并在出口的带动下，中国经济成功实现了快速增长。然而，要素市场市场化改革的滞后，特别是政府主导的经济发展方式，从根本上阻碍了中国要素比价随着经济增长、要素相对稀缺程度的变化而适时相应地调整。

二、要素比价扭曲的宏观经济成本

现有文献中，有关要素比价扭曲所产生的宏观经济影响，主要有三个方面的讨论。一是，要素比价的扭曲导致了中国经济结构的失衡。李稻葵和徐翔（2012）、Zhu（2012）、樊纲等（2011）、Huang 和 Tao（2011）以及 Huang 和 Wang（2010）等探讨了由于要素比价扭曲导致了中国经济表现为"高投资、低消费"的内部失衡，以及"高出口、经常项目顺差"的外部失衡。二是，要素比价扭曲会损害中国经济增长的效率。张杰等（2011）、谢地和克莱诺（Hsieh 和 Klenow，2009）等测算了中国经济由于要素比价扭曲导致资源错配，从而生产效率下降的程度。三是，如 Lu 和 Jiang（2008）、Herterl 和 Zhai（2004）集中研究了中国劳动力市场的扭曲对城乡收入不平问题的影响。总的来看，大多数现有研究主要针对不同要素市场，如将资本市场、劳动力市场、土地市场和能源市场等各自分割开来展开研究，少有研究能够在一个统一的框架下，系统分析要素比价扭曲可能产生的宏观经济总量与结构的影响。

这里，我们构建一个分析框架以说明要素比价扭曲对中国宏观经济的影响。如图 1-1 所示，首先，由于要素市场上生产要素的价格（劳动力、利率、土地以及自然资源环境等）严重偏离市场供需关系，投资的低成本使经济严重依赖"投资驱动、出口拉动"的增长方式。其次，在收入分配层面，由于人为地压低了劳动者报酬，低工资直接导致劳动者报酬占比持续下降；同时，政府收入占比及企业收入占比持续提高。这一事实反映了中国经济增长所具有的"利润驱动"特征。最后，要素比价扭曲所导致的资源错配还严重制约了中国产业结构的适时升级转型。

以"投资驱动"和"利润驱动"为特征的增长方式，导致了中国居民人均实际收入增长长期慢于人均 GDP 的增长，并使"低消费、高投资、高出口"的失衡结构得以固化。其结果是，不仅中国居民难以同步分享经济增长的成果，而且维持这样的经济增长方式还可能使中国经济发展逐渐偏离发展经济的根本目的，难以充分体现中国基本经济制度的根本优越性，实现经济的健康持续发展。可以认为，矫正要素比价扭曲是实现下一阶段经济健康持续发展的微观基础保障。通过矫正要素比价扭曲，可使我们从根本上实现收入倍增并缩小收入差距，推动中国跨越所谓的"中等收入陷阱"①，迈向现代发达经济。

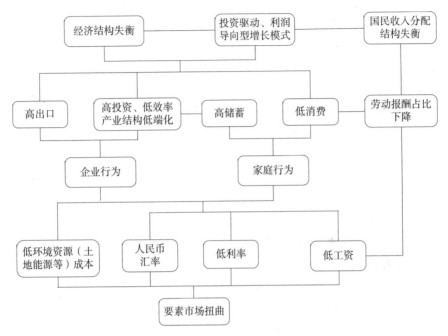

图1-1　要素比价扭曲对宏观经济结构失衡的影响

第三节　转变经济增长方式是实现收入倍增计划的可行而且必要的途径

通过行政干预，实行负向扭曲要素比价的既有赶超型发展战略，其最

---

① 自世界银行《东亚经济发展报告（2006）》提出"中等收入陷阱"（middle income trap）概念以来，这一概念迅速成为国内经济学界的热词。然而，有学者从世界经济史的角度考察得出这样的看法：任何国家在经济发展的不同阶段都存在着"陷阱"，都必须解决特定发展阶段面临的问题，也就是说：发展处处有陷阱，不仅中等收入阶段。这一观点显然值得重视。

大的缺陷是：尽管它促进了高投资从而实现了人均 GDP 的快速增长，但却导致了居民作为要素所有者的所得偏低，不能同步分享经济高增长收益，快速提高人均可支配收入水平。中国城乡居民实际收入增速多年来低于人均 GDP 增速。高增长所形成的产品在国内实现困难，不得不通过高净出口在国际市场寻求平衡。扣除物价变化后，1990 年至 1999 年期间，中国人均 GDP 增速平均比城镇居民人均可支配收入增速快 2.3 个百分点，比农村人均纯收入增速快 3.05 个百分点；2000 年至 2009 年期间，人均 GDP 增速平均比城镇居民人均可支配收入增速快 0.61 个百分点，比农村人均纯收入增速快 3.57 个百分点。特别在近些年，农村居民收入增长低于城镇居民收入的增长，城乡收入差距逐渐扩大，从 1990 年的 2.3：1 扩大到 2009 年的 3.4：1，近两年虽然有所回落，2011 年仍高达 3.1：1。2000 年、2005 年、2010 年、2011 年中国的人均 GDP 分别为 1978 年的 5.8 倍、8.9 倍、14.7 倍、16 倍，但是，城镇居民可支配收入，2000 年、2005 年、2010 年、2011 年仅为 1978 年的 3.8 倍、6.1 倍、9.7 倍、10.5 倍；农村人均纯收入，2000 年、2005 年、2010 年、2011 年仅为 1978 年的 4.8 倍、6.2 倍、9.5 倍、10.6 倍。

观察中国城乡居民家庭收入的构成变化可以看到，城镇家庭人均收入中工资收入所占的比重虽逐年下降，但是，2011 年仍占 64.3%；财产性收入占比尽管逐年提高，但是，2011 年仅为 2.71%；转移性收入基本稳定在 24%。农村居民收入中工资收入占比逐年提高，2011 年工资占农村人均纯收入的比重已经上升到 42.5%，家庭经营性收入占比大幅下滑，转移性和财产性收入占比缓慢提高。这说明：工资收入已经或正逐步成为中国城乡居民收入的主要来源。提高普通劳动者的工资水平是确保城乡居民收入增长从而实现收入倍增计划，缩小居民内部不同阶层收入差距的关键之一。

伴随着中国人口总量和结构的变化，矫正要素比价扭曲，实现收入倍增的一个重要环节必然是提高普通劳动者的劳动报酬。然而，矫正要素比价扭曲，必须基于劳动生产率的提高而同步提高劳动报酬。这是短期内改善收入分配结构、长期内促进消费扩张、人力资本投资、企业创新、产业结构升级、经济增长从而实现收入倍增的重要途径。我们认为，在接下来的 10—15 年时间内，应使中国经济增长从现有"投资驱动"和"利润驱动"的增长方式逐步转向旨在提高劳动者报酬占比的"工资导向"的增长方式，也就是转向"提高劳动生产率——提高劳动者报酬——扩大总需求——促进充分就业——扩大投资——提高劳动生产率"这样的增长方式。这种增长方式强调促进经济的有效供给能力，其本质在于，通过矫正要素比价，提高资源配置效率，从而促进产业技术进步，提高产业生产水平，加快产业结构升级换代，提高劳动生产率，最终提高劳动者报酬占比。这种以提高城乡居民收入为导向的包容性发展战略是一个系统性的设计，需要政府从单纯追求经济增长转向重视实现增长的社会发展目标，改善民生福利水平，调整收入分配缩小收入差距，提高劳动生产率，促进充分就业。这同时也是中国经济实现持续健康发展的重要保证。

第四节　旨在提高劳动者报酬占比的"工资导向型"增长方式

政府对 GDP 增长及财政收入的追逐，通过行政干预负向扭曲了要素比价，这是形成中国现行粗放型经济增长方式的根本性原因。因此，可以认为，矫正要素比价扭曲是中国经济在后赶超阶段实现经济持续健康发展的微观基础保障；基于矫正要素比价扭曲而实现的收入倍增计划，立足于在国民收入初次分配领域恢复劳动与资本的市场力量均衡，缩小收入分配差距，是实现经济健康持续发展的重要途径；下一阶段实现中国经济持续健康发展与收入倍增计划的可行路径在于经济增长方式的转变，从现有的"投资驱动、出口拉动"或"利润驱动"的增长方式转向旨在提高劳动者报酬占比、并使经济增长依靠"内需驱动"为主的"工资导向"的增长方式（wage-led growth model）（见图 1-2）。

对于西方发达经济体而言，"工资导向（wage-led）"的增长方式是基于后凯恩斯增长理论（post Kaynesian growth models）而提出的，与正统的凯恩斯有效需求理论有较大的不同。"工资导向"的需求理论强调基于劳

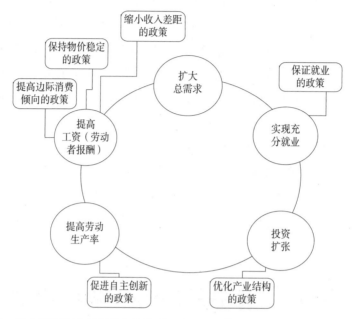

图1-2 旨在提高劳动者报酬占比的"工资导向型"增长方式及其政策配套设想

动生产率的提高而提高工资，提高劳动者报酬占比，进而拉动需求扩张的观点。自20世纪80年代开始，西方主要经济体劳动者报酬占比开始呈现长期下降的态势。特别是2008年国际金融危机后，主要国家劳动生产率与工资脱钩的现象进一步延缓了这些国家经济复苏的步伐。这些问题激发了有关工资增长是否对提高劳动生产率有强化效应的研究，以及对经济增长与收入分配之间的长短期相互作用机制的分析，继而推动了后凯恩斯增长理论或"工资导向型"增长方式的研究（Stockhammer 和 Onaran，2012；International Labor Orgnization，2011）。西方经济学界在这一领域的研究和探讨值得借鉴，但是，中国的要素比价扭曲形成的原因及机制似乎更为复杂，要素比价扭曲的范围也更广泛一些，因此，需要在借鉴的基础上形成更多立足中国国情的研究。

国际范围的发展经验表明，对于采用"出口导向型"发展方式的赶超型经济体，工资的上升（劳动者报酬占比的提高）能否促进劳动生产率的提高是决定这些经济体发展方式能否成功转型的关键。以日本为例，其经济高速增长时期工资水平的上涨非常明显。以2000年为100，1955年日本平均工资仅为 2000 年的 5.1%，1960 年提高到 6.3%，1970 年提高到 18%；1980 年提高到 61.6%。① 与此同时，其劳动生产率的改善也同样显著。1955 年日本单位劳动创造的 GDP 不到美国的 25%，1970 年提高到 50%，1980 年提高到美国的 70%（Penn World Table 7.1）。基于劳动生产率提高而上升的工资水平确保了日本人均收入的快速提高。Fukumoto 和 Ichiro（2011）总结了日本经济在其高速经济增长时期"收入倍增计划"实施成功的两个重要原因：工资的大幅提高（工会的力量）以及利率的市场化改革。他们的研究肯定了提高工资与利率市场化对改善日本产业结构以及提高劳动者报酬占比的作用。在产业结构方面，1960 年日本第三产业占 GDP 的比重为 46.4%，1965 年提高到 50.3%，1975 年提高到 55.9%，1980 年进一步提高到 60.3%；同时，第二产业占 GDP 的比重相应从 1960 年的 40.8% 下降到 1980 年的 36.2%。② 这在一定程度上表明，矫正负向要素比价扭曲对促进产业结构升级、产业技术更新，推动创新具有积极作用。中国台湾地区的经济发展过程，也提供了类似的经验。

具体到中国经济，旨在提高劳动者报酬占比的"工资导向型"增长方式能否适用于后赶超阶段中国经济健康持续发展的需要，将取决于以下几个方面：

首先，工资提高（劳动者报酬的改善）对现阶段中国就业市场的影响。短期内，工资水平的提高会对就业产生一定的压力，这就需要宏观政策在保障就业方面有相应的配套，其中，包括加大职业培训教育的力度以扩大就业者的就业机会等。

其次，工资的提高（劳动者报酬的改善）能否促进中国劳动生产率的进一步提高。短期内工资水平的提高要能够促进劳动生产率的提高，需要在宏观配套政策方面鼓励企业进行技术创新以及采用新技术。同时，在更多的领域鼓励市场公平竞争，也是企业提高劳动生产率的一个重要的制度性保障。

再次，工资提高（劳动者报酬的改善）对企业投资需求及资本积累的

---

① 资料来源：CEIC 数据库。
② 资料来源：日本统计局网站，http://www.stat.go.jp/english/data/handbook/c03cont.htm#cha3_3。

影响。短期内工资水平的提高会对企业的利润创造产生负面的压力，然而，国内外的经验研究都证实，与劳动生产率的提升相联系的劳动报酬提高，将会促进利润总额、利润率的提高。与此同时，辅之以宏观调整政策特别是财政政策，如结构性减税等将有利于减轻企业的税负，调整投资的行业结构，从而优化产业结构。

最后，工资提高（劳动者报酬的改善）要能够最终扩大居民的消费，还需要在配套的宏观调控政策方面，实施稳定价格水平的货币政策；在财政政策方面通过财政支出向民生方面的倾斜以提高居民的边际消费倾向和缩小收入差距。

参考文献

［1］陈永伟、胡伟民：《价格扭曲、要素错配和效率损失：理论和应用》，《经济学季刊》2011 年第 10 卷第 4 期。

［2］樊纲、王小鲁、马光荣：《中国市场化进程对经济增长的贡献》，《经济研究》2011 年第 9 期。

［3］康志勇：《赶超行为、要素市场扭曲对中国就业的影响——来自微观企业的数据分析》，《中国人口科学》2012 年第 1 期。

［4］姜学勤：《要素市场扭曲与货币政策的宏观调控效果》，《湖北社会科学》2009 年第 12 期。

［5］李稻葵和徐翔：《市场机制是中国经济结构调整基本动力》，《比较》2012 年第 6 期。

［6］李文溥、龚敏：《要素比价扭曲与居民消费不振》，《高校理论战线》2013 年第 1 期。

［7］李文溥、龚敏：《出口劳动密集型产品为导向的粗放型增长与国民收入结构失衡》，《经济学动态》2010 年第 7 期。

［8］李文溥、郑建清、林金霞：《制造业劳动报酬水平与产业竞争力变动趋势探析》，《经济学动态》2011 年第 8 期。

［9］罗德明、李晔、史晋川：《要素市场扭曲、资源错置与生产率》，《经济研究》2012 年第 3 期。

［10］张杰、周晓艳、李勇：《要素市场扭曲抑制了中国企业 R&D?》，《经济研究》2011 年第 8 期。

［11］张曙光、程炼：《中国经济转轨过程中的要素价格扭曲与财富转移》，《世界经济》2010 年第 10 期。

［12］Fukumoto Tomoyuki and Muto Ichiro, "Rebalancing China's Economic Growth:

Some Insights from Japan's Experience", Bank of Japan Working Paper Series, 2011, No. 1, 1-E-5.

［13］Herterl Thomas and Zhai Fan, "Labor Market Distortion, Rural-Urban Inequality and the Opening of China's Economy", World Bank Policy Research Working Paper 3455, 2004.

［14］Hsieh, Chang-Tai and Klenow, Peter J., "Misallocation and Manufacturing TFP in China and India", *The Quarterly Journal of Economics*, 2009, Vol. CXXIV, Issue 4.

［15］Huang Yiping and Kunyu Tao, "Causes of and Remedies for the People's Republic of China's External Imbalances: The Role of Factor Market Distortion", ADBI Working Paper Series, 2011, No. 279.

［16］Huang, Yiping and Wang, Bijun, "Cost Distortions and Structural Imbalances in China," *China& World Economy*, 2010, Vol. 18, No. 4.

［17］International Labor Organization, "Towards a Sustainable Recovery: The Case for Wage-led Policies", *International Journal of Labor Research*, Vol. 3, Issue 2, 2011.

［18］Lu, Ming and Jiang Shiqing, "Labor Market Reform, Income Inequality and Economic Growth in China", *China & World Economy*, 2008, Vol. 16.

［19］Stockhammer, Engelbert and Onaran, Ozlem, "Wage-led Growth: Theory, Evidence, Policy", Political Economy Research Institute, University of Massachusetts Amherst, 2012.

［20］Zhu, Xiaodong, "Understanding China's Growth: Past, Present, and Future", *Journal of Economic Perspectives*, 2012, Vo. 26, No. 4.

第二章　政府干预、金融歧视与资本市场扭曲[*]

本章将分析中国资本市场价格扭曲产生的原因及其影响。在标准的 Solow 增长模型的基础上，引入政府干预，本章比较了不同所有制经济部门（国有企业和非国有企业）在获取资本价格和资本使用数量上的差异，建立了在中国体制转型背景下政府干预、所有制和资本市场扭曲之间的联系。分析表明，政府干预通过国有银行对银行业的垄断以及国有企业对上市权和配股权的垄断扭曲了资本市场，从而实现其对国有经济扶持的目的。促进政府转型应是矫正资本市场要素价格扭曲的主要途径。

第一节　引　言

改革开放以来，中国经济经历了几十年的高速增长，创造了举世瞩目的"中国奇迹"。但这种高速发展很大程度上是依靠投入巨大的生产要素、扭曲要素市场来实现的。

中国要素市场扭曲起源于经济发展落后条件下政府实施的赶超战略。应该说，对要素市场的计划管理为中国迅速建立工业体系起到了积极作用，但是现在的经济条件和发展阶段已经发生了深刻的改变。麦金农（Mickinnon，1973）认为转型经济在金融部门的最大特点是存在着金融抑

---

[*] 本章作者：靳涛、李帅。

制。在中国，金融抑制最大的表现就是利率和汇率被管制、对国有企业和私营企业有着不对等信贷待遇。为了追求 GDP 增长和提供就业岗位，各级各地方政府压低要素价格。双轨制的利率模式、管制利率的低估、不同类型企业受到信贷歧视和对股市的管制都加重了资本市场的二元结构特征。中国政府对资源配置的控制权被国内外的一些学者质疑。有学者认为，价格扭曲是中国当前存在的诸多宏观经济问题的主要根源。生产要素价格扭曲将造成资源使用结构扭曲问题，在扭曲的价格体系下配置资源，必然伴随着资源配置不当、微观经营混乱、经济发展总体绩效低的情形。李青原等（2010）研究表明地区国有经济比重与其相应地区实体经济资本配置效率负相关。中国非国有部门的发展速度比国有部门（包括国有及国有控股企业）和上市公司（所有公开挂牌上市的企业，其中大部分是国有企业改制而成的）快很多，并且贡献了大部分的经济增长。只要消除资本市场扭曲的现象，把更多的金融资源给资本收益更高的私营企业，中国的 GDP 增长就可提高 3%—9%（邵挺和李井奎，2010）。可见这种扭曲的要素市场对于经济发展的负面作用已经越来越明显，各种制度障碍导致的要素市场扭曲是不利于中国经济的持续健康发展的。

研究政府干预、所有制歧视与中国资本市场扭曲之间的关系是本章的核心所在，这对于认清中国资本市场的运行逻辑，解决现阶段经济增长中出现的问题，保证经济持续健康发展具有重要意义。在中国体制转型和经济转型的大背景下，政府转型是极其关键的一环。此外，国有银行和国有企业的垄断低效率，中小企业融资难的现象也引起了研究者的广泛关注。在众多研究中，对于这些现象的解释都直接或间接地指向了所有制歧视和资本市场存在制度障碍这一事实。

因此，本章着重从不同所有制企业在信贷市场和股票市场进行融资的数量和成本上存在差异，论证了政府干预造成资本市场扭曲，从而实现其对国有经济扶持的目的。第二节对在中国转型期的资本市场上不同所有制企业融资差异的国内外研究进行回顾与述评。第三节在 Solow 生产函数的基础上，加入考虑所有制差异和政府干预，论证了政府通过国有银行在信贷市场上的垄断地位和股票市场上存在发行上市方面的政策歧视使得国有经济部门和非国有经济部门在融资成本和融资规模上存在差异，即造成资本市场扭曲。从政府效用角度分析了政府干预存在的必然性。第四节采用经济运行的历史数据对理论模型进行实证检验。第五节给出简短的结论。

第二节　文献综述

根据企业固定资产投资情况，中国的企业有四个主要的融资渠道：（国内）银行贷款、企业自筹资金、国家财政拨款和FDI。迄今为止，银行贷款是中国企业最主要的融资渠道。布兰特等（Brandt等，2007）根据《中国金融年鉴1998—2006》数据统计显示，1998—2006年银行借款在中国非金融企业的新增资金来源中占60%以上。来自CSMAR数据库的统计也表明，上市公司历年从银行获得的借款数额同样巨大，而且逐年上升，2007年平均达到17.86万亿元。截至2009年年底，中国各类金融机构所提供的贷款余额已高达39.97万亿元，是同期沪深两市上市公司总市值的1.6倍，也是同期沪深两市上市公司总股本的19.4倍。但是，中国国有银行的垄断低效率和资源错配行为却受到了大量的批评。从中国目前的金融架构来看，金融资产的85%为银行资产。根据银监会的统计，截至2009年第三季度中国银行业金融机构境内本外币资产总额达75.3万亿元。截至2008年年底，四大国有银行资产与负债占比均在51%以上。从统计数据分析，我们基本上能做出一个中国银行业仍处于强势垄断格局的判断。根据集中度、市场结构等方式对现阶段中国银行业市场结构的测算，可以得出结论：市场的主要垄断力量仍然是四大国有商业银行，而市场份额排名前十家银行的集中度已在93%以上。郁方（2010）的实证分析初步显示，集中并未带来高效。杨德勇和王桂贤（2001）认为银行业的垄断导致银行业的低效运行、造成信用体系的缺失、信贷配给的歧视和银行业风险的积累。

由政府控制的银行体系的一个显著弊端是，国有银行倾向于向国有企业贷款。而这些贷款决策常常是基于政治或其他非经济的原因，而不是基于效率最大化原则决定的。大量的文献从产权的角度研究了所有制对银行信贷的影响，认为中国的信贷市场存在严重的"信贷歧视"，银行将大部分信用提供给了效率低下的国有企业，而盈利能力更好的中小私营企业却很难得到银行融资。Song 等（2011）、Garnaut 等（2000）的证据表明，虽然非国有部门对中国 GDP 的贡献超过了 70%，但获得的银行正式贷款却不到 20%，其余的 80% 以上都流向了国有部门。就资本收益而言，国有企业仅有私营企业的一半；而就银行贷款和政府资助占投资总额的比重而言，国有企业却高达私营企业的三倍以上（袁志刚和邵挺，2010）。方军雄（2007）利用 1996—2004 年国有工业企业和"三资"工业企业的分行业统计数据进行实证检验，结果显示信贷资金的配置在国有工业企业和"三资"工业企业之间存在显著差异，具体表现为前者更高的资产负债率、更低的自有资本率和更长的债务期限结构。

在股票市场上，国有企业获取资金也同样具有上市权垄断和配股优势。中国股票市场虽然近年来发展迅速，但在资源配置方面所起的作用依相对有限（Allen 等，2007）。这是因为中国股票市场不是随着经济发展自发产生的，而是在政府直接推动下经济体制改革的结果。股票市场在设立之初就定位在为国有企业解决资金困难，存在着发行上市方面的政策歧视，使上市公司结构不合理，形成了"以国有股和国有法人股为主体"的政府垄断型股权结构和"以非流通股为主体"的二元化股权结构即股权分置（焦方义，2003；魏军锋，2004）。尽管经过股权分置改革，目前中国的股票市场也只发挥了融资功能，定价和资源配置功能长期缺失（杨建平和李晓莉，2006）。目前的上市流程中隐含着两个问题：寻求上市的企业的逆向选择问题、上市企业的道德风险问题。Allen 等（2005）从 1100 多家上市公司的抽样调查中发现：80% 以上的公司是国有企业改制上市的。非国有经济融资政策支持不够，还表现为企业的股权融资申请更难以得到满足。祝继高和陆正飞（2011）研究了企业产权性质对配股行为的影响，研究结果显示，符合配股条件的私营企业发布配股预案的比率更低，被批准实施配股的比率也更低。但是，这并非因为私营企业的外部融资需求更低，而是证券监管部门在配股审批中优先照顾国有企业。Su 和 Yang（2009）分析了 1999—2003 年 A 股上市公司的配股行为，他们发现在发布配股预案的样本中，国有企业的通过率要比私营企业高 38 个百分点。

可以认为，国有企业与非国有企业在债务融资成本和数量上的巨大差异有着深刻的理论根源和体制背景。由于国有企业要保证体制内的产出增长，还承担着大量的社会职能，当国有企业发生亏损时，政府通常不会让这些企业破产，而是继续给予财政补贴和信贷支持（黄少安和张岗，2001）。国有银行特殊的金融制度安排是因为，1978 年以来，随着多种所有制成分主体不断扩大、金融资源配置由财政拨款改为银行贷款，国家和国有商业银行订立一份特殊的金融合约，前者通过风险救助承诺换取经由后者提供的金融支持，为国家的投资偏好提供及时的资金支持。因此，在中国当前经济转型的背景下，政府、企业和银行三者形成了一个双重预算软约束的框架，即政府首先有动机干预国有企业而做出过度投资决策，过度投资必然伴随着对资金的过度需求，政府又会促成国有商业银行对国有企业的贷款支持。

易纲（2003）认为国有资本以国有企业的形式追求的产权收益（投资利润率）很差，很多国有企业的自有资本的情况越来越差，必须依赖于外来的资金才能维持其财务流动性，这主要是对银行信贷的依赖。朱红军等（2006）的研究也表明，对于国有企业，资产负债率在一定程度上的增加能够加大企业融资约束的程度，从而增加其投资对于内部现金流的敏感系数，而当资产负债率进一步增加到 60% 以上时这一系数开始大幅下降。而私营企业的回归结果和 Whited（1992）对于国外企业的研究发现完全一致，即资产负债率越高的企业，受到的融资约束的程度越大，投资—现金流的敏感系数也相应越大。这说明在中国经济转型的特殊背景下，预算软约束的存在扭曲了国有企业面临的真实的融资约束，当资产负债率超过一定比率时，对政府援助的预期开始出现，从而降低了其投资对内部现金流的依赖性。另一方面，只要国有银行对国有企业软预算约束的体制根源没有改变，国有银行既没有更大的动力监督国有企业的贷款使用，也没有能力阻止国有企业不良贷款继续攀升和停止增加对国有企业贷款。对于中国股票市场而言，它的建立和发展与国有企业的改革密切相关，早期的股票市场主要是为国有企业改革服务，而配股作为上市公司重要的融资途径，也是政府支持国有企业的手段之一（祝继高和陆正飞，2011）。

在中国金融市场化改革的过程中，政府参与市场形成实际上是改革逻辑的一种内生要素。一方面，当政府掌握了审批、许可等权力进而成为各种稀缺资源的主导配置者时，政府对资本市场的干预，使得稀缺的资金配置于受政府庇护的企业，可能损害了那些经济上更有效率但缺乏必要关系的企业。另一方面，政府、企业和银行三者形成了一个双重预算软约束的框架，即政府首先有动机干预国有企业而做出过度投资决策，过度投资必然伴随着对资金的过度需求，政府又会促成国有商业银行对国有企业的贷款支持，这种低效率的过度投资在很大程度上造成了中国银行体系大规模的不良贷款。从资源配置效率的角度来看，这种政府干预的负面作用常常非常明显。所以，我们有必要着眼于政府干预、所有制差异在中国资本市场运行中扮演的角色，探寻中国金融改革与发展路径中政府因素与其他市场因素的有效组合和合理兼容。

第三节　理论模型

麦基（Magee，1971）指出，要素市场扭曲具有三种主要的形式：要素流动障碍、要素价格刚性和要素价格差别化。中国的经济中存在国有、非国有两种经济类型，并且由于两者市场化程度的不同，与之相对应，要素市场也就割裂为面向国有经济和非国有经济的两个事实上不同的市场。由于国有企业肩负稳定就业的社会责任，更容易得到国家的低成本贷款，因此国有企业的要素投入通常偏离最优水平（Allen 等，2007；Brandt 等，2000；张杰等，2011）。改革中逐步成长起来的非国有经济部门，基本上是面对竞争性的资本市场，按照一般市场经济条件下企业的利润最大化法则决定其资本使用量。与国有部门相比，非国有部门在获取资金的数量和价格上相应的就会受到一定的约束。因此就形成了由于企业所有制的性质不同，造成国有经济与非国有经济在资本市场的不平等关系，使得这二者在资本获取能力和价格上存在差异，即"所有制"金融歧视。研究转型期的中国金融体系，我们不难发现政府在资本市场扮演了举足轻重的角色。一是可以以低于市场利率的利率贷款给国有企业；二是可以利用行政手段强制国有银行贷款流向效益较差的国有企业，结果使得国有企业的亏损向国有银行转移，演变成国有银行的资产损失。

中国经济转型期的资本市场结构也具有特殊性。第一，在中国的银行体系和金融市场中，庞大低效的银行体系主导着中国的金融体系。虽然近些年许多国内外的银行和金融机构进入并发展，但是中国的银行系统仍然是由四大国有商业银行垄断。尽管这四大国有商业银行已经完成股份制改革并成功上市，但是政府依然是最大的股东，仍然拥有控制权。第二，中国的两个股票交易所——上海证券交易所和深圳证券交易所——都成立于20世纪90年代初。它们的规模目前还不算很大，在经济中有效地配置资源的能力较弱，有很强的"政策市"特征。因此，我们根据中国资本市场特有的二元结构和政府干预的特征，构建模型，从体制角度对造成资本市场扭曲的原因进行分析。

假设二元结构的资本市场上存在有两类资本需求者：国有企业和非国有企业。非国有企业面对的是完全竞争的资本市场，国有企业面对的是存在政府干预的不完全竞争资本市场。

这两类企业的生产函数采用 Solow 模型的一般形式：

$$X_1 = F_1(K_1, L_1) = L_1 f_1(k_1) \tag{2-1}$$

$$X_2 = \alpha F_2(K_2, L_2) = \alpha L_2 f_2(k_2) \tag{2-2}$$

（2-1）式表示非国有企业的生产函数，（2-2）式表示国有企业的生产函数。考虑到在中国的经济发展中所有制对企业融资和企业生产起到的重要作用，我们把政府对国有企业的融资支持 α（$\alpha > 1$）直接引入生产函数。姚树洁等（2004）对 22 家银行（包括四大国有银行、11 家股份制银行和 7 家其他所有制形式的银行）1995—2001 年的相关数据进行回归，指出贷款量的自然对数与所有制特征呈现显著的正相关关系。祝继高和陆正飞（2011）关于企业产权性质对配股行为影响的研究结果显示，国有企业发布配股预案的比率以及被批准实施配股的比率与国有股权性质显著正相关。基于此我们可以定义政府干预的函数形式：

$$\alpha = a_1 \ln(BM) + a_2 CM \tag{2-3}$$

其中，BM 表示国有银行在信贷市场上的垄断地位，CM 表示国有企业对股票市场"上市权/配股权"的垄断。

为了简化分析，两类所有制企业的产品采取相对价格形式，非国有企业的产品的价格设为 1，国有企业的产品的价格为 p。非国有企业的利润函数：

$$\Pi_1 = X_1 - (\omega_1 L_1 + \gamma_1 K_1) = L_1[f_1(k_1) - \omega_1 - \gamma_1 k_1] \tag{2-4}$$

在完全竞争的资本市场环境下，非国有企业的要素使用原则应满足其利润最大化的一阶条件：

$$\omega_1 = f_1 - k_1 f_1' \tag{2-5}$$

$$\gamma_1 = f_1' \tag{2-6}$$

国有企业的利润函数：

$$\Pi_2 = L_2[p\alpha f_2(k_2) - \omega_2 - \gamma_2 k_2] \tag{2-7}$$

假设劳动力市场是统一的，劳动力在两类企业之间可以自由流动，工资由市场决定且不存在扭曲，如（2-8）式所示。但是资本市场是二元结构，资本使用价格存在扭曲，即国有企业的资金使用价格低于非国有企业的资金使用价格，资本价格扭曲度用 β（$0 < \beta < 1$）表示，如（2-9）式所示。

$$\omega_2 = \omega_1 \tag{2-8}$$

$$\gamma_2 = \beta\gamma_1 \tag{2-9}$$

将（2-5）式、（2-6）式、（2-8）式、（2-9）式代入（2-7）式得：

$$\Pi_2 = L_2[p\alpha f_2 - f_1 + (k_1 - \beta k_2)f_1'] \tag{2-10}$$

假设要素（劳动力、资本）市场完全出清：

$$L_1 + L_2 = L \tag{2-11}$$

$$K_1 + K_2 = k_1 L_1 + k_2 L_2 = K \tag{2-12}$$

由（2-11）式、（2-12）式可得资源约束条件：

$$K - k_1 L + L_2(k_1 - k_2) = 0 \tag{2-13}$$

根据国有企业利润最大化原则和资源约束条件，构造拉格朗日函数：

$$\Gamma(k_2, L_2) = L_2[p\alpha(BM, CM)f_2 - f_1 + (k_1 - \beta k_2)f_1'] +$$

$$\lambda[K - k_1 L + L_2(k_1 - k_2)]$$

可以得到国有企业生产投入要素的最优解 (k_2^*, L_2^*)：

$$k_2^* = k_1 + \frac{f_2}{f_2^{'}} + \frac{(1-\beta) k_1 f_1^{'} - f_1}{p\alpha f_2^{'}} \qquad (2-14)$$

$$L_2^* = \frac{p\alpha f_2^{'}(K - k_1 L)}{p\alpha f_2^{'} - f_1 + (1-\beta) k_1 f_1^{'}} \qquad (2-15)$$

当 α 取值 1 时，即当政府干预不直接介入企业生产时，国有企业的人均资本的最优使用量为：

$$\tilde{k}_2^* = k_1 + \frac{f_2}{f_2^{'}} + \frac{(1-\beta) k_1 f_1^{'} - f_1}{p f_2^{'}} \qquad (2-16)$$

由（2-14）式、（2-16）式得到存在政府干预下的国有企业的最优人均资本使用量和不存在政府干预时国企的最优人均资本使用量的差额为：

$$k_2^* - \tilde{k}_2^* = \frac{(1-\beta) k_1 f_1^{'} - f_1}{p f_2^{'}} \left(\frac{1}{\alpha} - 1 \right)$$

上式意味着，存在政府干预时的国有企业的最优人均资本使用量大于不存在政府干预时的最优人均资本使用量，也就是说政府干预的介入使得国有企业资本使用的最优解发生偏离。

此外，定义国有企业资本使用量在政府干预下的最优解相对于没有政府干预下的最优解的偏离度 D：

$$D = \frac{k_2^* - \tilde{k}_2^*}{\tilde{k}_2^*} = \frac{1}{\tilde{k}_2^*} \frac{(1-\beta) k_1 f_1^{'} - f_1}{p f_2^{'}} \left(\frac{1}{\alpha} - 1 \right)$$

D 对 α 的偏导数小于零，说明，政府干预力度 α 越大，国有企业相对于不存在政府干预下的资本使用量的偏离程度 D 越大。也就是说，政府干预国有企业生产之后，国有企业投入生产的资本增加，其更有动力扩大投资和生产规模，扭曲国有企业的最优资本投入。

进一步可得，国有银行对信贷市场的垄断 BM，国有企业对股票市场"上市权/配股权"的垄断 CM 对国有企业最优资本使用量偏离度 D 的影响：

$$\frac{\mathrm{d}D}{\mathrm{d}BM} = \frac{\mathrm{d}D}{\mathrm{d}\alpha} \times \frac{\mathrm{d}\alpha}{\mathrm{d}BM} = \frac{1}{\alpha(BM, CM)^2} \frac{a_1}{BM} \frac{1}{\tilde{k}_2^*} \frac{f_1 - (1-\beta) k_1 f_1^{'}}{p f_2^{'}} > 0$$

$$\frac{\mathrm{d}D}{\mathrm{d}CM} = \frac{\mathrm{d}D}{\mathrm{d}\alpha} \times \frac{\mathrm{d}\alpha}{\mathrm{d}CM} = \frac{a_2}{\alpha(BM, CM)^2} \frac{1}{\tilde{k}_2^*} \frac{f_1 - (1-\beta)k_1 f_1'}{pf_2'} > 0$$

说明在以存在政府干预和二元结构为特征的资本市场中，国有银行在信贷市场上的垄断地位以及国有企业对"上市权/配股权"的垄断为国有企业融资提供的便利会扭曲国有企业的资金使用，促使其扩大资本投入和生产规模。由此提出以下命题一。

命题一： 在中国转型经济背景和特有的国有银行垄断、上市/配股管制环境下，政府干预会促使国有经济部门扩大资金的需求，使其积极进行外部融资。

国有企业的人均资本最优投入量 k^*，即对（2-14）式对 α 求偏导得：

$$p\alpha(k_2 - k_1)f_2'' \frac{\partial k_2}{\partial \alpha} = pf_2 + p(k_1 - k_2)f_2' - k_1 f_1' \frac{\partial \beta}{\partial \alpha} \qquad (2-17)$$

国有企业的劳动力最优投入量 L_2^*，即对（2-15）式对 α 求偏导得：

$$p\alpha f_2'(k_2 - k_1)\frac{\partial k_2}{\partial \alpha} = pf_2 + p(k_1 - k_2)f_2' - k_1 f_1' \frac{\partial \beta}{\partial \alpha} \qquad (2-18)$$

联立（2-16）式和（2-17）式，得到：

$$\frac{\partial \beta}{\partial \alpha} = \frac{(f_2 - k_2 f_2') + k_1 f_2'}{k_1 f_1'} \qquad (2-19)$$

进而，可以得到中国二元资本市场的体制特征——国有银行在信贷市场上的垄断地位 BM 和国有企业对资本市场"上市权/配股权"的垄断 CM——对资本市场上资本价格扭曲的影响，即（2-20）式、（2-21）式。

$$\frac{\partial \beta}{\partial BM} = \frac{\partial \beta}{\partial \alpha} \times \frac{\partial \alpha}{\partial BM} = a_1 p \frac{1}{BM} \frac{(f_2 - k_2 f_2') + k_1 f_2'}{k_1 f_1'} > 0 \qquad (2-20)$$

$$\frac{\partial \beta}{\partial CM} = \frac{\partial \beta}{\partial \alpha} \times \frac{\partial \alpha}{\partial CM} = a_2 p \frac{(f_2 - k_2 f_2') + k_1 f_2'}{k_1 f_1'} > 0 \qquad (2-21)$$

根据周业安（1999）的研究，如果贷款利差租金按年贷款余额×（市场利率-法定贷款利率）进行估算，由于存在价格和数量的市场歧视，集体企业和个体企业工商户总体利差在5个百分点左右，而国有企业的利差大概在2—3个百分点。国有银行要兼顾利润最大化和政治利益最大化的双重目标，后者即表现为向国有企业提供优惠贷款。如（2-20）式所示，国有银行对信贷市场的垄断加大了资金价格的扭曲。许多学者认为，中国的上市公司存在强烈的股权融资偏好是因为中国上市公司的股权融资成本偏低。蔡祥等（2003）认为相对于非国有上市公司，国有公司的股权融资成本较低。魏卉等（2011）研究发现政府对非国有企业保护比较弱，因此在"可预期效应"的作用下，权益资本成本随着政府对经济干预程度减小而降低。所以，如（2-21）式所示，相对于非国有企业而言，国有企业对上市权和配股权的垄断使得其在获取外源性资金时具有显著的成本优势。由此提出本章的第二个命题。

命题二：在中国经济转型背景和特有的国有银行垄断、上市/配股管制环境下，政府干预使得不同所有制经济使用资金价格产生差异，扭曲了本应由资本收益率决定的资本价格。

下面，我们进一步分析政府保护国有企业的动因和影响政府干预力度的因素。刘迎秋和刘霞辉（2008）指出非国有企业缴纳的税收约占全部税收的80%左右，成为中国主要的纳税主体。因此政府面对非国有企业缴纳利税的财政效用和国有企业创造的地方经济产值给其带来的政绩效用的双重激励。因此，假定政府效用函数采取如下形式：

$$U(u, v) = [u(\Gamma_1)]^{1-v} [v(Y_2)]^v$$

其中 $0 \leqslant v \leqslant 1$ 是该函数的重要参数，它衡量非国有企业缴纳利税 Γ_1 和国有企业总产值 Y_2 在政府效用函数中的相对重要性。v 越大，表示政府更加看重国有企业对地区经济总量的贡献，从而更倾向于支持国有企业的发展。同时，（2-2）式中的 α 越大。

政府效用函数具有如下数学特征：首先，$U(u, v)$ 是凹的，并且连续可微；其次，$\frac{\partial U}{\partial \Gamma_1} > 0, \frac{\partial U}{\partial Y_2} > 0, \frac{\partial^2 U}{\partial \Gamma_1^2} < 0, \frac{\partial^2 U}{\partial Y_2^2} < 0, \frac{\partial^2 U}{\partial \Gamma_1 \partial Y_2} > 0$，说明政府效用会随着非国有企业上缴的税收（国有企业的产值）的增加而增加，但是无论是非国有企业缴纳的税收还是国有企业的产值带给政府的效用都不会无限增大，政府对二者的效用是存在收敛的。也就是说，政府不会一味地只支持国有经济或是非国有经济，而是在这两种经济中寻找一个平衡，从而实现自己的效用最大化。

为了简化求解，在不违背关于政府效用函数基本假定的前提下，我们进一步假定政府效用函数采取如下形式：

$$U(u, v) = (\tau\Pi_1)^{1-v} Y_2^v$$

从财政政策的角度，政府会采取优惠税率和财政补贴等方式对国有经济部门进行扶持。从非国有经济部门征收的税就被转移支付到国有经济部门。给出政府设计最优政策的约束条件是财政收支平衡：

$$\text{s. t.} \quad \tau\Pi_1 = \xi\Pi_2$$

其中，ξ 表示政府对国有经济部门的补贴率，τ 表示税率。

建立拉格朗日函数：

$$L = (\tau\Pi_1)^{1-v} (\alpha L_2 f_2(k_2))^v + \lambda [\tau\Pi_1 - \xi L_2(p\alpha f_2(k_2) - \omega - r_2 k_2)]$$

写出一阶条件：

$$\frac{\partial L}{\partial \tau} = (1-v)\Pi_1^{1-v}\tau^{-v}(\alpha L_2 f_2(k_2))^v + \lambda\Pi_1 = 0$$

$$\frac{\partial L}{\partial \alpha} = (\tau\Pi_1)^{1-v}v\alpha^{v-1}(L_2 f_2(k_2))^v + \lambda\xi L_2 p f_2(k_2) = 0$$

因而可解出政府效用最大化时，政府对国有企业的支持力度 α 与政府偏好 v 之间的关系为：

$$\alpha = \frac{(\omega + r_2 k_2)}{p f_2(k_2)}v$$

进而，

$$\frac{\partial \alpha}{\partial v} = \frac{(\omega + r_2 k_2)}{p f_2(k_2)} > 0$$

$$\frac{\partial BM}{\partial v} = \frac{BM}{a_1} \cdot \frac{(\omega + r_2 k_2)}{p f_2(k_2)} > 0$$

$$\frac{\partial CM}{\partial v} = \frac{(\omega + r_2 k_2)}{a_2 p f_2(k_2)} > 0$$

说明，政府对国有企业的偏好 v 越显著，国有银行的行业垄断地位 BM 以及国有企业对资本市场"上市权/配股权"的垄断 CM 越会得到加强。

进一步，在命题一、命题二的基础上还可得：

$$\frac{\partial D}{\partial v} = \frac{\partial D}{\partial \alpha} \times \frac{\partial \alpha}{\partial v} = \frac{1}{\tilde{k}_2^*} \frac{f_1 - (1-\beta) k_1 f_1^{'}}{\alpha^2 p f_2^{'}} \frac{(\omega + r_2 k_2^*)}{p f_2} > 0$$

$$\frac{\partial \beta}{\partial v} = \frac{\partial \beta}{\partial \alpha} \times \frac{\partial \alpha}{\partial v} = \frac{(f_2 - k_2^* f_2^{'}) + k_1 f_2^{'}}{k_1 f_1^{'}} \frac{(\omega + r_2 k_2^*)}{p f_2} > 0$$

也就是说，政府对国有企业的偏好（v）越大，越有可能通过加强国有银行贷款和对国有企业上市权/配股权方面的支持为国有企业使用资本提供便利，扭曲国有企业的资本使用量和资本价格。由此提出以下命题三。

命题三：由于国有企业要保证体制内的产出增长，承担着实现经济调控和稳定就业等社会、政治职能，所以政府对经济调控的需要和特定的投资偏好越强时，政府对国有企业获取资本的支持力度越大，通过国有银行和股票市场对资金配给的干预力度也就越大，进而造成资本市场扭曲。

第四节　计量模型、变量与数据

我们在 Solow 增长模型的基础上，将融资部门区别为不同所有制的国有部门和非国有部门，将政府干预引入企业的生产函数，建立了能反映中国经济发展现实的政府、企业和资本市场之间的联系的理论模型，并推导出三个命题——在中国转型经济的背景下和特有的国有银行金融垄断、上市/配股管制的金融制度下，政府干预不仅会扭曲不同所有制企业对资金使用的数量和使用价格，还可以通过企业政策支持对企业间的资金分布产生影响。这部分我们将使用经济运行的历史数据验证上述的理论推导结论。

影响银行信贷决策的变量可以分为客户自身因素和外部因素，前者反映客户的所有制性质、资产构成、偿还能力和盈利能力等，比如资产报酬率、清算价值比率、企业规模等；后者主要是指企业所属行业性质、制度环境等。因此，我们建立了如下的回归模型：

$$Credit_{i,t} = \alpha + \beta_1 \times ROA_{i,t} + \beta_2 \times LVR_{i,t} + \beta_3 \times State_{i,t} + \beta_4 \times Support_{i,t} + \beta_5 \times Market_{i,t} + \beta_6 \times Market_{i,t} \times State_{i,t} + \beta_7 \times Market_{i,t} \times Support_{i,t} + \varepsilon_{i,t}$$

其中，$Credit_{i,t}$ 表示信贷决策变量，分别选取债务期限结构 price（长期负债/负债）来衡量企业外部融资成本，长期负债比率 lscale 和（负债+所有者权益）/销售收入 winc 来衡量外部融资规模；$ROA_{i,t}$ 表示资产报酬率；$LVR_{i,t}$ 表示清算价值比率；$State_{i,t}$ 表示国有经济比重，用国有及国有控股工业企业工业增加值/国有及非国有规模以上工业企业工业增加值表示；$Support_{i,t}$ 表示表示政策保护行业哑变量，考虑到中国证监会 1999 年配股政策中"属于农业、能源、原材料、基础设施、高科技等国家重点支持行业的公司"的倾斜（其他公司 3 年平均净资产收益率不低于 10%，而上述公司可以略低，但不低于 9%），并借鉴 Teoh、Welch 和 Wong（1998）对保护性行业的分类，我们把"能源、原材料、基础设施"设定为政策保护行业，取 0，否则取 1；$Market_{i,t}$ 表示金融市场化进程指数（樊纲和王小鲁，2011）。下标 i 表示行业，下标 t 表示年份，ε_{it} 是随机扰动项，服从正态分布 $N(0, \sigma_i^2)$。

鉴于数据的可得性，本章的研究区间为 1999—2011 年，除做特殊说明外，所有数据均取自 2000—2012 年《中国统计年鉴》的"按行业分国有及非国有规模以上工业企业主要指标""按行业分国有及非国有规模以上工业企业主要经济效益指标"中 35 个明细行业的总体情况（由于科目调整和部分年份缺失，去除工艺品、废弃资源、农副产品加工业和其他采矿业等四个行业的数据）。见表 2-1，计量结果详见表 2-2。

表 2-1　数据的统计性描述

变量	平均值	观察值	标准差	最小值	最大值
price	0.22	455	0.13	0.03	0.78
lscale	0.14	455	0.15	0.01	1.69
winc	1.38	455	0.85	0.49	6.24

续表

变量	平均值	观察值	标准差	最小值	最大值
ROA	0.07	455	0.06	−0.13	0.45
LVR	0.36	455	0.11	0.15	0.70
State	0.35	455	0.29	0	1
Support	0.60	455	0.49	0	1
Market	5.01	455	0.90	3.26	6.32

资料来源：作者计算。

表 2-2　所有制、政府干预与融资规模回归结果

变量	(1) *LEV*	(2) *LEV*	(3) *OE*	(4) *OE*
ROA	−72.989 ***	−70.464 ***	2.097 ***	1.260 ***
	(−15.39)	(−13.79)	(9.32)	(6.14)
LVR	3.678	3.932 **	−0.311 **	−0.236 *
	(1.23)	(4.31)	(−2.19)	(−1.95)
State	8.922 ***	7.308	0.198	0.960 ***
	(6.03)	(0.86)	(0.82)	(2.82)
Support	−0.013	−10.946 **	−0.051	−0.503 **
	(−0.02)	(−2.24)	(1.27)	(−2.56)
Market		0.998		0.153 ***
		(0.80)		(3.06)
Marsta		−0.451		−0.193 ***
		(−0.28)		(−2.97)
Marsup		2.236 **		0.128 ***
		(2.37)		(3.36)
Constant	62.922 ***	58.012 ***	0.628 ***	−0.240
	(44.36)	(8.72)	(9.33)	(−0.90)
观测值	455	455	455	455
R^2	0.411	0.429	0.251	0.579

资料来源：作者计算。

一、所有制、政府干预与融资数量

企业从外部获得资金支持主要有两个渠道，一是银行贷款，二是股票市场。这两个市场的运行规则直接决定企业外部融资的规模和难易程度。基于命题一和命题三，我们选择资产负债率（LEV）和所有者权益/资产（OE）分别作为衡量企业在信贷市场和股票市场的融资规模的变量进行回归，结果如表2-2所示。首先，反映企业自身盈利情况（ROA）和偿还能力（LVR）的变量在不同市场的回归系数不同，表明银行向企业放贷可能更看重其偿还能力，而影响股票市场投资者投资决策的更多是企业自身的盈利情况。其次，国有经济和政策扶持这两个因素，无论是在信贷市场还是在股票市场，都对企业进行融资具有显著的正向影响。再次，无论哪种外部融资方式，金融市场化有利于各种所有制企业扩大融资规模，即金融市场化改革可以活跃资金融通，有利于经济发展。最后，金融市场化改革能够在一定程度上解决所有制歧视和政府干预的弊端，缓解资本市场上资金错配和民营经济融资难的问题，有利于企业和资本市场健康有序的发展。

二、所有制、政府干预与融资价格

一般来说，同等条件下，长期负债的融资成本要远远低于短期负债的融资成本。因此我们用债务期限结构 price（长期负债/负债）作为衡量不同所有制企业外部融资成本的被解释变量进行面板数据回归，对命题二和命题三进行实证检验，回归结果在表2-3列示。资产报酬率 ROA 的回归系数为负，清算价值比率 LVR 的系数显著为正，说明银行做信贷决策更看重企业的偿还能力而非盈利能力，更倾向于向资产成分中可作为抵押物的固定资产占比大的企业地放款。表2-3中列（1）和列（2）的回归结果至少说明两点：第一，国有企业以及政策保护性行业的企业更容易获得长期贷款，降低其外部融资的成本；第二，在银行信贷决策问题上，资产的盈利能力与政策保护倒挂，说明国有银行垄断信贷市场的大环境下确实存在预算软约束问题。可见，中国资本市场存在针对所有制和政策保护的"金融歧视"。这种歧视是政府干预下的非理性结果还是银行针对制度环境的次优选择?

表 2-3　所有制、政府干预与融资价格回归结果

变量	(1) *price*	(2) *price*	(3) *price*	(4) *price*
ROA	−0.153**	−0.198***	−0.265***	−0.284***
	(−2.29)	(−3.00)	(−3.70)	(−4.10)
LVR	0.801***	0.796***	0.804***	0.800***
	(18.79)	(20.20)	(19.04)	(19.31)
State	0.077***		0.262**	0.168***
	(4.99)		(2.20)	(2.82)
Support		−0.059***	−0.119*	0.024
		(−6.85)	(−1.74)	(0.69)
Market			0.017**	1.556***
			(2.02)	(3.42)
Marsta			−0.047**	−1.581**
			(−2.05)	(−2.45)
Marsup			0.033**	−0.800**
			(2.49)	(−2.12)
Constant	−0.082***	−0.015	−0.164***	−0.167***
	(−5.62)	(−0.81)	(−3.64)	(−3.66)
观察值	455	455	455	455
Adjusted_R^2	0.595	0.612	0.621	0.629

资料来源：作者计算。

　　如果是针对既定制度环境银行做出的非理性选择，那随着制度环境的改善，银行会逐渐减少"金融歧视"，更有动力关注盈利能力更强、成长能力更强的非国有企业，逐步放宽对其贷款的苛刻要求，提高其长期贷款比重，降低其信贷融资成本。因此，我们在回归模型中加入考虑用"金融市场化指数"正向衡量的制度环境以及制度环境和所有制、政府干预的交叉项，结果如表 2-3 中列（3）所示。金融市场化指数与负债期限结构正相关，说明金融市场制度环境的改善从整体上降低了企业的融资成本。金

融市场化指数与国有经济比重交叉项的回归系数为负，说明随着制度环境的改善，银行针对所有制的"金融歧视"也有所改善。金融市场化指数与政策保护行业变量交叉项回归结果为正，说明金融市场制度环境的改善对削弱政策干预同样具有效果。表2-3中列（4）作为稳健性检验的对照组，衡量制度环境的指标采用"私营企业及个体企业短期贷款占比"（国有及非国有规模以上企业），回归结果和显著性基本一致。

从上述实证回归结果，我们不难发现，在中国长达几十年的经济转型过程中，所有制歧视和资本市场的制度障碍（政府干预）是客观存在的。无论是融资成本还是融资规模方面，尽管国有经济的产权收益（资本报酬率）很差，但是外部融资的情况依然好过非国有经济。这说明在中国转型经济的特殊背景下，预算软约束的存在扭曲了国有企业面临的真实的融资约束，当资产负债率超过一定比率时，对政府援助的预期开始出现。"政府—国有银行—国有企业"三位一体的利益结构导致国有企业使用资本的预算软约束，进一步导致资本市场扭曲，并抑制实体经济资本收益率提高。

第五节　结论和政策建议

本章基于分割的二元资本市场结构，将政府干预引入国有企业的生产函数，建立了能够反映经济现实的政府、企业、资本市场之间联系的理论模型，分析得出造成资本市场扭曲原因的三个命题。我们认为，体制因素和产权结构是造成资本市场扭曲的根本原因，即政府为了实现稳定社会的政治目的、调控经济的经济目的，需要对国有经济进行扶持，甚至干预国有企业做出过度投资决策，过度投资必然伴随着对资金的过度需求，政府又会促成国有商业银行对企业的贷款支持或是利用审批、许可等权力对资本市场进行干预，使得稀缺的资金主要配置于国有企业，降低其使用资金的成本，增加对其的投资。最终形成资本市场的垄断结构，主要是因为银行业中国有银行的垄断地位和股票市场上国有企业对上市权/配股权的垄断。因此政府干预、资本市场结构以及经济主体的所有制差异可以解释现阶段中国资本市场配给扭曲和资本价格扭曲。引入政府效用函数，进一步分析得出，只要国有企业软预算约束的体制根源没有改变，政府对国企的偏好不改变，政府干预不撤出资本市场，那么资本市场扭曲的问题就不可避免地会存在，甚至会愈演愈烈。因此，有必要减少政府干预，消除制度障碍。

为此，第一，在中国经济发展早期，政府主导是中国经济发展的一大特色。但是在中国经济开放水平以及市场规范程度、市场成熟度提升的过程中，政府应该转换角色，从主导者到引导者再到监管者，由市场自发地对经济资源进行定价和配置，实现资源的最优配置。第二，导致金融歧视的一个重要因素——预算软约束——产生于集权的垂直关系（包括银行垄断等）。所以打破信贷市场的垄断，鼓励民营资本加入银行业竞争，有利于资本的有效配置，减少资本市场扭曲。第三，中国资本市场的问题在很大程度上源自资源过度向国有经济倾斜，因此，借助进一步市场化改革适度降低国有银行体系针对国有经济的信贷比例，才有可能重建金融体系市场化的基本条件，降低金融体系进一步走向扭曲的金融结构、恶化金融资源配置效率的风险。金融市场化改革的要害并不在于追求一些技术指标的短期改进，而在于构建成熟健全、多元化的金融市场体系，通过有效的改革削减银行行为的外部性。这才是中国金融市场市场化改革应有的逻辑起点。

参考文献

［1］蔡祥、李志文、张为国：《中国证券市场中的财务问题：实证研究评述》，《中国会计评论》2003 年第 1 期。

［2］黄少安、张岗：《中国上市公司股权融资偏好分析》，《经济研究》2001 年第 11 期。

［3］焦方义：《论中国资本市场的结构与效率》，《经济学动态》2003 年第 1 期。

［4］李青原、潘雅敏和陈晓：《国有经济比重与中国地区实体经济资本配置效率——来自省级工业行业数据的证据》，《经济学家》2010 年第 1 期。

［5］刘迎秋、刘霞辉：《中国非国有经济改革与发展三十年：成就、经验与展望》，

《社会科学战线》2008 年第 1 期。

[6] 茅于轼：《价格扭曲将导致经济动荡》，《经济学人》2008 年第 2 期。

[7] 邵挺、李井奎：《资本市场扭曲、资本收益率与所有制差异》，《经济科学》2010 年第 5 期。

[8] 魏军锋：《非流通股对股票市场和上市公司的影响》，《经济学（季刊）》2004 年第 1 期。

[9] 魏卉、杨兴全、吴昊旻：《治理环境、终极控制人两权分离与股权融资成本》，《南方经济》2011 年第 12 期。

[10] 杨建平、李晓莉：《关于股权分置改革的几个焦点问题》，《济南大学报》2006 年第 3 期。

[11] 易纲、林明：《理解中国经济增长》，《中国社会科学》2003 年第 2 期。

[12] 郁方：《中国银行业垄断与规制变迁——基于利益博弈视角的分析》，《学术研究》2010 年第 2 期。

[13] 杨德勇、王桂贤：《中国银行业垄断与效率的经济学分析》，《财贸经济》2001 年第 12 期。

[14] 张杰、周晓艳、李勇：《要素市场扭曲抑制了中国企业 R&D?》，《经济研究》2011 年第 8 期。

[15] 祝继高、陆正飞：《产权性质、股权再融资与资源配置效率》，《金融研究》2011 年第 1 期。

[16] 周业安：《金融抑制对中国企业融资能力影响的实证研究》，《经济研究》1999 年第 2 期。

[17] 朱红军、何贤杰、陈信元：《金融发展、预算软约束与企业投资》，《会计研究》2006 年第 10 期。

[18] Allen, Franklin, Jun Qian and Meijun Qian, *China's Financial System: Past, Present and Future*, *In China's Great Economic Transformation*, Cambridge, Cambridge University Press, 2007.

[19] Allen, Franklin, Jun Qian, Meijun Qian, "Law, Finance and Economic Growth in China", *Journal of Financial Economcs*, 2005 (77).

[20] Brandt, Loren and Xiaodong Zhu, "Redistribution in a Decentralized Economy: Growth and Inflation in China Under Reform", *Journal of Political Economy*, 2000 (108).

[21] Brandt, Loren and Xiaodong Zhu, *China's Banking Sector and Economic Growth in Chinese Financial Transitions at a Crossroads*, New York: Columbia University Press, 2007.

[22] Magee, S. P., "Factor Market Distortions, Production, Distribution and the Pure Theory of International Trade", *The Quarterly Journal of Economics*, 1971 (85).

[23] Loren Brandt and Thomas G. Rawski, *China's Great Economic Transformation*, 2008.

[24] Ronald Mickinnon, *Money and Capital in Economic Development*, Brookings, 1973.

[25] Su, X. J. and Z. F. Yang, "State Control, Financial Constraints and Firm Growth:

Evidence from China", Working Paper, City University of Hong Kong, 2009.

[26] Teoh, S. H. , Welch, I. and Wong T. J. , "Earning Management and the Long-run Market Performance of Initial Public Offerings", *Journal of Finance*, 1998, 53.

[27] Zheng Song, Kjetil Storesletten and Fabrizio Zilibotti, " Growing Like China", *A-merican Economic Review*, 2011 (101) .

第三章 利率管制与居民
财产性收入下降[*]

20世纪90年代中期至今，中国的利率管制带有非常明显的收入转移特征，即通过垄断的金融系统最大限度地吸收居民部门的经济剩余，并将存贷款利率限定在远低于企业利润率的水平上，以此方式使得居民部门补贴企业部门。在本章中，我们将从国民收入分配核算入手，详细分析中国的资本报酬在各经济部门间的分配情况，为下一章的定量及定性研究做准备。同时，为了对中国居民的财富存量以及财产性收入分配结构有更为全面的认识，本章选取了美国、日本这两个国民收入统计数据较为完整的国家进行国际比较，试图通过这一比较能够在更广的维度上理解利率管制对中国资本报酬分配的影响。

第一节 居民财产性收入的界定及核算

一、中国居民部门财产性收入的变化

当前对于中国居民或家庭部门的财产性收入存在着两个口径不一的统计标准，一个是根据联合国统计委员会于2009年发布的国民经济核算体系SNA2008；另一个是国家统计局在城乡住户调查统计中所沿用的标准。依据SNA2008的最新定义，当金融资产和自然资源所有者将其资产交由其他

* 本章作者：李昊、李文溥。

金融机构单位支配时，财产性收入就会随之产生。因使用金融资产而产生的应付收入称为投资收入；而使用自然资源而产生的应付收入则成为地租。财产性收入即为投资收入与地租之和。对于一国的家庭部门而言，投资收入包含利息、公司已分配收入（红利和准公司收入提取）、属于投保人的投资收入、养老金权益的应付投资收入；地租收入则全部来源于自然资源（如土地、矿石或化石燃料、水等自然资源，建筑物或其他构造物的应付租金被处理为对服务的购买）。而中国国家统计局城市生活经济调查司在《中国城市（镇）生活与价格年鉴》中对该统计资料中的财产性收入的定义则与 SNA2008 有所不同，其对财产性收入的定义为：财产性收入是家庭拥有的动产（如银行存款、有价证券）、不动产（如房屋、车辆、土地、收藏品）所获得的收入，包括出让财产使用权所获得的利息、租金、专利收入，财产营运所获得的红利收入、财产增值收益等。具体包括利息收入、股息与红利收入、保险收益（不包括保险责任人对保险人给予的保险理赔收入）、其他投资收入、出租房屋净收入、出让知识产权净收入及其他财产性收入。

比较两个统计口径可以发现，SNA2008 和国家统计局城市生活经济调查司对出让金融资产使用权所获得收入的处理是基本一致的，主要差别在于后者比前者多计算了固定资产和无形资产产生的收入，少计算了自然资源的地租收入。中国的自然资源基本上都属于全民所有或集体所有，其中全民所有的自然资源一般由各级政府部门代行所有权和管理权。因此，家庭部门几乎不存在出让自然资源使用权所获得的地租收入。家庭所拥有的固定资产和无形资产同样是家庭财产的一部分，对于与该部分财产有关的收入是否应计入居民财产性收入的统计范围，学界仍存在一定争论（许宪春和李济广，2010）。由于本研究主要关注金融市场扭曲对居民财产性收入的影响，而固定资产和无形资产的出借和交易并不通过金融市场进行，因此，本章对居民财产性收入的界定以 SNA2008 为标准。

国家统计局公布的资金流量表数据显示，2012 年居民部门包括利息和红利在内的财产性收入为 24337 亿元，是 1992 年的 20.43 倍。人均财产性收入 1797.42 元，是 1992 年的 17.68 倍，年均增速 15.44%。若以 1978 年不变价格计算，2012 年人均可比价财产性收入是 1992 年的 7.26 倍，年均增速 10.42%。居民部门财产性收入在居民初次分配收入中的占比平均为 5.97%，在可支配收入中的比重为 5.84%。劳动报酬和个体经营留存在初次分配和可支配收入中的比重均高于财产性收入。从财产性收入在初次分配收入中占比的变化趋势上看（见表 3-1），1997 年之前这一占比较为稳定，1997 年亚洲金融危机之后，则一路下滑，至 2003 年降至 3.71%。2003 年以后，居民财产性收入占比出现持续回升，至 2008 年已回升至 6.36%，接近 1998 年的水平。2008 年全球金融危机后，这一比例再次出现小幅下滑，不过至 2012 年已回升至 7.61%，成为近 15 年来占比最高的年份。

通过资金流量表的数据，可以看出，中国居民在近二十余年间，财产性收入无论是总量上还是人均水平上，均实现了快速增长。然而，该项收入在居民初次分配收入中的比重却在 1996—2002 年间出现了一个比较明显的下滑，并且在随后的 10 余年间缓慢回升。

表 3-1　居民初次分配中各收入来源比例

（单位：十亿元）

年份	初次分配总收入	劳动报酬收入及占比		财产性收入及占比		个体经营留存收入及占比	
1992	1779.5	573.7	82.59%	119.1	6.70%	190.7	10.72%
1993	2207.5	694.8	82.32%	180.0	8.15%	210.2	9.52%
1994	3134.1	985.0	80.43%	277.4	8.85%	336.1	10.72%
1995	3902.5	1223.6	82.22%	297.1	7.61%	396.6	10.16%
1996	4462.9	1427.5	83.10%	368.9	8.27%	585.4	13.12%
1997	5153.8	1625.0	81.24%	337.7	6.55%	629.1	12.21%
1998	5485.0	1785.1	80.80%	360.8	6.58%	692.2	12.62%
1999	5755.3	1924.3	81.90%	305.0	5.30%	736.9	12.80%
2000	6581.1	1913.7	79.38%	306.5	4.66%	1050.3	15.96%
2001	7124.9	2070.1	80.74%	294.4	4.13%	1077.5	15.12%
2002	7680.2	2302.3	83.98%	298.3	3.88%	931.7	12.13%
2003	8651.2	2572.6	82.92%	321.2	3.71%	1156.4	13.37%
2004	9749.0	2964.7	83.04%	376.8	3.87%	1277.1	13.10%
2005	11252.0	3422.0	82.78%	448.1	3.98%	1488.8	13.23%

续表

年份	初次分配总收入	劳动报酬收入及占比		财产性收入及占比		个体经营留存收入及占比	
2006	13111.0	3915.4	81.13%	724.6	5.53%	1749.9	13.35%
2007	15881.0	4660.9	80.55%	982.9	6.19%	2105.7	13.26%
2008	18540.0	5472.3	81.18%	1179.2	6.36%	2309.1	12.45%
2009	20654.0	6018.7	80.84%	1135.9	5.50%	2822.6	13.67%
2010	24186.0	6853.1	78.92%	1295.7	5.36%	3803.8	15.73%
2011	28428.0	8038.5	78.24%	1885.3	6.63%	4300.5	15.13%
2012	31946.0	9366.8	80.31%	2433.7	7.62%	3856.7	12.07%

资料来源：根据《中国统计年鉴》资金流量表数据计算。

二、中美日三国居民财产性收入水平比较

从居民部门财产性收入的总量来看，中国远落后于美国，与日本的差距则在不断缩小，至 2012 年，中国居民的财产性收入总量已经超过日本（见表 3-2）。然而在人均水平上则与美日两国仍存在着巨大差距，至 2012 年，中国人均财产性收入仅为日本的 11.67%，美国的 2.82%。

表 3-2　中美日三国居民财产性收入水平比较

年份	居民财产性收入总量（十亿美元）			人均财产性收入水平（美元）		
	中国	美国	日本	中国	美国	日本
1992	21.60	1108.7	—	18.44	4347.33	—
1993	31.24	1143.8	—	26.36	4437.07	—
1994	32.19	1229.3	455.11	26.86	4722.14	3633.19
1995	35.57	1298.2	457.04	29.37	4939.82	3639.71
1996	44.37	1409.8	355.30	36.26	5315.41	2822.96
1997	40.73	1504.2	308.11	32.95	5617.21	2442.26
1998	43.57	1606.5	265.44	34.93	5944.54	2098.82
1999	36.84	1642.7	282.95	29.28	6024.03	2233.82
2000	37.03	1761.2	273.10	29.21	6241.58	2151.65
2001	35.56	1763.9	207.57	27.87	6187.34	1630.35

年份	居民财产性收入总量（十亿美元）			人均财产性收入水平（美元）		
	中国	美国	日本	中国	美国	日本
2002	36.04	1792.4	176.80	28.06	6227.85	1386.82
2003	38.81	1886.2	178.72	30.03	6496.83	1399.60
2004	45.53	2077.6	197.46	35.03	7089.67	1545.21
2005	54.69	2204.3	208.44	41.82	7453.18	1631.38
2006	90.88	2395	222.34	69.14	8020.95	1738.37
2007	129.21	2493.8	235.93	97.79	8269.12	1842.74
2008	169.72	2447.9	248.02	127.80	8042.38	1936.36
2009	166.29	2148.5	246.17	124.61	6998.21	1922.71
2010	191.38	2353.8	266.51	142.72	7609.45	2081.16
2011	291.78	2723.2	300.32	216.55	8739.89	2349.98
2012	385.54	3164.6	311.25	284.74	10082.39	2440.92
2013	—	3062.5	264.59	—	4347.33	3633.19

资料来源：依据 CEIC 数据库相关数据计算。

从家庭部门初次分配的收入来源结构上看，美国家庭的收入结构呈现出高度稳定的特征，财产性收入的重要性仅次于劳动报酬，是其第二大收入来源（见表3-3）。近20多年来，该项收入占比始终保持在20%以上，最高值与最低值之间的差额仅为3.44个百分点；劳动报酬占比始终保持在70%以上，最高值与最低值之间的差额也仅为3.32个百分点，个人经营盈余占比在大部分年份都在5%—6%左右，最高值与最低值的差额也仅为1.59个百分点。日本家庭的财产性收入比重则位于个人经营盈余之后，是日本家庭较为次要的收入来源（见表3-4）。财产性收入在家庭初次分配收入中的比重，在1994—2003年间出现了连续的下滑，至2003年，这一比重仅为1994年的48.49%。此后十余年间这一比重较为稳定并有所回升。2004—2013年平均占比为7.89%，最高值与最低值间的差额为1.88个百分点。劳动收入在日本家庭初次分配收入中的比重高于美国，在2000年之后，劳动收入的比重稳定维持在80%以上而且波动幅度极低，最高值与最低值之前的差额仅为1.38个百分点。个人经营盈余的比重在20世纪90年代末出现了小幅的上升，2000 年之后也基本稳定在 11% 左右，最高值与最低值间的差额仅为 1.94 个百分点。

表 3-3　1990—2013 年美国家庭初次分配收入来源结构

年份	劳动报酬	财产性收入	经营盈余
1990	72.69%	22.59%	4.72%
1991	73.24%	21.89%	4.87%
1992	73.42%	21.67%	4.91%
1993	73.21%	21.62%	5.18%
1994	72.96%	21.72%	5.32%
1995	72.59%	21.89%	5.51%
1996	72.10%	22.37%	5.53%
1997	72.03%	22.46%	5.52%
1998	72.00%	22.54%	5.47%
1999	72.76%	21.64%	5.60%
2000	72.85%	21.58%	5.57%
2001	72.78%	21.44%	5.78%
2002	73.03%	21.04%	5.93%
2003	73.01%	21.15%	5.85%
2004	72.90%	21.39%	5.70%
2005	72.82%	21.50%	5.69%
2006	71.88%	22.65%	5.48%
2007	72.22%	22.44%	5.34%
2008	71.82%	22.49%	5.68%
2009	73.16%	20.53%	6.31%
2010	73.11%	20.65%	6.24%
2011	71.50%	22.47%	6.03%
2012	70.23%	23.97%	5.80%
2013	70.10%	24.08%	5.82%
2014	70.30%	23.91%	5.79%

资料来源：美国联邦储备委员会（Federal Reserve Board）。

表 3-4 1994—2013 年日本家庭初次分配收入来源结构

年份	劳动报酬	财产性收入	经营盈余
1994	76.98%	13.55%	9.48%
1995	78.33%	12.51%	9.16%
1996	79.40%	11.26%	9.34%
1997	79.69%	10.67%	9.64%
1998	79.47%	10.07%	10.46%
1999	79.50%	9.55%	10.94%
2000	80.49%	8.80%	10.71%
2001	81.48%	7.70%	10.82%
2002	81.36%	6.95%	11.70%
2003	80.78%	6.57%	12.65%
2004	80.97%	6.85%	12.18%
2005	80.92%	7.32%	11.76%
2006	80.61%	8.15%	11.23%
2007	80.10%	8.73%	11.17%
2008	81.02%	8.12%	10.86%
2009	80.84%	7.65%	11.51%
2010	80.50%	7.73%	11.77%
2011	80.63%	7.88%	11.48%
2012	80.39%	8.12%	11.49%
2013	80.28%	8.36%	11.35%

资料来源：日本内阁府经济社会研究所。

　　与美日两国的居民收入结构相比，中国居民各种收入来源的比例变动较为明显。这与中国所处的发展阶段是密切相关的。居民的收入结构反映了国民收入在各种生产要素之间、各机构部门之间的分配结果，也反映了社会各个群体在收入分配上相互竞争博弈的结果。作为成熟的市场经济国家，美日两国的政治经济制度、经济结构在较长时间里都比较稳定。不同机构部门与不同阶层群体间在收入分配上的相互博弈也已经达到了一个相对稳定的平衡状态。在这一背景下，居民部门的收入结构也就表现出高度的稳定性。而中国的社会经济体制仍处在不断改革的过程中，各机构部门之间、社会各阶层各利益群体在国民收入分配领域的博弈能力仍在不断变化。在这一现实背景下，中国的国民收入分配结构也处于不断的变化之中。

第二节 居民财产性收入与
国民收入分配结构

一、中国国民收入分配结构的变化

20 世纪 90 年代以来，中国国民收入分配最为明显的变化是居民部门收入占比持续下降。至 2008 年，居民收入在国民收入中的比重已经降至 58.28%，较 1992 年下降了 10.06 个百分点。2012 年，居民收入占比仅小幅回升至 61.99%（见表 3-5）。与市场经济更为成熟的国家和地区相比，中国居民部门的收入占比明显偏低（见图 3-1）。

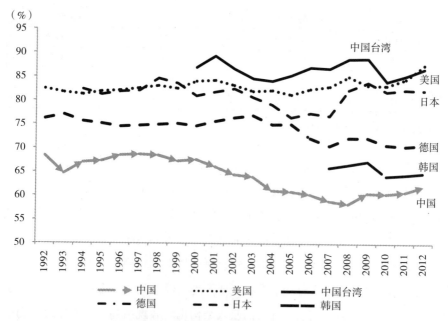

图 3-1 居民可支配收入占比的国际比较

资料来源：CEIC 数据库。

表 3-5　1992—2012 年中国国民收入分配格局

年份	政府部门收入占比	企业部门收入占比	居民部门收入占比
1992	19.96	11.70	68.34
1993	19.65	15.73	64.61
1994	18.51	14.53	66.96
1995	16.55	16.22	67.23
1996	17.88	13.69	68.44
1997	18.30	13.10	68.60
1998	18.13	13.45	68.41
1999	18.10	14.70	67.20
2000	14.53	17.94	67.54
2001	15.01	18.92	66.07
2002	16.23	19.34	64.43
2003	16.09	19.94	63.97
2004	16.44	22.51	61.05
2005	17.55	21.60	60.84
2006	18.21	21.54	60.25
2007	19.01	22.10	58.89
2008	18.98	22.74	58.28
2009	18.28	21.19	60.53
2010	18.41	21.19	60.40
2011	19.19	20.03	60.78
2012	19.54	18.47	61.99

资料来源：中国国家统计局。

　　国民收入分配的格局主要由初次收入分配确定。在初次分配中，居民的收入来源可分为劳动报酬、财产性收入以及个体经营留存。居民收入在国民收入中的比重也可分解为以上三种收入在国民收入分配中的比重之和。我们选取了国民收入账户和资金流量表较为完整的美国和日本（它们同时也分别是直接融资与间接融资为主金融市场的代表国家）作为比较对象，更为详细地分析三种收入来源对中国居民收入占比偏低的影响程度。

　　先看中美日三国各自居民初次分配收入在国民收入中的比重（见表3-6）。在1992—2012年间，中国居民的初次分配收入在国民收入中的比重平均比美国低了 25.32 个百分点，比日本低了 16.76 个百分点。

表 3-6 居民初次分配收入占国民收入比重的国际比较

	中国	美国	日本
1992 年	66.06%	90.92%	—
1993 年	62.61%	90.70%	—
1994 年	65.15%	89.52%	86.64%
1995 年	65.25%	89.35%	85.40%
1996 年	68.43%	88.90%	83.08%
1997 年	66.02%	88.69%	83.04%
1998 年	66.06%	89.76%	84.05%
1999 年	65.05%	89.32%	83.02%
2000 年	67.15%	90.25%	81.34%
2001 年	65.93%	90.46%	80.69%
2002 年	64.49%	89.12%	79.40%
2003 年	64.09%	88.38%	78.32%
2004 年	61.14%	87.70%	76.33%
2005 年	61.28%	86.59%	76.11%
2006 年	60.73%	86.94%	76.37%
2007 年	59.61%	88.76%	75.46%
2008 年	58.66%	90.51%	77.74%
2009 年	60.69%	87.79%	80.42%
2010 年	60.50%	85.48%	77.72%
2011 年	60.67%	86.63%	79.20%
2012 年	61.65%	87.10%	78.58%
平均值	63.39%	88.71%	80.15%

资料来源：根据 CEIC 数据库数据计算。

从各收入来源占国民收入的比重来看（见表 3-7），中国居民的劳动报酬占国民收入的比重比美国低了 12.84 个百分点，而财产性收入的比重则比美国低了 15.62 个百分点（见表 3-8），个体经营盈余的比重（见表 3-9）比美国高了 3.14 个百分点。财产性收入因素对中美两国居民收入占比差距的影响程度比劳动报酬因素更大，中美居民收入占国民收入比重的差距有 61.69% 可以由财产性收入占比之间的差距予以解释。与日本相比，中国居民的劳动报酬占国民收入的比重低了 12.77 个百分点，财产性收入的比重则低了 3.36 个百分点，个体经营盈余的比重也比日本低了 0.63 个百分点。对于中日两国居民收入占国民收入比重的差距，劳动报酬是主要的影响因素，不过财产性收入占比之间的差距也是一个不容忽视的因素。

表 3-7　劳动报酬占国民收入比重的国际比较

	中国	美国	日本
1992 年	54.56%	66.75%	—
1993 年	51.54%	66.40%	—
1994 年	52.39%	65.31%	66.69%
1995 年	53.65%	64.86%	66.90%
1996 年	54.42%	64.10%	65.96%
1997 年	53.64%	63.88%	66.17%
1998 年	53.38%	64.62%	66.80%
1999 年	53.27%	64.99%	66.00%
2000 年	53.31%	65.75%	65.47%
2001 年	53.23%	65.83%	65.75%
2002 年	54.16%	65.09%	64.59%
2003 年	53.15%	64.52%	63.26%
2004 年	50.77%	63.94%	61.81%
2005 年	50.73%	63.05%	61.59%
2006 年	49.27%	62.49%	61.56%
2007 年	48.01%	64.10%	60.44%
2008 年	47.62%	65.01%	62.99%
2009 年	49.06%	64.22%	65.01%
2010 年	47.75%	62.50%	62.56%
2011 年	47.47%	61.94%	63.87%
2012 年	49.51%	61.17%	63.17%
平均值	51.47%	64.31%	64.24%

资料来源：根据 CEIC 数据库数据计算。

实际上，由于中国的人均资本存量和劳动产出效率与美日两国有明显差距，即便劳动要素价格未受扭曲，劳动报酬占国民收入的比重也不会上升至美日两国的水平。因此以上比较对财产性收入在当前居民收入占比过低问题中重要性的估计仍是偏低的。对比美日两国居民各项收入来源占国民收入的比例，可以发现两国在劳动报酬占比上已经十分接近，两国居民收入占国民收入比重的差异主要来自居民财产性收入占国民收入比重的差异。

二、国民收入中居民财产性收入占比的国际比较

一国居民财产性收入占国民收入的比重可以被分解为该国税后资本报酬占国民收入的比重与居民财产性收入占资本报酬的比重，即：

$$\frac{居民财产性收入}{国民收入} = \frac{税后资本报酬}{国民收入} \times \frac{居民财产性收入}{税后资本报酬}$$

$$= (1 - \frac{生产税净额}{国民收入} - \frac{劳动报酬}{国民收入} - \frac{个人经营盈余}{国民收入}) \times \frac{居民财产性收入}{税后资本报酬}$$

因此，居民财产性收入占国民收入的比重是由两个分配过程共同决定的，一是国民收入在各生产要素之间的分配，二是资本报酬在各个机构部门之间的分配。前者通过劳动力市场和政府生产税征收实现，后者则通过金融市场实现。表 3-8 给出了中美日三国国民收入中居民财产性收入占比的变化，表 3-9 给出了中美日三国国民收入中个人经营留存占比的变化。通过对资金流量表及国民账户的分析，我们将进一步寻找中国居民财产性收入占比偏低的原因。

表 3-8　居民财产性收入占国民收入比重的国际比较

	中国	美国	日本
1992 年	4.42%	19.70%	—
1993 年	5.11%	19.61%	—
1994 年	5.77%	19.44%	11.74%
1995 年	4.97%	19.56%	10.69%
1996 年	5.41%	19.88%	9.35%
1997 年	4.33%	19.92%	8.86%
1998 年	4.35%	20.23%	8.46%

续表

	中国	美国	日本
1999 年	3. 45%	19. 33%	7. 93%
2000 年	3. 13%	19. 48%	7. 16%
2001 年	2. 72%	19. 39%	6. 21%
2002 年	2. 50%	18. 75%	5. 51%
2003 年	2. 38%	18. 69%	5. 14%
2004 年	2. 36%	18. 76%	5. 23%
2005 年	2. 44%	18. 61%	5. 57%
2006 年	3. 36%	19. 69%	6. 23%
2007 年	3. 69%	19. 92%	6. 59%
2008 年	3. 73%	20. 36%	6. 31%
2009 年	3. 34%	18. 03%	6. 15%
2010 年	3. 24%	17. 65%	6. 01%
2011 年	4. 02%	19. 46%	6. 24%
2012 年	4. 70%	20. 88%	6. 38%
平均值	3. 78%	19. 40%	7. 15%

资料来源：根据 CEIC 数据库数据计算。

表 3-9　个人经营留存占国民收入比重的国际比较

	中国	美国	日本
1992 年	7. 08%	4. 46%	—
1993 年	5. 96%	4. 69%	—
1994 年	6. 99%	4. 76%	8. 21%
1995 年	6. 63%	4. 93%	7. 82%
1996 年	8. 59%	4. 92%	7. 76%
1997 年	8. 06%	4. 89%	8. 01%
1998 年	8. 34%	4. 91%	8. 79%
1999 年	8. 33%	5. 00%	9. 09%
2000 年	10. 72%	5. 02%	8. 71%
2001 年	9. 97%	5. 23%	8. 73%
2002 年	7. 82%	5. 28%	9. 29%
2003 年	8. 57%	5. 17%	9. 91%

续表

	中国	美国	日本
2004 年	8.01%	5.00%	9.30%
2005 年	8.11%	4.92%	8.95%
2006 年	8.11%	4.76%	8.58%
2007 年	7.90%	4.74%	8.43%
2008 年	7.31%	5.15%	8.44%
2009 年	8.29%	5.54%	9.26%
2010 年	9.52%	5.33%	9.14%
2011 年	9.18%	5.22%	9.10%
2012 年	7.44%	5.05%	9.03%
平均值	8.14%	5.00%	8.77%

资料来源：根据 CEIC 数据库数据计算。

1992—2012 年间，中国的税后资本报酬占国民收入的平均比重比美国低 3.67 个百分点，比日本高 8.89 个百分点（见表 3-10）。尽管中国的劳动报酬占国民收入的比重与美日两国存在着较大差距（平均值分别低了 12.84 和 12.77 个百分点），但中国政府部门获得的生产税净额占比远高于美日两国（平均值分别高了 13.37 和 4.49 个百分点），因此，税后资本报酬占比间的差距没有非劳动报酬收入占比间的差距大。税后资本报酬主要通过金融市场在各机构部门间进行分配，在这一报酬比重上，中国仅略低于美国，但是明显高于日本。然而经过金融市场分配后，中国居民所占有的财产性收入占国民收入的比重却远远低于美国并且明显低于日本。这就说明中国与美国、日本两国在居民财产性收入占国民收入比重上的差距主要是由居民部门在税后资本报酬分配过程中的差距造成的。

表 3-10　税后资本报酬占国民收入比重的国际比较

	中国	美国	日本
1992 年	23.85%	28.17%	—
1993 年	26.85%	28.39%	—
1994 年	25.04%	29.16%	16.67%
1995 年	25.51%	29.58%	16.71%

续表

	中国	美国	日本
1996 年	21.29%	30.44%	17.49%
1997 年	22.54%	30.62%	17.11%
1998 年	21.60%	29.90%	14.79%
1999 年	21.90%	29.55%	15.35%
2000 年	23.75%	28.75%	16.43%
2001 年	24.79%	28.56%	15.92%
2002 年	25.62%	29.14%	16.71%
2003 年	25.31%	29.89%	17.67%
2004 年	28.30%	30.60%	19.57%
2005 年	28.26%	31.68%	19.97%
2006 年	29.82%	32.35%	20.03%
2007 年	30.83%	30.78%	21.53%
2008 年	32.55%	29.49%	18.76%
2009 年	30.31%	29.96%	16.35%
2010 年	29.56%	31.84%	18.85%
2011 年	30.06%	32.47%	17.34%
2012 年	29.76%	33.37%	18.26%
平均值	26.55%	30.22%	17.66%

资料来源：CEIC 数据库。

第三节　非劳动报酬在各部门间的分配情况

通过上一节的数据梳理，我们发现，税后资本报酬在各部门间分配的差异是造成中国与美国、日本两国居民财产性收入占国民收入比重差异的最主要因素。本节的主要目的在于通过对资金流量表的进一步分析，以探明中国的资本报酬在各部门间的分配情况。

一、资本要素收入分配情况

作为生产部门，企业的主要收入来源是经营性留存。在资金流量表中体现为来源部分的增加值减去运用部分的劳动者报酬、生产税净额和财产性收入（借贷资金成本）。生产经营之外，企业还可能将其所有的固定资本或资金借出以获得租金收入，它体现在来源部分中的财产性收入中。金融企业与非金融企业的核算方式相同，统一归类为企业部门，因此该部门的初次分配收入=经营性留存+财产性收入。

居民部门是全社会唯一提供劳动要素的部门，劳动报酬收入是该部门最重要的收入来源。此外，居民还会将大部分当期未消费的收入转为银行储蓄或者直接进行投资，以获取利息、红利或地租收入。此外，在中国的资金流量表中，居民部门的收入来源中还有一项是增加值收入，包括个体经济、农户从事各类生产创造的增加值以及居民拥有的住房和其他固定资产升值所产生的持有收益。该部门的支出部分与企业部门类似，包含了劳动报酬、财产性收入以及生产税净额这三项支出。白重恩和钱震杰（2009）将该部分支出视为个体经营者的生产成本支出，其增加值收入减去成本支出构成了该部门的经营性留存。然而在中国现有的金融体制下，个体经营者很难通过正规渠道获得贷款。居民部门利息支出中的绝大部分都是因为住房贷款和其他消费性贷款而发生的。因此本章将该部门的增加值减去劳动报酬、生产税净额定义为个体经营性留存，用财产性收入减去支出得到净财产性收入。居民部门的初次分配收入由劳动报酬、经营性留存以及净财产性收入组成。

政府部门的初次分配收入主要是其他两个部门向其支付的生产税净额。历年的政府初次分配收入中，该项收入占比大致都在 85% 以上。此外，政府的其他收入来源还有增加值等。政府的产出等于政府部门经常性支出加上虚拟的固定资产折旧，该部分即是政府部门收入来源部分的增加值项。与企业部门类似，增加值减去劳动报酬等成本支出，构成了政府的"经营性留存"。最后，政府部门所拥有的财政性存款、国有企业股份等金融资产也能产生利息和红利等财产性收入。综上，政府部门的初次分配收入=生产税净额+"经营性留存"+财产性收入。

　　资金流量表中要素收入分配数据表明，目前，中国的土地租金收入仅占全社会财产性收入的 0.6%—3.39%，至 2010 年，该项收入占全社会初次分配总收入的比重也仅为 0.61%。因此本章将非劳动报酬收入都视为资本要素报酬，不再单独考虑土地要素报酬。三个部门的初次分配收入中，企业部门的全部收入都可以视为资本要素报酬。政府部门的收入都是非劳动报酬收入，所以也可以全部视为资本要素报酬。居民部门增加值中的个体经营者和农户的经营性留存与 SNA2008 定义的保留在住户内部的非法人企业产出较接近。由于难以区分其中的劳动报酬和营业盈余，故 SNA2008 将其归类至混合收入项中。据此，本章所定义的资本要素报酬不包括这部分增加值。居民拥有的住房及其他固定资产增值所产生的增值收入属于持有收益，依国际惯例，持有收益的增减并不计入产出增加值和收入分配当中（许宪春，2014）。综上所述，本章仅将居民部门的净财产性收入视为资本要素报酬的组成部分。

　　根据以上分类，我们利用 CEIC 数据库中的 1992—2012 年资金流量表实物交易表数据，可以核算出这 21 年中国资本要素收入在三部门之间的分配情况（见表 3-11）。

表 3-11　1992—2012 年中国资本要素收入分配情况

（单位：十亿元）

年份	全社会资本报酬收入 绝对值	非金融企业部门 绝对值	占比	金融企业部门 绝对值	占比	政府部门 绝对值	占比	住户部门 绝对值	占比
1992	1032.68	402.33	38.96%	65.61	6.35%	446.222	43.21%	118.525	11.48%
1993	1497.36	621.94	41.54%	86.78	5.80%	609.802	40.73%	178.842	11.94%
1994	1952.19	774.42	39.67%	80.70	4.13%	821.673	42.09%	275.395	14.11%
1995	2373.92	1052.97	44.36%	115.24	4.85%	910.305	38.35%	295.406	12.44%
1996	2717.99	1075.48	39.57%	109.96	4.05%	1166.032	42.90%	366.517	13.48%
1997	2987.54	1243.79	41.63%	75.13	2.51%	1333.436	44.63%	335.18	11.22%
1998	3175.16	1289.40	40.61%	55.21	1.74%	1472.875	46.39%	357.675	11.26%
1999	3394.67	1484.59	43.73%	90.88	2.68%	1517.094	44.69%	302.11	8.90%
2000	3413.81	1853.00	54.28%	79.44	2.33%	1286.489	37.68%	194.88	5.71%

续表

年份	全社会资本报酬收入	非金融企业部门		金融企业部门		政府部门		住户部门	
	绝对值	绝对值	占比	绝对值	占比	绝对值	占比	绝对值	占比
2001	3873.89	2161.78	55.80%	150.46	3.88%	1369.715	35.36%	191.93	4.95%
2002	4433.61	2366.72	53.38%	202.77	4.57%	1660.002	37.44%	204.119	4.60%
2003	5070.95	2713.24	53.51%	294.47	5.81%	1838.737	36.26%	224.5	4.43%
2004	6467.49	3697.88	57.18%	307.19	4.75%	2191.299	33.88%	271.12	4.19%
2005	7437.26	4153.75	55.85%	349.43	4.70%	2607.369	35.06%	326.71	4.39%
2006	9002.06	4819.14	53.53%	522.39	5.80%	3137.369	34.85%	523.16	5.81%
2007	11475.57	6152.60	53.61%	682.48	5.95%	3926.656	34.22%	713.83	6.22%
2008	13876.37	7460.90	53.77%	947.60	6.83%	4654.867	33.55%	813	5.86%
2009	14163.83	7327.30	51.73%	1089.50	7.69%	4960.643	35.02%	786.39	5.55%
2010	16616.97	8338.90	50.18%	1458.22	8.78%	5992.73	36.06%	827.12	4.98%
2011	19480.29	9485.40	48.69%	1735.82	8.91%	7206.726	36.99%	1052.34	5.40%
2012	21183.60	9702.30	45.80%	2075.30	9.80%	8097.6	38.23%	1308.4	6.18%

资料来源：1998—2014 年《中国统计年鉴》；《中国资金流量表历史资料：1992—2004》；CEIC 数据库。

二、居民财产性收入占总资本报酬比重的国际比较

1992—2012 年，中国居民部门的财产性收入不仅十分有限，而且增长速度大大低于全社会资本报酬增长速度。在这 20 年里，全社会的资本报酬增长了 19.51 倍，居民部门的财产性收入仅仅增长了 10.06 倍，增长速度仅约为前者的一半，它导致了 1994 年之后中国居民部门的资本报酬占全社会资本收入的比重不断下降。1992 年尚有 11.48%，2012 年则跌至 6.18%，仅约为 1992 年的一半，是所有部门中占比最低的。同时期，美国家庭的财产性收入占资本报酬的比重大大高于中国。1992—2012 年间，美国家庭财产性收入占全部资本报酬（不包括非公司企业经营盈余）的比重平均高达 63.28%。而日本在 1994—2013 年间利息和公司红利占全部资本报酬的比重平均也达到了 13.41%（见表 3-12）。

表 3-12　居民财产性收入占总资本报酬比重的国际比较

年份	中国居民财产性收入占总资本报酬的比重	美国居民财产性收入占总资本报酬的比重	日本居民财产性收入占总资本报酬的比重
1992	11.48%	70.86%	—
1993	11.94%	69.46%	—
1994	14.11%	66.22%	41.55%
1995	12.44%	67.25%	35.93%
1996	13.48%	65.87%	27.40%
1997	11.22%	65.02%	25.77%
1998	11.26%	68.03%	27.46%
1999	8.90%	64.89%	24.24%
2000	5.71%	68.66%	20.20%
2001	4.95%	68.55%	16.45%
2002	4.60%	63.54%	13.07%
2003	4.43%	61.17%	11.60%
2004	4.19%	57.63%	11.18%
2005	4.39%	56.26%	12.39%
2006	5.81%	59.18%	15.09%
2007	6.22%	65.53%	16.53%
2008	5.86%	67.57%	18.44%
2009	5.55%	59.44%	18.94%
2010	4.98%	51.34%	16.17%
2011	5.40%	54.74%	18.38%
2012	6.18%	57.71%	17.81%
2013	—	—	17.70%

资料来源：根据中国国家统计局资金流量表以及美国经济分析局（BEA）、日本内阁府经济社会综合研究所数据整理计算。

从国际比较看，中国居民所获得的财产性收入占总资本报酬的比重仅为日本的一半，与美国相比，差距则更大。由于中国金融市场至今仍以间接融资为主，银行存款仍然是中国大多数居民主要的储蓄和投资手段。居民财产性收入至今仍有 80% 以上是银行存款产生的利息收入。居民部门资本报酬增长缓慢，占比不断下降，与金融市场受管制、投资渠道狭窄、存款利率过低是密切相关的。居民部门财产性收入占比不断下降的另一个原因是企业和政府部门获得了绝大部分的资本要素收益，1994 年就占全社会资本收益的 85.89%，2000 年之后，更基本稳定在 95% 左右（见图 3-2）。

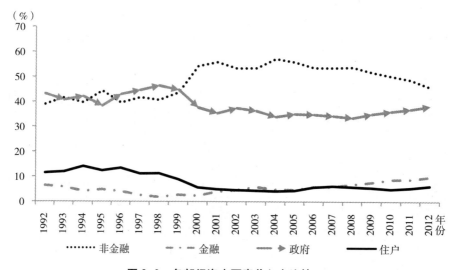

图 3-2　各部门资本要素收入占比情况

资料来源：根据 CEIC 数据库数据整理。

从政府与企业之间的分配比例看，1999 年以前，企业部门的资本收入占比略高于政府部门，约在 45% 左右。2000 年，由于非金融企业的生产税净额出现较大幅度的下降（金融企业则在 2001 年后出现连续 4 年的下降），政府部门的资本收入占比大幅度下降至 37.68%，企业部门的资本收入占比则跃升至 56.60%。此后十年，这一占比格局基本不变。

企业部门的资本收入占比在 2000—2012 年间稳定在 59% 左右，然而，在企业部门内部，金融企业与非金融企业的分配格局却发生了重大改变。得益于利率管制下存贷利差扩大和银行独立性增强，金融企业的资本收入迅速增长，1992—2012 年增长了 30.63 倍，比非金融企业、全社会和居民部门分别快了 7.5、11.12、20.57 倍，金融企业的资本收入占比迅速提高。2000—2012 年，金融企业的资本收入占比从 2.33% 猛增至 9.80%，增长了320.6%，是该时期唯一资本收入占比持续上升的部门。金融部门收入占整个企业部门收入的比例从 2000 年起快速攀升，2000—2012 年，从 4.11%

上升至 17.62%。金融部门收入快速提高的主要原因是寡头垄断和利率管制而非经营效率提高。1995 年 7 月至 1999 年 6 月，银行一年及一年以内贷款利率与一年期定期存款利率的利差从 1.08 个百分点上升至 3.6 个百分点，此后至 2014 年 10 月，银行的存贷款利差始终维持在 3 个百分点以上。另一方面，1995 年《商业银行法》的正式实施增强了银行系统的经营独立性。1998 年银行机构精简以及 1999 年 1.4 万亿元不良贷款的剥离，大大减轻了国有银行的经营负担。存贷款利差的扩大、固化以及银行独立性增强，赋予国有银行将信贷市场上的垄断地位转化为攫取垄断租金的能力，从此银行成为中国股市上盈利能力最强的企业。2013 年深沪两市上市公司年报显示，当年净利润最高的十家上市公司中，银行占了七家，中国工商银行、中国银行、中国农业银行、中国建设银行这四大国有银行更是稳居上市公司盈利排行榜的前四名。2013 年，16 家上市银行实现净利润11682.9 亿元，占当年沪深两市 2489 家上市公司净利润的 47.02%，其中仅四大国有银行的净利润占比就高达沪深两市全部上市公司净利润总额的 32.52%。

第四节　结　论

本章以中国资金流量表数据为基础，全面系统地分析了 1992 年至2012 年间中国居民财产性收入的规模、占比及其在居民收入和国民收入中地位的变化趋势。由于中国仍处于向市场经济转轨过程中，各社会阶层在收入分配问题上的博弈能力仍在不断变化，因此，与发达国家相比，居民部门的收入结构在此期间的变化幅度较大。通过对国民收入结构的国际比较，我们发现，与成熟市场经济体相比，中国居民收入占国民收入的比重明显偏低。在中美两国居民收入占国民收入比重的差距中，61.69% 的差距是由居民财产性收入在国民收入中占比的差异引起的；而在中日两国居民收入占国民收入比重的差距中，也有 18.74% 是由财产性收入因素引起的。财产性收入在中国居民收入占比过低问题是一个不容忽视的重要因素。

通过对居民收入在国民收入中比重的分解，我们将该问题分解为税后资本报酬占国民收入的比重与居民财产性收入占税后资本报酬的比重。结合中美日三国的资金流量表及国民账户数据，我们发现这三个国家的税后资本报酬占国民收入的比重差异不大，中国与美国、日本两国在居民财产性收入占比上的差异主要是由居民财产性收入在税后资本报酬中占比的差异引起的。这一差异的形成主要与三国居民的金融资本存量、各自的金融市场结构及制度有关，而中国的资本报酬分配机制是否合理是一个需要进一步的研究和讨论的问题。我们将在下一章中专门研究这一问题。

参考文献

［1］白重恩、钱震杰：《谁在挤占居民的收入——中国国民收入分配格局分析》，《中国社会科学》2009 年第 5 期。

［2］陈斌开、林毅夫：《金融抑制、产业结构与收入分配》，《世界经济》2012 年第 1 期。

［3］［日］大琢启二郎、刘德强、［日］村上直树：《中国的工业改革：过去的成绩和未来的前景》，上海人民出版社 2000 年版。

［4］方军雄：《所有制、制度环境与信贷资金配置》，《经济研究》2007 年第 12 期。

［5］方文全：《中国的资本回报率有多高？——年份资本视角的宏观数据再估测》，《经济学（季刊）》2012 年第 2 期。

［6］胡和立：《1988 年中国租金价值的估算》，《经济社会体制比较》1989 年第 5 期。

［7］黄勇峰、任若恩、刘晓生：《中国制造业资本存量永续盘存法估计》，《经济学（季刊）》2002 年第 1 期。

［8］李广众：《金融抑制过程中政府收益的经验研究及国际比较》，《世界经济》2001 年第 7 期。

［9］李扬、殷剑峰：《中国高储蓄率问题探究——1992—2003 年中国资金流量表的分析》，《经济研究》2007 年第 6 期。

［10］林毅夫、李志赟：《中国的国有企业与金融体制改革》，《经济学（季刊）》2005 年第 3 期。

［11］刘瑞明：《金融压抑、所有制歧视与增长拖累——国有企业效率损失再考察》，《经济学（季刊）》2011 年第 2 期。

［12］卢文鹏：《金融抑制、路径依赖与中国渐进改革中的制度性公共风险》，《复旦

学报（社会科学版）》2002 年第 4 期。

　　[13] 单豪杰、师博：《中国工业部门的资本回报率：1978—2006》,《产业经济研究》2008 年第 6 期。

　　[14] 宋李健：《金融控制、广义铸币税与经济转轨中的价格稳定》,《上海金融》2008 年第 6 期。

　　[15] 王晋斌：《金融控制、风险化解与经济增长》,《经济研究》2000 年第 4 期。

　　[16] 王勋、Anders Johansson：《金融抑制与经济结构转型》,《经济研究》2013 年第 1 期。

　　[17] 王曙光：《中国经济转轨进程中的金融自由化》,《经济科学》2003 年第 5 期。

　　[18] 万安培：《租金规模的动态考察》,《经济研究》1995 年第 2 期。

　　[19] 万安培《租金规模变动的再考察》,《经济研究》1998 年第 7 期。

　　[20] 尹希果、许岩：《中国金融抑制问题的政治经济学》,《当代经济科学》2011 年第 5 期。

　　[21] 周业安：《金融抑制对中国企业融资能力影响的实证研究》,《经济研究》1999 年第 2 期。

　　[22] 谢千里、罗斯基、郑玉歆：《改革以来中国工业生产率变动趋势的估计及其可靠性分析》,《经济研究》1995 年第 12 期。

　　[23] 中国经济增长与宏观稳定课题组：《金融发展与经济增长：从动员性扩张向市场配置的转变》,《经济研究》2007 年第 4 期。

　　[24] 张曙光、程炼：《中国经济转轨过程中的要素价格扭曲与财富转移》,《世界经济》2010 年第 10 期。

　　[25] Chen K. , H. Wang, Y. Zheng, G. Jefferson and T. Rawski, "Productivity Change in Chinese Industry：1953-1985", *J. C. E*, 1988a, 12.

　　[26] Chen K. , G. Jefferson, T. Rawski, H. Wang, and Y. Zheng, "New Estimates of Fixed Capital Stock for Chinese State Industry", *China Quarterly*, 1988b, 114.

　　[27] Chong-En Bai & Chang-Tai Hsieh & Yingyi Qian, "The Return to Capital in China," NBER Working Papers 12755, National Bureau of Economic Research, Inc. , 2006.

　　[28] Hellmann, Thomas, Kevin Murdock, and Joseph E. Stiglitz, "Financial Restraint：Toward A New Paradigm", *The Role of Government in East Asian Economic Development：Comparative Institutional Analysis*, 1997.

　　[29] Hellmann, Thomas F. , Kevin C. Murdock, and Joseph E. Stiglitz, "Liberalization, Moral Hazard in Banking and Prudential Regulation：Are Capital Requirements Enough?", *American Economic Review*, 2000.

　　[30] Chow G. C, "Capital Formation and Economic Growth in China", *Q. J. E*, 1993.

　　[31] Kuijs, Louis, "Investment and Saving in China", Policy Research Working Paper Series 3633, The World Bank, 2005.

　　[32] Stiglitz, J. E. , Jaramillo-Vallejo, J. , Park, Y. C. , et al. , "The Role of the

State in Financial Markets", *World Bank Economic Review*, 1993, 7（1）.

［33］Zhang Jun, Guiying Wu and Jipeng Zhang, "Estimating China's Provincial Capital Stock", Working Paper Series, China Center for Economic Studies, Fudan University, 2007.

第四章　资本报酬分配的合理性分析[*]

通过上一章对各国资金流量表及国民账户的分析，我们发现中国居民财产性收入在国民收入中占比偏低的主要原因在于居民财产性收入占国内税后资本报酬的比例较低。在正常的市场经济环境下，资本报酬在各机构部门间的分配基础应是各部门所持有的实物资本或金融资本及其承担的风险程度。因此要判断资本报酬的分配结构是否合理，就必须对经济中各机构部门的资产负债情况进行分析。由于我们关注的重点是居民部门在税后资本报酬中的所得比例，因此本章的主要内容是对中国居民部门的金融资产规模以及全社会生产资本存量进行估算，以此判断中国当前资本报酬分配结构的合理性。

第一节　引　言

除了与自然资源相关的地租收入，SNA2008 对财产性收入的界定基本上是以金融资产为基础的。经过几十年的改革开放，中国的金融市场从无到有，已经形成了以国有银行系统为主导，包含证券、保险等多种金融机构的多层次金融市场。可供居民部门选择的金融资产也从单一的银行存款扩展至股票、债券、基金、保险、银行理财产品以及一定数量的金融衍生产品。居民财产性收入的规模和增长速度取决于居民持有的金融资产规模

---

[*] 本章作者：李昊、李文溥。

与结构。正常情况下，财产性收入与所持有的金融资产规模应当存在着正相关关系，财富的不断积累是财产性收入规模不断扩大的基础。金融资产的结构则决定了居民可能获得的风险收益水平。一般而言，金融资产中公司股票、低信用等级债券等高风险类资产的比例较高则可以获得较多的风险收益，而银行存款、高信用等级债券、国债等低风险资产的比例较高则金融资产的收益率就相对较低。因此，要判断居民部门获得的财产性收入是否处在一个合理的范围之内，首先应当对居民持有的金融资产规模及结构进行估算。

由于国家统计局至今尚未系统地编制家庭部门的资产负债表或金融资产负债表，因此对于改革开放以来居民部门金融资产规模的历史数据仍然只能依靠现有的流量数据进行推算，并与有限的存量数据进行比对和校准。现有可以得到的由国家权威部门发布的存量数据主要有国家统计局城市社会经济调查总队分别于 1990 年、1996 年、2002 年对中国城市居民的家庭财产状况进行的抽样调查以及中国人民银行金融稳定局发布的《中国金融稳定报告》。前者是由国家权威的统计机构发起的入户抽样调查，抽样方法的科学性和可靠性、统计数据的准确性和权威性都较有保障。调查报告中包含了城市家庭部门的金融资产和非金融资产的存量情况以及调查户家庭的年龄结构、职业、文化程度、收入水平等社会特征，对于研究某一发展阶段居民财产在各群体间的分布状况以及居民社会特征与财产积累之间的相互关系有着重要意义。后者由中国金融机构的主管部门发布，其数据直接来源于各金融机构上报的日常经营数据和财务报表，因此与住户抽样调查相比，在总量数据上的准确性更高。不过该数据是总量数据，无法据以分析金融资产在不同收入群体间的分布情况。

与存量数据相比，居民金融资产流量数据的可选择范围相对较大。当前，对于居民金融资产的估算，学界主要采用两种方法：一是利用居民的收入支出数据计算居民每年的金融投资规模，以逐年累加的方式估算整个部门拥有的金融资产规模。这种方法可以使用的资料来源较多，而且对总量估算的准确度较高，国家统计局公布的住户抽样调查和资金流量表均可加以利用。然而，运用该方法无法获得居民具体的金融资产配置情况。二是分别估算历年各类金融资产（储蓄存款、债券、股票）由居民持有的比例并进行加总以获得金融资产总规模。该方法对数据的准确度要求较高，实际上除了储蓄存款以外，债券、股票基金等金融产品的持有人结构信息极少，有限的数据在时间长度上也难以满足研究需要。因此本章主要使用第一种估算方法。

考虑到以上资料来源的特点，本章决定在对居民金融资产总规模的估算及国际比较部分以中国人民银行发布的《中国金融稳定报告》为基准，并利用其他流量数据估算该报告未能覆盖的年份。

第二节　居民金融资产规模与金融资产回报率的估算与国际比较

中国人民银行金融稳定司发布的《中国金融稳定报告》自2010年起增加了"政府、企业和住户财务分析"部分。该部分公布了2004—2010年间居民部门各年所持有的各类金融资产余额。对于2004年之前和2010年之后的居民部门的金融资产状况，目前只能运用流量数据进行估算。资金流量表报告了政府、企业和居民部门分类别的收入来源和支出流向。有两种方式可以获得居民历年的金融投资数额：一是假设金融投资＝可支配收入-最终消费-资本形成总额。理论上，居民部门的所有收入（包括减持金融资产或变卖固定资产获得的收入）都必然流向消费、实物资本投资或形成包括手持现金在内的金融资产。因此，在收入支出数据较为准确的基础上，利用该公式可以比较全面地计算居民的金融投资增加额。二是直接使用实物交易表或金融交易表中的金融投资数据。资金流量表中的实物交易表由国家统计局依据 SNA 1993 核算体系进行编制，而金融交易表则由中国人民银行负责编制。

一、居民金融资产规模估算

表4-1给出了按照三种来源的居民金融投资数据获得的居民金融资产

投资数据。显然三者之间存在着比较大的差异：其中实物交易表所显示的
居民净金融投资额在 2001 年之前都大于金融交易表中的居民金融投资额。
而以实物交易表收支数据计算的居民金融投资额则始终小于金融交易表的
数据。对于实物交易表收支数据的计算结果与金融交易表间的巨大差异，
李扬和殷剑峰（2007）认为可能是由于国家统计局低估了居民部门的可支
配收入水平。由于国家统计局并未公布实物表中居民净金融投资数据的核
算方式，因此我们暂时无从得知其与金融交易表的差异从何而来。从资料
来源上看，金融交易表与《中国金融稳定报告》同样出自中国人民银行，
而中国人民银行的统计数据直接来源于各商业银行及其他金融机构上报的
日常营业数据和年度报告，因此从数据口径的一致性和数据精确性上看，
本章选择以金融交易表数据作为居民金融投资流量数据的来源。

表 4-1　1992—2012 年中国居民金融投资额比较

（单位：十亿元）

年份	可支配收入—最终消费—资本形成总额	实物交易表—净金融投资	金融交易表—居民金融投资
1992	361.54	790.62	444.89
1993	393.13	882.33	506.15
1994	723.49	1473.40	776.63
1995	776.20	1627.50	886.83
1996	856.61	1946.90	1099.13
1997	1091.97	2194.70	1117.73
1998	1128.11	2290.70	1246.56
1999	1071.12	2160.90	1221.43
2000	1299.66	1314.40	1086.96
2001	1393.93	1426.00	1411.78
2002	1366.20	1426.10	1972.13
2003	1635.40	1794.10	2310.96
2004	1585.00	1743.50	2125.25
2005	1807.10	1952.70	2991.28
2006	2821.90	3021.40	3437.00
2007	3922.30	4224.30	3509.80

续表

年份	可支配收入—最终消费—资本形成总额	实物交易表—净金融投资	金融交易表—居民金融投资
2008	4682.80	5116.00	6089.30
2009	4977.00	5633.80	6419.80
2010	6174.70	7163.90	6740.20
2011	5981.50	7435.60	7414.00
2012	6804.80	8243.70	9705.90

资料来源:《中国统计年鉴(2013)》。

我们以 1991 年为基期,对 1992—2003 年间的居民金融资产规模进行估计。1991 年的居民金融资产主要由现金、银行存款,国债和股票组成。现金以当年流通货币总额的 80% 估算[①]。银行存款可直接使用中国人民银行公布的居民储蓄存款余额数据。中国证监会的数据显示,1991 年,中央政府未偿的国债余额为 1059.99 亿元,其中,国库券 587.51 亿元、财政债券 201.79 亿元、保值公债 124.83 亿元、特种国债 92.73 亿元、重点建设债券 48.95 亿元。其中财政债券的发行对象是银行和非银行金融机构,特种国债的发行对象为国内的企事业单位。只有国库券、保值公债以及重点建设债券的发行对象包含城乡居民,其中,重点建设债券大约有 90% 由企事业单位持有。国库券和保值公债中,居民持有的比例大致为 90%。据此我们认为 1991 年居民部门持有的国债规模大致为 646 亿元。1991 年 A 股市场上市公司数仅 14 家,当年筹资额仅为 5 亿元。因此,相对于银行存款和国债余额总量,1991 年及此前居民部门所持有的股票可以忽略不计。根据以上分析和估算,本章估计 1991 年居民部门实际持有的金融资产规模为 12295.23 亿元。

利用资金流量表中的金融交易表的金融投资数据,我们估算出了 1992—2003 年以及 2011 年和 2012 年中国居民部门的金融资产规模(见表 4-2)。以该方法和数据估算的 2004 年、2005 年居民金融资产规模分别为 174359.58 亿元、204272.38 亿元,分别是《中国金融稳定报告》中同期

---

① 王春正主编:《中国居民收入分配问题》,中国计划出版社 1995 年版,第 194—195 页。

数据的 96.67% 和 97.70%，估算误差在 4% 之内，估算结果是比较接近实际情况的。

表 4-2　1992—2012 中国居民金融资产规模

（单位：亿元）

年份	金融资产	本币通货	存款	证券	证券：债券	证券：股票	证券投资基金份额	证券客户保证金	保险准备金	代客理财资金	其他（净）
1992	16744	3469	11545	—	—	—	—	—	—	—	—
1993	21806	4692	14764	—	—	—	—	—	—	—	—
1994	29572	5831	21519	—	—	—	—	—	—	—	—
1995	38440	6308	29662	—	—	—	—	—	—	—	—
1996	49432	7042	38521	—	—	—	—	—	—	—	—
1997	60609	8142	46280	—	—	—	—	—	—	—	—
1998	73074	8963	53407	—	—	—	—	—	—	—	—
1999	85289	10764	59622	—	—	—	—	—	—	—	—
2000	96158	11722	64332	—	—	—	—	—	—	—	—
2001	110276	12551	73762	—	—	—	—	—	—	—	—
2002	129997	13822	86911	—	—	—	—	—	—	—	—
2003	153107	15797	103617	—	—	—	—	—	—	—	—
2004	180369	17820	129575	15190	6293	8897	1905	1339	14113		
2005	209083	19945	150551	14399	6534	7865	2449	1566	18315		
2006	251600	22469	171737	23945	6944	17001	5618	3128	22680		
2007	335495	25211	181840	58311	6707	51604	29716	9904	27097		
2008	342870	28622	228478	25139	4981	20157	17011	4760	37831		
2009	410869	31982	268650	49997	2623	47374	8383	5695	46226		
2010	494832	37691	315642	59169	2692	56477	7346	4447	52667	14975	
2011	502246	42318	352797	—	—	—	—	—	—	—	—
2012	511952	45580	411352	—	—	—	—	—	—	—	—

注：1992—2003 年以及 2011 年、2012 年的本币通货值为估算结果。1992—2013 年参照王春正（1995）的方法按总通货数量的 80% 计算，2011 年及 2012 则按 2004—2010 年的平均值估算。资料来源：《中国统计年鉴》《中国金融年鉴》《中国金融稳定报告》。

　　从金融资产的总量上看，近二十多年来，中国居民部门持有的金融资产规模增长迅速，2012 年居民金融资产规模已是 1992 年的 30.58 倍，年均增长速度高达 18.65%。2012 年人均金融资产达到 37810.34 元，是 1992

年的 26.46 倍，年均增长速度达到了 17.80%。若以 1978 年不变价格计算，
2012 年人均可比价金融资产规模是 1992 年的 10.87 倍，年均增长速度也
达到了 12.67%。不过，与高收入国家相比，中国居民的金融资产规模仍
然相对较小。与美国、日本相比，2012 年中国居民金融资产总规模仅为美
国的 22.73%（见表 4-3），日本的 51.91%。从人均水平上看，中国与美
日两国的差距则更为显著。2012 年中国人均金融资本存量仅为美国的
4.23%，日本的 3.93%。

表 4-3　居民金融资产规模国际比较

（单位：十亿美元）

年份	居民金融资产总额（十亿美元）			人均金融资产（美元）		
	中国	美国	日本	中国	美国	日本
1992	304	14181	—	259	55606	—
1993	378	15236	—	319	59105	—
1994	343	15701	—	286	60312	—
1995	460	17737	—	380	67493	—
1996	595	18977	—	486	71549	—
1997	731	21719	10622	591	81106	84195
1998	883	24450	10045	707	90472	79424
1999	1030	28157	12305	819	103254	97142
2000	1162	26914	13073	916	95382	102996
2001	1332	25701	11418	1044	90153	89683
2002	1571	23623	11319	1223	82081	88788
2003	1850	27098	12576	1431	93337	98483
2004	2179	30943	13585	1676	105591	106307
2005	2552	33310	14260	1951	112628	111608
2006	3155	36840	13645	2400	123379	106683
2007	4410	38574	13138	3338	127906	102617
2008	4935	31718	14119	3716	104207	110231
2009	6015	34551	15949	4507	112541	124569
2010	7309	39100	17115	5451	126404	133652
2011	8363	40292	18837	5769	129314	147395

年份	居民金融资产总额（十亿美元）			人均金融资产（美元）		
	中国	美国	日本	中国	美国	日本
2012	10098	44433	19452	5990	141563	152549

资料来源：依据 CEIC 数据库数据整理。

二、居民金融资产结构的国际比较

从金融资产的结构上看，储蓄存款至今仍是中国居民最主要的金融资产（见表4-4）。尽管其规模在近年有一定的下降趋势，然而，2012 年储蓄存款在居民金融资产中的比重再次回升至 80.35% 的高位。保险准备金和股票在居民金融资产中的比重近年来快速上升，从需求面看，这一变化体现了中国居民对多元化配置金融资产的需求开始上升，投资理财及避险意识逐渐增强，从供给面看，随着金融领域市场化程度的不断提高，各类金融企业都在有限的政策空间内不断进行产品创新以迎合用户需求。企业债券在居民金融资产中的比重则呈现不断下滑的趋势，这在很大程度上缘于中国债券市场建设的落后。债券市场最主要的品种为政府债、政策性金融债以及企业债。其中企业债特指由中央政府部门所属机构、国有独资企业或国有控股企业发行的债券。债券的发行几乎完全被政府和国有企业垄断，市场活跃度及规模都较低，参与债券交易的以机构投资者为主。

表4-4　1992—2012 年中国居民金融资产结构

年份	本币通货	存款	证券：债券	证券：股票	保险准备金	证券投资基金份额	其他
1992	20.72%	68.95%	—	—	—	—	—
1993	21.52%	67.71%	—	—	—	—	—
1994	19.72%	72.77%	—	—	—	—	—
1995	16.41%	77.16%	—	—	—	—	—
1996	14.25%	77.93%	—	—	—	—	—
1997	13.43%	76.36%	—	—	—	—	—
1998	12.27%	73.09%	—	—	—	—	—

续表

年份	本币通货	存款	证券：债券	证券：股票	保险准备金	证券投资基金份额	其他
1999	12.62%	69.91%	—	—	—	—	—
2000	12.19%	66.90%	—	—	—	—	—
2001	11.38%	66.89%	—	—	—	—	—
2002	10.63%	66.86%	—	—	—	—	—
2003	10.32%	67.68%	—	—	—	—	—
2004	9.88%	71.84%	3.49%	4.93%	7.82%	1.06%	0.98%
2005	9.54%	72.01%	3.13%	3.76%	8.76%	1.17%	1.64%
2006	8.93%	68.26%	2.76%	6.76%	9.01%	2.23%	2.05%
2007	7.51%	54.20%	2.00%	15.38%	8.08%	8.86%	3.97%
2008	8.35%	66.64%	1.45%	5.88%	11.03%	4.96%	1.69%
2009	7.78%	65.39%	0.64%	11.53%	11.25%	2.04%	1.37%
2010	7.62%	63.79%	0.54%	11.41%	10.64%	1.48%	4.51%
2011	8.43%	70.24%	—	—	—	—	—
2012	8.90%	80.35%	—	—	—	—	—

资料来源：《中国金融稳定报告》。

从国际比较的角度看，同为银行主导、以间接融资为主的日本与中国较为接近——银行存款都是这两个国家居民最主要的金融资产（见表4-5），而在以直接融资为主的美国，其家庭部门金融资产的配置则更为分散（见表4-6）。在日本，家庭的金融资产中，银行存款的比例基本稳定在50%左右，仅在2005—2007年有一个明显的下降趋势，但是很快就出现了回升。银行存款与股票之间存在着一定的替代性。保险与养老金在金融资产中的比重也极其稳定，大部分时段都在26.5%的水平左右波动。固定收益类债券的比重也相对稳定。尽管存款在日本家庭金融资产中的比重最大，但与我们所研究的中国样本相近的时期（1997—2012年）里，其平均水平仍比中国低了19.13个百分点。另外，日本家庭将更多的金融资源配置在了保险与养老金领域，2010年两国居民在该领域的金融资产比重相差17.16个百分点。在美国，以直接融资为主的金融市场结构在其家庭金融资产配置上得到了鲜明的体现。美国家庭持有的金融资产中占比最大的是各类公司股票和保险与养老基金。存款、公司债券和各类投资基金的比例大致相当。其中，投资基金的比重在近二十年中保持了稳定的上升趋势，而债券和股票的份额则相应有所下降。这一变化趋势表明，美国家庭越来越倾向于通过持有各类投资基金份额来间接地持有企业的股票和债券，而不是自己挑选股票和债券组合。

表 4-5 1997—2014 年日本家庭金融资产结构

年份	通货	存款	固定收益债券	股票	保险与养老金
1997	2.26%	51.87%	7.00%	6.68%	26.78%
1998	2.44%	52.87%	6.30%	6.17%	27.07%
1999	2.55%	51.03%	5.80%	9.85%	26.08%
2000	2.51%	51.36%	5.83%	8.60%	26.65%
2001	2.82%	52.71%	5.48%	6.53%	27.24%
2002	2.94%	52.18%	4.52%	6.04%	29.37%
2003	2.95%	50.58%	4.40%	7.38%	29.07%
2004	2.97%	50.33%	4.94%	8.22%	28.30%
2005	3.26%	46.85%	5.84%	12.67%	26.58%
2006	3.26%	46.16%	6.81%	12.52%	26.33%
2007	3.39%	47.75%	7.81%	9.03%	27.20%
2008	3.59%	51.11%	6.39%	6.01%	28.75%
2009	3.55%	50.75%	6.72%	6.35%	28.28%
2010	3.63%	51.00%	6.72%	6.75%	27.80%
2011	3.60%	52.09%	5.97%	6.47%	27.84%
2012	3.62%	51.40%	6.03%	7.20%	27.63%
2013	3.50%	49.63%	6.61%	9.46%	26.70%
2014	3.51%	49.03%	7.13%	9.54%	26.37%

资料来源：日本银行。

表 4-6 1992—2014 年美国家庭金融资产结构

年份	通货	存款	债券	股票	基金份额	保险和养老金
1992	3.13%	13.75%	10.88%	32.78%	6.40%	33.05%
1993	3.29%	12.08%	10.75%	33.32%	7.06%	33.50%

年份	通货	存款	债券	股票	基金份额	保险和养老金
1994	3.16%	11.21%	11.61%	32.62%	7.46%	33.94%
1995	2.76%	10.69%	11.42%	33.94%	7.46%	33.73%
1996	2.34%	10.40%	10.97%	34.77%	8.19%	33.33%
1997	1.92%	9.94%	10.08%	35.96%	8.71%	33.39%
1998	1.65%	9.19%	9.44%	37.64%	9.40%	32.67%
1999	1.53%	8.57%	8.75%	39.21%	9.81%	32.14%
2000	1.20%	8.58%	8.20%	39.71%	10.47%	31.84%
2001	1.33%	10.09%	8.54%	35.78%	10.37%	33.89%
2002	1.32%	11.15%	8.28%	33.64%	10.09%	35.52%
2003	1.31%	11.56%	7.73%	33.54%	10.02%	35.84%
2004	0.99%	11.05%	9.30%	34.49%	10.01%	34.15%
2005	0.74%	11.11%	8.95%	35.84%	9.78%	33.57%
2006	0.53%	11.15%	8.84%	36.79%	10.07%	32.62%
2007	0.31%	11.20%	8.65%	36.98%	10.88%	31.97%
2008	0.36%	12.68%	10.60%	31.72%	11.06%	33.59%
2009	0.73%	13.47%	11.99%	27.42%	10.87%	35.51%
2010	0.71%	12.90%	10.95%	28.40%	10.87%	36.17%
2011	1.09%	12.57%	9.79%	29.53%	11.03%	35.98%
2012	1.42%	12.53%	8.88%	29.98%	11.42%	35.77%
2013	1.57%	11.85%	7.62%	32.11%	12.36%	34.50%
2014	1.72%	11.56%	6.53%	33.23%	13.09%	33.87%

资料来源：美国联邦储备委员会（US Federal Reserve Board）。

三、居民金融资产的回报率估算

尽管中国居民的金融资产在近二十年间实现了高速增长，然而居民财产性收入的增长速度相对较低。2012 年居民部门包括利息和红利在内的财产性收入为 24337 亿元，是 1992 年的 20.43 倍，年均增长速度为 16.28%，比金融总资产的增速低 2.86 个百分点；人均财产收入为 1797.42 元，是 1992 年的 17.68 倍，年均增长速度仅为 15.44%，比人均金融资产增长速度低 2.36 个百分点。若以 1978 年不变价格计算，2012 年人均可比价财产收入是 1992

年的 7.26 倍，年均增长速度仅为 10.42%，比可比价人均金融资产增长速度低了 3.07 个百分点。金融资产规模与财产收入间增长速度的差距意味着居民金融资产的回报率不断下降。我们的估算结果显示，1994—2004 年间中国居民的金融投资回报率从 11.68% 迅速下降至 2.32%。而相同时期内美国和日本家庭的金融资产回报率的变化则相对平稳得多（见图 4-1）。

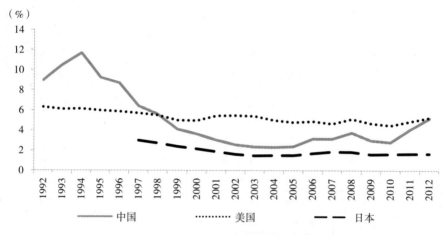

图 4-1 1992—2012 年中美日居民金融资产回报率比较

资料来源：根据《中国金融稳定报告（2012）》《中国统计年鉴》以及美国联邦储备局、日本内阁府经济社会综合研究所、日本银行相关数据整理计算。

从绝对水平上看，在 1999 年之后长达 11 年的时间里，中国居民的金融资本回报率都低于美国，但高于日本。1997—2012 年，中国居民的金融资本回报率平均比日本高了 3.21 个百分点。然而在这一阶段，日本的通货膨胀率始终处于很低的水平，美国的通货膨胀水平则与中国相差不大，2002—2012 年间，中国 CPI 均值为 2.63，美国则为 2.40。因此，在考虑了通货膨胀因素后，中国居民的金融资产实际回报率在 2002 年之后的大多数年份中都低于美日两国（见图 4-2）。在一个正常的市场经济中，居民金融投资的实际回报水平应当与该国资本的稀缺程度呈反向关系。经济学的基本原理告诉我们，一个国家的资本越是稀缺，其边际产出就越高，支付给资本的边际报酬也就越高。以规模报酬不变的 Cobb-Douglas 生产函数 $F(K, L) = AK^{\alpha}L^{1-\alpha}$ 描述一国的投入产出关系，则资本的报酬（r）应等于其边际产出，即 $r = \alpha \times A \times k^{\alpha-1}$，其中 $k = \dfrac{K}{L}$ 为人均资本存量。由于 $\alpha - 1 < 0$，因此，一国资本边际产出与报酬与人均资本存量 k 成反比，与资本产出弹性 α 以及全要素生产率 A 成正比。

尽管在改革开放后，中国无论是金融资本还是实物资本都实现了快速积累，然而与日美两国相比，无论是人均资本存量水平还是全要素生产率都与这两个国家相距甚远。根据宾夕法尼亚大学国际比较研究中心估算的数据显示，至 2011 年，中国的全要素生产率（TFP）为美国的 40.66%，日本的 57.13%。而以购买力平价计算的中国人均资本存量水平仅为美国的 25.79%，日本的 23.47%。学界对中国资本产出弹性的估计一般在 0.5 左右，美日两国则为 0.3，那么，根据 $r = \alpha \times A \times k^{\alpha-1}$ 这一公式计算，中国实际的资本回报率应大致是美日两国的 1.33 倍和 1.96 倍。中国居民过低的实际金融回报率与中国现有的生产技术水平和人均资本存量水平是不相匹配的（见图 4-2）。

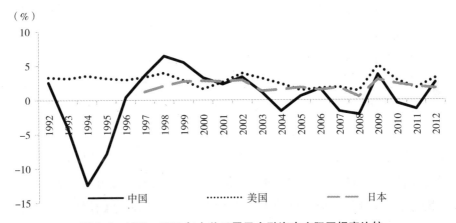

图 4-2　1992—2012 年中美日居民金融资产实际回报率比较

资料来源：依据 CEIC 数据库数据计算。

第三节　资本报酬分配的合理性分析

基于上述对中国居民金融资产及财产收入的分析，我们发现，近二十多年来，中国居民拥有的金融资产规模实现了快速增长，然而金融投资回报率却在1994—2002年之间迅速地下滑，实际投资回报率在2002年之后更是低于资本存量更为丰富的美日两国。在资本报酬的分配过程中，中国居民所获得资本报酬的比例也远低于美、日两国。本节将围绕资本报酬分配的合理性问题展开分析。

一、中国资本存量规模估算

一国的国民收入源于该国企业、政府和居民三部门利用生产要素创造的增加值。部门的初次分配收入源于参与生产过程或拥有生产资产。劳动报酬的获取以居民部门提供劳动力要素，参与生产过程为基础，而资本报酬的获取则取决于对实物生产资本或金融资本的所有权。一国资本收入在部门间的分配是否合理，主要应看其分配的结果是否与各部门所拥有的实物或金融资本所有权相适应，以及是否与各部门所承担的风险相适应。对于一个封闭经济体来说，该经济体的生产资产可从部门的角度分解为：

国内生产资产＝非居民部门的生产资产+非居民部门国内净金融资产+居民部门生产资产+居民部门净金融资产

一般情况下，非居民部门的国内净金融资产都为负值，即存在金融负债。而居民部门的国内净金融资产都为正值，居民部门所拥有的金融债权就是非居民部门的金融负债。因此，由于居民部门的净金融资产所对应的实物是非居民部门相应部分的生产资产[①]，居民部门的金融债权可视为对其他部门相应部分生产性资产收益的索取权，居民部门凭此应当获得相应的资本报酬份额。当然，债权人和债务人所承担的风险有所不同，少数的国有银行与大量的存款者之间的博弈能力也有所不同，这些都会使得居民最终获得的资本报酬份额低于其金融债权在实物生产资本中的比例。不过，在一个正常的市场经济环境下，从长期看，这些因素的影响是可以被合理预期的。本节的主要工作是对中国的生产资本存量进行估算，通过对生产资本存量和居民金融净资产的比较来分析当前资本报酬分配格局的合

---

① 由于非居民部门的生产资产有部分是本部门的经营性留存形成的，因此，居民部门的净金融资产并不构成对全部非居民部门生产资产收益的索取权。

理性。

本节所讨论的生产资本包含了政府和企业投资建设的除住房以外的非生产性项目，包括各类公共设施、文教科卫部门等所拥有的资产。此类资产虽然难以估计其产出价值，但也是社会生产不可或缺的投入要素，因此可以视为广义的生产资产。居民住房主要用于居住消费，可以被视为是一种耐用消费品。居民住房一旦建成投入使用，就不再进入社会再生产过程，因此许多学者在估算资本存量时都予以剔除（Chen 等，1988a，b；谢千里等，1995；大琢启二郎等，2000）。

对全社会资本存量的估算已有一些较成熟的研究成果。CCER"中国经济观察"研究组（2007）、白重恩等（2007）、单豪杰和师博（2008）、方文全（2012）都采用永续盘存法对中国的总资本存量 K 进行估计。目前学界通用的估算方法是 Gold 和 Smith 于 1951 年首创的永续盘存法，其基本估算公式为：

$$K_t = K_{t-1} \times (1 - \delta_t) + I_t$$

利用永续盘存法对总资本存量进行估算涉及以下四个变量：（1）基期资本存量 K；（2）各年投资序列数据 I_t；（3）各年固定资本折旧率 δ_t；（4）最后，还需确定各年的投资价格指数，以使相邻年份的投资数据可以加总。

综合已有研究成果和现有数据资料，本节对以上四个变量的选取和处理如下：（1）选定 1978 年为基期，当期资本存量参照 Chow（1993）核算的 1978 年年末的当年现值资本存量：14112 亿元。对于基期总资本存量中建筑和机器设备的比例，我们假设该比例与历年投资序列中建筑投资与机器设备投资的平均比例相同，从而得到 1978 年建筑和机器设备的资本存量分别为 10294.32 亿元和 3817.682 亿元。（2）选取国家统计局所公布的全社会固定资产投资数据作为历年投资增量，并扣除历年住房投资。1981—1994 年的住宅投资数据采用国家统计局公布的非生产性投资中的住宅投资数据，1995—2003 年则使用固定资产投资中的房地产投资数据，2004—2014 年则采用国家统计局自 2004 年开始公布的新的住宅投资数据。1978—1980 年则假设住宅投资占建安工程投资的比例与 1981 年相同。（3）房屋建筑物与机器设备的折旧率差别较大。参照王益煊和吴优（2003）以及白重恩等（2006）的相关设定，本章假设房屋建筑物和机器设备的使用寿命分别为 38 年和 12 年，相应地，按余额折旧法计算的折旧率为 0.08 和 0.24。最终计算所得的综合折旧率平均为 10.47%[①]。（4）国家统计局自 1990 年开始公布各年度建安工程和机器设备购置的价格指数，1978—1989 年的价格指数，我们分别采用工业品出厂价格指数中的建材工业和机械工业出厂价格指数替代。在 1990—2011 年间，后两者与前者的相关系数达到 0.93 和 0.98。

根据以上假设及资料来源，可以估算出 1978—2013 年间以当年现值计价的全社会生产资产总额。结合对各部门资本报酬分配所得的核算，我们还可以计算出企业部门各年的税后资本回报率（见表 4-7）。

表 4-7　1978—2012 年中国资本存量估算

（单位：亿元）

年份	全社会固定资产投资：建筑安装工程	全社会固定资产投资：设备、工器具购置	建筑安装工程价格指数（上年=100）	机器购置价格指数（上年=100）	住宅投资	扣除住宅后的建筑工程资本存量	机器设备资本存量	总资本存量	税后资本回报率
1978	300.85	165.78	—	—	126.357	10294.32	3817.68	14112.00	—
1979	343.8	143.64	103.5	97.5	144.396	10001.66	2972.54	12974.20	
1980	381.07	136.53	102.5	97.5	160.0494	9652.58	2339.18	11991.76	
1981	317.32	84.22	101.6	98.6	131.63	9208.15	1837.11	11045.26	
1982	397.35	101.67	102.2	99.3	169.91	8885.31	1488.10	10373.41	
1983	993.32	358.31	102.7	99.3	167.06	9221.46	1481.35	10702.81	
1984	1217.58	509.23	102	101.1	168.87	9702.13	1647.44	11349.57	
1985	1655.46	718.08	115.4	111.8	248.51	11707.50	2117.88	13825.38	
1986	1992.72	823.28	113.7	102.8	242.85	13996.39	2477.93	16474.32	
1987	2377.56	997	105.6	104.9	256.97	15718.36	2972.51	18690.87	
1988	2908.56	1221.02	113.4	111.8	292.33	19014.88	3746.70	22761.58	
1989	2812.57	1048.71	123.6	121.2	253.49	24181.28	4499.87	28681.15	
1990	2962.84	1148.39	106.9	109.1	370.19	26374.46	4879.50	31253.96	

---

① 该数值略低于单豪杰和师博（2008）核算工业企业资本存量时设定的 11.6%，略高于 Zhang 等（2007）所使用的 9.6%，与白重恩等（2007）计算的年折旧率极为接近。

年份	全社会固定资产投资：建筑安装工程	全社会固定资产投资：设备、工器具购置	建筑安装工程价格指数（上年=100）	机器购置价格指数（上年=100）	住宅投资	扣除住宅后的建筑工程资本存量	机器设备资本存量	总资本存量	税后资本回报率
1991	3594.26	1435.21	109.7	106.1	494.77	29717.65	5369.85	35087.49	—
1992	5018.65	2063.91	116.8	109.4	793.44	36158.60	6528.61	42687.22	15.04%
1993	7856.2	3144.4	131.3	119.7	1204.5	50329.85	9083.61	59413.46	15.91%
1994	10399.16	4138.04	110.4	109.5	1796.2	59721.98	11697.42	71419.40	16.84%
1995	9395.1	3758.16	104.7	106.3	2831.4	64090.30	13208.27	77298.57	19.71%
1996	10604.24	4375.15	105.1	101.6	3825.29	68749.14	14574.05	83323.19	19.78%
1997	11626.24	4633.38	102.9	98.1	3106.4	73603.28	15499.21	89102.49	19.72%
1998	13752.37	5127.15	100.5	97.5	3579.58	78226.38	16612.06	94838.44	18.88%
1999	15176.37	5190.65	100.3	97.5	4010.17	83350.38	17500.19	100850.56	19.18%
2000	16346.01	5846.72	102.4	97.4	4901.73	89967.00	18801.06	108768.06	20.38%
2001	18739.04	6509.45	101.4	97	6245.48	96421.98	20369.59	116791.57	22.07%
2002	21963.32	7268.01	101	97	7736.42	103822.20	22284.47	126106.67	23.45%
2003	28091.31	9300.67	104.2	97	10106.12	117513.30	25728.78	143242.09	23.17%
2004	36519.22	12455.57	108.2	99.4	10920.79	142575.87	31892.12	174468.00	25.26%
2005	46154.12	16439.23	101.8	99.4	13163.75	166521.23	40531.81	207053.04	24.48%
2006	57099.41	20397.57	101.3	100.7	16260.96	196029.58	51417.38	247446.95	25.20%
2007	71595.25	25694.84	105.14	100.15	21239.17	239973.14	64830.66	304803.80	26.07%
2008	90361.87	33572.29	112.93	100.55	30465.52	309217.88	83114.59	392332.47	25.29%
2009	119780.36	42333.85	96.25	97.61	39481.66	354111.13	103991.24	458102.37	21.76%
2010	148601.27	51692.61	104.93	100.26	51711.77	438732.81	130931.44	569664.25	19.92%
2011	193644.64	63580.02	109.16	101.08	57782.09	576469.62	164162.60	740632.22	17.89%
2012	236601.07	75938.32	101.62	98.9	67485.09	708059.74	199329.50	907389.23	15.76%

资料来源：根据 CEIC 数据库、《中国统计年鉴》和《中国金融年鉴》相关数据计算。

二、中国居民的净金融资本存量及其回报率估算

上述资本存量的核算为我们深入分析居民财产收入占比提供了必要的基础。近20年来，中国居民部门财产收入在总资本报酬中的比例降低可能源于以下两个因素：一是居民的生产资本占比下降；二是金融抑制导致资

本收入转移，即低存款利率、高存贷利差下企业经营性留存和银行垄断利差收入对居民财产收入的侵蚀。

尽管居民持有的金融资产规模在改革开放后快速增长，但其在总资本存量中占有的比例才是决定资本报酬分配的基础。近年来的相关数据显示，居民的生产资本占比存在着下降的可能性：首先，居民储蓄存款在全部存款余额中的比例正在下降。1996—2013 年，银行存款余额中居民储蓄存款占比从 56.18%降至 44.74%；其次，国内固定资产投资资金来源中，来自银行贷款的比例也在下降，1995—2013 年，国内贷款占固定资产投资资金的比例从 20.46%降至 12.09%，企业自筹资金占比上升了 16.11 个百分点。这意味着企业更多地依靠自身资本积累而不是外部融资；最后，证券市场上居民持股比例也大幅降低，上海证交所中个人持股占比在 2007—2011 年间从 48.29%降至 20.47%。为了检验第一种因素的可能性并衡量当前资本收入分配的合理性，我们在先前估算的基础上对 1978 年以来中国居民的净金融资本存量及其回报率进行估算。

对于 1991 年之前的居民金融资产，依据本章第二节对中国居民部门金融资产数量的估算，我们假设为当年储蓄存款加上 90%的国库券余额。对于居民的金融负债，中国人民银行自 2007 年起才开始提供分部门的信贷数据，故对于 2007 年以前的居民金融负债，我们只能依据资金流量表金融交易部分的居民贷款数据进行估算：即假设各年贷款余额为之前贷款流量的加总。该数据起始年份为 1992 年，该年居民新增贷款为 157.8 亿元，为当年居民新增存款的 5.86%。至 1998 年则降至 2.01%。从个人信贷的发展历史来看，居民消费和住房信贷的转折点出现在 1998—1999 年：1998 年 7 月，国务院下发的《关于进一步深化城镇住房制度改革、加快住房建设的通知》正式终结了单位福利分房制度，原有单位住房福利全部改为住房货币化补贴。银行随后即推出个人住房贷款服务。中国人民银行于 1999 年 2 月下发的《关于开展个人消费信贷的指导意见》标志着个人住房、消费信贷业务的正式展开。此后居民个人贷款规模迅速扩大，2012 年，新增个人贷款与新增储蓄存款之比已达 0.47：1。根据个人贷款规模变化的历史成因，我们认为 1992 年之前的居民个人信贷规模与居民存款余额相比可以忽略不计。据此本章假设 1992 年之前居民部门没有金融负债。根据这一算法，完全以资金流量表的居民负债流量数据估算的居民负债余额与中国人民银行自 2007 年起公布的数据相比，平均误差仅为 1.07%，估算结果十分可信（见表 4-8）。

表 4-8 居民金融负债与净金融资产余额估算

（单位：亿元）

年份	居民当年贷款总额	居民贷款余额（人行 2007 年起公布）	居民贷款余额（本章估算）	除现金通货以外的居民金融资产余额	除现金通货以外的居民净金融资产余额
1992	157.80	—	157.80	13275.13	13117.33
1993	169.51	—	327.31	17113.64	16786.33
1994	266.82	—	594.13	23740.96	23146.83
1995	355.08	—	949.21	32132.24	31183.03
1996	89.33	—	1038.54	42389.57	41351.03
1997	150.33	—	1188.87	52466.90	51278.03
1998	839.58	—	2028.45	64111.48	62083.03
1999	1316.30	—	3344.75	74524.78	71180.03
2000	2971.60	—	6316.35	84436.38	78120.03
2001	3506.80	—	9823.15	97725.18	87902.03
2002	5074.30	—	14897.45	116175.48	101278.03
2003	6987.60	—	21885.05	137310.08	115425.03
2004	5802.50	—	27687.55	162549.00	134861.45
2005	3540.80	—	31228.35	189138.00	157909.65
2006	6664.00	—	37892.35	229131.00	191238.65
2007	11979.00	50652.26	50652.26	310284.00	259631.74
2008	7085.00	57057.92	57057.92	314248.00	257190.08
2009	25415.00	81786.90	81786.90	378887.00	297100.10
2010	30548.00	112542.09	112542.09	457141.00	344598.91
2011	25496.00	136011.58	136011.58	459928.00	323916.42
2012	27724.00	161299.99	161299.99	466371.90	305071.91

资料来源：中国人民银行统计司。

从居民部门生产资本占全社会生产资本比重看（见表4-9、图4-3）①，1978—2003年是居民部门生产资本占全社会生产资本比重迅速增长的22年。从1978年的1.49%迅速上升至2003年的80.58%，年均上升3.16个百分点。这与改革开放后国民收入分配格局改变、居民收入快速增长是一致的。这一时期，两大变化推动了居民部门收入水平的大幅提高，为居民部门进行财产积累创造了基础：一是市场化改革导致收入分配结果向劳动者倾斜；二是大量的劳动力从低效率的第一产业向相对高效的第二、三产业转移，该部分劳动者的收入水平与转移前相比有较大提高。2007年之前，居民部门生产资本占比大致平稳在76%—78%之间；2006—2007年，股票市场的繁荣吸引了大量的民间投资，居民金融资产规模出现了短暂上升，由此带动该比例在2007年达到85.18%的最高点（见图4-3）。2008年国际金融危机发生后，中央政府出台了"四万亿元"财政刺激政策加以对冲，在此政策的带动下，各级地方政府纷纷筹建政府投资平台，以国有土地或基础设施收益权为抵押获取大量银行信贷用于基础设施建设。未开发的国有土地原先并不在社会生产性固定资产的范畴内，地方政府的融资行为相当于将该部分土地商品化，成为新增的社会生产性资产，这一举措大大增加了政府部门持有的资产规模，从而导致居民部门资产占比在2008年之后出现急剧下降。

表4-9　1978—2012年中国居民部门生产资本占比情况

（单位：亿元）

年份	社会总生产性资本存量 (1)	居民部门净金融资产 (2)	居民部门的生产资本占比（3=(2)/(1)）	居民净财产收入占总资本报酬比例 (4)	全社会税后资本报酬率 (5)	居民净金融资产报酬率 (6)
1978	14112.00	210.60	1.49%	—	—	—
1979	12974.20	281.00	2.17%	—	—	—

---

① 由于缺乏较为权威的统计资料来源，因此1991年之前的居民净金融资产以居民存款余额替代。1991年由于假设居民没有金融负债，因此该年居民净金融资产余额为所有金融资产减现金通货，截至1991年12月，流通现金总余额为3177.8亿元，根据本章第二节的估算方法及数据，该年居民净金融资产余额=12295.23-3177.8×0.8，即9753亿元。

续表

年份	社会总生产性资本存量（1）	居民部门净金融资产（2）	居民部门的生产资本占比（3=（2）/（1））	居民净财产收入占总资本报酬比例（4）	全社会税后资本报酬率（5）	居民净金融资产报酬率（6）
1980	11991.76	399.50	3.33%	—	—	—
1981	11045.26	523.70	4.74%	—	—	—
1982	10373.41	675.40	6.51%	—	—	—
1983	10702.81	892.50	8.34%	—	—	—
1984	11349.57	1214.70	10.70%	—	—	—
1985	13825.38	1622.60	11.74%	—	—	—
1986	16474.32	2238.50	13.59%	—	—	—
1987	18690.87	3081.40	16.49%	—	—	—
1988	22761.58	3822.20	16.79%	—	—	—
1989	28681.15	5146.93	17.95%	—	—	—
1990	31253.96	7034.18	22.51%	—	—	—
1991	35087.49	9753.00	27.79%	—	—	—
1992	42687.22	13117.33	30.73%	11.48%	15.04%	9.04%
1993	59413.46	16786.33	28.25%	11.94%	15.91%	10.65%
1994	71419.40	23146.83	32.41%	14.11%	16.84%	11.90%
1995	77298.57	31183.03	40.34%	12.44%	19.71%	9.47%
1996	83323.19	41351.03	49.63%	13.48%	19.78%	8.86%
1997	89102.49	51278.03	57.55%	11.22%	19.72%	6.54%
1998	94838.44	62083.03	65.46%	11.26%	18.88%	5.76%
1999	100850.56	71180.03	70.58%	8.90%	19.18%	4.24%
2000	108768.06	78120.03	71.82%	5.71%	20.38%	2.49%
2001	116791.57	87902.03	75.26%	4.95%	22.07%	2.18%
2002	126106.67	101278.03	80.31%	4.60%	23.45%	2.02%
2003	143242.09	115425.03	80.58%	4.43%	23.17%	1.94%
2004	174468.00	134861.45	77.30%	4.19%	25.26%	2.01%
2005	207053.04	157909.65	76.27%	4.39%	24.48%	2.07%
2006	247446.95	191238.65	77.28%	5.81%	25.20%	2.74%
2007	304803.80	259631.74	85.18%	6.22%	26.07%	2.75%

续表

年份	社会总生产性资本存量（1）	居民部门净金融资产（2）	居民部门的生产资本占比（3＝(2)／(1)）	居民净财产收入占总资本报酬比例（4）	全社会税后资本报酬率（5）	居民净金融资产报酬率（6）
2008	392332.47	257190.08	65.55%	5.86%	25.29%	3.16%
2009	458102.37	297100.10	64.85%	5.55%	21.76%	2.65%
2010	569664.25	344598.91	60.49%	4.98%	19.92%	2.40%
2011	740632.22	323916.42	43.74%	5.40%	17.89%	3.25%
2012	907389.23	305071.91	33.62%	6.18%	15.76%	4.29%

资料来源：根据 CEIC 数据库、《中国统计年鉴》和《中国金融年鉴》相关数据计算。

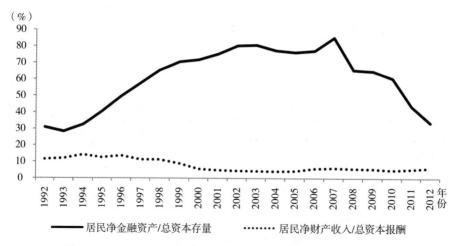

图 4-3 1992—2012 年中国居民财产收入与资本所有权占比情况

资料来源：根据《中国统计年鉴》和《中国金融年鉴》等相关数据计算。

　　居民金融资产报酬率远远低于全社会税后资本报酬率是居民财产收入占比不断下降的主要原因。1992—2007 年，中国全社会税后资本报酬率稳中有升。1992—1998 年平均为 17.98%，2000—2007 年，升至 23.76%，2008 年的金融危机对中国的资本回报率产生了较大的负面影响，至 2012 年，该指标已降至 15.76%，但 2008—2012 年间的平均资本回报率仍有 21.11%。1996—2002 年，在全社会税后资本报酬率稳步上升的同时，央行却连续八次下调了存贷款利率。2002 年 2 月降息后，一年期和一至五年期贷款利率分别降至 5.31% 和 5.58%，低于全社会税后资本回报率 18 个百分点以上。而存款利率则降至 1.98%。这一举措直接导致了 1999 年之后居民金融投资的回报率始终处于较低的水平。

存款利率的大幅度下降迫使部分居民进入风险更高的股票市场。在此期间，上证综合指数从 1996 年 5 月的 643.65 点上升至 2001 年 6 月的 2218 点，同期深圳综合指数也从 164.04 点上升至 658.27 点。但是，居民部门却无法通过持股分享企业利润的上升：首先，股市规模有限，至 2002 年，两市流通市值 12484.56 亿元，仅为同期储蓄存款余额的 14.36%。其次，上市公司很少现金分红。2002 年 1224 家上市公司的股利分配率（股利分配率＝每股税前派息／（净利润本期值／实收资本本期期末值））平均仅为 27.41%，有 600 家也即 49% 的上市公司未派息。居民投资股市，主要收益来自股价上涨带来的持有收益增加。它仅仅改变了金融资产在居民部门内的分布，整个居民部门的金融资本收益并不因此提高。

在央行大幅降息之前，银行存贷款利差已经大幅度提高。1995 年 7 月至 1999 年 6 月，存贷款利差从 1.08 个百分点扩大至 3.6 个百分点。对于以存贷利差为主要收入来源的银行，这一举措相当于将其盈利能力直接提升了 2 倍。在降息过程中，存贷利差并不随之调整，3.6 个百分点的存贷利差一直维持到了 2002 年 1 月，此后保持在 3.33 个百分点的水平上。存贷利差的扩大及固化使银行将降息的损失全部转移给了居民部门。

如前所述，实行金融抑制，在市场化转轨过程中，目的在于维持国有经济的再生产与扩大再生产，它迫使居民补贴企业（尤其是国有企业），降低企业资金成本，以实现粗放型的高投资、高增长。1996—2002 年的八次降息，明显地体现了这一政策意图。《中国财政年鉴》数据显示，1996 年国有工业企业的亏损面达到了 37.5%，较上年上升了 5.2 个百分点，是自 1990 年以来升幅最大的一年。1997 年，亏损面进一步攀升到 43.9%。1994 年，国有工业企业的净资本回报率还有 4.32%，到 1996 年则跌至 0.81%，1997 年更跌至 0.28%。1997 年，全国国有企业的净资本回报率仅为 1.70%。可以认为，国有企业财务状况的恶化是央行大幅降低存贷利率的主要原因之一。

第四节　利率管制下的居民财产收入损失

　　诸多事实与分析表明，利率管制导致了中国居民应有财产收入的损失，但是，损失量则较难确定。其关键在于合理的居民部门金融资本报酬率难以确定。尽管我们知道，它介于全社会税后资本报酬率与实际的居民部门金融资本报酬率之间。它应当低于全社会的税后资本报酬率。因为储蓄存款风险较低，实际生产经营风险较高。包括银行在内的企业部门贷款从事生产和经营，承担了生产经营风险，理应获得风险收益；其次，银行为居民和企业提供金融服务，居民和企业必须为此向银行付费，使银行能补偿经营成本，获得正常利润。当然，它应大于现有的居民部门金融资本报酬率。但是，在二者之间的具体位置则有待探讨。在充分竞争的金融市场上，竞争可以解决资金供需双方的收益分配问题；在金融管制情况下，合理的收益分配比例无法通过市场竞争实现，只能通过估算得到一种尽可能接近的近似估计。本章尝试采取合理成本扣除法，从社会税后资本报酬率中减去企业经营的风险收益率及居民部门应承担的金融服务费率，从而得到合理的居民部门金融资产报酬率，将其与实际的居民部门金融资产报酬率进行比较，而后根据1992—2012 年居民部门金融资产数量算出利率管制导致的历年居民财产收入损失。

　　第一，生产经营风险可以分为单个企业面临的偶发性经营风险和整个经济面临的系统性风险。金融机构承担的偶发性经营风险就整体而言，是一个社会平均数。因此，我们以金融机构对风险的估值来衡量当期市场风险溢价水平。世界银行以借贷利率与短期国债收益率间的利差衡量该国的借贷风险水平。1992—2013 年，日本的风险利差在 1.25—3.24 个百分点之间，美国的风险利差在 2.97—3.64 个百分点之间。中国金融市场上的无风险利率更适宜的指标则是银行间同业拆借利率[①]。其数据起始年份为1996 年 1 月。但是在 1996 年 1 月至 1998 年 3 月间与贷款利率严重倒挂，利差难以反映正常风险收益水平。因此，我们选取 1999—2012 年一月期银行同业拆借利率与一年以下贷款利率间差额的月度平均值来衡量当年市场风险溢价水平[②]。以该指标衡量的风险溢价水平在 1999—2012 年间都在1.19—3.68 个百分点的范围内[③]，与日本、美国的风险利差水平大致相当。我们取均值 2.44 个百分点来替代 1992—1996 年的风险溢价。1997 年爆发了亚洲金融危机，我们将 1997 和 1998 年的风险溢价调高至 4 个百分点，稍高于 2008 年和 2009 年。另一种风险是体制转轨产生的系统性风险，其中最严重的是国有企业预算软约束和政策性贷款导致的银行巨额不良贷款。中国金融系统过去完全是，现在则基本上是国有垄断，因此，这一类经营损失最终还是由政府出资解决，实际上是由全民共同承担的。因此，本章不对资本收入中的这一类系统风险报酬进行估算。

第二，依据 SNA 中对金融服务产出核算的界定，金融部门获取的利差收入应当是存款方和贷款方支付的金融服务费。中国银行部门的利差和盈利水平，无论与国际同行还是与国内其他行业企业比，都是相当高的。20世纪 80 年代金融自由化改革以来，日本银行的存贷利差不断收窄，2013年仅 0.76 个百分点，中国台湾地区自金融自由化改革以来，存贷利差从1997 年的 2.9 个百分点降至 2014 年的 1.44 个百分点。目前国内的存贷利差超过了 3 个百分点，明显偏高。根据 CSMAR 数据库的上市公司数据与CEIC 数据库中的银行财务数据计算，2008—2012 年中国银行的净资产利润率比上市公司平均水平高 3—7 个百分点，前者平均是后者的 1.48 倍。银行的高利润水平显然与其垄断地位和利率管制下的高利差密不可分。一般而言，在有效竞争市场中，银行的平均收益率不应高于社会平均水平。如果以上市公司同期的平均利润水平计算，2009—2013 年银行实际存贷利

---

① 中国银行间拆借市场无论是交易量还是市场化程度都优于国债二级市场。在中国可以进入同业拆借市场的金融机构基本为政府控股，因此实际上是以政府信用作为担保的。此类机构间交易的风险水平可以认为与国债的风险水平是基本相近的。

② 严格来说这两个利率的期限结构并不完全相同。但是一月期的同业拆借是一个月以上期限同业拆借中交易量最大的，其价格水平的变动应该最能反映银行对市场风险的判断。

③ 扣除爆发国际金融危机的 2008 年和 2009 年。

差应在 1.89—3.02 个百分点之间①，均值为 2.54 个百分点。因此，合理的居民金融资产回报率应约比全社会税后资本回报率低 3.8—6.2 个百分点，据此可以估算出 1992—2012 年居民部门的财产收入损失（见表 4-10）及应得的财产收入（见表 4-11）。

表 4-10　利率管制对中国居民财产收入造成的损失估算

年份	低利率对居民财产收入造成的损失（十亿元）	居民财产收入损失占可支配收入的比例	居民财产收入损失应得财产收入的比例	居民财产收入损失占 GDP 的比例
1992	13.42	0.73%	10.17%	0.49%
1993	4.69	0.21%	2.55%	0.13%
1994	−0.84	−0.03%	−0.31%	−0.02%
1995	164.02	4.07%	35.70%	2.59%
1996	245.51	5.10%	40.11%	3.31%
1997	340.45	6.32%	50.39%	4.17%
1998	408.31	7.16%	53.30%	4.72%
1999	745.02	12.47%	71.15%	8.18%
2000	944.71	14.20%	82.90%	9.57%
2001	1269.79	17.67%	86.87%	11.65%
2002	1612.26	20.82%	88.76%	13.38%
2003	1840.32	21.09%	89.13%	13.47%
2004	2461.82	24.99%	90.08%	15.29%
2005	2556.85	22.65%	88.67%	13.64%
2006	3144.86	23.93%	85.74%	14.12%
2007	4561.76	28.77%	86.47%	17.11%
2008	4053.67	21.80%	83.29%	12.83%
2009	3758.99	18.13%	82.70%	10.78%
2010	4173.05	17.16%	83.46%	10.36%
2011	3510.92	12.29%	76.94%	7.43%
2012	2069.66	6.44%	61.27%	3.91%

资料来源：作者估算。

---

① 该利差水平以加权平均贷款利率与上浮至浮动上限的存款利率计算，而不是基准存贷利率。

表4-11　1992—2012年中国居民部门应得的财产收入估算

年份	居民应得净财产收入（十亿元）	居民应得财产收入占总资本报酬比例	居民应得财产收入占GDP的比例	居民部门应有的净金融资产回报率	调整后的居民初次分配收入占比
1992	131.95	12.78%	4.79%	10.06%	65.04%
1993	183.53	12.26%	4.97%	10.93%	59.89%
1994	274.56	14.06%	5.47%	11.86%	62.39%
1995	459.42	19.35%	7.27%	14.73%	64.33%
1996	612.02	22.52%	8.25%	14.80%	63.49%
1997	675.63	22.62%	8.27%	13.18%	67.28%
1998	765.98	24.12%	8.85%	12.34%	68.11%
1999	1047.13	30.85%	11.49%	14.71%	71.33%
2000	1139.59	33.38%	11.54%	14.59%	76.21%
2001	1461.72	37.73%	13.41%	16.63%	77.00%
2002	1816.37	40.97%	15.08%	17.93%	77.13%
2003	2064.82	40.72%	15.11%	17.89%	76.80%
2004	2732.94	42.26%	16.98%	20.26%	75.86%
2005	2883.56	38.77%	15.39%	18.26%	73.68%
2006	3668.02	40.75%	16.47%	19.18%	72.99%
2007	5275.59	45.97%	19.79%	20.32%	76.68%
2008	4866.67	35.07%	15.40%	18.92%	71.50%
2009	4545.38	32.09%	13.03%	15.30%	70.00%
2010	5000.17	30.09%	12.41%	14.51%	70.40%
2011	4563.26	23.42%	9.66%	14.09%	67.58%
2012	3378.06	15.95%	6.38%	11.07%	64.25%

资料来源：作者估算。

利率管制导致的居民财产收入损失十分惊人。在1992—2012年间，若以1978年不变价计算，居民部门的财产收入损失累计高达50241.36亿元。1992—2012年，居民应得财产收入的64.25%被转移给了非居民部门，其中最高年份的转移比率高达90.08%，居民因此损失的收入约占1992—2012年GDP总量的9.71%。假设转移支付数量不变，依据调整后的居民初次分配收入对居民可支配收入进行相应调整，结果显示，尽管中国居民可支配收入占比与美、德、日等发达国家相比仍然偏低，但是，差距明显缩小了（见图 4-4）。当然，差距依然存在说明导致中国居民可支配收入占比偏低的另外一个重要的原因是 20 世纪 90 年代中后期以来随着经济市场化，出现了收入分配向资本倾斜，利润侵蚀工资，劳动要素的报酬被压低。

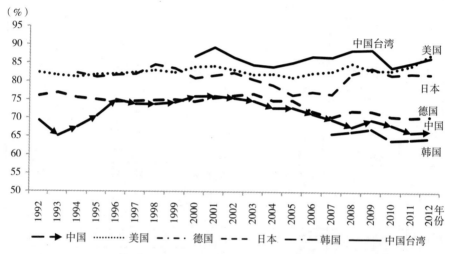

图 4-4 调整后的居民可支配收入占比的国际比较

资料来源：作者估算。

第五节 结 论

在本章中，我们利用永续盘存法估算了中国 1978 年以来的实物资本存量时间序列，并以此为基础检验了中国资本报酬分配结构的合理性。我们认为，中国人民银行在 20 世纪 90 年代末期的八次连续降息以及此后长时间的将存款利率抑制在极低水平是导致近年来居民财产收入水平停滞不前的主要原因之一，而利率管制导致的收入转移帮助企业部门积累了可观的自有资本。促使央行实行这一政策调整的主要原因是国有企业的大范围亏损和银行在前期积累的巨额不良贷款。由于金融危机和体制性原因导致企业经营困难，尤其当其危及整体经济安全时，政府有责任适当救助。但是，通过大幅下调管制利率将负担转嫁给居民却是值得商榷的，在此期间还大幅度扩大存贷款利差，更是令人难以理解。从分配公平的角度看，让居民部门补贴国有企业和国有银行系统是难以让人接受的。

参考文献

［1］白重恩、钱震杰：《国民收入的要素分配：统计数据背后的故事》，《经济研究》2007 年第 3 期。

［2］CCER "中国经济观察" 研究组、卢锋：《中国资本回报率估测（1978—2006）——新一轮投资增长和经济景气微观基础》，《经济学（季刊）》2007 年第 3 期。

［3］［日］大琢启二郎、刘德强、［日］村上直树：《中国的工业改革：过去的成绩和未来的前景》，上海人民出版社 2000 年版。

［4］方文全：《中国的资本回报率有多高？——年份资本视角的宏观数据再估测》，《经济学（季刊）》2012 年第 2 期。

［5］李扬、殷剑峰：《中国高储蓄率问题探究：1992—2003 年中国资金流量表的分析》，《经济研究》2007 年第 6 期。

［6］单豪杰、师博：《中国工业部门的资本回报率：1978—2006》，《产业经济研究》2008 年第 6 期。

［7］王益煊、吴优：《中国国有经济固定资本存量初步测算》，《统计研究》2003 年第 5 期。

［8］谢千里、罗斯基、郑玉歆：《改革以来中国工业生产率变动趋势的估计及其可靠性分析》，《经济研究》1995 年第 12 期。

［9］Chen K., H. Wang, Y. Zheng, G. Jefferson and T. Rawski, "Productivity Change in Chinese Industry: 1953-1985", *Journal of Comparative Economy*, 1988a, Vol. 12.

［10］Chong-En Bai, Chang-Tai Hsieh and Yingyi Qian, "The Return to Capital in China", NBER Working Papers 12755, National Bureau of Economic Research, Inc., 2006.

［11］Chow G. C., "Capital Formation and Economic Growth in China", *Q. J. E.*, 1993, August.

第五章 谈判地位、价格
加成与劳资博弈[*]

在产品市场和劳动力市场同时均衡的框架下，本章将探究工人与厂商博弈过程中实际工资的决定过程，为系统理解近年来中国劳动报酬份额下降提供了一个新的思路。通过产品市场和劳动力市场两部门一般均衡分析，提出近年来中国劳动报酬份额显著下降，是劳动力市场工人谈判力量下降和产品市场价格加成上升共同作用的结果。劳动力市场上工人谈判地位的演变和产品市场价格加成上升的经验事实初步印证了这一假说。由此得出的政策结论是，需要通过在产品市场上进一步破除垄断，解除管制，使各种所有制经济真正成为公平的市场竞争主体，依法平等使用生产要素，公平参与市场竞争，同等受到法律保护，同时健全现代市场体系，建立、完善劳资双方劳动报酬的集体谈判机制，强化法律和工会对企业职工劳动权益的保护，实现劳动力市场上劳资双方的力量对比平衡。

第一节 引 言

观察中国劳动报酬占 GDP 份额的变化趋势，可以发现，20 世纪 90 年代中期是一个分水岭（见图 5-1）。1978 年，劳动者报酬占比低于 50%（49.66%），改革开放后逐渐提高，1984 年达到 53.57%，其后缓慢回落至

---

* 本章作者：谢攀、李文溥、刘榆。

1989 年的 51.51%，1990 年到达改革开放以来的最高点（53.42%），1995
年以后逐年下降。从劳动报酬的结构上看，改革开放前大部分劳动报酬表
现为非工资收入，改革开放后，随着工业化和城镇化的进程加快，劳动报
酬则逐步向工资收入转移，从而引起劳动收入份额增加（李扬，1992）。
向书坚（1997）、杨少华和徐学清（2000）等对 1978—1995 年间中国要素
分配份额的研究也得到了类似结果。跨国研究发现，最近几十年中，劳动
收入份额不仅在大多数国家呈下降的趋势，而且在金融危机中往往急剧下
降，以后仅部分地回升（Diwan，1999）。

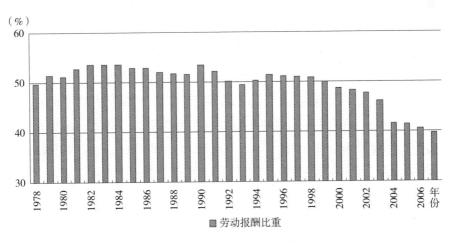

图 5-1　劳动报酬占 GDP 的比重

资料来源：作者利用 Hsieh 和 Li（1999）和《中国统计年鉴》省际收入法 GDP 数据计算；1992 年
之前的数据来自 Hsieh 和 Li（1999），1993—2004 年采用《中国国内生产总值核算历史
资料：1952—2004》的数据，2005 以后则采用《中国统计年鉴》的数据。

对于这一变化趋势的研究，现有文献主要从产业结构、技术进步等宏
观层面展开。白重恩和钱震杰（2009a）发现劳动收入份额自 1995 年下降
了约 10 个百分点，认为主要原因是农业部门向非农业部门转型的产业结构
性变化和工业部门的劳动收入份额降低，国有企业改制和垄断程度的增加
等非技术因素是工业部门劳动收入份额降低的主要原因。罗长远和张军
（2009a）的分析得到类似的结论，认为 1996 年之后劳动收入占比的下降
与工业化达到一定高度之后现代化推进速度较慢有关，第一产业比重不断
下降，第三产业发展比较缓慢，三次产业的劳动收入占比下降也是重要原

因。黄先海和徐圣（2009）从技术进步的角度进行研究，强调资本深化能提高劳动收入比重，但大于 0 小于 1 的乘数效应缩小了其对劳动收入比重的正向拉动作用，劳动节约型技术进步是劳动密集型和资本密集型部门劳动报酬比重下降最主要的原因。运用中国 1987—2004 年省级面板数据，通过对联立方程模型进行三阶段最小二乘分析，罗长远和张军（2009b）进一步发现，FDI、经济发展水平以及民营化都不利于劳动收入占比的改善。资本密集型产品进口、财政支出以及物质资本和人力资本积累对劳动收入占比起促进作用。

这些宏观层面的研究对理解中国近 20 年来的劳动报酬占比下降提供了有益的认识。但是，任何宏观经济现象都有其微观基础及体制、机制背景，宏观经济现象的微观基础研究有利于宏观经济分析的深化。Gomme 等应用基于两种类型代理人、工人和企业家的 RBC 模型较好地解释了第二次世界大战后美国劳动收入份额的反周期变动（Gomme 和 Greenwood，1995）。假设产品市场垄断竞争决定经济租金规模，劳动力市场讨价还价决定租金分配，Blanchard 和 Giavazzi（2003）发现 20 世纪 80 年代欧洲诸国的失业率上升和劳动报酬份额下降是由劳动力市场放宽管制导致工人谈判力量相对削弱引起的。中国自 1995 年以来的劳动报酬份额下降，是劳动力市场要素价格扭曲的集中体现。如不从扭曲要素比价的微观基础入手，剖析劳动报酬份额下降的根本原因，似乎难以真正洞悉转型期中国经济内部结构失衡的本质。近期，一些研究开始将目光投向对要素市场扭曲微观基础的讨论（Hsieh 和 Klenow，2009；朱喜等，2011；杨振和陈甬军，2013）。我们通过对国民收入分配格局的梳理和发展相似阶段国际间比较发现，劳动报酬份额决定不仅与劳动力市场，而且与产品市场密不可分。仅仅从产业结构变迁、技术进步等宏观视角，或从劳动供给与需求出发得到的均衡工资和工人数对现实的解释力有限。

本章拟从劳动力市场和产品市场结合的角度，对中国 20 世纪 90 年代中期以来劳动报酬份额下降的成因进行微观机制研究。首先，分析两个市场同时均衡条件下，劳动报酬份额的决定机制。其次，推导出理解劳动报酬份额下降的假说：20 世纪 90 年代中期以来中国劳动报酬份额显著下降，是劳动力市场上工人谈判力量下降和产品市场上价格加成上升共同作用的结果。再次，通过对中国经验事实的观察来初步考证这一假说。最后是结论和政策含义。

第二节 劳动报酬份额决定的均衡分析

一、模型设定

为了更好地揭示劳动力市场和产品市场对劳动报酬的影响，本章参考Blanchard 和 Giavazzi（2003）的设定方式，来分析中国劳动报酬份额的决定机制。将工人的效用函数、厂商的生产函数、工人与厂商之间讨价还价的基本形式设定如下：

1. 工人

存在 L 个工人（消费者），每一期工人的效用函数为：

$$V = \left[m^{-1/\sigma} \sum_{i=1}^{m} C_i^{(\sigma-1)/\sigma} \right]^{\sigma/(\sigma-1)} \tag{5-1}$$

其中，$\sigma = \bar{\sigma} g(m)$，$g'(\cdot) > 0$，$\bar{\sigma}$ 是常数，m 是产品的种类（短期外生给定，长期由市场进入成本内生决定），C_i 为工人消费产品 i 的数量。如此设定效用函数，有两点经济含义。第一，假定消费存在对称性，即工人以相等的比例消费 m 种产品，因此，工人消费产品 i 的数量 $C_i = C/m$，从而效用 $V = C$。也就是说，产品种类的增多并不直接增加效用。第二，产品种类增多将增加产品间的替代弹性，从而间接地影响厂商面临的需求价格弹性。这缘于此处对 σ 的假设，像 Hotelling 模型那样，此处 σ 是 m 的增函数，而不是像 Dixit-Stiglitz 框架中为常数。所以，如果放松管制将吸引厂商加入，丰富产品种类。当然，这一作用是通过削弱厂商垄断力量得以发挥的。

每一期，工人供给 0 或 1 单位劳动，并且将所有收入都用于消费（本章不考虑储蓄，也即不存在跨期选择）。于是，工人的预算约束为：

$$\sum_{i=1}^{m} P_i C_i = W N^s + P f(u)(1 - N^s)$$

此处，N^s 为工人的劳动供给。工人不工作时，$N^s = 0$，工作时，$N^s = 1$，$f'(\cdot) < 0$，P 为消费价格指数：

$$P \equiv \left(\frac{1}{m} \sum_{i=1}^{m} P_i^{1-\sigma}\right)^{1/(1-\sigma)}$$

消费支出在工人工作时等于劳动收入，在工人不工作时等于非劳动所得。工人未被雇佣时的保留工资是失业率 u 的减函数。基于消费对称性的假设，$C_i = C/m$，代入上方的工人预算约束，从而将工人每一期的效用进一步改写为：

$$(W/P - f(u)) N^s + f(u)$$

其中，第一项表示就业时的劳动报酬。与以往文献不同，此处为剔除保留工资后的实际报酬，进一步反映了劳动者基于对失业率的研判来衡量实际收入水平；第二项表示工人未就业时的保留工资。如果市场工资尚未达到工人对其边际闲暇价值的估计，那么工人宁愿不工作，也不愿意接受水平低于自己设定的最低薪酬去工作，即"保留"自己的劳动力。

2. 厂商

假设每个厂商只生产一种产品，即厂商数目与差异化产品种类相等。那么，厂商 i 的生产函数可以表示为：

$$Y_i = N_i^{\ d}$$

其中，$N_i^{\ d}$ 表示厂商的劳动投入数量。为聚焦劳动力供求的影响，此处暂不考虑资本，产量也不存在直接或间接的影响。因此，在完全竞争条件下，劳动的生产率恒等于 1。每个厂商由一名企业家经营，其效用函数与（5-1）式给出的消费者效用函数相同。每一期，厂商获得的利润全部用于消费。厂商 i 的名义利润记为 $P_i Y_i - W_i N_i^{\ d}$，或等价表示为 $(P_i - W_i) N_i^{\ d}$。

3. 讨价还价

每一期，每个厂商与 L/m 个工人就工资进行讨价还价，工人们可以选择工作或待业。此处，假设厂商与工人之间的讨价还价采用纳什议价（Nash bargaining）形式：厂商 i 与工人共同选择工资和就业水平，从而最大化他们收益对数的几何平均：

$$\beta\log((W_i - Pf(u))N^s) + (1 - \beta)\log((P_i - W_i)N_i^d) \qquad (5-2)$$

（5-2）式第一项表示工人在厂商 i 工作获得的收益（在消费对称性的假设下），第二项表示厂商 i 的利润，β 反映工人议价能力的相对强弱。当工人议价能力较强时（即 β 较高），对分配经济租金（rents）享有更多话语权，那么至少在短期内不必承受就业下降的痛苦，获得较高的工资。

二、短期均衡分析

短期，厂商数量（即产品数量）被视为给定的，长期则由市场进入条件决定。厂商和工人对租金的短期分配决定了厂商长期的均衡数量。尽管经历多轮行政审批改革后，中国的行政审批事项大幅精简，但是，在现实中，不仅在垄断行业，而且在竞争性领域，一些部门和地区仍频频利用"红头文件"、规章等行政资源，以登记、备案、年检、监制、认定、审定以及准销证、准运证等形式，变相设置审批事项，直接或间接地阻碍要素流动，为市场竞争制造障碍。本章将厂商面临的此类障碍统一视为进入成本，并记为 c，为方便起见，假设影子成本 c 与产出 Y（或就业 N）成正比。

1. 短期局部均衡

给定工人和企业家的偏好，对产品 i 的需求可以表示为：

$$Y_i = (Y/m)(P_i/P)^{-\sigma} \qquad (5-3)$$

此处，Y 是总需求（总产出），Y_i 是对产品 i 的需求，在相对价格为 1 时，厂商面临的需求为总需求的 $1/m$，相对价格的需求弹性为（$-\sigma$）。给定 Y，P 和失业率 u，厂商 i 和工人们选择就业 N_i、价格 P_i 和工资 W_i，从而最大化（5-2）式，可得：

$$\frac{P_i}{P} = (1 + \mu(m))f(u) \qquad (5-4)$$

其中，$\mu(m)$ 是相对价格对保留工资的加成，具体可以表示为：

$$\mu(m) = 1/(\bar{\sigma}g(m) - 1), \mu'(m) < 0$$

实际工资可以表示为：

$$\frac{W_i}{P} = (1 - \beta)f(u) + \beta(P_i/P)$$

将（5-4）式代入上式得到：

$$\frac{W_i}{P} = [1 + \beta\mu(m)] f(u) \qquad\qquad (5-5)$$

（5-5）式意味着短期局部均衡时，实际工资是 β 和 μ 的增函数。对此有以下两点经济含义：第一，β 越高，总租金中归属工人的份额就越大。因为保留工资不受影响，故此时工资增加对就业没有影响。第二，μ 越高，实际工资就越高。厂商因价格加成的上升而获得更多的租金，租金及其增量中的一定比例便可以实际工资增加的形式分配给工人。

2. 短期一般均衡

局部均衡时，每个厂商自由地选择相对价格 P_i/P，但在一般均衡时，并非所有的厂商都可选择大于 1 的相对价格。在消费对称性的假设下，一般均衡时所有产品的价格都必须相等。因此，将 $P_i/P = 1$ 代入（5-4）式，可得：

$$1 = (1 + \mu(m)) f(u) \qquad\qquad (5-6)$$

短期，厂商的数量给定，故 $\sigma = \bar{\sigma}g(m)$ 是给定的，从而 $\mu(m)$ 也是给定的。（5-6）式决定了均衡的失业率。故将 $f(u) = 1/(1 + \mu(m))$ 代入（5-5）式，可得短期一般均衡时的实际工资为：

$$W_i/P = (1 + \mu(m)\beta) / (1 + \mu(m)) \qquad\qquad (5-7)$$

（5-7）式的经济含义有两点：第一，与局部均衡相同，实际工资仍是 β 的增函数。第二，与局部均衡不同，此时有两种效应在共同起作用，实际工资现在是 μ 的减函数。第一种是上文阐述的局部均衡效应，即更高的价格加成意味着厂商利润率的提高。在这些企业从业的工人能分享到较多经济租金，从而带来更高的实际工资。第二种是一般均衡效应。厂商获得的所有租金都源自消费者，由于一些厂商产品价格加成的上升（既包括价格加成绝对比例上升，也包括价格加成相对比例的上升，即其涨幅超过市场平均水平情形），消费者必须为购买这些厂商的产品支付得更多。因此，工人虽有可能以劳动者的身份受益，却一定会以消费者的身份受损。尤其是对在竞争性领域和体制外部门就业的劳动者而言，不仅无缘分享经济租金相对上涨的收益，还要承受消费价格总水平上升的压力，显然处于绝对弱势，故实际工资下降。

三、长期均衡分析

在长期，经济租金决定了厂商选择进入还是退出，租金必须覆盖进入成本。在给定进入成本与产量成比例的假设下，这一条件可以表示为如下的简化形式：

$$(\mu(m)(1-\beta))/(1+\mu(m)) = c \qquad (5-8)$$

单位工人利润必须等于影子成本 c。（5-8）式决定了产品市场和劳动力市场均衡时产品 m 的数量。

使用 $\mu(m)$ 的定义，（5-8）式可以改写为如下的形式：

$$\bar{\sigma}g(m) = (1-\beta)/c \qquad (5-9)$$

给定 $g'(\cdot) > 0$，均衡的产品数量是 $\bar{\sigma}$ 的减函数：对给定数量的厂商来说，更多的竞争意味着租金的下降，进入市场的吸引力变小。厂商数量也是 β 的减函数：更小比例的租金归属厂商，也使得进入市场的吸引力下降。并且，厂商数量还是 c 的减函数：更高的进入成本要求更高的租金，导致更少的企业。

将（5-8）式解得的成本加成 $\mu(m) = \dfrac{c}{1-\beta-c}$ 代入（5-6）式，失业率可以表示为：

$$f(u) = 1 - c/(1-\beta) \qquad (5-10)$$

更高的 c 或更高的 β，要求更高的成本加成覆盖市场进入成本，因此均衡的保留工资更少，从而失业率更高。

最后，将从（5-8）式中得到成本加成 $\mu(m) = \dfrac{c}{1-\beta-c}$ 代入（5-7）式，得到实际工资为：

$$W_i/P = 1 - c \qquad (5-11)$$

生产率等于 1，每单位产出中厂商必须获得 c，以覆盖进入成本。因此，实际工资等于 1-c。经济含义有以下两点：第一，因为厂商长期的供给具有完全弹性，β 增加便不再增加实际工资。较高的 β 意味着对厂商较低的租金，在给定进入成本的情形下，导致较少的厂商，较高的成本加成，较低的保留工资，从而抬高失业率。第二，成本加成 μ 不再是外生的参数，而是由长期均衡时的 β 和 c 决定的。μ 的增加来自 c 的增加，导致实际工资下降。而且 c 现在的增加还将导致失业率的上升。更高的 c 导致更少的厂商，更高的价格加成，要求更低的保留工资，从而产生更高的失业率。

表 5-1　劳动力市场和产品市场管制对工资和就业的影响

均衡类型			β 上升	μ 上升	总效应
短期	局部均衡	工资	+	+	+
		就业	无	无	无
	一般均衡	工资	+	−	−
		就业	无	无	无
长期	一般均衡	工资	−	−	−
		就业	−	−	−

资料来源：根据上文整理。

第三节　不同放松管制方式的影响分析

一、产品市场放松管制

1. 产品市场放松管制：$\bar{\sigma}$ 上升

给定厂商数量，假设政府增强产品市场的竞争来提高需求弹性。短期，面临更富需求弹性的厂商将选择降低价格加成，促使实际工资的上升和失业率的下降。然而，从长期看，这个令人可喜的效应将消失。因为，给定进入成本不变，利润率下降导致厂商数量减少。因此，长期利润率会回到放松管制前的水平。由于利润率返回其初始水平，价格加成从而也回到初始水平。这意味着，失业率和实际工资也回到放松管制前的水平。总之，产品市场上这种类型的放松管制最终将事与愿违：短期的有利效应随着时间将会消失，经济重返放松管制前的均衡。将进入成本视为给定，考虑 $\bar{\sigma}$ 的变化，这类事与愿违的情形尤为明显。

2. 产品市场放松管制：c 下降

实践中，许多管制措施也可能影响 c。例如，将 c 视为限制厂商数量的影子成本（如政府将某个市场通过"红头文件""规章""管理办法"等形式赋予少数几家企业经营），即使 $\bar{\sigma}$ 上升，这些处于垄断地位的企业也仍然会留在这个市场。更一般地，影子成本 c 将随利润率一比一地同步下降，从而产生短期和长期放松管制的有利影响。然而，这些结果表明：对一个存在进入限制的经济来说，如果不减少限制，而以其他方式增加竞争程度，在一定程度上对租金产生的效应将事与愿违。假设短期内厂商数量是固定的，市场进入成本 c 的下降短期没有作用。但是，长期将吸引潜在的厂商进入，从而带来较高的需求弹性，较低的成本加成，因此，失业减少和实际工资上升。这类产品市场放松管制之所以能起到作用，是因为它从根本上来解决问题，降低了厂商进入和留在市场中的租金，允许更多的竞争，从而减少失业提高实际工资。

注意到，以上这两类产品市场放松管制的措施对实际工资或就业都不存在跨期选择问题。短期内，第一种类型的放松管制措施带来较高的实际工资和较低的失业率，但长期没有作用。第二种则没有短期效应，但在长期，实际工资上升，失业率降低。

二、劳动力市场放松管制

由于工人对厂商的谈判力下降，短期，工人放弃一些租金，由（5-7）式可知，工人实际工资下降，利润率上升。由于失业率仍然是由（5-6）式决定的，故这种要素收入分配的变化对失业率没有影响。因此，短期，工人的利益明显受损。长期，在利润率重新等于 c 之前，租金中更多的份额留给厂商，故吸引潜在厂商进入市场。随着新厂商进入，竞争增加，价格加成下降，带来失业率下降和实际工资上升。长期，失业率低于放松管制前的水平，实际工资也返回到放松管制前的初始水平。因 β 下降导致的实际工资短期下降恰好通过价格加成下降得到补偿。

总之，劳动力市场管制放松是通过租金分配向有利于厂商的变化起作用的，导致长期竞争增加和失业减少。因此，短期内工人谈判力量的改变不过是在工人和厂商之间重新分配了租金。但长期看，通过改变利润导致厂商的进入或退出，从而将引起失业水平的变化。与产品市场放松管制相比，劳动力市场放松管制伴随着明显的跨期选择，即以短期较低的实际工资换取长期较少的失业。

表 5-2　产品市场和劳动力市场放松管制对工资和就业的影响

均衡类型		产品市场		劳动力市场
		$\bar{\sigma}$ 上升	c 下降	β 下降
短期	工资	+	没有作用	−
	失业	−	没有作用	无影响/+ [*]
长期	工资	−	+	+
	失业	+	−	−
效应		返回放松规制前的均衡		

注：[*] 表示在线性效用函数假设下，β 下降对失业"无影响"，而在凹效用函数假设下 β 下降导致失业上升。推导过程参见 Blanchard 和 Giavazzi，"Macroeconomic Effects of Regulation and Deregulation in Goods and Labor Markets"，*Quarterly Journal of Economics*，2003，Vol. 118，No. 3，pp. 895-896。
资料来源：作者整理。

第四节　劳动报酬份额下降的原因

如图 5-1 所示，1978 年中国劳动者报酬占收入法 GDP 的比重为 49.66%，1990 年上升到 53.42%，1995 年开始逐年下降。与此同时，20 世纪 90 年代中期以来，自然失业率出现较大幅度的上升趋势。采用三角模型（Triangle Model）估计不同时段的自然失业率结果显示，1978—1984 年为 3.79%，1985—1988 年为 0.33%，1989—1995 年为 1.77%，1995 年以后为 4.43%（蔡昉等，2004）[①]。另一种采用 Kalman 技术估计的结果也基

---

① 参见蔡昉等（2004）对改革阶段的划分，选取不同时段的虚拟变量，即把 1985 年作为城市经济改革的开始年份，把 1988 年作为全面改革的开始年份，而把 1996 年作为触及就业的国有企业改革开始年份。

本相近（曾湘泉和于泳，2006）。针对劳动报酬占比下降和自然失业率上升，一些观点认为是由于工资上升，不仅带来资本对劳动的替代，而且促使厂商转向劳动节约型的技术进步，从而避免劳动成本增加。这与Acemoglu（2003）对过去60年技术进步偏向的观察也是一致的。[①] 这一解释的主要问题在于，劳动报酬份额在20世纪80年代初上升之后进入变化相对平稳的时期并延续至90年代中期前，累积的工资增长率远小于累积的全要素生产率增长率。除非厂商预期未来工资的显著上升，否则很难解释为什么厂商依然对过去工资的增加作出反应。基于劳动力市场和产品市场均衡的分析框架，给定简单的线性生产技术，根据定义，劳动生产率等于1，从而劳动报酬份额等于工资，将（5-8）式代入（5-11）式可得：

$$\alpha = (1 + \mu\beta) / (1 + \mu)$$

$$= 1 + \frac{(\beta - 1)}{1 + \dfrac{1}{\mu}} \tag{5-12}$$

（5-12）式为在两部门一般均衡框架下理解劳动报酬份额的决定提供了一个可能的逻辑：20世纪90年代中期以来中国劳动报酬份额显著下降，是劳动力市场上工人谈判力量下降和产品市场价格加成能力上升共同作用的结果。从理论模型推导的这一逻辑是否能得到中国经验事实的支持呢？以下分别从劳动力市场和产品市场来考察工人谈判地位的演变和价格加成上升的幅度。

一、工人的工资议价能力下降

由（5-12）式可知，β 下降意味着工人对厂商的谈判力降低。从上一节的分析得知，工人对厂商的谈判力下降不仅导致短期劳动报酬份额的降低，而且在更一般的凹效用函数假设下，还导致失业增加。尽管成熟的市场经济国家通行的劳动力讨价还价机制在中国至今尚未形成，但这并不意味着中国工人的工资议价行为不存在，改革开放以来，中国工人的工资议价行为始终存在，但在不同时期、不同部门因体制背景不同，表现方式不

———————

① Acemoglu（2003）认为有价格效应和市场规模效应是影响技术进步偏向的两个主要因素。不同要素间的替代弹性决定技术进步和要素价格对要素相对供给变化的反应。

同，议价能力也不同。如果以 20 世纪 90 年代中期为分水岭，将改革开放迄今划分为两个阶段，可以看出，伴随城市就业和工资制度的一次次改革，两个阶段工人的议价能力和实际地位在"工人—企业—国家"之间的博弈中呈现出截然不同的格局。

在前一个阶段（1978—1991 年），中国的工人主要就业于国企及城市集体企业，仍然保留计划经济时"终身雇佣"身份，在国家对企业放权让利，企业打破僵化工资制度过程中逐步获益。具体可以分为两个子阶段，第一子阶段（1978—1984 年）：解放思想，恢复按劳分配原则。这一阶段重新确立了按劳分配原则和国家调整国营企业管理体制。第二个子阶段（1985—1991 年）：打破两个"大锅饭"，调整分配关系。随着国营企业普遍实行承包经营责任制，结合第二次利改税，工资分配实行了重大改革。一是在全国推行了企业工资总额同经济效益挂钩办法，开始探索运用地区、行业工资总挂钩等手段调控企业工资总量，与机关事业单位工资分配脱钩，实行分类分级工资管理体制。二是国家发布国营企业参考工资标准，打破僵化的八级工资制度，许多企业试行了浮动工资制、结构工资制、岗位工资制等基本工资制度，内部分配形式逐步实现灵活多样。在这个阶段，企业员工因"终身雇佣"身份，在工资议价中处于相对有利地位。在职工—企业—政府的双重博弈过程，政府不敌企业，承包制包盈不包亏，企业不敌职工，工资侵蚀利润，导致了国民收入分配结构的根本性调整，国有企业亏损大面积上升，企业资产负债率接近 100%，三角债使国民经济潜伏着金融危机的极大风险（李文溥，1999）。

正是因此，在 1992 年以后，实行了国有经济配置领域的战略性调整。竞争性领域的大部分国有企业以不同方式改制，非国有经济在竞争性领域的占比不断提高。职工与企业的关系从此分道扬镳：垄断性行业的国有企业基本上延续既有的"工资侵蚀利润"模式，职工收入不断提高，然而，失去"终身雇佣"身份保护的竞争性领域企业的城市职工谈判地位急剧下降，收入增长缓慢。尤其从 20 世纪 90 年代末以来，随着经济全球化步伐加快，全球制造业中心转移，国内工业化、城镇化的进程加快，大量农村劳动力进城务工，与数千万的国企下岗职工一起涌入城镇劳动力市场。贸易和投资壁垒的降低加剧了熟练工人、资本所有者和专业人士与非熟练工人之间的不对称，并使贸易部门更大地暴露在国际竞争的压力之下。彻底摆脱了指令性计划、僵化的就业和工资制度的企业和工人通过劳动力市场进行双向选择和工资调节。在这一阶段，竞争性部门的工人失去了延续到前一阶段的"终身雇佣"身份，但"自组织"性质的工会并没有真正形成，加之各地政府为实现 GDP 及财政收入最大化，不计成本地招商引资，在劳资关系上向资本倾斜。所以在与企业的新一轮博弈中，工人处于弱势，导致企业的收入分配向资方倾斜。其结果，一方面是竞争性部门与垄断性部门的收入差距不断扩大（李文溥等，2013），另一方面是全部劳动报酬占 GDP 之比逐渐下降。

二、厂商价格加成上升

价格加成幅度通常由厂商自主设定，由（5-8）式知，产品市场和劳动力市场同时达到长期均衡时，

$$\mu = c/(1 - \beta - c)$$

$$= \cfrac{1}{\cfrac{1}{c}(1 - \beta) - 1}$$

这意味着 μ 的增加可能源自以下两个方面。

第一，与销售成本相比，销售收入的更快增长直接提高了价格加成[①]。根据 Wind 资讯数据，1998 年以来，分布在国民经济各个行业和 30 个省、直辖市和自治区上市公司的价格加成逐步上升，尽管由于中国加入世界贸易组织，导致了 2003 年之后的价格加成小幅回落，但依然保持在 0.43 以上，是 1998 年的 1.5 倍（见图 5-2）。其中，国资属性上市公司（包括中央国有企业、地方国有企业）2012 年价格加成幅度较 1998 年增长了近三成，对所属行业的控制力与影响力逐步增强。更一般地，从全行业观察，全国私营企业与规模以上企业之间的价格加成缺口从 1998 年的 18.7%持续

---

① *markup* 是对每个企业计算，表示企业的垄断能力，*markup* =（销售收入-销售成本）/销售收入。

扩大至 2002 年的 44.7%[①]，之后有所收窄，但大多数年份都保持在两位数以上，这说明，相对于非国有企业，国有企业的价格加成能力上升了。规模以上企业是工业发展的主力军，"三年攻坚"完成后，规模以上企业里国有企业数量大幅下降，但值得注意的是，尽管国企营收占比和利润占比呈现"双降"，但企业数量占比却逆势上升[②]。国企凭借特殊的地位，实际上对劳动、资本、土地、能源等生产要素往往具有较强议价能力。基于要素比价扭曲的低成本扩张，短期固然增加了利润，但也锁定了严重依赖"投资驱动"的增长模式，为长期可持续发展埋下了隐患。

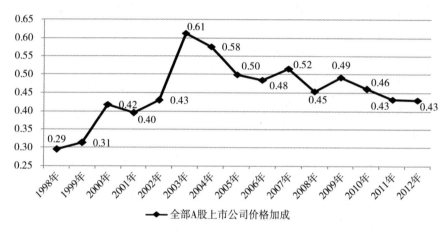

图 5-2　中国全部 A 股上市公司价格加成（1998—2012 年）

资料来源：根据 Wind 资讯数据库整理计算。

　　第二，即使不考虑工人谈判力的影响，市场进入成本上升也会引致价格加成增加。首先，正如党的十八大报告所指出的，各种所有制依法平等使用生产要素，公平参与市场竞争，同等受到法律保护，至今仍有待实现，需要通过全面深化经济体制改革来推进。这也证明了，市场进入障碍的存在。我们的另一研究发现（李文溥等，2013），近 20 年来，中国的劳

---

　　①　此处定义的规模以上企业与私营企业的价格加成缺口 =（规模以上企业价格加成-私营企业价格加成）/私营企业价格加成。

　　②　2011 年国企营业收入占规模以上企业比率、利润总额占规模以上企业比率分别为 16.25% 和 12.40%，分别较 2004 年下降了 6.8 和 6.53 个百分点。而国企数量占规模以上企业的比例却从 2.22% 升至 3.03%。

动力市场出现了多元化，分隔程度趋于上升，垄断性部门与竞争性部门之间、垄断性部门之间的阻隔程度正不断提高，这说明这些部门之间的进入成本在上升。它势必推动垄断性部门的价格加成能力上升。其次，从微观经营活动看，根据 Wind 资讯数据，2008 年两税合并实施以来，内外资企业间价格加成的缺口显著收窄①，从 2007 年接近峰值的 110%，大幅下降至 2012 年的 36%。尽管上市公司数量和覆盖面有限，但颇具代表性的行业龙头数据说明，先前实施多年的内外资企业差别所得税率客观上使得外资企业税负偏轻，内资企业税负偏重，一定程度上抑制了内资企业的市场进入，驱使内资企业通过降低劳动力成本等多种手段来抬高加成幅度。据统计，1999 年以来，制造业劳动报酬水平年递增 10% 以上，但是，中国制造业单位产出劳动力成本（ULC）呈下降趋势，2009 年的 ULC 甚至不及 1999 年的 90%（李文溥等，2011）。最后，随着未来营改增试点地区和行业的扩围，各地第二、三产业间的抵扣链条将彻底打通，增值税的中性效应有望进一步发挥，市场进入的税收壁垒将显著下降，为维持价格加成幅度而压低劳动力成本的现象将得到明显改善。

第五节　结论与政策含义

本章将工人与厂商博弈中实际工资的决定过程，纳入产品市场和劳动力市场同时均衡的框架下进行分析，得到以下几点结论：

第一，劳动报酬占比决定的短期均衡分析表明，当产品价格加成上升时，消费者必须为购买这些产品支付得更多。因此，工人有可能以劳动者的身份受益，却一定会以消费者的身份受损；长期均衡分析进一步发现，长期均衡时的价格加成由工人谈判能力和市场进入成本共同决定的，市场

---

① 此处定义的内资企业与外资企业价格加成的缺口＝（内资企业价格加成－外资企业价格加成）/外资企业价格加成。

进入成本增加，不仅导致实际工资下降，还将导致失业率上升。

第二，产品市场放松管制的措施对实际工资或就业都不存在跨期选择，而劳动力市场管制放松具有明显的跨期选择效应，即可以短期较低的实际工资换取长期较少的失业。

第三，对劳动力市场上工人谈判地位的演变和产品市场价格加成上升的经验事实的考察，初步印证了近年来中国劳动报酬份额显著下降，是劳动力市场工人谈判力量下降和产品市场价格加成上升共同作用的结果。

由此得到的政策推论是：第一，对产品市场管制而言，既要立足当下，保护市场公平竞争，又要着眼长远，切实降低各类所有制企业的市场进入门槛和经营障碍，允许更多的市场主体参与竞争，尤其要让民营经济真正成为公平参与竞争的市场主体，成为金融、能源、交通、基础设施、保障性住房等领域平等的参与者和竞争者，推动扩大就业，提高劳动者的实际工资。第二，对劳动力市场管制而言，由于在竞争性领域和体制外部门就业的劳动者不仅无缘分享经济租金相对上涨的收益，还要承受消费价格总水平上升压力，处于弱势。因此，要深化垄断性行业体制改革，消除劳动力市场部门间进入门槛，促进劳动力市场的统一。在此基础上，加快建立和完善劳资双方劳动报酬的集体谈判机制，强化法律和工会对企业职工劳动权益的保护，实现劳动力市场上劳资双方的力量对比平衡。

参考文献

［1］白重恩、钱震杰：《中国资本收入份额影响因素及变化原因分析——基于省际面板数据的研究》，《清华大学学报（哲学社会科学版）》2009 年第 4 期。

［2］白重恩、钱震杰、武康平：《中国工业部门要素分配份额决定因素研究》，《经济研究》2008 年第 8 期。

［3］蔡昉、都阳、高文书：《就业弹性、自然失业和宏观经济政策——为什么经济增长没有带来显性就业》，《经济研究》2004 年第 9 期。

［4］李扬：《收入功能分配的调整：对国民收入分配向个人倾斜现象的思考》，《经济研究》1992 年第 7 期。

［5］李文溥：《国有经济优化配置论》，经济科学出版社 1999 年版。

［6］李文溥、郑建清、林金霞：《制造业劳动报酬水平与产业竞争力变动趋势探析》，《经济学动态》2011 年第 8 期。

［7］李文溥、王燕武、郑建清：《劳动力市场分化与行业间工资差距变动趋势研

究》,《山东大学学报（哲社版）》2013 年第 10 期。

[8] 罗长远、张军:《经济发展中的劳动收入占比——基于中国产业数据的实证研究》,《中国社会科学》2009 年第 4 期。

[9] 罗长远、张军:《劳动收入占比下降的经济学解释——基于中国省级面板数据的分析》,《管理世界》2009 年第 5 期。

[10] 向书坚:《中国功能收入分配格局分析》,《当代经济科学（陕西财经学院学报)》1997 年第 5 期。

[11] 杨少华、徐学清:《居民劳动报酬对功能收入分配的影响分析》,《运筹与管理》2000 年第 3 期。

[12] 杨振、陈甬军:《中国制造业资源误置及福利损失测度》,《经济研究》2013 年第 3 期。

[13] 曾湘泉、于泳:《中国自然失业率的测量与解析》,《中国社会科学》2006 年第 4 期。

[14] 张华初:《非正规就业:发展现状与政策措施》,《管理世界》2002 年第 11 期。

[15] 朱喜、史清华、盖庆恩:《要素配置扭曲与农业全要素生产率》,《经济研究》2011 年第 5 期。

[16] Blanchard & Giavazzi, "Macroeconomic Effects of Regulation and Deregulation in Goods and Labor Markets", *Quarterly Journal of Economics*, 2003, Vol. 118, No. 3.

[17] Daron Acemoglu, "Cross-country Inequality Trends", *The Economic Journal*, 2003, Vol. 113, Issue 485.

[18] Gomme, P. & J. Greenwood, "On the Cyclical Allocation of Risk", *Journal of Economic Dynamics and Control*, 1995, Vol. 19, issue 1-2.

[19] Hsieh, Chang-Tai & Klenow, Peter J., "Misallocation and Manufacturing TFP in China and India", *The Quarterly Jounal of Economics*, 2009, Vol. CXXIV, Issue 4.

第六章 两部门一般均衡条件下
劳动报酬占比的决定[*]

本章基于劳动力市场和产品市场同时均衡条件下劳动报酬占国民收入比重的决定机制，构建一个将资本—产出比、技术进步、FDI、进出口贸易等关键变量内生化的联立方程模型；并利用省级面板数据，进行三阶段最小二乘估计。实证研究发现，居民在劳动力市场上因整体谈判力下降以及在产品市场上因面对价格加成而导致的福利损失，可能超过了企业因利润增加而惠及员工的收益。这些效应因经济全球化趋势下，收入分配中向资方倾斜而被进一步强化，最终导致劳动报酬占初次分配的比重和居民收入占国民收入分配的比重下降。进一步的检验发现，劳动力市场分割、垄断行业与非垄断行业分化、宏观税负过高以及"两头在外"的加工贸易和FDI均不利于中国劳动报酬份额的提高。

第一节 引 言

跨国比较研究发现，20 世纪 80 年代以来，劳动报酬占国民收入的比重在大多数国家均呈下降趋势（Diwan，1999）。观察中国劳动报酬占比的变化，发现 20 世纪 90 年代中期是一个分水岭。改革开放之初的 1978 年，中国劳动者报酬占 GDP 的比重略低于 50%（49.66%）；改革开放后逐渐提

高，1984 年达到 53.57%，[①] 其后缓慢回落至 1989 年的 51.51%，1990 年进一步提高到 53.42%；1995 年以后，劳动报酬占比开始逐年下降，2007 年降至 39.74%。2008 年以来，劳动报酬占比虽有所回升，但仍较大幅度地低于 1978 年的水平。

对于 20 世纪 90 年代中期以来中国劳动报酬占比下降现象的研究和解释，目前文献多是从宏观层面进行分析。究其原因，有如下几方面：由于二元经济中的劳动力无限供给，尤其是劳动力转移速度低于资本转移速度，导致劳动力获得的回报低于其边际产出（李稻葵等，2009；龚刚等，2010a，2010b）；农业部门向非农业部门转型（白重恩和钱震杰，2009a；罗长远和张军 2009a）；劳动节约型的技术进步（黄先海和徐圣，2009；王永进等，2010）；FDI 的负向工资溢出效应（邵敏和黄玖立，2010）；税收的替代效应（改变生产中要素相对投入比例，从而改变税前要素收益率）和收入效应（通过直接税影响税后要素收益率）（郭庆旺和吕冰洋，2011；吕冰洋和郭庆旺，2012）等。但是，宏观经济现象必有其微观基础及体制背景。现有研究中虽有一些研究已将劳动力异质性、企业异质性纳入劳动报酬份额决定的分析框架（周明海等，2010；伍山林，2011），但为数不多。

本章在现有文献的基础上，基于劳动力市场和产品市场同时均衡条件下劳动报酬占比的决定机制，从微观角度实证分析中国劳动报酬占比下降的成因，并提出假说：居民在劳动力市场上因整体谈判力下降以及在产品市场上因面对价格加成而导致的福利损失，可能超过了企业因利润增加而惠及员工的收益。这些效应因经济全球化趋势下，收入分配中向资方倾斜而被进一步强化，最终导致劳动报酬初次分配的比重和居民收入占国民收入分配的比重下降。与现有实证研究相比，本章在以下三个方面有所不同。首先，在方法上，对怀疑可能具有内生性的变量，严格依照统计检验进行识别，避免了对相关变量与劳动报酬占比联立关系判断上的主观性。

---

① 这主要归功于农村承包经营责任制的推行使得农民收入增加。之后至 20 世纪 90 年代中期，虽然城市职工的收入增长较快，但是，占人口大多数的农民收入增长缓慢，导致了 1984 年之后的劳动报酬占比回落。90 年代中期之后，则是城乡竞争性部门的劳动者收入增长都低于经济增长速度。

其次，针对样本时间跨度远小于横截面单位数的数据特征，本章在将构建一个资本—产出比、技术进步、FDI、进出口贸易等关键变量内生化的联立方程模型，并对其进行三阶段最小二乘估计，以便较好地处理了联立内生性问题，以及分析双向影响效应。最后，通过两组稳健性检验，使得结论更加普适和稳健。

第二节　模型设定和变量说明

一、模型设定

20世纪90年代中期以来中国劳动报酬占比的显著下降，是劳动力市场上工人谈判力量下降和产品市场上价格加成上升共同作用的结果（谢攀等，2014）。在产品市场和劳动力市场两部门一般均衡框架下，布兰查德和贾瓦齐（Blanchard 和 Giavazzi，2003）推导出一般均衡时的实际工资为：

$$W/P = (1 + \mu(m)\,\beta) / (1 + \mu(m)) \tag{6-1}$$

其中，W 和 P 分别为名义工资和消费价格指数；$\mu(m)$ 是产品种类 m 的函数，表示相对价格对保留工资的加成，体现了企业在产品市场上影响力的强弱；β 表示工人议价能力的相对强弱，体现了劳动者在劳动力市场上对劳动报酬决定的影响。（6-1）式的经济含义是：第一，实际工资是 β 的增函数。工人议价能力越强，对经济租金分配的话语权越大。第二，实际工资是 μ 的减函数，存在两种效应共同影响实际工资。一种与局部均衡时相似，即价格加成上升意味着厂商利润率提高，工人能因此分享到较多经济租金，从而实际工资相对上升。另一种是一般均衡效应，厂商的所有经济租金都源自消费者，产品价格加成上升后，工人虽然能以劳动者的身份获得一定收益，但与此同时，作为消费者，却不得不接受价格加成上升导致的福利损失，尤其是对在竞争性领域就业的劳动者，处境尤为不利。实际工资的决定过程揭示了产品市场和劳动力市场的影响，SK 曲线移动原理又突显了资本产出比与劳动报酬占比的内在联系

（Bentolina 和 Saint-Paul，2003）[①]。受此启发，本章未采用特别的函数形式，而是根据理论文献推导结果，结合中国转型实践，将中国劳动报酬占比决定机制表述为：

$$Ls_{it} = f(k_{it}, X_{it}) \cdot g(RE_{it}) \tag{6-2}$$

其中，Ls 表示劳动报酬占比；k_{it} 表示资本产出比，$f(k_{it}, X_{it})$ 衡量资本深化、产品市场和劳动力市场等因素的影响；$g(RE_{it})$ 表示其他因素的影响；i、t 分别代表截面和时间。为了简化模型，将这些因素的影响进一步定义为：

$$f(k_{it}, X_{it}) = k_{it}^{\alpha_1} \prod_{j=1}^{J} (X_{j,\, it})^{\alpha_j} \tag{6-3}$$

$$g(RE_{it}) = \exp\left(\sum_{j=1}^{n} \alpha_j \cdot RE_{it}^{j} \right) \tag{6-4}$$

将（6-3）式、（6-4）式代入（6-2）式，取自然对数，得到如下方程：

$$\ln Ls_{it} = \alpha_0 + \sum_{j=1}^{n} \alpha_j \cdot (RE_{it}) + \alpha_{n+1} \ln(k_{it}) + \alpha_{n+2} \cdot \ln(X_{it}) + \varepsilon_{it} \tag{6-5}$$

其中，i（$=1 \cdots 29$）代表省份（西藏和重庆、香港、澳门、台湾除外），t（$=1994 \cdots 2011$）表示年份，ε_{it} 表示误差项，服从正态分布。然后，检验（6-5）式中关键变量的内生性。最后，通过联立方程的形式来控制变量内生性。

二、变量说明

针对中国省级数据的可得性，设定如下指标体系（见表6-1），表6-2给出了上述变量的描述性统计。相关指标的简要说明如下：

1. 劳动报酬。出于省级收入法 GDP 核算数据可获得性的考虑，先将劳动报酬占比界定为劳动者报酬占地区生产总值的比重；然后引入劳动报酬扣除生产税净额之后的 GDP 的比重，以检验结论的稳健性。

[①] Bentolina 和 Saint-Paul（2003）用 SK 线表示劳动报酬占比与资本产出比之间的关系，并将影响劳动报酬占比的因素分成使 SK 线偏离、滑动、平移等三类。

表6-1 变量说明及数据来源

指标	变量	变量名称	变量说明	数据来源
被解释变量	劳动报酬占比	*Ls*	劳动报酬/地区生产总值；劳动报酬/地区生产总值−生产税净额	《中国统计年鉴》《中国国内生产总值核算历史资料：1952—2004》
产品市场	资本产出比	*k/y*	资本存量/地区生产总值，资本存量和产出值是以1952年价格为不变价，按各地的GDP指数（1952＝100）求得	中国各省份资本存量数据[2]《中国统计年鉴》《中国财政年鉴》《新中国55年统计资料汇编》《中国人口统计年鉴》《中国劳动统计年鉴》
	技术进步	*TFP*	全要素生产率[3]	
	宏观税负	*Tbur_g*	预算收入/地区生产总值	
	固定资产投资比率	*I_g*	固定资产投资/地区生产总值	
	政府支出比率	*Govexp*	政府支出/地区生产总值	
	消费比率	*Govconrecon*	政府消费对居民消费的比率	
劳动力市场	平均工资比率	*Rwage*	国有单位在岗职工平均工资/在岗职工平均工资	
		Rswage	国有及国有控股企业在岗职工平均工资/在岗职工平均工资	
	非国有部门就业比重	*Nonsemp*	非国有部门就业人员比重	
	人力资本	*Hucap*	受教育年限度量法[4]	
全球化	进出口贸易	*Ie_g*	进出口总额/地区生产总值	
	FDI	*Fdi_g*	外商直接投资/地区生产总值	
经济发展	人均GDP	*Pgdp*	人均实际GDP，以1987年为不变价	
	产业结构	*Is_a*	非农产业产值/农业产值	

注：1. 实证中对上述变量均取自然对数。2. 按照张军等（2004）的方法，将资本存量的数据更新到了2011年。3. 沿用李平（2007）的方法，并将资本和劳动的产出弹性分别设定为0.4和0.6，估算了各省份样本期全要素生产率。4. 采用受教育年限度量法，估算了各省份样本期6岁及以上人口平均受教育年限。5. 限于篇幅，相关变量仅在表6-2列出描述性统计，如有需要均可向作者索取详细测算结果。

表 6-2　相关变量的描述性统计

变量	含义	样本数	均值	标准差	最小值	最大值
Ls	劳动报酬/GDP	522	0.49	0.08	0.31	0.66
	劳动报酬/（GDP−生产税净额）	522	0.58	0.09	0.38	0.80
k/y	资本产出比	522	2.23	0.99	0.63	5.68
TFP	全要素生产率	522	0.51	0.32	0.11	2.40
Tbur_g	预算收入/GDP（%）	522	0.18	0.02	0.13	0.29
Invest_g	固定资产投资/GDP（%）	522	0.39	0.11	0.21	0.73
Govexp	政府支出/GDP（%）	522	0.13	0.05	0.05	0.36
Govcon_rescon	政府消费/居民消费（%）	522	0.35	0.11	0.14	0.91
Rwage	国有单位在岗职工平均工资/在岗职工平均工资	522	1.06	0.07	0.96	1.57
Rswage	国有及国有控股企业在岗职工平均工资/在岗职工平均工资	335	1.06	0.10	0.80	1.44
Nonsemp	非国有就业人员比重（%）	522	0.33	0.17	0.11	0.81
Hucap	人均受教育年限（年）	522	7.80	0.93	5.52	10.74
Ie_g	进出口总额/GDP（%）	522	0.03	0.04	0.004	0.19
Fdi_g	FDI/GDP（%）	522	0.03	0.04	0.0004	0.24
Pgdp	人均实际GDP（元）	522	10726.93	9665.58	1553	66366.66
Is_a	非农业产值/农业产值（%）	522	0.74	0.37	−0.36	2.07

注：描述性统计针对变量的原值，所有解释变量由作者利用 CEIC、中经网数据库和相关统计年鉴的数据计算得到。

2. 资本深化。本章引入资本产出比（*k/y*，即实际资本存量与实际 GDP 比值）作为衡量资本深化的指标，并控制要素投入比及要素相对价格变化的影响。现有研究（Bentolila 和 Gilles，2003；杨俊等，2009；白重恩等，2010；李静，2010）更多关注资本深化对劳动报酬占比的影响，忽略了劳动报酬占比变化对资本深化的反馈作用。本章通过联立方程模型，将资本产出比内生化。

3. 技术进步。本章先根据"索洛余值法"，详细测算 1994—2011 年省际全要素生产率（TFP），并取对数作为衡量技术进步的代理变量；再采用联立方程模型，将技术进步内生化，较好地兼顾技术进步和劳动报酬占比之间的相互影响。

4. 宏观税负与财政支出。本章用"预算收入/地区生产总值"考察国民经济的整体税负水平对劳动报酬占比的影响，记作 $Tbur\_g$。一些文献认为财政支出对改善劳动报酬占比有正向作用（Lee 和 Jayadev，2005；Jayadev，2007；罗长远等，2009）。然而，财政支出包含投资性支出、转移性支出和经常性业务支出三大块，经常性业务支出即为政府消费，与居民消费此消彼长。鉴于投资变量 $Invest\_g$ 已经包含了财政支出中的投资性支出，故引入政府消费对居民消费的比率来观察劳动报酬占比对消费结构的影响，用 $Govcon\_rescon$ 表示。

5. 劳动者专业技能素质。本章采用受教育年限法，详细测算了样本期省级人力资本存量（$Hucap$），并取对数形式作为衡量专业技能素质的代理变量。

6. 劳动力市场分割和民营化。本章分别构建"国有单位在岗职工平均工资/在岗职工平均工资"（$Rwage$）、"国有及国有控股企业在岗职工平均工资/在岗职工平均工资"（$Rswage$）来捕捉劳动力市场分割对劳动报酬占比的影响。此外，非公有制经济的发展可能也影响劳动报酬占比。因此，采用非国有部门就业人员比重来捕捉这一信息，用 $Nonsemp$ 表示。

7. 开放程度。Harrison（2002）基于 100 多个国家 1960—1997 年的数据，发现全球化与劳动报酬占比负相关，本章使用 FDI 占 GDP 的比重、贸易占 GDP 的比重衡量全球化水平。进一步分解社会总投资中的外商直接投资（FDI）的作用，用 FDI 与 GDP 之比和进出口总额与 GDP 之比分别作为衡量竞争与开放程度的代理变量，用 Fdi_g 和 Ie_g 表示。

第三节 估计结果和分析

一、内生性检验

根据上节对实证模型和变量的讨论，将相关变量代入实证模型，采用逐步回归法，剔除不显著的变量后，（6-5）式转化为如下的形式：

$$\ln Ls_{it} = \alpha_0 + \alpha_1 \cdot \ln Fdi\_g_{it} + \alpha_2 \cdot \ln Ie\_g_{it} + \alpha_3 \cdot \ln(k/y)_{it} + \alpha_4 \cdot$$

$$\ln TFP_{it} + \alpha_5 \cdot \ln Govexp_{it} + \alpha_6 \cdot \ln Rwage + \alpha_7 \cdot \ln Hucap_{it} + \sum_{z=8} \alpha_j \cdot$$

$$\ln Govcon\_rescon_{it} + \varepsilon_{it} \tag{6-6}$$

现有文献（李稻葵等，2009；白重恩等，2009、2010；杨俊等，2009）仅考虑了解释变量的单向影响，忽视了变量内生性问题，尤其当运用 GMM 方法时，对工具变量个数超过截面数这一问题关注不足。黄先海等（2009）通过估算劳动边际产出弹性，将劳动报酬占比分解为资本深化部分和技术进步部分，规避了这一计量问题。罗长远等（2009）虽然注意到了这一问题，但对全球化相关变量与劳动报酬占比之间相互决定关系的判断主观性较强。本章对怀疑可能具有内生性的变量采取如下步骤：第一，寻找合适的工具变量，利用 2SLS 估计模型；第二，通过 Hausman 检验，检验变量是否是内生的；第三，进行过度识别约束检验，考察工具变量过度识别是否有效。经过反复比较，发现 $\ln Is\_a$ 与 $\ln Fdi\_g$、$\ln Ie\_g$、$\ln TFP$ 相关度较高，说明非农产业发展受 FDI、进出口贸易和全要素生产率的影响较大，而且 $\ln Is\_a$ 与劳动报酬占比的增减并没有必然联系，故选择 $\ln Is\_a$ 作为关键变量 $\ln Fdi\_g$、$\ln Ie\_g$、$\ln TFP$ 内生性检验中二阶段回归的工具变量，检验结果如表6-3所示。

表6-3 ln*Fdi_g*、ln*Ie_g*、ln*TFP* 的内生性检验结果

工具变量		内生变量		
ln*Is_a*		ln*Fdi_g*	ln*Ie_g*	ln*TFP*
一阶段回归	F 值	70.40	104.65	119.76
	Prob>F	(0.0000)	(0.0000)	(0.0000)
工具变量（2SLS）回归	wald 值	40.73	223.48	182.63
	Prob>chi2	(0.0000)	(0.0000)	(0.0000)
Hausman 检验结果	chi2	12.70	33.35	30.09
	Prob>chi2	(0.0128)	(0.0000)	(0.0000)
过度识别约束检验		不存在	不存在	不存在

注：以上检验通过 Stata10 软件计算得到；过度识别约束检验采用 overid 命令，从 Stata 官网下载安装后使用。

同理，发现人均资本存量 ln*pk* 与 ln（k/y）相关度较高，而且没有证据表明人均资本存量（ln*pk*）与劳动报酬份额有因果联系，否则无法解释发达经济体 20 世纪 70 年代至 90 年代劳动报酬占比较高的事实[①]，故选择 ln*pk* 作为关键变量 ln（k/y）内生性检验中二阶段回归的工具变量，检验结果如表 6-4 所示。

表6-4 ln(k/y) 内生性检验结果

工具变量		内生变量
ln*pk*		ln（k/y）
一阶段回归	F 值	31.36
	Prob>F	(0.0000)
工具变量（2SLS）回归	wald 值	89.51
	Prob>chi2	(0.0000)
Hausman 检验结果	chi2	25.14
	Prob>chi2	(0.0000)
过度识别约束检验		不存在

注：同表 6-3。

[①] 1970 年、1980 年和1990 年，美国、加拿大、日本、德国、法国、意大利、澳大利亚、荷兰、比利时、挪威、瑞典、芬兰等 12 个 OECD 国家劳动报酬占比均值分别高达 66.2%、68.4%和65.1%（Bentolina 和 Saint-Paul，2003）。

二、FDI、贸易、资本深化以及技术进步对劳动报酬占比的影响

关键变量的内生性检验结果表明 $\ln Fdi\_g$、$\ln Ie\_g$、$\ln(k/y)$、$\ln TFP$ 是内生的。因此，我们把（6-7）式、（6-8）式、（6-9）式、（6-10）式与（6-6）式共同构建一个联立方程组，采取三阶段最小二乘法（3SLS）进行估计。如果方程设定正确且满足秩条件，系统估计方法（3SLS）比工具变量法（2SLS）更有效（Wooldridge，2002）。本章的时间跨度（T=14）小于截面数（N=29），尽管使用 GMM 方法有合理性，但基于以下两点考虑予以放弃：第一，GMM 方法要求"small-T，large-N"的数据结构，而本章的时间跨度与样本数与此要求存在差距，导致在应用 GMM 方法时，工具变量数常常超过 29 个，从而不满足此方法对工具变量数不能超过截面数的要求。第二，GMM 方法无法捕捉多数文献忽略的联立内生性问题。鉴于产品市场和劳动力市场是本章关注的焦点，考虑到资本深化、技术进步和全球化与劳动报酬份额可能存在联立关系，进一步构建如下的劳动报酬份额、FDI 和贸易、资本深化和技术进步的联立方程：

$$\ln Fdi\_g_{it} = \beta_0 + \beta_1 \cdot \ln Ls_{it} + \beta_2 \cdot \ln Ie\_g_{it} + \sum_{m=3} \beta_j \cdot \ln Convf_{mit} + \mu_{it}$$

$$(6\text{-}7)$$

$$\ln Ie\_g_{it} = \gamma_0 + \gamma_1 \cdot \ln Ls_{it} + \gamma_2 \cdot \ln Fdi\_g_{it} + \sum_{n=3} \lambda_j \cdot \ln Convie_{nit} + \nu_{it}$$

$$(6\text{-}8)$$

$$\ln(k/y)_{it} = \chi_0 + \chi_1 \cdot \ln TFP_{it} + \chi_2 \cdot \ln Ls_{it} + \sum_{p=3} \chi_j \ln Convk_{pit} + \upsilon_{it} \quad (6\text{-}9)$$

$$\ln TFP_{it} = \delta_0 + \delta_1 \cdot \ln(k/y)_{it} + \delta_2 \cdot \ln Ls_{it} + \sum_{q=3} \delta_j \ln Convt_{qit} + \tau_{it} \quad (6\text{-}10)$$

这里，上述四个式中的 $Convf$、$Convie$、$Convk$、$Convt$ 分别对应方程中除 $\ln Ls$、$\ln Ie\_g$、$\ln TFP$、$\ln(k/y)$ 之外的控制变量。本章集中关注 $\ln Ls$ 的系数，其余内生变量不做过多分析。估计结果见表6-5，先看第（1）、（i）、（Ⅰ）、①和1列。

表 6-5　劳动报酬份额、FDI、贸易、资本深化、技术进步

	lnLs		lnFdi_g		lnIe_g		ln (k/y)		lnTFP	
	(1)	(2)	(ⅰ)	(ⅱ)	(Ⅰ)	(Ⅱ)	①	②	1	2
lnLs			-2.86 ***	-2.63 ***	-7.32 ***	-7.38 ***	4.50 ***	3.76 ***	-2.45 ***	-2.5 ***
			(1.76)	(2.02)	(0.39)	(0.41)	(0.98)	(0.89)	(0.11)	(0.12)
lnFdi_g	-0.05 ***	-0.05 ***								
	(0.01)	(0.01)								
lnIe_g	-0.04 ***	-0.03 ***	3.57 ***	3.81 ***						
	(0.01)	(0.01)	(0.17)	(0.19)						
ln (k/y)	-0.14 ***	-0.16 ***							-0.45 ***	-0.46 ***
	(0.02)	(0.02)							(0.06)	(0.06)
lnTFP	-0.21 ***	-0.24 ***	0.97 ***	0.56			0.65 ***	0.49 ***		
	(0.02)	(0.02)	(0.37)	(0.39)			(0.18)	(0.16)		
lnBr_g					-0.83 ***	-0.81 ***				
					(0.22)	(0.21)				
lnIs_a							0.59 ***	0.52 ***		
							(0.13)	(0.11)		
lnI_g			2.06 ***	2.09 ***	0.69 ***	0.71 ***	0.72 ***	0.67 ***		
			(0.35)	(0.38)	(0.14)	(0.14)	(0.15)	(0.15)		
lnGovexp	-0.07 ***	-0.05 ***					-0.2 ***	-0.2 ***	0.08 ***	0.11 ***
	(0.02)	(0.02)					(0.09)	(0.09)	(0.03)	(0.03)
lnRwage	-0.06 ***	-0.05 ***								
	(0.03)	(0.03)								
lnNonsemp			0.83 ***	0.81 ***						
			(0.14)	(0.14)						
lnHucap	0.52 ***	0.60 ***			0.65 ***	0.81 ***			1.89 ***	1.95 ***
	(0.08)	(0.08)			(0.32)	(0.31)			(0.15)	(0.15)
观测值	402	402	402	402	402	402	402	402	402	402
R^2	0.38	0.36	0.85	0.84	0.81	0.80	0.67	0.62	0.64	0.61

注：1. *、**、***表示显著性水平分别为 10%、5%和 1%；括号的数字表示标准差；2. 第（1）、（ⅰ）、（Ⅰ）、①、1 列为对劳动报酬占比按（6-6）式定义，联立方程（6-7）式—（6-11）式的估计结果；第（2）、（ⅱ）、（Ⅱ）、②、2 列为对劳动报酬占比按"劳动者报酬／（地区生产总值-生产税净额）"定义，联立方程（6-7）式—（6-11）式的估计结果。

1. FDI 对劳动报酬占比的效应显著为负（见第（1）列）。较早的研究

认为，引进外资有利于劳动报酬占比的改善（Fosfuri 等，2001；Zhao，2001、2002；Liu 等，2004），本章的实证结果并非如此。其理由在于：第一，随着产品生命周期缩短，技术含量提高，生产率较高的外资企业与生产率较低的本地企业在劳动力市场上竞争的结果，逐渐呈现出技术效应（生产率提高倾向于降低劳动报酬占比）大于工资效应（工资竞争倾向于提高劳动报酬占比）的趋势。这一点在 Decreuse 和 Maarek（2008）对众多发展中国家的观察中也得到了验证。第二，经济全球化使资本比劳动的流动性更强，从而具备更强的谈判能力（Harrison，2002）。第三，地方政府的引资竞争扭曲了包括劳动力、土地等在内的本地要素价格，进一步弱化了劳动者的议价能力。尤其在加工贸易型、劳动密集型产业的 FDI 仍占中国 FDI 较大比重的格局下，劳动报酬改善的空间就极为有限。联立方程模型估计进一步发现（见第（ⅰ）列），劳动报酬占比对 FDI 存在显著的负效应。这说明，现阶段，加工贸易型劳动密集型产业已经不利于提高中国的劳动者报酬占比，出口产业结构亟待升级优化。

2. 进出口贸易对劳动报酬占比的效应显著为负（见第（1）列）。随着外资的涌入和资本的深化[①]，中国制造业比较优势正逐渐向资本较为密集的产业转变。根据经典的贸易理论，随着出口产品资本密集度的提高，资本所有者将从出口中获得更多的收益。这可能是过去这些年，中国出口快速增加，但劳动报酬占比不升反降的一个原因。劳动报酬占比对贸易的逆向效应也显著为负（见第（Ⅰ）列）。这说明劳动报酬占比的增加提高了劳动力价格，不利于主要依赖廉价劳动力的出口导向型企业的发展。这个实证结果与 FDI 对劳动报酬占比的效应是相呼应的。

3. 资本—产出比对劳动报酬占比的效应显著负相关（见第①列）。这表明资本深化不利于提高劳动报酬占 GDP 的份额。通过回归系数，可以求得资本和劳动之间的替代弹性：

$$\sigma = -\{1 + [\partial \ln Ls / \partial \ln(k/y) \cdot Ls \cdot \eta]\} \tag{6-11}$$

---

① 根据本章 29 个省份的样本数据，中国省际资本产出比均值从 1994 年的 1.88 上升到 2011 年的 2.65。

其中：σ 是替代弹性，η 是劳动需求的价格弹性[①]。根据表6-5第（1）、（2）列的结果，$\partial \ln Ls / \partial \ln(k/y)$ 分别等于-0.14和-0.16，劳动报酬占比的均值（$\overline{Ls}$）分别等于0.494和0.575，经过计算可以得到，资本与劳动之间替代弹性的绝对值分别等于1.05和1.07，均大于1，证明对劳动报酬占比，无论是采用哪种定义方法，样本期内资本与劳动之间均呈现出替代关系，而非互补关系。这说明，早期的资本深化对劳动报酬占比有一定的正向拉动效应，但是随着资本密集度上升，劳动边际产出的弹性将减小，从而导致乘数效应下降，甚至变为负数。一旦乘数变为负数，资本深化非但不能提高劳动报酬占比，反而会降低劳动报酬占比。

4. 技术进步对劳动报酬占比的效应显著为负（见第（1）列）。"人口红利"以及远远高于技术引进和模仿的自主创新成本，决定了样本期间中国的技术进步主要依靠从发达经济体引进技术。而发达国家由于资本相对丰裕，劳动力相对稀缺，其技术进步往往更倾向于用机器替代劳动。因此，引进这些技术、工艺，往往导致大量的劳动力被资本替代，劳动要素所得难以提升。

三、劳动力市场分割对劳动报酬占比的影响

劳动力市场分割对劳动报酬占比的影响见表6-6。其中第（1）列集中反映了国有单位在岗职工平均工资对在岗职工平均工资的比率（$lnrwage$）每增加1%，劳动报酬占比将下降0.06%。这说明：第一，随着国有经济进一步向自然垄断部门收缩，占比越来越小的国有企业职工依靠终身雇佣制及所就业部门的垄断地位，继续20世纪90年代中期之前国有企业盛行的"工资侵蚀利润"的模式，相对收入水平不断提高。与此同时，近年来，随着国有经济配置领域的战略性调整与国企改革，越来越多的城市劳动力与农村剩余劳动力一起进入竞争性领域劳动力市场，加之劳动工资集体协商机制的缺失，导致竞争性领域的工人整体谈判能力加速下降，弱化了与资方讨价还价的能力，出现了与自然垄断部门企业相反的

---

① 根据 Hamermesh（1993）的研究，η 介于-0.75—-0.15之间，鉴于中国的实际，本章取 η =-0.75，与罗长远和张军（2009）对 η 的取值一致。

表 6-6 劳动报酬占比、FDI、贸易、资本深化、
技术进步——劳动力市场分割检验

	$\ln Ls$		$\ln Fdi\_g$		$\ln Ie\_g$		$\ln (k/y)$		$\ln TFP$	
	(1)	(2)	(i)	(ii)	(I)	(II)	①	②	1	2
$\ln Ls$			-3.79***	-2.41***	-5.78***	-5.38***	3.98***	3.24***	-2.07***	-2.01***
			(0.98)	(0.53)	(0.54)	(0.53)	(0.62)	(0.56)	(0.16)	(0.16)
$\ln Fdi\_g$	-0.16***	-0.16***								
	(0.03)	(0.03)								
$\ln Ie\_g$	0.11***	0.12***	1.37***	1.22***						
	(0.03)	(0.03)	(0.17)	(0.16)						
$\ln (k/y)$	-0.16***	-0.18***							-0.44***	-0.46***
	(0.04)	(0.04)							(0.07)	(0.07)
$\ln TFP$	-0.38***	-0.43*	0.31	0.23			0.64***	0.47***		
	(0.05)	(0.05)	(0.38)	(0.38)			(0.15)	(0.14)		
$\ln Br\_g$					0.84***	1.26***				
					(0.41)	(0.40)				
$\ln Is\_a$							0.62***	0.58***		
							(0.10)	(0.09)		
$\ln I\_g$			0.31	0.14	-0.92***	-0.91***	0.73***	0.70***		
			(0.22)	(0.22)	(0.17)	(0.17)	(0.14)	(0.14)		
$\ln Govexp$	-0.03	-0.004					-0.21***	-0.23***	0.12***	0.15***
	(0.05)	(0.04)					(0.10)	(0.10)	(0.04)	(0.04)
$\ln Rswage$	-0.20***	-0.18***								
	(0.08)	(0.08)								
$\ln Hucap$	0.92***	1.04***								
	(0.13)	(0.14)								
观测值	261	261	261	261	261	261	261	261	261	261
R^2	0.36	0.44	0.34	0.30	0.81	0.31	0.62	0.61	0.66	0.68

注: 1. *、**、***表示显著性水平分别为 10%、5% 和 1%；括号的数字表示标准差；2. 第（1）、（ i ）、（ I ）、①、1 列为对劳动报酬占比按（6-6）式定义，联立方程（6-7）—（6-11）式的估计结果；第（2）、（ ii ）、（ II ）、②、2 列为对劳动报酬份额按"劳动者报酬/（地区生产总值-生产税净额）"定义，联立方程（6-7）—（11）式的估计结果。

"利润侵蚀工资"趋势。第二，劳动力市场的分割导致了自然垄断部门与市场竞争部门不同的劳动报酬变化趋势（李文溥等，2013）。用国有及国

有控股企业在岗职工平均工资与在岗职工平均工资的比率代替国有单位在岗职工平均工资与在岗职工平均工资的比率之后发现，无论是否剔除生产税净额的影响，反映劳动力市场分割的指标 ln$Rswage$ 对劳动报酬占比的作用均显著为负（见表6-6第（1）、（2）列），而且从绝对值看，分别超过了 ln$Rwage$ 对劳动报酬占比负效应 0.14 和 0.13 个百分点。这在一定程度上说明，劳动力市场的分割对劳动报酬占 GDP 份额产生了不利影响。第三，同一部门内同工不同酬等歧视性的用工制度进一步扩大了不同体制下劳动者薪酬议价能力的差距，对整体劳动报酬占比也产生了向下的挤压。

政府支出对劳动报酬占比的效应显著为负（见第（1）列）。政府支出每增长 1%，劳动报酬占比将下降 0.07%。这个结果与对其他国家的研究不同，这说明：在政府奉行 GDP 与财政收入最大化的赶超型战略条件下，政府在收入分配及政府支出结构中势必向资本利益倾斜（李文溥等，2014），从而导致了政府支出对劳动报酬占比的效应显著为负的结果。

人力资本对劳动报酬占比的影响显著为正（见第（1）列）。这表明劳动力素质的改善有利于提高劳动报酬占比，与一般研究中的结论一致（Ortega 和 Rodriguez，2002；白重恩和钱震杰，2009）。

四、稳健性检验

针对上述实证结果，我们进一步提出两个问题以检验结论的稳健性：（1）在定义劳动报酬占比时，如果将政府的生产税净额从 GDP 中扣除，仅仅考察收入在劳动与资本之间的分配，上述结果是否成立？（2）用宏观税负代替政府支出，这些代替对结果有变化吗？

从 GDP 中扣除生产税净额之后，劳动报酬占比的样本均值从 49% 提高至 58%，运用剔除生产税净额后的劳动报酬占比进行联立方程估计，结果见表6-5的第（2）、（ⅱ）、（Ⅱ）、②、2 列。可以发现，尽管出现了些微差异，① 但主要结论仍与第（1）、（ⅰ）、（Ⅰ）、①、1 列一致。

用宏观税负代替政府支出之后，无论是否剔除生产税净额的影响，反

---

① 有两点差异：一是反映技术进步的全要素生产率对进口贸易的效应系数为正，但不显著；二是 ln$Hucap$ 的系数不仅显著，而且上升了 0.08 个百分点。

映宏观税负程度的 $\ln Br\_g$ 对劳动报酬占比的影响均显著为负（见表6-7第（1）、（2）列）。这一结果说明了另一个问题：中国目前宏观税负已经偏高。在一定的经济发展水平上，政府收入占 GDP 的比重是有其上限的，超过了它，将不利于经济发展，限制劳动报酬的增长。这一观点，也得到了其他相关研究结果的支持（CQMM 课题组，2013）。

表6-7　劳动报酬占比、FDI、贸易、资本深化、技术进步——宏观税负检验

	$\ln Ls$		$\ln Fdi\_g$		$\ln Ie\_g$		$\ln (k/y)$		$\ln TFP$	
	(1)	(2)	（ⅰ）	（ⅱ）	（Ⅰ）	（Ⅱ）	①	②	1	2
$\ln Ls$			-2.28***	-2.44***	-7.34***	-7.29***	2.30***	2.51***	-3.01***	-2.96***
			(2.13)	(2.25)	(0.37)	(0.42)	(1.00)	(0.94)	(0.16)	(0.19)
$\ln Fdi\_g$	-0.04***	-0.04***								
	(0.00)	(0.00)								
$\ln Ie\_g$	-0.03***	-0.05***	3.63***	4.04***						
	(0.01)	(0.01)	(0.22)	(0.24)						
$\ln (k/y)$	-0.19***	-0.21***							-0.65***	-0.70***
	(0.03)	(0.03)							(0.09)	(0.09)
$\ln TFP$	-0.22***	-0.17***	2.05***	1.38***			0.49***	0.44***		
	(0.03)	(0.03)	(0.45)	(0.42)			(0.18)	(0.16)		
$\ln Br\_g$	-0.17***	-0.15***	-1.40***	-1.59***					-1.12***	-1.14***
	(0.04)	(0.04)	(0.55)	(0.50)					(0.20)	(0.21)
$\ln Is\_a$							0.38***	0.30***		
							(0.15)	(0.13)		
$\ln I\_g$			2.44***	2.68***	-0.94***	-0.86***	0.71***	0.65***		
			(0.39)	(0.42)	(0.16)	(0.17)	(0.17)	(0.16)		
$\ln Govexp$							-0.24***	-0.21***	0.35***	0.42***
							(0.08)	(0.09)	(0.05)	(0.06)
$\ln Rwage$	-0.07***	-0.06***								
	(0.02)	(0.02)								
$Ln Nonsemp$			1.28***	1.09***						
			(0.17)	(0.18)						
$\ln N$					-0.44	0.14				
					(0.53)	(0.45)				

续表

	lnLs		lnFdi_g		lnIe_g		ln (k/y)		lnTFP	
	(1)	(2)	(i)	(ii)	(I)	(II)	①	②	1	2
lnHucap	0.56***	0.50***							2.31***	2.44***
	(0.09)	(0.10)							(0.19)	(0.19)
观测值	402	402	402	402	402	402	402	402	402	402
R²	0.42	0.34	0.78	0.62	0.48	0.60	0.56	0.63	0.55	0.51

注：1. *、**、***表示显著性水平分别为10%、5%和1%；括号的数字表示标准差；2. 第（1）、（i）、（I）、①、1列为对劳动报酬占比按（6-6）式定义，联立方程（6-7）式—（6-11）式的估计结果；第（2）、（ii）、（II）、②、2列为对劳动报酬占比按"劳动者报酬/（地区生产总值-生产税净额）"定义，联立方程（6-7）式—（6-11）式的估计结果。

第四节　结　论

基于两部门一般均衡条件下劳动报酬占比的决定机制，本章采用中国省级面板数据，对1994—2011年劳动报酬占比的演变进行了实证研究。在对关键变量内生性检验的基础上，将FDI、贸易、资本深化、技术进步等因素有效地内生化，通过联立方程模型进行三阶段最小二乘法处理，并对结果做了稳健性检验。我们的研究发现，导致20世纪90年代中期以来中国居民收入占国民收入比重和劳动报酬占初次分配比重下降的原因，从微观角度看，主要有：

第一，劳动力市场上劳资力量对比失衡。20世纪90年代中后期以来的经济体制改革，在进一步推进经济市场化的同时，由于没有相应地建立劳动报酬的劳资集体谈判机制，使得居民作为劳动者——尤其是竞争性领域的劳动者——整体谈判力下降，在劳动报酬决定中处于不利地位，从而，劳动报酬增长长期低于劳动生产率的增长。

第二，产品市场上价格加成上升和税负转嫁居高。由于居民对垄断程度较高部门和产业链上游企业提供的产品和服务需求替代弹性较小，对其涨价行为往往只能被动接受。如此，尽管身处垄断行业的员工能增加些许工资收入，但众多非垄断行业的劳动者将被迫大幅增加开支。更为隐蔽的是，税负归宿的相关研究表明，两税合并之前，高达11.25%的企业所得税实际转嫁给劳动要素承担（李文溥等，2012）。居高的税负转嫁无疑也制约了劳动报酬潜在的改善空间。

估计结果和稳健性检验昭示，20世纪90年代中后期以来，经济全球化趋势下，居民在劳动力市场上因整体谈判力下降，以及在产品市场上因一些部门垄断倾向加剧，价格加成幅度上升[①]和税负转嫁而发生的福利损失，可能超过了企业因利润增加而惠及员工的收益。这一效应在政府实施赶超型发展战略背景下，由于追求GDP与财政收入增长最大化，不计成本地招商引资，在收入分配中向资方倾斜，从而被进一步强化。[②]我们的研究还发现：

第三，劳动力市场分割不利于劳动报酬占比提高。2003年以来，垄断行业与非垄断行业的劳动报酬变化趋势进一步分化。前者继续了以往的"工资侵蚀利润"的倾向，后者则出现了"利润侵蚀工资"的趋势，由于后者的从业人员比重大大超过前者，劳动力市场进一步分割的整体效应是初次分配中劳动占比份额逐步降低。

第四，宏观税负过高不利于劳动报酬占比提高。2012年，中国的宏观税负已经超过50%（CQMM课题组，2014），远远高于计划经济时期的1978年（按相同口径）。这意味着更多的国民收入为政府所占有，在赶超型发展战略驱动下，它们被更多地用于投资和政府消费，阻碍了劳动报酬占比及居民消费占比的提高。

第五，从低收入国家组过渡到中等偏上收入国家组，中国要素禀赋构成发生了较大变化，继续实行两头在外、大进大出，以出口劳动密集型产

---

①　谢攀、李文溥、刘榆（2013）根据Wind资讯数据，计算发现国资属性上市公司（包括中央国有企业、地方国有企业）2012年价格加成幅度较1998年增长了近三成。

②　对表6-5第（1）列、表6-6第（1）列以及表6-7第（1）、（2）列各变量参数估计的纵向比较发现，产品市场、劳动力市场、全球化等因素对中国劳动报酬占比的负面效应已超过正面效应。

品为导向的加工贸易，引进以利用国内廉价生产要素为目的的 FDI，优势已经逐渐丧失，不仅不利于优化资源配置，而且也不利于提升劳动报酬水平。

参考文献

［1］白重恩、钱震杰、武康平：《中国工业部门要素分配份额决定因素研究》，《经济研究》2008 年第 8 期。

［2］白重恩、钱震杰：《国民收入的要素分配：统计数据背后的故事》，《经济研究》2009 年第 3 期。

［3］白重恩、钱震杰：《中国资本收入份额影响因素及变化原因分析——基于省际面板数据的研究》，《清华大学学报（哲学社会科学版）》2009 年第 4 期。

［4］白重恩、钱震杰：《劳动收入份额决定因素：来自中国省际面板数据的证据》，《世界经济》2010 年第 12 期。

［5］龚刚、杨光：《论工资性收入占国民收入比例的演变》，《管理世界》2010 年第 5 期。

［6］龚刚、杨光：《从功能性收入看中国收入不平等》，《中国社会科学》2002 年第 2 期。

［7］郭庆旺、吕冰洋：《论税收对要素收入分配的影响》，《经济研究》2011 年第 6 期。

［8］李稻葵、刘霖林、王红领：《GDP 中劳动份额演变的 U 型规律》，《经济研究》2009 年第 1 期。

［9］李文溥、王燕武、郑建清：《劳动力市场分化与行业间工资差距变动趋势研究》，《山东大学学报（哲学社会科学版）》2013 年第 5 期。

［10］李文溥、李昊：《论政府主导型市场经济转型》，《东南学术》2014 年第 1 期。

［11］李文溥、谢攀、刘榆：《两税合并的要素收入份额影响研究》，《南开经济研究》2012 年第 1 期。

［12］李平：《进口贸易与国外专利申请对中国区域技术进步的影响——基于东、中、西部面板数据的实证分析》，《世界经济研究》2007 年第 5 期。

［13］李静：《要素替代弹性、资本深化与劳动报酬比重》，厦门大学博士学位论文，2010 年。

［14］吕冰洋、郭庆旺：《中国要素收入分配的测算》，《经济研究》2012 年第 10 期。

［15］黄先海、徐圣：《中国劳动收入比重下降成因分析——基于劳动节约技术进步的视角》，《经济研究》2009 年第 7 期。

［16］邵敏、黄玖立：《外资与劳动收入份额——基于工业行业的经验研究》，《经济学（季刊)》2010 年第 4 期。

　　[17] 谢攀、李文溥、刘榆:《谈判地位、价格加成与劳资博弈——劳动报酬份额下降的微观机制分析》,《中国高校社会科学》2013 年第 4 期。

　　[18] 杨俊、邵汉华:《资本深化、技术进步与全球化下的劳动报酬份额》,《上海经济研究》2009 年第 9 期。

　　[19] 王永进、盛丹:《要素积累、偏向型技术进步与劳动收入占比》,《世界经济文汇》2010 年第 4 期。

　　[20] 伍山林:《劳动收入份额决定机制:一个微观模型》,《经济研究》2011 年第 9 期。

　　[21] 罗长远、张军:《劳动收入占比下降的经济学解释——基于中国省级面板数据的分析》,《管理世界》2009 年第 5 期。

　　[22] 罗长远、张军:《经济发展中的劳动收入占比——基于中国产业数据的实证研究》,《中国社会科学》2009 年第 4 期。

　　[23] 中国季度宏观经济模型（CQMM）课题组:《中国宏观经济预测与分析——2013 年秋季报告》（2013 年）。

　　[24] 中国季度宏观经济模型（CQMM）课题组:《中国宏观经济预测与分析——2014 年春季报告》（2014 年）。

　　[25] 张军、吴桂英、张吉鹏:《中国省际物质资本存量估算:1952—2000》,《经济研究》2004 年第 10 期。

　　[26] 周明海、肖文、姚先国:《企业异质性、所有制结构与劳动收入份额》,《管理世界》2010 年第 10 期。

　　[27] Bentolila, S. and Gilles Saint-Paul, "Explaining Movements in the Labor Share", *Contribution to Macroeconomics*, 2003, 3（1）.

　　[28] Blanchard, Giavazzi, "Macroeconomic Effects of Regulation and Deregulation in Goods and Labor Markets", *Quarterly Journal of Economics*, 2003, Vol. 118, No. 3.

　　[29] Decreuse and Maarek, "FDI and the Labor Share in Developing Countries: A Theory and Some Evidence", MPRA Paper, No. 11224.

　　[30] Diwan, I, "Labor Shares and Financial Crises", http://ftp·itam·mx/pub/investigadores/delnegro/alcala/diwan_p·pdf, 1999, downloaded on 2010-04-21.

　　[31] Fosfuri, A., Motta, M. and Ronde. T., "FDI and Spillovers through Workers' Mobility", *Journal of International Economics*, 2001, 53.

　　[32] Jayadev, Arjun, "Capital Account Openness and the Labour Share of Income", *Cambridge Journal of Economics*, Oxford University Press, 2007, Vol. 31, No. 3（May）.

　　[33] Hamermesh, A. E., *Labor Demand*, Princeton, Princeton University Press, 1993.

　　[34] Harrison, A. E., "Has Globalization Eroded Labor's Share? Some Cross-Country Evidence", UC Berkely, Mimeo, 2002.

　　[35] Lee, Kang-kook and Arjun Jayadev, "Capital Account Liberalization, Growth and the Labor Share of Income: Reviewing and Extending the Cross-country Evidence", in Gerald

A. Epstein, *Capital Flight and Capital Controls in Developing Countries*, Northampton (USA): Edward Elgar Publishing, 2005.

[36] Ortega, D., F. Rodriguez, "Openness and Factor Shares", Mimeo of University of Maryland, 2002.

[37] Wooldridge, J. M., *Introductory Econometrics: A Modern Approach*, South-Western College Publishing, 2002.

[38] Zhao, Y., "Earnings Differentials between State and Non-State Enterprises in Urban China", *Pacific Economic Review*, 2002, 7.

[39] Zhao, Y., "Foreign Direct Investment and Relative Wages: The Case of China", *China Economic Review*, 2001, 12 (1).

第七章 "刘易斯拐点"的
一个理论证伪[*]

本章从社会再生产循环及社会产品实现的角度对刘易斯二元经济模型进行研究，分别在封闭经济和开放经济条件下利用刘易斯二元经济模型中的不变劳动工资假定并结合产品市场出清进行论证。研究证明：由于只考虑劳动力市场而忽略产品市场的实现问题，刘易斯二元经济模型的结论——只有当二元经济越过了"刘易斯拐点"，实际的劳动工资水平才能明显提高——无论是在封闭经济或开放经济条件下——都是不能成立的。在长期经济增长过程中，无论是一元经济，还是向一元经济转轨的二元经济，劳动工资都应当随着劳动生产率的提高而相应提高。

第一节 引 言

"刘易斯拐点"是近年来国内经济学文献中出现频率最高的词汇之一。一个 60 年前提出的经济学概念突然引起国内学界高度关注的现实背景是：2003 年以来，中国沿海甚至部分内陆地区陆续出现了较明显的"民工荒"现象，代表非熟练劳动力的"农民工"的工资水平也明显地持续上涨。在城镇，类似的"工资增速拐点"来得更早。从 1998 年开始，中国城镇实际工资增速就出现了明显的提高。国内部分学者利用经典的刘易斯二元经

---

[*] 本章作者：李文溥、熊英。

济模型（Lewis，1954）解释上述工资上涨现象，认为中国的"刘易斯拐点"已经来临，劳动力市场发生了根本改变，以往的"劳动力过剩"时代已经结束，低端劳动力的"短缺"将成为一种常态（蔡昉，2007）。

在一个劳动力供给充裕，就业压力较大，普通劳工实际收入长期偏低，近年来又严重困扰于居民收入增长缓慢、国内消费不足的发展中经济、人口大国，出现劳动力短缺和劳动收入水平上升，本应视为社会经济发展的积极成果：它是改善劳动者生活的必要前提，也是促进技术进步、产业升级、结构调整的积极因素。但是，令人奇怪的是，它却引起了国内学界不少担忧："刘易斯拐点"的到来，意味着低劳动力成本时代的终结，它将弱化中国产品的国际竞争力，降低经济增长率。[1] 这种观点相当程度上受到了刘易斯模型的影响：只有资本利润才能形成资本积累，加速经济增长和劳动力转移，相反，提高工资水平则不利于资本积累和增长。在这个思想影响下，在战后的后发国家发展历程中，企图依靠人为压低工资水平，剥夺农业剩余，加速工业化进程的努力可谓比比皆是。

或许更令国人担忧的是：按照刘易斯的二元经济模型，真正的"刘易斯拐点"应在二元经济转变为一元经济也即发展中经济转变为现代发达经济之时方才出现，它是经济实现现代化的重要标志之一。然而，在开始出现"民工荒"的2003年，中国仍然是二元经济特征十分明显的发展中经济：当年中国的人口城镇化率仅为40.6%，[2] 第一产业劳动力占比高达49.1%，第二产业人均劳动生产率是第一产业的8倍，城镇人均可支配收入是农村人均纯收入的2.8倍。此后多年，城乡收入差距仍在不断扩大。

一般而言，当经济到达"刘易斯拐点"之后，城乡就业结构应当趋于基本稳定，大规模的农村劳动力转移将不复存在。但是，2003年以来，中国农村劳动力转移速度反而加快了。而且，中国农村劳动力大规模转移和"农民工"实际工资水平持续上升一直同时并存。即使做简单的国际比较

---

① 这一看法令人质疑。当劳动生产率增长速度超过工资增长速度时，工资上升并不导致产品的劳动成本上升，产品的国际竞争力更取决于包括劳动成本在内的相对成本。实证研究证实，近十年来，由于制造业的劳动生产率增长高于劳动工资的增长，中国的单位产品劳动力成本（ULC）和单位产品劳动国际比较成本（RULC）基本上呈下降趋势（李文溥等，2011；王燕武等，2011）。2000—2010年，中国的经济增长率达到1978年以来的历史新高。

② 按城镇常住人口占比口径计算。

也可以看出，在就业结构上，中国现在还与"刘易斯拐点"有相当距离。2010年，和中国一样具有人多地少的农业生产特点的日本和韩国，第一产业劳动力占比分别是6.6%和3.7%。按此推断，即使中国按照2000年以来大大加快的农业劳动力转移速度，至少也要到2030年之后，第一产业就业占比才能降至与日本、韩国2010年大致相当的水平。中国远未到达"刘易斯拐点"之时，劳动工资就持续大幅上涨，自然令人担忧。

二元经济与"刘易斯拐点"并存导致了理论困惑和政策选择两难：如果刘易斯模型成立，那么，中国可谓过早地出现了"刘易斯拐点"。相应的政策结论应是：中国至少应当在未来15—20年里，尽量限制劳工工资上涨。然而，早在2003年之前，劳动报酬占比下降，居民收入增长缓慢，居民消费不振，国内消费不足就已经困扰中国经济，至今仍是制约中国经济发展的最重要问题之一。继续抑制劳工工资上涨，势必对中国社会经济发展产生严重后果。或许正是因此，"刘易斯拐点"成为近年国内研究热点。但是，我们注意到，关于"刘易斯拐点"的相关研究，无论是支持方（蔡昉，2007，2010；蔡昉和都阳，2011），还是反对方（Minami和Ma，2010；余宇新和张平，2011；殷剑锋，2012），都建立在默认刘易斯模型成立，"刘易斯拐点"存在的基础之上。即便有少量从其他角度解释中国非熟练劳动力实际工资上升的研究（胡景北，1998；伍山林，2008；Ge和Yang，2011；约翰·奈特等，2011；刘晓光和卢锋，2014），也没有直接正面回答刘易斯模型是否成立。我们认为：在判断中国是否达到"刘易斯拐点"之前，可能需要先明确"刘易斯拐点"在理论上是否可以成立？模型中不变工资的假设是否自洽？固然，刘易斯模型是发展经济学的经典模型，但是，再经典的模型也只是解释世界的工具，不应该成为思想的束缚。因此，有必要针对刘易斯模型的成立性进行研究。

本章的后续部分安排如下：在第二节文献综述的基础上，第三节介绍基准模型，第四节在封闭经济条件下论证"刘易斯拐点"无法成立，第五节在开放经济条件下分别从小型发展中经济和大型发展中经济两个角度讨论"刘易斯拐点"成立的现实可能性，第六节是结论。

第二节　文献综述

　　刘易斯模型（Lewis，1954）继承了古典经济学中不变工资的思想，提出发展中经济存在着两个部门：即传统部门（维持生计部门）和现代部门（资本主义部门）。传统部门的劳动边际产出实际为零，现代部门的劳动生产效率高于传统部门。在二元经济向一元经济转型的过程中，由于传统部门中存在着大量"剩余劳动力"，导致出现不变的制度性的生存工资，现代部门以不变的工资水平从传统部门获得无限的非熟练劳动力供给。只有当两部门间的劳动边际产出相等，也即到达"刘易斯拐点"时，二元经济转变为一元经济，此时，非熟练劳动力的实际工资才能上升，而且是不同部门的劳动工资随着劳动生产率的上升而同步提高。

　　针对后续研究的批评（Schultz，1964；Sen，1966），刘易斯在后续论文中对1954年论文的观点进行了修补，提出了"两个拐点"的概念（Lewis，1972）。即存在着"刘易斯第一拐点"和"刘易斯第二拐点"，以及在此两点之间的"刘易斯转折区间"。刘易斯认为，在这个区间内，非熟练劳动力实际工资的上升通常只是一些制度性的非经济因素导致的，如道德因素、城市工会等。只有当经济体通过了"刘易斯第二拐点"之后，非熟练劳动力实际工资在经济学意义上的上升才是有可能的。刘易斯相信，"刘易斯第二拐点"才是需要关注的重点。因为这意味着经济的二元状态结束，传统部门的劳动工资从此可以与劳动生产率同步增长。在此之前，非熟练劳动力实际工资的增加比较有限，或者无法大幅度增加，否则这将与模型尚未进入新古典经济学的状态相矛盾。显然，尽管在1972年的论文中，刘易斯对1954年论文的观点有所调整，但是，基本思想并无实质性改变：只有当传统部门的剩余劳动力被现代部门吸收完毕，二元经济转变为一元经济之时，才能出现真正的"刘易斯拐点"。非熟练劳动力的实际工资才能在经济学意义上出现上升。刘易斯模型并没有考虑产品市场的实现问题，拉尼斯和费景汉针对刘易斯的基本模型进行了一般均衡分析的扩展（Ranis 和 Fei，1964），但总体上并没有脱离刘易斯模型的分析框架，隐含着经济单纯依靠投资就能不断增长的观点。这个观点并非不证自明，可是，他们却简单地将其视为分析的既定前提。

刘易斯模型描述了这样一个二元经济转型的过程：在"刘易斯拐点"之前，普通劳动者的实际工资保持不变。不变工资使得劳动报酬占 GDP 的比重不断下降，由于在经济增长条件下人均工资不变，人均消费也将保持不变，因此，储蓄率将不断上升，投资率也将不断上升。只有当经济体越过"刘易斯拐点"之后，以上的宏观变量的变化才可能发生逆转。然而，对中国改革开放以来经济发展事实以及世界各国自英国产业革命以来的经济史的研究发现，已有的历史事实并不支持刘易斯模型的不变工资假定及其推论。

第一，中国改革开放以来的经济发展事实与刘易斯模型的结论是相悖的。1978 年以来，中国的实际工资总体上是不断增长的。中国城镇实际工资年均增速在 1978—1996 年间为 4.2%，1997—2012 年间增至 12.2%。中国"农民工"平均实际工资增速在 20 世纪 80 年代为 6%，90 年代似乎没有增长，在 2001—2010 年间约为 10%（卢锋，2012）。同时，中国的传统经济部门也不存在着长期不变的制度性工资。中国农民的单位劳动力的机会成本一直在提高。扣除通货膨胀因素，1978—1995 年间中国农村劳动力保留价格的年均增长率为 6.9%。[1] 这说明，改革开放以来，中国农村劳动力的长期供给并非无限，其实际工资水平是不断上升的。

第二，世界范围的劳动工资历史统计数据证实：非熟练劳动力工资在二元经济转型期持续上升并不是中国的特殊现象。对全世界 80 多个国家或地区在二元经济转型过程中的实际工资水平的数据计算发现，[2] 绝大部分国家和地区在其二元经济转型和农业劳动力转移的绝大部分时间内，普通劳动力的实际工资都在不断增长，在二元经济转型过程中，实际工资随劳

---

① 根据相关研究（卢锋，2012）及 2010 年中国农村住户调查年鉴所提供的数据计算。

② 我们的研究样本包括世界上人口超过 500 万的 80 多个主要国家及地区，研究时段为 1800—2014 年，研究对象为实际工业工资（数据来源于米切尔：《帕尔格雷夫世界历史统计》，贺力平译，经济科学出版社 2002 年版；CEIC 数据库）。

动力转移而上升是一种世界范围的常态。更重要的是，世界上所有完成了二元经济转型的发达国家的实际工资水平在其劳动力转移过程中都保持了持续增长。从长期的历史视角看，世界各国鲜有支持"刘易斯拐点"中工资不变现象的经验证据，即便是刘易斯模型的支持者也无法否认并解释这个事实（Gollin，2014）。

第三，对英国产业革命时期、日本明治维新以来工业化过程的经济史研究发现：首先，就二元经济转轨全过程来看，劳动工资随着经济增长而逐渐提高是一般现象；其次，在二元经济转轨的某个特殊阶段，可能出现过时间长度不一的"不变工资"现象，这是特殊情况，而且并非由刘易斯模型的假定所决定；最后，劳动生产率提高是决定劳动工资上升的基本前提条件，当然，劳动工资能否因此提高，还取决于劳动力市场上供需双方的力量对比。[1]

第四，就有关的宏观经济结构变量看，英国、日本、中国在二元经济转型和劳动力转移的绝大部分时间内，劳动报酬、消费、投资及储蓄率等关键变量的变化趋势并不符合刘易斯模型的假设及预测，从中观察不到对"刘易斯拐点"的实证支持。[2] 此外，即使是人口资源丰富的其他东亚经济体，在1960—1990 年间的二元经济转型的过程中，其产出中资本收入的占比也是相对恒定的，并没有像刘易斯模型所预测的那样不断提高（Gollin，2014）。

中国及世界的经济史实对刘易斯模型是否很好地描述了二元经济发展的实际情况提出了质疑。从方法论上看，刘易斯二元经济模型也是有缺陷的。刘易斯的不变工资假定是建立在劳动力市场的局部均衡分析基础上。但是，劳动工资同时是决定社会总需求的基本变量。工资水平随着经济增长而提高，是社会扩大再生产得以实现的必要前提。因此，真实的工资决定，不仅取决于劳动力市场的供求力量对比，而且取决于产品市场的实现要求。刘易斯模型中的不变工资假设，从产品市场的角度分析，很有可能导致社会有效需求不足，社会再生产循环无法实现。如果如此，刘易斯模

---

[1] 详细分析请参阅作者的另一篇工作论文：《二元经济中"不变工资"——经济史角度的分析》，有兴趣的读者可以向我们索取。

[2] 详细分析请参阅作者的另一篇工作论文：《二元经济中"不变工资"——经济史角度的分析》。

型及其基本结论也就无法成立。

"刘易斯拐点"成立与否，不仅需要大量的事实观察和经验研究，[①] 同时也需要理论上的证明。刘易斯二元经济模型在很大程度上忽略了对产品市场的严格分析，而劳动力市场均衡并不必然代表产品市场能够同时出清。刘易斯的不变工资假设虽然来源于古典经济学的启发，但他似乎忽视了马克思关于工人工资仅等于劳动力的再生产费用，低于其创造的价值将引发资本主义经济危机的分析。通过投资形成的产能的产出到底卖给谁？在新古典模型中，产出自己卖给自己的过程是否可行？这些问题在刘易斯二元经济模型和以后的新古典模型中似乎都被忽略了。

本章的研究受到马克思社会再生产理论（马克思，1885）的启发，在方法论上，利用新古典经济学的工具，坚持结合产品市场进行分析，从劳动力市场和产品市场同时均衡的角度，在封闭经济及开放经济条件下，分别讨论在不变工资假设下社会再生产的实现可能以及"刘易斯拐点"的存在性问题。在刘易斯模型的基础假设下，结合产品市场的实现进行进一步的研究。

第三节　基准模型

本章以刘易斯二元经济模型（Lewis，1954）为基础分析框架，同时参考樊纲和吕焱扩展的数理模型（樊纲和吕焱，2013），加入产品市场进行分析。不同之处在于我们的模型发现不变工资的外生假设将导致二元经济转型中劳动力转移出现停滞。

---

① 刘易斯坚持不变工资及拐点的假设，源于他对工业革命初期英国非熟练劳动力实际工资在较长时期里基本不变的经验观察，但他及其追随者的观察是不充分且非全过程的。他们没有仔细分析经济史上不同国家在不同的特定时期出现不变工资现象的真正原因，过于简单地认为是由于传统经济中的大量"剩余劳动力"使非熟练劳动力的工资水平在二元转换过程中长期保持不变。我们在《二元经济中"不变工资"——经济史角度的分析》中对英国、日本以及中国的"不变工资"现象进行了更深入的分析，发现这仅仅是特定时期的特例。从二元经济转轨全过程看，人均产出、工资的增长以及劳动力的跨部门转移往往是同步并行的。

一、基本假定

我们首先分析封闭经济条件下，刘易斯的不变工资假定能否成立。假定这一经济不仅是封闭的，不存在对外贸易，而且没有库存，社会当年生产的产品都在当年消费完毕，或者用于投资。

其他假设条件如下：

（1）时间设定为离散形式，经济中的个体在每期决定其经济行为。

（2）经济体分为传统和现代两个部门，传统部门包括了采取传统生产方式的农业，但不仅限于农业。两部门的生产技术不同，传统部门仅使用劳动进行生产，现代部门则使用劳动和资本进行生产。现代部门的单位劳动产出高于传统部门。

（3）劳动者收入仅来自工资，并全部用于当年消费；企业家雇佣资本和劳动进行生产，支付劳动者工资，占有全部利润，同时自身不消费。在该经济中，不考虑地主或者其他资产持有者的存在。[①]

（4）当传统部门的"剩余劳动力"完全转移到现代部门之前，传统部门中劳动者的实际工资不变，企业家可以不变的工资水平从传统部门雇佣劳动者至现代部门从事生产。经济中不存在显性失业。[②]

（5）现代部门的产出为同质的消费品和资本品。产品市场是完全竞争的。消费品用于当期消费，资本品则用于增加现代部门下一期的资本存量及补偿折旧。这里关键的设定在于假设企业利润的实现源于产品的最终售出。如果消费品生产部门（消费品部门）的产出大于消费需求，意味着产品过剩；如果资本品生产部门（投资品部门）的产出大于投资需求，多余的资本品将形成资本品生产部门的资本存量，但这不能形成其收入及利润，并且需要投资部门向外部借债才能满足需求。

（6）不考虑政府及货币的存在，传统部门的产出剩余可以成为现代部门资本积累的一个来源。现代部门的企业家可以以利率 r 借入资本进行生

---

① 这相当于认为社会最终消费需求主要来自劳动者。现实中，地主和资本家存在着奢侈性消费，但是在现代经济增长中，这往往只占现代部门总消费的较小比例，因此忽略。刘易斯（Lewis，1958）、拉尼斯和费景汉（Ranis 和 Fei，1964）持相同假定。

② 为了更清晰地显示外生工资设定不变的不合理，这里忽略了劳动力跨部门转移的成本。

产，同时，假定消费品部门的投资行为满足理性预期，根据生产的最优资本存量而调整；投资品部门的投资行为超过消费品部门的需求的部分需要举债，但是存在着债务的上限，这里假设举债的比例是固定的。

二、模型设定

假定传统部门 t 期时 1 单位劳动力可以生产 y_t 单位的产出，其中 w_t 作为工资支付给传统部门的劳动者，其余的产出剩余可以提供给现代部门进行资本积累。设 t 期时传统部门的实际工资为 w_t，现代部门以 w_t 从传统部门雇佣劳动力。由于存在"剩余劳动力"，当传统部门劳动力数量不小于 N^* 时，其产出不会下降。

企业家组织现代部门生产，并根据利润最大化原则决定现代部门的就业。现代部门分为消费品部门和投资品部门，分别生产消费品和资本品。其中，消费品部门企业的生产函数为：$Y_{ct} = A_t K_{ct}^\alpha L_{ct}^{1-\alpha}$，$0 < \alpha < 1$。$A_t$、$K_{ct}$ 和 L_{ct} 分别是该类企业的技术进步、资本存量及就业人数。投资品部门企业的生产函数与消费品部门企业相同：$Y_{it} = A_t K_{it}^\alpha L_{it}^{1-\alpha}$，$0 < \alpha < 1$。$A_t$、$K_{it}$ 和 L_{it} 分别是该企业的技术进步、资本存量及就业人数。现代部门的劳动就业：

$$L_t = L_{ct} + L_{it} \tag{7-1}$$

假定社会劳动力总量保持不变并单位化为 1，传统部门的就业为 $1 - L_t$。

该二元经济的资本存量及积累方程如下，其中 δ 是资本折旧率：

$$K_t = K_{ct} + K_{it} \tag{7-2}$$

$$K_{t+1} = (1 - \delta) K_t + I_t \tag{7-3}$$

现代部门总产出 Y_t 则为：

$$Y_t = Y_{ct} + Y_{it} \tag{7-4}$$

其中，Y_{ct} 是消费品部门的产出，Y_{it} 是投资品部门的产出。

以上是从供给角度对现代部门产出的分析。从需求角度上看，现代部门的产出为：

$$Y_t = C_t + I_t \tag{7-5}$$

其中，C_t 是对现代部门产出的消费需求，I_t 则是投资需求。

由假设条件，可知全社会对于现代部门产品的总消费需求由工资收入水平及劳动力人数决定。由于劳动力总数给定，劳动者的实际工资收入决定了社会的消费品需求数量，因此现代部门的总消费需求为：

$$C_t = C(w_t) \ , \ \frac{\partial C}{\partial w} > 0 \tag{7-6}$$

产品市场上资本品的需求函数为：

$$I_t = I_{ct} + I_{it} \tag{7-7}$$

其中，I_{ct} 是 t 期时消费品部门的投资需求，而 I_{it} 是 t 期时投资品部门自身的投资需求。注意到企业的每期利润＝产品销售收入－企业成本。投资品部门自身的投资并不能形成其收入，而只是其成本，只有跨部门形成交换的资本品才能形成投资品部门的实际收入。此时，如果社会总消费保持不变，企业的利润上限将受到约束，资本品需求也将受到限制。这也是刘易斯模型忽略的重要问题：企业利润增长和最终有效资本存量的形成的最终源泉是消费品市场的不断扩大。由于只有被消费品部门当期购买的资本品才能形成投资品部门的利润，投资品部门自身的投资需求需要依靠借贷来提供。投资品部门的产出并不能直接用于支付资本的利息和劳动者的收入，需要和外部进行产品交换后才能形成收入，并用于补偿成本支出，形成利润。新古典增长模型默认了供给本身将创造需求，将产品交换过程抽象掉了，但是我们认为只有企业的产品实现了部门间交换，才能形成企业收入，企业的产出本身不能直接作为利润和工资支付给资本和劳动力。[①]

---

① 在现代市场经济中，投资品部门和消费品部门都是多个企业组成的，在部门内有多个企业的情况下，部门内投资的形成，必须经过市场交易，使某个企业生产的产品成为部门内其他企业的投资品，自己企业生产的产品可以直接用于投资，在现代市场经济条件下是极少的，因此假定产出直接用于投资为零。而对于投资品部门内贸易，在新古典经济学的分析下，投资品部门内的自我投资再循环似乎是可以使得投资品部门的产出又重新作为新的资本投入从而不断扩大投资品部门的生产规模。本模型实际上是考虑存在部门内贸易的情况，此时将整个投资品部门视为一个企业，通过后面的分析，我们可以发现，此时生产投资品企业直接需求方消费品生产企业的需求不足，将使得即便他们生产出资本，但是投资品企业却无法通过与消费品企业交换得到收入，此时，企业虽然生产出了资本但是却无法形成收入，这使得投资品部门的扩张实际上在市场经济中也会受到约束。以往的考虑中忽略了投资行为最本质的目的是为了生产更多的消费品，一旦投资行为完成，就会形成新的产能，消费就必须增加，个人收入也必须随之增加，否则必然产能过剩。考虑更实际的情况，投资占比扩大的过程往往伴随着金融杠杆扩大的过程，在长期的时间内，如果消费需求不增加，那么投资部门的债务比率是无法不断扩大的，所形成的产能最终也将成为过剩产能。此外，实际在较长的时间内，投资占比的持续上升是不存在的，这也与刘易斯模型所论述的二元经济劳动力转移的机制相悖。

因此，在 t 期时，消费品部门的产出和收入将等于 C_t，虽然投资品部门的产出为 $I_{ct} + I_{it}$，但是实际收入仅为 I_{ct}，定义投资品部门的负债率①为：

$$s_t = \frac{I_{it}}{I_{ct}} \tag{7-8}$$

那么，当实际工资保持不变时，为了使投资品部门的规模能不断扩大，需要资本品市场能够出清，这意味着投资品部门自身的投资需求 I_{it} 不断增加，自身的投资需求只能依靠借贷满足。但是此时投资品部门的实际收入在各期并未发生任何变化，从而必然导致其负债率不断上升，无论是出自风险控制的考虑，或者是自身资源规模的限制，社会将无法持续提供呈几何级数增长的借贷。此处简单地认为投资品部门的债务比例满足最大比例：

$$I_{it} = sI_{ct} \, , 0 < s < 1 \tag{7-9}$$

其中，s 是一个常数，代表了投资品部门的最大负债率水平。

假设 t 期时，传统部门存在"剩余劳动力"，现代部门实现产品市场出清，则以下成立：

$$A_t K_{ct}^{\alpha} L_{ct}^{1-\alpha} = C_t \tag{7-10}$$

$$A_t K_{it}^{\alpha} L_{it}^{1-\alpha} = I_{ct} + I_{it} \tag{7-11}$$

以上两个等式的左侧代表经济中消费品和资本品的供给能力，等式右侧代表相应的市场需求。在萨伊定律中，供给可以创造需求，但从长期看，需求将反作用于供给，使经济中的供给能力不能无限扩张。如果只从实物积累的角度看，似乎投资品部门依靠自身的投资需求就能够不断实现扩张，但是，市场经济中，利润的实现以产品的销售为前提。因此，在较长时间内，如果消费品部门不扩张，投资品部门也无法扩张。刘易斯模型中的不变工资假设，其实相当于在需求方面施加了一个潜在的约束。在二元经济的转型过程中，这种约束最终将使得供给无法顺利扩大。

---

① 当然，实际中企业的负债率等于借款除以资产，但是企业资产增长的根本来源于未来收入的不断增加，故此处简单起见使用当期实际收入衡量企业的资产水平，而当期的借贷衡量企业的负债水平，并且两者都经过了贴现。

第四节　封闭经济的情形

根据基准模型，这里我们将证明，在刘易斯模型不变工资的假设下，如果产品市场实现出清，现代部门中的劳动力就业将无法持续增加，即实际工资不变和社会再生产正常循环以及劳动力跨部门流动是矛盾的。

首先假设在 t 期经济体还处于二元经济状态，同时产品市场出清，即消费品和资本品的供给均等于需求。在 $t+1$ 期，如果劳动者实际工资不变，即满足 $w_{t+1} = w_t = w$ ，此时，社会对于现代部门产品的总消费需求也将保持不变，即满足：

$$C_{t+1} = C_t \tag{7-12}$$

考虑企业的利润最大化行为及产品市场完全竞争，此时企业的目标函数为：

$$\max_{K_{jt},\ L_{jt}} A_t K_{jt}^{\alpha} L_{jt}^{1-\alpha} - w_t L_{jt} - r_t K_{jt} \ ,\ j = c,\ i \tag{7-13}$$

其中，r_t 表示资本的报酬率水平。利润最大化时消费品部门就业和资本存量之间满足：

$$L_{ct} = \left[(1-\alpha) \frac{A_t}{w_t} \right]^{\frac{1}{\alpha}} K_{ct} \tag{7-14}$$

同时，可以解出投资品部门的就业和资本存量的关系：①

$$L_{it} = \left[(1-\alpha) \frac{A_t}{w_t} \right]^{\frac{1}{\alpha}} K_{it} \tag{7-15}$$

---

① 当存在产出的约束时，求解投资品部门的最优就业数量可能会受到消费品部门的生产规模影响，但是，问题的关键在于，对于某一利率水平和工资水平，同时产品市场又处于完全竞争状态，此时经济利润为零，即面对任一的产出规模，无论消费品部门或者投资品部门，其所雇佣的劳动力和资本存量都已经决定，并满足某种线性关系。此时，投资品部门的最优就业和资本存量即使受到消费品部门的影响，但其资本存量和就业之间的线性关系仍然成立。当然，两部门资本存量之和有可能大于社会所能提供的资源上限。这里为了更集中地讨论本质的问题，我们简单地认为这一约束是松的。

进一步，市场利率满足如下等式：

$$\alpha A_t K_{jt}^{\alpha-1} L_{jt}^{1-\alpha} = r_t \ , j = c \ , i \tag{7-16}$$

最后，现代部门各部门的资本存量积累方程为：

$$K_{j(t+1)} - K_{jt} + \delta K_{jt} = I_{jt} \ , j = c \ , i \tag{7-17}$$

根据以上企业最优行为的方程并结合（7-9）式、（7-10）式和（7-11）式，可以推导出此时现代部门中消费品和资本品生产部门的资本和劳动收入分别为：

$$r_t K_{ct} = \alpha C_t \tag{7-18}$$

$$w_t L_{ct} = (1 - \alpha) \ C_t \tag{7-19}$$

$$r_t K_{it} = \alpha(1 + s) \ I_{ct} \tag{7-20}$$

$$w_t L_{it} = (1 - \alpha) (1 + s) \ I_{ct} \tag{7-21}$$

以上等式实际上都是产品市场出清并且企业行为最优时的恒等式。当外生给定实际工资序列后，整个现代部门的利率、资本存量以及就业水平也就可以确定。此时，按照现代部门是否存在技术进步，分别讨论以下两种情形。

一、情形一：现代部门无技术进步，即 A_t 保持不变

在 $t+1$ 期时由于实际工资外生不变，那么根据（7-14）式消费品部门的人均资本存量 $\dfrac{K_{ct}}{L_{ct}} = \dfrac{K_{c(t+1)}}{L_{c(t+1)}}$ 无变化，又根据（7-16）式，可以发现资本的报酬率水平不变，则有 $r_{t+1} = r_t$。根据（7-18）式并注意到总消费需求不变，从而在 $t+1$ 期时消费品部门的资本存量不变，结合（7-17）式，可以得出消费品部门的投资需求 I_{ct} 保持不变。又根据（7-20）式及资本报酬率保持不变，则有投资品部门的资本存量 K_{it} 保持不变。由于此时两部门的资本存量均保持不变，那么根据（7-24）式和（7-25）式可以发现现代部门的就业 L_{ct} 和 L_{it} 均保持不变。这也就意味着此时现代部门的就业无法增加，即 L_t 在 $t+1$ 期保持不变。此时，不变工资假定将使得企业的资本报酬率不变，但是现代部门将无法扩张，同时就业数量将保持不变。此外，根据（7-19）式，只要总的消费需求不变，那么消费品部门的劳动力就业就无法增加，此时其资本存量不会增加，故消费品部门的投资需求 I_{ct}

无法增加，根据（7-21）式这使得投资品部门的就业无法增加，这也意味着消费品部门的就业 L_{ct} 不增加，投资品部门的就业 L_{it} 也无法增加。

二、情形二：现代部门存在技术进步，即 A_t 保持增加

在 $t+1$ 期时由于实际工资外生不变，那么根据（7-14）式消费品部门的人均资本存量 $\dfrac{K_{ct}}{L_{ct}}$ 减少，即现代部门出现资本浅化的现象。同时又根据（7-16）式，可以发现资本报酬率提高，则有 $r_{t+1} > r_t$。根据（7-18）式并注意到总消费需求不变，从而在 $t+1$ 期时消费品部门的资本存量 K_{ct} 下降，结合（7-17）式，可以得出消费品部门的投资需求 I_{ct} 下降，又根据（7-20）式及资本报酬率提高，则有投资品部门的资本存量 K_{it} 下降。由于两部门的资本存量均减少，那么根据（7-19）式和（7-21）式可以发现现代部门的就业 L_{ct} 将不变，而 L_{it} 将减少。这也就意味着此时现代部门的就业将出现下降，即 $L_{t+1} < L_t$。此时，不变工资假定将使得企业的资本报酬率提高，但是现代部门将无法扩张，并且就业人数将逐渐减少。这意味着在考虑产品市场均衡条件下，如果现代部门出现了技术进步，不变工资造成的有效消费需求不变将使劳动力出现逆向流动。即在不变工资假定下，现代部门技术进步将不利于传统部门劳动力的跨部门转移。

小结以上两种情形，在封闭的二元经济中，如果劳动者的实际工资不变，那么，由于需求方面的约束，在产品市场出清的条件下，现代部门的就业将无法提高。随着现代部门的生产不断扩张，提高劳动者的实际工资水平是经济系统自身保持平衡的必要条件。在封闭经济中，社会总消费长期不变与社会总产出不断增长是不可能同时并存的。劳动工资是形成社会总消费的主要来源，这也意味着在二元经济转型过程中，劳动工资水平必须不断提高，如此才能保证社会再生产的扩大，社会总产出的不断增长也即经济增长与二元经济向一元经济的转型。需要特别指出，以上的实际工资增长并非刘易斯所说的非经济因素导致的，而是经济体内部为了保证产品市场出清的自发的必要条件，是经济系统的产品市场出清所决定的。因此，我们的结论是：在封闭经济条件下，从产品市场出清的角度进行分析，刘易斯模型中的不变工资假定与劳动力跨部门持续转移无法同时

成立。

在以上框架下，可以简单分析实际工资的增速范围，根据（7-14）式和（7-15）式存在着：

$$\frac{K_{jt}}{L_{jt}} = \left[(1 - \alpha) \frac{A_t}{w_t} \right]^{-\frac{1}{\alpha}}, j = c, \ i \qquad (7-22)$$

因此，在任何一期，消费品部门和投资品部门单位劳动的资本存量应该相等，那么现代部门单位劳动力的资本存量也应该分别等于前面两者，因此存在着等式：

$$\frac{K_t}{L_t} = \left[(1 - \alpha) \frac{A_t}{w_t} \right]^{-\frac{1}{\alpha}} \qquad (7-23)$$

记 $\frac{K_t}{L_t} = k_t$，并且设现代部门单位劳动力的资本存量的增速为 $\frac{k_{t+1}}{k_t} = k$，技术进步的速度为 $\frac{A_{t+1}}{A_t} = a$，实际工资增速为 $\frac{w_{t+1}}{w_t} = w$，根据（7-23）式，可以得出如下的增速等式：

$$\alpha \ln k + \ln a = \ln w \qquad (7-24)$$

由（7-24）式可知，人均资本积累速度或者技术进步越快，实际工资的增速应当越快。在同时满足劳动力市场和产品市场出清的前提下，实际工资增速与技术进步之间应当保持以上的关系，否则现代部门的产品市场将无法出清，资本积累和劳动力跨部门持续转移将无法共存。同时也可以发现，技术进步和实际工资增速之间存在着正相关关系，即技术进步越快越快，实际工资的增速也应当越快。只有满足以上的等式，才能保证现代部门产出规模不断扩大以及产品市场出清。此时，人均资本存量增速加快，意味着投资增速加快，为了保证未来产品市场的均衡，劳动者的实际工资增速也将随之上升。

综上分析，如果社会的收入分配出现失衡，劳动者的收入过低而导致消费和投资结构扭曲，经济极有可能出现恶性循环。此时，低工资本身将成为社会低就业的原因，这恰恰和新古典经济学中低工资促使就业增加的观点相反。只有通过增加劳动者的工资，才能使社会的总就业不断增加。如果一个经济体的收入分配结构出问题导致大量劳动者收入增长缓慢，而另一方面它又不断引入先进的生产技术，将可能导致城市就业不足的现象。发展中经济体在经济发展过程中如果不能有效地使经济发展成果为社会大众合理分享，保证劳动者实际工资与社会劳动生产率同步增长，将落入"有效需求陷阱"，出现严重的产能过剩或就业不足。

第五节　开放经济的情形

封闭经济仅仅是一种理论抽象。在封闭经济条件下无法解决的社会产品增长与不变工资之间的矛盾，或许在现实中可以通过对外开放得以解决。因此，需要进一步讨论开放条件下二元经济中的不变工资假定。

一、模型设定

在开放的二元经济中，对现代部门消费品的需求还可以来自世界市场。假设世界市场对该经济现代部门消费产品的净需求为 Q_t ，那么，t 期该二元经济的现代部门所生产的消费品的需求变为：

$$C_t = C(w_t) + Q_t \tag{7-25}$$

其中，Q_t 表示 t 期世界市场对某二元经济现代部门消费品的需求，当其不断增加时，可以保证该二元经济在工资不变的情况下，社会有效需求不断增加，从而实现产品市场的出清。假设该开放的二元经济的实际工资不变，那么，产品市场出清时则有：

$$A_t K_{ct}^{\alpha} L_{ct}^{1-\alpha} = C(w_t) + Q_t \tag{7-26}$$

$$A_t K_{it}^{\alpha} L_{it}^{1-\alpha} = I_{ct} + I_{it} \tag{7-27}$$

企业在利润最大化时，根据资本存量选择就业人数 L_{ct} 及 L_{it} ，则有：

$$w_t^{1-\frac{1}{\alpha}} (1-\alpha)^{\frac{1}{\alpha}-1} A_t^{\frac{1}{\alpha}} K_{ct} = C(w_t) + Q_t \tag{7-28}$$

$$w_t^{1-\frac{1}{\alpha}} (1-\alpha)^{\frac{1}{\alpha}-1} A_t^{\frac{1}{\alpha}} K_{it} = I_{ct} + I_{it} \tag{7-29}$$

由前面的分析可知，投资品部门的规模将受到消费品部门规模变化的约束，投资品部门的就业增长取决于消费品部门的就业增长。因此，这里

重点分析消费品部门的就业变化。假设实际工资不变，即 $w_t = \bar{w}$，并且记

$$K(A_t,\ w_t) = \frac{C(w_t)}{w_t^{1-\frac{1}{\alpha}}(1-\alpha)^{\frac{1}{\alpha}-1}A_t^{\frac{1}{\alpha}}}\ ，则有：$$

$$K_{ct} = K(A_t,\ \bar{w}) + (1-\alpha)^{1-\frac{1}{\alpha}}\bar{w}^{\frac{1}{\alpha}-1}A_t^{-\frac{1}{\alpha}}Q_t \tag{7-30}$$

其中，$K(A_t,\ \bar{w})$ 代表了在封闭经济中现代消费品部门所拥有的最优资本存量，而则代表了由于世界市场而使得现代部门可以多拥有的资本存量。按照类似的逻辑并结合劳动力和资本存量的（7-3）式，现代消费品部门中就业人数可以写成如下：

$$L_{ct} = L(w_t) + \frac{(1-\alpha)}{\bar{w}}Q_t \tag{7-31}$$

其中，$L(w_t) = \dfrac{(1-\alpha)C(w_t)}{w_t}$，当实际工资保持不变时，$L(w_t)$ 也将保持不变。上式第一部分表示本国居民偏好及生产技术水平所决定的就业水平，是一个常数；第二部分代表了世界市场对本国现代部门产品的净需求而产生的就业。在封闭经济条件下，t 期产品市场出清时，现代部门中消费品生产企业提供的就业为 $L(\bar{w})$，在开放条件下，依靠世界市场需求，发展中经济在劳动工资不变前提下，可以有更多劳动力从传统部门转移到现代部门就业。此时，就业 L_{ct} 可以随着 Q_t 的增加而增长。

注意到可以将 L_{ct} 进一步写成：

$$L_{ct} = L(\bar{w}) + (1-\alpha)\frac{GDP_t}{\bar{w}}\frac{Q_t}{GDP_t} \tag{7-32}$$

因此，因世界市场需求而增加的劳动就业为：

$$\Delta L = (1-\alpha)\frac{GDP_t}{\bar{w}}\frac{Q_t}{GDP_t} \tag{7-33}$$

其中，$(1-\alpha)$ 代表该经济的生产技术水平，$\dfrac{GDP_t}{\bar{w}}$ 是劳动收入份额占总产出比重的倒数，$\dfrac{Q_t}{GDP_t}$ 是净出口占总产出的比重。开放条件下，经济中劳动收入份额越高，意味着在劳动生产率既定情况下，企业出口的成本越高，从而来自世界市场的需求所能创造的现代部门就业越少；净出口占比越高，越有利于增加现代部门的就业。

如果 ΔL 在长期内无法持续增加，那么，即使在开放条件下，刘易斯

模型依然无法成立。比较封闭经济，不难发现，在开放条件下，对外部市场依赖度高的国家，现代部门的就业比例更高。① 因此，从理论抽象上看，刘易斯模型对于小型发展中经济或许有可能成立，因为此时即使因工资不变而国内需求不足，只要世界市场需求足够大，也可能实现产品市场出清。

二、"实际工资不变"的现实情形

上述分析中一个潜在的假定是存在着一个无限大的外部需求市场。在现实中，即使在开放条件下，小型发展中经济在其从二元经济转向一元经济的过程中也不可能始终保持实际工资不变。这是因为，经济现代化对于任何发展中经济都是一个漫长的历史过程，一般至少需要三五十年。② 在这样漫长的转型过程中，如果实际工资水平保持不变，该经济体的净出口占比必须持续地扩大，而在现实中没有任何国家的经济史有过以上情况。即使在理论上存在这一可能，它也必然导致贸易顺差不断扩大。该经济体如果实行浮动汇率制，本币必然升值，那么，劳动工资即使名义上不变，实际上却在上升之中。同时，本币升值最终也势必限制净出口占比的不断提高。如果该经济体实行固定汇率，那么将导致外汇储备不断增加，产生通胀压力，并带来外汇保值的投资压力，以至危及宏观经济稳定。最后，如果经济不断增长，而劳动工资长期不变，势必导致收入两极分化，激化社会矛盾，中断经济的现代化过程。这些数学推导之外的经济现实决定了，即使是开放的小型发展中经济，在其现代化过程中也不可能始终保持实际工资不变。

小型发展中经济尚且如此，大型发展中经济也就更不可能。这是因为，在上述分析之外，还需进一步考虑大型发展中经济体的长期贸易顺差对世界经济平衡的可能影响。大型发展中经济体的二元状态演进将更近似于我们在封闭经济条件下的分析。考虑到劳动收入占比及净出口占

---

① 注意这里假定只出口现代部门的产品。

② 韩国和中国台湾地区经历了 30 年以上。通过计算 WDI 数据发现，即使按照年均 7% 的实际增长速度，从低收入经济体的人均收入水平（2010 年为 1114 国际元）增长至高收入经济体的低限（2010 年为 14000 国际元），也需要 40 年左右的时间。

比在经济中通常比较稳定，即使在开放条件下，净出口所导致的现代部门的就业增量占社会总就业的比例也是有限的。我们使用中国近二十年来的数据进行模拟，以估算世界市场所带来的就业增量 ΔL。我们取资本的产出弹性 $\alpha = 0.6$，根据历年的资金流量表估算劳动收入占比，从历年统计年鉴中获取进出口数据，并利用（7-33）式进行计算。我们发现，即使是近年来出口在世界市场占比迅速增加的中国，其依靠世界市场所产生的就业也是有限的，并且无法仅仅依赖外部市场长期持续地增加（见图7-1）。

图7-1　世界市场对中国提供的就业估计（1993—2012年）

资料来源：根据历年《中国统计年鉴》数据计算。

此外，从出口产品能够在长期得到支付的角度来看，大型发展中经济体长期净出口占比不断增加也是不可能的。世界市场对于大型发展中经济体出口产品的不断消费，意味着其他国家需要不断地支付其财富来换取该经济体的产品。从世界其他国家的角度看，净进口不断增加，将消灭本国消费品部门的生产和就业，此外，必然使其投资品部门随之出现萎缩。如果世界其他国家已是一元经济的话，那么，它们已经处于技术前沿水平，按照稳态路径增长，产出增长率一般远远低于二元赶超经济体的产出增长率，这将导致其消费增长水平将远远超出实际收入的增长。从进口国的角度看，长期的净进口不断增长将使该国贸易逆差不断扩大，导致该国国际收支逆差不断扩大，形成强大的本币贬值压力，久之，甚至出现债务危机。因此，无论是从大型发展中经济体的经济运行更接近于封闭经济，或者长期净出口比重应保持相对稳定的观点，或者从出口产品支付的角度来看，发展中经济长期不变工资的假定即便在开放经济条件下也是不可能的，除非该经济体的劳动生产率长期处于停滞状态。

此外，当经济中出现技术进步时，根据封闭体系下的分析，可以知道国内的经济将会出现劳动力逆向转移的过程，此时因世界市场需求而增加的劳动力首先必须抵消国内市场因技术进步而导致的现代部门劳动力需求的下降，这就使得开放条件下的劳动力跨部门转移更加不可能。根据（7-25）式和（7-28）式，当实际工资不变时，净出口的增速必须至少大于如下等式，现代部门的资本存量增加才有可能：

$$\frac{Q_{t+1}}{Q_t} > \left(\frac{A_{t+1}}{A_t}\right)^{\frac{1}{\alpha}} = a^{\frac{1}{\alpha}} \tag{7-34}$$

只有满足上式，现代部门才可能可以实现资本积累和扩张。此时，对于后发国家，其技术进步的可能性越大，则相对地，需要净出口的增速也更大。这样使得对于相同的技术进步速度，大型发展中经济更容易较早达到净出口的均衡点，从而无法保证实际工资继续不变。由于在通常情况下，一国经济的净出口占比都维持在一个比较稳定的状态，因此，条件（7-34）式在二元经济转型的漫长时间内，无法成立。

类似地，对于净出口占比较为稳定的开放经济体，其实际工资增速也满足于类似于（7-27）式的等式，即满足：

$$\alpha \ln k + \ln a \approx \ln w \tag{7-35}$$

综上，对于开放经济，实际工资不变也无法在二元经济转型的较长时期内保证产品市场出清，实际劳动工资上升是伴随着劳动力跨部门转移的必然结果，是由经济系统自身均衡的特点所决定的。

第六节 结 论

本章从产品市场出清的视角，通过区分现代部门的消费品和资本品的生产，从理论上证明：在封闭经济条件下，不变工资假设将导致社会有效需求不足，使得二元经济中"剩余劳动力"转移和现代部门扩张无法成立。劳动工资的相应提高是保证经济增长的必要条件，它与经济体是否存在"剩余劳动力"无关；在开放经济条件下，尽管从数学上看，出口依存度非常高的小型发展中经济存在着劳动工资长期不变的数学上的可能，但是，当加入实际经济的相关约束之后，即便是小型发展中经济也不可能在漫长的二元经济转型过程中始终保持实际工资不变；而对于大型发展中经济体，由于其更偏向封闭经济的特点，"刘易斯拐点"在开放条件下更是难以成立。在二元经济转变的过程，如果加入产品市场的分析，不变工资的外生假定是不可能成立的，刘易斯模型中实际劳动工资保持不变的假定是一个伪命题。

无论是在理论模型还是现实经济中，真实的情况是：在长期经济增长过程中——无论是一元经济，还是正在向一元经济过渡的二元经济——劳动工资都应当随着经济增长、劳动生产率的提高而提高。劳动者在推动经济发展，促进社会进步的同时，应当通过实际工资水平的比例上升，分享经济发展、社会进步的成果。这不仅仅是社会伦理和道义的要求、劳工运动的结果，而且是社会再生产循环顺利进行的基本前提条件，也是产品市场出清的必然要求，与前者相比，后者在劳动者的工资决定上，更具有决定性意义。这是因为，在正常的社会条件下，任何投资行为最终都将转化为社会消费品生产能力的提高，与此同时，不论出于何种考虑，使这个社会长期维持居民的实际收入不变，全社会的消费总额将因此固定不变，那么，它必然导致社会再生产循环的条件破坏，全社会资本利润率下降和产品市场的全面过剩。这也从侧面证明了，马克思在分析资本主义条件下社会再生产过程时所指出的：劳动者收入过低导致的有效社会需求不足，将使得周期性的经济危机和生产力破坏将成为这一体制下唯一的缓解产能过剩的方式，至今仍然是成立的。

刘易斯的二元经济模型是发展经济学的经典模型，长期以来被视为是刘易斯对发展经济学的重要贡献。瑞典皇家科学院将此作为授予刘易斯1979 年的诺贝尔经济学奖的重要考虑之一。但是，实践证明，这一模型不是对发展中经济体发展过程的合理抽象。刘易斯的二元经济模型在方法论上存在着重要缺陷。在一个关系社会经济发展的全局问题上，他只是单一地考虑劳动力市场的转移，却没有考虑同时必然发生的产品市场实现问题。他应用了局部均衡分析的方法，去分析一个需要从社会再生产实现角度考虑的一般均衡问题。

刘易斯的失误还在于他过于轻视二元经济转型的复杂性和艰巨性，忽视了二元经济转变为一元经济，实际上是发展中经济实现经济现代化的过程。即使发展中经济始终保持较高的经济增长速度，也需要经历数十年甚至上百年时间。在这么长的时期里，实际劳动工资水平始终不变，无论是从理论或是现实角度看，都是不可能的。当然，刘易斯的失误也有其历史原因：在《劳动无限供给条件下的经济发展》发表的 1954 年，世界上大部分发展中国家方才逐渐独立，不仅中国、印度、巴西等大型发展中经济，而且其他小型发展中经济，经济发展大都刚刚开始起步。二元经济向一元经济转轨，仅仅是正在发生而非已经完成的历史过程。显然，当世界范围的发展中经济的发展实践还不能就这一问题的研究提供足够的思想材料和必要的事实统计的情况下，纵使天才如刘易斯，也不可能无中生有，完成超越自己所处时代的工作。当然，在当时，英国及欧美大陆的发达国家已经完成了二元经济向一元经济的过渡，但是，刘易斯等似乎没有关注到相关的历史数据，从中得到启示，① 这不能不说是一种遗憾。

然而，刘易斯的理论失误却给中国经济学家以机会和启迪：世界上最大的发展中经济体——中国近数十年来的经济转型及现代化过程，在世界

---

① 在刘易斯以及拉尼斯和费景汉等相关的论著中，我们没有看到他们提及类似《帕尔格雷夫世界历史统计》之类的文献。

经济史上如果不是唯一,也是极为罕见的实践。在此基础上的理论研究,或将可能为世界范围的经济学发展提供更多以发达经济体以及其他小型发展中经济体实践为背景的理论研究不一样的一般知识?

参考文献

[1] 蔡昉:《中国经济面临的转折及其对发展和改革的挑战》,《中国社会科学》2007年第3期。

[2] 蔡昉:《人口转变、人口红利与刘易斯转折点》,《经济研究》2010年第4期。

[3] 蔡昉、都阳:《工资增长、工资趋同与刘易斯转折点》,《经济学动态》2011年第9期。

[4] 樊纲、吕焱:《经济发展阶段与国民储蓄率提高:刘易斯模型的扩展与应用》,《经济研究》2013年第3期。

[5] 胡景北:《中国经济长期发展的一种可能机制》,《经济研究》1998年第3期。

[6] 李文溥、郑建清、林金霞:《制造业劳动报酬水平与产业竞争力变动趋势探析》,《经济学动态》2011年第8期。

[7] 刘晓光、卢锋:《中国资本回报率上升之谜》,《经济学季刊》2014年第3期。

[8] 卢锋:《中国农民工工资走势:1979—2010》,《中国社会科学》2012年第7期。

[9] 马克思:《资本论》第二卷,人民出版社2004年版。

[10] 王燕武、李文溥、李晓静:《基于单位劳动力成本的中国制造业国际竞争力研究》,《统计研究》2011年第10期。

[11] 伍山林:《刘易斯模型适用性考察》,《财经研究》2008年第8期。

[12] 殷剑峰:《人口拐点、刘易斯拐点和储蓄/投资拐点———关于中国经济前景的讨论》,《金融评论》2012年第4期。

[13] [美] 约翰·奈特、邓曲恒、李实:《中国的民工荒与农村剩余劳动力》,《管理世界》2011年第11期。

[14] 余宇新、张平:《刘易斯模型框架下中国刘易斯拐点问题探讨——来自企业微观数据的实证研究》,《世界经济文汇》2011年第6期。

[15] Ge, Suqin and Yang, Dennis, Tao, "Labor Market Developments in China: A Neoclassical View", *China Economic Review*, 2011, Vol. 22.

[16] Gollin, Douglas, "The Lewis Model: A 60-Year Retrospective", *Journal of Economic Perspectives*, 2014, Vol. 28.

[17] Lewis, Arthur, W., "Economic Development with Unlimited Supplies of Labor", *Manchester School*, 1954, Vol. 22.

[18] Lewis, Arthur, W., "Unlimited Labor: Further Notes", *Manchester School*, 1958, Vol. 26.

［19］Lewis, Arthur, W. , "Reflections on Unlimited Labour", *International Economics and Development*, New York: Academic Press, 1972.

［20］Minami, Ryoshin and Ma, Xinxin, "The Turning Point of Chinese Economy: Compared with Japanese Experience", *China Economic Journal*, 2010, Vol. 3.

［21］Ranis, Gustav and Fei, John, C. H. , *Development of the Labour Surplus Economy: Theory and Policy*, Homewood, IL, Richard D. Irwin, 1964.

［22］Schultz, Thedore, William, *Transforming Traditional Agriculture*, New Haven: Yale University Press, 1964.

［23］Sen, Amartya, K. , "Peasants and Dualism with or without Surplus Labor", *Journal of Political Economy*, 1966, Vol. 74.

第八章　二元经济中的"不变工资"[*]

本章从经济史角度研究英国、日本、中国三国二元经济转轨过程中的劳动工资变化，结论是："不变工资"只是二元经济转轨的某个时段可能出现的特殊情况；就二元经济转轨全过程来看，劳动工资必须随着经济增长逐渐提高；它是社会产品实现的前提，否则，国内市场扩大、社会再生产正常循环及经济增长将无法实现；劳动生产率是决定劳动工资上升的基本前提，但后者能否提高，还取决于劳动力市场上的力量对比。在机械化生产与现代工厂制度下，有组织的劳资集体谈判机制是实现劳动工资随着劳动生产率提高而增长的必要条件，劳资集体谈判机制及政府公正处理劳资关系不是对市场均衡的干扰，而是市场经济中实现劳动力与产品市场一般均衡、社会再生产正常循环，经济增长的必要制度安排。

第一节　引　言

2003 年以来，中国沿海甚至部分内陆地区陆续出现了较明显的"民工荒"现象，代表非熟练劳动力的"农民工"的工资水平也持续上涨。引起了学界对中国是否到达"刘易斯拐点"的热烈讨论。刘易斯二元经济模型是发展经济学的经典模型。因而，国内关于"刘易斯拐点"的实证研究，无论是支持还是反对，都基本建立在默认刘易斯模型成立，在现实中存在

---

　　* 本章作者：李文溥、熊英。

着"刘易斯拐点"的前提下。由于现实中支持和否定中国到达刘易斯拐点的证据可谓旗鼓相当，至今这一讨论未能得出较一致的结论。

然而，刘易斯模型是否成立，值得怀疑。我们在上一章中，加入了社会产品实现约束，从社会再生产循环的角度对刘易斯模型进行研究。数理模型的推导发现：由于只考虑劳动力市场而忽略产品市场的实现问题，刘易斯模型的结论——只有当二元经济越过"刘易斯拐点"，实际劳动工资水平才能明显提高——无论是在封闭经济或开放经济条件下——都是不能成立的。也即二元经济转变为一元经济之前始终存在着不变工资的基本假定（也即模型的基本判断）在考虑了社会产品实现约束之后是不能成立的。

本章在此基础上进行另一方面的工作：以英国、日本、中国为例，从经济史的角度探讨二元经济转轨过程中的劳动工资变动趋势。选择这三个国家，原因是：第一，英国和日本的"不变工资"现象是刘易斯提出二元经济模型及其后续支持者的实证基础（Lewis，1954），我们对不变工资问题进行经济史的研究，不能漏过这两个国家；第二，英国既是最早的工业化国家，也是内生型工业化国家的代表，日本是成功的追赶者，中国是后发追赶型的国家代表，中日又都是外部冲击型工业化国家的代表，英、日、中三国的经济现代化也即二元经济转轨过程的研究，对于全面理解现代化过程中不同类型国家的二元经济转轨具有重要意义；第三，中国是发展中大国，对其二元经济转轨过程的研究不仅对于现阶段中国的政策选择而且对于发展经济学的理论发展也具有重要意义。

首先界定二元经济转轨的时间跨度。我们认为，二元经济产生于原来只有传统经济部门的一元经济出现了现代经济部门。二元经济产生之日，就是转轨开始之时。当包括传统部门在内的全社会都转为现代部门，转轨方告结束。二元经济转轨，就是一个国家的工业化或现代化过程。它是一个较长的历史过程。从经济史上看，大部分发达国家的这一过程都长达一二百年；即使从第二次世界大战结束算起，这一过程发展中国家也已经历了半个多世纪，至今大部分仍在进行之中。

与二元经济转轨相伴随的农业劳动力跨部门转移也是一个较长的历史过程。英国的产业革命长达160年以上，以其中有数据的年份算，1801年英国的农业劳动力就业占比为 35.9%,[①] 1901 年才降至 8.7%,[②] 在此之后, 英国的农业劳动力跨部门净转移还持续了多年; 日本 1872 年的农业就业占比为 74.3%, 1953 年为 39.8%, 1980 年才降至 10.4%。[③] 基本是发达经济体的 OECD 国家近期仍在进行农业劳动力的跨部门转移, 其平均农业就业比例 1991 年为 9.7%, 2010 年进一步降至 5.2%。[④] 中国农业劳动力的跨部门转移, 可上溯至 1860 年的洋务运动, 近百年战乱使它的进展比较缓慢。1952 年, 农业就业占比仍高达 83.5%。1978 年降至 70.5%。改革开放尤其是加入 WTO 后, 转移大大加快, 2013 年农业就业比例仍占 31.4%。[⑤] 可以预见, 要达到 OECD 国家的水准, 中国的道路依然漫长。

显然, 在长达一二百年的二元经济转轨过程中, 劳动工资如刘易斯模型所假定的那样始终不变显然是不可能的。本章的研究结论是: 第一, 就二元经济转轨全过程来看, 劳动工资随着经济增长而逐渐提高是一般现象, 是社会产品实现的前提条件, 否则, 国内市场的扩大、社会再生产的正常循环以及经济增长将无法实现。第二, 在二元经济转轨的某个特殊阶段, 可能出现过时间长度不一的"不变工资"现象, 这是特殊情况, 而且并非由刘易斯模型的假定所决定。第三, 劳动生产率提高是决定劳动工资上升的基本前提条件, 劳动工资能否因此提高, 还取决于劳动力市场上的力量对比。在机械化生产与现代工厂制度下, 有组织的劳资集体谈判机制是实现劳动工资随着劳动生产率的提高而提高的必要条件。劳资集体谈判机制及政府公正处理劳资关系不是对市场均衡的干扰, 而是市场经济中实现劳动力市场与产品市场的一般均衡、社会产品实现、社会再生产正常循环, 经济持续增长的必要制度安排。

本章余下部分安排如下: 第二节加入产品部门的分析重新解读"不变工资"下的劳动生产率变化和"剩余劳动力"转移, 发现的历史事实是:

----

① 显然, 在此之前, 英国的农业劳动力跨部门转移已经进行了数十年甚至上百年。

② Deane Phyllis, Cole, W. A., *British Economic Growth*: *Trends and Structure*, Cambridge University Press, 1967, p. 142.

③ 数据来源于 Historical Statistics of Japan, 网址: http://www.stat.go.jp/english/data/chouki。

④ 数据来源于 WDI 数据库。

⑤ 数据来源于《中国统计年鉴》。

实际工资、实际劳动生产率以及劳动力跨部门转移之间存在着很强的正相
关性，实际工资随着劳动生产率提高、经济增长而相应上升是二元经济转
型的必要条件。第三节从产品市场需要出清的角度分析在二元经济转型过
程中，实际工资需要不断上涨。第四节分析不同国家特定时期出现"不变
工资"现象的特定历史背景。第五节是结论。

第二节　劳动力市场和产品市场

　　当然，二元经济模型对传统部门"不变工资"的假设并非完全向壁虚
构，它来自刘易斯对英国工业革命早期历史数据的观察，之后的研究者则
以日本第二次世界大战前的"不变工资"现象作为二元经济模型的实证基
础。如果仅从劳动力市场的实际工资变化来看，有些国家在工业化进程中
曾出现过一段时期的劳动工资水平基本不变的情况（见图8-1、图8-2）。

图 8-1　英国人均实际 GDP 及实际工资变化

资料来源：人均实际 GDP 来自 Maddison Project①。实际工资来自 Mitchell（1988），基期 1451—
　　　　　1475 年 = 100。

　　先看英国，1700—1820 年，英国劳动者的实际工资上涨相当有限，
1820 年的劳动工资水平大致只相当于 1700 年的水平。分不同时期观察，

---

　　①　网址：http：//www.ggdc.net/maddison/maddison-project/home.htm。

图 8-2　日本人均实际 GDP 及实际工资变化

资料来源：人均实际 GDP 来自 Maddison Project。实际工资来自 Ohkawa 等（1979），日工资水平，
　　　　基期 1934—1936 年；1885—1936 年单位是日元/日，1952—1972 年单位是百日元/日。

则情况有所不同。在 18 世纪前半期，英国劳动者的实际工资还是有所增长的，但在 1750 年以后出现了恶化的趋势，一直到 1815 年拿破仑战争结束后才又重新增长，但年均增速也只有 1% 左右（Hobsbawm，1957）。在工业革命前半期，英国劳动者的实际工资上涨有限，在工业革命后半期，则明显上升。此外，1885—1935 年，日本农业工人和制造业工人的实际工资年均增速分别为 0.4% 和 1.6%，其中，1929—1933 年的世界经济大萧条，使日本的实际工资水平在 20 世纪 20 年代后期至 30 年代中期出现下降（见图 8-2）。第二次世界大战后，日本的实际工资水平迅速增长，1952—1970 年间的年均增长率为 5.7%，20 世纪 60 年代实际增速甚至达到了两位数（Ohkawa，1973）。

　　中国的工业化进程自 1860 年洋务运动始，但是百年战乱，数据有限且可比性差，因此本章仅考察 20 世纪后半叶至今的情况。1952—1978 年，中国城镇实际工资水平从 385 元上升至 425 元，农村家庭人均纯收入从 1957 年的 58 元增至 1977 年的 81 元，[①] 虽然增速较慢，但并非固定不变（见图 8-3）。这一时期的低工资、低收入、收入增长缓慢是计划经济的产物，并不体现市场经济条件下工业化进程的一般特征。1978 年至今，无论是城镇的实际工资，还是农村人均实际收入，都在不断增长，只是增速有所不同而已。据卢锋（2012）的研究，中国"农民工"的实际工资在 20

---

　　①　根据《新中国 60 年统计资料汇编》数据计算。

世纪 80 年代年均增长率为 6%，90 年代似乎没有增长，2001—2010 年则年平均增长 10%。

对英国、日本、中国三国的工业化也即二元经济转轨过程中较长时段的考察可以看出：劳动工资不变即使曾经出现过，也仅仅是二元经济转轨过程中部分时间甚至较短时期内的现象，并不贯穿整个二元经济转轨全过程。

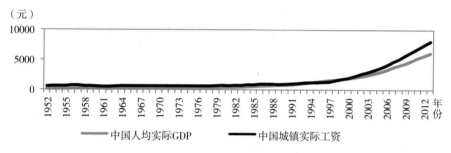

图 8-3　中国人均实际 GDP 及城镇实际工资变化

资料来源：CEIC 及作者计算，基期 1952 年。

工资是产品价值的一部分。考察全社会劳动工资水平，不能不联系同期的劳动生产率或人均产出水平。我们发现，英国在工业革命早期、日本在第二次世界大战之前，低工资增速的背后原因是整个社会劳动生产率的几无提高。1700—1800 年，英国人均实际 GDP 年均增速仅 0.3%，1800—1820 年基本为 0，1820 年以后大致在 1% 上下波动。[1] 比较同期的劳动工资与人均产出的平均增速，可以发现，从 1700 年至 1913 年，劳动工资与人均产出基本上保持前者略微落后，但两者大致同步的关系。日本的人均实

---

① 早期并没有宏观经济学的概念，自然没有准确的宏观经济统计数据，由于间隔时间较为久远，所用的历史经济数据往往由学者估算得到。但是，在英国工业革命前后阶段的人均产出相对增速的比较上，大部分学者的结论和此处是比较一致的（Deane and Cole, *British Economic Growth*：*Trends and Structure*，Cambridge University Press，1967；Floud and Donald eds.，*The Economic History of Britain since 1700*，*Volume 1*：*1700-1860*，New York：Cambridge University Press，1981；Matthews，Feinstein and Odling-Smee，*British Economic Growth 1856-1973*，Oxford：Clarendon，1982；Crafts，N. F. R.，*British Economic Growth during the Industrial Revolution*，New York：Oxford University Press，1985）。这里由于考虑长期数据的连贯性，使用 Maddison 的国际比较数据（Maddison Project），Maddison 数据中关于日本的人均产出的数据和日本的长期经济统计数据（LTES Project）在相对趋势上也基本相符，因此日本人均 GDP 增速的数据也使用 Maddison 的数据。

际产出增速在战前和战后明显不同，1885—1935 年人均实际 GDP 年均增速为 1.8%，1951—1970 年，增速达到 8.4%，是前者的 4.7 倍，这在相当程度上决定了日本第二次世界大战前后劳动工资增速的差异。1973 年之后，日本劳动生产率增速下降，实际工资增速也就随之下降了（见图 8-4）。中国 1978 年以来实际劳动工资与人均产出增速之间的关系也是：两者都在增长，但劳动工资增速在一定程度上低于人均产出增速。

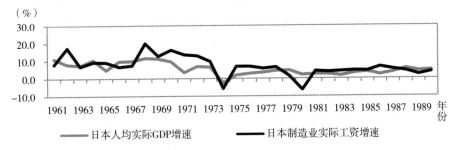

图 8-4　日本第二次世界大战后人均实际 GDP 增速与实际工资增速比较

资料来源：根据 Maddison Project 和 Historical Statistics of Japan 数据计算。

在现实中，传统部门可以转向现代部门的"剩余劳动力"是传统部门和整个社会劳动生产率的因变量，它随着传统部门和全社会劳动生产率的提高而逐渐产生，不断析出的，不是像刘易斯二元经济模型所假设的那样，是一个零边际产出的静止固定的数量或比例。[1] 因而，人均产出的增速决定了劳动力跨部门转移的速度，也即二元经济转为一元经济是一个内生的过程。我们在历史经验数据中也同样发现了农业劳动力的跨部门转移速度在相当程度上取决于农业部门以致全社会的人均产出增长速度。在低人均产出增速的背后往往是由于劳动力跨部门转移和二元经济转型的缓慢进行。

以英国为例。1688—1759 年，英国传统部门中的劳动力[2]占比从

---

① 如果如此，那么，农业"剩余劳动力"的跨部门转移将完全取决于现代部门的发展速度。

② 英国在 1801 年之前没有人口普查，因此此处使用表 8-1 中 Lindert 和 Williamson（1982）统计的数据，定义传统部门的劳动力 = 农民（Agriculture）+辅助工（Labourers）+雇农和贫民（Cottagers and Paupers）+流浪者（Vagrants）；1801 年以后则使用农业部门的劳动力代表传统部门。日本的传统部门则用农业部门代表。

61.1%下降至 52.7%，平均每十年下降 1.2%；1759—1801 年，从 52.7%
下降至 50.2%，平均每十年下降 0.6%；1820—1901 年，平均每十年下降
2.5%（见表 8-1、表 8-2）。英国在 1820 年以后人均产出增长较快的时
期，劳动力跨部门转移也较快，同时实际工资明显上升。

表 8-1　英格兰和威尔士的社会阶层分布变化

（单位:%）

	1688 年	1759 年	1801 年
贵族和乡绅（High Titles and Gentleman）	1.4	1.2	1.2
专业人士（Professions）	3.1	3.7	3.4
军人（Military and Maritime）	6.8	5.6	11.1
工商业者（Commerce）	9.2	13	9.4
工业和建筑工人（Industry and Building）	18.5	23.8	24.7
农民（Agriculture）	16.4	24.6	14.6
辅助工（Labourers）	20.5	15.6	15.5
雇农和贫民（Cottagers and Paupers）	22.5	11.6	11.9
流浪者（Vagrants）	1.7	0.9	8.2
总家庭数（Total Family Numbers）	1390586 个	1539140 个	2193114 个

资料来源：Lindert 和 Williamson（1982）。

表 8-2　英国的就业部门结构

（单位:%）

年份	农林牧渔业	采矿业和制造业	贸易和运输	家政服务	政府专业人员及其他	总就业人数（百万人）
1801	35.9	29.7	11.2	11.5	11.8	4.8
1811	33.0	30.2	11.6	11.8	13.3	5.5
1821	28.4	38.4	12.1	12.7	8.5	6.2
1831	24.6	40.8	12.4	12.6	9.5	7.2
1841	22.2	40.5	14.2	14.5	8.5	8.4
1851	21.7	42.9	15.8	13.0	6.7	9.7
1861	18.7	43.6	16.6	14.3	6.9	10.8
1871	15.1	43.1	19.6	15.3	6.8	12.0
1881	12.6	43.5	21.3	15.4	7.3	13.1

续表

年份	农林牧渔业	采矿业和制造业	贸易和运输	家政服务	政府专业人员及其他	总就业人数（百万人）
1891	10.5	43.9	22.6	15.8	7.1	14.7
1901	8.7	46.3	21.4	14.1	9.6	16.7
1911	8.3	46.4	21.5	13.9	9.9	18.6
1921	7.1	47.6	20.3	6.9	18.1	19.3
1931	6.0	45.3	22.7	7.7	18.3	21.1
1951	5.0	49.1	21.8	2.2	21.9	22.6

资料来源：Deane 和 Cole（1967）。

日本在二元经济转轨过程中，人均 GDP 增速、劳动者实际工资上涨和劳动力跨部门转移之间的关系则更明显。1885—1935 年，日本人均实际 GDP 年均增速为 1.8%，同期日本农业工人和制造业工人的实际工资年均增速为 0.4% 和 1.6%。1872—1936 年，日本第一产业就业占比从 74.3% 下降至 45.3%，64 年间下降了 29 个百分点，平均每年下降 0.45 个百分点；1951—1970 年，日本人均 GDP 增速为 8.4%，是 1885—1935 年的 4.67 倍，工资增速也迅速提高，1952—1970 年年均增长 5.7%，是第二次世界大战前的 3.56 倍。1953—1972 年，第一产业就业占比从 39.8% 降至 14.7%，19 年间下降了 25.1%，平均每年下降 1.32 个百分点，是 1885—1935 年的 2.93 倍（见图 8-5）。第一产业劳动力的数量变化更明显，第二次世界大战前的 64 年里，第一产业劳动力数量从 1588 万下降至 1418 万，净减少 170 万人，平均每年净减少 2.7 万人；第二次世界大战后的 19 年里，第一产业劳动力数量从 1559 万人下降至 755 万人，净减少 804 万人，平均每年净减少 42 万人。

中国的农村劳动力转移、劳动工资与人均产出增长之间的关系也是如此。中国人均实际产出增速在 20 世纪 80 年代中期至 1990 年初和 90 年代中期至 2002 年，两次出现下降，并伴随着农民工收入增长和农村劳动力转移速度放慢。从分部门劳动生产率变化情况看，这两次产出增速下降都以第一产业劳动生产率的增速下降最明显（见图 8-6）。中国的劳动力市场和产品市场的变化也是同步的，当第一产业劳动生产率加速增长，总产出

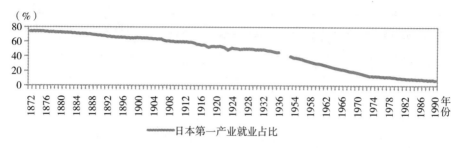

图 8-5　日本第一产业就业占比

资料来源：根据 Historical Statistics of Japan 数据计算。

增速提高，劳动力从传统部门的流出也在加速。

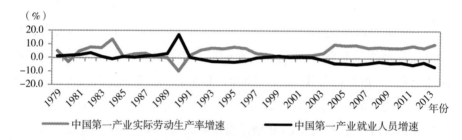

图 8-6　中国第一产业实际劳动生产率与就业变化比较

资料来源：根据《中国统计年鉴》数据计算，负值代表劳动力就业净流出。

　　英国、日本和中国的工资、劳动生产率以及劳动力转移的数据显示，在工业化（即二元经济转轨）全过程中，① 劳动工资并不像刘易斯二元经济模型假定的那样始终不变，尽管一定程度上落后于人均产出增速，但是，两者增速在量级上大致相当。相反，在劳动工资停滞不前或增长较快的时期，总能如影相随地发现劳动生产率或人均产出大致相同方向的变化，同时，劳动力跨部门转移的速度也和实际劳动生产率正向相关，这提醒我们：无论在一元经济还是二元经济中，劳动生产率的变化才是劳动工资变化的决定因素。因为，产品市场出清是所有社会再生产循环的基本前提条件。

---

　　① 在中国，这个过程尚未完成，但仅仅是 1978 年至今的实际劳动工资变化趋势就已经否定了刘易斯模型的不变工资假定。

第三节　国内需求

在二元经济转型过程中，实际劳动工资必须逐步上升的根本原因在于，二元经济转型就本质而言，就是工业化和经济现代化过程，与此前的农业社会相比，劳动生产率、人均 GDP 的增速大大提高，社会再生产的正常进行，要求产品市场能够及时出清，因此，国内市场必须不断扩大。刘易斯模型却认为到达"刘易斯拐点"之前，始终存在着不变的劳动工资，其结果必然是劳动报酬占 GDP 的比重将随着经济增长而持续下降，此时要实现产品市场出清，只有三种可能：（1）社会产出增量全部归资本家[①]，社会产出增量＝资本家奢侈性消费；（2）社会产出增量全部归资本家，社会产出增量＝社会储蓄和投资增量（假定劳动者没有任何储蓄），全社会储蓄和投资占比将不断上升；（3）社会产出增量全部归资本家，全部出口，社会产出增长＝净出口增量；或者是这三种的某种组合。但是，无论如何组合，社会产出增量都是全部归资本家的，收入分配差距因此将不断扩大。刘易斯模型的"不变工资"假定仅仅着眼于劳动力市场，而没有考虑产品市场的均衡，从模型推导角度看，加入产品市场均衡之后，刘易斯模型也就无解。在现实中，前面所设想的三种情况，在较短时期或许还有可能，但是，在一个长达上百年的二元经济转轨过程中，三种情况都是不可能出现的。也即劳动工资水平始终保持不变，劳动报酬占 GDP 的比重将随着经济增长而持续下降是不能成立的。经济史的考察，也证明了这一点。

一、劳动报酬

尽管英国的实际工资在 1820 年以后出现了明显增长，但是根据

[①]　假定全社会只有资本家及劳动者两大阶级。

Matthews 和 Deane 等学者对英国 1856 年以后劳动报酬占比进行的研究，结论是：1856—1871 年，英国劳动报酬占 GNP 的比重从 58% 下降至 51%，之后持续回升，两次世界大战期间出现了阶梯式上升，1973 年达到 72.8%（Matthews，1982）。根据 Deane 等的估算，1688 年英国劳动报酬占比在 25%—39% 之间，1800 年在 45%—46% 之间，1860 年之后，以十年为单位计算平均值，可以发现英国从 1860 年至 1909 年的劳动报酬占比始终稳定在 48.5% 左右。一般认为，英国产业革命到 1914 年方结束，截至 1909 年的数据说明，刘易斯模型所认为的情况，并没有在英国出现。实际上，英国的农业劳动者跨部门净转移至 20 世纪 50 年代才基本结束，如果以此为刘易斯拐点，则结论与刘易斯模型是完全相反的（见表 8-3）。

表 8-3 英国国民收入的要素分配份额

（单位:%）

时期	劳动报酬	地租	利润
1860—1869 年	48.5	13.7	38.9
1870—1879 年	48.7	13.1	38.2
1880—1889 年	48.2	14.0	37.9
1890—1899 年	49.8	12.0	38.2
1900—1909 年	48.4	11.4	40.2
1920—1929 年	59.7	6.6	33.7
1930—1939 年	62.0	8.7	29.2
1940—1949 年	68.8	4.9	26.3
1950—1959 年	72.4	4.9	22.7

资料来源：Deane 和 Cole（1967）。

日本劳动报酬占比变化不是一个单调的过程（见图 8-7）。南亮进认为，日本现代部门的劳动报酬占比在第二次世界大战前先下降后上升，而后又下降（Minami，1986）。日本在第一次世界大战期间实际工资水平曾明显上升，说明它的劳动力市场并不像刘易斯模型所设想的那样无弹性：现代部门的劳动力需求一旦增加，整个劳动力市场的实际工资水平就上升了。第二次世界大战之后，日本劳动报酬占比随着实际工资的增长而上升，但是，占比明显的上升是在 1970 年高速增长时代结束以后，伴随着

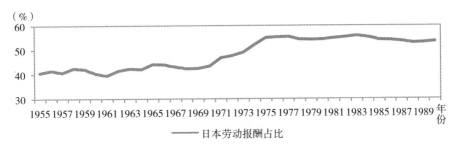

图 8-7 日本的劳动报酬占 GDP 比重

资料来源：根据 Historical Statistics of Japan 数据计算。

1973 年开始的世界市场不景气出现的。此时，日本的实际工资增速已经下降，但是劳动报酬占比却开始提高了，这也和刘易斯模型所预测的发展过程截然不同。同样，从日本劳动报酬的变化中也可以发现，一旦高出口增速伴随着人均产出增速减慢，此时，产品市场如果要出清，劳动力市场就必须随之调整，从而出现劳动报酬占比上升的现象。

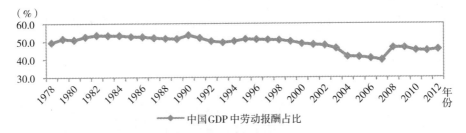

图 8-8 中国劳动报酬占 GDP 比重

资料来源：1992 年前数据来自 Hsueh 和 Li（1999），1993 年及以后数据根据《中国统计年鉴》计算。

中国的劳动报酬占比在 20 世纪 80 年代先上升后略有下降。1994 年起，出现了不断下降的现象。值得注意的是，2003 年以后的"农民工"工资较快增长并没有使劳动报酬占比有所回升，反而继续下探，直到 2008 年金融危机世界市场不景气时才出现反弹（见图 8-8）。主要原因是，1994 年至 2008 年国际金融危机，中国的人均劳动报酬增速明显低于人均 GDP 增速；国际金融危机之后，中国经济增速回落幅度大于劳动报酬增速的回落。中国的劳动报酬占比自改革开放以来的这一变化动态也与刘易斯模型的预测不一致。

二、消费、投资及储蓄

英国在工业革命时期出口占工业总产出的比重逐渐上升，1700—1800年，工业总产出的出口份额从20.5%上升到34.5%，同时国内需求也在不断增长，并始终是工业总产出的主要市场。这一时期国内人均消费年均增长率达到0.6%。即便在实际工资上升较慢的工业革命前期，英国的国内消费需求仍然是支撑工业革命时期英国经济增长的主要动力（见表8-4）。需要指出的是：在这一时期，大部分劳动力都属于非熟练劳动力。[①] 这说明非熟练劳动力消费水平的提高是支持英国工业部门在工业革命期间不断扩大的重要因素。

表8-4 英格兰和威尔士的工业产出的内部和外部需求比较

年份	工业总产出（百万英镑）	工业总产出中的出口		工业总产出中的国内消费		国内人均消费	
		绝对值（百万英镑）	比例（%）	绝对值（百万英镑）	比例（%）	绝对值（英镑）	增速（%）
1700	18.5	3.8	20.5	14.7	79.5	2.77	—
1705	19.3	4.2	21.8	15.1	78.2	2.79	0.7
1710	19.2	4.9	25.5	14.3	74.5	2.61	-6.5
1715	20.4	5.1	25.0	15.3	75.0	2.75	5.4
1720	21.9	5.0	22.8	16.9	77.2	2.97	8.0
1725	22.6	5.6	24.8	17.0	75.2	3.10	4.4
1730	23.5	5.4	23.0	18.1	77.0	3.24	4.5
1735	24.8	6.0	24.2	18.8	75.8	3.26	0.6
1740	24.2	6.3	26.0	17.9	74.0	3.01	-7.7
1745	24.3	6.7	27.6	17.6	72.4	2.89	-4.0
1750	27.5	8.0	29.1	19.5	70.9	3.14	8.7
1755	30.4	9.2	30.3	21.2	69.7	3.31	5.4

---

① 由于产业革命，机器大生产代替了传统的手工劳动，对工人的技术要求大大降低，新兴的工厂大量采用非技术工人，尤其是妇女和童工，后者大大压低了原有技术工人的工资。姚介厚、李鹏程、杨深：《西欧文明》（下），中国社会科学出版社2002年版，第705—748页。

续表

年份	工业总产出（百万英镑）	工业总产出中的出口		工业总产出中的国内消费		国内人均消费	
		绝对值（百万英镑）	比例（%）	绝对值（百万英镑）	比例（%）	绝对值（英镑）	增速（%）
1760	33.2	10.3	31.0	22.9	69.0	3.46	4.5
1765	35.5	10.9	30.7	24.6	69.3	3.62	4.6
1770	36.9	11.2	30.4	25.7	69.6	3.69	1.9
1775	36.5	10.6	29.0	25.9	71.0	3.56	-3.5
1780	36.0	9.9	27.5	26.1	72.5	3.45	-3.1
1785	42.4	11.7	27.6	30.7	72.4	3.89	12.8
1790	51.7	15.2	29.4	36.5	70.6	4.44	14.1
1795	58.9	19.0	32.3	39.9	67.7	4.59	3.4
1800	68.2	23.5	34.5	44.7	65.5	4.88	6.3

资料来源：根据 Floud 和 McCloskey（1981）的数据计算，按 1697—1704 年不变价，取十年平均值。

个人消费水平随着经济增长而相应增长使英国私人消费占 GNP 的比重长期保持稳定（见表 8-5）。从 1761 年到 1939 年，除了 1791—1820 年这30 年间由于战争的因素导致消费占比下降至 75% 左右之外，英国的私人消费占比重始终稳定在 80% 以上。如果忽略其中相对有限的波动，比较 18世纪 60 年代与 20 世纪 30 年代，私人消费占比基本上是稳定的。

表 8-5　英国 GNP 构成

（单位:%）

时期	私人消费	政府支出	国内总投资	国外投资
1761—1770 年	83.9	7.5	8.1	0.5
1771—1780 年	82.7	7.1	9.2	1.0
1781—1790 年	79.3	7.2	11.7	1.4
1791—1800 年	74.6	11.2	13.1	1.1
1801—1810 年	74.5	15.5	10.9	-1.2
1811—1820 年	73.4	12.8	11.1	2.5
1821—1830 年	80.6	5.0	11.7	2.7

续表

时期	私人消费	政府支出	国内总投资	国外投资
1831—1840 年	84.1	3.2	11.3	1.2
1841—1850 年	83.3	3.5	11.8	1.4
1851—1860 年	82.5	4.1	10.1	3.3
1860—1869 年	84.6	5.2	7.2	3.0
1870—1879 年	83.4	4.6	8.1	3.9
1880—1889 年	83.5	5.5	6.1	4.9
1890—1899 年	83.5	6.4	6.9	3.2
1900—1909 年	80.4	7.8	7.8	4.0
1920—1929 年	80.0	8.9	8.7	2.4
1930—1939 年	80.0	11.5	9.5	-1.0

资料来源：1860 年之前的数据根据 Floud 和 McCloskey（1981）的数据计算，1860 年后的数据根据 Deane 和 Cole（1967）的数据计算，1860 年以后使用固定资产形成总额代替了国内总投资的指标。

日本的人均消费变化也颇为类似。人均消费和人均产出的变化相当同步。随着第二次世界大战以后出现的高速增长，人均消费相对于人均产出增长出现了下降（见图 8-9）。

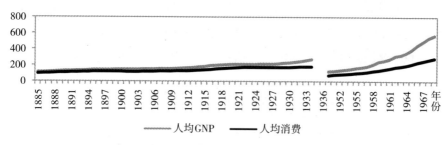

图 8-9　日本实际人均 GNP 与人均消费比较

注：基期 1934—1936 年。1936 年前单位是日元，1936 年后单位是千日元。
资料来源：大川一司等（1974）。

日本 1961—1970 年国民收入倍增计划期间人均国民收入年均增长 10.3%，而人均居民消费年均增长 9.4%（竹内宏，1993）。日本消费和投资在总产出中所占比例在第二次世界大战之前比较稳定，在战后出现了消费占比下降，投资占比上升的情况。日本的投资占比上升是随着实际工资上升而出现的（见图8-10）。

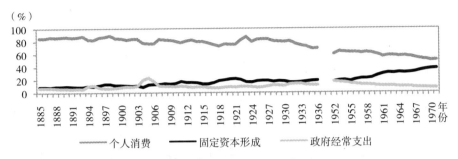

图8-10 日本 GNP 的主要构成

资料来源：根据大川一司等（1974）的数据计算。

此外，日本的国民储蓄率在第二次世界大战前基本保持稳定[1]，出现增长的时期恰恰是与实际劳动工资上升的时期（第一次世界大战期间的经济景气）重合的；第二次世界大战以后，日本国民储蓄率的提高，是伴随着实际工资高速增长出现的（见图8-11）。

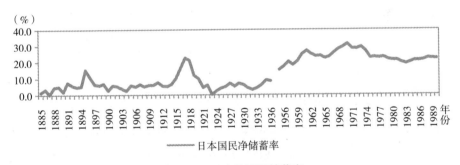

图8-11 日本的国民储蓄率

资料来源：1936年前数据来自大川一司等（1974），1955年以后数据来自 Historical Statistics of Japan，净国民储蓄率是扣除资本折旧后计算。

无论从消费和投资占比的变化，或者储蓄率的变化，日本的经验事实都不符合刘易斯模型的推论，储蓄率的提高并不以工资水平不变为代价。相反，当日本经济的高速增长时代结束后，收入增速减缓，国民储蓄率也就随之下降并形成新的稳态。

———————

① 关于住户的储蓄率也有类似的变化趋势，具体请见 Mosk Carl，*Japanese Economic Development*：*Markets*，*Norms*，*Structures*，New York：Routledge，2008。

中国的消费、投资和储蓄率的变化，也与刘易斯模型所预测结果不同。无论城镇，还是农村，人均消费自改革开放以来都是不断增长的。城镇居民人均消费增速自改革开放以来一直比较稳定；农村居民的人均消费增速在2002年以后一度迅速增长，但在大部分时间都相当稳定（见图8-12）。改革开放以后的很长一段时间里，中国的消费和投资比例是比较稳定的，消费占比明显下降是2002年以后，恰恰是实际工资加速增长的时期（见图8-13）。

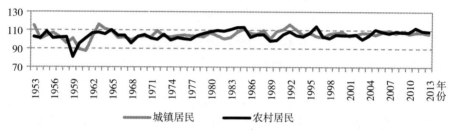

图8-12 中国居民消费水平指数

资料来源：CEIC，不变价，上年=100。

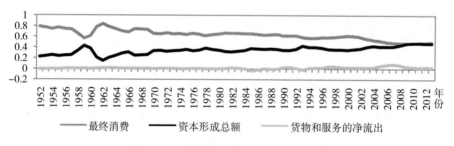

图8-13 支出法下中国 GDP 的构成

资料来源：根据 CEIC 数据计算。

自20世纪50年代以来，中国始终保持较高的储蓄率，1978年之后，更有上升的趋势，但是并非一直上升。20世纪80年代初期储蓄率曾一度下降，之后在较长时间内相对稳定（见图8-14）。储蓄率真正明显提高始于2002年，也即和"农民工"实际工资加速上升的时期重合。也就是说，在劳动工资增长相对缓慢的20世纪90年代，储蓄率本身并没有发生大的变化；2003年以后，劳动工资明显上升，储蓄率也随之上升了。[①]

---

① 利用资金流量表计算自1992年以来的国民储蓄率也有类似的结论。

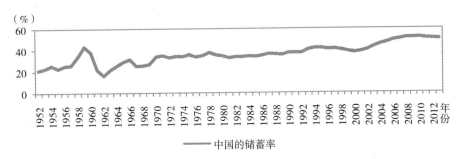

图 8-14 中国的储蓄率变化

资料来源：根据 CEIC 数据计算，利用支出法下 GDP 相关数据计算。

以上通过对英国、日本以及中国的长期经验数据的检验，我们发现刘易斯模型中"不变工资"假设对于产品市场变化的推论，并不符合实际情况。在现实的二元经济转型过程中，就长期而言，随着实际工资增长，劳动报酬比重通常在国民收入中保持一个比较稳定的状态。同时，劳动收入的增加使得个人消费增长，从而满足了产品市场出清的要求，消费和投资的比例一般比较稳定。此外，储蓄率的提高通常是伴随着实际工资的较快上升而出现的。

第四节 劳动工资增长停滞的原因分析

英国、日本、中国三国经济史的数据证明，在二元经济转轨过程中，不变工资并不是贯穿始终的一般现象，而是个别时期的特殊现象。其产生各有其特殊原因，本节拟对此进行分析。

一、城市劳动力市场

工资水平在相当程度上是劳动力市场上供需力量对比的结果。产业革命的重要特征之一是大机器生产和现代工厂制度的出现。在 15 世纪中叶，英国农村开始形成"分散型的"手工纺织工场，到了 16 世纪，规模较大的"集中型的"手工纺织工厂已经普遍形成，有的呢绒纺织工场的工人数多达上千。1774年，瓦特和鲍尔顿在伯明翰郊区建立的工厂雇工（男工、女工和童工）已达2万人。由于采用机械化生产，新兴的工厂大量采用非技术工人，尤其是妇女和童工。1788年，英国142个纱厂共雇佣男工2.6万人，女工3.2万人，童工竟达2.5万人。男工受到女工、童工的竞争，收入下降，男工的工资很难养活妻小，迫使其妻小也涌入产业劳动大军队伍，更降低了男工的工资谈判能力。然而，直至19世纪之前，英国以及欧洲各国政府，都采取了极其严酷的措施对待劳工。据统计，1688年到1810年，英国国会增加了近200项针对劳工的可以判处死刑的罪名，其中63种是在1760—1810年间通过的。1799—1800年，英国国会通过《防止工人非法组合法令》，禁止工人成立任何组织，1813年颁布了更严厉的《捣毁机器惩治法》（姚介厚等，2002）。现代工厂制度与无组织的劳工同时并存，使劳动力市场供需力量对比严重失衡，根本不可能实现公平竞争的均衡解。

劳动力市场的竞争均衡，必须通过有组织的劳工运动持之以恒的抗争方能得到一定程度的实现。从产业革命早期的"卢德运动"起，英国工人就没有停止过抗争。直到拿破仑战争以后，英国政府才逐渐地改变政策。从1819年起，多次颁布工厂法，保障童工合法权益，缩短工人劳动时间。1824年英国国会撤销《防止工人非法组合法令》。从19世纪30年代开始，逐步建立和完善工厂视察员制度，从制度层面推动工厂法的贯彻实施。在宪章运动的压力下，1846年废除《谷物法》，颁布了对工人有利的1842年《矿山法令》和1847年的《十小时工作日法令》。1871年通过了《工会法》，工会完整的法律地位才得以确认。1820年之后，英国劳动工资水平开始上升，1870年之后劳动报酬占比不断上升，显然不仅取决于劳动生产率的提高，而且取决于劳工有组织的抗争与政府的政策调整。

日本在工业化早期普遍实行包身工制度和集体宿舍制度，即在合同期内，工人不能离开工厂和集体宿舍的工棚，如有逃亡和反抗，将在工厂私设的公堂严刑拷打。纺纱工人每天要连续劳动12个小时甚至十七八个小时（李公绰，1988）。政府对工人运动一直采取镇压手段。公司对工会活动的镇压普遍而有效，管理者觉得有必要时就会解雇工会领导，工人没有任何法律援助（戈登，2011）。第二次世界大战以后，日本政府在1945年颁布了《工会法》，允许通过团体交涉缔结劳动合同，通过民事免责、刑事免责保障争议权等。1946年制定《劳动基准法》，适用范围原则上扩大到所有雇佣劳动者。为使劳基法有实际效果，制定了脱离地方势力的压力和独立于政府的劳动基准监督官制度。1945年，日本国内参加工会人数为工人总数的3.2%，1949年达到55.8%（李公绰，1988）。在上述法律保障下，形成了劳资之间交涉的春季斗争习惯（安场保吉和猪木武德，1997），并逐渐形成了日本独特的企业管理制度：终身雇佣制、年功序列工资制以及按企业组织工会。第二次世界大战以后，由于劳动力市场制度的完善，日本普通劳动者的谈判能力有巨大的改善。这也是战后日本劳工高工资增长的基础。

中国农民的非农就业在20世纪90年代以前大多集中于当地的乡镇企业，在工资收入分配上并不是一个完全市场化的结果，甚至带有某种福利性质。随着20世纪90年代民工潮的出现，"农民工"开始大规模跨地区转移，大多就业于私人企业和非正规单位，由于劳动法制不健全，而且缺乏有效的监督执行措施，农民工的工资议价能力一直较弱，而且还经常被欠薪（王美艳，2006）。20世纪90年代后期开始的国企改革和国有企业职工大规模的下岗，更进一步压低了劳动力的工资议价能力。此外，各地政府以GDP与财政收入最大化为目标，为吸引投资，普遍向资本利益倾斜，也在很大程度上加剧了劳动者的弱势地位，抑制了劳动工资增长。

二、农村劳动力供给

工业化过程中，农村劳动力跨部门转移的数量与速度，对于城市劳动力的供需平衡有重要影响。刘易斯模型隐含地假定二元经济的传统部门中的"剩余劳动力"是一个静态的、固定数量或固定比例的存在，因此，转移的数量和速度完全取决于现代部门的需求，这样的假定也就保证了现代部门"不变工资"假定的实现。然而，现实并非如此，传统部门的"剩余劳动力"从来都是动态的。在正常情况下，传统部门可以转向现代部门的"剩余劳动力"是传统部门劳动生产率的因变量，随着传统部门劳动生产率的提高而逐渐产生，不断析出的。同时，社会经济体制和政策的变化也会产生重要影响。这就决定了农业劳动生产率、农业报酬水平、农业劳动力跨部门转移的数量与速度将对城市劳动力市场的供需平衡及工资决定产生重要影响。

英国在产业革命前期，"剩余劳动力"大量增加，相当程度上是人为的产物。圈地运动导致了大量农民成为"剩余劳动力"。16世纪的圈地运动还主要是新兴资产者的私人行为，18世纪的圈地运动则在很大程度上是政府的行为。1750—1820年是圈地运动的高潮期（见表8-6）。英格兰的议会圈地总面积达到679.4万英亩，占到英格兰土地面积的20.9%，其中，公地及废地圈占了188万英亩，可耕地的私有化圈占424.8万英亩。所有的议会圈地面积在1793年之前占27.3%，1793—1815年间则达到29.2%（Mitchell，1988）。圈地运动极大地改变了劳动力市场上的供需力量对比，由于城市部门并不能迅速创造出足够的就业，英国的失业者在这个阶段迅速增加，加之禁止劳动者结社，劳动者处于绝对劣势。1750—1820年的工资下降，与政府强力改变了劳资力量对比关系有关。

表8-6 英国圈地法案数量的时期分布

时期	圈地法案数量（件）
1720—1729 年	25
1730—1739 年	39
1740—1749 年	36
1750—1759 年	137
1760—1769 年	385
1770—1779 年	660
1780—1789 年	246
1790—1799 年	469
1800—1809 年	847
1810—1819 年	853
1820—1829 年	220

资料来源：Deane 和 Cole（1967）。

1938年以前，日本只有30%的农民有自己的农场，70%的农民是佃农和半佃农。其中26%是佃农，44%是半佃农。第二次世界大战以后，日本政府在美国的要求下强制进行土改，将80%的佃租地以低价分配给佃农。

1941 年，53%的水田、38%的高地、46%的可耕地由佃农耕作，1949 年这一比例降至 14%、12%和 13%。土地所有者从 28%上升到 55%，无土地者降至 8%，半佃农由 41%降至 35%（Suzuki，1989）。土地改革使日本农村出现了大量的自耕农，土改增强了农村劳动力的议价能力，同时使农民依靠城市化过程中的土地增值提高了收入。

长期以来，中国的户籍管理制度严重阻碍了劳动力自由流动。直到 1984 年，政府才开始有计划地允许农村劳动力进入城市打工，但是随之而来的 1988 年的通货膨胀引发的经济紧缩，使政府出于对城市就业压力的担心，清退了大量农民工，大量限制农民外出务工的政策集中出台。随着 1992 年邓小平发表南方谈话，市场经济开始活跃，陆续出现了"民工潮"现象，20 世纪 90 年代中后期城市国企改革，大量国企工人下岗分流，出于担心农民进城务工将影响城市就业，政府对农民进城务工仍然持控制态度（蔡昉等，2003）。2003 年以后，随着中国加入世界贸易组织，外部需求迅速增加带来了就业需求，城市房地产投资剧增也大大增加了对农民工的需求，同时，城市原有的国企职工逐渐被私营企业为主的劳动力市场消化或者直接退出劳动力市场，使政府无须再顾虑城市本身的就业压力，才逐渐放松了对于农民工流动的管制。对农村劳动力转移的政策变动在一定程度上改善了农民工的工资议价能力。

除此之外，我们还应当注意到其他因素对经济增长与劳动工资的影响。1760 年以后，英国连续经历了几次大规模战争，[1] 如 1756—1763 年的七年战争，1775—1783 年的美国独立战争，1793—1815 年的拿破仑战争。军费占了当时英国财政支出的 50%以上（Mitchell，1988），它挤占了生产性投资，抑制了经济增长，限制了劳动工资的增长（Williamson，1985）。日本在第二次世界大战之前军费开支通常超过财政收入的 30%，日俄战争期间则超过财政收入（Ohkawa，1979）。在人均产出较低的时代将如此高的财政支出用于非生产性支出，对于人均产出和工资增长的抑制作用显然不容低估。

刘易斯认为二元经济中出现"不变工资"是由于传统部门存在着大量

---

① 此前尚有 1701—1714 年的西班牙王位继承战争，1740—1748 年的奥地利地位继承战争。

的"剩余劳动力"。英国、日本的经济史证明,事实并非如此。工业革命之前,英国的农民大部分是"自耕农",在当时的农业技术及生产方式下,农村并无太多剩余劳动力。政府通过圈地运动改变了农村原有的土地制度,人为地使农民与土地分离,造出了大量"剩余劳动力",而且使农村劳动力的保留工资水平迅速降低,引起劳动力市场的供需严重失衡,同时为压低城市劳动工资水平创造了条件。在城市,政府又采取各种手段,向资本利益倾斜,严酷压迫劳工,不许劳工组织工会,使城市劳动力市场成为一个接近买方垄断的市场。劳动力市场上力量对比严重失衡,是劳动工资水平在产业革命前期停滞不前的重要原因。历史上的"不变工资"背后是一个复杂的过程,各个国家的形成原因大不相同,而且往往是由多种因素共同决定的,因而持续的时间长度也不同,而刘易斯模型简单地以传统部门存在着大量的"剩余劳动力"推出了一个贯穿整个二元经济转轨全过程的"不变工资"的假定,显然不是一个科学、合理的抽象。

第五节　结　论

对英国、日本、中国三国的经济史的研究发现,在长达百年以上的二元经济转型过程中,随着劳动生产率的提高,非熟练劳动力实际工资相应上升是历史的必然。马克思的社会再生产理论早就指出:社会产品实现是社会再生产的基本前提条件[1],只有实际工资保持上升,才能使国内的消费需求不断增长,从而使增长的社会产品得以社会实现。刘易斯模型假设的消费不变、投资不断上升的资本积累模式,在三国的经验事实中找不到支持的证据。在二元经济的长期增长中,消费和投资保持了相对稳定的比例,储蓄率提高也不是低工资的结果,相反,正是实际工资的加速增长,才使得储蓄率得以提高,与产出的迅速增长相辅相成。实际工资的上升是

---

[1]　马克思:《资本论》第二卷,人民出版社2004年版。

保证二元经济转为一元经济的必要条件。

在刘易斯模型中，"不变工资"是有利于资本积累的。刘易斯考虑的不足之处在于，任何资本积累形成的产能最终都需要相应的消费需求扩大才能实现，而"不变工资"将造成社会有效消费需求的严重不足，使得前期的资本积累成为无效的投资，"不消费只投资"的模式在市场经济中是不能实现资本的有效积累的。三个国家的经验说明：实际工资的增长和投资增长是同步的，二元经济向一元经济的转轨，意味着经济增长，其基本前提条件是国内消费市场的不断扩大。

在历史的某些时段曾经出现过的工资停滞现象，通常有其特殊原因，并不是刘易斯所说的"剩余劳动力"过多。英国产业革命前期出现的"不变工资"背后是长期过大的战争支出、圈地运动，以及政府向资本利益的倾斜，导致了劳动力市场上的力量严重失衡，极度削弱了劳工的谈判能力；日本在第二次世界大战后的实际工资提高的重要原因是经济高速增长、农村的土地改革和工会制度的确立执行、劳工运动的兴起；中国在20世纪90年代以后的劳动报酬占比下降更多是因为政府主导型经济中追求GDP增速而实施的偏向资本的发展策略。

从纯数理分析角度看，依靠世界市场实现产品市场出清可能是一种"不变工资"条件下实现农业劳动力转移的可能方式。但是，在现实的社会经济条件约束下，这是不可能的，对英国和日本的经济史研究发现，事实也并非如此。中国作为世界人口第一大国，多年以来而且现在以至今后一段时期，每年转移的农村劳动力规模都高达上千万，这将决定了，中国更不可能依靠不断扩大净出口来实现这么大规模的农业劳动力转移。[1] 劳动工资水平从而国内消费尤其是居民消费能力的逐步提高，国内市场的不断扩大，才是实现农村劳动力正常转移的基本前提。

因此，实际工资伴随经济增长和劳动生产率的提高相应提高，是实现二元经济转型的唯一途径，也是任何经济体社会再生产正常进行的基本前提条件，这是历史的必然。当然，这一社会经济发展的内在要求，将以何种方式实现，则在一定程度上取决于人们的主动选择。在资本主义市场经

---

[1]　一般的扩大出口而不是扩大净出口对于增加就业没有太大作用。

济的英国和日本，它是经过了较长时间剧烈的社会对抗，以相当大的社会代价方才得以实现的，在实现过程中，无论是政府还是厂商，都比较被动。前事不忘，后事之师，作为后发国家，我们应当吸取教训，主动去实现它；作为社会主义市场经济，我们有理由、有必要而且有条件、有能力做得更好。

参考文献

［1］［日］安场保吉、［日］猪木武德编：《高速增长》，连湘译，生活·读书·新知三联书店 1997 年版。

［2］［美］安德鲁·戈登：《日本劳资关系的演变：重工业篇，1853—1955 年》，张锐、刘俊池译，江苏人民出版社 2011 年版。

［3］［日］大川一司、［日］高松信清、［日］山本有造：《国民所得（长期经济统计1)》，东京东洋经济新报社 1974 年版。

［4］蔡昉、都阳、王美艳：《劳动力流动的政治经济学》，上海三联书店 2003 年版。

［5］李公绰：《战后日本的经济起飞》，湖南人民出版社 1988 年版。

［6］卢锋：《中国农民工工资走势：1979—2010》,《中国社会科学》2012 年第 7 期。

［7］马克思：《资本论》第二卷，人民出版社 2004 年版。

［8］［日］南亮进：《经济发展的转折点：日本经验》，关权译，社会科学文献出版社 2008 年版。

［9］王美艳：《农民工工资拖欠状况研究——利用劳动力调查数据进行的实证分析》,《中国农村观察》2006 年第 6 期。

［10］姚介厚、李鹏程、杨深：《西欧文明》（下），中国社会科学出版社 2002 年版。

［11］［日］竹内宏：《昭和经济史》，吴京英译，中信出版社 1993 年版。

［12］Deane Phyllis and Cole W. A. , *British Economic Growth*：*Trends and Structure*, Cambridge University Press, 1967.

［13］Floud Roderick and McCloskey Donald eds. , *The Economic History of Britain since 1700, Volume 1*：*1700-1860*, New York：Cambridge University Press, 1981.

［14］Hobsbawm E. J. , "The British Standard of Living 1790-1850", *Economic History Review*, 1957, 10.

［15］Hsueh Tien-tung and Li Qiang, *China's National Income, 1952-1995*, Boulder, Col. : Westview Press, 1999.

［16］Lewis Arthur W. , "Economic Development with Unlimited Supplies of Labor",

Manchester School, 1954, 22.

　　[17] Lindert P. H. and Williamson J. G., "Revising England's Social Tables, 1688-1812", *Explorations in Economic History*, 1982, 19.

　　[18] Matthews R. C. O., Feinstein C. H. and Odling-Smee J. C., *British Economic Growth 1856-1973*, Oxford: Clarendon, 1982.

　　[19] Minami Ryoshin, *The Economic Development of Japan: A Quantitative Study*, New York: St. Martin's Press, 1986.

　　[20] Mitchell B. R., *British Historical Statistics*, New York: Cambridge University Press, 1988.

　　[21] Ohkawa Kazushi and Rosovsky Henry, *Japanese Economic Growth: Trend Acceleration in the Twentieth Century*, Stanford, Calif.: Stanford University Press, 1973.

　　[22] Ohkawa Kazushi, Shinohara Miyohei and Meissner Larry, *Patterns of Japanese Economic Development: A Quantitative Appraisal*, New Haven: Yale University Press, 1979.

　　[23] Ranis Gustav and Fei John C. H., *Development of the Labour Surplus Economy: Theory and Policy*, Homewood, IL, Richard D. Irwin, 1964.

　　[24] Suzuki Yoshio, *Japan's Economic Performance and International Role*, Tokyo: University of Tokyo Press, 1989.

　　[25] Williamson Jeffrey G., *Did British Capitalism Breed Inequality*, Boston: Allen & Unwin, 1985.

第九章 中国城镇失业的实证分析[*]

本章利用中国营养和健康调查（CHNS）面板数据和随机效应概率模型分析了决定中国城镇失业率的许多重要因素。实证结果显示：年龄的增加会降低失业概率，但是降低的幅度会越来越小；男性、未婚、教育水平低、西部地区、调查失业率高、自雇就业比率和工业占产业比高的地区，劳动力的失业概率相对较高。对 16—26 岁青年失业率决定因素的实证分析发现：年龄的增加会降低失业概率，年龄对失业概率的边际效应较大；从教育水平变量的估计结果来看：和小学和初中毕业的劳动力相比，高中、中专毕业劳动力的失业概率较高，但是大专以上毕业的劳动力的失业概率却没有明显变化。

第一节 引 言

在大多数国家，调查失业率是对劳动力市场状况进行描述的基本指标。但是在中国这一指标始终没有被公布，而是用登记失业率显示就业问题的严峻程度。由于登记失业率的局限性，这一指标不能完整和准确地反映中国劳动力市场的真实状况。蔡昉等（2005）采用国际劳工组织建议的概念，在假设农村经济活动人口的失业率为零的基础上，估算中国城镇调查失业率，即用城镇经济活动人口减去城镇就业人口，即可得出失业人

---

[*] 本章作者：朱若然、陈贵富。

口。从蔡昉等（2005）估算的调查失业率来看，估算值明显高于登记失业率，其中 2000 年的登记失业率为 3.1%，但是估算的调查失业率却高达 7.6%。鉴于登记失业率统计指标的不足，非常有必要利用各种调查失业率数据来了解中国实际失业情况。

在失业形势比较严峻的情况下，人们除了希望对失业的规模和程度有所了解外，还希望进一步探究一些相关的问题：失业者有何特点，即何种特征的人群较为容易失业；影响失业的外部因素有哪些。对这些问题的理解，仅靠源自感觉的简单判断显然是不够的，建立在调查数据基础之上的分析论证无疑更令人信服。一些学者已经沿着这个方向展开了研究，并取得了可借鉴的成果（中共中央党校课题组，1998；肖黎春，1998；彭文波和刘电芝，2002；张翼，2002；李实和邓曲恒，2004）。

与上述研究成果不同的是，本章试图利用中国营养和健康调查（CHNS）数据①，研究中国失业率总体情况，什么人更容易失业，影响失业的外部因素有哪些。该数据调查内容丰富，数据量大，因而能更好地反映中国失业的实际情况（见表 9-1）。另外，现有的研究使用的都是截面数据，本章使用的是根据 CHNS 调查数据形成的面板数据，运用前沿面板数据分析方法，确保本章的研究结论更具有科学性。

表 9-1　CHNS 调查数据的基本情况

调查年份	省份数	城市数	居委会数	农村县数	村（镇）数	样本总量
1991	8	16	64	32	128	16023
1993	8	16	64	32	128	15055
1997	8	16	128	32	256	15804
2000	9	18	162	36	288	17032
2004	9	18	216	36	432	16123

---

①　CHNS（China Health and Nutrition Survey）调查到目前为止共进行了 9 次，但是在 1989 年的调查中没有包括失业的相关内容，所以本章的数据包括 1991 年、1993 年、1997 年、2000 年、2004 年、2006 年、2009 年和 2011 年，共 8 次。1991 年和 1993 年调查包括辽宁、江苏、山东、河南、湖北、湖南、广西和贵州；1997 年调查用黑龙江代替了辽宁；2000 年、2004 年、2006 年和 2009 年调查则包括辽宁、黑龙江和其他 7 个省份；2011 年则在上述 9 个省份的基础上增加了北京、上海和重庆。

调查年份	省份数	城市数	居委会数	农村县数	村（镇）数	样本总量
2006	9	18	216	36	432	18759
2009	9	18	216	36	432	19010
2011	12	48	576	48	576	22977

注：1991 年、1993 年、1997 年、2000 年、2004 年、2006 年和 2009 年的调查每个省份包括 2 个城市和 4 个农村县；2011 年调查每个省份包括 4 个城市（区）和 4 个农村县（区）。

第二节 城镇失业的变化和特征

这里，先利用 CHNS 调查数据统计分析城镇失业的总体情况，再分地区来考察东、中和西部失业的变化和特征。

一、城镇失业的变化和特征

本章专注于中国城镇失业率研究。CHNS 数据包括了调查对象的年龄、工作、收入和就业失业等数据，城镇失业率的定义可用下式表示：

$$城镇失业率 = \frac{16—64\ 岁城镇就业人口}{16—64\ 岁城镇就业人口 + 失业人口} \tag{9-1}$$

根据 CHNS 数据计算的调查失业率明显高于登记失业率，尤其是 2000 年，前者高达 13.31%，而后者仅为 3.36%，前者为后者的将近 4 倍（见图 9-1）。调查失业率 20 世纪 90 年代前半期较低，但是随着 1997 年以来激进的国有企业改革和产业结构调整的开始，失业率开始急剧攀升，2000 年到达顶点之后开始下降。

分地区来看，东部地区失业率一直最低。中部地区失业率在 20 世纪 90 年代前半期低于西部，但是之后除了 2006 年和 2009 年其余年份都高于后者（见图 9-2）。

分性别来看，2004 年前，除了 1997 年其余年份女性失业率都高于男

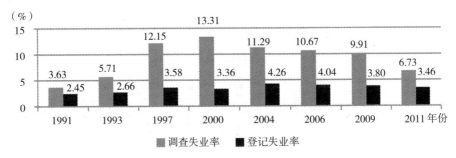

图9-1　失业率的变化

注：调查失业率为作者根据 CHNS 数据计算；登记失业率为《中国统计年鉴》公布的与 CHNS 调
查相对应的省、直辖市和自治区的均值。

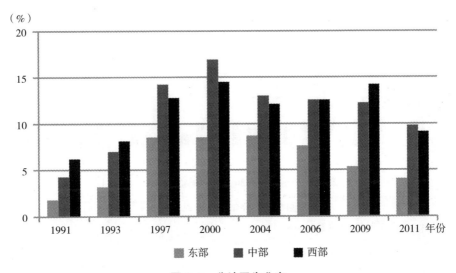

图9-2　分地区失业率

注：东部地区包括辽宁、江苏、山东、上海和北京；中部地区包括黑龙江、河南、湖北和湖南；
西部地区包括广西、贵州和重庆。
资料来源：作者根据 CHNS 数据计算。

性；但是，2004 年后男性失业率都高于女性，这个现象值得深入研究（见
图 9-3）。

分年龄来看，16—25 岁人口失业率最高，其次是 56—64 岁人口的失
业率（见图 9-4）。16—25 岁人口失业率一直都比较高，即使最低的 1991
年，这一指标仍达 11.0%，最高的 2009 年则高达 31.1%。

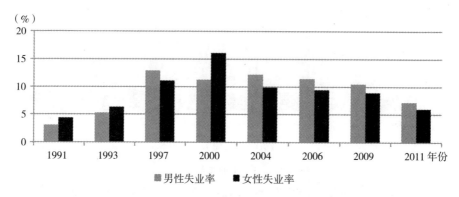

图9-3 分性别失业率变化

资料来源：作者根据 CHNS 数据计算。

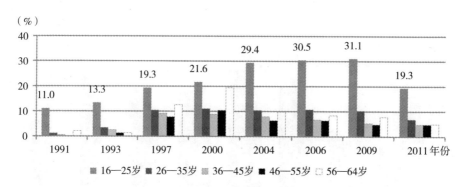

图9-4 分年龄失业率变化

资料来源：作者根据 CHNS 数据计算。

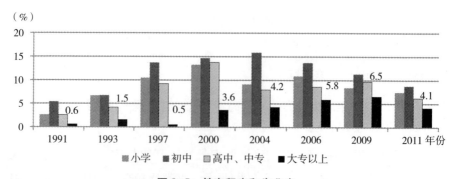

图9-5 教育程度和失业率

资料来源：作者根据 CHNS 数据计算。

从教育程度来看，令人感到意外的是失业率最高的并不是学历最低的小学毕业劳动力，而是初中毕业的劳动力（见图 9-5）。另外，从 2000 年以后大专以上教育程度失业率上升明显，最高的 2009 年竟高达 6.5%。

综上所述，CHNS 调查失业率有如下特点：调查失业率呈倒 U 形，2000 年达到顶点后开始下降；东部地区的失业率与中西部相比一直最低；男性失业率从 2004 年开始高于女性失业率；16—25 岁人口失业率明显高于其他年龄段的人口失业率；初中毕业劳动力失业率一直最高。

二、分地区失业的变化和特征

表 9-2 给出了分地区分性别失业率的变化情况。从总失业率的变化看，不论男女失业率总体均呈不断下降的态势，但男性失业率持续大于女性；从分地区的情况看，不论男性还是女性，东部地区的失业率都是最低的。

表 9-2　分地区分性别失业率

（单位：%）

年份	男性				女性			
	总失业率	东部	中部	西部	总失业率	东部	中部	西部
1991	3.07	1.08	3.71	6.05	4.38	2.73	5.02	6.38
1993	5.26	2.18	5.92	9.29	6.36	4.59	8.49	6.57
1997	12.88	9.03	14.89	13.88	11.10	7.79	13.16	11.32
2000	11.28	5.76	14.71	13.98	16.09	12.52	19.89	15.16
2004	12.17	8.16	14.27	14.12	9.94	9.39	11.00	8.81
2006	11.46	9.45	12.41	12.92	9.49	4.96	12.71	11.98
2009	10.53	5.64	12.53	15.48	8.97	4.79	11.61	12.22
2011	7.23	3.59	11.22	10.39	6.01	4.70	7.55	7.28

资料来源：作者根据 CHNS 数据整理。

从分地区分年龄的失业率变化情况看（见表 9-3），16—25 岁的人群失业率最高，36—45 岁以及 46—55 岁人群的失业率相对较低；分地区看，中部和西部地区各年龄群体的失业率都大幅高于东部地区。

表 9-3　分地区分年龄失业率

（单位：%）

年份	年龄组	总失业率	东部	中部	西部
1991	16—25 岁	11. 02	5. 61	13. 39	16. 47
	26—35 岁	1. 07	0. 57	0. 00	3. 60
	36—45 岁	0. 43	0. 25	0. 32	0. 95
	46—55 岁	0. 00	0. 00	0. 00	0. 00
	56—64 岁	1. 95	1. 56	2. 50	2. 00
1993	16—25 岁	13. 31	7. 79	17. 30	15. 64
	26—35 岁	3. 44	2. 31	4. 26	4. 41
	36—45 岁	2. 49	1. 70	0. 65	6. 17
	46—55 岁	1. 18	0. 00	3. 60	0. 00
	56—64 岁	1. 25	0. 00	2. 22	2. 50
1997	16—25 岁	19. 30	16. 01	24. 26	15. 06
	26—35 岁	10. 40	3. 56	8. 79	20. 51
	36—45 岁	9. 18	9. 34	10. 32	6. 92
	46—55 岁	7. 76	5. 53	12. 45	2. 27
	56—64 岁	12. 57	13. 04	20. 29	1. 92
2000	16—25 岁	21. 64	16. 23	28. 51	17. 59
	26—35 岁	11. 06	7. 14	13. 11	13. 55
	36—45 岁	8. 91	3. 53	10. 99	14. 34
	46—55 岁	10. 39	10. 86	10. 28	9. 70
	56—64 岁	19. 46	1. 89	34. 25	16. 95
2004	16—25 岁	29. 38	23. 87	32. 74	30. 25
	26—35 岁	10. 41	6. 35	11. 41	13. 89
	36—45 岁	7. 94	5. 91	10. 06	6. 76
	46—55 岁	6. 31	6. 46	5. 98	6. 67
	56—64 岁	9. 78	9. 68	14. 29	3. 64
2006	16—25 岁	30. 48	27. 94	33. 15	29. 00
	26—35 岁	10. 80	7. 05	13. 93	11. 93
	36—45 岁	6. 73	4. 82	8. 09	7. 45
	46—55 岁	6. 37	3. 76	6. 03	11. 11
	56—64 岁	8. 38	4. 65	9. 68	13. 95

年份	年龄组	总失业率	东部	中部	西部
2009	16—25 岁	31.11	18.87	36.32	38.66
	26—35 岁	10.32	4.73	13.53	14.20
	36—45 岁	5.31	3.72	5.28	7.98
	46—55 岁	4.76	1.83	6.37	8.18
	56—64 岁	7.80	5.26	11.11	8.47
2011	16—25 岁	19.30	14.72	24.14	21.90
	26—35 岁	6.86	4.00	9.97	10.34
	36—45 岁	4.85	2.88	7.02	6.36
	46—55 岁	4.81	2.82	6.83	7.14
	56—64 岁	5.00	1.82	11.45	5.32

资料来源：作者根据 CHNS 数据整理。

从分地区分教育程度的失业率变化看（见表9-4），受教育程度越高的群体，失业率越低；但在同等受教育程度的群体里，中部和西部地区的失业率大幅高于东部地区。

表9-4　分地区分教育程度失业率

（单位：%）

年份	教育程度	总失业率	东部	中部	西部
1991	小学教育	2.57	0.45	4.15	3.57
	初中教育	5.34	2.50	6.00	10.08
	高中、中专教育	2.52	1.52	3.21	3.30
	大专以上教育	0.59	0.00	1.79	0.00
1993	小学教育	6.59	2.44	9.44	8.21
	初中教育	6.72	4.50	7.96	9.11
	高中、中专教育	4.11	1.97	5.21	6.28
	大专以上教育	1.49	1.79	1.69	0.00
1997	小学教育	10.47	10.16	11.71	9.52
	初中教育	13.74	6.52	17.95	15.16
	高中、中专教育	9.28	8.99	9.63	8.81
	大专以上教育	0.51	0.00	0.00	2.70
2000	小学教育	13.19	12.18	19.70	7.18
	初中教育	14.67	8.73	18.34	17.66
	高中、中专教育	13.78	9.03	16.85	15.23
	大专以上教育	3.56	2.82	5.06	1.54

年份	教育程度	总失业率	东部	中部	西部
2004	小学教育	9.09	6.99	11.16	7.78
	初中教育	15.85	12.28	18.72	16.53
	高中、中专教育	7.96	5.83	8.78	9.83
	大专以上教育	4.20	0.88	8.15	0.00
2006	小学教育	10.81	6.72	16.24	9.28
	初中教育	13.69	9.48	17.62	15.24
	高中、中专教育	8.61	7.93	8.32	10.27
	大专以上教育	5.83	3.52	7.35	6.06
2009	小学教育	8.38	2.33	11.28	12.04
	初中教育	11.35	4.75	15.95	15.27
	高中、中专教育	9.69	6.49	9.98	15.60
	大专以上教育	6.53	5.85	6.81	7.46
2011	小学教育	7.42	2.45	13.67	7.06
	初中教育	8.77	5.42	11.37	11.65
	高中、中专教育	6.20	4.58	7.96	8.01
	大专以上教育	4.08	2.89	6.93	5.16

资料来源：作者根据 CHNS 数据整理。

以上这些特征是根据数据统计分析之后得到的结果，为了定量分析中国城镇失业率的决定因素，我们将在下一节利用前沿的计量经济模型进行更加科学的分析。

第三节 数据说明和分析模型

一、数据说明和变量定义

本章研究所使用的数据来自美国北卡罗来纳大学和中国疾病控制中心在中国 12 个省、直辖市和自治区进行的家庭营养与健康调查数据（CHNS，

China Health and Nutrition Survey)。① 该数据库是在辽宁、黑龙江、江苏、山东、河南、河北、湖南、广西、贵州、北京、上海和重庆等 12 个省、直辖市和自治区进行的调查数据。调查方法采取多层、多级、整群随机抽样调查，调查内容包括住户调查、膳食调查、健康调查和社区调查等多个方面。②

本章选取了城镇 16—64 岁劳动力样本，排出了农民的样本。在该调查中有调查对象是否有工作的调查，我们把有工作的 16—64 岁劳动力定义为就业；把没有工作正在找工作的 16—64 岁劳动力定义为失业。③ 为了考察影响失业的决定因素，我们将在实证模型中包括以下自变量：（1）人口学因素：年龄（age）、年龄平方（age2）、性别（sex）、婚姻状态（marital）、教育水平（edu）；（2）居住地特征：城市（city）、地区变量（east、middle）；（3）影响就业的宏观经济指标：调查失业率（unrate）、自雇就业比例（rateself）和工业占比（sindustry）。其中调查失业率和自雇就业比例指标都是作者根据该调查数据计算的市（区）和县（区）相关指标，其中自雇就业比例指标为有雇工的个体经营者和无雇工的个体经营者占就业者的比例（不包括农民）。工业占比指标为各省指标，来自《中国统计年鉴》数据。变量的定义和各变量统计描述见表 9-5、表 9-6 和表 9-7，其中表 9-7 为 16—26 岁劳动力的相关变量统计描述。本章使用的数据为非平衡面板数据。

表 9-5　变量定义

变量	变量定义
unem	城镇 16—64 岁劳动力没工作正在找工作＝1，有工作＝0
age	年龄
age2	年龄的平方
sex	性别虚拟变量，男性＝1，女性＝0
marital	未婚＝1，其他＝0

① http：//www.cpc.unc.edu/projects/china.
② 具体情况请见表 9-1。
③ CHNS 调查问卷中有这样的调查问题：1. 你现在有工作吗？（1）否，（2）有。2. 你为什么没有工作？（1）正在找工作，（2）做家务，（3）残疾，（4）学生，（5）退休，（6）其他，（7）不知道。

变量	变量定义
edu2	高中和中专毕业＝1，其他＝0
edu3	大专以上毕业＝1，其他＝0
city	城市＝1，农村县＝0
east	辽宁、江苏、山东、上海和北京＝1，其他＝0
middle	黑龙江、河南、湖北和湖南＝1，其他＝0
unrate	CHNS 市（区）和县（区）调查失业率
rateself	CHNS 市（区）和县（区）自雇就业比率
sindustry	各省份工业占比

注：教育程度的参照组为小学和初中毕业。地区变量参照组为西部地区，包括广西、贵州和重庆。

表 9-6　各变量统计描述

变量	样本量	均值	标准偏差
unem	30843	0.07	0.26
age	30843	37.47	11.32
age2	30843	1532.19	872.84
sex	30843	0.59	0.49
marital	30843	0.19	0.39
edu2	30843	0.31	0.46
edu3	30843	0.10	0.31
city	30843	0.43	0.50
east	30843	0.40	0.49
middle	30843	0.36	0.48
unrate	30843	8.90	8.14
rateself	30843	20.61	14.80
sindustry	30843	39.60	7.77

资料来源：作者根据 CHNS 数据整理。

表 9-7　各变量统计描述（16—26 岁劳动人口）

变量	样本量	均值	标准偏差
unem	6768	0.17	0.38

续表

变量	样本量	均值	标准偏差
age	6768	22. 31	2. 83
age2	6768	505. 59	124. 62
sex	6768	0. 53	0. 50
marital	6768	0. 72	0. 45
edu2	6768	0. 30	0. 46
edu3	6768	0. 09	0. 28
city	6768	0. 37	0. 48
east	6768	0. 34	0. 48
middle	6768	0. 38	0. 49
unrate	6768	9. 26	8. 51
rateself	6768	20. 90	14. 35
sindustry	6768	38. 48	7. 45

二、构建计量模型

参考 Wooldridge（2002）的研究，本章使用随机效应概率模型（random effects probit model）来分析面板数据。如果 $y_{it} = 1$，则劳动力 i 在 t 年处于失业状态；$y_{it} = 0$，则劳动力 i 在 t 年处于就业状态。

$$Pr(y_{it} = 1 \mid x_{it}) = \Phi(x_{it}\beta + \nu_i) \qquad (9-2)$$

其中 $i = 1, \cdots, n$ 为个人号码；$t = 1, \cdots, T$ 为年，本章使用的面板数据为 8 年。假定非时变误差项 ν_i 满足均值为 0 方差为 σ_ν^2 的独立同分布（$i.i.d$）。Φ 为标准正规累积分布函数。构成上述模型的基础是以下误差成分模型：

$$y_{it} = 1 \Leftrightarrow x_{it}\beta + \nu_i + \varepsilon_{it} > 0 \qquad (9-3)$$

其中 ε_{it} 为均值为 0 不变方差 $\sigma_\varepsilon^2 = 1$ 的误差项，它独立于 ν_i。根据面板数据可以估计参数 ρ，该参数为面板水平方差成分占总方差的比例，即：

$$\rho = \frac{\sigma_\nu^2}{\sigma_\nu^2 + \sigma_\varepsilon^2}, \text{ with} \sigma_\varepsilon^2 = 1 \qquad (9-4)$$

如果参数 ρ 为 0，则不考虑时间和个体差异，将所有的观测对象混合在一起的混合单位概率模型（pooled probit model）和随机效应面板单位概率模型（random effects panel probit model）的估计是没有差异的。但是如果参数 ρ 显著不为 0，考察不可观测的个体异质特征是非常重要的，如果使用混合单位概率模型估计得到的变量系数估计值会出现不一致性。这种情况下为了得到准确的变量系数估计值，需要用随机效应面板单位概率模型进行估计。使用最大似然值（maximum likelihood）技术可以得到相应变量的估计系数。

第四节　城镇失业决定因素的面板数据分析

一、城镇失业决定因素的实证分析

下面我们将分析中国城镇失业率决定因素的实证结果。表 9-8 给出了混合单位概率模型和随机效应面板单位概率模型的估计结果。我们使用 VCE（cluster id）单位概率命令对混合单位概率模型估计的标准偏差进行了校正；使用 RE VCE（bootstrap）随机效应单位概率命令对随机效应面板单位概率模型估计的标准偏差进行了校正。这些标准偏差校正保证我们的估计结果的准确性。参数 ρ 的估计量为 0.3416，并且在 1% 的统计水平上显著，这意味着使用混合单位概率模型估计则得到的变量系数估计值会出现不一致性。因此下面我们将主要分析随机效应面板单位概率模型估计结果。

从年龄来看，随着年龄的增加会降低失业概率，即年龄增加 1 岁会降低 1.2 个百分点的失业概率，但是降低的幅度会越来越小。男性的失业概率要高于女性，和女性相比，在其他条件不变的情况下，男性的失业的概率要高 0.6 个百分点。未婚劳动力的失业概率要高于其他婚姻状况的劳动力，其他条件不变，前者比后者要高大约 1.8 个百分点。教育水平越高，失业概率越低，与小学和初中毕业的劳动力相比，在其他条件不变的情况下，高中、中专毕业和大专以上毕业的劳动力的失业概率分别降低了 1.3

个百分点和 3.2 个百分点。在城市，劳动力的失业概率比在农村县区要高
2.5 个百分点。东部地区失业概率比西部地区要高，但是中部地区和西部
地区没有显著区别。调查失业率高的地区，当地劳动力失业概率大幅提
高，调查失业率提高 1 个百分点，劳动力失业概率则大幅提高 4.8 个百分
点。令人吃惊的是，自雇就业比例高的地区，劳动力的失业概率相对较
高。而工业占产业比高的地区的劳动力失业概率也比较高，工业占比提高
1 个百分点，失业概率提高 1.9 个百分点。

表 9-8　城镇失业决定因素的实证分析结果

	混合（pooled）单位概率模型				随机效应（RE）面板单位概率模型			
	系数估计值		边际效应	z 值	系数估计值		边际效应	z 值
age	−0.1263	***	−0.0148	−15.62	−0.1586	***	−0.0124	−18.72
age2	0.0014	***	0.0002	13.47	0.0017	***	0.0001	16.01
sex	0.0674	**	0.0079	2.55	0.0757	***	0.0059	2.63
marital	0.2209	***	0.0260	5.65	0.2238	***	0.0175	5.38
edu2	−0.1527	***	−0.0180	−5.22	−0.1732	***	−0.0135	−5.06
edu3	−0.3588	***	−0.0422	−7.02	−0.4041	***	−0.0316	−8.27
city	0.2649	***	0.0312	8.38	0.3234	***	0.0253	9.05
east	−0.1019	**	−0.0120	−2.06	−0.1015	*	−0.0079	−1.8
middle	−0.0354		−0.0042	−0.93	−0.0271		−0.0021	−0.75
unrate	0.0397	***	0.0047	31.73	0.0484	***	0.0038	28.11
rateself	0.0054	***	0.0006	5.12	0.0068	***	0.0005	5.34
sindustry	0.0156	***	0.0018	6.18	0.0189	***	0.0015	6.06
cons	−0.1451			−0.81	−0.1088			−0.69
rho					0.3416			
LR test rho=0：chibar2（01）							226.19***	
Log likelihood	−6780.4157				−6667.3218			
Prob> ChiSq	0.0000				0.0000			
观察值	30843				30843			

资料来源：作者计算。

二、城镇青年失业决定因素的实证分析

16—26 岁青年失业率远远高于其他年龄段劳动力，所以我们有必要对青年失业问题做重点分析。下面我们将分析中国城镇 16—26 岁青年失业率决定因素的实证结果。表 9-9 给出了混合单位概率模型和随机效应面板单位概率模型的估计结果。我们同样使用 VCE 单位概率命令对混合单位概率模型估计的标准偏差进行了校正；使用 RE VCE 随机效应单位概率命令对随机效应面板单位概率模型估计的标准偏差进行了校正。这些标准偏差校正保证我们的估计结果的准确性。参数 ρ 的估计量为 0.343，并且在 1% 的统计水平上显著，这意味着使用混合单位概率模型估计得到的变量系数估计值会出现不一致性。因此下面我们将主要分析随机效应面板单位概率模型估计结果。

从年龄来看，随着年龄的增加会降低失业概率，即年龄增加 1 岁会降低 10.4 个百分点的失业概率。从这个估计结果来看，对于青年劳动者来说，年龄对就业概率的边际效应十分显著。和前面的结果相同，降低的幅度会越来越小。男性的失业概率要高于女性，和女性相比，在其他条件不变的情况下，男性的失业的概率要高 3.4 个百分点，这个数字也远远高于全体劳动者的估计结果。未婚劳动力的失业概率与其他婚姻状况的劳动力没有显著区别。从教育水平变量的估计结果来看，与小学和初中毕业的劳动力相比，在其他条件不变的情况下，高中、中专毕业劳动力的失业概率提高了 1.2 个百分点，而大专以上毕业的劳动力的失业概率却没有什么明显变化。这个结果远远超出了我们的预料！但是这个结果和社会上出现的大学生就业难现象却是相符合的。在城市，劳动力的失业概率比在农村县区要高 5.4 个百分点。中部地区失业概率比西部地区要高，但是东部地区和西部地区没有显著区别。调查失业率高的地区，当地劳动力失业概率大幅提高，调查失业率提高 1 个百分点，劳动力失业概率则大幅提高 4.7 个百分点。自雇就业比率高的地区，劳动力的失业概率相对较高。而工业占产业比高的地区的劳动力失业概率也比较高，工业占比提高 1 个百分点，失业概率提高 1.6 个百分点。

表 9-9　城镇失业决定因素的实证分析结果（16—26 岁劳动力）

	混合（pooled）单位概率模型				随机效应（RE）面板单位概率模型			
	系数估计值		边际效应	z 值	系数估计值		边际效应	z 值
age	−0.4834	***	−0.1081	−4.6	−0.5859	***	−0.1041	−4.93
age2	0.0085	***	0.0019	3.48	0.0102	***	0.0018	3.7
sex	0.1648	***	0.0368	4	0.1902	***	0.0338	3.72
marital	0.0777		0.0174	1.53	0.0644		0.0114	1.04
edu2	0.0584		0.0130	1.22	0.0851	*	0.0151	1.76
edu3	0.0372		0.0083	0.45	0.0644		0.0115	0.8
city	0.2453	***	0.0548	4.75	0.3061	***	0.0544	4.56
east	−0.0650		−0.0145	−0.82	−0.0724		−0.0129	−0.8
middle	0.0868		0.0194	1.43	0.1166	*	0.0207	1.82
unrate	0.0395	***	0.0088	17.79	0.0474	***	0.0084	15.15
rateself	0.0059	***	0.0013	3.22	0.0071	***	0.0013	3.29
sindustry	0.0123	***	0.0028	3.16	0.0155	***	0.0028	3.56
cons	4.2222	***		3.79	5.1370	***		3.97
rho					0.3430			
LR test rho=0：chibar2（01）					63.50***			
Log likelihood	−2738.0893				−2706.3379			
Prob> ChiSq	0.0000				0.0000			
Obs	6768				6768			

资料来源：作者计算。

第五节　结论和政策建议

本章利用 CHNS（China Health and Nutrition Survey）1991 年、1993 年、1997 年、2000 年、2004 年、2006 年、2009 年和 2011 年调查数据，构建

面板数据；利用随机效应概率模型来分析决定中国失业率的各种重要因素。

我们发现，年龄的增加会降低失业概率，但是降低的幅度会越来越小；男性的失业概率要高于女性。未婚劳动力的失业概率要高于其他婚姻状况的劳动力；教育水平越高，失业概率越低；城市劳动力的失业概率比农村县区要高；东部地区失业概率比西部地区要高，但是中部地区和西部地区没有显著区别；在调查失业率高和自雇就业比例高的地区，劳动力的失业概率相对较高。而工业占产业比高的地区的劳动力失业概率也比较高。

从16—26岁青年失业率决定因素的实证结果来看，年龄的增加会降低失业概率，年龄对失业概率的边际效应较大；随着年龄的增加，失业率降低的幅度会越来越小；男性的失业概率要高于女性，这个数字也远远高于全体劳动者的估计结果；未婚劳动力的失业概率与其他婚姻状况的劳动力没有显著区别；从教育水平变量的估计结果来看，与小学和初中毕业的劳动力相比，在其他条件不变的情况下，高中、中专毕业劳动力的失业概率较高，但是大专以上毕业的劳动力的失业概率却没有什么明显变化；在城市，劳动力的失业概率比在农村县区要高；中部地区失业概率比西部地区要高，但是东部地区和西部地区没有显著区别；调查失业率和自雇就业比例高的地区，劳动力的失业概率相对较高；而工业占产业比高的地区的劳动力失业概率也比较高。

为了提高劳动力的就业水平，降低失业率，根据本章的研究结果，我们提出几点政策建议：提高劳动力教育水平有利于提高劳动力就业水平；降低工业占总产业比重，提高更能吸纳劳动力就业的第三产业的比重将有利于提高中国城镇劳动力就业。另外，有必要重点关注16—26岁青年人就业问题，特别是较高文化程度的青年劳动力就业问题。转变经济增长方式，调整产业结构，推动能够吸纳较高文化水平劳动力的产业发展，是提高较高教育水平劳动力就业的关键。

参考文献

[1] 蔡昉、都阳、王美艳：《中国劳动力市场转型与发育》，商务印书馆 2005

年版。

〔2〕 国家统计局:《中国统计年鉴》,中国统计出版社 1992—2012 年版。

〔3〕 李实、邓曲恒:《中国城镇失业率的重新估计》,《经济学动态》2004 年第 4 期。

〔4〕 彭文波、刘电芝:《对重庆市下岗职工再就业职业定向的调查研究》,《探索》2002 年第 3 期。

〔5〕 肖黎春:《上海失业、下岗人员现状及发展趋势》,《中国人口科学》1998 年第 3 期。

〔6〕 张翼:《不同身份下岗职工的再就业》,《中国人口科学》2002 年第 1 期。

〔7〕 中共中央党校课题组:《国有企业职工下岗分流和再就业问题研究》,《中共中央党校学报》1998 年第 4 期。

〔8〕 Wooldridge, J. M., *Econometric Analysis of Cross Section and Panel Data*, MIT Press, Cambridge, MA, 2002.

第十章 政府财政支出与
就业的经验分析[*]

本章基于上一章的 CHNS 调查数据，应用随机效应面板单位概率模型实证分析政府财政支出和就业的关系。主要结论是：滞后一期财政支出实际增长率和滞后一期人均财政支出实际增长率会降低东部和中部各省份的就业率，但是会提高西部各省份的就业率；滞后一期财政支出占 GDP 比例实际增长率会降低东部和中部各省份的就业率，但是在中部各省份财政支出的逆就业倾向的效果要小一些，在西部各省份则会提高就业率。

第一节 引 言

中共十八大报告中明确提出："就业是民生之本。要贯彻劳动者自主就业、市场调节就业、政府促进就业和鼓励创业的方针，实施就业优先战略和更加积极的就业政策。"这说明就业问题涉及群众的切身利益，具有十分重要的政治、经济和社会意义。同时也说明我们既要贯彻劳动者自主就业、市场调节就业，也要充分发挥政府的作用，发挥财政政策对就业的积极作用。

政府扩张性的财政政策与就业率之间的正相关关系从理论上来看似乎是明确的，这是因为奥肯定律表明实际 GDP 和就业率的增长具有正相关，

---

* 本章作者：陈贵富、王朝才。

而且根据凯恩斯经济学可知政府扩张性的财政政策会提高短期实际 GDP 的增长。但是从国内外的实证研究来看，政府扩张性的财政政策与就业率之间关系有的研究结论是正的，但是也有的研究结论认为二者没有关系甚至是负的。孙永勇（2010）认为扩大社会保障支出，会减少人们对未来生活的担忧，削弱预防性储蓄，对人均消费支出的影响产生正效应，拉动生产促进就业。方红生和张军（2010）研究了中国财政政策非线性稳定效应并对形成的可能机制进行检验，得出经济衰退期增加政府社会保障等福利支出不利于短期的就业和经济增长。蔡昉等（2004）研究了扩张性的财政投资政策，认为中国财政固定资产支出具有明显的逆就业倾向。奥兰多（D'Orlando，2009）提出在提高低学历劳动者的就业方面提供劳动保护比增加公共社会支出更重要。盛欣和胡鞍钢（2011）通过分析中国 29 个省份 2003—2007 年连续 5 年的面板数据发现，在中国新的经济发展阶段，自主创新的就业创造大于就业摧毁，而引进技术的就业摧毁大于就业创造，但无论是自主创新还是引进技术都偏向于吸纳更多的高人力资本劳动力。

综合已有的相关研究来看，较多的研究对财政政策的就业效应研究停留在定性分析阶段，缺乏政府财政政策与就业率之间关系的定量分析，尤其缺乏利用微观数据对这两个经济变量之间关系的研究。因此，本章利用中国家庭营养与健康调查（CHNS，China Health and Nutrition Survey）数据，构建面板数据，应用随机效应面板单位概率模型来分析政府财政支出和就业的关系。[①]

第二节　数据说明和构建模型

一、数据说明和变量定义

本章研究所使用的数据来源于美国北卡罗来纳大学和中国疾病控制中

[①]　http：//www.cpc.unc.edu/projects/china.

心在中国 12 个省、直辖市和自治区进行的家庭营养与健康调查（CHNS）。[①] 本章选取了城镇 16—64 岁劳动力样本，排除了农民的样本。在该调查中有调查对象是否有工作的调查，我们把有工作的 16—64 岁劳动力定义为就业，把没有工作正在找工作的 16—64 岁劳动力定义为失业。

为了考察影响就业的决定因素，参考李实和邓曲恒（2004）、蔡昉等（2005）、Chen 和 Hamori（2014）的研究，在实证模型中包括以下自变量：（1）人口学因素：年龄、年龄平方、教育水平、身体健康情况和性别；（2）家庭经济情况：除本人以外其他家庭成员人均年净收入；[②]（3）居住地特征：城市、地区变量；（4）影响就业的宏观经济指标：调查失业率、自雇就业比例和政府财政支出增长率相关指标。其中调查失业率和自雇就业比例指标都是作者根据该调查数据计算的市（区）和县（区）相关指标，其中自雇就业比例指标为有雇工的个体经营者和无雇工的个体经营者占就业者的比例（不包括农民）。政府财政支出增长率相关指标为各省份指标，来自《中国统计年鉴》数据。考虑到政府财政政策对就业影响的滞后效应，另外也为了避免可能产生的内生性问题，本章中各省份财政支出的相关变量全部采用实际增长率的滞后一期变量。各变量的定义和各变量统计描述分别见表 10-1 和表 10-2。本章使用的数据为非平衡面板数据。

表 10-1　变量定义

变量	变量定义
age	年龄
age2	年龄的平方
schooling	接受正规教育年数

[①] CHNS 调查到目前为止共进行了 9 次，但是在 1989 年的调查中没有包括失业的相关内容，所以本章的数据包括 1991 年、1993 年、1997 年、2000 年、2004 年、2006 年、2009 年和 2011 年，共 8 次。1991 年和 1993 年调查包括辽宁、江苏、山东、河南、湖北、湖南、广西和贵州；1997 年调查用黑龙江代替了辽宁；2000 年、2004 年、2006 年和 2009 年调查则包括辽宁、黑龙江和其他 7 个省份；2011 年则在上述 9 个省份的基础上增加了北京、上海和重庆。

[②] CHNS 调查问卷中有这样的调查问题：1. 你现在有工作吗？（1）否，（2）有。2. 你为什么没有工作？（1）正在找工作；（2）做家务；（3）残疾；（4）学生；（5）退休；（6）其他；（7）不知道。

续表

变量	变量定义
sex	性别虚拟变量，男性=1，女性=0
nodisease	身体健康虚拟变量，近四周没有严重疾病=1，生过病且相当重=0
otherincper	除本人以外其他家庭成员人均年净收入（千元）
city	城市=1，农村县=0
middle	黑龙江、河南、湖北和湖南=1，其他=0
west	广西、贵州和重庆=1，其他=0
unrate	CHNS市（区）和县（区）调查失业率
rateself	CHNS市（区）和县（区）自雇就业比率
ggr（−1）	各省份滞后一期财政支出实际增长率
mggr（−1）	中部各省份滞后一期财政支出实际增长率：*middle×ggr*（−1）
wggr（−1）	西部各省份滞后一期财政支出实际增长率：*west×ggr*（−1）
gpergr（−1）	各省份滞后一期人均财政支出实际增长率
mgpergr（−1）	中部各省份滞后一期人均财政支出实际增长率：*middle×gpergr*（−1）
wgpergr（−1）	西部各省份滞后一期人均财政支出实际增长率：*west×gpergr*（−1）
ggdpgr（−1）	各省份滞后一期财政支出占GDP比例实际增长率
mggdpgr（−1）	中部各省份滞后一期财政支出占GDP比例实际增长率：*middle×ggdpgr*（−1）
wggdpgr（−1）	西部各省份滞后一期财政支出占GDP比例实际增长率：*west×ggdpgr*（−1）
被说明变量	
emp	城镇16—64岁劳动力有工作=1，没工作正在找工作=0

注：地区变量参照组为东部地区，包括辽宁、江苏、山东、上海和北京。

表10-2 各变量统计描述（N=32138）

变量	均值	标准偏差
age	38.0456	11.7179
age2	1584.7680	920.4854
schooling	9.7182	3.4786
sex	0.5839	0.4929
nodisease	0.9919	0.0898
otherincper	7.3188	13.1012

变量	均值	标准偏差
city	0.4342	0.4957
middle	0.3627	0.4808
west	0.2402	0.4272
unrate	8.9189	8.2212
rateself	20.4368	14.8236
ggr (−1)	12.8774	8.9525
mggr (−1)	4.6965	8.2443
wggr (−1)	3.2051	7.1415
gpergr (−1)	11.9815	9.3745
mgpergr (−1)	4.4162	8.0393
wgpergr (−1)	3.1204	7.2724
ggdpgr (−1)	0.8104	8.3717
mggdpgr (−1)	0.4258	5.0676
wggdpgr (−1)	0.3539	3.7740
emp	0.9323	0.2512

二、构建计量模型

参考伍尔德里奇（Wooldridge，2002）的研究，本章使用随机效应单位概率模型来分析面板数据。如果 $y_{it} = 1$，则劳动力 i 在 t 年处于失业状态；$y_{it} = 0$，则劳动力 i 在 t 年处于就业状态。

$$Pr(y_{it} = 1 \mid x_{it}) = \Phi(x_{it}\beta + \nu_i) \tag{10-1}$$

其中 $i = 1, \cdots, n$ 为个人号码；$t = 1, \cdots, T$ 为年，本章使用的面板数据为 8 年。假定非时变误差项 ν_i 满足均值为 0 方差为 σ_ν^2 的独立同分布（$i.i.d$）。Φ 为标准正规累积分布函数。构成上述模型的基础是以下误差成分模型：

$$y_{it} = 1 \Leftrightarrow x_{it}\beta + \nu_i + \varepsilon_{it} > 0 \tag{10-2}$$

其中 ε_{it} 为均值为 0 不变方差 $\sigma_\varepsilon^2 = 1$ 的误差项，它独立于 ν_i。根据面板数据可以估计参数 ρ，该参数为面板水平方差成分占总方差的比例，即：

$$\rho = \frac{\sigma_\nu^2}{\sigma_\nu^2 + \sigma_\varepsilon^2}, \ \sigma_\varepsilon^2 = 1 \tag{10-3}$$

如果参数 ρ 为 0，则不考虑时间和个体差异，将所有的观测对象混合在一起的混合单位概率模型和随机效应面板单位概率模型的估计是没有差异的。但是如果参数 ρ 显著不为 0，考察不可观测的个体异质特征是非常重要的，如果使用混合单位概率模型估计则得到的变量系数估计值会出现不一致性。这种情况下为了得到准确的变量系数估计值，需要用随机效应面板单位概率模型进行估计。使用最大优度技术可以得到相应变量的估计系数。

第三节　实证结果

下面我们将分析中国城镇就业率决定因素的实证结果。从表 10-3 的随机效应面板单位概率模型的估计结果来看，模型估计的参数 ρ 的估计量分别为 0.1650，并且在 1% 的统计水平上显著，这意味着使用混合单位概论模型估计则得到的变量系数估计值会出现不一致性，也证明了我们使用随机效应面板单位概率模型的必要性。

我们先来分析表 10-3 显示的实证结果（1）中相关变量的效果。从年龄来看，年龄的增加会提高就业率，即年龄增加 1 岁会提高 1.58 个百分点的就业率，但是提高的幅度会越来越小。接受正规教育的年数提高 1 年就业率会提高 0.21 个百分点。家庭中除本人之外其他家庭成员人均收入越高，就业率越高。在其他条件不变的情况下，居住在城市的成年人口的就业率低于农村县。所在市县的调查失业率上升一个百分点，当地就业率下降 0.31 个百分点。

在这个估计方程中，我们重点考察各省份滞后一期财政支出实际增长率对就业率的影响。实证结果是非常有趣的，东部和中部各省份滞后一期财政支出实际增长率对就业率是负的影响，但是西部各省份这一变量却是正的，在西部省份滞后一期财政支出实际增长率提高 1 个百分点就业率会提高 0.01 个百分点。

表 10-3　政府财政支出影响就业的实证结果（1）

	系数估计值	边际效应	z 值
age	0.1630***	0.0158	23.38
age2	−0.0017***	−0.0002	−18.43
schooling	0.0218***	0.0021	4.72
sex	−0.0057	−0.0006	−0.21
nodisease	0.1163	0.0113	0.74
othernuminc	0.1283***	0.0125	34.29
city	−0.2398***	−0.0233	−7.37
middle	−0.0257	−0.0025	−0.37
west	−0.0785	−0.0076	−1.03
rate	−0.0320***	−0.0031	−20.42
rateself	0.0014	0.0001	1.2
ggr（−1）	−0.0067*	−0.0007	−1.78
mggr（−1）	0.0024	0.0002	0.59
wggr（−1）	0.0078*	0.0008	1.76
常数项	−2.0737***	—	−7.9
rho	0.1650		
LR test rho=0：X^2（1）	579.65***		
Log likelihood	−5476.9787		
Prob>ChiSq	0.0000		
IC	AIC：10985.96　BIC：11120		
观测值	32138		

注：***表示 1% 检验水平下显著，**表示 5% 水平下显著，*表示 10% 水平下显著。
资料来源：作者计算。

在表 10-4 和表 10-5 中，本章分别用各省份滞后一期人均财政支出实际增长率和各省份滞后一期财政支出占 GDP 比例实际增长率来衡量政府财政支出。从表 10-4 的实证结果来看，东部和中部各省份滞后一期人均财政支出实际增长率对就业率是负的影响，但是西部各省份这一变量却是正的，在西部省份滞后一期财政支出实际增长率提高 1 个百分点就业率会提高 0.02 个百分点。从表 10-5 的实证结果来看，东部和中部各省份滞后一期财政支出占 GDP 比例实际增长率对就业率是负的影响，但是中部各省份财政支出的逆就业倾向的效果要小一些；西部各省份这一变量却是正的，在西部省份滞后一期财政支出占 GDP 比例实际增长率提高 1 个百分点就业率会提高 0.02 个百分点。在表 10-4 和表 10-5 中，其他变量对就业率的影响效果与表 10-3 中显示的类似。

表 10-4　政府财政支出影响就业的实证结果（2）

	系数估计值	边际效应	z 值
age	0.1631***	0.0158	23.38
age2	−0.0017***	−0.0002	−18.43
schooling	0.0217***	0.0021	4.69
sex	−0.0057	−0.0006	−0.21
nodisease	0.1161	0.0113	0.74
othernuminc	0.1283***	0.0125	34.29
city	−0.2390***	−0.0232	−7.34
middle	−0.0197	−0.0019	−0.3
west	−0.0713	−0.0069	−1
rate	−0.0320***	−0.0031	−20.4
rateself	0.0015	0.0001	1.26
gpergr（−1）	−0.0065*	−0.0006	−1.83
mgpergr（−1）	0.0023	0.0002	0.57
wgpergr（−1）	0.0077*	0.0008	1.87
常数项	−2.0844***	—	−7.98
rho	0.1653		
LR test rho=0: χ^2（1）	576.34***		
Log likelihood	−5476.8395		
Prob>ChiSq	0.0000		
IC	AIC：10985.68　BIC：11119.72		
观测值	32138		

注：＊＊＊表示 1% 检验水平下显著，＊＊表示 5% 检验水平下显著，＊表示 10% 检验水平下显著。
资料来源：作者计算。

表 10-5 政府财政支出影响就业的实证结果（3）

	系数估计值		边际效应	z 值
age	0.1634***		0.0159	23.43
age2	−0.0017***		−0.0002	−18.47
schooling	0.0218***		0.0021	4.72
sex	−0.0052		−0.0005	−0.19
nodisease	0.1141		0.0111	0.73
othernuminc	0.1283***		0.0125	34.28
city	−0.2424***		−0.0236	−7.45
middle	−0.0055		−0.0005	−0.15
west	0.0108		0.0010	0.27
rate	−0.0320***		−0.0031	−20.42
rateself	0.0013		0.0001	1.1
ggdpgr（−1）	−0.0123***		−0.0012	−2.88
mggdpgr（−1）	0.0103**		0.0010	2.2
wggdpgr（−1）	0.0143***		0.0014	2.75
常数项	−2.1516***		—	−8.34
rho			0.1693	
LR test rho＝0；χ^2（1）			740.15***	
Log likelihood			−5474.2428	
Prob>ChiSq			0.0000	
IC		AIC：10980.49 BIC：11114.53		
观察值			32138	

注：***表示 1%检验水平下显著，**表示 5%检验水平下显著，*表示 10%检验水平下显著。
资料来源：作者计算。

为什么政府财政支出对东部和中部的就业率是负的影响呢？首先扩张性的政府投资可能存在逆就业倾向。蔡昉等（2004）发现政府主导和引导的投资行业取向非常明显，主要是将农林水利、交通通信、环境保护、城乡电网改造、粮食仓库和城市公用事业等作为重点投资领域，但是这些领域恰恰是吸纳就业能力较弱的行业；在 2002 年国债投资的优先顺序中，积极财政政策所引导的重点投资领域恰恰是就业密集程度低的行业。其次，扩张性的财政政策往往对民间投资具有"挤出效应"。蔡昉（2004）指出20世纪90年代以来，中国的就业增长主要是通过中小企业、民营经济以及非正规经济，通过逐渐发育起来的劳动力市场机制所创造的。民间投资被扩张性的财政政策挤出，从而影响了就业率的提高。尤其是东部地区的中小企业、民营经济以及非正规经济相对于中部和西部地区更加发达，所以往往东部地区的就业受扩张性财政的负面影响最大，中部其次，西部最弱。当然，政府财政支出指标对各地区就业率的不同影响的传导机制还有待今后进一步的深入研究。

第四节　结论和政策建议

本章利用微观面板 CHNS 数据，应用随机效应面板单位概率模型来分析政府财政支出和就业率的关系。研究发现，东部和中部各省份滞后一期财政支出实际增长率和滞后一期人均财政支出实际增长率对就业率是负的影响，但是西部各省份这一变量却是正的；东部和中部各省份滞后一期财政支出占 GDP 比例实际增长率对就业率是负的影响，但是中部各省份财政支出的逆就业倾向的效果要小一些；西部各省份这一变量却是正的。

为了充分发挥财政政策对就业的积极作用，应改变宏观经济政策尤其是财政政策的单纯追求 GDP 增长取向，而以扩大就业作为首要目标。具体来说，政府在财政支出方面应该提高有利于扩大就业的相关方面的支出。在引导政府和社会投资时，参照各行业的就业吸收能力确定重点投资领域的优先顺序。进一步发育和完善劳动力市场，矫正生产要素价格的扭曲。政府的扶助就业政策应着眼于完善劳动力市场功能，帮助提高劳动者的职业转换能力。此外，加强对具有就业吸纳倾向的小企业、非正规部门的政策扶持，从投资、税收、融资、技术改造等多方面予以扶持。最后，政府在采取以扩大就业作为首要目标的财政政策时，要充分考虑到中国的地域差别，相关的政策不能搞一刀切。

参考文献

［1］蔡昉：《中国就业统计的一致性：事实和政策涵义》,《中国人口科学》2004 年第 3 期。

［2］蔡昉、都阳、高文书：《就业弹性、自然失业和宏观经济政策》,《经济研究》2004 年第 9 期。

［3］蔡昉、都阳、王美艳：《中国劳动力市场转型与发育》, 商务印书馆 2005 年版。

［4］方红生、张军：《中国财政政策非线性稳定效应：理论和证据》,《管理世界》2010 年第 2 期。

［5］李实、邓曲恒：《中国城镇失业率的重新估计》,《经济学动态》2002 年第 4 期。

［6］盛欣、胡鞍钢：《技术进步对中国就业人力资本结构影响的实证分析》,《科学学与科学技术管理》2011 年第 6 期。

［7］孙永勇：《扩大社会保障开支：刺激内需的一种政策选择》,《中国人口科学》2010 年（增刊）。

［8］Chen G. and S. Hamori, *Rural Labor Migration, Discrimination, and the New Dual Labor Market in China*, 2014, Heidelberg：Springer.

［9］D'Orlando E., Ferrante F., "The Demand for Job Protection some Clues from Behavioural Economics", *The Journal of Socio-Economics*, 2009（38）.

［10］Wooldridge J. M., *Econometric Analysis of Cross Section and Panel Data*, 2002, MIT Press, Cambridge, MA.

第十一章　要素替代弹性、产业结构调整与劳动者报酬占比的变化：实证分析*

本章基于一般要素增强型 CES 生产函数，使用变系数面板模型分别估计了中国三次产业的要素替代弹性时间序列和技术进步方向；并利用模型结果，对不同产业阶段的劳动者报酬占比（以下简称劳动份额）变化进行了一致分析。研究发现：（1）三次产业要素替代弹性的差异会引起劳动力跨产业流动，通过改变相对产出影响总体劳动份额；（2）要素替代弹性的增长会直接影响各产业内部劳动份额的变化；（3）目前，第一产业的技术进步表现出资本偏向，第二产业和第三产业为劳动偏向，使三次产业内劳动份额分别下降、上升、上升；（4）在以上三种效应的叠加作用下，对应工业化、去工业化及产业结构稳定三个阶段，中国劳动份额将整体呈现出"先降后升再降"的变化趋势。

第一节　引　言

劳动者报酬占比（以下简称劳动份额）是指国民收入中劳动收入所占比例，包括工资、奖金、补贴等，是功能性收入分配的一个方面。中国经济发展中逐渐扩大的收入差距，不断攀升的投资规模，以及消费不足等都

---

* 本章作者：辛明辉、龚敏。

与功能性收入分配格局密切相关，因此对劳动份额的研究一直受到经济学界的关注。

从理论上讲，产业结构变迁是影响劳动份额变化的重要方面。基于产业结构视角对劳动份额的研究，最早可以追溯到李嘉图，他认为要素分配份额与经济发展阶段有关，在经济发展的不同阶段，要素分配份额有所不同。从经济发展的历史来看，产业结构变化符合库兹涅茨事实，即劳动力从农业向工业部门转移，随着工业化完成，在去工业化过程中，劳动力开始向服务业部门转移，各部门的产值总额也具有相同的变化趋势。根据已有的经验研究（白重恩和钱震杰，2009；李稻葵等，2009；罗长远和张军，2009），中国农业部门的劳动份额高于服务业部门，服务业部门的劳动份额高于工业部门。因此伴随劳动力从农业向工业转移的工业化过程的推进，中国总体劳动份额逐渐减少，总体资本份额逐渐增加；在去工业化时期，工业劳动力开始向服务业转移，总体劳动份额又逐渐增加，总体资本份额逐渐减少。Kaldor 在分析美国现代经济时提出几个重要的"特征事实"，成为之后宏观经济理论的基础，其中之一便是：各种生产要素的收入在国民收入中所占的分配份额大体上稳定不变。然而，正如许多学者（Bentolila 和 Saint-Paul，2003；Elsby，Hobijn 和 Sahin，2013；Guscina，2006；Karabarbounis 和 Neiman，2014）指出的，20 世纪 80 年代以来，主要发达国家的劳动份额并没有出现新古典模型提出的稳定状态，而是处在显著下降中。可以预测，随着产业结构变迁，中国劳动份额可能会呈现出"先降后升再降"的变化规律。

20 世纪 90 年代中期以来，中国劳动份额出现了较为显著的下降，因此对劳动份额的研究也致力于探讨导致劳动份额下降的背后成因，其中产业结构由农业向非农产业的转型便是非常重要的一个原因。然而对近些年数据的观察发现，2008 年以后中国劳动份额似乎开始进入了上升通道；再看中国目前的产业结构，第三产业发展迅猛，2012 年第三产业超过第二产业成为国民经济第一大产业，这意味着中国经济结构由工业主导转向服务业主导的趋势明显。那么，伴随产业结构由工业向服务业转型，中国劳动份额是否会持续增加？并像美国、日本等发达国家一样，在产业结构稳定后劳动份额又下降呢？贯穿始终影响劳动份额出现这种变化趋势的因素又有哪些？在当前产业结构转型的节点上，对这一问题的讨论显得十分迫切。

第二节　文献综述

一、关于中国劳动份额的变化特征

罗长远和张军（2009）从产业结构视角研究劳动份额变化，认为中国劳动份额会呈现出 U 型特征。20 世纪 90 年代中期后中国劳动份额表现出了持续的下降趋势，用事实印证了 U 型左半部分的存在，从产业结构视角对中国劳动份额下降的解释有：产业结构由从劳动份额较高的农业过渡到劳动份额较低的工业（白重恩和钱震杰，2009），第三产业比重增加缓慢（罗长远和张军，2009），以及三次产业内部的劳动份额均有不同程度的下降（黄先海和徐圣，2009）等。由于研究的时间和数据的获取性问题，上述文献并未考虑 2007 年以后中国劳动份额出现的新变化。近年来，一些学者提出中国正逐渐呈现出劳动份额 U 型右半部分的特征，常进雄等（2012）、李稻葵和徐翔（2015）、王宋涛等（2012）使用不同数据来源的研究结果均表明中国劳动份额在 2007 年出现了时间趋势上的 U 型拐点，开始转入上升通道。遗憾的是还未有文献对中国劳动份额开始出现的上升现象进行深入分析。

对还处于产业结构转型时期的中国而言，研究发达国家在产业结构相对稳定后劳动份额的变化趋势，可为洞察中国未来的劳动份额提供启示和参考。20 世纪 80 年代以来，主要发达国家在产业结构相对稳定后，劳动份额并没有出现"卡尔多事实"所描述的维持基本不变，而是出现了再次下降（Elsby 等，2013；Karabarbounis 和 Neiman，2014）。可见在已有研究得出中国劳动份额 U 型变化的基础上，进一步将产业结构稳定后的劳动份额变化纳入，从而对不同产业结构时期所对应的劳动份额变化进行更加一致和完整的研究是一个值得扩展的方向。

二、影响劳动份额变化的因素分析

1. 分产业间和产业内两条路径解释中国劳动份额变化

要解释一个经济体中总体劳动收入份额的变化，可分别测算各产业的劳动收入份额变化和增加值份额变化对总体劳动份额变化的贡献，对应称为产业内效应和产业间效应。白重恩和钱震杰（2009）、于泽等（2015）、杨（Young，2010）均是采用这一思路将影响总体劳动份额变化的因素归结为两类后进行详细讨论。

王晓霞和白重恩（2014）在文章中指出，中国的劳动份额下降多可由产业结构变化解释，而美国和欧洲国家劳动份额的下降更多由各行业内劳动收入份额的变动所致。当产业间效应为主要影响时，表明总体劳动份额变化是产业结构变迁的必然结果，此时可通过调整影响产业结构转型的各种因素，间接实现对总体劳动份额的调控；当产业内效应为主要原因时，便可通过调整影响该产业劳动份额的各种要素直接实现对劳动份额的调控。已有文献中提到的影响产业结构转型的因素包括技术进步（陈体标，2008）、恩格尔效应（Kongsamut，Rebelo 和 Xie，2001）、产业间要素密集度差异（徐朝阳，2010；Acemoglu 和 Guerrieri，2008）等；直接影响各产业内劳动份额的因素有要素相对价格变化、要素市场扭曲、技术进步（白重恩和钱震杰，2009）等。

可见，已有研究区分了产业内和产业间两条路径来解释劳动份额变化，但很少有文献细致地利用要素替代弹性来解释劳动份额变化的原因。

2. 要素替代弹性对劳动份额变化的解释

从产业内效应来看，要素替代弹性随时间增长的特征会影响各产业内劳动份额的变化。郝枫和盛卫燕（2014）、伊尔曼和克伦普（Irmen 和 Klump，2009）、拉格朗维尔（La Grandville，1989）、帕利沃斯和卡拉吉安尼斯（Palivos 和 Karagiannis，2010）、扎姆（Saam，2008）的研究均表明，随着要素配置更加自由、流动性更强，要素替代弹性也会逐渐变大。要素替代弹性的增长使资本和劳动之间的替代越来越容易，随着各产业内资本的快速积累和劳动力的缓慢增长，便容易引发资本对劳动的替代，从而使各产业内劳动份额下降。

从产业间效应来看，要素替代弹性在产业间的差异会推动产业结构转型，并进一步影响总体劳动份额的变化。基于行业数据的替代弹性研究（郝枫，2013；陆菁和刘毅群，2016；Young，2013）表明各产业间要素替代弹性存在差异。在选择要素投入生产时，替代弹性更大的部门在选择要素的使用上更加灵活，倾向于选择更充足、更廉价的要素进行生产，由此引发要素在部门之间的重新配置，使产业结构发生变化，从而通过产业间效应影响总体劳动份额。

可见，要素替代弹性既可以直接影响各产业内劳动份额的变化（产业内效应），也可以通过影响产业结构变化（产业间效应）间接影响总体劳动份额。已有研究只是利用要素替代弹性解释整体的劳动份额变化（李文溥和李静，2011；王宋涛等，2012；Klump 和 La Grandville，2000；Karabarbounis 和 Neiman，2014），而没有细分产业内和产业之间。

3. 偏向技术进步对劳动份额变化的解释

戴天仕和徐现祥（2010）考察了中国 1978—2005 年的技术进步方向，发现大部分时间技术进步都是偏向资本的，为样本期内中国劳动份额的下降提供了一个合理解释。张杰等（2012）研究了中国制造业部门的劳动份额情况，并剖析了造成制造业部门劳动份额下降的原因，其中资本偏向型技术进步对资本收入占比的强化是非常重要的一个方面。

第三节 实证分析：要素替代弹性及偏向技术进步的估计

一、理论模型的推导

CES 生产函数的出现为要素替代弹性研究提供了有效载体，因此本章基于经典的一般要素增强型 CES 生产函数，对中国三次产业的要素替代弹性时间序列和偏向技术进步方向进行估计。

一般要素增强型 CES 生产函数的形式为：

$$Y = A \left[\theta \left(A_t^K \cdot K \right)^{\frac{\sigma-1}{\sigma}} + (1 - \theta) \left(A_t^L \cdot L \right)^{\frac{\sigma-1}{\sigma}} \right]^{\frac{\sigma}{\sigma-1}} \tag{11-1}$$

其中，A 表示广义技术水平；θ 表示要素分配参数；A_t^K 表示资本增强型技术进步系数，反映了资本的使用效率；A_t^L 表示劳动增强型技术进步系数，反映了劳动的使用效率，A_t^K 和 A_t^L 的变化率不同就体现出有偏的技术进步；σ 表示资本和劳动的替代弹性。

资本和劳动要素的边际产出分别为：

$$MP_K = \frac{\partial Y}{\partial K} = A\theta \left[\theta \left(A_t^K \cdot K \right)^{\frac{\sigma-1}{\sigma}} + (1 - \theta) \left(A_t^L \cdot L \right)^{\frac{\sigma-1}{\sigma}} \right]^{\frac{1}{\sigma-1}} \left(A_t^K \right)^{\frac{\sigma-1}{\sigma}} K^{-\frac{1}{\sigma}}$$

$$\tag{11-2}$$

$$MP_L = \frac{\partial Y}{\partial L} = A(1 - \theta) \left[\theta \left(A_t^K \cdot K \right)^{\frac{\sigma-1}{\sigma}} + (1 - \theta) \left(A_t^L \cdot L \right)^{\frac{\sigma-1}{\sigma}} \right]^{\frac{1}{\sigma-1}} \left(A_t^L \right)^{\frac{\sigma-1}{\sigma}} L^{-\frac{1}{\sigma}}$$

$$\tag{11-3}$$

完全竞争厂商使用要素的原则是要素成本等于其边际产出，也即：

$$MP_K = r, \quad MP_L = w \tag{11-4}$$

用 $s_{L/K}$ 表示劳动收入与资本收入的比值，则有：

$$s_{L/K} = \frac{wL}{rK} = \frac{MP_L \cdot L}{MP_K \cdot K} = \frac{1 - \theta}{\theta} \left(\frac{A_t^L}{A_t^K} \right)^{\frac{\sigma-1}{\sigma}} \left(\frac{K}{L} \right)^{\frac{1-\sigma}{\sigma}} \tag{11-5}$$

可见劳动收入份额（$\frac{wL}{Y} = \frac{wL}{wL + rK} = \frac{s_{L/K}}{(s_{L/K} + 1)}$）取决于：（1）初始要素分配 $\frac{1 - \theta}{\theta}$；（2）要素替代弹性 σ；（3）人均资本 $\frac{K}{L}$；（4）偏向技术进步 $\left(\frac{A_t^L}{A_t^K} \right)^{\frac{\sigma-1}{\sigma}}$。假定资本和劳动的技术水平以指数型增长，即 $A_t^K = A_0^K e^{g_K t}$，$A_t^L = A_0^L e^{g_L t}$。那么偏向技术进步 $\left(\frac{A_t^L}{A_t^K} \right)^{\frac{\sigma-1}{\sigma}}$ 的增长率可表示为 $\frac{\sigma-1}{\sigma}(g_L - g_K)$，当 $0 < \sigma < 1$ 时，资本增强型技术进步（$g_L - g_K < 0$）表现出劳动偏向（$\frac{\sigma-1}{\sigma}(g_L - g_K) > 0$），使劳动份额增加；当 $\sigma > 1$ 时，资本增强型技术进步（$g_L - g_K < 0$）表现出资本偏向（$\frac{\sigma-1}{\sigma}(g_L - g_K) < 0$），使劳动份额降低。

进一步将劳动收入与资本收入的比值表示为：

$$s_{L/K} = \frac{1 - \theta}{\theta} \left(\frac{A_0^L}{A_0^K} \right)^{\frac{\sigma-1}{\sigma}} \left[e^{(g_L - g_K)\frac{\sigma-1}{\sigma}t} \right] \left(\frac{K}{L} \right)^{\frac{1-\sigma}{\sigma}} \tag{11-6}$$

对（11-6）式两边取对数，便可得到用于估计的模型：

$$\ln s_{L/K} = \ln\left[\frac{1-\theta}{\theta}\left(\frac{A_0^L}{A_0^K}\right)^{\frac{\sigma-1}{\sigma}}\right] + (g_L - g_K)\frac{\sigma-1}{\sigma}t + \frac{1-\sigma}{\sigma}\ln\left(\frac{K}{L}\right)$$

$$= \beta_0 + \beta_1 t + \beta_2 ln\left(\frac{K}{L}\right) \tag{11-7}$$

二、计量模型的构建

在 CES 生产函数的设定中要素替代弹性是固定不变的，而要揭示其时变特征，本章拟在计量模型的选择上解决这一问题。具体做法为：使用中国三次产业 1993—2014 年的跨省份面板数据，在（11-7）式基础上，基于变系数模型对要素替代弹性的时间序列进行估计。因此将本章的计量模型设定为：

$$\ln s_{it}^j = \beta_0^j + \beta_1^j t + \beta_{2t}^j \ln\left(\frac{K_{it}^j}{L_{it}^j}\right) + \varepsilon_{it}^j \tag{11-8}$$

其中，i 代表省份，t 代表时间，j 代表三次产业，K 代表资本，L 代表劳动力。

三、数据来源

1. 劳动收入与资本收入的比值

劳动收入与资本收入数据的直接获取，一般源于收入法核算的 GDP 中各个组成部分。《中国国内生产总值核算历史资料：1952—2004》提供了最全面的中国各省份三次产业收入法核算的 GDP 数据，但只能获取至 2004 年。我们通过查询各省份统计年鉴，试图获取 2005 年及以后的相关数据，非常遗憾的是只有 9 个省份提供了分产业收入法 GDP 构成项目。

因此，本章参考了陈晓玲和连玉君（2012）的做法，用"分行业职工工资总额 wL"衡量劳动收入，联合三次产业增加值 $Y = wL + rK$，得到劳动收入与资本收入的比值 $s_{L/K} = \dfrac{wL}{rK} = \dfrac{wL}{Y - wL}$，其中"分行业职工工资总额"及"三次产业增加值"数据取自《中国统计年鉴》。

2. 资本存量

中国并未公布资本存量的官方数据，对此学术界大多采用永续盘存法进行估计，但估计目标大多集中在国家层面（陈昌兵，2014；张军等，2004），对分产业资本存量的估计很少。徐现祥等（2007）利用《中国国内生产总值核算历史资料：1952—2004》的相关数据估计了 1978—2002 年各省份三次产业的物质资本存量。本章所用数据中 1993—2002 年是借鉴徐现祥等（2007）的估算结果，并用永续盘存法对 2003—2014 年的数据进行扩展，具体扩展方法如下：

$$K_{it}^j = K_{it-1}^j(1 - \delta_{it}^j) + I_{it}^j \text{ 或 } K_{it}^j = K_{it-1}^j + I_{it}^j - D_{it}^j \tag{11-9}$$

其中，$i = 1，2，\cdots 31$ 代表各省份，$t = 1993，1994，\cdots 2014$ 代表时间，$j = 1，2，3$ 代表中国三次产业，K 代表资本存量，I 代表当年投资，D 代表当年折旧，δ 代表折旧率。

（1）当年投资。张军等（2004）将当年投资指标归结为 3 类：积累数据、固定资产投资数据和资本形成总额数据。徐现祥等（2007）采用了省区各产业固定资本形成总额数据。由于《中国国内生产总值核算历史资料：1952—2004》只提供截至 2002 年的各产业固定资本形成总额，国家统计局又并未给出 2003 年及以后的数据，考虑到三次产业数据的获取性，本章采用固定资产投资作为当年投资的代理变量，以对 2003—2014 年的资本存量进行估计，数据来自《中国统计年鉴》。孙琳琳和任若恩（2005）对全社会固定资产投资与资本形成总额的数值和变化趋势进行了对比，认为两者差距不大，因此本章对 2003 年以后资本存量的扩展也应不会与徐现祥等（2007）的结论有很大差距。

（2）折旧。徐现祥等（2007）在估算 1978—2002 年的资本存量时，使用《中国国内生产总值核算历史资料：1952—2004》所提供的各省份三次产业收入法 GDP 中的固定资产折旧来衡量当年折旧 D_{it}^j。本章在对 2003 年及之后的数据做扩展时，首先查询各省份统计年鉴，对有给出分产业收入法 GDP 构成的省份，用固定资产折旧衡量当年折旧 D_{it}^j；若无法获取固定资产折旧数据，则沿用张军等（2004）的做法，设定折旧率 $\delta_{it}^j = 9.6\%$。

（3）投资缩减指数。现有资料没有提供三次产业的固定资产投资缩减指数数据，故采用徐现祥等（2007）的方法，用各产业 GDP 缩减指数及总固定资产缩减指数进行推算。

用 P、GDP、Y 分别表示 GDP 缩减指数、名义 GDP 和实际 GDP，各

产业及总体 GDP 缩减指数可表示为 $P_{it}^j = GDP_{it}^j / Y_{it}^j$，$P_{it} = GDP_{it} / Y_{it}$。从《中国统计年鉴》可获取 2003—2014 年各产业名义 GDP、以 1978 年为基期的三次产业 GDP 指数，由这两项可得到实际 GDP，名义 GDP 与实际 GDP 的比值即为各产业 GDP 缩减指数。总固定资产投资缩减指数直接取自《中国统计年鉴》，用 IR_{it} 表示。因此各产业的固定资产投资缩减指数为：

$$IR_{it}^j = IR_{it} \times \frac{P_{it}^j}{P_{it}} \tag{11-10}$$

3. 劳动力投入

用各省份三次产业的年底就业人数表示，数据来自《中国统计年鉴》。

四、实证结果

基于（11-8）式的变系数面板模型，使用 32 个省份在 1993—2014 年三次产业相关变量的时间序列数据对模型进行了估计，并将可变系数 β_{2t} 和不变系数 β_1 的估计值、标准误以及显著性水平列在表 11-1 中。

表 11-1 结果显示：三次产业中，由要素替代弹性构成的可变系数 β_{2t} 在绝大多数年份是显著的，由要素替代弹性和偏向技术进步构成的系数 β_1 的估计结果同样显著。由 β_1 和 β_{2t} 的显著性可推导出要素替代弹性序列 σ_t 和偏向技术进步方向（$g_{Lt} - g_{Kt}$）在大多数年份也显著，因此我们在后文中基于要素替代弹性和偏向技术进步的分析结果是可信的。

表 11-1　三次产业回归系数汇总

	第一产业	第二产业	第三产业		第一产业	第二产业	第三产业
$\beta_{2,\,1993}$	0.5029 *** (0.1187)	0.4029 *** (0.0631)	0.4252 *** (0.0579)	$\beta_{2,\,2004}$	0.0958 (0.0823)	-0.1027 *** (0.0343)	0.0979 ** (0.0319)
$\beta_{2,\,1994}$	0.4887 *** (0.1146)	0.3829 *** (0.0567)	0.4193 *** (0.0519)	$\beta_{2,\,2005}$	0.1069 (0.0817)	-0.1373 *** (0.0354)	0.0704 ** (0.0335)
$\beta_{2,\,1995}$	0.3250 ** (0.1094)	0.3389 *** (0.0514)	0.3748 *** (0.0469)	$\beta_{2,\,2006}$	0.1369 * (0.0804)	-0.1653 *** (0.0373)	0.0474 * (0.0355)
$\beta_{2,\,1996}$	0.3146 ** (0.1044)	0.2829 *** (0.0464)	0.3402 *** (0.0422)	$\beta_{2,\,2007}$	0.1205 * (0.0785)	-0.1897 *** (0.0392)	0.0326 * (0.0275)

续表

	第一产业	第二产业	第三产业		第一产业	第二产业	第三产业
$\beta_{2,\ 1997}$	0.2818 ** (0.1020)	0.2133 *** (0.0418)	0.2791 *** (0.0379)	$\beta_{2,\ 2008}$	0.0951 * (0.0666)	−0.2167 *** (0.0413)	0.0129 (0.0100)
$\beta_{2,\ 1998}$	0.1234 * (0.1012)	0.1297 *** (0.0376)	0.2456 *** (0.0339)	$\beta_{2,\ 2009}$	0.0843 (0.0631)	−0.2286 ** (0.0435)	−0.0034 * (0.0025)
$\beta_{2,\ 1999}$	0.1452 * (0.0989)	0.0984 ** (0.0349)	0.2126 *** (0.0312)	$\beta_{2,\ 2010}$	0.0914 * (0.0609)	−0.2566 * (0.0459)	−0.0242 *** (0.0049)
$\beta_{2,\ 2000}$	0.1518 * (0.0955)	0.0536 * (0.0331)	0.1823 *** (0.0295)	$\beta_{2,\ 2011}$	0.0838 * (0.0599)	−0.2577 ** (0.0484)	−0.0429 *** (0.0073)
$\beta_{2,\ 2001}$	0.1566 * (0.0927)	0.0119 (0.0322)	0.1676 *** (0.0285)	$\beta_{2,\ 2012}$	0.0863 * (0.0584)	−0.2621 ** (0.0506)	−0.0540 *** (0.0095)
$\beta_{2,\ 2002}$	0.1533 *** (0.0900)	−0.0229 (0.0322)	0.1461 *** (0.0285)	$\beta_{2,\ 2013}$	0.0877 * (0.0577)	−0.2462 ** (0.0532)	−0.0554 * (0.0021)
$\beta_{2,\ 2003}$	0.1330 * (0.0873)	−0.0506 * (0.0333)	0.1110 *** (0.0295)	$\beta_{2,\ 2014}$	0.0928 * (0.0574)	−0.2612 ** (0.0556)	−0.0754 *** (0.0047)
β_1	−0.0349 ** (0.0157)	0.1768 *** (0.0303)	0.1100 *** (0.0280)				

注：（1）括号内为回归的标准差；（2）＊、＊＊、＊＊＊分别表示在 10%、5% 和 1% 的水平下显著。
资料来源：作者计算。

1. 替代弹性的变化趋势及部门差异

由（11-7）式知：$\sigma_t = 1/(1 + \beta_{2t})$。因此，可由表 11-1 计算出三次产业的要素替代弹性序列[①]，见图 11-1。

（1）中国三次产业的要素替代弹性均呈现上升趋势

在样本期内，第一产业的要素替代弹性在区间 ［0.6654，0.9226］ 内变化，在 20 世纪 90 年代尤其是 1993—1998 年间增长较快（由 0.6654 提高到 0.8902），进入 21 世纪后虽然增速有所放缓，但增长趋势维持不变，值得注意的是直至 2014 年第一产业的要素替代弹性仍然小于 1。第二产业的要素替代弹性在区间 ［0.7128，1.3552］ 内以增长趋势变化，始终保持较高的增长速度且在 2002 年超过 1，表明自此之后第二产业的资本和劳动要素开始呈现出替代关系。第三产业的要素替代弹性在区间 ［0.7017，

---

① 由于篇幅所限，未将三次产业要素替代弹性的序列用表格形式列出，如有需要可向作者索取。

1.0815］内变化并同样保持增长势头，其估计值于2009年进入大于1的区间，表明第三产业的资本和劳动开始表现出替代关系，但2009—2014年的弹性值始终保持在［1.0034，1.0815］内增长，第三产业要素之间的替代性还不是十分明显。

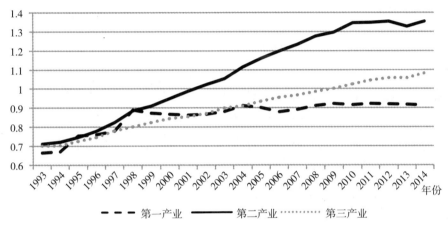

图11-1　中国三次产业要素替代弹性的变化趋势

资料来源：根据回归结果由作者计算后绘制。

　　要素替代弹性衡量了资本和劳动的相对价格变化所引起的要素相对投入变化，体现了要素密集度对要素相对价格变化的敏感程度。替代弹性的增长表明资本和劳动在生产中的相似度逐渐提高，当厂商面对要素相对价格的微小变化时，便能够及时做出调整——使用相对便宜的要素进行生产，从而减弱由资本积累带来的边际产出递减效应，使经济得以保持持续较快增长。因此一般认为较低的替代弹性往往与高度集中的计划经济和较低的市场化程度关联。Klump和Preissler（2000）的研究表明，要素替代弹性是一个反映经济灵活度的变量，诸如产品市场和要素市场的竞争程度、市场开放度、政府对科研的重视程度等能够影响经济灵活度的变量，都能影响到要素替代弹性的大小。中国不断深化的国有企业改革促进了市场的公平竞争、从加入WTO到自贸区的设立使中国的市场开放度日益提升，这些举措在推动经济增长的同时，也使要素替代弹性不断增长。陈晓玲和连玉君（2012）采用3种估计方法分别测算了要素替代弹性和经济增长率之间的关系，说明二者呈显著的正相关关系。

由于1993—2014年中国三次产业的劳均GDP都保持增长趋势，结合陈晓玲和连玉君（2012）的研究，进一步证明中国三次产业的要素替代弹性上升是符合经济规律的。

（2）中国三次产业的要素替代弹性大小存在差异

估计结果显示中国三次产业要素替代弹性的均值分别为：0.8589、1.0729、0.8995，可见弹性均值第二产业最大、第三产业次之、第一产业最小。结合图11-1的直观展示：第二产业的要素替代弹性基本在每一时刻都是三次产业中最大的，而第三产业的替代弹性于2010年超过第一产业并逐渐拉开与第一产业的距离，下面详细分析。

第二产业的要素替代弹性始终最高。表明中国工业部门市场决定要素配置的作用最强，经济发展的速度最快。改革开放扩大了企业的自主权，党的十一届三中全会进一步确立了以经济建设为主的工作重心，一系列政策上的支持使工业利润得以大幅提升，吸引农村剩余劳动力向制造业部门转移，逐渐确立了中国"世界工厂"的地位，由此中国工业的劳均GDP一直处在三次产业中的领先地位。结合陈晓玲和连玉君（2012）的分析，要素替代弹性与经济增长呈正相关，因此第二产业相对快的发展速度也表明其要素替代弹性始终领先于第一产业和第三产业。

三产的要素替代弹性在2010年超过一产。20世纪80年代开始的联产承包责任制和乡镇企业的发展，加快了农业劳动力流动，改善了要素配置效率，使得在整个20世纪90年代第一产业的要素替代弹性一直有较快提升，并于大多数年份高于第三产业。但进入21世纪后，一方面，乡镇企业效益下降、开放程度不高等因素使一产要素替代弹性增长速度明显放缓；另一方面，生活水平的提高使人们对服务业产品需求增加，加上在十七大报告、"十一五"规划等重要文件中对服务业发展给予政策支持，加快了第三产业的发展速度，使第三产业的要素替代弹性于2010年超过第一产业，此后一直维持领先第一产业的速度增长。

2. 有偏技术进步

考虑有偏技术进步时，需要区分要素偏向型技术进步和要素增强型技术进步。

$$\beta_1 = (g_L - g_K)\frac{\sigma - 1}{\sigma}$$ 代表要素偏向型技术进步，其方向由要素替代弹

性 σ 和要素增强型技术进步的方向（$g_L - g_K$）共同决定。技术进步表现出劳动偏向性（$\beta_1 > 0$）是指技术进步能够提高劳动相对资本的边际产出，在完全竞争的市场环境中，劳动偏向的技术进步能够增加劳动份额；相反，资本偏向的技术进步（$\beta_1 < 0$）会拉低劳动份额。由表 11-1 估计结果的最后一行可见，中国第一产业的技术进步表现出资本偏向，第二产业和第三产业的技术进步表现出劳动偏向。表明第一产业的偏向技术进步方向不利于劳动份额的增加，而第二产业和第三产业的偏向技术进步方向有利于劳动份额增长。

$g_L - g_K = \beta_1 \cdot \dfrac{\sigma}{\sigma - 1}$ 代表要素增强型技术进步。劳动增强型技术进步（$g_L > g_K$）能够提高劳动的相对使用效率，即虽然劳动的投入数量没有发生改变，但技术进步等同于扩大了劳动的投入，劳动增强型技术进步也称为哈罗德中性技术进步；资本增强型技术进步（$g_K > g_L$）等同于扩大了资本要素的投入，也称为索洛中性技术进步。根据表 11-1 的估计结果：样本期内第一产业的要素替代弹性始终小于 1，因此第一产业劳动效率的提升速度快于资本，即表现出劳动增强型技术进步；第二产业和第三产业的要素替代弹性均由小于 1 增加至大于 1，因此第二产业和第三产业在样本初期劳动效率的提高速度较慢，但在样本后期劳动效率的提高速度逐渐超过资本，由资本增强型技术进步转为劳动增强型技术进步，这也表明教育等增强人力资本水平的措施逐渐显现出效果，高端制造业和现代服务业的发展均是劳动效率提升的表现。

第四节　中国劳动份额的演变规律

从产业结构角度解释一个经济体中要素分配份额的变化，可从两方面入手：一是各产业的增加值占比变化（产业间效应）对总体劳动份额的影响，二是各产业的要素分配份额变化（产业内效应）对总体劳动份额的影响。用公式表示为：

$$sl_{t1} - sl_{t0} = \sum (y_{i,\,t1} - y_{i,\,t0}) \cdot sl_{i,\,t1} + \sum y_{i,\,t0} \cdot (sl_{i,\,t1} - sl_{i,\,t0})$$

$$(11-11)$$

其中，sl_i 表示产业 i 的劳动份额，y_i 表示产业 i 的增加值份额，$\sum (y_{i,\,t1} - y_{i,\,t0}) \cdot sl_{i,\,t1}$ 表示产业间效应，$\sum y_{i,\,t0} \cdot (sl_{i,\,t1} - sl_{i,\,t0})$ 表示产业内效应。

结合（11-11）式可给出产业间效应和产业内效应的原理：（1）产业间效应的原理：维持各产业内的劳动份额不变（$\sum y_{i,\,t0} \cdot (sl_{i,\,t1} - sl_{i,\,t0}) = 0$，$sl_{i,\,t1}$ 为常数），当产业 1 的增加值占比提高时（$y_{1,\,t1} - y_{1,\,t0} > 0$），表明产业 1 在影响总体劳动份额时的权重变大，若产业 1 的劳动份额也是所有产业中最大的，产业 1 增加值占比的提高就会推动整体劳动份额上升；若产业 1 的劳动份额是所有产业中最小的，产业 1 增加值占比的提高就会拉低整体劳动份额。（2）产业内效应的原理：维持各产业的增加值不变（$\sum (y_{i,\,t1} - y_{i,\,t0}) \cdot sl_{i,\,t1} = 0$，$y_{i,\,t0}$ 为常数），若产业 1 的劳动份额提高（$sl_{1,\,t1} - sl_{1,\,t0} > 0$），便会带动整体劳动份额的提高；若产业 1 的劳动份额下降（$sl_{1,\,t1} - sl_{1,\,t0} < 0$），便会拉低整体劳动份额。

下面分别从产业间效应、产业内效应、综合产业间效应和产业内效应三方面出发，探讨要素替代弹性和偏向技术进步给劳动份额带来的影响。

一、要素替代弹性通过产业间效应影响劳动份额

实证结果表明要素替代弹性在不同产业间存在差异，而这种差异会影响劳动力的跨部门流动，其原理为：要素替代弹性大的产业在选择要素的使用上更加灵活，会倾向于选择更多价格相对低廉的要素进行生产，这种主动选择权便会引起资本和劳动的跨产业流动（Alvarez-Cuadrado，Long 和 Poschke，2015）。产业结构变化会影响各产业的增加值比重，并如（11-11）式所描述的进一步影响到劳动份额。下面从产业间效应出发讨论不同产业结构时期劳动份额的变化趋势。

1. 劳动力由第一产业向第二产业转移导致劳动份额下降

20 世纪 90 年代初，中国经济社会中大量的剩余劳动力和人口的快速

增长使劳动力相对资本价格较低。实证结果表明，第二产业的要素替代弹性值不仅在绝大多数年份高于第一产业，其增长速度亦是三次产业中最快的，因此第二产业在选择要素的使用上更加灵活，倾向于选择更多劳动投入生产，由此引发第一产业中大量剩余的劳动力向第二产业转移，第二产业劳动力数量的增加带动其增加值迅速增长。由于第二产业的劳动份额比第一产业低得多（见图11-2），也即劳动份额较低部门的权重上升，引发总体劳动份额下降。

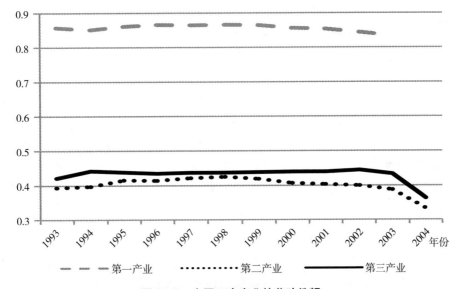

图11-2　中国三次产业的劳动份额

资料来源：《中国国内生产总值核算历史资料：1995—2004》。

从第二产业增加值变化的事实来看（见图11-3）：随着工业化的推进，第二产业增加值增速迅猛，2012年以前始终占据中国国民经济第一大产业的地位。这充分表明，由于要素替代弹性在第一产业和第二产业之间的差距所导致的劳动力向第二产业转移，进而第二产业增加值提高的推理是符合中国产业结构变化事实的。

2. 劳动力向第三产业转移使劳动份额上升

进入21世纪后，第三产业与第一产业的要素替代弹性差距逐渐缩小，2010年以后第三产业的要素替代弹性开始高于第一产业，于是第一产业中

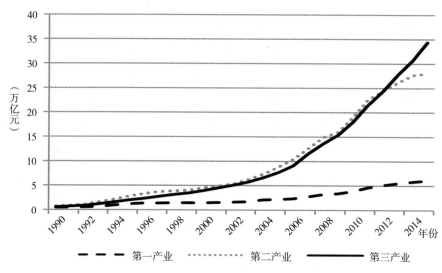

图 11-3　中国三次产业增加值的变化

资料来源:《中国统计年鉴》。

释放的劳动力除了转向第二产业外,也开始向第三产业转移。伴随资本的积累,非农产业中资本相对劳动更加充裕,尤其在第二产业中资本的积累速度很快,此时劳动力相对资本数量变少、价格变高,实证部分的结论表明第二产业的要素替代弹性高于第三产业,因此第二产业也将价格相对昂贵的劳动释放到第三产业中。由第一产业和第二产业转移过来的劳动力促进了服务业产出的迅速增长,其增加值比重逐渐超过工业成为国民经济第一大产业。忽略增加值占比已经很小的第一产业后,由图 11-2 可见第三产业的劳动份额更高,故劳动份额较高部门的权重上升带来了总体劳动份额的上升。

从图 11-3 中第三产业增加值变化的事实来看:第三产业增加值的增速同样很快,2009 年之后基本与第二产业持平,并于 2012 年超过第二产业成为国民经济第一大产业。可见在去工业化阶段,由要素替代弹性的部门差异带来的劳动力向第三产业转移,进而第三产业增加值加快增长的推理也符合中国产业结构变化的事实。

二、要素替代弹性和偏向技术进步通过产业内效应影响劳动份额

1. 各产业内要素替代弹性的增长导致劳动份额下降

在市场是完全竞争的情形下，资本和劳动的价格等于各自的边际产出，我们基于 CES 生产函数可得各个产业的劳动份额与要素替代弹性应满足如下关系式：

$$S_L = 1 - \theta \, (K/Y)^{(\sigma-1)/\sigma} \qquad\qquad (11\text{-}12)$$

其中，S_L 代表劳动份额，θ 代表要素分配参数，K/Y 代表资本产出比，σ 代表要素替代弹性。

劳动份额对要素替代弹性的一阶导数为：

$$\frac{\mathrm{d}S_L}{\mathrm{d}\sigma} = - \theta \left(\frac{K}{Y}\right)^{\frac{\sigma-1}{\sigma}} \ln\left(\frac{K}{Y}\right) \frac{1}{\sigma^2} < 0 \qquad\qquad (11\text{-}13)$$

中国的资本产出比虽然有所变化，但均大于 1（孙文凯等，2010；吴建军和刘进，2015；陆明涛等，2016），因此上述一阶导数值为负，表明随着要素替代弹性的增加，各产业部门内部的劳动份额下降。

2. 各产业的偏向技术进步给劳动份额带来的影响

实证结果表明，第一产业的技术进步表现出资本偏向，导致第一产业内劳动份额下降。20 世纪 90 年代初第一产业的增加值占比有将近 30%，虽然逐年降低，但在进入 21 世纪前仍维持在 15% 以上，此时第一产业劳动份额的下降仍然会对整体劳动份额产生不容小觑的影响；第二产业和第三产业的技术进步表现出劳动偏向，随着第二产业和第三产业增加值比重的逐年提高，拉动了整体劳动份额的上升。

值得关注的是，虽然目前第一产业的要素替代弹性仍然小于 1，但随着要素市场运行机制的健全，当三次产业的要素替代弹性均大于 1 后，要使整个社会的技术进步表现出一致的劳动偏向（$\frac{\sigma-1}{\sigma}(g_L - g_K) > 0$），就必须注意提高劳动相对资本的使用效率，推动技术进步朝劳动增强型发展（$g_L - g_K > 0$），从而推动总体劳动份额的增长。

三、综合产业间和产业内效应探讨中国劳动份额的演变

首先结合产业间和产业内效应探讨劳动份额变化的一般规律，接着用中国和日本的产业结构和劳动份额数据对所得到的一般规律进行验证，下面详细展开讨论。

1. 利用要素替代弹性和偏向技术进步探讨劳动份额的演变规律

（1）工业化时期劳动份额下降

从产业间效应来看，第一产业和第二产业要素替代弹性的差异引发劳动力由劳动份额很高的农业向劳动份额较低的工业部门转移，导致总体劳动份额显著下降。从产业内效应来看，三次产业的要素替代弹性均逐渐增大，导致各产业内部劳动份额下降；在第一产业增加值占比相对较高时，第一产业的资本偏向型技术进步进一步拉大了劳动份额的下降幅度。黄先海和徐圣（2009）的测算表明，1978—2006 年中国三次产业内部的劳动份额均出现下降，且第一产业下降幅度最大，这与我们的结论一致。综合产业间和产业内效应的影响，工业化时期的总体劳动份额下降。

（2）去工业化时期劳动份额上升

从产业间效应来看，替代弹性的部门差异推动了去工业化的发生，使劳动力大量转向服务业，由于服务业的增加值比重逐渐超过工业，且服务业劳动份额高于工业，故总体劳动份额上升。从产业内效应来看，各产业部门要素替代弹性增加同样带来了劳动份额的下降；从偏向技术进步的角度考虑，第二产业和第三产业的劳动偏向性技术进步使各自产业内部劳动份额增加，随着第二产业和第三产业增加值比重的逐年提高，带动整体劳动份额上升。

与工业化时期相比，去工业化时期的产业间效应、产业内效应的偏向技术进步均推动了总体劳动份额的上升，但由要素替代弹性增长带来的劳动份额下降拉低了去工业化时期总体劳动份额上升的速度及幅度，故这一阶段劳动份额的上升会是缓慢且温和的。

（3）产业结构相对稳定后劳动份额再次下降

当产业结构相对稳定后，产业间效应对劳动份额的影响就十分微弱了。从产业内效应来看，要素替代弹性的持续增加使各产业内部劳动份额

下降。当各产业的要素替代弹性都大于 1 后，若劳动相对资本的使用效率较高，技术进步会表现出劳动偏向，从而推动劳动份额上升；若劳动的相对使用效率不高，资本偏向的技术进步会拉低各产业内部的劳动份额。尤其是在经济中占比最大的第三产业中一旦出现了资本偏向的技术进步，在叠加要素替代弹性给劳动份额带来的反向拉动后，就很容易出现劳动份额的再次下降。

Karabarbounis 和 Neiman（2014）在解释 20 世纪 80 年代以来全球范围劳动份额下降的原因时指出，信息技术和计算机时代的到来使资本品的相对价格下降，从而引发资本对劳动的替代，这可以解释将近一半所观察到的劳动份额下降；除此之外，资本增强型技术进步[①]也是推动劳动份额下降的重要原因。我们对产业结构稳定后的分析与 Karabarbounis 和 Neiman（2014）的结论一致。

2. 用中国和日本的相关经济数据对"先降后升再降"规律进行验证

（1）中国劳动份额变化的事实

由于中国目前只经历了工业化和较短时间的去工业化，还未经历产业结构稳定这一阶段，所以我们先用中国的经济数据对工业化时期的劳动份额下降、去工业化时期的劳动份额上升这两段进行验证。

从产业结构角度来看：（1）20 世纪 90 年代中期后的一段时间里中国劳动份额都处在下降通道中（见图 11-4），劳动份额的这一初始下降阶段对应中国的工业化时期。（2）近几年中国服务业就业比重持续上升，工业部门的就业比重在 2012 年之后连续下降，产业结构开始步入去工业化的新阶段，2007 年开始的劳动份额上升趋势（见图 11-4）与去工业化时代的到来在时间上也是比较吻合的，因此可以认为劳动份额的上升段对应中国的去工业化时期。

（2）日本劳动份额变化的事实

由于中国还处在产业结构转型时期，其相关数据只能对"工业化"和"去工业化"时期的劳动份额变化进行验证。而美国、日本等发达国家目

---

① 要素替代弹性大于 1（$\sigma > 1$）时，资本增强型技术进步（$g_L - g_K < 0$）表现出资本偏向（$\frac{\sigma - 1}{\sigma}(g_L - g_K) < 0$）。

前的产业结构是相对稳定的，我们也能够完整地获取到日本在"工业化""去工业化""产业结构稳定"三个时期的相关数据，因此将日本作为一个国际证据支持，用来进一步佐证本章所得到的产业结构和劳动份额关系的一般规律。

由 Penn World Table 9.0 可获取 1980—2012 年日本的劳动份额数据，观察各个产业结构时期对应的劳动份额变化情况：（1）1980—1990 年间日本经济以能源消耗少、附加值高的加工组配业等技术密集型产业为主，处在稳定发展的工业化阶段，由图 11-5 可看出这一时期的劳动份额基本维持下降趋势。（2）1990 年之后以 5 年为一个观察周期，由表 11-3 我们发现日本服务业占国民经济比重在 1990—1995 年间提高最快，增加了 5.36 个百分点，同时劳动份额也提高了 2.97%，可见 1990—1995 年服务业的快速增长推动了总体劳动份额的上升（见图 11-5）。（3）1995 年之后，服务业占比增长变慢，产业结构变化趋于缓和，同时劳动份额也开始进入下降通道（见图 11-5 和表 11-2）。综上说明日本在不同产业结构时期所经历的劳动份额变化，与用中国数据所得"先降后升再降"的结论是一致的。

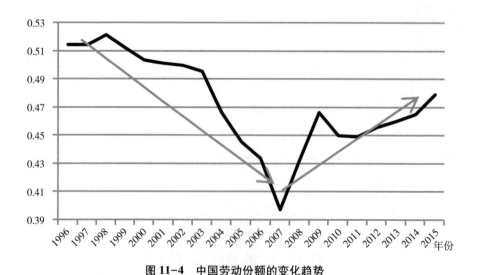

图 11-4　中国劳动份额的变化趋势

资料来源：《中国统计年鉴》。

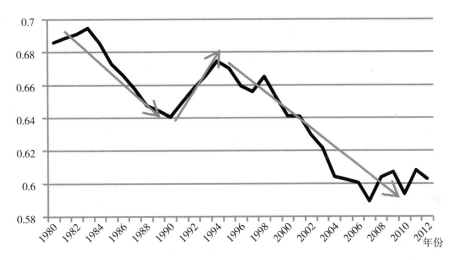

图 11-5 日本劳动份额的变化趋势

资料来源：Penn World Table 9.0。

表 11-2 日本服务业与总体劳动份额的变化

（单位：%）

周期	1990—1995 年	1995—2000 年	2000—2005 年	2005—2010 年
服务业占比的变化	5.36	2.16	3.30	0.63
劳动份额的变化	2.97	-2.91	-3.87	-0.89

资料来源：Penn World Table 9.0 及《日本统计年鉴》。

第五节 结论和政策含义

　　本章在估计了中国三次产业 1993—2014 年的要素替代弹性时间序列和偏向技术进步方向基础上，利用估计结果从产业内和产业间两条路径同时解释劳动份额变化，从而搭建了一个对应不同产业结构时期，研究劳动份额如何变化的统一框架。我们发现对应"工业化—去工业化—产业结构稳定"三个阶段，劳动份额有"下降—上升—下降"的变化趋势，具体结论有：（1）工业要素替代弹性大于农业的事实推动了工业化进程的发生，使产业结构开始由劳动份额较高的农业过渡到劳动份额较低的工业，再加上农业部门的资本偏向型技术进步，导致了中国 20 世纪 90 年代中期至 21 世纪初期的劳动份额下降。（2）工业要素替代弹性大于服务业的事实强有力地推动了去工业化时代的到来，工业部门增势疲软，服务业部门发展迅猛，服务业作为劳动密集型行业，其产值占比的增加带动整体劳动份额上升；在工业和服务业劳动偏向型技术进步的叠加作用下，中国劳动份额自 2007 年开始转入上升通道。（3）产业结构稳定后，要素替代弹性的持续增加带来了各产业内资本对劳动的过度替代，此时若劳动的使用效率无法得到有效提升，便会引发劳动份额的再次下降。

本章在估计要素替代弹性和偏向技术进步时，把徐现祥等（2007）的计算结果扩展到了 2014 年；以此为基础，我们估计了中国三次产业的要素替代弹性时间序列。虽然已经有文献将劳动份额变化分解为产业内和产业间两个部分，也有文献利用要素替代弹性解释整体劳动份额的变化。但还没有文献基于要素替代弹性同时解释产业间劳动份额的变化和产业内劳动份额的变化。这里我们以更全面、更广阔的视角，对工业化、去工业化以及产业结构稳定后的中国劳动份额变化进行了一致分析，预期中国劳动份额将整体呈现出"先降后升再降"的变化趋势。区别于以往对中国劳动份额的研究大多局限于解释 20 世纪 90 年代中期以来的下降，本章对 2007 年以后中国劳动份额出现的上升，以及发达国家自 20 世纪 80 年代出现的下降也给予重视，并将三个产业发展阶段贯穿在一起进行了讨论。

由于劳动力较资本更均匀地被居民持有，若劳动份额下降（资本份额上升），居民的收入不均程度将会加剧；而且一般说来，劳动所得用于消费的边际倾向要远远高于资本所得，故提高劳动份额还可以有效扩大内需。本章的研究表明，随着中国服务业占比的进一步提高，劳动份额虽然会上升，但上升幅度不会太大，速度也比较缓慢，在产业结构相对稳定后劳动份额还可能再次转为下降，因此需要采取相应措施来维持劳动份额的增长趋势，具体而言：

第一，加快产业结构调整。淘汰第二产业中的过剩产能，推动经济向劳动份额更高的第三产业转型，尤其要扶持现代服务业的发展，实现产业结构的优化升级。

第二，要使劳动份额增长，必须提高劳动力相对资本的使用效率，促进劳动偏向技术进步的发展。除政府财政支持外，还可通过制定引导政策鼓励社会各界积极投资于教育和研发事业，提升人力资本水平；同时应建立健全知识产权保护体系，有效增强自主创新能力。

第三，中国大规模的国企使用资本价格较低，而支付给劳动的工资较高，就容易引发资本对劳动的过度替代，这种要素市场扭曲会放大要素替代弹性的数值，而要素替代弹性的增长又不可避免地带来产业内劳动份额下降。若能矫正要素市场扭曲，纠正要素间的过度替代，便可降低劳动份额下降的幅度。据此应加快要素市场化改革的步伐，加强劳动力在不同产业和不同市场间的流动。

参考文献

［1］白重恩、钱震杰：《国民收入的要素分配：统计数据背后的故事》，《经济研究》2009 年第 3 期。

［2］常进雄、孙磊、张灵弟：《结构变化、行业劳动份额对中国初次分配的影响》，《财贸研究》2012 年第 6 期。

［3］陈体标：《技术增长率的部门差异和经济增长率的"驼峰形"变化》，《经济研究》2008 年第 11 期。

［4］陈晓玲、连玉君：《资本—劳动替代弹性与地区经济增长——德拉格兰德维尔假说的检验》，《经济学（季刊）》2012 年第 10 期。

［5］陈昌兵：《可变折旧率估计及资本存量测算》，《经济研究》2014 年第 12 期。

［6］戴天仕、徐现祥：《中国的技术进步方向》，《世界经济》2010 年第 11 期。

［7］黄先海、徐圣：《中国劳动收入比重下降成因分析——基于劳动节约型技术进步的视角》，《经济研究》2009 年第 7 期。

［8］郝枫：《价格体系对中国要素收入分配影响研究——基于三角分配模型之政策模拟》，《经济学（季刊）》2013 年第 10 期。

［9］郝枫、盛卫燕：《中国要素替代弹性估计》，《统计研究》2014 年第 7 期。

［10］李稻葵、刘霖琳、王红领：《GDP 中劳动份额演变的 U 型规律》，《经济研究》2009 年第 1 期。

［11］罗长远、张军：《经济发展中的劳动收入占比：基于中国产业数据的实证分析》，《中国社会科学》2009 年第 4 期。

［12］李文溥、李静：《要素比价扭曲、过度资本深化与劳动报酬比重下降》，《学术

月刊》2011 年第 2 期。

　　［13］李稻葵、徐翔：《二元经济中宏观经济结构与劳动收入份额研究》，《经济理论与经济管理》2015 年第 6 期。

　　［14］陆菁、刘毅群：《要素替代弹性、资本扩张与中国工业行业要素报酬份额变动》，《世界经济》2016 年第 3 期。

　　［15］陆明涛、袁富华、张平：《经济增长的结构性冲击与增长效率：国际比较的启示》，《世界经济》2016 年第 1 期。

　　［16］孙琳琳、任若恩：《资本投入测量综述》，《经济学（季刊）》2005 年第 3 期。

　　［17］孙文凯、肖耿、杨秀科：《资本回报率对投资的影响：中美日对比研究》，《世界经济》2010 年第 6 期。

　　［18］王宋涛、魏下海、涂斌、余玲铮：《收入差距与中国国民劳动收入变动研究——兼对 GDP 中劳动份额 U 型演变规律的一个解释》，《经济科学》2012 年第 6 期。

　　［19］王晓霞、白重恩：《劳动收入份额格局及其影响因素研究进展》，《经济学动态》2015 年第 3 期。

　　［20］吴建军、刘进：《中国的高货币化：基于资本形成视角的分析》，《财政研究》2015 年第 12 期。

　　［21］徐现祥、周吉梅、舒元：《中国省区三次产业资本存量估计》，《统计研究》2007 年第 5 期。

　　［22］徐朝阳：《工业化与后工业化："倒 U 型"产业结构变迁》，《世界经济》2010 年第 12 期。

　　［23］张军、吴桂英、张吉鹏：《中国省际物质资本存量估计：1952—2000》，《经济研究》2004 年第 10 期。

　　［24］张杰、卜茂亮、陈志远：《中国制造业部门劳动报酬比重的下降及其动因分析》，《中国工业经济》2012 年第 5 期。

　　［25］Acemoglu, D. & Guerrieri, V., "Capital Deepening and Nonbalanced Economic Growth", *Journal of Political Economy*, 2008, Vol. 116, No. 3.

　　［26］Alvarez-Cuadrado, F., Long, N. V. & Poschke, M., "Capital Labor Substitution, Structural Change, and the Labor Income Share", IZA Discussion Paper, No. 8941, 2015.

　　［27］Bentolila, S., & Saint-Paul, G., "Explaining Movements in the Labor Share", *The B. E. Journal of Macroeconomics*, 2003, Vol. 3, No. 1.

　　［28］Elsby, M., Hobijn, B. & Sahin, A., "The Decline of the U. S. Labor Share", *Booking Papers on Economic Activity*, 2013, Vol. 2013, No. 2.

　　［29］Guscina, A., "Effects of Globalization on Labor's Share in National Income", IMF Working Paper, 2006, No. 294.

　　［30］Irmen, A. & Klump, R., "Factor Substitution, Income Distribution and Growth in a Generalized Neoclassical Model", *German Economic Review*, 2009, Vol. 10, No. 11.

　　［31］Karabarbounis, L. & Neiman, B., "The Global Decline of the Labor Share",

The Quarterly Journal of Economics, 2014, Vol. 129, No. 1.

［32］Klump, R. & La Grandville, O. , "Economic Growth and the Elasticity of Substitution: Two Theorems and Some Suggestions", *The American Economic Review*, 2000, Vol. 90, No. 1.

［33］Klump, R. & Preissler, H. , "CES Production Functions and Economic Growth", *Scandinavian Journal of Economics*, 2000, Vol. 102, No. 1.

［34］Kongsamut, P. , Rebelo, S. & Xie, D. , "Beyond Balanced Growth", *Review of Economic Studies*, 1997, Vol. 68, No. 4.

［35］La Grandville, O. , "In Quest of the Slutsky Diamond", *The American Economic Review*, 1989, Vol. 79, No. 3.

［36］Palivos, T. & Karagiannis, G. , "The Elasticity of Substitution as an Engine of Growth", *Macroeconomic Dynamics*, 2010, Vol. 14, No. 5.

［37］Saam, M. , "Openness to Trade as a Determinant of the Macroeconomic Elasticity of Substitution", *Journal of Macroeconomics*, 2008, Vol. 30, No. 2.

［38］Young, A. T. , "One of the Things We Know that Ain't So: Is US labor's Share Relatively Stable?", *Social Science Electronic Publishing*, 2010, Vol. 32, No. 1.

［39］Young, A. T. , U. S. , "Elasticities of Substitution and Factor Augmentation at the Industry Level", *Macroeconomic Dynamics*, 2013, Vol. 17, No. 4.

第十二章 产业结构调整与劳动者报酬占比的变化：理论模型[*]

本章通过构建两部门动态随机一般均衡模型，分析了在要素替代弹性影响下产业结构和劳动者报酬占比（以下简称劳动份额）的变化规律。研究发现，对应"工业化—去工业化—产业结构稳定"三个产业结构阶段，劳动份额有"先降—后升—再降"的变化规律，具体表现为：（1）要素替代弹性的产业间差异可使劳动力由农业向工业、由工业向服务业流动，产业结构转型效应又进一步影响劳动份额，这可以解释中国20世纪90年代开始的劳动份额下降和2007年以后的劳动份额上升现象。（2）要素替代弹性的增长容易引起资本替代劳动，这可以解释发达国家在产业结构稳定后的劳动份额下降现象。目前要提高中国劳动份额，应在推动服务业发展的同时，通过增加劳动力供给、控制房地产业过热发展等措施减弱资本对劳动的过度替代。

第一节 引 言

功能性收入分配研究的是收入在资本和劳动之间的分配问题，而规模性收入分配是对不同个体之间收入如何分配的研究。许多讨论功能性收入

---

　　* 本章作者：辛明辉、龚敏。

分配和规模性收入分配联系的文献都认为，随着劳动份额的下降，收入不平等程度会相应扩大（Daudey 和 García-Peñalosa，2007；Checchi 和 García-Peñalosa，2008；周明海和姚先国，2012）。20 世纪 90 年代中期开始，中国劳动份额经历了一段时间的显著下降，劳动份额的下降会直接带来消费的萎靡，中国近些年凸显的产能过剩问题，就是消费和投资不均衡增长的产物。可见研究功能性收入分配，对于如何扩大消费、缩小收入差距等都有很好的启示作用。

绝大多数研究中国劳动份额的文献都集中讨论自 20 世纪 90 年代中期开始出现的下降现象，而透过对国家统计局公布的生产总值收入法构成项目的观察，容易发现 2007 年以后中国劳动份额的变化出现了新情况——在最低点后开始转入上升通道。近几年中国服务业增加值比重持续上升，而工业的增加值占比在 2012 年之后连续下降，产业结构开始步入去工业化的新阶段。产业结构变化是经济发展过程中非常重要的现象，尤其在发展中国家，许多经济现象都可能与剧烈变化的产业结构有关。那么，中国劳动份额的新趋势和产业结构的新阶段是否存在必然联系呢？基于此，我们试图对产业结构和劳动份额进行统一性研究，以更全面地描绘出对应不同产业结构时期劳动份额的变化规律，并找出引起产业结构和相应劳动份额变化的影响因素，以便从根源入手保障产业结构顺利转型、促使劳动份额有效提升。

第二节　文献综述

一、从产业结构的视角研究劳动份额的演变规律

现有文献中，中国劳动份额变化的 U 型规律得到了较多认可（罗长远和张军，2009；李稻葵等，2009）。20 世纪 90 年代中期后较长一段时间内中国劳动份额都表现出 U 型的下降段，学者们从产业结构视角对这一现象进行了解释：产业结构由劳动份额较高的农业过渡到了劳动份额较低的工

业（白重恩和钱震杰，2009）、作为劳动密集型产业的第三产业所占比重增加缓慢、各产业内部劳动份额的下降等（黄先海和徐圣，2009）。由于研究的时间和数据的获取性问题，上述文献并未考虑 2007 年以后中国劳动份额出现的新变化。近年来，有部分学者利用不同的数据来源观察到中国劳动份额自 2007 年以后开始增长，U 型的上升段显现（王宋涛等，2012；李稻葵和徐翔，2015），但遗憾的是还未有学者对其进行深入研究。

郝枫（2012）在 U 型规律的基础上做了扩展，进一步认为当产业结构稳定后劳动份额也趋于稳定，综合考察各个产业结构时期劳动份额表现出"$\sqrt{}$"型规律。但纵观美国、日本等发达国家在产业结构相对稳定后的实际情况，他们的劳动份额并没有像卡尔多事实指出的那样处于稳定状态，而是在不断的下降中（Elsby，Hobijn 和 Sahin，2013；Karabarbounis 和 Neiman，2014）。因此对不同产业结构时期所对应的劳动份额变化进行一致性研究仍有可扩展的空间，另外目前从产业结构视角研究劳动份额的文献大多是通过实证方式进行，给出理论模型解释的很少。

二、关于产业结构调整和劳动份额变化的理论模型

新古典增长理论强调经济的均衡增长，在此框架下考虑生产要素在各部门间的重新分配，便可反映出经济增长过程中的产业结构变化，这种多部门动态随机一般均衡模型是研究产业结构问题的有效理论工具。相关文献中，可将影响产业结构变化的因素分为需求侧和供给侧两类：例如需求侧的恩格尔效应（Kongsamut，Rebelo 和 Xie，1997），供给侧的技术进步率和要素密集度差异等（Baumol，1967；Acemoglu 和 Guerrieri，2008；徐朝阳，2010）。各产业部门的劳动份额是不尽相同的，在部门产出和就业结构发生变化的同时，要素收入分配格局也会发生变化。将研究产业结构的多部门动态随机一般均衡模型做进一步拓展，便可用于解释劳动份额的变化。近几年，有少量文献结合上述供给侧和需求侧因素，用多部门动态随机一般均衡模型成功解释了中国 20 世纪 90 年代中期至 21 世纪初的劳动份额下降现象（陈磊和张涛，2011；于泽等，2015）。

三、要素替代弹性影响产业结构和劳动份额变化的解释

王晓霞和白重恩（2014）认为，中国20世纪90年代中期以来的劳动份额下降多由产业结构变化所致，而目前美国和欧洲国家劳动份额的下降大多可由各行业内劳动份额的变动解释。要对工业化、去工业化和产业结构稳定后的劳动份额变化进行一致性研究，需要综合考虑产业结构变化给劳动份额带来的间接影响，以及各产业内部劳动份额的直接变化这两个方面，而上文所提到的供给侧和需求侧诸因素只能说明产业结构变化带来的间接影响。

一些学者已经证实要素替代弹性会对要素收入分配产生影响（Klump和La Grandville，2000）。从产业结构变化的角度来看：产业间要素替代弹性存在差异，替代弹性更大的部门在选择要素的使用上更加灵活，会倾向于选择更充足、更廉价的要素投入生产，替代弹性较大部门的这种自主选择便会引发要素在部门间重新配置，使产业结构发生变化进而影响总体劳动份额（Young，2013；郝枫，2013；陆菁和刘毅群，2016）。从各产业内部劳动份额的变化来看：伴随经济发展，各产业内部的要素替代弹性会逐渐增加，要素之间替代关系的变化会直接影响要素的相对投入数量，因此要素所得也会发生变化（陈晓玲和连玉君，2012；郝枫和盛卫燕，2014）。

第三节　理论模型构建及求解

本章的理论模型主要参考阿西莫格鲁和顾瑞尔（Acemoglu和Guerrieri，2008）的建模思路和求解方法。通过构建两部门动态随机一般均衡模型，探究在要素替代弹性影响下产业结构会发生怎样的变化，产业结构变化又如何影响总体劳动份额。主要区别在于：他们是在假定部门间技术进步率和要素密集度不同的前提下，考虑资本深化对产业结构和经济增长的影响；而本章着重考察在要素替代弹性影响下的产业结构和劳动份额演变规律。

一、厂商的问题

考虑有两个生产部门的完全竞争经济，每个部门均使用资本和劳动要素投入生产。两个部门所生产的产品（Y_1 和 Y_2）作为中间品，基于柯布—道格拉斯生产函数合成最终品 Y。

$$Y(t) = [\, Y_1(t)\,]^\alpha\, [\, Y_2(t)\,]^{1-\alpha} \tag{12-1}$$

为了将要素替代弹性引入模型，设两个中间品部门的生产函数为 CES 形式。为集中讨论要素替代弹性对产业结构和劳动份额的影响，我们在模型中排除了其他影响因素，假定两部门的技术进步（A，A^K，A^L）和要素密集度（θ）均相同。设定中间品部门的生产函数为：

$$Y_i = A\, [\, \theta\, (A^K \cdot K_i)^{\frac{\sigma_i-1}{\sigma_i}} + (1-\theta)\, (A^L \cdot L_i)^{\frac{\sigma_i-1}{\sigma_i}}\,]^{\frac{\sigma_i}{\sigma_i-1}} \tag{12-2}$$

其中，$i = 1,2$ 表示两个中间品部门；A 表示广义技术水平；θ 表示要素分配参数；A^K 表示资本增强型技术进步系数；A^L 表示劳动增强型技术进步系数；σ 表示资本和劳动的替代弹性。

二、家庭的问题

代表性家庭的瞬时效用函数为常相对风险规避效用函数，家庭一生的效用可表示为：

$$U = \int_0^\infty e^{-\beta t} \frac{C_t^{1-\mu}}{1-\mu} \mathrm{d}t \tag{12-3}$$

其中，β 为时间偏好率，μ 为相对风险规避系数。

资源约束条件为：

$$\dot{K_t} = Y_t - C_t - \delta K_t \tag{12-4}$$

接下来，我们通过求解厂商利润最大化和家庭效用最大化问题，以得到资本和劳动在两部门的分配路径。下面分两步对模型进行求解：第一步，给定任一时刻的资本总量 $K(t)$ 和劳动总量 $L(t)$，求解该时刻要素在两部门间的分配方案（$K^1(t)$、$K^2(t)$、$L^1(t)$、$L^2(t)$）[1]，以使产出最大

---

① 上标 1、2 分别代表部门 1 和部门 2。

化，此为静态问题求解；第二步，通过最大化家庭一生的效用，得到资本和消费的变化轨迹 $(K(t)$，$C(t))_{t=1, 2, 3\cdots}$，此为动态问题的求解。

三、静态问题求解

假定最终品由完全竞争厂商生产，因此其最大化利润为 0，将最终品价格 p 标准化为 1，时刻 t 最终品利润最大化问题可表述为：

$$\max_{\{Y_1, Y_2\}} Y = Y_1^\alpha Y_2^{1-\alpha}$$
$$\text{s. t. } p_1 Y_1 + p_2 Y_2 = Y \tag{12-5}$$

求解该利润最大化问题可得：

$$Y_1 = \alpha \frac{Y}{p_1} \quad Y_2 = (1-\alpha) \frac{Y}{p_2} \tag{12-6}$$

生产要素在中间品部门间的自由流动意味着，两部门中同一生产要素的边际产出相等且等于要素价格，这即是中间品厂商利润最大化的解，将（12-6）式表示的中间品价格代入可得：

$$\theta \alpha (A A^K)^{\frac{\sigma_1-1}{\sigma_1}} \frac{Y}{Y_1} \left(\frac{Y_1}{K_1}\right)^{\frac{1}{\sigma_1}} = \theta(1-\alpha)(A A^K)^{\frac{\sigma_2-1}{\sigma_2}} \frac{Y}{Y_2} \left(\frac{Y_2}{K_2}\right)^{\frac{1}{\sigma_2}} = R \tag{12-7}$$

$$(1-\theta)\alpha(A A^L)^{\frac{\sigma_1-1}{\sigma_1}} \frac{Y}{Y_1} \left(\frac{Y_1}{L_1}\right)^{\frac{1}{\sigma_1}} = (1-\theta)(1-\alpha)(A A^L)^{\frac{\sigma_2-1}{\sigma_2}} \frac{Y}{Y_2} \left(\frac{Y_2}{L_2}\right)^{\frac{1}{\sigma_2}} = w \tag{12-8}$$

记人均资本为 $k = \dfrac{K}{L}$，部门 1 资本占总资本量的比重为 $\lambda = \dfrac{K_1}{K}$，部门 1 劳动占总劳动的比重为 $\psi = \dfrac{L_1}{L}$，所以静态问题的解便转化为序列 $(\lambda_t, \psi_t)_{t=1, 2, 3\cdots}$ 的求解问题。

由（12-2）式、（12-7）式和（12-8）式可得：

$$\alpha \left[\theta(1-\lambda)^{\frac{\sigma_2-1}{\sigma_2}} + (1-\theta) \left(\frac{A^L}{A^K} \frac{1-\psi}{k}\right)^{\frac{\sigma_2-1}{\sigma_2}} \right] (1-\lambda)^{\frac{1}{\sigma_2}} = (1-\alpha)$$

$$\left[\theta \lambda^{\frac{\sigma_1-1}{\sigma_1}} + (1-\theta) \left(\frac{A^L}{A^K} \frac{\psi}{k}\right)^{\frac{\sigma_1-1}{\sigma_1}} \right] \lambda^{\frac{1}{\sigma_1}} \tag{12-9}$$

$$\alpha \left[\theta \left(\frac{A^K}{A^L}(1-\lambda) \cdot k\right)^{\frac{\sigma_2-1}{\sigma_2}} + (1-\theta)(1-\psi)^{\frac{\sigma_2-1}{\sigma_2}} \right] (1-\psi)^{\frac{1}{\sigma_2}}$$

$$= (1 - \alpha) \left[\theta \left(\frac{A^K}{A^L} \lambda \, \bar{k} \right)^{\frac{\sigma_1 - 1}{\sigma_1}} + (1 - \theta) \, \psi^{\frac{\sigma_1 - 1}{\sigma_1}} \right] \psi^{\frac{1}{\sigma_1}} \tag{12-10}$$

（12-9）式和（12-10）式构成了关于变量（λ、ψ、$\bar{k}$）的隐函数方程组，且包含了所有厂商（最终品厂商和两个中间品厂商）利润最大化的相关信息。

假定两个中间品部门具有同样的重要性，初始时同一部门内部资本和劳动的重要性也相同，故可设定 $\alpha = 0.5$，$\theta = 0.5$，在此基础上联合（12-9）式和（12-10）式将 $\bar{k}$ 消掉后得：

$$(2\lambda - 1)(\lambda)^{\frac{\sigma_2 - 1}{\sigma_1 - \sigma_2}}(1 - \lambda)^{\frac{1 - \sigma_1}{\sigma_1 - \sigma_2}} = (1 - 2\psi)(\psi)^{\frac{\sigma_2 - 1}{\sigma_1 - \sigma_2}}(1 - \psi)^{\frac{1 - \sigma_1}{\sigma_1 - \sigma_2}}$$
$$\tag{12-11}$$

（12-11）式左边 $(\lambda)^{\frac{\sigma_2 - 1}{\sigma_1 - \sigma_2}}(1 - \lambda)^{\frac{1 - \sigma_1}{\sigma_1 - \sigma_2}} > 0$，右边 $(\psi)^{\frac{\sigma_2 - 1}{\sigma_1 - \sigma_2}}(1 - \psi)^{\frac{1 - \sigma_1}{\sigma_1 - \sigma_2}} > 0$，因此有：$0.5 < \lambda < 1, 0 < \psi < 0.5$ 同时成立，或者 $0 < \lambda < 0.5, 0.5 < \psi < 1$ 同时成立。

（12-11）式两边取对数后对 ψ 求导可得：

$$\left(\frac{2}{2\lambda - 1} + \frac{\sigma_2 - 1}{\sigma_1 - \sigma_2} \frac{1}{\lambda} - \frac{1 - \sigma_1}{\sigma_1 - \sigma_2} \frac{1}{1 - \lambda} \right) \frac{\mathrm{d}\lambda}{\mathrm{d}\psi}$$

$$= - \frac{2}{1 - 2\psi} + \frac{\sigma_2 - 1}{\sigma_1 - \sigma_2} \frac{1}{\psi} - \frac{1 - \sigma_1}{\sigma_1 - \sigma_2} \frac{1}{1 - \psi} \tag{12-12}$$

（12-12）式中 $\frac{\mathrm{d}\lambda}{\mathrm{d}\psi}$ 衡量了同一个部门内部资本和劳动的相对流动方向，其符号取决于两部门要素替代弹性（λ）和部门 1 劳动占比（ψ）的大小。

把（12-9）式和（12-10）式两式相除可得：

$$A^K \bar{k} = A^L \left(\frac{\lambda}{\psi} \right)^{\frac{\sigma_2}{\sigma_1 - \sigma_2}} \left(\frac{1 - \lambda}{1 - \psi} \right)^{-\frac{\sigma_1}{\sigma_1 - \sigma_2}} \tag{12-13}$$

对（12-13）式取对数后再对 $\bar{k}$ 求导可得：

$$\frac{\mathrm{d}\psi}{\mathrm{d}\bar{k}} = \frac{\sigma_1 - \sigma_2}{\bar{k} \cdot F(\lambda, \psi)} \tag{12-14}$$

其中 $F(\lambda, \psi) = \dfrac{\sigma_2}{\lambda} \dfrac{\mathrm{d}\lambda}{\mathrm{d}\psi} - \dfrac{\sigma_2}{\psi} + \dfrac{\sigma_1}{1-\lambda} \dfrac{\mathrm{d}\lambda}{\mathrm{d}\psi} - \dfrac{\sigma_1}{1-\psi}$。

（12-14）式表明部门间要素替代弹性的差异会影响劳动力跨产业流动的方向。在不同的产业结构阶段，劳动力在生产部门间的流动方向不同，使各部门的相对产出发生变化，从而影响总体劳动份额。

下面分不同产业结构时期详细讨论劳动力的流动方向和劳动份额的变化趋势。

1. 工业化时期的劳动力转移和劳动份额变化

（1）前提条件

为讨论方便起见，我们对经济社会中的生产部门做了简化处理，工业化时期只考虑农业和工业两个生产部门。两部门的生产技术、资本密集度均相同，消费者对两部门产品的偏好也相同，唯一不同是两部门的要素替代弹性。

工业化时期要素替代弹性值较低，假设 $0 < \sigma_2 < \sigma_1 < 1$。我们基于一般要素增强型 CES 生产函数，使用变系数面板模型估计了中国三次产业的要素替代弹性时间序列，结果显示工业部门的要素替代弹性大于农业部门，且在 20 世纪和 21 世纪初期两部门的要素替代弹性值差别较小[①]。于是，设定工业为部门 1，农业为部门 2，用 σ_a 表示农业的要素替代弹性，σ_m 表示工业的要素替代弹性，λ、ψ 分别表示工业的资本和劳动占比。

λ 和 ψ 的取值满足 $0.5 < \lambda < 1, 0 < \psi < 0.5$。前文基于对（12-11）式的讨论，$\lambda$ 和 ψ 的取值有两种情况，图 12-1 用中国实际经济数据展示了在只考虑农业和工业时工业的要素占比，可见现实数据支持 λ 和 ψ 的第一组取值，即 $0.5 < \lambda < 1, 0 < \psi < 0.5$，且 λ 的值距 1 更近。

（2）部门内资本和劳动占比的相对变化方向

（12-12）式可重新表述为：

---

① 1993—2014 年中国农业的要素替代弹性估计结果依次为：0.6654、0.6717、0.7547、0.7607、0.7801、0.8902、0.8732、0.8682、0.8646、0.8671、0.8826、0.9126、0.9035、0.8796、0.8925、0.9132、0.9223、0.9163、0.9226、0.9206、0.9194、0.9151。工业为：0.7128、0.7231、0.7469、0.7795、0.8242、0.8852、0.9104、0.9492、0.9883、1.0235、1.0533、1.1145、1.1591、1.1980、1.2342、1.2767、1.2963、1.3451、1.3471、1.3552、1.3267、1.3536。见图11-1。

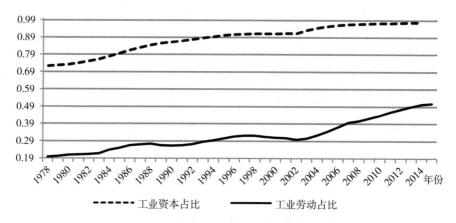

图 12-1　中国工业的资本和劳动占比

资料来源：资本占比由作者计算得到，劳动占比数据取自国家统计局。

$$\frac{(\sigma_m - 1)\,\lambda + (\sigma_a - 1)\,(\lambda - 1)}{(\sigma_m - \sigma_a)\lambda(1 - \lambda)(2\lambda - 1)}\frac{\mathrm{d}\lambda}{\mathrm{d}\psi}$$

$$= -\frac{2}{1 - 2\psi} - \frac{1 - \sigma_a}{\sigma_m - \sigma_a}\frac{1}{\psi}$$

$$- \frac{1 - \sigma_m}{\sigma_m - \sigma_a}\frac{1}{1 - \psi} \tag{12-15}$$

当 $0 < \sigma_a < \sigma_m < 1$，$0.5 < \lambda < 1$，$0 < \psi < 0.5$ 时，（12-15）式等号右边小于 0，等号左边分母部分大于 0，当 λ 取值较大、σ_a 和 σ_m 的差距较小时，$\dfrac{1 - \sigma_a}{1 - \sigma_m} < \dfrac{\lambda}{1 - \lambda}$ 成立，也即（12-15）式等号左边 小于 0，因此 $\dfrac{\mathrm{d}\lambda}{\mathrm{d}\psi} > 0$，表明工业化时期同一部门内部资本和劳动占比的变化方向相同。再看图 12-1，中国现实经济中工业的资本和劳动占比同时上升，农业的资本和劳动占比同时下降，同一部门内部要素占比的相对变化方向相同，可见模型结论符合中国经济发展规律。

（3）劳动力跨部门转移

性质一：由于工业要素替代弹性高于农业，故工业化时期随着人均资本的增加，劳动力不断由农业向工业转移。

将（12-15）式代入 $F(\lambda, \psi)$：

$$F(\lambda, \psi) = \frac{(\lambda - \psi)(\sigma_a - \sigma_m)}{[(\sigma_a - 1)\lambda + (\sigma_m - 1)(\lambda - 1)]\psi(1 - \psi)(1 - 2\psi)} > 0$$

$$(12-16)$$

可得：当 $\sigma_a < \sigma_m < 1$ 时，$\dfrac{\mathrm{d}\psi}{\mathrm{d}\bar{k}} = \dfrac{\sigma_m - \sigma_a}{\bar{k} \cdot F(\lambda, \psi)} > 0$ 成立。表明，工业化时期在要素替代弹性影响下中国劳动力的跨产业流动模式：随着人均资本增加，工业部门的劳动力占比越来越高，也即劳动力由农业流出，向工业转移。

（4）劳动份额的变化

性质二：工业化时期随着劳动力由农业向工业转移，总体劳动份额出现下降。

工业的劳动份额为：

$$s_m = (1 - \theta)\left[\theta\left(\frac{A^K}{A^L} \cdot \frac{\lambda}{\psi} \cdot \bar{k}\right)^{\frac{\sigma_m - 1}{\sigma_m}} + (1 - \theta)\right]^{-1} \qquad (12-17)$$

农业的劳动份额为：

$$s_a = (1 - \theta)\left[\theta\left(\frac{A^K}{A^L} \cdot \frac{1 - \lambda}{1 - \psi} \cdot \bar{k}\right)^{\frac{\sigma_a - 1}{\sigma_a}} + (1 - \theta)\right]^{-1} \qquad (12-18)$$

由 前 提 条 件 知：σ_a 和 σ_m 的 差 距 较 小，且 $\dfrac{A^K}{A^L} \cdot \dfrac{\lambda}{\psi} \cdot \bar{k} > \dfrac{A^K}{A^L} \cdot \dfrac{1 - \lambda}{1 - \psi} \cdot \bar{k} > 1$，故 $\left(\dfrac{A^K}{A^L} \cdot \dfrac{\lambda}{\psi} \bar{k}\right)^{\frac{\sigma_m - 1}{\sigma_m}} > \left(\dfrac{A^K}{A^L} \cdot \dfrac{1 - \lambda}{1 - \psi} \bar{k}\right)^{\frac{\sigma_a - 1}{\sigma_a}}$，$s_a > s_m$ 成立，农业劳动份额高于工业。由工业化时期劳动力跨部门转移部分的分析可知：随着人均资本的增加，工业的劳动占比和资本占比均不断上升。两种要素投入占比的同时增加会带来工业产出占比的不断提高，劳动份额较低部门（工业）产出占比的提高导致总体劳动份额出现下降。

2. 去工业化时期的劳动力转移和劳动份额变化

（1）前提条件

对去工业化时期进行分析时，只考虑工业和服务业两个生产部门。两部门的生产技术、资本密集度均相同，消费者对两部门产品的偏好也相同，唯一不同的是两部门要素替代弹性。

随着要素市场配置效率的提高，要素替代弹性会逐渐增大，故假设在

去工业化时期有 $\sigma_1 > \sigma_2 > 1$。我们对三次产业要素替代弹性的估计结果显示工业部门的要素替代弹性大于服务业部门，且两部门要素替代弹性差距较大。[①] 故此时部门 1 为工业，部门 2 为服务业，σ_m、σ_s 分别表示工业和服务业的要素替代弹性，λ、ψ 分别表示工业的资本和劳动占比。

与工业化时期相同，λ 和 ψ 的取值仍然满足 $0.5 < \lambda < 1, 0 < \psi < 0.5$。表 12-1 用中国实际经济数据展示了在只考虑工业和服务业部门时工业的要素占比情况，可见现实数据支持 λ 和 ψ 的第一组取值，即 $0.5 < \lambda < 1$，$0 < \psi < 0.5$，λ 和 ψ 的值都在 0.5 附近变化。

表 12-1　中国工业的资本和劳动占比

	2007 年	2008 年	2009 年	2010 年	2011 年	2012 年	2013 年	2014 年
工业资本占比	0.5841	0.5949	0.6033	0.6085	0.6129	0.6186	0.6238	0.6281
工业劳动占比	0.4527	0.4503	0.4491	0.4534	0.4525	0.4563	0.4388	0.4241

资料来源：资本占比由作者计算得到，劳动占比数据取自国家统计局。

（2）部门内资本和劳动占比的相对变化方向

（12-12）式可重新表述为：

$$\left(\frac{2}{2\lambda - 1} + \frac{\sigma_s - 1}{\sigma_m - \sigma_s} \frac{1}{\lambda} + \frac{\sigma_m - 1}{\sigma_m - \sigma_s} \frac{1}{1 - \lambda} \right) \frac{\mathrm{d}\lambda}{\mathrm{d}\psi} =$$

$$\frac{(1 - \sigma_m)\psi + (\sigma_s - 1)(1 - \psi)}{(\sigma_m - \sigma_s)\psi(1 - \psi)(1 - 2\psi)} \tag{12-19}$$

当 $\sigma_m > \sigma_s > 1$，$0.5 < \lambda < 1, 0 < \psi < 0.5$ 时，（12-19）式等号左边括号内大于 0，等号右边分母部分大于 0，当 σ_m 和 σ_s 的差距较大、ψ 的值在 0.5 左右变化时，有 $\frac{1 - \psi}{\psi} < \frac{\sigma_m - 1}{\sigma_s - 1}$ 成立，也即（12-19）式右边分子小于 0，因此 $\frac{\mathrm{d}\lambda}{\mathrm{d}\psi} < 0$，表明去工业化时期同一产业内部资本占比和劳动占比的变化方向相反。结合表 12-1 中国现实经济中工业的资本和劳动占比变化情况，可见理论模型的结论与中国经济现实一致。

（3）劳动力跨部门转移

性质三：由于工业要素替代弹性高于服务业，故去工业化时期随着人

---

① 见图 11-1。

均资本的增加，劳动力会由工业向服务业转移。

由于去工业化时期 $\dfrac{\mathrm{d}\lambda}{\mathrm{d}\psi} < 0$，故 $F(\lambda, \psi) = \dfrac{\sigma_a}{\lambda}\dfrac{\mathrm{d}\lambda}{\mathrm{d}\psi} - \dfrac{\sigma_a}{\psi} + \dfrac{\sigma_m}{1-\lambda}\dfrac{\mathrm{d}\lambda}{\mathrm{d}\psi} -$

$\dfrac{\sigma_m}{1-\psi} < 0$，当 $\sigma_m > \sigma_s$ 时，$\dfrac{\mathrm{d}\psi}{\mathrm{d}\bar{k}} = \dfrac{\sigma_m - \sigma_s}{\bar{k} \cdot F(\lambda, \psi)} < 0$ 成立。表明去工业化时期随着人均资本的增加，工业部门的劳动占比不断下降，也即劳动力由工业向服务业转移。对这一现象的直观解释是：经历了工业化时期的积累后，去工业化时期经济中的资本十分充裕，过多的资本供给带来其价格的下降，要素替代弹性更大的工业部门便会使用更多的资本投入生产，并将价格相对较高的劳动释放到服务业中。

（4）劳动份额的变化

性质四：从产业结构角度来看，随着劳动力由工业向服务业转移，整体劳动份额提升的充分条件为 $g_\lambda < \dfrac{2\sigma_m - 1}{\sigma_m - 1} g_\psi$；且此时资本容易对劳动产生替代，对劳动份额的提升有反向拉动作用。

工业的劳动份额为：

$$s_m = (1 - \theta)\left[\theta\left(\frac{A^K}{A^L} \cdot \frac{\lambda}{\psi} \cdot \bar{k}\right)^{\frac{\sigma_m - 1}{\sigma_m}} + (1 - \theta)\right]^{-1} \qquad (12\text{-}20)$$

服务业的劳动份额为：

$$s_s = (1 - \theta)\left[\theta\left(\frac{A^K}{A^L} \cdot \frac{1-\lambda}{1-\psi} \cdot \bar{k}\right)^{\frac{\sigma_s - 1}{\sigma_s}} + (1 - \theta)\right]^{-1} \qquad (12\text{-}21)$$

由于 $\sigma_m > \sigma_s > 1$，$0.5 < \lambda < 1$，$0 < \psi < 0.5$，故 $\left(\dfrac{A^K}{A^L} \cdot \dfrac{\lambda}{\psi} \cdot \bar{k}\right)^{\frac{\sigma_m - 1}{\sigma_m}} >$

$\left(\dfrac{A^K}{A^L} \cdot \dfrac{1-\lambda}{1-\psi} \cdot \bar{k}\right)^{\frac{\sigma_s - 1}{\sigma_s}}$，$s_s > s_m$，因此服务业的劳动份额高于工业。由劳动力跨部门转移部分的分析可知：随着人均资本的增加，虽然服务业劳动占比不断上升，但资本占比不断下降。因此只有保证去工业化的顺利推进，在服务业产出占比不断增加的前提下，才能使总体劳动份额得以提升。

下面我们从总体劳动份额表达式入手，探讨能够提升去工业化时期总体劳动份额的充分条件。总体劳动份额可表示为：

$$S_L = \frac{wL}{Y} = (1 - \theta)\alpha\left[\theta\left(\frac{A^K}{A^L} \cdot \frac{\lambda}{\psi} \cdot \bar{k}\right)^{\frac{\sigma_m - 1}{\sigma_m}} + (1 - \theta)\right]^{-1}\psi^{-1} \qquad (12\text{-}22)$$

上式中直接影响总体劳动份额的有 $\bar{k}$ 和 σ_m ，从产业结构角度影响总体劳动份额的有 $\dfrac{\lambda}{\psi}$ 和 ψ 。下面分别进行讨论：

①人均资本和要素替代弹性对劳动份额的直接影响

随着要素市场配置效率的提高，要素替代弹性逐渐增大，当 $\sigma_m > \sigma_s > 1$ 时，资本和劳动表现出替代关系，资本的积累和劳动的缓慢增长容易引发资本对劳动的替代，从而不利于总体劳动份额提升，体现在表 12-2 中 $(\bar{k})^{\frac{\sigma_m-1}{\sigma_m}}$ 的增加拉低了总体劳动份额 S_L 。

②要素替代弹性通过影响产业结构间接影响劳动份额

由性质三可知，当工业的要素替代弹性大于服务业时，会使劳动力由工业向服务业转移，工业的劳动占比（ ψ ）下降但资本占比（ λ ）提高，因此 $(\lambda/\psi)^{\frac{\sigma_m-1}{\sigma_m}}$ 的增加导致劳动份额 S_L 下降，而 ψ 的下降推动劳动份额 S_L 上升（见表 12-2）。这两项对总体劳动份额变化方向的影响取决于它们变化率的相对大小。

记 λ 的增长率为 g_λ ， ψ 的下降率为 g_ψ 。若要总体劳动份额上升，必须有 $(\lambda/\psi)^{\frac{\sigma_m-1}{\sigma_m}}$ 增长的速度小于 ψ 下降的速度，也即促进总体劳动份额提升的充分条件为：

$$g_\lambda < \frac{2\sigma_m-1}{\sigma_m-1}g_\psi \qquad (12\text{-}23)$$

该充分条件再次表明，当要素替代弹性 σ_m 增加时， $\dfrac{2\sigma_m-1}{\sigma_m-1}$ 下降，资本对劳动的过度替代不利于总体劳动份额的提升。同时，提高服务业劳动占比的增速（ g_ψ ），减缓服务业资本占比下降的速度（ g_λ ），也即加快去工业化步伐有利于提升总体劳动份额。

表 12-2　去工业化时期劳动份额的变化分解

	$(\bar{k})^{\frac{\sigma_m-1}{\sigma_m}}$	$(\lambda/\psi)^{\frac{\sigma_m-1}{\sigma_m}}$	ψ
变化趋势	增加	增加	减少
对劳动份额的影响	拉低	拉低	提升

3. 产业结构稳定后劳动份额的变化

产业结构稳定后，生产要素的跨部门转移就很少了，此时变量 λ 和

ψ的值趋于常数。随着技术的进一步发展和要素市场运行机制更加健全，要素之间的替代也变得比以上两个时期更加容易，当经济中所有部门的要素替代弹性都大于1时，由（12-22）式可知，人均资本存量的增加会使总体劳动份额下降（见表12-3）。要素替代弹性的增加、资本的积累、技术进步带来的资本价格下降以及人口增长缓慢导致的劳动力成本上升均可导致资本对劳动的过度替代，从而使劳动份额下降。20世纪80年代以来，一些发达国家在产业结构相对稳定后均经历了劳动份额的下降，对此许多研究都指出，这些国家总体劳动份额的下降是源于各产业内部劳动份额的下降，且这种下降发生的绝大部分原因可用资本对劳动的替代解释（Elsby，Hobijn和Sahin，2013；Karabarbounis和Neiman，2014）。

表 12-3　产业结构稳定后劳动份额的变化分解

	$(\bar{k})^{\frac{\sigma-1}{\sigma}}$	$(\lambda/\psi)^{\frac{\sigma-1}{\sigma}}$	ψ
变化趋势	增加	不变	不变
对劳动份额的影响	拉低	无影响	无影响

四、动态问题求解

假设技术进步满足指数式增长，资本和劳动的初始技术水平（A_0^K和A_0^l）均假定为1，资本的偏向技术进步率恒定为g_k，劳动的偏向技术进步率恒定为g_l。

代表性家庭的效用函数为：

$$\int_0^\infty e^{-[\beta-n-gl\cdot(1-\mu)]t} \frac{\bar{c}_t^{1-\mu}}{1-\mu}dt \tag{12-24}$$

预算约束为：

$$\dot{K} = Y - C - \delta K \tag{12-25}$$

其中，$\bar{c}_t$为有效人均消费，K为总资本，Y为总产出，C为总消费，δ为折旧率。

有效人均资本 $\bar{\bar{k}} = \dfrac{K}{A^L L}$ 的变化率可表示为：

$$\dot{\bar{\bar{k}}} = \frac{Y}{K}\bar{\bar{k}} - \bar{c} - (\delta + gl + n)\bar{\bar{k}} \qquad (12\text{-}26)$$

（12-9）式和（12-10）式是关于 λ 、ψ 、$\bar{\bar{k}}$ 的方程组，对方程组求解可得到用 $\bar{\bar{k}}$ 表示的 λ 和 ψ 的表达式，再结合式（12-1）式和（12-2）式，便可将 $\dfrac{Y}{K}$ 表示成关于 $\bar{\bar{k}}$ 和各参数的表达式。引入符号 $f(\bar{\bar{k}})$ ，令 $f(\bar{\bar{k}}) = \dfrac{Y}{K}\bar{\bar{k}}$ ，预算约束式（12-25）式便可表述成有效人均的形式：

$$\dot{\bar{\bar{k}}} = f(\bar{\bar{k}}) - \bar{c} - (\delta + gl + n)\bar{\bar{k}} \qquad (12\text{-}27)$$

构建汉密尔顿函数求解效用最大化问题可得欧拉方程为：

$$\dot{\bar{c}} = \frac{\bar{c}}{\mu}\left[f'(\bar{\bar{k}}) - (\beta + \delta + gl + n)\right] \qquad (12\text{-}28)$$

至此，（12-27）式和（12-28）式构成了动态问题的解。其中（12-27）式反映了有效人均资本的动态变化路径，（12-28）式反映了有效人均消费的动态变化路径。

第四节 参数校准及数值模拟

一、参数校准

将待校准的参数分为两类：一类根据研究中国经济问题的相关文献并结合实际经济数据进行校准；另一类是为了满足本章相关假定，在不偏离实际的情况下对相关参数取值。

1. 可根据经济现实设定的相关参数值

用稳态时存款利率的倒数估计主观贴现率 β ，并用 1 年期 SHIBOR 作为存款利率的代表指标（彭俞超和方意，2016），计算得出自 2006 年推出 SHIBOR 至 2016 年存款利率的平均值为 3.8619%，因此取 $\beta = 0.9628$。

Barro 指出经济文献一般在区间 ［2，4］ 内取相对风险规避系数的值
(Barro，2006)；参考陈彦斌等 (2014) 的做法，取 $\mu = 2$。将折旧率 δ 设
定为 10% (许伟和陈斌开，2009)。用 1993—2015 年人口自然增长率的平
均值表示人口增长率，取 $n = 6.895‰$。

2. 基于一阶条件进行的参数校准

为了更有效地辨识要素替代弹性对产业结构和劳动份额的影响，假定
两个中间品部门的相对重要性相同 ($\alpha = 0.5$)，并假定初始时同一部门内
资本和劳动的相对重要性相同 ($\theta = 0.5$)。戴天仕和徐现祥的研究结果显
示中国资本和劳动偏向技术进步率在 ［0.00221，0.11881］ 范围内变化
(戴天仕和徐现祥，2010)。为了集中精力考察要素替代弹性的影响效应，
本章暂且忽略偏向技术进步给劳动份额带来的影响，令劳动增强型技术进
步率和资本增强型技术进步率相等，都取 0.05。为满足前文设定，取工业
化时期农业和工业的要素替代弹性分别为 $\sigma_a = 0.4$，$\sigma_m = 0.5$，去工业化时
期服务业和工业的要素替代弹性分别为 $\sigma_s = 1.1$，$\sigma_m = 1.5$。

二、数值模拟

这里将对基准模型中在不同产业结构调整时期生产要素转移和劳动份
额的变动进行模拟分析。

1. 工业化时期

由动态问题可得人均资本的变化路径，结合理论模型中 (12-9) 式和
(12-10) 式，便可模拟出各部门劳动占比和资本占比的变化轨迹，进一步
由 (12-22) 式得到总劳动份额的变动情况。

图 12-2 和图 12-3 表明工业化时期农业的劳动占比越来越低，而工
业的劳动占比越来越高。20 世纪 90 年代的中国农村仍存在数量庞大的
剩余劳动力，伴随出现了大量农村劳动力向乡镇企业、城市工厂等非农
产业转移的现象。可见，本章的研究结论符合中国经济的发展现实，也
说明要素替代弹性是影响劳动力跨部门转移的重要因素。其影响机制为：
工业的要素替代弹性高于农业，因此工业在选择要素的使用上更加灵活，
倾向于使用相对充裕、价格低廉的要素投入生产；而工业化时期中国农
业部门存在大量剩余劳动力，劳动力的使用成本很低；因此要素替代弹

性更大的工业便会在生产中投入更多劳动，引起劳动力由农业向工业转移。

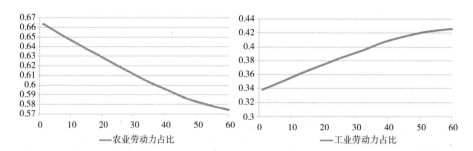

图 12-2 农业的劳动占比　　　　图 12-3 工业的劳动占比

资料来源：作者计算。

　　图 12-4 展示了总劳动份额的变化情况：随着工业化的推进，劳动力不断由农业向工业转移，总劳动份额逐渐下降，与前文理论模型的结论一致。工业生产要素占比的增加使工业产出占比越来越大，此时要使总劳动份额下降，必然要在农业劳动份额高于工业的基础上才能实现，也就是说，在仅考虑了部门间要素替代弹性差异的情况下，我们得到了农业劳动份额高于工业的结论，这与现实经济中农业为劳动密集型产业，而工业为资本密集型产业的情况相符。

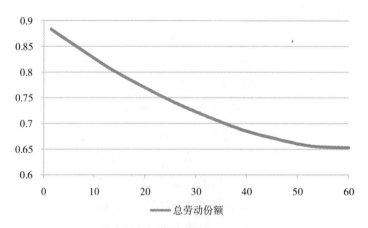

图 12-4 工业化时期的总劳动份额

资料来源：作者计算。

2. 去工业化时期

上文理论模型已推导出由（12-9）式和（12-10）式所描述的工业劳动占比、资本占比与人均资本三者之间的关系。通过对动态问题的求解，可得到有效人均资本的变化路径。如此，在校准了模型相关参数的基础上，便可模拟出各部门劳动占比和资本占比的变化路径，进一步由（12-22）式得到去工业化时期总劳动份额的变化情况。

图12-5和图12-6展示了去工业化时期的产业结构变化情况：（1）由于只考虑工业和服务业两个生产部门，故工业劳动占比与服务业劳动占比的变化方向完全相反，且同一时点上二者之和为1；（2）在去工业化过程中，工业劳动占比逐渐下降，服务业劳动占比逐渐提高。可见要素替代弹性同样可以影响去工业化时期劳动力的跨产业流动。

经历了工业化时期的积累后，在去工业化时期经济社会中的资本要素已经十分充裕，而中国计划生育政策的效果显现以及人口老龄化等因素使劳动数量相对稀缺，故资本相对劳动的价格下降，替代弹性更大的工业部门便倾向于使用更多的资本投入生产，而将价格相对高的劳动释放到服务业部门中。

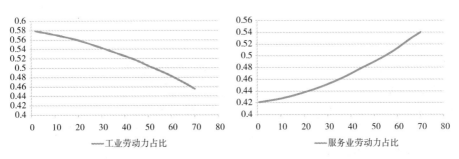

图 12-5 工业的劳动占比   **图 12-6 服务业的劳动占比**

资料来源：作者计算。

图12-7和图12-8表明：（1）我们的模拟结果满足充分条件 $g_\lambda < \dfrac{2\sigma_m - 1}{\sigma_m - 1} g_\psi$，即服务业劳动占比的增长速度较快，而资本占比的下降速度较慢，从而保证了去工业化的顺利推进；（2）由要素替代弹性在工业和服务业之间差异所引发的产业结构转型效应会带来总体劳动份额的提升；（3）服务业占比增加的同时总体劳动份额提升表明中国服务业的劳动份额

要高于工业。这与中国现实经济中服务业作为劳动密集型产业，而工业作为资本密集型产业的事实相符。

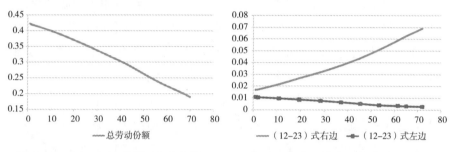

图 12-7　（12-23）式所示充分条件　　图 12-8　去工业化时期的总劳动份额

资料来源：作者计算。

3. 产业结构稳定时期

产业结构稳定以后，劳动力的跨产业转移就很少了，此时资本的不断积累使经济社会中可投入生产的资本要素十分充裕，人口增长率的下降、人口老龄化等使得可投入生产的劳动力数量骤减，此时资本对劳动的过度替代很容易引发总体劳动份额的再次下降，如图 12-9 所示。

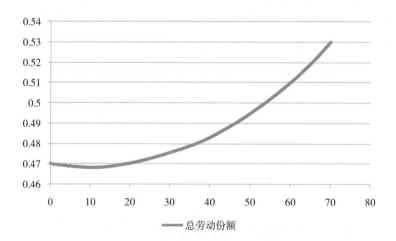

图 12-9　产业结构稳定后的总劳动份额

资料来源：作者计算。

第五节　结论及政策建议

本章搭建了一个对应不同产业结构时期，研究劳动份额如何变化的统一框架，并基于要素替代弹性视角对产业结构的转型和劳动份额的变化进行了解释。在研究方法上，借鉴了将结构转型和经济增长统一起来的多部门动态随机一般均衡模型，对其改进和扩展后，假定部门间只存在要素替代弹性差异，我们得到了不同时期生产要素的跨产业流动方向和劳动份额的变化方向。具体结论有以下几点：

第一，中国各个产业结构时期的劳动份额变化呈现出不同规律，对应"工业化—去工业化—产业结构稳定"这三个阶段，劳动份额的变化趋势为"先降—后升—再降"，具体表现为：（1）中国 20 世纪 90 年代中期至 21 世纪初期的劳动份额下降，可以用产业结构由农业向工业转型进行解释，而该时期工业要素替代弹性大于农业的事实推动了工业化进程的发生。（2）2007 年以来，中国劳动份额呈现出上升趋势，我们认为这与去工业化时代的到来关系密切。工业增势疲软，服务业发展迅猛，服务业作为劳动密集型行业，其产值占比的增加推动了整体劳动份额的上升。而工业要素替代弹性大于服务业的事实对这一时期的产业结构转型起到了强有力的推动作用。（3）美国、日本等发达国家目前劳动份额变化的事实可以为中国未来劳动份额的可能变化提供参考和警示。许多发达国家在产业结构相对稳定后劳动份额开始下降，我们认为这与各个产业内部资本对劳动的过度替代有关。

第二，虽然数值模拟结果显示去工业化时期总体劳动份额将逐渐上升，但仍存在资本对劳动的过度替代给总体劳动份额提升带来的反向拉动作用。工业化的发展带来了大量的资本积累，虽然资本会在部门间流动，但每个生产部门内部的绝对资本数量仍然是不断增加的。中国实施的计划生育政策到目前已显现出其效果，加上近些年老龄化速度加快，均使劳动力增速放缓。要素市场的发展加上生产技术的进步，使生产要素之间的替代越来越容易，伴随劳动力的逐渐稀缺，大量积累的资本就会对劳动产生替代，从而拉低总体劳动份额。

由于劳动较资本更均匀地为民众所持有，劳动份额的提升有助于缩小收入分配差距，对扩大消费需求也有很强的促进作用。2012 年以来中国工业产值占比持续下降、服务业比重不断攀升，同时 2007 年以来中国劳动份额结束了自 20 世纪 90 年代中期以来的下降，开始转入上升通道，可见中国劳动份额在去工业化时期增长势头显著。然而正如文中所讨论的，去工业化时期仍然存在阻碍劳动份额增长的因素存在，为此我们提出以下建议：

首先，服务业相对于工业是更加劳动密集型的行业，因此提高服务业增加值占比可以增加总体劳动份额，但在推动服务业发展的同时，应注意优化服务业发展结构。大量工业低技能劳动力向餐饮等低端服务业的转移虽然增加了服务业的增加值占比，但并不能带来劳动份额的有效提升。应通过加大教育投资力度、推动医疗保障建设、加强劳动力的跨地区跨产业流动等加快人力资本积累，为高端服务业发展注入活力，提高现代服务业的整体发展水平，才能有效提升总体劳动份额。

其次，随着要素市场运行机制的健全，要素替代弹性的增长是必然趋势，要素之间的替代也会越来越容易。为防止资本对劳动过度替代造成的劳动份额下降，增加劳动力数量是一种有效的缓解方法。中国 2016 年年初实施的"全面二孩"政策就为增加劳动供给提供了政策支持，但抚养两个孩子为家庭带来的经济负担成为政策实施的阻碍，因此我们建议可以为二孩家庭提供财政激励补贴，以有效提高人口增长率。

最后，2012 年中国服务业增加值已超过工业，成为国民经济第一大产业，因此我们还应该格外警惕服务业内部资本对劳动的过度替代，关注服务业内部资本密集型行业的发展态势。房地产业作为服务业中的资本密集型行业，近几年发展速度十分迅猛，罗长远和张军将中国第二产业和第三产业进一步细分后，计算表明劳动份额最低的就是房地产业，因此政府应采取措施控制房地产市场的过热发展，以推动劳动份额的提升、促进收入分配的合理化。

参考文献

［1］白重恩、钱震杰：《国民收入的要素分配：统计数据背后的故事》，《经济研究》2009 年第 3 期。

［2］陈彦斌、陈小亮、陈伟泽：《利率管制与总需求结构失衡》，《经济研究》2014 年第 2 期。

［3］陈磊、张涛：《资本深化、结构变迁及劳动收入份额变动》，《上海经济研究》2011 年第 3 期。

［4］陈晓玲、连玉君：《资本—劳动替代弹性与地区经济增长——德拉格兰德维尔假说的检验》，《经济学（季刊）》2012 年第 12 期。

［5］戴天仕、徐现祥：《中国的技术进步方向》，《世界经济》2010 年第 11 期。

郝枫：《价格体系对中国要素收入分配影响研究——基于三角分配模型之政策模拟》，《经济学（季刊）》2013 年第 10 期。

［6］郝枫、盛卫燕：《中国要素替代弹性估计》，《统计研究》2014 年第 7 期。

［7］郝枫：《劳动份额"型"演进规律》，《统计研究》2012 年第 29 期。

［8］黄先海、徐圣：《中国劳动收入比重下降成因分析——基于劳动节约型技术进步的视角》，《经济研究》2009 年第 7 期。

［9］李稻葵、徐翔：《二元经济中宏观经济结构与劳动收入份额研究》，《经济理论与经济管理》2015 年第 6 期。

［10］李稻葵、刘霖琳、王红领：《GDP 中劳动份额演变的 U 型规律》，《经济研究》2009 年第 1 期。

［11］陆菁、刘毅群：《要素替代弹性、资本扩张与中国工业行业要素报酬份额变动》，《世界经济》2016 年第 3 期。

［12］罗长远、张军：《经济发展中的劳动收入占比：基于中国产业数据的实证分析》，《中国社会科学》2009 年第 4 期。

［13］彭俞超、方意：《结构性货币政策、产业结构升级与经济稳定》，《经济研究》2016 年第 7 期。

［14］王晓霞、白重恩：《劳动收入份额格局及其影响因素研究进展》，《经济学动态》2014 年第 3 期。

［15］王宋涛、魏下海、涂斌、余玲铮：《收入差距与中国国民劳动收入变动研究——兼对 GDP 中劳动份额 U 型演变规律的一个解释》，《经济科学》2012 年第 6 期。

［16］许伟、陈斌开：《银行信贷与中国经济波动：1993—2005》，《经济学（季刊）》2009 年第 8 期。

［17］徐朝阳：《工业化与后工业化："倒 U 型"产业结构变迁》，《世界经济》2010 年第 12 期。

［18］于泽、章潇萌、刘凤良：《中国产业结构变迁与劳动收入占比的演化》，《中国人民大学学报》2015 年第 4 期。

［19］周明海、姚先国：《功能性和规模性收入分配的内在联系：模式比较与理论构建》，《经济学动态》2012 年第 9 期。

［20］Acemoglu, D., Guerrieri, V., "Capital Deepening and Nonbalanced Economic Growth", *Journal of political Economy*, 2008, 116（3）.

［21］Barro, R. J., "Rare Disasters and Asset Markets in the Twentieth Century", *The Quarterly Journal of Economics*, 2006, 121（3）.

［22］Baumol, W. J., "Macroeconomics of Unbalanced Growth：The Anatomy of Urban Crisis", *The American Economic Review*, 1967, 57（3）.

［23］Checchi, D., "García-Peñalosa C. Labour Market Institutions and Income Inequality", *Economic Policy*, 2008, 23（56）.

［24］Daudey, E., "García-Peñalosa C. The Personal and the Factor Distributions of Income in a Cross-section of Countries", *The Journal of Development Studies*, 2007, 43（5）.

［25］Elsby, M., Hobijn, B., Sahin, A., "The Decline of the U. S. Labor Share", *Booking Papers on Economic Activity*, 2013, 2013（2）.

［26］Karabarbounis, L., Neiman, B., "The Global Decline of the Labor Share", *The Quarterly Journal of Economics*, 2014, 129（1）.

［27］Klump, R., La Grandville, O., "Economic Growth and the Elasticity of Substitution：Two Theorems and Some Suggestions", *The American Economic Review*, 2000, 90（1）.

［28］Kongsamut, P., Rebelo, S., Xie D., "Beyond Balanced Growth", *Review of Economic Studies*, 1997, 68（4）.

［29］Young, A. T., "U. S. Elasticities of Substitution and Factor Augmentation at the Industry Level", *Macroeconomic Dynamics*, 2013, 17（4）.

第十三章 要素错配、产业结构调整与劳动者报酬占比[*]

纠正要素错配、提高要素配置效率显然对于优化产业结构具有重要的作用。本章通过构建一个两部门的动态随机一般均衡模型，分析现阶段中国要素市场上由于要素比价扭曲所导致的要素错配对产业结构调整的影响；进一步，研究纠正要素错配对提高劳动者报酬占比的作用机制。研究发现：要素替代弹性能够引发劳动力由农业向工业、工业向服务业的转移，并使劳动份额的变化呈现出 U 型规律；要素错配阻碍了工业化和去工业化的推进，若能破除转移障碍，可减弱劳动份额在工业化时期的下降幅度，并使去工业化时期的提升效果更加显著。

第一节 引 言

如前面两章所述，中国劳动份额自 20 世纪 90 年代中期开始经历了较长时间的下降，这意味着虽然中国经济始终保持较快的增长速度，但劳动要素收入却没有合理快速增长。这被认为是导致中国内需不足、收入差距扩大的一个重要原因，探讨劳动份额的变化趋势对政策制定有重要的引导作用。

绝大部分研究中国劳动份额的文献都集中于讨论自 20 世纪 90 年代中

---

* 本章作者：辛明辉、龚敏。

期开始出现的下降现象，包括下降程度的计算、下降的背后成因以及对其他经济变量的影响等。通过对中国国家统计局公布的生产总值收入法构成项目的观察，我们发现 2007 年以后中国劳动份额的变化出现了新情况——在最低点后开始转入上升通道。产业结构变化是经济发展过程中非常重要的现象，尤其是在产业结构变化剧烈的发展中国家，许多经济现象都可能与之有密切关系。近几年中国服务业增加值比重持续上升，工业部门的增加值占比在 2012 年之后连续下降，产业结构开始步入去工业化的新阶段。那么，中国劳动份额的新趋势和产业结构的新阶段是否存在必然联系呢？中国劳动份额的先下降后上升趋势是否是产业结构发展的阶段性表现？

因此，本章试图构建理论模型探讨要素替代弹性影响下的中国产业结构变迁和劳动份额变化规律，并详细对比在有无要素错配两种情形下，产业结构和劳动份额的变化规律会有怎样的差别。具体安排如下：第二节分别围绕产业结构和劳动份额的联系、要素替代弹性对产业结构和劳动份额的影响、要素错配对产业结构和劳动份额的影响这三个方面对相关文献进行综述；第三节构建一个包含要素流动障碍的两部门动态随机一般均衡模型，并推导得出生产要素的动态转移方程和各产业的劳动份额变化方程；第四节对理论模型中所涉及的参数进行校准，尤其是两部门的相对要素错配系数；第五节在模型推导和参数校准的基础上，分别模拟了在要素替代弹性影响下中国工业化时期和去工业化时期的劳动力转移和劳动份额变化情况，并详细对比了有要素流动障碍和没有要素流动障碍两种情形下的结果；最后给出结论并提出相关政策建议。

第二节　文献综述

一、产业结构和要素收入分配的联系

罗长远和张军（2009）从产业结构视角研究劳动份额变化，认为中国劳动份额会呈现出 U 型特征。20 世纪 90 年代中期以后中国劳动份额表现出了持续的下降趋势，用事实印证了 U 型左半部分的存在，从产业结构视角对中国劳动份额下降的解释有：产业结构由从劳动份额较高的农业过渡到劳动份额较低的工业（白重恩和钱震杰，2009），第三产业比重增加缓慢（罗长远和张军，2009），以及三次产业内部的劳动份额均有不同程度的下降（黄先海和徐圣，2009）等。由于研究的时间和数据的获取性问题，上述文献并未考虑 2007 年以后中国劳动份额出现的新变化。近年来，一些学者提出中国正逐渐呈现出劳动份额 U 型右半部分的特征，常进雄等（2012）、李稻葵和徐翔（2015）、王宋涛等（2012）使用不同数据来源的研究结果均表明中国劳动份额在 2007 年出现了时间趋势上的 U 型拐点，开始转入上升通道。遗憾的是还没有文献对中国劳动份额开始出现的上升现象进行深入分析。并且目前从产业结构视角对劳动份额进行研究的文献，大多是基于实证份额，用理论模型进行探讨的较少。

二、要素替代弹性影响产业结构变迁和劳动份额变化的机制

王晓霞和白重恩（2014）认为，中国 20 世纪 90 年代中期以来的劳动份额下降多由产业结构变化所致，而目前美国和欧洲国家劳动份额的下降大多可由各行业内劳动份额的变动解释。因此要研究劳动份额的变化规律，需要综合考虑产业结构变化给劳动份额带来的间接影响，以及各产业内部劳动份额的直接变化这两个方面。充裕的要素投入是中国经济快速增长的基础，而要素之间的不断融合和替代能够进一步加快经济的增长。要素替代弹性可用来表示要素之间的融合和替代程度，其衡量了要素相对投入对要素相对价格变化的敏感程度，可见要素替代弹性与要素收入分配有着紧密的联系（Klump 和 La Grandville，2000；Karabarbounis 和 Neiman，2014 等）。阿尔瓦雷兹-瓜德拉多等（Alvarez-Cuadrado 等，2014）用要素替代弹性解释了美国劳动份额的下降，认为美国劳动份额的下降是产业结构由劳动份额较高的制造业转向劳动份额较低的服务业，加上制造业内部劳动份额有较大幅度的下降共同导致的。可见要素替代弹性可从直接和间接两个维度对劳动份额的变化给出解释。

要素替代弹性可直接影响一个产业内劳动份额的变化。伴随经济发展，各产业部门内部的要素替代弹性会逐渐增加（Saam，2008；Irmen 和

Klump，2009；Palivos 和 Karagiannis，2010；郝枫和盛卫燕，2014 等），当要素之间的替代关系发生变化时，伴随生产中要素相对投入数量的变化，要素所得也会发生变化（李文溥和李静，2011；王宋涛等，2012）。当一个产业的资本和劳动表现出互补关系（要素替代弹性小于 1）时，随着人均资本的增加，资本对劳动的相对价格将下降得更多，此时产业内劳动份额上升；而当资本和劳动表现出替代关系（要素替代弹性大于 1）时，随着人均资本的增加，资本对劳动的相对价格下降幅度很小，此时产业内劳动份额便会下降。

要素替代弹性还可以通过影响产业结构变化，间接影响劳动份额。产业间要素替代弹性存在差异（Young，2013；郝枫，2013；陆菁和刘毅群，2016），要素替代弹性更大的产业在选择要素的使用上更加灵活，若当前经济社会中劳动相对资本更充裕、劳动的使用成本更低，要素替代弹性更大的产业就会倾向于使用更多的劳动投入生产，从而引发劳动在产业间转移，产业结构由此发生改变，由于产业结构与劳动份额有紧密的联系，产业结构变化会进一步向劳动份额变化传导。

三、要素错配对产业结构和收入分配的影响

要素替代弹性的产业间差异会使劳动力从一个产业转移到另一个产业，进而影响产业结构。基于新古典理论的产业结构研究一般假定各产业间不存在要素流动障碍，但现实经济往往受到政府制度、市场垄断等诸多因素影响，使生产要素在产业间难以自由流动，引发要素错配问题，要素错配对经济增长的质量和效率均有一定程度的损害。谢地和克莱诺（Hsieh 和 Klenow，2009）、沃尔拉特（Vollrath，2009）分析了要素错配程度对跨国全要素生产率的影响，表明发展中国家的要素错配程度较高是导致其生产率低下的重要原因，若中国能够按照美国的边际产出进行生产，中国的全要素生产率将提高 30%—50%。近些年开始涌现出许多研究中国要素错配和效率增长关系的文献：其中陈永伟和胡伟民（2011）、曲玥（2016）等是以工业为研究对象，王林辉和高庆昆（2013）、王林辉和袁礼（2014）、姚毓春等（2014）等是以经济总体为研究对象。虽然研究对象各不相同，但上述文献均发现要素错配会导致中国 TFP 下降、实际产出低于

潜在产出。

从要素错配对工业化时期的产业结构影响来看，王颂吉和白永秀（2013）的研究表明：中国的城乡要素错配是导致二元经济结构转化滞后的重要原因。从要素错配对去工业化时期的产业结构影响来看，叶文辉和楼东玮（2014）认为资源在各经济主体间的流动障碍对产业结构升级和转型有负面影响，要素错配系数降低一个单位能够优化第二产业结构的同时提升第三产业产出占比。但还没有文献将工业化和去工业化时期连贯起来进行讨论，而对要素错配如何在影响产业结构的基础上进一步影响劳动份额的研究几乎还是空白。

第三节　理论模型构建

一、产业结构的演变规律

1. 厂商的问题

假定经济社会中有两个中间品部门 1 和 2，中间品部门的产出用来合成最终品，而最终品是经济社会中用来消费和积累的产品。假设同一个中间品部门内部的企业均是同质的，这样每个中间品部门的生产便可由一个代表性企业来表示。每个中间品部门投入资本和劳动要素进行生产，生产函数服从 CES 形式，并暂时忽略部门间技术进步和要素密集度差异，假定两个中间品部门的生产函数只存在要素替代弹性的差异，故可将中间品部门生产函数表示为：

$$Y_{it} = (K_{it}^{\frac{\sigma_{it}-1}{\sigma_{it}}} + L_{it}^{\frac{\sigma_{it}-1}{\sigma_{it}}})^{\frac{\sigma_{it}}{\sigma_{it}-1}} \tag{13-1}$$

其中，$i = 1$、2 代表两个中间品厂商，Y_i 代表中间品厂商的产出，K_i 代表投入部门 i 的资本，L_i 代表投入部门 i 的劳动力，$\sigma \in (0, \infty)$ 代表资本和劳动的替代弹性。

参考谢地和克莱诺（Hsieh 和 Klenow，2009）、陈永伟和胡伟民（2011）

的做法，以从价税形式表示要素在部门间的流动障碍，即在存在资源错配时，每个部门的资本和劳动力成本分别为 $(1 + \tau_{it}^K)\, R$、$(1 + \tau_{it}^L)\, w$，其中 R 和 w 表示不存在要素流动障碍时的资本和劳动力成本，τ_i^K 和 τ_i^L 表示对资本和劳动要素收取的从价税，反映两个要素市场上要素比价扭曲的存在。在这些假定下，我们可将中间品部门利润最大化问题表示为：

$$\max\nolimits_{\{K_i,\, L_i\}}\ p_i Y_i - (1 + \tau_i^K)\, R\, K_i - (1 + \tau_i^L)\, w\, L_i$$

该问题的一阶条件为：

$$p_i \left(\frac{Y_i}{K_i}\right)^{\frac{1}{\sigma_i}} = (1 + \tau_i^K)\, R \tag{13-2}$$

$$p_i \left(\frac{Y_i}{L_i}\right)^{\frac{1}{\sigma_i}} = (1 + \tau_i^L)\, w \tag{13-3}$$

经济总产出由各部门产出决定，这里设定总产出的生产函数为柯布—道格拉斯形式：

$$Y_t = Y_{1t}^{\alpha_t}\, Y_{2t}^{1-\alpha_t} \tag{13-4}$$

将最终品价格标准化为 1 后，最终品部门的利润最大化问题可表示为：

$$\max\nolimits_{\{Y_1,\, Y_2\}} Y = Y_1^{\alpha}\, Y_2^{1-\alpha}$$

s. t. $p_1 Y_1 + p_2 Y_2 = Y$

求解可得：

$$Y_1 = \alpha\, \frac{Y}{p_1}\, ,\ Y_2 = (1 - \alpha)\, \frac{Y}{p_2} \tag{13-5}$$

将 (13-5) 式代入 (13-2) 式和 (13-3) 式有：

$$\alpha Y\, Y_1^{\frac{1-\sigma_1}{\sigma_1}}\, K_1^{-\frac{1}{\sigma_1}} = (1 + \tau_1^K)\, R \tag{13-6}$$

$$(1 - \alpha)\, Y\, Y_2^{\frac{1-\sigma_2}{\sigma_2}}\, K_2^{-\frac{1}{\sigma_2}} = (1 + \tau_2^K)\, R \tag{13-7}$$

$$\alpha Y\, Y_1^{\frac{1-\sigma_1}{\sigma_1}}\, L_1^{-\frac{1}{\sigma_1}} = (1 + \tau_1^L)\, w \tag{13-8}$$

$$(1 - \alpha)\, Y\, Y_2^{\frac{1-\sigma_2}{\sigma_2}}\, L_2^{-\frac{1}{\sigma_2}} = (1 + \tau_2^L)\, w \tag{13-9}$$

为简化起见，记人均资本为 $\bar{k} = \dfrac{K}{L}$，部门 1 资本数量占总资本量的比重为 $\lambda = \dfrac{K_1}{K}$，部门 1 劳动力数量占总劳动力的比重为 $\psi = \dfrac{L_1}{L}$。于是要素在部门间的分配问题转化为 λ 和 ψ 的时间序列求解问题。

由式（13-6）式和（13-7）式可得：

$$\frac{1}{1+\tau_1^K}\alpha Y Y_1^{\frac{1-\sigma_1}{\sigma_1}}K_1^{-\frac{1}{\sigma_1}}=\frac{1}{1+\tau_2^K}(1-\alpha)Y Y_2^{\frac{1-\sigma_2}{\sigma_2}}K_2^{-\frac{1}{\sigma_2}}=R \tag{13-10}$$

将（13-1）式代入（13-10）式后整理可得：

$$\frac{1+\tau_2^K}{1+\tau_1^K}\alpha\left[(1-\lambda)^{\frac{\sigma_2-1}{\sigma_2}}+\left(\frac{1-\psi}{\bar{k}}\right)^{\frac{\sigma_2-1}{\sigma_2}}\right](1-\lambda)^{\frac{1}{\sigma_2}}$$

$$=(1-\alpha)\left[\lambda^{\frac{\sigma_1-1}{\sigma_1}}+\left(\frac{\psi}{\bar{k}}\right)^{\frac{\sigma_1-1}{\sigma_1}}\right]\lambda^{\frac{1}{\sigma_1}} \tag{13-11}$$

由（13-8）式和（13-9）式可得：

$$\frac{1}{1+\tau_1^L}\alpha Y Y_1^{\frac{1-\sigma_1}{\sigma_1}}L_1^{-\frac{1}{\sigma_1}}=\frac{1}{1+\tau_2^L}(1-\alpha)Y Y_2^{\frac{1-\sigma_2}{\sigma_2}}L_2^{-\frac{1}{\sigma_2}}=w \tag{13-12}$$

将（13-1）式代入（13-12）式后整理可得：

$$\frac{1+\tau_2^L}{1+\tau_1^L}\alpha\left[((1-\lambda)\bar{k})^{\frac{\sigma_2-1}{\sigma_2}}+(1-\psi)^{\frac{\sigma_2-1}{\sigma_2}}\right](1-\psi)^{\frac{1}{\sigma_2}}$$

$$=(1-\alpha)\left[(\lambda\bar{k})^{\frac{\sigma_1-1}{\sigma_1}}+\psi^{\frac{\sigma_1-1}{\sigma_1}}\right]\psi^{\frac{1}{\sigma_1}} \tag{13-13}$$

至此，我们得到了由（13-11）式和（13-13）式表示的关于变量 $(\lambda,\psi,\bar{k})$ 的两个隐函数方程。

2. 家庭的问题

代表性家庭的效用函数表示为：

$$\int_0^\infty e^{-(\beta-n)t}\frac{\bar{c}_t^{1-\mu}}{1-\mu}dt \tag{13-14}$$

其中 $\bar{c}_t=\frac{C_t}{L}$ 表示人均消费，β 为时间偏好，μ 为相对风险规避系数，n 为总劳动力增长率。

代表性家庭的预算约束为：

$$\dot{K}=Y-C-\delta K \tag{13-15}$$

其中，K 表示经济社会的总资本量，Y 表示总产出，C 表示总消费，δ 表示折旧率。

人均资本 $\bar{k} = \dfrac{K}{L}$ 的变化率可表示为：

$$\dot{\bar{k}} = \frac{Y}{K} \cdot \bar{k} - \bar{c} - (\delta + n) \cdot \bar{k} \tag{13-16}$$

由（13-1）式和（13-4）式可得：

$$\frac{Y}{K} = \left\{ \left[\lambda^{\frac{\sigma_1-1}{\sigma_1}} + \psi^{\frac{\sigma_1-1}{\sigma_1}} \bar{k}^{\frac{1-\sigma_1}{\sigma_1}} \right]^{\frac{\sigma_1}{\sigma_1-1}} \right\}^{\alpha} \cdot \left\{ \left[\begin{array}{c} (1-\lambda)^{\frac{\sigma_2-1}{\sigma_2}} + \\ (1-\psi)^{\frac{\sigma_2-1}{\sigma_2}} \bar{k}^{\frac{1-\sigma_2}{\sigma_2}} \end{array} \right]^{\frac{\sigma_2}{\sigma_2-1}} \right\}^{1-\alpha} \tag{13-17}$$

由于（13-11）式和（13-13）式构成了关于变量（λ，ψ，$\bar{k}$）的隐函数方程组，因此 λ 和 ψ 均可表示为关于 $\bar{k}$ 的表达式，记 $f(\bar{k}) = \dfrac{Y}{K} \cdot \bar{k}$，预算约束式（13-16）式便可表述为：

$$\dot{\bar{k}} = f(\bar{k}) - \bar{c} - (\delta + n) \cdot \bar{k} \tag{13-18}$$

构建汉密尔顿函数求解效用最大化问题：

$$H = e^{-(\beta-n)t} \frac{\bar{c}_t^{1-\mu}}{1-\mu} + \phi_t \left[f(\bar{k}) - \bar{c} - (\delta + n) \cdot \bar{k} \right] \tag{13-19}$$

可得欧拉方程为：

$$\dot{\bar{c}} = \frac{\bar{c}}{\mu} \left[f'(\bar{k}) - (\beta + \delta + n) \right] \tag{13-20}$$

由（13-18）式和（13-20）式便可得到人均资本 $\bar{k}$ 的动态变化路径。结合（13-11）式和（13-13）式，便可得到 λ 和 ψ 的动态变化路径，也即要素在两部门的分配路径。

二、劳动份额的变化趋势

部门 1 的劳动份额可表示为：

$$s_1 = \frac{w_1 L_1}{p_1 Y_1} = \frac{(1 + \tau_1^L) w L_1}{p_1 Y_1} = \left[\left(\frac{\lambda}{\psi} \bar{k} \right)^{\frac{\sigma_1-1}{\sigma_1}} + 1 \right]^{-1} \tag{13-21}$$

部门 2 的劳动份额可表示为：

$$s_2 = \frac{w_2 L_2}{p_2 Y_2} = \frac{(1 + \tau_2^L) w L_2}{p_2 Y_2} = \left[\left(\frac{1-\lambda}{1-\psi} \bar{k} \right)^{\frac{\sigma_2-1}{\sigma_2}} + 1 \right]^{-1} \tag{13-22}$$

由（13-21）式和（13-22）式可得：（1）从两个中间品部门各自的劳动份额变化来看：由于两个中间品部门的要素替代弹性不同，故经济社会中人均资本 $\bar{k}$ 的增长对两部门劳动份额的影响存在差异；同时由要素替代弹性和要素错配所引发的产业结构变化使两部门的要素占比有所不同，所以产业结构变化对两部门劳动份额的影响也存在差异。（2）从总体劳动份额的变化来看：不同产业结构时期的要素替代弹性和要素错配程度不同，导致生产要素在中间品部门之间的流动方向不同，从而中间品部门的产出占比会发生变化，再结合部门间各不相同的劳动份额，便会导致不同产业结构时期的劳动份额出现不同的变化趋势。

第四节　参数校准

1. 参数 α_t 的校准。在只考虑农业和工业的工业化时期，取工业为部门1，农业为部门2，可用工业增加值占农业工业总增加值的比重对 α_t 进行校准；在只考虑工业和服务业的去工业化时期，仍然将工业假设为部门1，此时服务业为部门2，用工业增加值占服务业工业总增加值的比重对去工业化时期的 α_t 进行校准。

2. 要素替代弹性 σ_t 的校准。这里使用前两章中我们对中国三次产业要素替代弹性时间序列的估计方法和结果。

3. 要素相对错配系数 $(1+\tau_2)/(1+\tau_1)$ 的度量。

当不存在要素流动障碍时，要素生产率差异可引发资本和劳动在各部门间自由流动；若要素的流动受到阻碍，部门间要素的使用成本便不再相同。

由（13-6）式和（13-7）式可得资本在两部门间的相对错配系数为：

$$\gamma_K = \frac{1+\tau_2^K}{1+\tau_1^K} = \frac{(1-\alpha)\,Y_2^{\frac{1-\sigma_2}{\sigma_2}}\,K_2^{-\frac{1}{\sigma_2}}}{\alpha\,Y_1^{\frac{1-\sigma_1}{\sigma_1}}\,K_1^{-\frac{1}{\sigma_1}}} \tag{13-23}$$

由（13-8）式和（13-9）式可得劳动在两部门间的相对错配系数为：

$$\gamma_L = \frac{1 + \tau_2^L}{1 + \tau_1^L} = \frac{(1 - \alpha)\, Y_2^{\frac{1-\sigma_2}{\sigma_2}} L_2^{-\frac{1}{\sigma_2}}}{\alpha\, Y_1^{\frac{1-\sigma_1}{\sigma_1}} L_1^{-\frac{1}{\sigma_1}}} \tag{13-24}$$

绝对错配系数 τ_i 衡量的是部门 i 的要素价格相对于无扭曲时的加成量，表现了在存在要素市场扭曲时部门 i 使用某种要素的绝对成本。若 $\tau_i = 0$，要素市场不存在扭曲；若 $\tau_i > 0$，要素成本比无扭曲时高；若 $\tau_i < 0$，要素成本比无扭曲时低。

而相对错配系数衡量了与部门 1 相比，部门 2 要素价格的相对扭曲程度，表现了部门 2 使用要素的相对成本。以资本要素为例，若 $\gamma_K > 1$，说明部门 2 使用资本的相对成本较高；若 $\gamma_K < 1$，说明部门 2 使用资本的相对成本较低；若 $\gamma_K = 1$，部门 2 和部门 1 使用资本的成本相同。

由（13-11）式和（13-13）式可以看出，影响资本和劳动在两部门间配置的是相对错配系数，而非绝对错配系数。仍以资本为例，若两部门资本的绝对错配系数相同，表明两部门使用资本的成本相同，资本在两部门间的配置便会保持不变；若两部门资本的绝对错配系数不同，也即相对错配系数不等于 1 时，才会引发资本在两部门间重新配置。

以工业作为参照部门，由（13-23）式和（13-24）式可分别计算出中国农业和服务业的要素相对错配系数。在相关数据获取上：三次产业的产出用产业增加值表示，劳动力数量用年底就业人数表示，数据均取自中国国家统计局；我们参考了徐现祥等（2007）采用永续盘存法估计了中国 1993—2014 年三次产业的资本存量。计算得 1993—2014 年中国三次产业的资本和劳动的相对错配系数见表 13-1。

表 13-1 相对错配系数

年份	资本相对错配系数			劳动相对错配系数		
	农业	工业	服务业	农业	工业	服务业
1993	4.1727	1	1.4841	0.1870	1	0.8440
1994	4.6024	1	1.3852	0.1961	1	0.7748
1995	4.0440	1	1.2290	0.2146	1	0.7178

年份	资本相对错配系数			劳动相对错配系数		
	农业	工业	服务业	农业	工业	服务业
1996	4.3383	1	1.1534	0.2221	1	0.7153
1997	4.3234	1	1.0971	0.2312	1	0.7457
1998	3.4358	1	1.0323	0.2530	1	0.7877
1999	3.6000	1	0.9486	0.2578	1	0.7818
2000	3.6987	1	0.9004	0.2677	1	0.7748
2001	3.8238	1	0.8586	0.2813	1	0.8029
2002	3.9241	1	0.8324	0.2968	1	0.7734
2003	4.8074	1	0.9173	0.3104	1	0.7765
2004	5.7904	1	1.0078	0.3419	1	0.8391
2005	7.0733	1	1.0948	0.3656	1	0.9050
2006	8.5529	1	1.1567	0.3919	1	0.9743
2007	9.6022	1	1.2205	0.4228	1	1.0864
2008	9.8905	1	1.2566	0.4617	1	1.1351
2009	9.7545	1	1.2476	0.4754	1	1.1350
2010	10.3298	1	1.2514	0.5290	1	1.2176
2011	10.8262	1	1.2696	0.5529	1	1.2080
2012	11.0488	1	1.2644	0.5693	1	1.2185
2013	11.6993	1	1.2684	0.5631	1	1.1058
2014	11.8263	1	1.2487	0.5990	1	1.0459

资料来源：作者计算。

从各部门的资本相对错配系数来看：农业相对工业的资本错配系数在
样本期内均大于1，且基本呈现出上升趋势，表明相对于工业而言，农业
的资本使用成本过高，导致投入农业部门的资本占比下降，且农业资本的
稀缺呈逐年加剧之势。服务业相对工业的资本错配系数在样本期内大部分
时间也大于1，但相对错配程度没有很大变化，且远远低于农业的相对错
配程度，表明服务业使用资本的成本略高于工业，相对工业而言服务业的
资本投入稍显稀缺。

从各部门的劳动错配系数来看：农业相对工业的劳动错配系数在样本

期内均小于 1，且随时间逐渐向 1 靠拢，表明农业劳动力的使用成本低于工业，农业存在劳动力过剩问题，但从农业劳动力的相对错配系数序列可以看出，农业劳动力占比呈下降趋势，农村劳动力转移障碍有所减弱。服务业的劳动相对错配系数与 1 较为接近，表明劳动力在工业和服务业之间流动的障碍小于劳动力在城乡之间流动的障碍；服务业劳动相对错配系数在样本期前段处在小于 1 的范围内，2007 年以后增长至大于 1，表明服务业相对工业的劳动力成本逐渐上升，这可能与高端服务业发展有关，且2007 年以后中国劳动份额结束自 20 世纪 90 年代中期以来的下降开始转而上升，也与服务业劳动相对错配系数的发展趋势一致。

第五节　数值模拟

一、中国工业化时期的劳动力转移和劳动份额变化

为简便起见，我们把经济社会中的生产部门做了简化处理，工业化时期只考虑农业和工业两个生产部门。由代表性家庭的效用最大化问题可得到人均资本的动态变化路径，再结合（13-11）式和（13-13）式便可模拟出 λ 和 ψ 的时间序列，也即资本和劳动在农业和工业之间的动态分配路径。

由图 13-1 和图 13-2 的模拟结果可以得到如下结论：（1）20 世纪 90年代和 21 世纪初期工业的劳动力占比不断提高，中国产业结构正处在工业化时期。由于本章在工业化时期只考虑农业和工业两个生产部门，故工业的劳动力占比的提高意味着农业的劳动力在不断地向工业转移。

（2）在两个中间品部门只存在要素替代弹性差异的情形下，图 13-1的模拟结果说明要素替代弹性能够引发劳动力的跨部门流动，推动工业化的发生。要素替代弹性推动工业化进程的原理在于：在这一时期，中国农业部门存在大量剩余劳动力，由于工业的要素替代弹性高于农业，故工业部门在选择要素的使用上更加灵活，倾向于投入更多数量充裕而价格低廉

的劳动力进行生产，从而引发劳动力不断由农业向工业转移。

（3）受城乡户籍制度、社会保障制度等的影响，中国劳动力由农业向非农产业的转移存在障碍。我们同时模拟了生产要素在产业间流动无障碍时的情景，表明无要素流动障碍时工业部门的劳动力占比更高，工业化进程会更加顺利。

（4）由图 13-2，无要素流动障碍和有要素流动障碍两种情形下工业劳动力占比的差距逐年降低，表明政府实施的一些破除城乡要素流动体制障碍的政策显现出了正面效果。

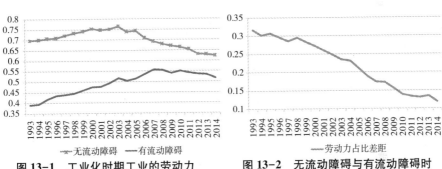

图 13-1　工业化时期工业的劳动力
　　　　　占比模拟图

图 13-2　无流动障碍与有流动障碍时
　　　　　工业的劳动力占比差距

资料来源：作者计算。

我们将产业结构由农业向工业转型给总体劳动份额带来的影响称为产业间效应，将各部门内部劳动份额变化对总体劳动份额的影响称为产业内效应。由图 13-3 可见：（1）从产业间效应来看，在样本初期 20 世纪 90 年代的工业化时期，存在要素跨部门转移障碍的中国经济中，农业部门的劳动份额高于工业。工业化的推进使工业产值占比越来越高，也即劳动份额较低部门在经济中所占比重越来越大，拉动整体劳动份额下降。（2）从产业内效应来看，工业和农业内部的劳动份额都处在下降通道中，进一步推动了整体劳动份额的下降。综合产业间和产业内效应，中国劳动份额在 20 世纪 90 年代表现出了显著的下降趋势。

若消除要素在农业和工业之间的流动障碍，图 13-4 的模拟结果展示了两部门劳动份额的变化情况：（1）从产业内效应来看：由于大量农村剩余劳动力转移到非农部门，农业劳动力供给的减少将会大大提升农业部门的劳动回报，因此可能引起如图 13-4 所示农业劳动份额在 1998 年之后便不再明显下降，而是处在一个比较稳定的区间范围内。（2）从产业间效应来看：虽然农业劳动份额不再明显下降，对整体劳动份额的提升有一定拉动作用，但工业劳动份额仍存在较大幅度下跌，且工业在经济社会中的占比越来越高，在工业的主导作用下仍然可能带动整体劳动份额下降。（3）另外，不存在要素流动障碍时的农业劳动份额要远远高于存在要素流动障碍的情形，因此可以预见，工业化时期若能减弱甚至消除要素在农业和工业之间的流动障碍，便能够减弱整体劳动份额的下降幅度。

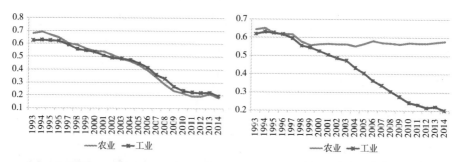

图 13-3　有要素流动障碍时工业和农业的　图 13-4　无要素流动障碍时工业和农业的
　　　　　劳动份额　　　　　　　　　　　　　　　　劳动份额

资料来源：作者计算。

二、中国"去工业化"时期的劳动力转移和劳动份额变化

在去工业化时期，对应本章所构建的两部门模型，我们考虑只包含工业和服务业两个中间品部门的情况。同样地，由代表性家庭的效用最大化问题可得到人均资本的动态变化路径，再结合（13-11）式和（13-13）式便可模拟出 λ 和 ψ 的时间序列，也即资本和劳动在工业和服务业部门间的动态分配路径。

中国工业产值占比自 2012 年起逐年下降，同时服务业产值占比稳步提升，意味着去工业化时代的开始。同时，中国劳动份额自 2007 年由下降转入上升通道，从时间节点上看来，去工业化带来的工业产值占比下降及服务业产值占比增加似乎与劳动份额的上升有一定的关联。

在仅考虑工业和服务业两部门的情形下，我们模拟了劳动力跨部门转

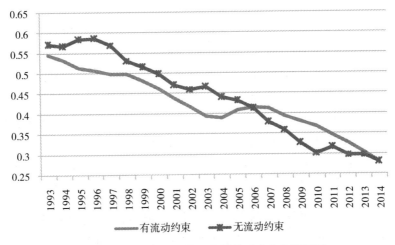

图13-5　去工业化时期工业的劳动力占比模拟图

资料来源：作者计算。

移的情况，由图13-5可得到如下结论：（1）2007年以后，无论是否存在要素跨部门转移障碍，工业的劳动力占比均持续下降，意味着劳动力不断由工业向服务业转移。（2）在工业和服务业两部门仅存在要素替代弹性差异的假设下，我们得到了工业的劳动力占比下降的结论，表明要素替代弹性对去工业化有很强的推动作用。其影响机制为：人口老龄化、计划生育政策的效果显现等使中国去工业化时期劳动力稀缺的同时工资开始上涨，由于工业的要素替代弹性高于服务业，因此拥有更多选择权的工业便会用相对便宜的资本代替劳动进行生产，从而大量工业劳动力被释放到服务业中。（3）工业与服务业之间也存在要素流动障碍。如果能够消除这种障碍，我们的模拟结果显示在去工业化时期（2007年以后）工业的劳动力占比低于有障碍的情形。当然这一结果也是非常容易理解的，若要素由工业向服务业的转移存在障碍，那障碍的消除必然会使劳动力的流动更加顺畅。（4）由于中国去工业化的时间尚短，故截至2014年的模拟结果未能显示出是否存在破除要素从工业和服务业之间转移障碍的政策效果。

对于生产要素尤其是劳动力要素在农业和非农部门间的转移存在障碍这一现象，已经有大量文献探讨了原因，包括待转移劳动力的能力水平、城乡户籍制度、城市部门排他性的政策等。但对于劳动力由工业向服务业转移存在障碍的原因，相关研究还较为缺乏，在此我们提出以下几点可能的原因：（1）金融、信息、商务等生产性服务业领域需要具有较高人力资本和知识资本的劳动力投入，而很多工业的普通劳动力并不具备这种人力资本水平，因此无法有效地向生产性服务转移。（2）改革开放以来中国的发展模式和发展理念均是以制造业为主导，"世界工厂"地位带来的经济和政治效益拉长了长期以来以制造业为主发展模式的惯性，由此导致了由工业向现代服务业转型的障碍。（3）"天花板效应"的制约使劳动力由工业向服务业转移存在障碍。具体表现为：生产性服务业作为加速二、三产业融合的行业，是一个促进工业技术进步、加快产业升级的保障性服务业，但中国生产性服务业的发展相对滞后，导致对工业生产效率的提升作用较弱，在效率提升无法得到有效保障的情况下，工业部门只能通过加大投入生产要素来保持产出增长，工业部门这种对资本和劳动要素的依赖阻碍了劳动力向服务业转移。

延续对工业化时期讨论时的设定，将产业结构由工业向服务业转型给总体劳动份额带来的影响称为产业间效应，将各部门内部劳动份额变化对总体劳动份额的影响称为产业内效应。由图 13-6 可知：（1）从产业间效应来看，由于服务业的劳动份额高于工业，因此在由工业向服务业转型的去工业化时代，随着服务业产值占比的提高，产业间效应会推动总体劳动份额提升。（2）从产业内效应来看：虽然工业和服务业内部的劳动份额都处在下降趋势中，但明显服务业劳动份额的下降速度比工业要慢，并且从模拟结果中可以看出 2010 年后工业劳动份额的下降趋势变缓，呈现出稳定甚至小幅上升的趋势，这对总体劳动份额的提升有非常重要的促进作用。

图 13-6 和图 13-7 给出了存在和消除生产要素从工业向服务业转移过程中障碍的情形，通过比较可以发现，工业和服务业之间是否存在要素转移障碍对两部门各自的劳动份额影响不大。这一结论同样可由表 13-1 的相对错配系数看出：服务业相对于工业的要素错配程度要远远低于农业相对于工业的错配，因此矫正工业与服务业之间要素流动障碍对劳动份额提升的效果比较小。通过图 13-7 可以进一步说明，即使不存在要素流动障碍，去工业化时期服务业的劳动份额依然高于工业，因此发展服务业尤其是具有较高人力资本水平的高端服务业，不仅是中国产业结构优化升级的

战略重点，而且对带动整体劳动份额的提升也大有裨益。

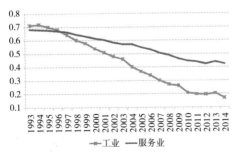

图 13-6 有要素流动障碍时两部门劳动
份额变化

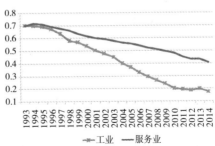

图 13-7 无要素流动障碍时两部门劳动
份额变化

资料来源：作者计算。

第六节 结论及政策建议

本章着重考察了在要素替代弹性和要素错配的影响下，中国产业结构和劳动份额的变化趋势。将 1993—2014 年样本期内的产业结构划分为工业化时期和去工业化时期，工业化时期只考虑工业和农业部门，去工业化时期只考虑工业和服务业部门，在做出上述假定后，基于两部门动态一般均衡模型的数值模拟结果表明：（1）工业化时期在要素替代弹性的影响下，劳动力会发生由农业向工业的转移，由于农业劳动份额高于工业，工业化导致整体劳动份额下降，我们将产业结构改变所带来的劳动份额变化称为产业间效应；同时农业和工业内部的劳动份额都处在下降趋势中，我们将各产业内部劳动份额的变化称为产业内效应；产业间效应和产业内效应的叠加使工业化时期的总体劳动份额下降。农业和工业之间存在要素转移障碍，这种障碍阻碍了工业化的推进，但令人欣慰的是破除城乡劳动力流动障碍的政策效果越来越明显，城乡要素错配程度有所减弱，这可在一定程度上提升农业部门的劳动份额，从而降低总体劳动份额的下降幅度。（2）

工业的要素替代弹性高于服务业导致劳动力由工业向服务业转移，推动了去工业化时代的到来。从产业间效应来看，由于服务业劳动份额高于工业，产业结构由工业向服务业的转型推动整体劳动份额提升；从产业内效应来看，虽然工业和服务业的劳动份额都表现出下降趋势，但服务业劳动份额下降速度相对较慢，且 2010 年后工业劳动份额开始出现小幅上升；综合产业间和产业内效应，若产业结构变化剧烈，产业间效应占据主导时将带动整体劳动份额提升，但由于产业内效应的反向拉动，整体劳动份额的上升幅度可能不大，上升速度也将较慢。由于中国长久以来以工业为主导的发展模式、高端服务业需要具有较高人力资本水平的劳动力、"天花板效应"的制约等因素存在，工业和服务业之间也存在要素流动障碍，虽然没有工业与农业之间的流动障碍大，但若障碍能够得以消除，去工业化过程必将更加顺畅，从而去工业化带来的产业间效应对劳动份额的提升效果也将更加显著。

中国劳动份额自 2007 年开始出现的上升与产业结构的去工业化有密切联系，我们的研究发现要素替代弹性和要素在产业间的流动障碍对产业结构和劳动份额均有显著的影响，为保持住劳动份额的增长势头，我们提出以下建议：

第一，由于要素替代弹性与劳均产出呈正相关关系（陈晓玲和连玉君，2012），因此伴随经济的发展，要素替代弹性必然呈现出增长趋势，在去工业化时期当资本和劳动之间的替代性越来越强时，应警惕资本对劳动的过度替代对劳动份额增加的反向拉动作用。对二孩政策提供财政补贴以有效增加劳动供给、推动国企改革以矫正国有企业过度使用低价资本的现状等措施均可一定程度上降低资本对劳动的替代，阻断要素替代弹性的非正常增长。

第二，若能减弱甚至消除劳动力在城乡部门的转移障碍，可拉动农业劳动份额有效提升，故应采取政策破除农业劳动力转移障碍：一方面积极发展现代农业，推广机器化耕作方式，提升农民的劳动生产率，以解放更多的农业劳动力；另一方面在非农产业中增加就业机会，并为农业转移人员提供配套的城镇户籍、医疗保障等基础公共服务，以实现农业就业人员真正意义上的"转移"。

第三，以往研究大多关注要素在城乡之间的转移障碍，但我们发现工业与服务业之间同样存在要素流动障碍，由于服务业劳动份额高于工业，这种障碍不但会阻碍去工业化的推进，而且不利于整体劳动份额的提升。矫正工业与服务业的要素扭曲、推动服务业发展可考虑采取如下措施：（1）普及深化教育水平、鼓励企业开展职工培训等措施增加人力资本水平，为高端服务业的发展输送合格劳动力；（2）扶植作为二、三产业融合桥梁的生产性服务业的发展；（3）打破诸如电信、金融等服务行业的垄断，降低私营企业的准入门槛，以使服务业提供更多的就业机会。

参考文献

［1］白重恩、钱震杰：《国民收入的要素分配：统计数据背后的故事》,《经济研究》2009 年第 3 期。

［2］常进雄、孙磊、张灵弟：《结构变化、行业劳动份额对中国初次分配的影响》,《财贸研究》2012 年第 6 期。

［3］陈永伟、胡伟民：《价格扭曲、要素错配和效率损失：理论和应用》,《经济学（季刊）》2011 年第 3 期。

［4］郝枫、盛卫燕：《中国要素替代弹性估计》,《统计研究》2014 年第 7 期。

［5］郝枫：《价格体系对中国要素收入分配影响研究——基于三角分配模型之政策模拟》,《经济学（季刊)》2013 年第 1 期。

［6］黄先海、徐圣：《中国劳动收入比重下降成因分析——基于劳动节约型技术进步的视角》,《经济研究》2009 年第 7 期。

［7］李稻葵、徐翔：《二元经济中宏观经济结构与劳动收入份额研究》,《经济理论与经济管理》2015 年第 6 期。

［8］李文溥、李静：《要素比价扭曲、过度资本深化与劳动报酬比重下降》,《学术月刊》2011 年第 2 期。

［9］陆菁、刘毅群：《要素替代弹性、资本扩张与中国工业行业要素报酬份额变动》,《世界经济》2016 年第 3 期。

［10］罗长远、张军：《经济发展中的劳动收入占比：基于中国产业数据的实证研究》,《中国社会科学》2009 年第 4 期。

［11］曲玥：《中国工业企业的生产率差异和配置效率损失》,《世界经济》2016 年第 12 期。

［12］王林辉、高庆昆：《要素错配水平及其对全要素生产率作用效应的研究》,《经济学动态》2013 年第 6 期。

［13］王林辉、袁礼：《资本错配会诱发全要素生产率损失吗?》,《统计研究》2014 年第 8 期。

［14］王宋涛、温思美、朱腾腾：《市场分割、资源错配与劳动收入份额》,《经济评论》2016 年第 1 期。

［15］王晓霞、白重恩：《劳动收入份额格局及其影响因素研究进展》,《经济学动态》2014 年第 3 期。

［16］王颂吉、白永秀：《城乡要素错配与中国二元经济结构转化滞后：理论与实证研究》,《中国工业经济》2013 年第 7 期。

［17］徐现祥、周吉梅、舒元：《中国省区三次产业资本存量估计》,《统计研究》2007 年第 5 期。

［18］姚毓春、袁礼、董直庆：《劳动力与资本错配效应：来自十九个行业的经验证据》,《经济学动态》2014 年第 6 期。

［19］叶文辉、楼东玮：《资源错配的经济影响效应研究》,《经济学动态》2014 年第 11 期。

［20］Alvarez-Cuadrado, Long, Poschke, "Capital Labor Substitution, Structural Change, and the Labor Income Share", Cesifo Working Paper, 2014, 10 (1).

［21］Hsieh, Klenow, "Misallocation and Manufacturing TFP in China and India", *The Quarterly Journal of Economics*, 2009, 124 (4).

［22］Irmen, Klump, "Factor Substitution, Income Distribution and Growth in a Generalized Neoclassical Model", *German Economic Review*, 2009, 10 (11).

［23］Karabarbounis, Neiman, "The Global Decline of the Labor Share", *The Quarterly Journal of Economics*, 2014, 129 (1).

［24］Klump, La Grandville, "Economic Growth and the Elasticity of Substitution：Two Theorems and Some Suggestions", *The American Economic Review*, 2000, 90 (1).

［25］Palivos, Karagiannis, "The Elasticity of Substitution as an Engine of Growth", *Macroeconomic Dynamics*, 2010, 14 (5).

［26］Saam, "Openness to Trade as a Determinant of the Macroeconomic Elasticity of Substitution", *Journal of Macroeconomics*, 2008, 30 (2).

［27］Vollrath, "How Important are Dual Economy Effects for Aggregate Productivity?", *Journal of Development Economics*, 2009, 88 (2).

［28］Young, "U. S. Elasticities of Substitution and Factor Augmentation at the Industry Level", *Macroeconomic Dynamics*, 2013, 17 (4).

第十四章 经济发展与国民收入分配格局变化：国际比较[*]

中国居民部门在最终收入分配中的占比远低于美国、日本和英国。美国、日本、英国初次分配呈现"大社会、小政府"的特征，再分配多向居民部门倾斜，而中国初次分配格局向政府部门倾斜，"建设型财政"的支出导向加剧了这一倾斜。在相近发展阶段，美国、日本、英国三国劳动报酬占比均呈现上升趋势，资本性收入比重缓慢下降，而中国则恰恰相反。这主要缘于微观上的要素比价扭曲，以及宏观上的政府对经济增长率及财政收入最大化的追逐，导致政府职能转型滞后，形成了职能缺位，加剧了职能越位。未来应加快要素市场改革和行政审批制度改革步伐，着力矫正要素比价扭曲。

第一节 引 言

实现国民收入倍增计划的关键在于调整国民收入分配格局。目前，针对劳动报酬占比下滑这一变化趋势的研究，主要从产业结构、技术进步等层面展开（白重恩等，2008，2009；罗长远和张军，2009a，2009b；黄先海和徐圣，2009）。这些宏观层面的研究对理解中国近几十年来的劳动报酬占比下降提供了有益的认识，但客观地审视当前国民收入分配格局既要

---

[*] 本章作者：谢攀、李文溥、龚敏。

纵向梳理，更要横向比较，才能发现症结所在。本章选取若干可比性强的市场经济国家作为样本，探寻其经济发展过程中收入分配格局的演变特征，在此基础上，与中国国民收入分配格局的演变轨迹进行比较，剖析原因，并提出政策建议。

本章第二节先分析样本国家现阶段国民收入分配的特征；然后第三节针对样本国家相近发展阶段的国民收入分配特征重点分析；最后，总结国民收入分配格局的变化规律并给出结论。

第二节　样本国家现阶段国民收入分配特征比较

一、样本国家的选择

基于数据可得性的限制，本章选择了美国、日本、英国、巴西等国作为比较样本。理由如下：第一，美国经济社会发展综合实力位居世界前列，具有先行者特征。而且，与北欧福利国家相比，美国也是发达国家中收入分配不平等程度较大的国家，具有典型性。第二，日本作为东亚近邻，曾长期是工业化国家中储蓄率最高的国家，也是发达国家中收入分配不平等程度较低的代表。20 世纪 50 年代末开始，日本经济持续了二十余年高速成长，劳动生产率同步改善，而后陷入滞涨。剖析这一过程可为转型进入深水区的中国提供借鉴和警示。第三，英国是工业革命的发源地，贯穿其后工业化阶段人口和产业的双重集聚，以及高效的社会保障体系，对中国区域经济发展和再分配政策都有一定启示。第四，巴西作为阿根廷、墨西哥、委内瑞拉等南美诸国的代表，在第二次世界大战后至 20 世纪 70 年代经济迅速发展，之后收入水平长期停滞不前，而且收入差距一度扩大。分析其陷入"中等收入陷阱"的原因，对中国全面建成小康社会具有警示意义。

二、样本国家现阶段国民收入分配特征比较

1. 初次分配特征

第一，样本国家国民收入分配格局呈现"两高一低"，与中国的"两低一高"反差明显。美国、日本两国居民劳动收入和经营收入份额较高，企业收入较高，政府生产税净额比重较小，反映出典型的"小政府大社会"的构架。相比而言，当前中国居民劳动收入和经营收入份额较低，企业收入较低，而政府生产税净额比重较高，具有"大政府小社会"的特征。第二，美国、日本、英国的税制结构以直接税为主，而中国以间接税为主，政府收入占 GDP 的比重在初次分配环节较高。2011年，中国政府间接税收入占 GDP 的比重为 14.2%；生产税净额占比更高达 15.61%，该比例为同期美国的 2.1 倍、日本的 1.9 倍。第三，无论是非农业主收入与雇员收入之比，还是非农业主收入与非政府雇员收入之比，美国、日本的相对比重均高于中国。这说明，现阶段中国生产组织方式中非企业组织比重依然偏高，工业现代化程度与发达经济体还存在一定差距。

2. 再次分配特征

再次分配过程对缩小收入差距，促进社会公平，完善公共服务体系至关重要。2009 年，美国、日本、英国政府再分配支出占 GDP 的比重分别为 12.4%、20.7% 和 40.3%，是中国的 3.1 倍、5.2 倍和 10 倍。政府总支出中，美国约 40% 用于转移支付项目，日本、英国的比例更高，接近60%。无论是再分配支出占政府总支出的比重，还是再分配支出占 GDP 的比重，美国、日本、英国再分配支出相对规模均远远高于中国。这主要由于，一方面，中国政府"建设型财政"的支出导向，制约了再分配支出结构向民生领域倾斜。[①] 按功能性质分类，从国家财政各项支出占财政总支出的比重来看（见图 14-1），2007 年以来，一般公共服务支出规模压缩至

---

① 所谓"民生"，指的是"人民的生计"或"人民的生活或人民维持生活的办法"（《现代汉语词典》，商务印书馆 1997 年版）。考虑到 2007 年前后国家财政按功能性质分类支出统计口径的调整，为了保持数据可比性，此处将医疗卫生、社会保障和就业、教育、科技、文体传媒等支出视为民生支出。

10%；同时，为实现"财政性教育经费支出占国内生产总值比例达到4%"的目标，各级政府对教育投入力度逐年加大，2009年至今，教育已成为公共财政的第一大支出。但2012年，"社会保障和就业""医疗卫生""科学技术""文教体育与传媒"等民生支出合计占比（21.1%）仅较2007年提高了0.8个百分点，同期"交通运输"支出占比却从3.8%上升至6.5%，增幅是民生支出（除教育外）的3.4倍。另一方面，美日两国步入老龄社会较早，抚养比上升对再分配提出较高的要求，而中国人口红利则持续了二十余年。美国早在20世纪40年代就已进入老龄化社会，只因青壮年移民的大量涌入，才一定程度上缓解了人口老龄化进程。而日本由于生育率和死亡率持续下降，人口结构失衡严重，并直接导致社会保障开支压力增大。从1990年到2007年，日本政府社会保障支出占GDP的比重从11.3%升至18.7%，社保支出增长的部分基本上由政府发行中长期债券来弥补，实际将偿还负担转嫁给了下一代。

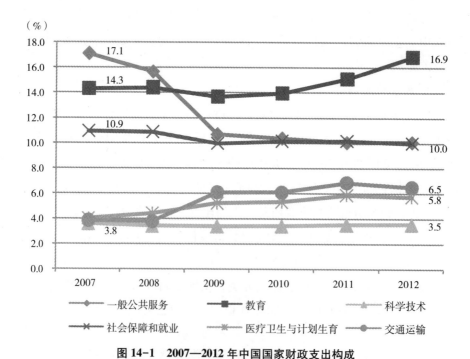

图 14-1 2007—2012 年中国国家财政支出构成

资料来源：根据 CEIC 中国经济数据库整理计算。

3. 最终分配特征

通过经常转移项目收支调整后，中国、美国、日本、英国四国的居民部门、政府部门以及企业部门可支配收入占全国可支配总收入的比重如表14-1所示。样本国家最终分配格局呈现出以下两个鲜明特点：第一，美国、日本、英国居民部门可支配收入占可支配总收入的比重均超过70%。第二，与初次分配格局相比，通过再次分配，美国、日本、英国三国居民部门可支配收入占可支配总收入的比重均有明显提高，这表明其再分配收入向居民部门倾斜得更多。

表14-1 样本国家居民、政府、企业可支配收入比重（2009年）

（单位:%）

	中国	美国	日本	英国
居民可支配收入比重	60.53	72.5	78.26	71.03
政府可支配收入	18.28	13.78	13.15	17.85
企业可支配收入	21.19	13.72	8.59	11.12

注：因为中国《资金流量表》（实物部分）发布较为滞后，此处仅以2009年作为比较基准。

资料来源：根据《中国统计年鉴2012》、美国商务部经济分析局网站数据库、《日本统计年鉴2010》《英国统计年鉴2010》。

横向比较，进一步发现，虽然居民部门均是四国可支配收入占比最大的群体，但企业部门、政府部门的境况则有所差异。日本、英国企业部门再分配占比低于政府部门，美国企业部门与政府部门平分秋色，这既与"次贷危机"后主要经济体企业盈利水平整体较峰值时期大幅下降有关，也是政府积极削减赤字，主动控制运营成本的结果。而中国政府部门可支配收入占比（18.28%）高居样本国家之首，居民可支配收入占比却（60.53%）显著低于美国、日本、英国等国。这折射出在流转税为主的税制结构下，国内企业承载较重的税费负担进一步转嫁至居民，从而挤压了居民可支配收入的增长。另外，"投资驱动、出口拉动"的增长模式下，投资决策更多由政府部门或国有部门主导，也制约了投资效率和资产收益率的提高。

第三节　样本国家相近发展阶段的
国民收入分配特征

一、样本国家相近发展阶段的确定

党的十七大报告将实现人均 GDP 到 2020 年比 2000 年翻两番确立为中国全面建成小康社会的重要标志；十八大报告进一步将经济总量倍增与人均收入倍增的目标同时提出。在相近发展阶段，样本国家收入分配格局呈现出怎样特征？哪些值得借鉴，哪些需要反思？为此，首先，确定 2000 年中国人均 GDP 数值（现价美元），并以此为起点；其次，将中国 2000 年 GDP 数值 4 倍，作为达到全面建成小康社会的目标；最后，以某年不变价美元为标准，倒推确定样本国家人均 GDP 所对应的发展阶段。这一方法既充分考虑到了国家横向间的可比性，同时以某年不变价美元为基准，也剔除了货币内在价值变化的影响（张小平等，2009）。

鉴于货币单位换算对发展阶段划分可能的影响，本章主要考虑了两类方法：第一类，按照官方汇率法（Offical Exchange Rate）折算，统计局修订后的 2000 年中国人均 GDP 为 7858 元（现价）[①]，修订后数据比修订前高出 11.02%，按当年汇率折算约为 949 美元。如果 2020 年实现翻两番，那么到时候人均 GDP 应该达到 3796 美元左右（见表 14-2 第 1、2 列）。据此，以人均 GDP 指标作为参考，将样本国家相近阶段划定为：以现价美元和当期官方汇率换算得出的人均 GDP 为 949—3796 美元。第二类，按照购买力平价法（Purchasing Power Parity，PPP），根据世界银行统计数据，2000 年中国 PPP 法人均 GDP3976 国际元[②]，翻两番即为 15904 国际元，从

[①]　资料来源：《中国统计年鉴 2001》《中国统计年鉴 2006》。

[②]　数据来源：《国际统计年鉴 2002》。国际元，又称吉尔里-哈米斯元（Geary-Khamis dollar），在特定时间与美元有相同购买力的假设通货单位。1990 年或 2000 年常用作基准，与其他年份作比较。国际元由罗伊·C. 吉尔里于 1958 年提出，萨利姆·汉纳·哈米斯于 1970—1972 年发展而成。

而中国全面建设小康社会阶段对应的 PPP 法人均 GDP 区间为 3976—15904
国际元（见表 14-2 第 3、4 列）。另外，为稳健起见，参考 Maddison
(2009)，2000 年中国 PPP 法人均 GDP 3421 国际元（1990 年不变价），翻
两番即为 13684 国际元，从而中国全面建设小康社会阶段对应的 PPP 法人
均 GDP 区间为 3421—13684 国际元（见表 14-2 第 4 列）。

表 14-2 样本国家相近发展阶段估算

国家	汇率法（现价）[①]	汇率法（现价）[②]	PPP 法（2005 年不变价）[③]	PPP 法（1990 年不变价）[④]
	(949—3796 美元)		(3976—15904 国际元)	(3421—13684 国际元)
美国	1942—1962 年	1942—1964 年	1915—1955 年	1891—1966 年
日本	1966—1973 年	1966—1973 年	1955—1973 年	1959—1981 年
英国	1958—1975 年	1958—1975 年	1960—1975 年	1880—1984 年
巴西	1975—1990 年	1974—1995 年	1972—	1972—

注：由于人民币汇率被低估，2005 年 7 月汇改以来，人民币兑美元双边汇率升值 30.2%，人民币
名义和实际有效汇率分别升值 13.5%和 23.1%。因此，基于汇率法或 PPP 法划分的相近发展
阶段为大致估算，实际对应样本国家的起始年份存在一定偏差。

资料来源：①United Nations Statistics Division, National Accounts Main Aggregates Database；②③
World Development Indicators & Global Development Finance, The World Bank, 18 Decem-
ber, 2013；④根据 Angus Maddison, *Historical Statistics of the World Economy*：1 - 2006
AD, 2009。

因购买力平价法避免了由于汇率换算和相对价格差异所造成的影响，
综合考虑后，拟以购买力评价法为参照系，结合以上分析，确定美国 20 世
纪初至 20 世纪中叶对应中国全面建设小康阶段。按照同样的方法，可推断
日本、英国、巴西等样本国家对应中国全面建设小康社会的历史阶段。

二、相近发展阶段样本国家要素收入分配格局比较

1. 美国相近发展阶段要素收入结构变动

根据美国商务部经济分析局数据，1929—1965 年美国雇员劳动报酬比
重显著上升，经营性及财产性收入比重明显下降。[①] 生产税净额比重先上

———————

① 限于篇幅，本书未列出"美国 1929—1965 年要素收入占国内生产总值比重"表，如有需
要，可向笔者索取。

升后下降，1946 年后趋于平稳，保持在 7%—8% 之间。后工业化时期服务业的发展情形有助于我们理解为什么美国雇员报酬比重会快速上升。20 世纪的科技革命加快了美国产业变革，以信息业、金融保险房地产和租赁业、专业化和商务服务业为代表的生产性服务业蓬勃发展，其增加值占 GDP 的比重在 20 世纪 80 年代末期就已升至 30.3%。产业结构的优化和升级，进一步推动了就业结构巨大变化，生产性服务业从业人员占全部从业人员的比例从 1920 年的 2.8% 增至 1991 年的 14.0%。就业结构的变化反过来也加速了产业结构的升级，促使 1965 年美国农业业主收入比重较 1929 年下降了约 4 个百分点。

2. 日本相近发展阶段要素收入结构变动

根据《日本统计年鉴》相关年份数据，1955—1975 年日本雇员劳动报酬占比上升了 16.83 个百分点，经营性收入及财产性收入比重则大幅下降。[①] 与美国相似，服务业的发展带来产业结构升级也是日本在相近发展阶段要素收入结构变动的重要原因。其中，生产性服务业从业人员占日本从业人员的比重从 1920 年的 0.8% 上升至 1990 年的 9.6%。更重要的是，20 世纪 60 年代，在实施充实社会资本、产业结构高级化、促进贸易、振兴科技、减税、增加教育医疗支出等一系列"国民收入倍增计划"的助推下，日本失业率下降，国民收入水平快速提升，国民生产总值和国民收入的实际年平均增长率达到 11.6% 和 11.5%，超过计划设定的目标。

3. 英国相近发展阶段要素收入结构变动

20 世纪 70 年代中期，石油危机冲击对工业生产造成重大影响。然而，随着欧洲工人运动的活跃和工会势力增强，根据《OECD 经济展望统计》数据，1960—1975 年，英国劳动报酬占 GDP 的比重偶尔小幅回落，整体呈现波动上升的趋势，之后多年保持在 70% 左右（见图 14-2）。英国政府由第二次世界大战前鼓励北部、东北部传统工业区的工人外迁，战后转变为鼓励新建企业和南部繁荣区的制造业向北部、西北部传统工业区重新集聚，大大增加这些地区的就业机会，对劳动报酬比重上升起到了积极作用。另外，完备的社会保障政策对英国调节收入分配，消除绝对贫困，促

---

① 限于篇幅，本书未列出"日本相近发展阶段要素收入构成"表，如有需要，可向笔者索取。

进社会公平也发挥着重要作用。早在 1946 年，英国就初步形成了统一的社会保障制度，1965 年和 1975 年又进行了补充修改，从而构建了以"国民保险""国民医疗保健""社会救济""社会福利"为核心的四位一体保障框架。

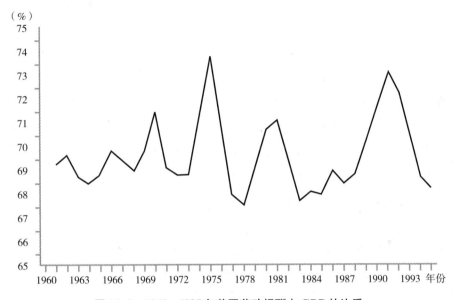

图 14-2　1960—1995 年英国劳动报酬占 GDP 的比重

资料来源：OECD Economic Outlook Statistics。转引自：Bentolila 和 Gilles，2003，"Explaining Movements in the Labor Share"，*Contribution to Macroeconomics*，3（1）：1103。

4. 巴西相近发展阶段收入分配状况

20 世纪 60 年代末至 70 年代，巴西经济年均增长率一度高达 11.2%，但不均衡的增长导致国民收入分配恶化，收入差距扩大。基尼系数从 60 年代初期的 0.50 左右一度跃升至 1976 年的 0.63。[①] 巴西收入分配不平等的原因主要在于：一是过于向资本密集型工业倾斜的进口替代战略削弱了工业化对劳动力的吸纳能力。一方面，限制了农业剩余劳动力的转移；另一方面，降低了工业人口对服务业产品需求，进而减缓了农业人口向服务业的转移步伐，导致农业人口比重下降较慢。二是体制变革严重滞后。受利益集团羁绊，拉美国家体制变革严重滞后于经济发展，精英集团的"现代

---

① 资料来源：世界银行"减贫与收入分配"专题数据库。

传统主义"片面追求经济增长和财富积累，反对在社会结构、价值观念和权力分配等领域进行变革，或者把这种变革减少到最低限度，导致经济财富过度集中，市场配置资源的功能受到严重扭曲。三是过早开放资本项目和不成熟的金融自由化增加了金融风险，导致了大量短期资本为主导的外资（债券、间接投资、商业银行贷款）流入，加剧了地区经济体系脆弱性，引致金融危机频发。四是盲目追求"大城市化"，导致城市贫困化和边缘化相伴而生，城市化进程与现代化进程明显脱节。就业、住房、教育和医疗等配套措施跟不上中心城市人口数量激增的需求，大量进城农民沦为城市贫民和流浪人口，形成城市边缘地带。五是忽视农民利益，导致农民运动高涨，政局不稳。拉美国家在土地改革和城市化进程中，草率处理土地问题。大量土地集中在少数人手中，无地农民大规模地涌入城市，农业发展滞后，农民生活条件改善缓慢。

三、相近发展阶段样本国家政府、企业与居民收入分配格局

1. 美国国民收入分配格局变化特征

1929—1965 年，初次分配后美国国民收入分配格局的特征可以概括为"两升一降"。1965 年，政府部门和企业部门初次分配收入份额分别比 1929 年上升了 2.86 和 2.72 个百分点，居民部门微降了 5.58 个百分点，但保持在 70%左右（见表 14-3）。在美国国民收入再分配过程中，政府部门是再分配收入的净流入方，再分配收入净额占国民总收入比重上升了 8.67 个百分点。企业部门是再分配收入的净支出方，经常性转移收入几乎可以忽略，其再分配支出占国内收入比重从 1929 年的 1.16%上升至 1965 年的 5.03%。居民部门也是再分配收入的净支出方，再分配净支出额占国民总收入比重从 0.58%增至 6.25%，升高了 5.67 个百分点。

表 14-3　相近发展阶段美国国民收入初次分配、最终分配结构（1929—1965 年）

（单位:%）

年份	初次分配			最终分配		
	政府	企业	居民	政府	企业	居民
1929	6.18	12.74	81.08	8.59	10.91	80.50

续表

年份	初次分配			最终分配		
	政府	企业	居民	政府	企业	居民
1930	7.24	10.31	82.46	9.10	8.88	82.02
1935	9.55	10.64	79.81	10.50	8.59	80.90
1940	8.48	14.89	76.63	12.62	11.64	75.74
1945	9.50	13.67	76.83	23.26	8.47	68.27
1950	8.17	16.78	75.05	18.11	10.38	71.51
1955	8.65	16.73	74.61	20.61	11.11	68.27
1960	9.21	14.38	76.41	20.88	9.71	69.41
1965	9.04	15.46	75.50	20.12	10.62	69.25

注：国民收入指国民净收入，不包括固定资产折旧。

资料来源：根据美国商务部经济分析局网站数据库有关数据计算。

2. 日本国民收入分配格局变化特征

日本国民收入初次分配呈现出居民部门所得份额最大、企业部门次之、政府部门最小的格局。1955—1975 年，居民部门、企业部门、政府部门初次分配总所得在国民收入中所占比重的年均值分别为 81.78%、10.22%、8%。就国民收入初次分配格局的变化趋势而言，政府部门初次分配所得占国民收入的比重逐渐下降，从 1955 年的 9.03% 下降至 1975 年的 6.03%，下降了 3 个百分点；企业部门初次分配所得占国民收入的比重在 4%—12% 之间波动；居民部门初次分配所得占国民收入的比重在波动中小幅上升，从 85.75% 上升至 89.30%，上升了 3.55 个百分点。经过再次分配后，日本国民收入最终分配呈现出以下格局：居民部门最终分配所得份额先波动下降，再缓慢上升；企业部门最终分配收入份额在 1970 年达到 11.03% 的峰值后持续下降；政府部门最终分配所得份额起伏不大，在 14%—17% 之间窄幅波动。

居民部门在国民收入再分配过程中境遇的改善主要得益于第二次世界大战后日本十分重视调节收入分配。1961 年就建立以"国民皆保险、国民皆年金"为标志的社会保障制度。此后，就业、环境等社会福利法律政策陆续出台，逐步形成了较为完善的社会保障体系，与此相适应的国民收入再分配规模也逐渐扩大。1955 年，政府、企业、居民三部门再分配支出已占到国内生产总值的 14.58%，超过美国相近阶段期初水平（3.67%）近 11 个百分点。日本在战后较早地建立起社会保障制度，对保障每个人的生存权，稳定生活预期，进而对经济恢复和高速增长起了极其重要的作用。

第四节　国民收入分配格局比较

一、国民收入分配格局比较

1. 初次分配格局比较

第一，与美国、日本、英国相比，中国政府部门在初次分配中获得收入的份额最高。美国、日本两国在相近发展阶段政府部门收入的比重为 10% 左右，而中国政府部门收入的比重则在波动中上升，保持在 16%—19%。第二，与美国、日本相比，中国居民部门在初次分配中获得收入的份额较低。尽管在相近发展阶段美国居民部门收入比重略有下降，日本居民部门收入比重先降后升，但两国都保持了较高的水平。第三，中国企业部门收入比重呈现在波动中下降的趋势，而美国、日本企业部门收入比重则缓慢上升。

2. 再次分配格局比较

中国政府再分配支出相对规模远低于发达经济体，即使在相近发展阶段初期也仅比美国略高，而比日本低（2007 年中国政府再分配支出占 GDP 的比重为 4%，与美国、日本两国相近发展阶段相比，高出 1929 年美国政府再分配支出占 GDP 的比重 3.2 个百分点，低于 1955 年日本政府再分配占比 0.78 个百分点）。

3. 最终分配格局比较

第一，中国政府部门最终分配收入比重已远高于美国相近发展阶段初期政府收入比重，与美国相近发展阶段 20 世纪 60 年代中后期的政府收入比重相当。与日本相比，中国不仅 1994 年已超过日本相近发展阶段政府收入占比，而且与其差距还呈扩大的趋势。第二，中国居民部门最终分配收入比重远低于美国、日本两国相近发展阶段居民收入比重。在相近发展阶段，无论是日本居民部门最终分配收入比重在波动中上升，还是美国居民部门最终分配收入比重在波动下降，中国居民部门最终分配收入比重均值（63.96%）分别低于美国（73.99%）、日本（79.17%）均值 10 个百分点和 15 个百分点。第三，在与中国相近发展阶段，美国企业部门收入比重介于 8%—12% 之间；日本企业部门收入比重先在波动中上升，而后迅速下降。中国企业部门收入比重现阶段虽在波动中下降，但其水平仍然高于美国、日本（谢攀，2011）。

二、原因分析

从部门收入所占比重观察，与成熟的市场经济国家相比，20 世纪 90 年代中期以来中国初次分配向政府部门倾斜不少，再分配加剧了这一倾斜。原因何在？本章认为这主要缘于从计划经济转向市场经济，从封闭经济走向开放经济，从单一公有制变为多种所有制并存的市场化改革进程中，宏观层面，政府对 GDP 增长率及财政收入最大化的追逐，以及微观层面，对要素比价体系的扭曲，致使"看得见的手"过度干预。

首先，政府职能没有适应经济社会转型需要及时调整，形成"职能缺位"。如果说改革开放初期财政支出中保持较大份额的经济建设支出，反映了工业化、城镇化起步和经济转型伊始，对政府履行经济职能的客观要求。那么，20 世纪 90 年代中期以来，随着市场经济体系的逐步确立，社会再生产目标从以温饱为主，演变为以人自身发展为主的新阶段；社会再生产的主要矛盾由私人产品短缺，演变为公共产品短缺。政府职能应当及时向公共服务型转变，提供公共产品，创造公平竞争的市场环境，充分调动企业和个人创造财富的活力。否则，教育、医疗、养老、就业、保障房建设等公共产品或准公共产品的有效供给不足只会越发严重。

其次，在追逐 GDP 增长率和财政收入最大化策略的驱动下，与积极推进产品市场化改革步伐相比，各级政府往往倾向人为扭曲要素价格体系，加剧了"职能越位"。各地方都热衷于招商引资、铺摊子、上项目，导致生产、分配、交换、消费过程矛盾不断累积，社会再生产循环体系脆弱性凸显。生产领域，部分高耗能、高污染、资源性企业屡禁不止，不仅钢铁、水泥等传统行业产能过剩突出，而且光伏、风电等新兴行业也出现产能利用率低下；分配领域，向政府部门倾斜，垄断性行业与竞争性行业间工资差距扩大，投入产出效率下降；交换领域，政府主导型的经济建设，导致资本、劳动力、土地、水、电、油等要素价格被人为扭曲，诱使企业将环保成本外部化，转型升级步伐缓慢；在消费领域，居民消费率持续下降，对国际市场的依赖却有增无减，致使经济成长受外需波动的影响增大。这一模式根源于当前的分配格局，因此，要转变这一增长方式，也必须从扭转国民收入分配格局寻找答案。

最后，全球化使得对大部分劳动人口所提供的产品和服务更易于由其他区域的劳动者所提供的服务替代，多数工人讨价还价的能力由于身份和地位的改变而明显减弱，这一效应恰恰放大了分配格局向政府倾斜而形成的社会再生产失衡，加速了传统雇佣关系天平向有利于资本的一方倾斜，劳动者在与资本、国家之间的博弈中处于劣势地位。

第五节　结　论

通过与样本国家的比较，本章得到以下几点结论和引申：

第一，美、日、英初次分配呈现"大社会、小政府"的特征，再分配向居民部门倾斜。而中国初次分配格局向政府部门倾斜，再分配格局受"建设型财政"导向驱使，加剧了这一倾斜，削弱了民生保障。支出结构失衡的根源在于，政府职能在转型进程中没能适应社会再生产结构变化而及时调整，形成"职能缺位"与"职能越位"。

第二，当前，中国居民部门最终分配收入比重远低于美国、日本相近发展阶段居民收入比重。政府部门最终分配收入比重已远高于美国相近发展阶段初期政府收入比重，与美国 20 世纪 60 年代中后期的政府收入比重相当；与日本相比，中国不仅 1994 年已超过日本相近发展阶段政府收入占比，而且与其差距还呈扩大的趋势。

第三，在相近发展阶段，美国、日本、英国三国劳动报酬比重均呈现出上升的趋势，资本性收入比重缓慢下降。而中国劳动报酬比重自20世纪90年代中期以来，在波动中下降，资本性收入比重上升①。这主要缘于政府特别是地方政府主导地方经济建设，积极参与市场经济活动，人为提高了资本报酬率，扭曲生产要素价格（工资、利率、地价以及自然资源环境等），致使出口劳动密集型产品为导向的粗放型经济发展方式没有随着人均GDP的提高而适时转型，经济对"投资驱动、出口拉动"增长模式愈发依赖。

第四，在相近发展阶段，巴西土地持有结构高度集中和土地改革滞后助推了收入分配格局恶化，这警示我们，在鼓励和支持承包土地向专业大户、家庭农场、农民合作社流转，发展多种形式的适度规模经营进程中，不能片面强调扩大土地经营规模，而忽视农业集约化生产、社会化服务和产业化经营。既要通过扩大土地经营规模提高农业劳动生产率，更要注重提高土地产出率来保障粮食安全和重要农产品供给。

国际比较并非要以发达经济体为标杆，亦步亦趋，但至少可以清晰发现，赶超战略下铸就的国民收入分配格局（两次收入分配中居民收入比重较低）不仅难以维系，而且无法适应从中等收入水平向现代发达经济体跨越需要。转变经济发展方式，实现收入倍增计划，亟待加快要素市场改革步伐，通过对人力、资金、能源、环境等要素一揽子改革措施，着力矫正要素比价扭曲，减少对投资和生产的变相补贴或隐性补贴，真正让让市场机制来决定要素供求价格。同时，切实推进政府职能转变，加快行政审批制度改革，通过"负面清单"等管理模式创新，简化审批流程，增加透明度，促进贸易和投资的便利化。

参考文献

[1] 白重恩、钱震杰：《中国资本收入份额影响因素及变化原因分析——基于省际

---

① 1994—2003年中国固定资产折旧和营业盈余占GDP的比重在35%—38%之间先下降后上升，2003年以后保持在44%—45%之间。

面板数据的研究》,《清华大学学报（哲学社会科学版）》2009 年第 4 期。

　　[2]　白重恩、钱震杰、武康平：《中国工业部门要素分配份额决定因素研究》,《经济研究》2008 年第 8 期。

　　[3]　黄先海、徐圣：《中国劳动收入比重下降成因分析——基于劳动节约技术进步的视角》,《经济研究》2009 年第 7 期。

　　[4]　罗长远、张军：《经济发展中的劳动收入占比——基于中国产业数据的实证研究》,《中国社会科学》2009 年第 4 期。

　　[5]　罗长远、张军：《劳动收入占比下降的经济学解释——基于中国省级面板数据的分析》,《管理世界》2009 年第 5 期。

　　[6]　谢攀：《中国劳动报酬份额决定因素研究》，厦门大学博士学位论文，2011 年。

　　[7]　张小平、王迎春：《转型期中国收入分配问题研究》，科学出版社 2009 年版。

　　[8]　Angus Maddision：《世界经济千年统计》，北京大学出版社 2009 年版。

　　[9]　Bentolila, S., Gilles Saint-Paul, "Explaining Movements in the Labor Share", *Contribution to Macroeconomics*, 2003, 3（1）.

第十五章 收入分配的库兹涅茨倒U曲线[*]

一个社会的收入分配演变是人们都关注的现实问题，也是基本的理论问题。本章研究了人类社会从传统向现代发展的现代化过程中收入分配演变的库兹涅茨倒 U 曲线。在现有研究成果的基础上，我们首先对各国现代化过程中的收入分配演变进行了经验观察，给予倒 U 假说以直观支持；然后站在人类社会从传统向现代发展的更高视野，较为全面而逻辑严密地梳理总结了现代化进程中形成倒 U 曲线的结构转变、制度变迁和文明发展因素，使倒 U 曲线的理论基础更为坚实，我们认为使倒 U 曲线发生转折的根本原因在于物质财富的增加使资源稀缺度得到缓解、人类文明理性的发展和制度的完善；收入分配的库兹涅茨倒 U 曲线代表了人类社会从传统向现代发展过程中收入分配演变的一般趋势。最后，我们对收入分配的库兹涅茨倒 U 曲线进行严格的概念界定和适用性分析，澄清很多学者对倒 U 曲线的误解。

第一节　引　言

人类的生存和发展是建立在足够的物质生活资料的基础上的，生产活动是人类最基本的活动，是人类应用自身的体力和智力与自然界进行物质

<small>* 本章作者：靳涛、邵红伟。</small>

循环的过程。面对庞大的大自然，单个人的力量总是有限的，为了更好地生存和发展，人们之间需要相互合作，以集体的力量面对自然，但同时要使个体的力量得到发挥，人们之间又需要有一定的分工。在分工中合作，在合作中分工，是人类社会的基本组织形式，人类社会从古至今的生产活动都是在分工与合作的体系下进行的。在分工与合作中，一个社会会创造出大量物质资料，而这些物质资料如何分配给参与分工与合作体系的个体所有，即收入分配的问题。一个社会的每个个体得到人们在分工与合作中创造的物质财富的一部分，就形成了一个社会的收入分配状况①。收入分配关系到每个个体的生存福祉，是每一个个体都最关注最在乎的问题，是一个个体问题，同时收入分配也直接影响一个社会的分工与合作体系能否稳定进行，也是一个社会整体问题。

在不存在分工与合作的单个人的经济中，个体能从自然获得的即个人所得，不存在收入分配的问题。而在分工与合作经济中，就存在按什么原则和标准、如何分配财富的问题。在原始共产主义的渔猎和采集经济中，没有明确的产权界定，面对恶劣的自然环境，家庭分工获得的产品往往实行平均主义的分配，以保证每个成员得以生存。当国家建立，人类进入阶级社会以后，物质生产资料有了一定的产权界定，收入分配被划分成两部分，一部分是由生产资料等物的占有和投入而得到的收入，总称之为资本收入；一部分是由人的体力和智力投入而得到的收入，总称之为劳动收入。在以农业为主的古代自然经济中，主要是地主的地租收入和农民的劳动收入，在以工业为主的近现代商品经济中，主要是资本家的资本收入和工人的劳动收入，当代市场经济中的收入分配虽然更复杂化，但仍可主要分为资本收入和劳动收入，这就是要素收入分配。而分工与合作体系中的每个个体通过劳动和资本投入得到的最终收入的相互关系即为个体收入分配或居民收入分配，通常表现为家庭收入分配。要素收入分配会决定居民收入分配，居民收入分配是要素收入分配的结果。在不同的制度和要素占有下，一个社会的收入分配可以是差距较小的平均主义，也可以表现为差

---

① 在本章中，收入分配、收入分布（income distribution）、收入差距（income gap）、收入不平等（income inequality）被视为同义词混同使用。

距悬殊的两极分化，更多地会表现为适度差距的收入分配，甚至是一种接近于正太分布的收入分配。

　　一个社会的收入分配状况并不是静态不变的，随着社会生产力和技术水平的提高、社会制度和要素占有的变化，收入分配也会随之动态变化。特别是在一个社会经历了系统性的社会变迁的阶段，收入分配也往往会表现出有规律的变化轨迹。近现代以来，人类经历的最大的社会变迁莫过于从传统向现代的发展，这次社会变迁以工业革命为开端，首先在经济领域，然后在政治、文化、社会等领域发生，人类创造了与传统社会不同的新的生产和生活方式。这次社会变迁首先发生在英国，然后是欧洲大陆和美国，之后逐渐波及全球，到现在，英美和一些欧洲大陆国家等国家已经完成了现代化，进入发达社会，其他大部分国家还处于现代化进程中。那么，在人类社会从传统向现代发展的进程中，收入分配状况会经历怎样的变化轨迹，是持续恶化，持续改善，还是先恶化再改善，或者先改善再恶化？最早对这一问题做出回答的是美国经济学家库兹涅茨，他于 1955 年发表在《美国经济评论》的《经济增长与收入不平等》一文中提出了收入分配的倒 U 假说，该假说认为在人类社会由前工业文明向工业文明快速转型的经济增长早期阶段，收入分配差距会持续扩大，然后会保持一段时间的稳定，在后半阶段逐渐缩小。这一假说自提出以来就备受争议，有的研究支持，有的研究则否定，无论支持与否定，大部分学者研究经济发展过程中的收入分配变化都会围绕库兹涅茨的倒 U 假说展开，以至于"库兹涅茨曲线"已经成了收入分配随经济发展演变趋势的代名词。本章继续这一传统，称由库兹涅茨最早揭示的收入分配在人类社会由传统向现代发展进程中的变化轨迹为"收入分配的库兹涅茨倒 U 曲线"。

　　自从 1955 年收入分配的倒 U 曲线提出以来至今，经过 60 多年的争论、补充和完善，虽然仍有部分学者对该理论存在质疑，但其作为人类社会从传统向现代发展过程中收入分配演变的一般趋势已为大部分学者所认同。本章将在前人研究成果和最新经验观察的基础上，站在人类社会从传统向现代发展的更高视野，较为全面地梳理总结现代化进程中导致收入分配差距呈现倒 U 走势的八个因素，对库兹涅茨倒 U 曲线进行更严格的概念界定和更翔实周密的理论说明。在本章的基础上，下一章将用国际横截面数据和面板数据进一步实证分析这一理论假说。

第二节　文献综述

库兹涅茨虽然最早提出了收入分配的倒 U 曲线假说，但只是一种现象性的描述，并没有进行严格的概念界定，这给后人留下了模糊的想象空间。其经验支持只是基于英国、美国、德国等国有限的统计数据，5%的经验支持，95%是推测和猜想。而其理论解释，认为收入差距扩大主要是由于储蓄集中于富裕阶层、工业化和城市化的发展；收入差距之后缩小主要是由于政府干预、人口结构变动、技术进步和新兴行业的不断出现。库兹涅茨对倒 U 假说的实践支持和理论解释都是不足的，这既造成了后来学者的争论，也给后来学者留下了弥补的空间。

一、关于倒 U 曲线的理论研究

在理论解说上，奥格旺（Ogwang，1995）从人口的年龄结构解释倒 U 曲线，在一个国家发展的初期阶段，通常婴儿死亡率非常高，随着社会经济发展，死亡率降低，这增加了相对于成人来说收入为零的孩子的比重，使收入不平等加剧，不断加剧的不平等最终会对当局施加压力而改变状况，发展后半阶段的高收入也使这成为可能。Revisited（1996）构建了一个一般均衡模型，内生地证明了收入不平等与人均产出之间的倒 U 型关系，解释了两者之间的相互影响关系，在发展的早期阶段，产出增长伴随着熟练劳动力和非熟练劳动力之间不断扩大的工资差距，而在后期阶段，这种工资差距下降了。阿西莫格鲁和罗宾逊（Acemoglu 和 Robinson，2002）从政治经济学角度解释库兹涅茨倒 U 曲线，随着经济发展，收入不平等上升，这引发了政治不稳定和民主化改革，民主化改革导致的制度变迁会鼓励再分配和减少不平等。然而，发展并不必然引致库兹涅茨曲线，发展还可能伴随着如下两种类型的路径：一种是有高收入不平等和低产出的"专制灾难"，另一种是有低收入不平等和高产出的"东亚奇迹"。

陈宗胜（1991）对解释库兹涅茨倒 U 假设的各种理论进行了评析，最后认为：库兹涅茨收入分配倒 U 现象在私有经济发展过程中是一种有必然性的趋势，一般地说，是不可避免的。郭熙保（2002）把人类发展指数作为代表发展水平的指标，实证了库兹涅茨倒 U 曲线，并从发展经济学的观点进行了理论论证，说明收入差距扩大是一个低收入国家快速经济增长和结构转变的必经阶段。周维明（2006）从规模报酬递减规律、人力资本发展、地区发展三个方面论证库兹涅茨倒 U 假说的合理性。

当然也有一些质疑倒 U 假说的观点，如纪玉山（1997）从收入分配差距的影响因素分析和实证证伪分析对库兹涅茨倒 U 理论提出了质疑。另外，陈宗胜（1991，2008，2012）还提出了公有制倒 U 理论，认为在公有制为主体的经济中，随着经济的发展，收入分配也会表现为倒 U 型变化轨迹，但曲线的形状和位置会与私有经济为主体的经济有所不同。

在逻辑论证上，罗宾逊（Robinson，1976）从一个只含极少经济假设的简单模型中推导了收入不平等与经济发展之间的倒 U 型关系，由于该假说也得到了对发达国家和发展中国家进行实证检验的支持，所以倒 U 假说已经获得了经济法则的力量。王检贵（2000）对罗宾逊（Robinson）的证明提出了质疑，他在二元经济框架下进一步证明发展与分配之间存在三种可能的关系，即随着工业化的推进，收入分配有可能持续恶化，也可能持续好转或出现倒 U 型走势，但这种证明只有数学意义，而没有经济学意义。陈宗胜（1994）在部门内收入差距为零的假设条件下，从数学上证明了在两部门人口转换过程中，必然导致收入差距的倒 U 曲线，然后将体制改革与制度创新引入分析，论证了倒 U 曲线的"阶梯形"变异。钱敏泽（2007）结合刘易斯的二元经济模型和由洛伦兹曲线计算基尼系数的方法推导出了二元经济收入差距理论模型，由模型推导出的收入差距曲线在工业化过程中和后工业化阶段，以及在工业化与现代产业结构同时发生变化的三种情形下都呈现出倒 U 型变化规律。

二、关于倒 U 曲线的实证研究

在实证检验上，陈宗胜（1991）综述了早期的实证文献，发现所有的跨国横截面数据都支持了倒 U 假说，发达国家和发展中国家发展初期的时间序列数据显示了收入差距上升的趋势，发达国家当代的时间序列数据显示了收入差距下降的趋势，综合起来看，支持倒 U 假说的论证更充分，倒 U 理论得到了统计证明。Ahluwalia（1976）用跨国数据和多元回归分析方法实证检验了库兹涅茨倒 U 假说的正确性，并且还发现发展中国家面临的不仅是相对收入不平等上升，而且还有低收入阶层的绝对收入下降。与传统对变量进行线性回归的二次设定来检验库兹涅茨倒 U 曲线不同，Ho-Chuan River（2004）采用灵活的非线性设定来检验该假说，允许数据来决定这种关系是否为非线性的，以及是什么样的非线性关系。实证结果显示：有大量表明非线性关系的证据，收入不平等和人均 GDP 之间存在倒 U 型关系，从而证实了库兹涅茨倒 U 假说。Zhou 和 Li（2011）用面板数据的非参数和半参数估计也证实了库兹涅茨倒 U 假说。

另外，还有很多中国学者用中国的数据来验证库兹涅茨倒 U 曲线或者检验库兹涅茨倒 U 曲线在中国的适用性。李子奈（1994）等用中国 1991 年部分地区农村居民基尼系数和部分地区城镇居民基尼系数的横截面数据实证发现农村居民和城镇居民收入差距都随地区经济发展呈倒 U 型变化趋势。杨俊和张宗益（2003）针对中国转型经济的特点，通过农业部门、国有经济部门、非国有经济部门三部门劳动力转移对中国经济发展中的收入分配变动趋势作出解释，认为如果将占人口极少数的最高收入阶层的"资本家"排除在外，那么占人口绝大多数的中、低收入的劳动者之间的收入分配差别变动是呈现倒 U 趋势的；还利用 1995 年和 1998 年两个时期的跨省横截面数据对库兹涅茨倒 U 假设进行了验证，但回归系数不显著，实证结果表明，经济发展不是决定收入分配变动的主要因素。

王小鲁和樊纲（2005）使用中国 1996—2002 年各省份城乡分开的基尼系数面板数据实证显示：城镇和农村收入差距的变动趋势在数学意义上具有库兹涅茨倒 U 曲线的特征，而城乡差距只有上升阶段的特征，中国的收入差距还有继续上升的明显趋势，下降阶段则不能确证。王亚芬等（2007）用中国 2003—2004 年东部发达地区的面板数据回归显示：发达地区收入差距和经济发展的关系符合倒 U 规律。孙百才（2009）用中国 1999—2005 年各地区城镇居民基尼系数实证发现经济增长与收入分配存在着倒 U 关系。潘哲文和周先波（2014）利用中国 1995—2011 年 31 个省份农村、城镇、城乡三种收入差距指标的非均匀面板数据，考察收入差距与经济发展水平之间的关系。实证发现：三种收入差距基尼系数关于人均实际 GDP 都呈倒 U 关系，收入差距面临缩小的库兹涅茨拐点。

自从 1955 年收入分配的倒 U 曲线提出以来至今，经过 60 多年的争论、补充和完善，虽然仍有部分学者对该理论存在质疑，但其作为人类社会从传统向现代发展过程中收入分配演变的一般趋势已为大部分学者所认同。我们将在前人研究成果和最新经验观察的基础上，站在人类社会从传统向现代发展的更高视野，较为全面地梳理总结现代化进程中导致收入分配差距呈现倒 U 走势的八个因素，对库兹涅茨倒 U 曲线进行更严格的概念界定和更翔实周密的理论说明，然后用世界银行 WDI 数据库中 149 个国家或地区 1981—2013 年共 33 年的国际横截面数据和面板数据进一步实证检验这一理论假说。

第三节　经验观察：从传统向现代发展过程中的收入分配演变

要判断收入分配的库兹涅茨倒 U 曲线是否成立，需要对各国现代化进程中的收入分配演变进行经验观察。库兹涅茨主要基于英美德等国现代化进程中的收入分配演变提出倒 U 假说。根据库兹涅茨所依据的资料，英国的收入差距在 1780—1850 年期间扩大，在 1850—1885 年期间保持稳定，1885 年以后逐渐变小，收入差距从扩大到开始变小用了 105 年时间；美国收入差距在 1840—1890 年期间扩大，1890—1918 年期间保持稳定，第一次世界大战后开始下降，收入差距从扩大到开始变小用了 78 年时间；与美国类似，德国的收入差距在 19 世纪 40 年代至 90 年代扩大，19 世纪 90 年代至第一次世界大战期间保持稳定，之后开始下降，收入差距从扩大到开始变小差不多也用了近 80 年时间。

库兹涅茨提出倒 U 假说所依据的英美德等国已经完成了现代化，成为发达国家，我们现在更关注的是广大发展中国家的收入分配演变，这也是库兹涅茨倒 U 曲线的主要应用意义所在。在第二次世界大战以前，亚洲、非洲和拉丁美洲的广大发展中国家大都是发达国家的殖民地或半殖民地，处于依附状态，没有独立的经济运行体系，现代化发展缓慢，库兹涅茨倒 U 曲线的适用性不大，再加上统计数据的缺乏，也不好考察其收入分配演变。而第二次世界大战以后，广大发展中国家纷纷独立，在和平的国际环境下，各国都采取措施，加快了从传统向现代发展的现代化步伐，库兹涅茨倒 U 曲线因而有了更大的适用性。

由于收入分配数据统计的困难性，第二次世界大战后发展中国家的收入分配演变也没有形成系统的统计数据。能否构建一套基本完整的能代表各国发展过程中的收入分配状况的基尼系数数据或者不同收入阶层人口收入份额数据是我们进行经验观察和实证分析的关键，各国政府、很多国际组织和学术机构都在努力构建这样一套收入分配数据。目前，比较大的世界收入分配数据库主要有联合国大学世界发展经济学研究所（UNU-WIDER）的世界收入不平等数据库（WIID）、卢森堡收入研究（LIS）数据库、得克萨斯大学不平等项目（UTIP）的 EHII 数据库、OECD 收入分配数据库、CEDLAS 的拉丁美洲和加勒比地区社会经济数据库（SECLAC）、世界银行的世界发展指标数据库（WDI）、贫困和平等数据库、Deininger-Squire 数据库等。这些数据库都收集了一些国家一定时间内的收入分配数据，美国艾奥瓦大学的 Frederick Solt 综合各大数据库和各国官方统计机构、学术机构所做的统计，创建了标准化世界收入不平等数据库（SWIID）。该数据库在最大化各国数据可比性的同时，保持了在国家和时间上的最大覆盖，在展现各国收入分配演变曲线的同时，还根据多种资料来源做了区间估计，是目前观察各国在第二次世界大战后收入分配演变得较好数据库，本章对各发展中国家收入分配演变的观察所用数据都来源于 SWIID 数据库。

图 15-1 是几个亚洲国家的收入分配演变趋势图，从图中可以看出：印度、孟加拉国、泰国、土耳其从 20 世纪 60 年代以来基尼系数均有所上升，孟加拉国、泰国、土耳其在后期基尼系数已开始下降，印度仍然维持

高位，甚至还有上升的趋势。

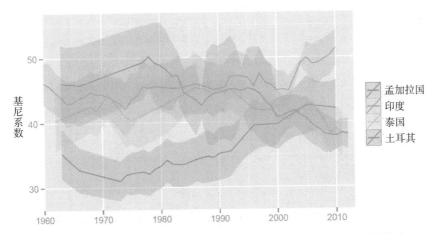

图 15-1　印度、孟加拉国、泰国、土耳其等亚洲国家的收入分配演变

注：图中实线表示平均估计值，阴影区域表示置信度为 95% 的置信区间。

资料来源：SWIID 数据库。

图 15-2 是几个非洲国家的收入分配演变趋势图，从图中可以看出：南非的基尼系数在 20 世纪 60 年代急剧上升后一直维持在高位波动；尼日利亚和尼日尔在前期上升，在后期转而下降；坦桑尼亚则一直处于下降趋势。

图 15-3 是几个拉美国家的收入分配演变趋势图，从图中可以看出：巴西、秘鲁和智利的基尼系数都较高，但近十几年来已表现出下降的趋势；阿根廷的基尼系数相对较低，在 20 世纪八九十年代上升，在近十几年也已开始下降。

图 15-4 是几个原苏联成员国和东欧国家的收入分配演变趋势图，从图中可以看出：塔吉克斯坦、土库曼斯坦、罗马尼亚、格鲁吉亚的基尼系数经历了十多年的急剧上升，但近几年已表现出缓慢下降的趋势。

从我们对亚洲、非洲和拉丁美洲一些代表性发展中国家 20 世纪 60 年代以来收入分配演变趋势的经验观察中可以看出：这些发展中国家大都在初期经历了收入差距的上升，除有些还在继续上升外，很多国家已经有下降的趋势。一些苏联的成员国和东欧国家在市场化改革后都经历了急剧的收入差距上升，之后才缓慢下降。所以，大部分发展中国家在从传统向现

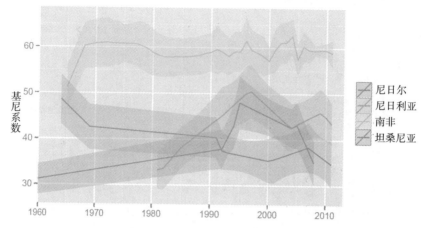

图 15-2　南非、坦桑尼亚、尼日尔、尼日利亚等非洲国家的收入分配演变

注：图中实线表示平均估计值，阴影区域表示置信度为95%的置信区间。

资料来源：SWIID 数据库。

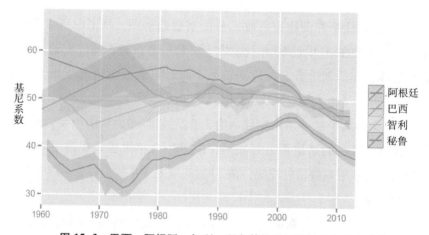

图 15-3　巴西、阿根廷、智利、秘鲁等拉美国家的收入分配演变

注：图中实线表示平均估计值，阴影区域表示置信度为95%的置信区间。

资料来源：SWIID 数据库。

代发展中的收入分配演变已经给了库兹涅茨倒 U 曲线以直观的经验支持。

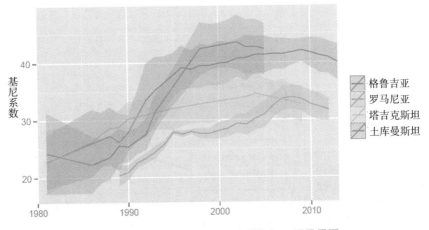

图 15-4　塔吉克斯坦、土库曼斯坦、罗马尼亚、格鲁吉亚等收入分配演变

注：图中实线表示平均估计值，阴影区域表示置信度为 95% 的置信区间。
资料来源：SWIID 数据库。

第四节　理论分析：库兹涅茨倒 U 曲线的传统—现代分析框架

近现代以来，由于科学技术的突破和生产力的发展，人类社会经历了由传统向现代的文明发展，这一发展使人类具有了更高水平的生产和生活方式。传统社会具有技术落后、自然经济、农业经济、专制政治、等级依附等特征，现代社会具有技术先进、商品经济、工业经济、民主政治、平等自由等特征，由传统向现代的发展即现代化。现代化是科学技术和生产力实现极大提升的阶段，是结构转变和制度变迁的过程，也是人类文明理性不断提高的过程。由于由传统向现代的发展是一个系统性的变迁过程，很多因素和变量都会表现出有规律的变化轨迹，收入分配的库兹涅茨倒 U 曲线就揭示了人类社会由传统向现代发展过程中的收入分配演变。我们在如图 15-5 所示的收入分配的库兹涅茨倒 U 曲线形成原因分析框架里对这一假说做理论分析。

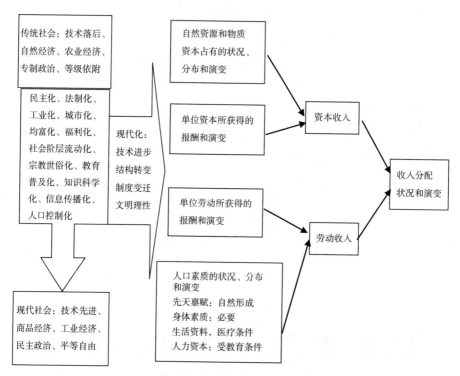

图 15-5　收入分配的库兹涅茨倒 U 曲线形成原因分析框架

　　要搞清楚收入分配的库兹涅茨倒 U 曲线，首先要搞清楚哪些因素决定了收入分配的状况和演变。一个社会的分配总是和生产紧密联系在一起的，生产决定了分配，生产的过程就是分配的过程，所以要搞清楚一个经济体的收入分配要从这个经济体的生产活动入手。一个经济体的生产活动是由家庭、企业和政府等经济主体在一定的经济环境（如制度、结构、技术水平）下进行的，其产出（Y）是由要素的投入数量和把要素转化为产出的技术所决定的。如果用 K 代表一切物的要素的投入，包括没有经过人类加工改造过的自然资源和经过人类加工改造过的物质资本，用 L 代表一切人的要素的投入，包括简单的自然劳动、人力资本、企业家才能和社会资本，用生产函数 F 代表把资本和劳动变为产出的可利用的技术，那么一个经济体的总产出可以表示为：

$$Y = F(K, L)$$

新古典分配理论认为，在不考虑货币的实体经济中，如果经济环境是完全竞争的，追求利润最大化的企业将按照实际要素价格等于要素的边际产量的原则决定雇佣资本和劳动的数量。这样每种生产要素得到的报酬就等于这种生产要素的边际产出，企业向资本所有者支付的实际租赁价格 R 和向劳动者支付的实际工资 W 可分别表示为：

$$R = MPK = \frac{\partial F(K, L)}{\partial K} \qquad W = MPL = \frac{\partial F(K, L)}{\partial L}$$

根据欧拉定理，在假设生产函数规模报酬不变的情况下，有产品分配净尽定理：

$$Y = F(K, L) = R \times K + W \times L$$

由产品分配净尽定理可知，在生产过程中，资本所有者获得了资本收入 $R \times K$，劳动所有者获得了劳动收入 $W \times L$，资本收入和劳动收入的总和刚好为一个经济体的总产出，即一个经济体的总产出被全部分配给了资本所有者和劳动所有者。由此可知，一个经济体的每个家庭能获得的总收入直接取决于以下四个因素：（1）家庭占有自然资源和物质资本的数量；（2）单位资本所获得的报酬；（3）家庭成员的综合素质；（4）单位劳动所获得的报酬。单位资本和劳动所获得的报酬由整体经济环境决定，每个家庭由其拥有的资本和劳动数量形成家庭收入，每个家庭在社会总产出中占有的相对份额形成了一个经济体的收入分配。

因此，一个经济体的收入分配状况和演变也直接取决于以下四个因素：（1）自然资源和物质资本占有的状况、分布和演变；（2）单位资本所获得的报酬和演变；（3）人口素质的状况、分布和演变；（4）单位劳动所获得的报酬和演变。一个经济体收入分配状况的变化是由以上四个决定收入分配的因素的变化所引起的，在人类社会由传统向现代发展的结构转变和制度变迁进程中，一些有规律的变化使影响收入分配的四个因素都经历了有规律的变化轨迹，由此形成了收入分配的库兹涅茨倒 U 曲线。我们认为，至少有以下八个因素的变化引起了收入分配先上升后下降的倒 U 型走势。

第一，传统部门收缩和现代部门扩张使得由传统与现代的差距引起的整体收入差距由变大转为变小。

人类社会由传统向现代的发展是由工业革命推动的，工业化和城市化是这一发展在经济领域乃至整个社会领域最基本的特征。在现代化的整个过程中，人类的经济活动分为两部分：传统部门和现代部门，传统部门以农业和农村为代表，现代部门以工业和城市为代表。现代部门由于采用了最先进的生产技术和组织形式，资本和劳动的生产率都远高于传统部门，现代部门的边际生产力高于传统部门的边际生产力，差距甚至不断扩大。因此，在现代化过程中，无论资本收入还是劳动收入，现代部门都要高于传统部门，现代部门会吸引传统部门的资本和劳动去获得更高的收入，现代化的过程就是资本和劳动不断由传统部门向现代部门转移的过程。一个经济体在刚开始现代化时，传统部门占主体，随着现代化的推进，现代部门的比重不断增加，由于传统部门与现代部门的资本收入和劳动收入存在巨大差距，整个社会的收入差距就会不断扩大。从现代部门的比重超过传统部门开始，由传统与现代的差距引起的整体收入差距开始变小。直到大量的资本和劳动已由传统部门转移到现代部门，传统部门也通过技术变革和生产组织转变进行现代化改造，使得传统部门和现代部门的资本和劳动的边际生产力相等，资本和劳动的转移才会停止，由传统与现代的差距引起的整体收入差距也归于零。这样，在现代化过程中，整体收入差距就会呈现先上升后下降的倒 U 走势。

第二，二元经济转换中的要素供求变化导致资本和劳动相对收入份额的变化。

在一个经济体内，通常高收入者的收入来源主要是资本收入，低收入者的收入来源主要是劳动收入，而要素收入分配会决定居民收入分配，当一个社会的资本收入份额较大时，这个社会的整体收入差距就会扩大，当一个社会的劳动收入份额较大时，整体收入差距就会变小。根据刘易斯的二元经济模型，在一个社会的现代化前期，物质资本是更为稀缺的要素，是经济增长的主力，而由于传统部门大量剩余劳动力的存在，现代部门的劳动力则处于无限供给状态，所以导致资本收入份额较大，而劳动收入份额较小，甚至只是足以维持简单的生存，这是被马克思所深刻揭露和批评的。所以在现代化前期，一个社会的收入差距会扩大。当资本和劳动力由传统部门向现代部门的转移基本完成，两个部门的边际生产力相等时，刘易斯拐点就会到来，此时，劳动力变为稀缺要素，现代部门的企业要雇佣更多的劳动力就必须支付更高的工资，劳动收入份额逐步上升。而且在现代化后期，经过前期的大量积累，物质资本已变得较为充裕，由于规模报酬递减规律的作用，资本的边际生产力逐步降低，而人力资本的作用则超过物质资本，成为经济增长的主力，人力资本获得更高报酬，这导致资本收入份额下降，劳动收入份额上升。因此，在整个现代化过程中，二元经济转换中的要素供求变化使得资本收入份额先上升后下降，而劳动收入份额先下降后上升，这导致现代部门的整体收入差距呈现先上升后下降的倒"U"走势。

第三，自然资源和物质资本占有由集中到相对趋于分散。

在人类社会发展的奴隶社会和封建社会阶段，一个社会的大部分财富是被少数贵族占有的，普通劳动者基本没有财富，甚至自身也为贵族所有。在人类由传统向现代发展的现代化前期，由于受传统社会遗留下来的特权、等级、依附等传统性因素的影响，社会财富仍然是被少数人占有。正如库兹涅茨所揭示，美国最高 5% 收入阶层人口占有了将近三分之二的私人储蓄，而最高 10% 收入阶层人口则将近占有了全部储蓄，剩下 90% 人口的储蓄将近为零。资本占有的集中会使得收入差距扩大。而到了现代化后期，制度的完善、自由平等精神的发展，再加上社会整体物质财富的急剧增加，这使得普通劳动者也占有了一定物质财富，越来越多的普通劳动者也拥有了资本收入。特别是在股份制企业组织形式出现并成为主要生产组织形式后，资本的占有和流动加速，社会底层劳动者有更多机会拥有资本收入，这有利于收入差距的缩小。所以，在整个现代化进程中，自然资源和物质资本的占有由集中到相对趋于分散的发展，也使得收入差距趋于先扩大后缩小的倒 U 走势。

第四，物质财富的增加和制度的逐步完善使劳动者身体健康和受教育条件得到保障。

在一个社会发展的任何阶段，除资本收入以外的总产出会归劳动者所有，劳动收入是社会总产出的重要组成部分，并且劳动收入的增加会有利于收入差距的缩小。在完全竞争的经济环境中，一个劳动者的收入是由其边际产出，即其在生产中的实际贡献决定的，而其对生产的贡献取决于其综合素质的高低。劳动者综合素质的高低取决于其先天禀赋、身体素质和人力资本积累，先天禀赋是自然形成的，人无法改变，良好的身体素质需要有必要的生活资料保证衣食住行的满足和必要的医疗条件保证身体健康，人力资本的积累需要有良好的受教育条件。在一个社会现代化前期，由于物质财富有限和制度不完善，普通劳动者往往在必要生活资料和医疗条件上得不到保证，底层穷人甚至是在生存线上挣扎，营养不良、健康恶化，更没有良好的受教育机会，这使得普通劳动者的收入难以提升。而在现代化后期，随着物质财富的急剧增加，一个社会已经具有能力保障普通劳动者生存和发展的权利，各国都会逐步建立健全社会保障制度，如最低生活保障、最低工资法、公共医疗，并且发展义务教育，甚至还要建设福利国家。这一切都使普通劳动者生存和发展的权利得到保障，让其可以通过自身努力改变收入状况，这有利于缩小收入差距。所以，劳动者生存和发展权利得不到保障是现代化前期收入差距扩大的原因，而物质财富增加和制度完善使得劳动者生存和发展权利得到保障则是现代化后期收入差距缩小的重要影响因素。

第五，社会经济整体从不平衡发展到平衡发展的转变。

在一个社会开始现代化的初期，往往资源稀缺程度较高，有限的资源使得经济发展客观上不可能在各行业、各地区和城乡之间平衡进行，一国政府也往往会实行优先发展部分行业、部分地区和部分城市的不平衡发展战略。在资源稀缺的情况下，根据赫尔希曼的联系效应理论，一个经济体应发展能导致引致投资最大化的行业；按照罗斯托的主导行业理论，应优先发展一个能带动整体经济发展的主导行业，在经济发展到一定程度后，一个社会就会平衡发展各个行业。缪尔达尔的地区不平衡发展理论认为，发达地区的经济发展会在初期产生回波效应，吸收了落后地区的资本和劳动，而到后期又会产生扩散效应，带动落后地区的经济发展。由于城市是生产率较高的工业和服务业集聚地，一个社会的发展往往在初期会集中发展城市，农村处于停滞，甚至还要抽取农村剩余支持城市发展，而经济发展到一定程度后，一个社会就会有力量关注农村地区发展，实现城乡平衡发展。所以，在一个社会由传统向现代发展的前期，由于各行业、各地区和城乡之间不平衡发展，收入分配的行业差距、地区差距和城乡差距出现甚至不断加剧，这就加剧了整体收入差距的扩大，而到现代化后期，由于逐步实现行业、地区和城乡平衡发展，收入分配的行业差距、地区差距和城乡差距逐步消失，这就使得收入差距趋于缩小。因此，在现代化进程中，社会经济整体从不平衡发展到平衡发展的转变也推动了收入分配呈先扩大后缩小的倒 U 走势。

第六，人类文明理性的发展使得机会公平和无歧视制度逐步建立。

在市场经济中，经济决策是由经济主体在一定的经济环境中做出的，经济环境形成经济主体的约束条件，在不同的约束条件下，经济主体的收益会极大不同，所以经济环境给予每个经济主体的机会是否公平对形成个体收入差距是至关重要的。在同等条件下，被经济环境赋予更多权力的主体会得到更高的收入，而行为受限的主体会得到更低的收入。一个社会如果对不同的人区别对待，一些人能从事的活动另外一些人不能从事，一些人能得到的收益另外一些人不能得到，整体收入差距就会扩大，相反对所有人机会公平和无歧视的制度则有利于缩小收入差距。在一个社会由传统向现代发展的初期，由于资源稀缺度较高和传统社会遗留下来的特权、等级因素的作用，并没有赋予全体社会成员平等的权利和义务，市场机会并没有向所有人平等开放，如户籍歧视、城乡分割、特权、垄断、铁饭碗等，掌握较多权力的人就能利用权力获得更多收入，如寻租、贪污、受贿、权钱交易，这样就人为拉大了收入差距。而随着现代化的推进，这种不公平不合理的制度必然引起人们的反抗，人类文明理性的发展使得机会公平和对所有社会成员无歧视的制度逐步得以建立，由机会不公平造成的收入差距逐步变小，直至消失。

第七，政府的再分配和社会的三次分配的发展。

由于每个人在先天禀赋和努力上的差异，一个经济体的成员在收入上存在差距是不可避免的，只要制度公平地对待了每一个人，每一个人获得了由其实际贡献所决定的报酬，则这种差异无可厚非。但现实中制度不可能做到绝对公平，即使制度绝对公平，经济环境的急剧变化和随机性，使每一个人的生存都充满了风险。如果只由市场来决定收入分配，则收入差距会较大，所以需要有政府的再分配和社会的三次分配作为初次分配的补充。在人类社会由传统向现代发展的前期，客观上由于社会财富还并不丰裕，加上社会制度的完善有一个过程，政府和社会对收入分配的调节机制没有建立起来，所以没有抑制收入差距扩大的机制。到现代化后期，人类社会已经创造了大量社会财富，已经具有进行收入分配调节的物质基础，政府通过税收和转移支付对收入分配进行调高补低，而社会的慈善、捐助等三次分配也发展起来，这都有利于收入差距的缩小。

第八，社会发展加速，社会流动性增强。

人类社会由传统向现代发展的一个基本特征是社会发展加速，社会流动性加快。传统社会是一个缓慢发展的、阶层固化的社会，个人出身基本决定个人命运，个人很难依靠自身禀赋和努力改变收入状况，社会流动性弱。而随着现代化的发展，自由平等原则确立，民主化、法制化保障了基本的人权，公平合理制度的建立给予每个人平等的发展机会，每个人都可以依靠自身禀赋和努力改变收入状况。社会流动性的增强会有利于缩小收入差距。

我们总结以上的分析，得到如表 15-1 所示的收入分配的库兹涅茨倒 U 曲线形成过程分析框架。在人类社会由传统向现代发展的现代化早期，由于表 15-1 中左边所示八个因素的作用，前两个因素的作用甚至是客观的，不以人的意志为转移的，一个社会的收入差距会趋于扩大。而到现代化后期，如表 15-1 中右边所示，使得收入差距趋于扩大的八个因素发生了扭转，从而收入差距转而缩小，收入差距在现代化过程中呈现先上升后下降的倒 U 型走势。使影响收入差距的八个因素发生扭转的原因在于：第一，物质财富的增加使得资源稀缺程度得到缓解，从而使人类社会有足够的物质基础合理分配社会财富；第二，人口健康和受教育水平提高使得文明理性程度提高，人类文明的发展使得制度的逐步完善，人口素质越来越趋于经济学的理性人假设。总之，人类社会从传统向现代的发展是逐步去除传统性，现代性逐步建立的过程，是物质财富不断丰富和文明理性不断提高的过程。如图 15-6 所示，在现代化开始以前的传统社会，收入差距会在一个由传统性因素所决定的收入差距水平附近波动，在现代化完成以后的现代社会，收入差距会在一个由现代性因素所决定的收入差距水平附近波动，而在现代化过程中，一个社会的收入差距会呈现先上升后下降的倒 U 型走势，此即为收入分配的库兹涅茨倒 U 曲线。

表 15-1　收入分配的库兹涅茨倒 U 曲线形成过程分析框架

现代化：人类社会由传统向现代发展的历史进程			
现代化前期		现代化后期	
现代部门扩张，传统部门收缩	收入差距扩大	传统部门趋于消失	收入差距缩小
资本收入份额上升，劳动收入份额下降		资本收入份额下降，劳动收入份额上升	
自然资源和物质资本占有集中		自然资源和物质资本占有相对趋于分散	
普通劳动者生存和发展的权利得不到保障		普通劳动者生存和发展的权利得到保障	
行业、地区和城乡不平衡发展		行业、地区和城乡平衡发展	
机会不公平和制度性歧视		机会公平和无歧视制度逐步建立	
再分配和三次分配的缺乏		再分配和三次分配的发展和完善	
阶层固化，社会流动性低		社会发展加速，社会流动性增强	

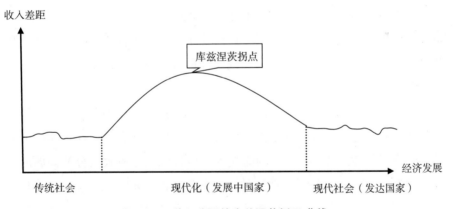

图 15-6　收入分配的库兹涅茨倒 U 曲线

第五节　如何面对库兹涅茨倒 U 曲线？

基于上述的经验观察和理论分析，我们认为：在一个社会由传统向现代发展的现代化过程中，收入差距会呈现先上升后下降的库兹涅茨倒 U 走势。那么，接下来的问题就是：收入分配的库兹涅茨倒 U 曲线有多大的适用性？我们该如何面对它？

首先，我们应明确概念界定，收入分配的库兹涅茨倒 U 曲线很好地揭示了人类社会由传统向现代发展过程的收入分配差距先上升后下降的演变趋势，这一趋势的形成是由于现代化过程中影响收入分配的各个因素都经历了有规律的变化轨迹，这些因素的变化形成了收入分配的库兹涅茨倒 U 曲线。所以，分析一个经济体的收入分配演变要结合具体的历史背景进行，现代化过程中由这些因素的变化所导致的收入分配变化是库兹涅茨倒 U 曲线的解释范围，而传统社会和现代社会的收入分配波动则不是库兹涅茨倒 U 曲线的解释范围。

其次，在人类社会由传统向现代发展的现代化进程中，很多其他变量也会表现出类似于收入分配的库兹涅茨倒 U 曲线的先恶化后改进或先上升后下降的变化趋势，形成了环境库兹涅茨曲线、社会问题库兹涅茨曲线、区域经济发展库兹涅茨曲线、第二产业比重库兹涅茨曲线等，这样在使用中就要注意区分所分析的是什么库兹涅茨曲线，对各个库兹涅茨曲线不可混淆使用。

另外，任何一个社会现象的影响因素都是错综复杂而不确定的，社会规律也是在一定的假设条件下推导出来的，这使得社会规律在现实中的实践不像自然规律那样具有更大的必然性。所以我们分析收入分配问题时不可无限制夸大库兹涅茨倒 U 曲线的必然发生，收入分配的库兹涅茨倒 U 曲线代表了现代化过程中由各种客观和主观因素影响所形成的收入分配演变的一般趋势，但影响收入分配的经济环境还有很多，如果其他因素的影响超过了本章中所分析的八个因素的影响，那么收入分配的倒 U 走势就不必然在这个经济体的现代化过程中发生，或者即使长期趋势是倒 U 走势的，但在短期也可能有独特的波动和变化轨迹。当一个社会发生革命、战争、政治运动、土地改革，或者政府主导了其他强制性的制度变迁，就会导致收入分配演变在短期与倒 U 走势不完全一致，出现急剧的波动，如公有化改革会使收入分配由极端不平等迅速转为极端平等。特别值得一提的是，在一个经济体发生由计划体制向市场体制的整体转型时，收入差距也会呈现先急剧上升，转型到一定程度又转为下降的倒 U 走势，这应该说虽不是收入分配的库兹涅茨倒 U 曲线的本意，但也是收入分配的库兹涅茨倒 U 曲线的一个特例，因为制度的转型和完善本身也是现代化的一部分，只是收入分配的库兹涅茨倒 U 曲线代表的是一种更长期的一般趋势，经济转型中的倒 U 曲线只是这个一般趋势下的特殊变动而已。

收入分配的库兹涅茨倒 U 曲线虽不必然在任何经济体的任何发展阶段发生，但其代表一种长期的一般趋势则是无可置疑的，而一些人把库兹涅茨曲线视为规律而认为人们可以无所作为地等待收入差距下降的到来，这种思想已受到很多学者的批评，也违背库兹涅茨本人的意思。其实，与自然的运动中人作为外生变量不一样，在社会的运动中，人的活动本身就是内生变量，即使是社会规律也是人们努力活动的结果。在本章中所分析的形成收入分配倒 U 走势的八个因素之所以在现代化后期发生扭转，都是理性人追求效用最大化，努力优化资源配置，提高自身素质，完善制度，使得物质财富不断增加，人的文明理性程度不断提高，制度不断完善才出现的。面对现代化前期存在的资源稀缺、人口素质低、制度不完善导致收入差距扩大的趋势，人们在能力允许的情况下，完全应该主动推动社会各方面的发展，尽快使导致收入差距缩小的因素形成，而不是等待。一个社会如果对经济环境建设的速度较快，则这个经济体收入不平等由上升到下降的转折点会更早到来，甚至在经济发展过程中不伴随着收入差距的扩大。很多学者都极力称赞亚洲"四小龙"在第二次世界大战后经济快速发展，已经实现现代化，但没有伴随收入差距扩大，堪称东亚奇迹。中国台湾更是公平增长的典型，在经济发展过程中还伴随着收入差距的下降。

要使一个经济体在现代化过程中收入分配不要急剧恶化，至少采取以下一些政策措施是有益的：第一，加快现代部门的发展和对传统部门的现代化改造，使经济一体化；第二，建立完善的现代产权制度，明确自然资源和物质资本的所有；第三，建立完善的社会保障制度，发展公共医疗和公共教育，保障所有人生存和发展的权利；第四，促进行业、地区和城乡平衡发展；第五，消除对不同人区别对待的歧视性制度，保障每个社会成员生存和发展的机会公平；第六，在市场形成的初次分配的基础上，加强政府的再分配调节，发展社会的三次分配作为补充；第七，在公平合理的制度下，分配制度应使每个人的报酬与对生产的实际贡献相符，打击灰色收入，取缔非法收入，促进社会流动。通过这些制度建设和政策措施，应使每个人的收入仅由其个人禀赋和努力所决定，最终形成一个以中产阶级为主体的基本服从正态分布且具有完全流动性的收入分配格局。

参考文献

［1］陈宗胜：《库兹涅茨倒 U 假设理论论争评析》，《上海经济研究》1991 年第 3 期。

［2］陈宗胜：《倒 U 曲线的"阶梯形"变异》，《经济研究》1994 年第 5 期。

［3］陈宗胜：《关于收入差别倒 U 曲线及两极分化研究中的几个方法问题》，《中国社会科学》2002 年第 5 期。

［4］郭熙保：《从发展经济学观点看待库兹涅茨假说：论中国收入不平等扩大的原因》，《管理世界》2002 年第 3 期。

［5］纪玉山：《库兹涅茨倒 U 理论质疑》，《社会科学战线》1997 年第 3 期。

［6］李绍东：《中国库兹涅茨曲线的拐点何时出现？——基于基尼系数的预测》，《重庆工商大学学报（社会科学版）》2010 年第 3 期。

［7］李子奈、田一奔、羊健：《居民收入差距与经济发展水平之间的关系分析》，《清华大学学报（哲学社会科学版）》1994 年第 1 期。

［8］潘哲文、周先波：《中国收入分配差距发展趋势及转折点：基于非均匀面板数据的非参数设定检验》，《财贸研究》2014 年第 4 期。

［9］钱敏泽：《库兹涅茨倒 U 字形曲线假说的形成与拓展》，《世界经济》2007 年第 9 期。

［10］孙百才：《经济增长、教育扩展与收入分配：两个"倒 U"假说的检验》，《北京师范大学学报（社会科学版）》2009 年第 2 期。

［11］王小鲁、樊纲：《中国收入差距的走势和影响因素分析》，《经济研究》2005 年第 10 期。

［12］王亚芬、肖晓飞、高铁梅：《中国城镇居民收入分配差距的实证研究》，《财经问题研究》2007 年第 6 期。

［13］杨俊、张宗益：《中国经济发展中的收入分配及库兹涅茨倒 U 假设再探讨》，《数量经济技术经济研究》2003 年第 2 期。

［14］周维明：《库滋涅茨倒 U 曲线 VS 马太效应》，《工业技术经济》2006 年第 11 期。

［15］Acemoglu, D., & Robinson, J. A., "The Political Economy of the Kuznets Curve", *Review of Development Economics*, 2002, vol. 6, no. 2.

［16］Ahluwalia, M. S., "Income Distribution and Development：Some Stylized Facts", *American Economic Review*, 1976, vol. 66, no. 2.

［17］ Ho-Chuan River, H. , "A flexible nonlinear inference to the Kuznets hypothesis", *Economics Letters*, 2004, vol. 84, no. 2.

［18］ Kuznets, S. , "Economic Growth And Income Inequality", *American Economic Review*, 1955, vol. 45, no. 1.

［19］ Ogwang, T. , "The Economic Development-Income Inequity Nexus: Further on Kuznets' U-Curve Hypothesis", *American Journal of Economics & Sociology*, 1995, vol. 54, no. 2.

［20］ Robinson, S. , "A Note on the U Hypothesis Relating Income Inequality and Economic Development", *American Economic Review*, 1976, vol. 66, no. 3.

［21］ Solt, Frederick, "The Standardized World Income Inequality Database", Working paper, SWIID Version 5.0, October 2014.

［22］ Zhou, X. & Li, K. , "Inequality and Development: Evidence from Semiparametric Estimation with Panel Data", *Economics Letters*, 2011, vol. 113, no. 3.

第十六章　收入分配的库兹涅茨倒U曲线：跨国数据再证实[*]

一个经济体现代化进程中的收入分配会如何演变是学术界持续争论的问题。本章先从现代化进程中的二元结构转变和制度变迁角度对收入分配的库兹涅茨倒U曲线进行了理论说明。然后利用世界银行WDI数据库中149个国家或地区1981—2013年的国际横截面和面板数据，使用混合回归、固定效应、随机效应、差分GMM和系统GMM等多种估计方法对倒U曲线进行实证检验。结果支持倒U曲线，说明收入分配的库兹涅茨倒U曲线代表了人类社会由传统向现代发展的现代化进程中收入分配演变的一般趋势。最后，我们分析了倒U曲线在中国的实践，发现中国在2011年左右以后已经进入库兹涅茨拐点区，收入差距会在一定时期维持稳定。只要在现代化进程中继续加快结构转变和制度完善，收入差距就有望逐渐缩小。

第一节　引　言

公平合理的收入分配是人类经济活动的一大基本目标。经济发展是否必然带来收入分配的改善？美国经济学家库兹涅茨（Kuznets，1955）最早

---

[*] 本章作者：邵红伟、靳涛。

对该问题做出了问答，认为在人类社会由前工业文明向工业文明快速转型的经济增长早期阶段，收入分配差距会持续扩大，然后保持一段时间的稳定，在后半阶段逐渐缩小。这被学者们称为"收入分配的库兹涅茨倒 U 曲线"，成为以后研究经济发展过程中收入分配演变的范式，很多学者对该理论进行了大量实证检验。Kravis（1960）最早用包含 10 个发达国家和发展中国家数据的比较分析支持了库兹涅茨假说。Paukert（1973）观察了多国收入分配数据，发现尽管一些国家可能收入差距长期维持稳定，有的甚至短暂恶化，但长期趋势是趋于下降的。Ahluwalia（1976a，1976b）用 60 个包含发展中国家、发达国家、社会主义国家的数据进行回归分析，很好地支持了倒 U 假说。Saith（1983）则指责了用跨国横截面数据来检验时间序列倒 U 曲线的方法。Lecaillon（1984）的实证分析发现样本构成的很小变化或者个体观测值的细微调整就会使倒 U 曲线在统计上消失。陈宗胜（1991）综述了早期的实证文献，发现所有的跨国横截面数据都支持倒 U 假说，发达国家和发展中国家发展初期的时间序列数据显示了收入差距上升的趋势，发达国家的时间序列数据显示了收入差距下降的趋势，综合起来看，支持倒 U 假说的论证更充分。

尽管一些学者对发达国家的历史研究发现，美国和英国的收入差距演变很好地符合倒 U 曲线，但其他对如日本、澳大利亚、瑞典的历史考察并没有发现收入差距演变的倒 U 曲线（Brenner，1991）。Deininger 和 Squire（1996，1998）用他们收集的数据也没有很好地验证倒 U 曲线，支持和不支持库兹涅茨倒 U 曲线的国家基本一样多。Huang 和 Lin（2007）用半参数贝叶斯推断方法证实了倒 U 曲线，但收入差距随着经济增长上升很小的幅度后就开始下降了。Theyson 和 Heller（2015）用人类发展指数、预期寿命、教育水平衡量发展水平的实证分析也没有支持倒 U 曲线。

库兹涅茨倒 U 曲线的实证结果是矛盾的，从来没有得出一致的结论。在所有实证分析中，影响最大的是 Ahluwalia（1976a，1976b），其将跨国数据的回归分析引入倒 U 曲线的实证分析，开创了后来众多学者实证研究库兹涅茨倒 U 曲线的跨国数据回归分析方法。由于时代所限，其所用样本为 60 个国家在 20 世纪六七十年代不同年份的收入份额数据，而时隔 40 多年后，倒 U 曲线的实证研究有了更长时期更高质量的数据和更先进的分析方法，这些数据和方法是否仍然支持倒 U 曲线？我们将数据扩充到了世界银行 WDI 数据库中 149 个国家或地区 1981—2013 年共 33 年的国际面板数据，将收入份额指标扩展到了基尼系数指标，使用混合回归、固定效应、随机效应、差分 GMM、系统 GMM 等多种回归估计方法进行了尝试。在理论解释上，我们按收入差距的形成原因，从自然性收入差距、结构性收入差距和制度性收入差距的新视角解释了库兹涅茨倒 U 曲线。

本章以下先对库兹涅茨倒 U 曲线进行理论分析，然后介绍我们实证分析的模型、变量、样本和数据，进而给出实证分析结果和稳健性检验，在此基础上分析倒 U 曲线在中国的实践，最后是结论和政策建议。

第二节　理论分析：现代化进程中的二元结构转变和制度变迁

对倒 U 曲线的理论分析，库兹涅茨（1955）认为收入差距在现代化前期扩大主要是由于储蓄集中于富裕阶层，以及工业化和城市化的发展；在后期缩小主要是由于政府干预、人口结构变动、技术进步和新兴行业的不断出现。之后，Robinson（1976）、Anand 和 Kanbur（1993）、陈宗胜（1994）、Ogwang（1995）、Galor 和 Tsiddon（1996）、Acemoglu 和 Robinson（2002）、Korzeniewicz 和 Moran（2005）等从不同的角度对倒 U 曲线进行了逻辑论证。总的来看，从库兹涅茨开始就大致遵从结构转变和制度变迁两条路径，我们接下来也从现代化进程中的结构转变和制度变迁角度对倒 U 曲线做出理论说明。

收入差距是人们在一定的社会经济环境中进行生产和分配活动的结果，社会经济环境中的制度、技术、结构等是形成收入差距的根源，生产和分配活动中财产收入和劳动收入是形成收入差距的直接原因。为说明起见，这里再次给出上一章中产出（Y）：

$$Y = F(K, L) \tag{16-1}$$

其中，K 代表财产类要素的投入，包括自然资源和物质资本，L 代表劳动类要素的投入，包括劳动力、人力资本、企业家才能等，生产函数 F 代表把资本和劳动变为产出的可利用的技术。新古典分配理论认为，在不考虑货币的实体经济中，如果经济环境是完全竞争的，追求利润最大化的企业将按照实际要素价格等于要素的边际产量的原则决定使用资本和雇佣劳动的数量。这样每种生产要素得到的报酬就等于这种生产要素的边际产出，企业向资本所有者支付的实际租赁价格 R 和向劳动者支付的实际工资 W 可分别表示为：

$$R = MPK = \frac{\partial F(K, L)}{\partial K} \qquad W = MPL = \frac{\partial F(K, L)}{\partial L} \qquad (16-2)$$

根据欧拉定理，在假设生产函数规模报酬不变的情况下，由产品分配净尽定理：

$$Y = F(K, L) = R \times K + W \times L \qquad (16-3)$$

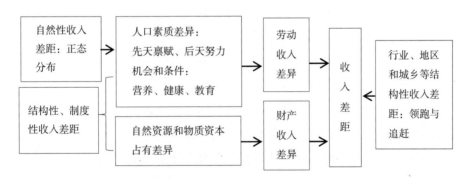

图16-1 收入分配差距因素分解和力量对比

因此，在生产过程中，财产所有者获得了财产收入 $R \times K$，劳动所有者获得了劳动收入 $W \times L$，财产收入和劳动收入的总和刚好为一个经济体的总产出，即一个经济体的总产出被全部分配给了财产所有者和劳动所有者。如图16-1所示，一个经济体的整体收入差距是由财产收入和劳动收入的差异形成的，而财产收入差异是由人们占有自然资源和物质资本的差异形成的，初始产权界定的平等与否会有重要影响；劳动收入差异是由人的综合素质的差异导致生产能力不同形成的，而人的综合素质是由先天禀赋、后天努力和一定的营养、健康和教育条件形成的，人的禀赋是自然形成的，而人力资本形成所需的营养、医疗和教育条件则与制度完善程度有关；另外，由于地理位置、生产内容和技术水平等差异，不同行业、不同地区、城乡之间经济活动的财产收入和劳动收入也会有差异，形成结构性收入差距。由此，根据收入差距的形成原因，收入差距可分为自然性收入差距、制度性收入差距、结构性收入差距和其他收入差距。其中，自然性收入差距是客观的，现代化进程中的收入分配演变将主要由结构性收入差距和制度性收入差距的演变决定，以下分别分析这三类收入差距及其对形成倒 U 曲线的解释。

一、由禀赋和努力差异形成的自然性收入差距

在市场经济中，每个成员的收入取决于由个人能力决定的其对社会的贡献，其生产能力越强，报酬越高，生产能力越弱，报酬越低。如果每个个体获得营养、健康和教育的机会和条件完全公平，个人能力的形成是在一定先天禀赋基础上加上后天努力形成的，由于生物学和社会学上的原因，每个人在智力、健康等先天禀赋上是有差异的，后天努力也是有差异的，这决定个人能力是有差异的，由此形成的自然性收入差距在任何一个实行市场经济的经济体中都是不可避免的。自然性收入差距与倒 U 曲线的形成并没有必然的联系，但这却是形成一切收入差距的基础。如果一个社会的制度完全公平，则一个社会的收入分配会基本与个人能力的分布相吻合，会基本服从正态分布；而且随着个人努力和能力的改变，特别是代际改变，收入分配会表现出完全的流动性，所以自然性收入差距是被人们所接受的。现实中的收入分配之所以不合理，是由于技术创新引起的结构性收入差距和制度不公引起的制度性收入差距的存在，这两种收入差距形成因素的演变正是决定倒 U 曲线形成的主要力量。

二、由技术创新引起的结构性收入差距

现代化是一个由传统向现代发展的过程，传统社会是一个以农村和农业为主的社会，一个经济体在现代化初期都存在一个庞大的农村和农业部门，工业革命的发生使具有较高生产能力的机器首先在城市的工业部门中得到使用，在本轮技术创新中，经济体的经济活动被分成两部分：生产力

较低的以农村和农业为代表的传统部门和生产力较高的以城市和工业为代表的现代部门。由于现代部门的边际生产力远远高于传统部门的边际生产力，无论财产收入还是劳动收入，现代部门的人群都高于传统部门的人群，现代部门形成"领跑"的力量，传统部门形成"追赶"的力量，现代部门会吸引传统部门的资本和劳动去获得更高的收入，现代化的过程就是资本和劳动不断由传统部门向现代部门转移和传统部门进行现代化改造的过程，整个经济体经历着工业化和城市化的结构转变。

一般情况下，在很长一段时间，首先进入现代部门的人群获得了比传统部门高得多的收入，"领跑"的力量强于"追赶"的力量，随着越来越多的人进入现代部门获得高收入，而庞大的传统部门收入基本维持不变，收入差距迅速拉大。随着现代化的持续推进，越来越多的资本和劳动由传统部门进入现代部门，传统部门也通过技术变革和生产组织转变进行现代化改造，"追赶"的力量会逐渐超过"领跑"的力量，从现代部门的比重超过传统部门开始，由传统与现代的差距引起的整体收入差距达到最大后开始变小，使收入差距趋于下降。直到传统部门和现代部门的资本和劳动的边际生产力相等，资本和劳动的转移才会停止，工业革命引起的传统与现代的收入差距也归于零。这样，现代化进程中的结构变化就会使收入差距呈现先上升后下降的倒 U 走势，库兹涅茨用数值例子论证了这一过程，Robinson（1976）和陈宗胜（1994）等建立模型从逻辑上论证了这一过程。

三、由制度公平与否形成的制度性收入差距

从制度性收入差距方面看，传统社会本身就是不平等的等级社会，受限制于物质基础，现代社会的平等制度需要经济发展到一定程度才能建立起来，传统社会遗留下来的不公平制度在一段时间内仍占优势，大部分资本为富人占有，普通劳动者在必要生活资料和医疗条件上得不到保证，底层穷人甚至在生存线上挣扎，使得营养不良，健康恶化，更没有良好的受教育机会，不完善的法律没有赋予全体社会成员平等的权利和义务，市场机会并没有向所有人平等开放，制度不公平的力量在结构变化的基础上进一步加剧了现代化初期收入差距的扩大。而到现代化后期，随着生产力的

发展和物质基础的增强，经济体已有能力建立现代平等的社会制度，大部分经济体会经历由传统等级社会到现代平等社会的制度变迁，公平的制度逐渐建立。低收入人群逐渐占有了一定财产，获得了财产收入；各国逐步建立健全了社会保障制度，如最低生活保障、最低工资法，并且发展公共医疗、公共教育，甚至建立福利国家，这使普通劳动者生存和发展的权利逐步得到保障；原来的不平等制度也引起人们的反抗，人类文明理性的发展使得机会公平和对所有社会成员无歧视的制度逐步建立，保证了人们行为权利的平等；现代化后期的政府也比以前更有能力对收入分配进行调节，通过税收和转移支付调高补低，而社会的慈善、捐助等三次分配也发展起来。这一切使现代化后期制度公平的力量逐渐超过制度不公平的力量，这进一步使收入差距趋于缩小。由于制度的复杂性和难以量化，还没有学者对由制度变迁引起的倒 U 走势建立模型进行逻辑论证，而大多是通过历史分析和对现实的观察得出结论的。库兹涅茨就指出，随着从农村或国外到城市的外来人口对城市生活的适应，特别是下一代在城市出生的人口的增长，低收入人群也能更好地争取自己的权利，最终形成了有利于低收入人群的立法，保障了他们的权利。

自从 1955 年收入分配的倒 U 曲线提出以来，经过 60 多年的争论、补充和完善，可以看出：基于二元经济的逻辑推理全部都是支持该理论的，说明现代化过程中的结构变化客观上存在产生倒 U 曲线的力量。但一个经济体收入分配的演变是复杂的，除了结构变化外，还受众多其他因素的影响，由于各个经济体自然环境、历史背景、制度环境、经济发展方式千差万别，收入分配演变也不会表现出一致的变化轨迹，库兹涅茨倒 U 曲线也不必然在每个经济体都发生，即使发生也会表现出不同的特征。很多学者都极力称赞亚洲"四小龙"在第二次世界大战后经济快速发展，已经实现现代化，但没有伴随收入差距扩大，堪称东亚奇迹。中国台湾更是公平增长的典型，在经济发展过程中还伴随着收入差距的下降。库兹涅茨倒 U 曲线虽然并非经济发展过程中收入分配演变的必然趋势，但其作为一般趋势还是被大部分学者接受的。

第三节 模型、变量和样本、数据

收入分配的库兹涅茨倒 U 曲线说的是一个经济体的收入分配随着从传统到现代的发展而呈现出倒 U 型走势，要实证分析倒 U 型曲线，当然应该用每一个经济体的时间序列数据。但各个国家从传统到现代的发展是漫长的，通常要一两百年以上，如此长时期的时间序列数据在现实中基本是不可能获得的。如果可以把同一时期不同发展水平的国家看成同一个国家的不同发展阶段，即发达国家的今天就是发展中国家的明天，那么横截面数据和面板数据也可以用来近似实证倒 U 曲线。对倒 U 曲线有深入研究的陈宗胜（2002）认为："虽然在进行收入差别倒 U 曲线研究时使用年度时序资料有绝对的优势，但后两者在资料不充分的情况下也不失为一种可行的方法"。[①] 他还指出，只要收集到的数据包含了低、中、高不同发展水平或不同发展阶段上的国家，那么验证倒 U 理论的数据基础就是恰当的。

关于世界各国的经济发展和收入分配演变，世界银行的世界发展指标（WDI）数据库进行了很好的统计，该数据库给出了世界上 214 个国家或地区 1960—2013 年主要发展指标的统计数据。为了使数据具有较大的可比性，本章所用变量和数据全部来自 2015 年 3 月 12 日更新的世界银行 WDI 数据库。

一、模型设定和变量定义

为了实证检验收入分配的库兹涅茨倒 U 曲线，本章设定如下回归模型：

$$Inequality_{it} = \alpha_0 + \alpha_1 Develop_{it} + \alpha_2 Develop_{it}^2 + \varepsilon_{it} \tag{16-4}$$

其中，$Inequality$ 是代表收入分配状况的一些指标，我们选取了世界银

[①] 这里指横截面数据和面板数据。

行 WDI 数据库中的基尼系数（*gini*）、收入最高 20% 人口所占份额（*quintile*1）、收入最低 20% 人口所占份额（*quintile*5）衡量一个经济体的收入差距；*Develop* 是代表人类社会从传统向现代发展的一些指标，我们选取了世界银行 WDI 数据库中以 2005 年不变美元计算的净人均 GNI（*nnipc*）和非农产业占 GDP 的比重（*nonagri*）、城市人口占总人口的比重（*unban*）来衡量这一发展过程；*i* 代表经济体，是一个国家或地区；*t* 代表时间，我们以 5 年为一个考察时期；*ε* 代表随机误差项。以下对各变量分别作出说明。

1. 被解释变量：收入差距指标

对于一个经济体的收入分配状况，公认度最高最权威的莫过于基尼系数，我们也选取基尼系数作为主要被解释变量。世界银行对各个经济体的基尼系数进行了具有较大可比性的估计，按其定义，基尼系数（*gini*）测度了一个经济体内个体或家庭之间收入分配偏离完全平等分配的程度；洛伦茨曲线从低到高刻画了收入的累计百分比对人口的累计百分比的变化，基尼系数是洛伦茨曲线与假想的完全平等线之间面积占完全平等线以下总面积的比例；基尼系数为 0 代表完全平等，基尼系数为 100 代表完全不平等。除了基尼系数能够较全面地衡量一个经济体的收入分配状况，用最富裕的人口和最贫穷的人口在总收入中所占的份额也能够从一定程度上反映一个经济体的收入分配状况。我们在用基尼系数做主要被解释变量的同时，还选取了 WDI 数据库中收入最高 20% 人口所占份额（*quintile*1）和收入最低 20% 人口所占份额（*quintile*5）做稳健性检验的被解释变量，收入最高 20% 人口所占份额通常在 20—100 之间取值，收入最低 20% 人口所占份额通常在 0—20 之间取值。

2. 解释变量：发展程度指标

对于一个经济体的发展程度，人均收入水平是最理想的刻画指标，本章选取了 WDI 数据库中以 2005 年不变美元计算的净人均 GNI（*nnipc*）作为解释变量。WDI 数据库的 GNI（即以前的 GNP）是一国国民生产总值加上产品税，减去不包含在产值中的任何补贴，并加上从国外获得的净收入，GNI 扣除固定资产折旧和自然资源损耗就是调整后的净 GNI，净 GNI 除以年中人口数量就是净人均 GNI。由于生产力决定生产关系、经济基础决定上层建筑，一个社会的制度完善程度主要是由经济发展水平决定的，用净人均 GNI 解释收入分配除了能刻画整体收入差距的演变，也能够间接反映制度性收入差距的演变。从传统向现代的发展是一个从以农业为主导产业到以第二产业和第三产业为主导产业的过程，也是一个城市化的过程，所以我们除了用人均收入水平来代表一个经济体的发展程度，还选取了非农产业占 GDP 的比重（nonagri）和城市人口占总人口的比重（unban）分别做解释变量，这直接反映了结构性收入差距的演变。非农产业占 GDP 的比重由 WDI 数据库中的第二产业增加值占 GDP 的比重加上第三产业增加值占 GDP 的比重得到，城市人口占总人口的比重则测度了按各国统计机构定义的生活在城市的人口占总人口的比例。

　　在人类社会由传统向现代发展的过程中，由于传统与现代的并存，导致收入分配呈现出倒 U 型走势，所以选取了人均收入水平、非农产业占比和城市化率这几个能够代表这一发展过程的指标分别做解释变量。人均收入水平是一个综合性的指标，能够较为全面地代表一个经济体的发展程度，非农产业占比和城市化率也能从一个侧面较好地代表这一发展过程。为了检验收入分配的倒 U 型走势，我们继续沿用 Ahluwalia（1976a，1978b）的模型设定方法，在模型中把解释变量设为常数项加上发展指标和发展指标的平方项。当用基尼系数做被解释变量时，如果回归结果是发展指标的系数为正而发展指标平方项的系数为负，则说明收入分配呈现倒 U 型走势。

　　另外，如果在人类社会从传统向现代的发展过程中，收入分配的倒 U 假说成立，那么高收入者的收入份额会先提高后下降，而低收入者的收入份额会先下降后提高，所以当用收入最高 20% 人口所占份额为被解释变量时，发展指标的系数应为正而平方项的系数应为负；当用收入最低 20% 人口所占份额为被解释变量时，发展指标系数应为负而平方项系数应为正。综上，如果收入分配的库兹涅茨倒 U 理论是正确的，我们实证结果预期为：当用基尼系数和收入最高 20% 人口所占份额为被解释变量时，发展指标的系数为正数，发展指标平方项的系数为负数，当用收入最低 20% 人口所占份额为被解释变量时，发展指标系数为负数，发展指标平方项系数为正数。

二、样本选取和数据处理

世界银行 WDI 数据库中的基尼系数和收入份额指标只是在 1981 年后才有了较多数据，在之前只有少量几个数据，最后的数据到 2013 年，这使我们所用数据的时间跨度限定在 1981—2013 年。在此期间，各个经济体的数据在各个年份也存在大量缺失值，有的只是零星存在一些数据，有的则完全没有，这使我们的样本限定为存在基尼系数的 149 个国家或地区。这样根据基尼系数的可得性，我们选取了 WDI 数据库中的 149 个国家或地区1981—2013 年的数据用以实证检验库兹涅茨倒 U 理论。

我们对数据的处理并没有直接采用年份数据，而是通过取平均值的方式转化为时期数据，各个时期的数据以相应年份可得数据的均值来代表。我们以 5 年为一个考察时期，时期 1 为 1981—1985 年，时期 2 为 1986—1990 年，时期 3 为 1991—1995 年，时期 4 为 1996—2000 年，时期 5 为2001—2005 年，时期 6 为 2006—2010 年，时期 7 只有 3 年，为 2011—2013 年。通过这样的处理，所有变量的数据转化为 149 个国家或地区 1—7期国际面板数据。之所以要通过取均值将年份面板数据转化为时期面板数据，主要是基于以下三点考虑：第一，经济发展与收入分配的关系是一种长期关系，经济发展所带来的收入分配变化在短期并不会体现出来，用年份数据意义不大，用时期数据更科学；第二，我们的主要变量，基尼系数、人均收入水平、非农产业发展和城市化率等都是一个渐变的过程，在短期并不会发生太大的变化，通过取均值，用一个时期内可得数据的均值来代表整个时期，也是合理的；第三，减少数据缺失，由于统计的困难性，世界银行的原始年份数据缺失值较多，尤其是收入分配指标，通过取均值转化为时期数据，用一个时期内可得数据的均值代表整个时期，就大大减少了缺失值，使数据更为完整。所以，这样的数据处理方式，不仅科学合理，而且给研究带来了方便。

表 16-1 列示了各变量的符号、名称、资料来源、原始数据和数据处理说明。

表 16-1 变量信息

变量符号	变量名称	资料来源	原始数据	数据处理说明
$gini$	基尼系数	世界银行 世界发展 指标 WDI 数据库	基尼系数（世界银行估计）	取 5 年均值
$quintile1$	收入最高 20% 人口所占份额		收入最高 20% 人口所占份额	取 5 年均值
$quintile5$	收入最低 20% 人口所占份额		收入最低 20% 人口所占份额	取 5 年均值
$lnnnipc$	净人均 GNI		净人均 GNI	取 5 年均值，再取对数
$lnnnipc^2$				$lnnnipc$ 的平方
$nonagri$	非农产业比重		第二产业增加值占 GDP 比重加第三产业增加值占 GDP 比重	各自取 5 年均值，再相加
$nonagri^2$				$nonagri$ 的平方
$urban$	城市化率		城市人口占总人口的比重	取 5 年均值
$urban^2$				$urban$ 的平方

资料来源：WDI 数据库和作者整理。

表 16-2 变量统计特征

变量	观察值	均值	标准差	最小值	最大值
$gini$	603	39.4406	10.0146	19.4	74.33
$quintile1$	602	46.431	8.2696	31.3	78.25
$quintile5$	602	6.4463	2.2692	0.84	11.97
$lnnnipc$	778	7.6764	1.5738	4.4432	10.9015
$lnnnipc^2$	778	61.4009	24.997	19.7417	118.8416
$nonagri$	910	81.4749	14.5488	19.6332	99.4782
$nonagri^2$	910	6849.591	2195.92	385.4611	9895.911
$urban$	1041	49.9717	22.1305	4.8562	97.7317
$urban^2$	1041	2986.456	2275.404	23.5827	9551.479

资料来源：WDI 数据库和作者计算整理。

表 16-2 给出了各变量的主要统计特征。从表中可以看出，基尼系数分布在 19—74 区间，均值为 39.44；收入最高 20% 人口所占份额分布在

31—78，均值为 46.43；收入最低 20% 人口所占份额分布在 0.8—12 区间，均值为 6.45；人均收入水平的对数分布在 4—11 区间，均值为 7.7 左右；非农产业的比重分布在 19—99 区间，均值为 81.47；城市人口占总人口的比重分布在 4—97 区间，均值为 49.97。所有变量均具有较大的变化区间，能够代表低、中、高不同发展水平的国家，因此用于检验倒 U 理论的数据基础是恰当的。

表 16-3　主要变量相关系数

变量	gini	quintile1	quintile5	lnnnipc	nonagri	urban
gini	1					
quintile1	0.996	1				
quintile5	−0.962	−0.937	1			
lnnnipc	−0.204	−0.222	0.124	1		
nonagri	−0.035	−0.051	−0.032	0.83	1	
urban	−0.079	−0.104	−0.022	0.771	0.719	1

资料来源：WDI 数据库和作者计算整理。

表 16-3 是各变量的相关系数，各收入分配指标与各发展指标的相关系数都为负，说明经济发展从长远来看是会缩小收入差距的。

三、实证结果和稳健性检验

我们首先尝试用 149 个国家或地区在各个时期的国际横截面数据进行分析，图 16-2 报告了以 1981—2013 年均值代表的各经济体基尼系数对净人均 GNI 的散点图和二次拟合图，从图中可以看出，随着净人均 GNI 的提高，基尼系数呈明显的倒 U 型走势。表 16-4 报告了 149 个国家或地区的国际横截面数据在各个时期的回归结果，从表中可以看出，基尼系数对人均收入水平指标的回归结果符号全部与预期相吻合，而且大部分达到了 1% 的显著性水平。基尼系数对非农产业占比和城市化率的回归结果的显著性有高有低，但大部分符号仍然与预期相符合，这初步给予了倒 "U" 曲线以有力的支持。

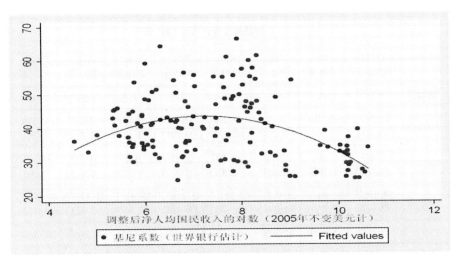

图 16-2　基尼系数对净人均 GNI 的散点图和二次拟合图（横截面数据）

资料来源：WDI 数据库和作者绘制。

表 16-4　149 个国家或地区横截面数据回归结果（基尼系数）

	被解释变量：基尼系数 *gini*							
	1981—1985 年	1986—1990 年	1991—1995 年	1996—2000 年	2001—2005 年	2006—2010 年	2011—2013 年	1981—2013 年
ln*nnipc*	55.94*** (8.356)	33.461*** (10.433)	23.089** (7.819)	15.378** (5.903)	17.94*** (4.947)	16.008*** (5.344)	34.162* (17.478)	19.583*** (4.707)
ln*nnipc*^{2}	−3.544*** (0.525)	−2.239*** (0.637)	−1.603*** (0.488)	−1.103*** (0.371)	−1.228*** (0.31)	−1.099*** (0.338)	−2.325* (1.162)	−1.359*** (0.3)
常数项	−173.7*** (32.033)	−81* (41.903)	−38.337 (30.547)	−10.02 (22.785)	−22.245 (19.134)	−15.09 (20.589)	−81.895 (64.449)	−26.929 (17.947)
R^2	0.6851	0.3159	0.206	0.1968	0.1741	0.1403	0.0909	0.1838
观察值	24	51	87	89	122	99	47	145
nonagri	0.703 (1.033)	0.08 (1.245)	1.246* (0.684)	2.206*** (0.835)	1.015 (0.774)	0.176 (0.69)	−0.084 (0.875)	1.149* (0.613)
nonagri^2	−0.003 (0.007)	0.0001 (0.008)	−0.009* (0.005)	−0.015*** (0.005)	−0.007 (0.005)	−0.001 (0.004)	0.001 (0.006)	−0.008** (0.004)
常数项	3.524 (35.986)	29.942 (47.578)	1.24 (24.751)	−39.35 (31.89)	4.135 (29.916)	35.294 (26.659)	39.319 (32.4)	0.757 (23.103)
R^2	0.1572	0.0103	0.0541	0.0819	0.0232	0.0048	0.0103	0.0373

	被解释变量：基尼系数 *gini*							
	1981— 1985 年	1986— 1990 年	1991— 1995 年	1996— 2000 年	2001— 2005 年	2006— 2010 年	2011— 2013 年	1981— 2013 年
观察值	23	53	98	99	119	113	54	145
urban	0.699** (0.27)	-0.314 (0.303)	0.22 (0.211)	0.039 (0.199)	-0.057 (0.201)	0.081 (0.204)	-0.215 (0.294)	0.078 (0.161)
urban^2	-0.007** (0.003)	0.002 (0.003)	-0.003 (0.002)	-0.001 (0.002)	-0.00001 (0.002)	-0.001 (0.002)	0.003 (0.003)	-0.002 (0.002)
常数项	22.871*** (5.666)	46.661*** (7.756)	40.192*** (4.848)	42.311*** (4.672)	43.217*** (4.923)	38.83*** (5.134)	41.123*** (7.423)	41.616*** (3.727)
R^2	0.2138	0.0463	0.0866	0.0332	0.0172	0.0085	0.0663	0.0617
观察值	28	72	102	104	124	115	58	149

注：（1）括号内的数字是回归估计的标准误；（2）***、**、*分别表示在1%、5%、10%的水平下显著。

资料来源：WDI 数据库和作者计算整理。

接着，我们分析 149 个国家或地区的面板数据。图 16-3 报告了以面板数据代表的基尼系数对净人均 GNI 的散点图和二次拟合图。从图中可以看出，基尼系数对发展水平的拟合存在非常明显的负二次关系。表16-5 报告了用基尼系数分别对代表从传统向现代发展的 3 个指标分别使用混合回归、固定效应、随机效应、差分 GMM 和系统 GMM 等方法进行回归分析的结果。从回归结果可以看出，基尼系数对人均收入水平的回归，用混合回归、随机效应和系统 GMM 方法的系数符号全部符合预期，且大都达到了 1% 的显著性水平，采用固定效应和差分 GMM 方法的大部分系数符号仍然符合预期，虽然为弱显著，少数系数符号不符合预期，则是明显的不显著。基尼系数对非农产业占比的回归，采用混合回归方法的结果仍然与预期符合且显著性较高，虽然采用固定效应和随机效应方法的结果不显著，但在控制内生性后，采用差分 GMM 和系统 GMM 方法的结果变得显著且系数符号符合预期。基尼系数对城市化率的回归，显著性高低不等，但系数符号全部符合预期。可见面板数据的回归结果仍然是支持倒 U 假说的。

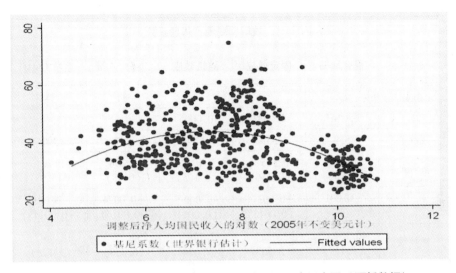

图 16-3 基尼系数对净人均 GNI 的散点图和二次拟合图（面板数据）

资料来源：WDI 数据库和作者绘制。

表 16-5 149 个国家或地区面板数据回归结果（基尼系数）

	被解释变量：基尼系数 *gini*				
	混合回归	固定效应	随机效应	差分 GMM	系统 GMM
ln*nnipc*	20.727*** （2.624）	1.978 （4.26）	10.255*** （3.1）	4.474 （6.879）	18.232*** （4.441）
ln*nnipc*^{2}	-1.421*** （0.165）	-0.124 （0.282）	-0.74*** （0.2）	-0.336 （0.432）	-1.128*** （0.289）
常数项	-32.03*** （10.169）	32.689** （15.884）	6.887 （11.7）	24.4 （29.361）	-41.24** （16.427）
拐点	1470		1022		3234
R^2	0.1879	0.1399	0.1781		
观察值	519	519	519	262	381
nonagri	0.815*** （0.304）	-0.127 （0.244）	0.074 （0.225）	0.84* （0.444）	1.396*** （0.468）
nonagri^2	-0.005*** （0.002）	0.002 （0.002）	-0.0002 （0.002）	-0.005* （0.003）	-0.009*** （0.003）
常数项	10.835 （11.435）	39.226*** （8.994）	35.556*** （8.361）	-2.805 （19.481）	-32.716* （19.815）

续表

	被解释变量：基尼系数 *gini*				
	混合回归	固定效应	随机效应	差分 GMM	系统 GMM
拐点	82			84	78
R^2	0.0147	0.0033	0.0005		
观察值	559	559	559	267	397
urban	0.051 (0.088)	0.305** (0.136)	0.193* (0.105)	0.258 (0.18)	0.161 (0.156)
urban^2	−0.001 (0.0008)	−0.003** (0.0013)	−0.002** (0.001)	−0.0024 (0.0016)	−0.001 (0.0014)
常数项	40.189*** (2.113)	32.635*** (3.563)	37.728*** (2.634)	23.627*** (6.358)	18.94*** (5.128)
拐点		51	48		
R^2	0.0172	0.0009	0.015		
观察值	603	603	603	284	417

注：（1）括号内的数字是回归估计的标准误；（2）***、**、*分别表示在 1%、5%、10%的水平下显著；（3）三个拐点的单位依次为以 2005 年不变美元表示的净人均 GNI、非农产业增加值占 GDP 的比重和城市人口占总人口的比重。
资料来源：WDI 数据库和作者计算整理。

以上用基尼系数做被解释变量的横截面和面板数据分析，已经有力地验证了收入分配的倒 U 曲线，为了使本章的结论更为细化和可靠，我们使用其他变量和数据进行稳健性检验。在初步回归结果中，我们已经使用了 3 个不同的指标来代表人类社会从传统向现代的发展，既有综合性的测度，也有从产业发展和城市化方面的测度，而对于一个社会的收入分配状况，除了基尼系数能够比较全面和综合的测度收入分配，其他如高收入者和低收入者在总收入中的占比也能够在一定程度上反映一个经济体的收入分配状况。为此，我们使用收入最高 20% 人口所占份额为被解释变量进行分析。

图 16-4 报告了收入最高 20% 人口所占收入份额对净人均 GNI 的散点图和二次拟合图，从图中可以明显地看出，随着经济的发展，高收入者的收入份额呈非常明显的先提高后下降的走势。表 16-6 报告了收入最高

20%人口所占收入份额对 3 个发展指标分别使用混合回归、固定效应、随机效应、差分 GMM 和系统 GMM 进行回归分析的结果。从表中可以看出，回归结果与基尼系数做被解释变量时近似，这一实证结果能够支持高收入者收入份额在从传统向现代的发展中先提高后下降的结论。

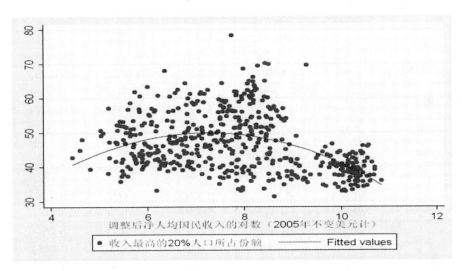

图 16-4　收入最高 20%人口所占收入份额对净人均 GNI 的散点图和二次拟合图
资料来源：WDI 数据库和作者绘制。

表 16-6　稳健性检验一：149 个国家或地区面板数据回归结果
（收入最高 20%人口所占份额）

	被解释变量：收入最高 20%人口所占份额 *quintile*1				
	混合回归	固定效应	随机效应	差分 GMM	系统 GMM
ln*nnipc*	17. 17*** (2. 157)	0. 706 (3. 598)	8. 023*** (2. 603)	1. 322 (5. 355)	12. 172*** (3. 415)
ln*nnipc*^{2}	−1. 185*** (0. 136)	−0. 06 (0. 237)	−0. 592*** (0. 168)	−0. 138 (0. 337)	−0. 732*** (0. 22)
常数项	−12. 21 (8. 357)	45. 145*** (13. 538)	21. 75** (9. 846)	45. 628** (23. 246)	−7. 958 (12. 918)
拐点	1401		877		4081
R^2	0. 2033	0. 1582	0. 1901		

续表

	被解释变量：收入最高20%人口所占份额 *quintile*1				
	混合回归	固定效应	随机效应	差分 GMM	系统 GMM
观察值	517	517	517	260	380
nonagri	0.678*** (0.251)	−0.074 (0.201)	0.089 (0.186)	0.643* (0.354)	0.854** (0.353)
*nonagri*²	−0.0046*** (0.0016)	0.001 (0.0014)	−0.0004 (0.0012)	−0.004* (0.0023)	−0.005** (0.0023)
常数项	23.103** (9.45)	45.457*** (7.413)	42.561*** (6.899)	13.599 (16.52)	−0.2202 (15.827)
拐点	74			80	85
R²	0.0166	0.0049	0.0002		
观察值	558	558	558	266	396
urban	0.028 (0.072)	0.231** (0.114)	0.138 (0.087)	0.185 (0.145)	0.118 (0.119)
*urban*²	−0.001 (0.0007)	−0.002** (0.001)	−0.002** (0.0008)	−0.0017 (0.0013)	−0.0005 (0.001)
常数项	47.688*** (1.74)	41.415*** (3.032)	45.703*** (2.2)	34.237*** (5.967)	30.818*** (4.695)
拐点		58			
R²	0.0245	0.0014	0.0218		
观察值	602	602	602	283	416

注：(1) 括号内的数字是回归估计的标准误；(2) ***、**、* 分别表示在1%、5%、10%的水平下显著；(3) 三个拐点的单位依次为以2005年不变美元表示的净人均 GNI、非农产业增加值占 GDP 的比重和城市人口占总人口的比重。

资料来源：WDI 数据库和作者计算整理。

另外，我们还用低收入者，即收入最低20%人口所占收入份额为被解释变量进行稳健性检验。图16-5报告了收入最低20%人口所占份额对净人均 GNI 的散点图和二次拟合图，从图中可以看出，随着经济的发展，低收入者所占收入份额呈明显的先下降后上升的趋势。表16-7报告了收入最低20%人口所占份额对3个发展指标分别使用混合回归、固定效应、随机效应、差分 GMM 和系统 GMM 等方法进行回归的结果。从回归结果可以看出，对人均收入水平指标的回归在采用混合回归、随机效应和系统 GMM 方法时，一次项系数为负数，二次项系数为正数，符合预期，且大多达到了 1% 的显著性水平；在采用固定效应和系统 GMM 方法时，显著性下降，但大部分符号仍然符合预期。对非农产业占比的回归只在采用混合回归方法时有较高的显著性，符号也符合预期。对城市化水平的回归符号全部符合预期，显著性水平高低不等。总之，该稳健性检验的回归结果是明显支持低收入者所占收入份额在从传统向现代的发展中先下降后提高的结论的。

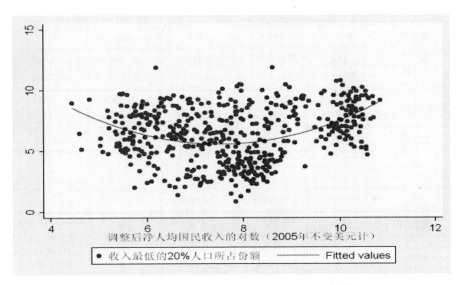

图 16-5　收入最低 20% 人口所占份额对净人均 GNI 的散点图和二次拟合图

资料来源：WDI 数据库和作者绘制。

表 16-7　稳健性检验二：149 个国家或地区面板数据回归结果
（收入最低 20% 人口所占份额）

	被解释变量：收入最低 20% 人口所占份额 *quintile*5				
	混合回归	固定效应	随机效应	差分 GMM	系统 GMM
ln$nnipc$	-4.763^{***} (0.602)	-0.3103 (1.026)	-2.293^{***} (0.717)	-2.262 (1.546)	-5.503^{***} (0.907)
ln$nnipc^2$	0.317^{***} (0.038)	0.014 (0.068)	0.159^{***} (0.046)	0.122 (0.098)	0.339^{***} (0.059)

	被解释变量：收入最低20%人口所占份额 *quintile*5				
	混合回归	固定效应	随机效应	差分 GMM	系统 GMM
常数项	23.465*** (2.332)	7.85** (3.86)	14.182*** (2.712)	16.308*** (5.802)	27.046*** (3.542)
拐点	1831		1354		3349
R^2	0.1463	0.0065	0.1376		
观察值	517	517	517	260	380
nonagri	−0.158** (0.069)	0.078 (0.058)	0.027 (0.053)	0.058 (0.0897)	−0.175* (0.093)
nonagri^2	0.0001** (0.0004)	−0.0007* (0.0004)	−0.0003 (0.0004)	−0.0006 (0.0006)	0.0009 (0.0006)
常数项	12.494*** (2.591)	4.819** (2.147)	5.978*** (1.966)	5.874* (3.179)	13.291*** (3.395)
拐点	79				
R^2	0.01	0.0000	0.0000		
观察值	558	558	558	266	396
urban	−0.027 (0.02)	−0.052 (0.034)	−0.038 (0.025)	−0.082** (0.04)	−0.061* (0.036)
urban^2	0.0003 (0.0002)	0.0005 (0.0003)	0.0005* (0.0002)	0.0006* (0.0004)	0.0003 (0.0003)
常数项	6.952*** (0.482)	7.517*** (0.894)	6.917*** (0.615)	8.204*** (1.183)	7.212*** (1.141)
拐点				68	
R^2	0.0039	0.0037	0.0034		
观察值	602	602	602	283	416

注：(1) 括号内的数字是回归估计的标准误；(2) ***、**、* 分别表示在1%、5%、10%的水平下显著；(3) 三个拐点的单位依次为以2005年不变美元表示的净人均 GNI、非农产业增加值占 GDP 的比重和城市人口占总人口的比重。

资料来源：WDI 数据库和作者计算整理。

以上我们分别使用基尼系数、收入最高20%人口所占份额、收入最低20%人口所占份额代表收入分配，分别对代表发展水平的人均收入水平、非农产业占比和城市化率等指标，分别使用混合回归、固定效应、随机效应、差分 GMM 和系统 GMM 等方法对收入分配的库兹涅茨倒 U 理论进行了检验，实证结果大多系数符号符合理论预期且具有较高的显著性水平，从多角度支持了倒 U 理论。

另外，表 16-5、表 16-6 和表 16-7 还分别报告了回归结果显著的倒 U 曲线的库兹涅茨拐点，从人均收入水平、产业结构、城市化三个角度分别刻画了拐点到来的发展水平，人均收入水平可以间接反映制度性收入差距的演变，产业结构和城市化可以反映结构性收入差距的演变。从中可以发现以下规律。以 2005 年不变美元表示的净人均 GNI 拐点在各种估计方法下相差较大，在混合回归方法下大致在 1500 美元左右，在系统 GMM 下为 3000 多美元，说明各个国家国情差别很大，拐点的到来没有一致的发展水平，拐点也不是一个点，而是会在一定收入水平区间保持稳定，经济水平发展到这个程度，一个社会也就逐渐具备了制度完善的经济基础，扭转制度性收入差距成为可能。非农产业占比拐点大致在80% 左右，城市化水平拐点大致在城市比率 50% 左右，一个经济体结构转变到这个程度，结构性收入差距就有望由扩大转为缩小。城市化对不同人群的影响是不同的，从整体来看，当城市化率达到 50%，即从城市人口超过农村人口开始，由城乡差距引起的整体收入差距就会转而缩小；高收入者收入份额转为缩小的城市化拐点要达到 58%，说明刚刚进入城市的人口收入低，不足以平衡高收入者的高收入，真正融入城市还需要一定时间；而低收入者收入份额转而扩大的城市化拐点要达到 68%，这是由于低收入者的主体在农村，只有城市化推进到很高程度，低收入者的收入份额才会提高。低收入者收入份额变化倒 U 曲线平方项系数的绝对值都比高收入者对应绝对值小，即低收入者收入份额变化曲线比高收入者更平缓，说明高收入者收入份额上升快，但下降也快，而低收入者收入份额下降慢但提高也是缓慢而漫长的。以基尼系数表示的倒 U 曲线顶点大致出现在 0.4 左右，与世界银行定义的基尼系数警戒线一致，大部分国家收入差距达到这个程度会转而下降。

第五节 倒 U 曲线在中国的实践

中国作为一个至今还没有完全完成现代化的国家，收入分配的库兹涅茨倒 U 曲线自然也在中国有一定的适用性。由于资料所限，中国在现代化早期1840—1978 年的收入分配状况和演变是难以研究的。这一时期，中国经历了多次对外对内战争，经历了多次政权更迭，而各种政治运动、社会改革则更是不计其数，制度环境是急剧波动的，时而改善，时而恶化，每一次社会变革都使财富和收入的分布发生急剧变化。据世界银行 WDI 数据库统计，中国非农产业占比在 1960 年为 76.6%，到 1978 年，不但没有上升，反而下降到了 72.1%，城市人口占比仅从 16.2% 提高到 17.9%，可见这一时期中国的经济结构变动较小。虽然中国在 1840 年以后就已经开始了现代化进程，但在1978 年以前的收入分配更多的是受到战争、政权更迭、政治运动和社会改革等不规律因素的影响，受结构变动的影响相对较小，可以肯定中国在这 138年时间里的收入分配经历了急剧的波动。所以收入分配的库兹涅茨倒 U 曲线对中国 1978 年改革开放以前的收入分配演变解释作用不大。

1978 年以后，在和平与发展的时代主题下，中国实行改革开放，加快了现代化进程，以 2005 年不变美元表示的净人均 GNI 从 1979 年的 156.7美元提高到了 2013 年的 2721.4 美元，扩大了 17 倍多；从 1978 年到 2013年，非农产业占比从 72.1% 提高到了 90.59%，城市人口占比从 17.9% 提高到了 53.1%。可见中国在 1978 年后开始了迅速的工业化、信息化、城市化等结构转变，而其经济系统的运行也越来越摆脱了战争和政治运动等非常规因素的影响，制度不断向着完善的方向发展，所以收入分配的库兹涅茨倒 U 曲线对中国 1978 年改革开放以来的收入分配演变具有很好的解释力。另外这一时期，伴随着中国由传统向现代发展的另一个显著特征是中国的经济体制由计划经济向市场经济的转型，这是一个发展与转型叠加在一起的时期。一方面，由传统向现代的发展本来就会使收入分配呈现先上升后下降的倒 U 走势；另一方面，由于计划经济时期实行平均主义的分配，收入差距较小，抑制了自然性收入差距，市场化改革会释放自然性收入差距，而成熟的市场经济增强了收入流动性，又有利于收入差距缩小，即经济转型也会使收入差距呈现先上升后下降的倒 U 走势。所以，在发展与转型的双重作用下，中国的收入差距应该会表现出更强的倒 U 走势。一些中国学者就用中国的数据检验库兹涅茨倒 U 曲线。李子奈等（1994）用中国 1991 年部分地区农村居民基尼系数和部分地区城镇居民基尼系数的横截面数据实证发现农村居民和城镇居民收入差距都随地区经济发展呈倒 U 型变化趋势。王小鲁和樊纲（2005）使用中国 1996—2002 年各省份城乡分开的基尼系数面板数据实证显示：城镇和农村收入差距的变动趋势在数学意义上具有库兹涅茨曲线的特征。孙百才（2009）用中国 1999—2005 年各地区城镇居民基尼系数实证发现经济增长与收入分配存在着倒 U 关系。

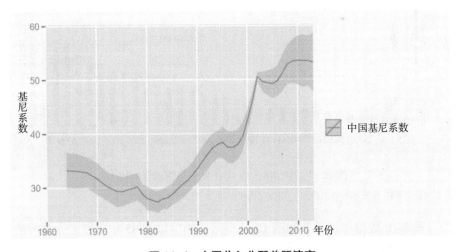

图 16-6 中国收入分配差距演变

注：图的横轴为年份，纵轴为中国基尼系数，图中实线表示平均估计，阴影区域表示置信度为
95% 的置信区间。
资料来源：SWIID 数据库，http：//myweb. uiowa. edu/fsolt/swiid/swiid. html。

图 16-6 是 SWIID 数据库对中国基尼系数演变的估计，可以看出中国自改革开放以来收入差距不断迅速扩大，这与倒 U 曲线的上升段相吻合。这一时期是中国自然性收入差距、制度性收入差距和结构性收入差距同时

扩大的时期，但随着平均主义的打破和市场化改革的深入，自然性收入差距会稳定下来，结构性收入差距也会渐趋缩小，而制度性收入差距随着经济发展则是不能容忍的。1978 年改革开放以来，在由传统向现代发展和由计划向市场转型的双重作用下，中国的收入差距不断扩大，这已是不争的事实，现在人们更关心的是中国收入差距开始下降的拐点何时出现。李绍东（2010）对中国 1978 年以来的基尼系数和调整后的人均 GDP 数据进行拟合，发现中国的收入差距变化趋势很好地验证了库兹涅茨倒 U 曲线，并且通过对拟合方程的估算，预测中国库兹涅茨曲线的拐点大致出现在2010—2015 年的时间段内。潘哲文和周先波（2014）的研究认为 2014 年左右以来，城镇部门的收入差距已过倒 U 曲线的拐点，进入下降阶段；农村部门和城乡之间的收入差距都没有到达拐点，还处于上升阶段，但都在向拐点靠近，不平等上升速度有所减缓。

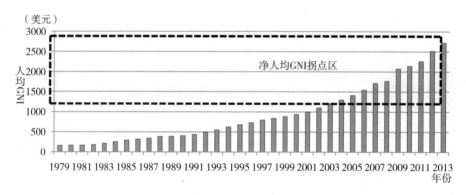

图 16-7　中国净人均 GNI 发展与拐点区对比

资料来源：WDI 数据库和作者绘制，拐点区为根据本文实证结果所做的估算。

据 WDI 数据库统计，如图 16-7 所示，中国以 2005 年不变美元表示的净人均 GNI 在 2006 年已达到 1543.96 美元，到 2013 年已达到 2721.4 美元，可见中国已经进入我们实证分析得出的拐点区，中国已经具备进行公平制度建设的经济基础，制度性收入差距有望转为缩小。如图 16-8 所示，中国的非农产业占比在 1993 年已超过 80%，达到 80.6%，2013 年达到90.59%；如图 16-9 所示，中国城市人口占比也在 2011 年超过 50%，达到50.57%，可见结构性收入差距也已经有望转为缩小。以三个指标衡量的拐

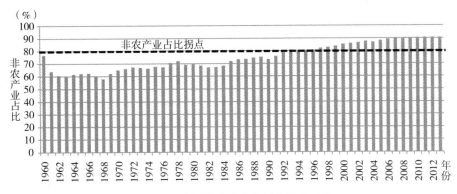

图 16-8　中国非农产业发展与拐点对比

资料来源：WDI 数据库和作者绘制，拐点为根据本文实证结果所做的估算。

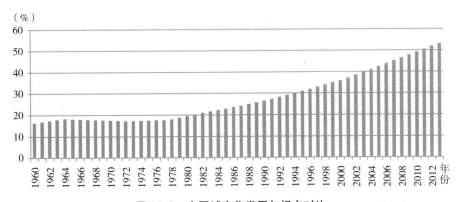

图 16-9　中国城市化发展与拐点对比

注：图的纵轴为中国城市人口占总人口比重。

资料来源：WDI 数据库和作者绘制，拐点为根据本文实证结果所做的估算。

点最晚到来的是城市化率拐点，说明城乡收入差距是中国整体收入差距最主要的来源，是中国整体收入差距迟迟得不到缓解的主要原因。

因此，我们做出判断：综合考虑人均收入水平、产业发展和城市化程度，中国在 2011 年左右以后已经具备扭转收入差距扩大趋势的经济社会条件，只要改革开放和现代化建设继续稳步推进，收入差距会维持一段时期的稳定后逐渐缩小。从图 16-6 也可以看出，中国的基尼系数到 2011 年左右以后，至少已进入一个稳定期，没有继续扩大的趋势，甚至还有微弱的下降趋势，说明中国的自然性收入差距已经稳定下来，只要继续加快现代化和制度完善，结构性收入差距和制度性收入差距会逐渐缩小，从而整体收入差距也逐渐缩小。

第六节　结论与政策建议

我们的理论分析与实证检验继续维护了库兹涅茨倒 U 曲线，说明倒 U 曲线代表了人类社会由传统向现代发展的现代化进程中收入分配演变的一般趋势。由于快速的结构转变和制度完善，倒 U 曲线对中国 1978 年以后的收入分配演变具有很大的解释力，并且中国的经济发展数据和实证检验结果显示，中国在 2011 年左右以后已经进入倒 U 曲线的拐点区，收入差距有望维持一段时期稳定后逐渐缩小。要缩小中国的收入差距，使收入分配更加公平合理，就要继续在改革开放中加快结构转变和制度完善，尽力逐步消除结构性收入差距和制度性收入差距。在结构转变上，要加快现代部门的发展和对传统部门的现代化改造，使经济一体化；选择有利于增加低收入群体收入的经济发展方式，如发展农村非农产业，为农民进城务工安家提供便利；促进行业、地区和城乡平衡发展。在制度建设上，要完善现代产权制度，明确自然资源和物质资本的所有，防止国有资产流失和共有自然资源贱卖；要完善社会保障制度，发展公共医疗和公共教育，保障所有人生存和发展的权利；要消除对不同人区别对待的歧视性制度，如户籍制度、行业垄断，便利人口流动和放开市场准入，保障经济机会公平；要完善市场经济，优化资源配置，形成一个合理的由市场决定的财产和劳动收入；在市场形成的初次分配的基础上，加强政府的再分配调节，发展社会的三次分配作为补充；在公平合理的制度下，分配制度应使每个人的报酬与对生产的实际贡献相符，打击灰色收入，取缔非法收入，促进社会流动。最终应使收入差距主要由个人禀赋和努力程度不同形成的自然性收入差距决定，形成一个以中产阶级为主体的基本服从正态分布且具有完全流动性的收入分配格局，尽早完成中国的现代化建设。

参考文献

［1］陈宗胜：《库兹涅茨倒 U 假设理论论争评析》，《上海经济研究》1991 年第 3 期。

［2］陈宗胜：《倒 U 曲线的"阶梯形"变异》，《经济研究》1994 年第 5 期。

［3］陈宗胜：《关于收入差别倒 U 曲线及两极分化研究中的几个方法问题》，《中国社会科学》2002 年第 5 期。

［4］李子奈、田一奔、羊健：《居民收入差距与经济发展水平之间的关系分析》，《清华大学学报（哲学社会科学版）》1994 年第 1 期。

［5］李绍东：《中国库兹涅茨曲线的拐点何时出现？——基于基尼系数的预测》，《重庆工商大学学报（社会科学版）》2010 年第 3 期。

［6］潘哲文、周先波：《中国收入分配差距发展趋势及转折点——基于非均匀面板数据的非参数设定检验》，《财贸研究》2014 年第 4 期。

［7］孙百才：《经济增长、教育扩展与收入分配——两个"倒 U"假说的检验》，《北京师范大学学报（社会科学版）》2009 年第 2 期。

［8］王小鲁、樊纲：《中国收入差距的走势和影响因素分析》，《经济研究》2005 年第 10 期。

［9］Acemoglu, D. and J. A. Robinson, "The Political Economy of the Kuznets Curve", *Review of Development Economics*, 2002, 6（2）.

［10］Ahluwalia, M. S., "Inequality, Poverty and Development", *Journal of Development Economics*, 1976, 3（4）.

［11］Ahluwalia, M. S., "Income Distribution and Development：Some Stylized Facts", *The American Economic Review*, 1976, 66（2）.

［12］Anand, S. and S. M. R. Kanbur, "The Kuznets Process and the Inequality—Development Relationship", *Journal of Development Economics*, 1993, 40（1）.

［13］Brenner, Y. S., H. Kaelble and M. Thomas, "Income Distribution in Historical Perspective", *Cambridge University Press*, 1991.

［14］Deininger, K. and L. Squire, "A New Data Set Measuring Income Inequality", *The World Bank Economic Review*, 1996, 10（3）.

［15］Deininger, K. and L. Squire, "New Ways of Looking at Old Issues：Inequality And Growth", *Journal of Development Economics*, 1998, 57（2）.

［16］Fei, JCH., G. Ranis and SWY. Kuo, *Growth with Equity：The Taiwan Case*, Oxford University Press, 1979.

［17］Galor, O. and D. Tsiddon, "Income Distribution and Growth：The Kuznets Hypothesis Revisited", *Economica*, 1996, 63.

［18］Huang, H. and S. Lin, "Semiparametric Bayesian Inference of the Kuznets Hypothesis", *Journal of Development Economics*, 2007, 83（2）.

［19］Korzeniewicz，R. P. and T. P. Moran，"Theorizing the Relationship between Inequality and Economic Growth"，*Theory and Society*，2005，34（3）．

［20］Kravis，I. B.，"International Differences in the Distribution of Income"，*The Review of Economics and Statistics*，1960，42（4）．

［21］Kuznets，S.，"Economic Growth and Income Inequality"，*American Economic Review*，1955，45（1）．

［22］Lecaillon，J.，*Income Distribution and Economic Development：an Analytical Survey*，International Labour Office，1984.

［23］Lewis，W. A.，"Economic Development with Unlimited Supplies of Labour"，*Manchester School of Economic and Social Studies*，1954，22（2）．

［24］Ogwang，T.，"The Economic Development-Income Inequity Nexus：Further on Kuznets' U-Curve Hypothesis"，*American Journal of Economics & Sociology*，1995，54（2）．

［25］Paukert，F.，"Income Distribution at Different Levels of Development：A Survey of Evidence"，*International Labour Review*，1973，108（2）．

［26］Robinson，S.，"A Note on The U Hypothesis Relating Income Inequality and Economic Development"，*The American Economic Review*，1976，66（3）．

［27］Saith，A.，"Development and Distribution：A Critique of the Cross-Country U-Hypothesis"，*Journal of Development Economics*，1983，13（3）．

［28］Theyson，K. C. and L. R. Heller，"Development and Income Inequality：A New Specification of the Kuznets Hypothesis"，*Journal of Developing Areas*，2015，49（3）．

第十七章　最优收入分配制度：收入分配对经济增长倒 U 型影响的启示[*]

本章我们将总结收入分配影响经济增长的作用机制。通过区分两极分化、平均主义和正态分布的三种收入分配结构分析了收入分配对经济增长的影响。基于前面两章利用近三十多年的国际横截面和面板数据进行实证分析得出的收入分配对经济增长的影响呈倒 U 型的结论，提出"最优收入分配制度"应具有的特征：其应是由一系列保证起点公平、过程公平和结果公平的制度组成的完整制度体系，其目标是实现收入分配的正态分布且具有完全流动性，这种收入分配结构不仅最有利于促进经济增长，而且符合人类天性，实现了效率与公平的统一。最后，我们将考察中国的收入分配制度变迁和经济增长的关系，为中国收入分配制度改善提出政策建议。

第一节　引　言

经济学研究经济主体在一定的经济环境下所进行的经济活动，促进经济增长和合理收入分配是人类经济活动的两大基本目标。生产是基本的经济活动内容，经济持续增长才能不断提高人们的生活水平。经济增长直接决定于生产要素的投入数量和使用效率，而生产要素的投入数量和使用效

---

* 本章作者：靳涛、邵红伟。

率决定于经济主体的理性程度和经济环境的激励程度，所以经济增长间接受影响于经济环境。一个经济体的经济环境主要包括自然地理、历史背景、技术水平、体制、制度、结构、政策、发展水平、国际环境等，是复杂多样而不断变化的。经济环境中的收入分配结构会如何影响经济增长是经济学研究的一大基本问题，研究收入分配对经济增长的影响，有利于更科学地认识收入分配和经济增长及其相互关系，也有利于更好地指导一国的制度改革和政策选择，以实现促进经济增长和合理收入分配的统一。

近些年来，收入分配对经济增长的影响是倒 U 型的思想观点逐渐被学者们所认识。Chen（2003）首次假设初始收入分配与长期经济增长呈倒 U 型关系，并用跨国数据实证了这一关系。Banerjee 和 Duflo（2003）用跨国数据和非参数估计方法得出结论：经济增长是收入不平等的倒 U 型函数，收入不平等向两个方向的改变都会减低下一期的经济增长率。尹恒等（2005）运用一个政治经济模型，研究在财政支出同时具有生产性和消费性，同时进入总生产函数和代表性个人的效用函数时收入分配不平等对经济增长的影响表明：在经济均衡时，增长率与税率呈倒 U 型关系。随着税率增加，经济增长率先升后降；在政治均衡时，收入分配越不平等，实际资本税率就越高，因此收入分配不平等对经济增长的影响存在一定程度倒 U 型关系。刘生龙（2009年）基于一个拉姆齐模型证明了收入不平等对长期经济增长"先促进后阻碍"的"倒 U 型"关系的存在，并用跨国横截面数据实证了这一结论。Yamamura 和 Shin（2009）把生产力的提高分解为效率提升、资本积累和技术进步，然后考察收入分配对这些变量的影响，得出结论为随着收入不平等的增加，先有利于后又不利于经济增长。Malinen（2013）用参数组相关面板估计发现收入不平等与经济增长的非线性关系。

以上这些研究要么从逻辑要么从实证，或隐含或明确地揭示了收入分配差距对经济增长先促进后阻碍的倒 U 型影响。但前人的研究无论在理论还是实证上都还有待进一步完善，在理论上还没有清晰地区分各种收入分配结构对经济增长的影响和作用机制，没有深入分析形成收入分配和经济增长的制度根源，也没有推导出最优的收入分配制度；在实证上也还有待用更多国家更长时期的数据和最新的方法给予证明。

本章试图证明收入分配对经济增长的倒 U 型影响，并推导出最优的收

入分配制度，最后考察中国的收入分配制度变迁和经济增长，以期对中国
的收入分配制度改革、政策调控和促进经济增长提供有益的启示。

第二节　文献综述

收入分配会如何影响经济增长一直是经济学研究中争议颇大的问题。
下面我们从三个方面综述现有研究的不同观点。

有的研究认为收入分配差距对经济增长有促进作用。Partridge（1997）
用美国州级面板数据实证研究得出：初始收入分配更不平等的州随后经历
了更快的经济增长，同时中等收入阶层所占收入份额越大的州也会有更快
的经济增长。Li 和 Zou（1998）让政府的生产性支出进入生产函数，消费
性支出进入效用函数，在典型的政治—经济机制里论证得出：要维持更平
等的收入分配将导致高的税收和低的经济增长，而收入不平等有利于经济
增长。Forbes（2000）用高质量的面板数据实证显示：在短期和中期，一
国收入不平等程度的上升与随后的经济增长有显著的正相关关系，这一结
论还很稳健。García-Peñalosa（2006）发展了一个具有弹性劳动供给的内
生增长模型，发现高速经济增长与更加不平等的收入分配相关。

然而，更多的研究则认为收入分配差距会阻碍经济增长。Perotti
（1994）实证研究了收入分配通过资本市场不完善、财政政策、社会不稳
定对投资的负面影响。Clark（1995）研究得出在民主和非民主国家，收入
不平等和经济增长都呈负相关关系。Deininger 和 Squire（1998）研究得出
初始资产分布的不平等与长期经济增长存在很强的负相关关系。Aghion 等
（1999）从新增长理论的视角证明收入不平等降低了经济增长。陆铭等
（2005 年）结合联立方程模型和分布滞后模型，研究了收入差距、投资、
教育和经济增长的相互影响后发现：从累积效应来看，收入差距对于经济
增长始终呈现出负的影响。杨俊等（2005）选取 1995—2000 年和 1998—
2003 年两个样本区间，将中国 20 个省份的截面数据与时序数据相结合，

对中国居民收入不平等与经济增长之间的作用机制进行研究表明：中国 20 世纪 90 年代中后期的居民收入分配差距与后期经济增长之间存在较为显著的负相关关系。刘生龙（2007）在代际交叠模型的基础上引入政府政策变量因子，通过数理模型的推导证明收入不平等同经济增长负相关，然后通过 66 个国家跨国横截面数据和面板数据分析证实了这一结论。Chambers 和 Krause（2010）用半参数估计方法实证显示，总体上来说，收入不平等阻碍经济增长，尤其在人力资本水平较低的经济体阻碍作用更大。Herzer 和 Vollmer（2012）用异质面板协整技术实证分析显示收入不平等与长期经济增长负相关。

也有部分研究认为收入分配对经济增长没有明显影响或者是因情况而变的。Barro（2000）用一个较大的国际面板数据实证显示：收入不平等与经济增长和投资总体上来说没有明显的关系，更大的收入不平等在贫穷的国家倾向于阻碍经济增长，在富裕国家倾向于促进经济增长。Galor（2000）构建了一个包含决定收入分配与经济增长关系的不同制度的综合模型，解释了为什么收入不平等一方面通过促进物质资本积累而有利于经济增长，同时又通过阻碍人力资本投资而不利于经济增长。Voitchovsky（2005）认为收入不平等在高收入的一端会有利于经济增长，而在低收入的一端会不利于经济增长。Castelló-Climent（2010）用一个动态面板模型实证研究显示收入不平等在低收入和中低收入国家与经济增长负相关，在高收入国家与经济增长正相关。Davis 和 Hopkins（2011）把制度考虑到实证研究中，发现在长期收入不平等对经济增长没有直接的影响，但产权保护的加强同时提高了经济增长和降低了收入不平等。Susanu（2012）认为收入不平等对经济增长的影响是双向的，一方面会通过提高储蓄和投资、技术进步、减少管理成本等渠道而有利于经济增长，另一方面又会通过产权不确定、高税收、阻碍人力资本积累等渠道而不利于经济增长。Shin（2012）用一个随机最优增长模型证明收入不平等在经济发展的早期会阻碍经济增长，在经济接近稳定状态阶段会促进经济增长。

此外，Marrero 和 Rodríguez（2013）认为收入不平等是机会不平等和努力不同的综合反映，实证研究显示机会不平等与经济增长负相关而努力不同与经济增长正相关，最后影响取决于两者的大小。Fawaz 等（2014）

把发展中国家分为高收入（HIDC）和低收入（LIDC）两类，发现在低收入发展中国家，收入不平等与经济增长负相关，在高收入发展中国家则是完全的正相关。Lin 等（2014）用美国州级面板数据发现，收入分配对经济增长的影响存在门槛效应，在收入低的发展阶段负相关，在收入高的发展阶段正相关。Amarante（2014）用拉美国家面板数据实证显示，收入不平等对经济增长的影响在贫穷国家为负，在富裕国家为正。

关于收入分配如何影响经济增长的研究之所以众说纷纭，原因是多方面的：首先，研究收入分配结构需要有大量的微观家庭数据，要获得如此大量的数据是困难的，总体数据基本不可获得，抽样比例过大也要付出巨大的调查和研究成本；其次，每个学者所用数据的收入界定是不一致的，衡量收入分配的基尼系数等指标的计算方法也不尽相同，这使得各种数据的可比性存在疑问，尤其在做跨国研究时更是如此；再次，各种研究的模型设定和方法选择也是重要原因；最后，更主要的是以前的研究没有结合历史过程和制度变迁的分析，没有很好地从更长的时期全面考虑问题从而片面地得出收入分配影响经济增长的正相关、负相关或不相关的结论。

第三节 理论分析：收入分配影响经济增长的经济环境——总需求—总供给框架

要弄清收入分配如何影响经济增长，首先在于经济增长是如何决定的。按照新古典均衡理论，一个经济体的总产出（GDP）是由总需求等于总供给的均衡所决定的，总需求（AD）主要由消费（C）、投资（I）、政府支出（G）和净出口（NX）构成，总供给（AS）主要是由自然资源、物质资本（K）、劳动力、人力资本、企业家才能、社会资本（L）和知识技术（A）等生产要素的投入数量和使用效率所决定。一个经济体的总产出会在如（17-1）式、（17-2）式、（17-3）式所示的系统里决定。

$$AS = Y = AF(K, L) \tag{17-1}$$

$$AD = C + I + G + NX \qquad (17-2)$$

$$AD = AS \qquad (17-3)$$

一个经济体总需求和总供给的形成是经济主体在一定的经济环境中进行经济决策的结果。理性的经济主体会根据成本—收益分析来进行消费和生产决策，由于经济主体的经济决策都是在一定的经济环境下进行的，不同的经济环境会产生不同的成本和收益，这意味着有什么样的经济环境就会有什么样的决策行为，所以经济环境（environment）影响总需求和总供给。（17-1）式的生产函数和（17-2）式的总需求函数可以写为：

$$Y = AF(K(\text{environment}), \ L(\text{environment})) \qquad (17-4)$$

$$AD = C(\text{environment}) + I(\text{environment})$$

$$+ G(\text{environment}) + NX(\text{environment}) \qquad (17-5)$$

鉴于经济活动都是经济主体在一定的经济环境下进行的，经济环境影响经济增长和收入分配，我们对收入分配影响经济增长的理论分析将在如图 17-1 所示的经济环境—总需求—总供给框架内进行。

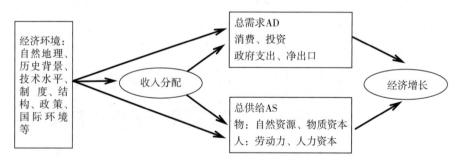

图 17-1 收入分配影响经济增长的经济环境—总需求—总供给框架

资料来源：作者绘制。

这里，结构是组成整体的各部分的搭配和分布，一些重要的结构，如需求结构、产业结构、人口结构、城乡结构等都会极大地影响着经济主体的经济决策行为。一个经济体的总产出在所有经济主体之间的分配就形成了这个经济体的收入分配结构，收入分配结构是由一定的经济环境形成的，其本身一旦形成即构成后续经济活动的经济环境的一部分。经济主体在一定的收入分配结构环境下做经营决策，这是收入分配对经济增长的直接影响。下面首先分析收入分配结构对经济增长的直接影响，然后分析决定收入分配的经济环境因素。

关于收入分配对经济增长的直接影响，以前的研究由于大多只是笼统地谈收入分配，或者只考虑某些极端情形，所以得出了片面的结论。我们则具体区分收入分配的不同状态，总体上来说，一个经济体的收入分配结构可以分为三种状态：第一，平均主义的收入分配，各成员只有很小的差距，这种结构往往是由财产的公有制、分配的平均主义倾向或者高福利制度所形成的；第二，两极分化的收入分配，很少人占有了大部分社会财富，大部分人则处于低收入状态，这种结构往往是由不公平不合理的制度和政府的不作为所形成的；第三，一个中产阶级占主体，高收入和低收入居少的收入分配，假设贫富基本对称，称之为正态分布的收入分配，这种结构只有非常健全的制度和政府调控才能够形成。以下我们综合前人的研究成果，结合图 17-1 所示的分析框架分别分析三种收入分配结构对经济增长的直接影响。

一、两极分化的收入分配对经济增长的影响

大部分研究认为，当一个经济体的收入分配差距过大，呈两极分化趋势时，会对经济发展产生有害的影响。在收入差距过大的分配结构下，收入分配主要通过以下机制影响经济增长。

1. 社会不稳定全面影响总供给和总需求

市场经济的正常运转是在稳定而良好的制度体系下进行的，是人们以共赢为目的而相互合作的结果。当一个经济体的收入分配差距不断拉大时，其越来越多成员会丧失公平感，从而拒绝参与合作。在这种状态下，越来越多的人会偏离正常的市场活动，而转向罢工、骚乱、抢劫、偷盗、暴力犯罪等破坏性活动（Fajnzylber 等，2002），严重的甚至会发生战争和政权更迭（Kelly，2000）。这一方面使本该用于生产活动的资源被用于破坏活动和防止破坏活动的发生，造成资源浪费；另一方面，这些破坏活动直接动摇了经济体系正常运转的制度基础，产权、人权受到威胁，市场环境变得更加不确定，交易成本上升，生产要素投入数量和使用效率下降，总供给和总需求的下降使经济增速下降甚至负增长（Zak 和 Knack，2001）。Alesina 和 Perotti（1996）从理论和实证角度研究了收入分配两极分化导致社会不稳定，减少了投资，从而影响经济增长。Benabou（1996）则从博弈论的角度分析了两

极分化下的"囚徒困境"，使得人类合作共赢无法实现。

2. 物质资本和人力资本投资受限制约总供给能力提高

在两极分化的收入分配结构下，大量低收入者将无力进行物质资本投资，高收入者虽然有高的边际储蓄倾向，但在社会动荡、总需求不足的经济环境中，高收入者的储蓄是不会转化为投资的。一些学者所认为的高收入者的边际储蓄倾向高，收入差距扩大提高了一国的储蓄率和投资率，从而促进了经济增长的结论是在一个经济体社会稳定、总需求持续扩大的前提下才能成立的。这种储蓄—投资促进经济增长的机制更适用于后面分析的正态分布的收入分配而不是两极分化的收入分配。在人力资本积累上，Croix 和 Doepke（2003）用教育和生育互相影响的模型证明，父母会根据养育子女的机会成本和直接成本做出生育决策，人力资本高的父母养育子女的成本高，会选择少生多教，而人力资本低的父母养育子女的成本低，会选择多生少教。收入不平等扩大使低收入者增多，人口出生率会较高而受教育水平偏低，降低了一个社会的平均受教育水平，阻碍了经济增长。另外，低收入者家庭的孩子受教育水平低导致贫困的代际转移，使社会阶层固化，这会更加不利于以后的经济增长。如果资本市场是完美的，低收入者完全可以通过借贷进行投资，则收入分配不会影响到人们的投资行为，但现实中资本市场是不完美的，在两极分化的经济体中，低收入者由于受到借贷约束而无法进行回报率更高的物质资本和人力资本投资，从而不利于经济增长。Galor 和 Zeira（1993）在 OLG 模型基础上，论证了资本市场不完美影响了人力资本投资，收入分配在短期和长期都会影响总产出和投资，而降低收入差距的再分配则会有利于经济增长。

3. 消费需求受限制约总需求提高

当收入分配两极分化时，大量低收入者的购买力受到限制，而高收入者的边际消费倾向低，从而导致内需不足。尽管一些小国可以依靠国际市场发展经济，但对于大国，过分依赖国外市场会增大经济风险，不具有可持续性。所以，长期的收入两极分化会使得有效需求不足，总需求不足会使经济无法持续发展。Murphy 等（1989）的研究使用的效用函数假设人们随着收入的增加，会扩大商品消费的种类，而不是增加数量，论证了在收入差距过大的农业国的经济发展过程中，高收入者需求的是进口奢侈品，而低收入者对国内工业品的需求受到购买力的限制，从而国内工业品的需求不足，最终阻碍了工业化的顺利推进和经济发展。

从以上的分析中可以看出在两极分化的收入分配结构下，收入差距通过以上机制制约了总供给和总需求的提高，从而阻碍了经济增长。

二、平均主义的收入分配对经济增长的影响

研究表明，不仅两极分化的收入分配不利于经济增长，平均主义的收入分配同样会有害于经济增长。平均主义的收入分配对经济增长的影响主要通过以下机制表现出来。

1. 生产积极性下降导致总供给不足

在私有制的市场经济中，生产经营决策是根据家庭的效用最大化和企业的利润最大化做出的，个人会在劳动和闲暇的权衡中做出选择。在这种制度下的平均主义分配结构中，个人投入的劳动和资本只能获得很少的报酬或者即使不投入也能获得很高的转移支付，所以会减少劳动和资本投入，更多享受闲暇，导致总供给不足。在公有制的计划经济中，生产经营决策由集体做出，但个人仍然是根据自身效用最大化做出行为决策，理性的个人有动机在集体中"搭便车"，少付出多获得，同样会使得生产要素的投入不足，而且要付出更大的管理成本。所以，在平均主义的收入分配中，经济体系对个体的激励不足，生产要素的投入数量和使用效率都会受限，从而导致总供给不足。

2. 居民消费的"排浪"现象导致总需求单一而不稳定

胡祖光（2004）的研究认为，在平均主义的收入分配结构下，大部分人的支付能力是相同的，当一种热门商品出现时，需求会急剧增加，而过后又急剧下降，新的热门商品排斥上一轮的热门商品导致商品积压，这使得社会生产和消费处于低效率，他称这种现象为居民消费的"排浪"现象。这种"排浪"现象不利于商品多样化，在供给制下会导致供不应求，形成短缺经济，在市场机制下会导致经济大幅波动。所以，平均主义的收入分配会使得总需求变得畸形，单一而不稳定，从而不利于经济持续增长。

从以上的分析中可以看出在平均主义的收入分配结构下，社会的生产积极性下降导致总供给不足，而总需求又单一而不稳定，所以阻碍了经济增长。

三、正态分布的收入分配对经济增长的影响

在一个收入分配呈正态分布的经济体中，中产阶级占主体，高收入者和低收入者占少数。与两种极端的收入分配不同，正态分布的收入分配同时避免了两者的消极影响。首先，正态分布的收入分配有利于形成橄榄型的社会结构，此种社会结构是超稳定的，人们对社会的认同感强，会积极参与合作，通过合法手段致富，这就为经济增长提供了稳固的制度基础。其次，在正态分布的收入分配结构下，如果收入具有完全的流动性，则社会成员的生产积极性是最高的，制度对社会成员的激励效应最优，因为每个人都可以靠自身的努力获得自身效用最大化。再次，在正态分布的收入分配下，社会成员不仅具有从事生产活动的意愿，而且具有从事生产活动的足够能力，人们会加大对物质资本和人力资本的投资，优化资源配置，从而促进经济增长。另外，在总需求方面，这种分配状态下的社会成员也能形成足够的有效需求，而且需求多样化，有利于经济持续良性发展。

正态分布的收入分配不仅是最有利于经济增长的收入分配，而且也是符合人类天性的最优的收入分配结构。在市场经济中，个人的收入是由自身的禀赋（包括个人占有的生产资料和个人自身能力）和努力程度所决定的。假设在初始的经济中，个人占有的生产资料是平均的，努力水平也一样，则个人的产出完全取决于个人能力，而个人能力是由众多先天遗传和后天成长因素所形成的。根据统计学的中心极限定理，当一个变量由大量相互独立的随机因素综合影响形成而其中每一个别因素在总的影响中的作用都是微小的时，该变量在个体足够多时会趋于正态分布。所以，我们假设一个经济体的社会成员的个人能力是服从正态分布的，这也与我们的生活常识相符合。由于个人能力服从正态分布，所以由个人能力所决定的收入分配也会服从正态分布。而生产资料是由人掌握的，努力水平是由人决定的，所以从长期来看，收入分配仅取决于个人能力，在后期由于个人能力和素养不同导致生产资料占有不均和努力水平不同也不会改变收入分配的正态分布。

如果收入分配完全取决于个人能力所决定的个人对社会的贡献，那么，个人能力低的人注定只能成为低收入者，一个公平的社会是否会形成。这取决于经济环境是否足够公平，在公平的环境中，个人可以依靠自

身努力改变收入状况，而且由于父辈个人能力的高低不影响子辈个人能力的高低，子辈也完全可以改变收入状况。完全公平的环境使个人收入只取决于个人能力，会形成完全的收入流动性，特别是代际流动性。只要完全公平的经济环境使得正态分布的收入分配具有完全的收入流动性，则这种分配结果符合人类天性，不仅公平，如果把父辈到子辈的代际传递看成是无限生命的个人，从长期来看甚至是平等的。如果把公平看作是由个人能力所决定的合理差距的收入分配，那么，原来很多学者所认为的效率与公平此消彼长的观点就是错误的，在服从正态分布且具有完全流动性的收入分配结构下，效率与公平是统一的，快速的经济增长和合理的收入分配会在共同的制度基础上达到。

从以上收入分配对经济增长的直接影响的分析中可以得到：

推论一：正态分布且具有完全流动性的收入分配是最公平最合理的收入分配结构，也是最有利于经济增长的收入分配结构，实现了效率与公平的统一。

另一方面，一定的收入分配结构也受一定的经济环境影响并且与一定的经济环境相对应。制度是经济环境的基本组成部分，人类的经济活动是在一定的制度体系下进行的。制度是一个社会里用来激励、约束和规范人们行为的规则，它是为决定人们的相互关系而人为设定的一些制约，既包括如产权、法律之类的正式制度，也包括如宗教信仰、意识形态、伦理道德、风俗习惯、思想文化之类的非正式制度。就像自然环境构成了人类活动的一个"有形环境"一样，制度构成了人类活动的一个"无形环境"。而且制度环境比自然环境有着更重要的意义，因为自然环境是客观形成的，具有更大的演进性，人类有一定的改造能力但不可能完全摆脱自然的束缚，而制度环境的形成虽然也受自然环境的制约，但相比于自然环境，具有更大的主观性。可以说制度是除自然环境外影响人类行为的最重要的因素。

平均主义的收入分配往往是由财产的公有制和平均主义分配制度形成的，在这种制度下，人们的行为决策仍然是根据个人的效用最大化原则作出的。这一方面降低了人们的劳动积极性，另一方面使人们的经济活动受到人为的抑制，从而不利于经济增长。平均主义的收入分配还可能是由过高的国家福利制度和政策形成的，如北欧的一些高福利国家，在这种制度下，闲暇的效用可能超过劳动收入所带来的效用，形成自愿失业，从而不利于经济增长。不过这些国家已处于发达阶段，经济和生活水平已较高，人们对高速经济增长的期待不如发展中国家那么急迫。

两极分化的收入分配大多是由不合理不公平的制度所形成的。首先是起点不公，对于初始产权的界定，即使个人在先天禀赋和人力资本上的差异无法改变，但对自然资源和物质资本的占有应该是平等的，而在社会变革的时期，一些人通过各种手段占有了更多财富而暴富，如国有资产和共有自然资源的贱卖；一些歧视性的制度和政策对不同的人区别对待导致起点不公，如城乡分割并使城市居民的社会福利高于农村居民的福利；公共教育和公共医疗的不足使高收入者和低收入者子女起点不同；另外，如行业垄断、地区不平衡发展战略、城乡分割、国有企业和私营企业的不平等待遇等，使得各个市场主体并不是处于平等竞争的地位。其次是过程不公，在分配过程中，一些不合理的制度使得个体所得与个体的实际贡献不匹配，如贪污受贿。最后，如果在起点和过程不公的环境中，也没有健全的再分配制度和社会保障制度，则收入分配就会趋于两极分化。

正态分布的收入分配只有在健全的制度下才能形成。这些健全的制度包括成熟的市场经济、清晰界定的私人产权、良法规范的人类行为和为之奠定基础的思想文化之类的非正式制度。在健全的制度下，充分保障了各个市场主体的起点和过程的公平，社会为每一个成员提供了平等的机会，生产要素能够充分自由流动，实现优化配置，从而使得收入分配基本与个人能力的分布相同。

从决定收入分配的经济环境因素的分析中可以得到：

推论二：正态分布且具有完全流动性的收入分配结构只有在完全公平的健全制度下才能形成，现实中的收入分配总是偏离这一分布的。

经过以上收入分配对经济增长的直接影响和决定收入分配的经济环境因素的分析，我们可以得出结论：如图 17-2 所示，为了实现又好又快的经济增长，收入分配差距存在一个合理的区间，过高和过低的收入差距都会阻碍经济增长，接近于正态分布且具有完全流动性的收入分配符合人类天性，是最优的收入分配，也是最有利于经济增长的收入分配，在这种分配状态下，存在一个最有利于经济增长的最优差距。胡祖光（2004）在收入分配呈阶梯状的假设下，以严格的数学推导证明了基尼系数的理论最佳值为三分之一。刘生龙（2009）的实证结果显示：基尼系数的合理区间是 37—40①。为此，我们提出以下理论假说。

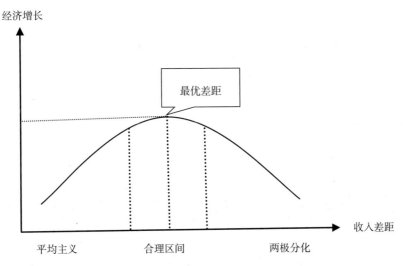

图 17-2　收入分配对经济增长的倒 U 型影响

资料来源：作者绘制。

理论假说：一个经济体的收入分配结构对经济增长的影响是倒 U 型的。从长期来看，收入分配差距存在一个合理区间，平均主义和两极分化的收入分配结构都会有害于经济增长，唯有由人的呈正态分布的能力所决定的适度不平等的收入分配结构最有利于经济增长。

如果不考虑其他经济环境对经济增长的影响，只考虑收入分配（Gini）结构，则（17-4）式的生产函数可以写为：

$$Y = AF(K(Gini), L(Gini)) \tag{17-6}$$

再假设生产函数是如（17-7）式所示的柯布道格拉斯形式。在上面的分析中，我们认为收入分配对生产要素的投入数量和使用效率产生倒 U 型影响，从而对经济增长产生倒 U 型影响，所以假设一个经济体物的投入（K）和人的投入（L）与基尼系数（Gini）成二次关系，为简化分析，假设该二次关系只有平方项且系数为负，没有一次项和常数项。

$$Y = AF(K, L) = AK^{\alpha}L^{1-\alpha} \tag{17-7}$$

---

① 作者原文为 0.37—0.40，本章为了统一定义，转化为 0—100 规模衡量的百分数。

$$K(Gini) = -aGini^2(a > 0) \qquad\qquad (17-8)$$

$$L(Gini) = -bGini^2(b > 0) \qquad\qquad (17-9)$$

将（17-7）式、（17-8）式、（17-9）式代入（17-6）式，经过简单的运算，得到（17-10）式：

$$Y = AK^\alpha L^{1-\alpha} = -A \cdot a^\alpha \cdot Gini^{2\alpha} \cdot b^{1-\alpha} \cdot Gini^{2-2\alpha} = -Aa^\alpha b^{1-\alpha} Gini^2$$

$$(17-10)$$

从（17-10）式可以看出，一个经济体的产出与代表收入分配的基尼系数呈二次关系，由于系数为负，所以是一种倒 U 型关系。

第四节 实证分析：模型、变量及 样本、数据

一、模型设定和变量定义

为了探测一个经济体的收入分配结构对经济增长的影响，实证检验以上理论假说的正确性，我们设定如下回归模型：

$$growth_{it} = \alpha_0 + \alpha_1 gini_{it} + \alpha_2 gini_{it}^2 + \beta_1 resource_{it} + \beta_2 capital_{it} + \beta_3 \ln labor_{it}$$
$$+ \beta_4 \ln schooling_{it} + \beta_5 low_i + \beta_6 lowermiddle_i + \beta_7 uppermiddle_i + \varepsilon_{it}$$

其中，i 代表经济体，是一个国家或地区；t 代表时间，我们以 5 年为一个考察时期；ε 代表随机误差项。被解释变量为代表经济增长的 GDP 增长率，核心解释变量为代表收入分配的基尼系数，其取值为 0—100：0 代表收入分配完全平均，100 代表收入分配完全不平等，基尼系数越大代表收入分配越不平等[①]。在控制变量的选取上，决定经济增长的生产要素分为物的因素和

---

① 常见基尼系数一般以 0—1 之间的小数衡量，但世界银行 WDI 数据库中的基尼系数和其他变量均以 0—100 之间的百分数衡量，本章统一用百分数衡量基尼系数，如有引用其他学者研究成果，也直接转化成 0—100 之间的相应百分数。

人的因素，物的因素包括未经人类加工改造过的自然资源和经过人类加工改造过的物质资本，人的因素包括纯自然的生物本能的劳动力和后天学习积累形成的人力资本。因此，我们选取了自然资源（resource）、物质资本（capital）、劳动力（labor）、人力资本（schooling）作为控制变量加入模型，以更好地观察在这些生产要素不变的基础上的收入分配结构对经济增长的影响。同时，由于历史和现实条件的差异，世界上各个国家或地区的经济发展水平是存在较大差异的，不同收入水平的国家，经济增长和经济发展会呈现出不同的特征。世界银行将世界上的国家或地区按收入水平分为四组：高收入国家、高中等收入国家、低中等收入国家、低收入国家。为了控制不同收入水平国家或地区在经济增长和收入分配上的差异，我们引入收入水平虚拟变量作为控制变量，以高收入国家为对比组，设置 low、lowermiddle、uppermiddle 三个虚拟变量，分别对应其他三个收入水平国家或地区。

为了检验收入分配对经济增长的倒 U 型影响，我们在模型中引入了基尼系数的平方项。如果回归结果是基尼系数的系数为正而基尼系数平方项的系数为负，则说明收入分配对经济增长存在倒 U 型影响。生产要素投入的增加，会对经济增长产生有利的影响，所以我们预期四个控制变量（自然资源、物质资本、劳动力、人力资本）的符号为正。近几十年来，由于发达国家的经济体系已经趋于成熟，经济增长速度放缓，而发展中国家经济体系不成熟，改进空间较大，制度的变革会使这些国家经济增长速度较快，这种追赶效应会使发展中国家的经济增长速度高于发达国家，所以我们预期代表收入水平与高收入国家对比的三个虚拟变量的符号为正。综上，如果上述理论假说是正确的，我们的实证结果预期为：基尼系数的系数为正，基尼系数平方项的系数为负，其余控制变量的系数均为正。

二、样本选取和数据处理

世界各国和地区经济发展相关指标的统计，比较权威且具有较大可比性的是世界银行的统计。世界银行世界发展指标（WDI）数据库给出了世界上 214 个国家或地区 1960—2013 年主要发展指标的统计数据。我们采用的变量和数据，除了人力资本来源于 Barro 和 Lee 2014 年 6 月更新的受教育水平数据 2.0 版，其余主要来源于 WDI 数据库 2014 年 12 月 19 日更新的数据①。根据基尼系数数据可得性，我们选取的样本为 WDI 数据库中存在基尼系数统计的 149 个国家或地区，时间跨度为 1981—2013 年，形成一个涵盖世界 149 个国家或地区，长达 33 年的国际面板数据。表 17-1 列示了我们所用到的变量的具体信息。

表 17-1　变量信息

变量符号	变量名称	数据来源	原始变量说明
growth	经济增长	WDI 数据库	GDP 增长率（年百分比）
gini	收入分配	WDI 数据库	基尼系数（世界银行估计）：以 100 的规模衡量
$gini^2$	收入分配	WDI 数据库	基尼系数的平方
resource	自然资源	WDI 数据库	总自然资源租金（占 GDP 百分比）
capital	物质资本	WDI 数据库	总资本形成（占 GDP 百分比）
lnlabor	劳动力总量的对数	WDI 数据库	劳动力总量
lnschooling	人力资本的对数	Barro 和 Lee	25 岁以上人口平均受教育年数
low	低收入国家	WDI 数据库	世界银行划分
lowermiddle	低中等收入国家	WDI 数据库	世界银行划分
uppermiddle	高中等收入国家	WDI 数据库	世界银行划分

资料来源：作者整理。

我们对数据的处理并没有采用年份数据，而是通过取平均值的方式转化为时期数据。以 5 年为一个考察时期，时期 1 为 1981—1985 年，时期 2 为 1986—1990 年，时期 3 为 1991—1995 年，时期 4 为 1996—2000 年，时期 5 为 2001—2005 年，时期 6 为 2006—2010 年，时期 7 只有 3 年，为 2011—2013 年。各个时期的数据以相应年份可得数据的均值来代表，只是为了充分利用 1981 年前的几个基尼系数观察值，我们对哥伦比亚、以色列、马达加斯加、巴拿马和巴西五个国家时期 1 的数据取了包括 1981 年以前一两年数据的均值。Barro 和 Lee 的人力资本数据同样也是以 5 年为间隔有一次观察值，我们以 1980 年、1985 年、1990 年、1995 年、2000 年、2005 年、2010 年 25 岁以上人口的平均受教育年数分别代表时期 1—7 的人

①　世界银行 WDI 数据库网址为 http://data.worldbank.org/data-catalog/world-development-indicators；Barro and Lee 人力资本数据库网址为 http://www.barrolee.com。

力资本水平。通过这样的处理，所有变量的数据转化为 149 个国家或地区 1—7 期国际面板数据，表 17-2 列示了各变量的统计特征。

表 17-2 主要变量统计特征

变量	观察值	均值	标准差	最小值	最大值
growth	973	3.474	4.077	−21.663	39.34
gini	608	39.487	10.02	19.4	74.33
gini^2	608	1659.466	846.574	376.36	5524.95
resource	994	9.028	12.173	0	71.69
capital	956	23.195	7.877	3.063	68.713
ln*labor*	883	15.127	1.706	10.434	20.485
ln*schooling*	854	1.666	0.704	−2.996	2.597
low	1043	0.188	0.391	0	1
lowermiddle	1043	0.295	0.456	0	1
uppermiddle	1043	0.295	0.456	0	1

资料来源：WDI 数据库和作者计算整理。

通过取均值，将年份面板数据转化为时期面板数据，是科学而合理的。这至少有以下四个方面的好处：第一，与理论相符，从理论上来说，经济增长与收入分配的关系是一种长期关系，而非短期关系，一个经济体的收入分配结构对经济增长的影响只有在长期才能够体现出来，用时期数据做研究是更科学的；第二，与实际相符，我们所使用的大部分变量，如基尼系数、劳动力、人力资本、收入水平，在短期内都具有相对稳定性，除非发生急剧的社会变革，这些变量并不会发生太大的变化，通过取均值，用一个时期内可得数据的均值代表整个时期也是合理的；第三，减少数据缺失，由于统计的困难性，世界银行的原始年份数据缺失值较多，尤其是基尼系数，通过取均值转化为时期数据，用一个时期内可得数据的均值代表整个时期，就大大减少了缺失值，使数据更为完整；第四，与 Barro 和 Lee 的人力资本数据对应，Barro 和 Lee 的人力资本数据是以 5 年为间隔的，我们以初始年份的人力资本水平解释后续 5 年的经济增长也是合理的。

如表 17-3 所示，我们按基尼系数对 149 个国家或地区排序后，将所有国家或地区分成三组，分别有 50、50、49 个国家或地区，再分别取各组

的基尼系数和 GDP 增长率平均值，从表中可以看出：基尼系数居中的 50
个国家或地区的平均经济增长率为 3.63%，要高于基尼系数较低的 50 个
国家或地区的 3.36% 和较高的 49 个国家的 3.42%。同样，我们按经济增
长速度对 149 个国家或地区排序分组后取均值，从表中可以看出：GDP 增
长率最高的 49 个国家或地区的基尼系数 39.38 大于 38.65 而小于 42.7，处
于居中状态。从表 17-3 的分析中，我们有直观的感受，代表收入分配的
基尼系数比较适中时，GDP 增长率会更高。

表 17-3   1981—2013 年世界收入分配和经济增长总体对比

基尼系数排序	基尼系数	GDP 增长率	经济增速排序	GDP 增长率	基尼系数
1—50	30.55	3.36	1—50	1.65	38.65
51—100	39.05	3.63	51—100	3.24	42.7
101—149	51.38	3.42	101—149	5.56	39.38

资料来源：WDI 数据库和作者计算整理。

第五节 计量结果分析和稳健性检验

一、横截面数据回归结果

这里，首先尝试用国际横截面数据进行回归，图 17-3 是世界上 149
个国家或地区 1981—2013 年平均 GDP 增长率对平均基尼系数的散点图和
二次拟合图，从图中可以看出，GDP 增长率对基尼系数存在微弱的负二次
关系。表 17-4 报告了各个时期的回归结果。从表中可以看出，收入分配
对经济增长的影响虽然在各个时期显著性不同，但大部分符号与理论预期
相符，特别是在 2006—2010 年和 2011—2013 年这两个时期都达到了较高
的显著性水平。

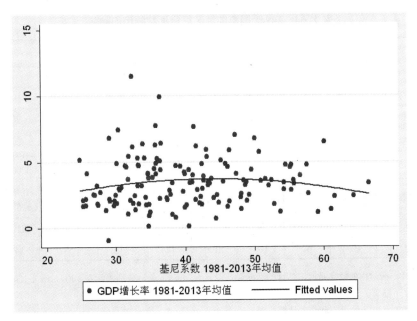

图 17-3 GDP 增长率对基尼系数散点图和二次拟合图（横截面数据）

资料来源：WDI 数据库和作者绘制。

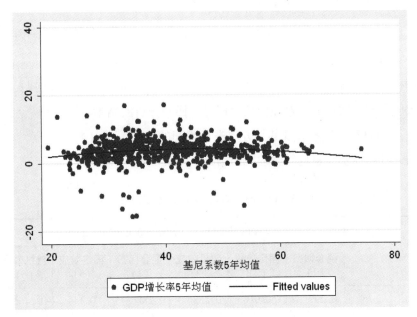

图 17-4 GDP 增长率对基尼系数散点图和二次拟合图（面板数据）

资料来源：WDI 数据库和作者绘制。

表 17-4　149 个国家或地区横截面数据回归结果

	被解释变量：经济增长率 GDP growth							
	1981—1985 年	1986—1990 年	1991—1995 年	1996—2000 年	2001—2005 年	2006—2010 年	2011—2013 年	1981—2013 年
gini	-0.1859 (0.4155)	0.2305 (0.2639)	0.2257 (0.3226)	0.3866* (0.2043)	-0.0174 (0.2079)	0.4908** (0.2278)	0.8348*** (0.2349)	0.2047 (0.1294)
$gini^2$	0.0013 (0.005)	-0.0026 (0.0033)	-0.0014 (0.0037)	-0.0046* (0.0024)	-0.0005 (0.0024)	-0.0051* (0.0026)	-0.0094*** (0.0028)	-0.0023 (0.0015)
常数项	7.5147 (8.1073)	-1.1224 (4.9784)	-4.9118 (6.7762)	-3.9229 (4.15)	6.1807 (4.34)	-6.5864 (4.7441)	-12.9884*** (4.7639)	-0.7905 (2.6879)
R^2	0.0837	0.0168	0.0477	0.0359	0.0461	0.0633	0.2061	0.017
观察值	32	62	100	103	124	115	58	149

注：（1）括号内的数字是回归估计的标准误；（2）*、**、***分别表示在 10%、5%、1% 的水平下显著。

资料来源：WDI 数据库和作者计算整理。

二、面板数据回归结果

接着，我们分析 149 个国家或地区的面板数据。图 17-4 报告了 GDP 增长率对基尼系数的二次拟合图，从图中可以看出，GDP 增长率对基尼系数的拟合存在微弱的负二次关系。表 17-5 报告了分别使用混合回归、固定效应和随机效应方法对该面板数据进行回归分析的结果。第（1）、（2）、（3）列为只对基尼系数及其平方项进行回归的结果，第（4）、（5）、（6）为加入其他控制变量后得到的回归结果。

表 17-5　149 个国家或地区面板数据回归结果

	被解释变量：经济增长率 GDP growth					
	混合回归（1）	固定效应（2）	随机效应（3）	混合回归（4）	固定效应（5）	随机效应（6）
gini	0.299*** (0.1053)	0.018 (0.18)	0.2584** (0.1136)	0.2886*** (0.1102)	0.144 (0.1832)	0.2466** (0.1232)
$gini^2$	-0.0033*** (0.0012)	-0.0016 (0.002)	-0.003** (0.0013)	-0.0031** (0.0013)	-0.0031 (0.0021)	-0.0028** (0.0014)

续表

	被解释变量：经济增长率 GDP growth					
	混合回归 （1）	固定效应 （2）	随机效应 （3）	混合回归 （4）	固定效应 （5）	随机效应 （6）
resource				0.0183 （0.0154）	0.2105 *** （0.0438）	0.0337 * （0.0174）
capital				0.101 *** （0.022）	0.0883 *** （0.0324）	0.0924 *** （0.024）
ln*labor*				0.1185 （0.09）	−3.9762 *** （1.3389）	0.0817 （0.1129）
ln*schooling*				0.0466 （0.3488）	3.1443 ** （1.2481）	0.24 （0.4006）
low				2.3184 *** （0.6341）		2.6182 *** （0.7619）
lowermiddle				0.6905 （0.4395）		0.9599 * （0.5574）
uppermiddle				0.7665 * （0.4124）		1.036 ** （0.5238）
常数项	−2.6105 （2.1549）	5.7618 （3.7937）	−1.592 （2.3371）	−7.7167 *** （2.7828）	55.9944 *** （19.8315）	−6.3953 ** （3.179）
R^2	0.015			0.1195		
观察值	594	594	594	488	488	488

注：（1）括号内的数字是回归估计的标准误；（2）＊、＊＊、＊＊＊分别表示在10%、5%、1%的水平下显著。

资料来源：WDI 数据库和作者计算整理。

　　从回归结果可以看出，使用不同方法和加入控制变量后的结果都与我们预期的符号相吻合。使用混合 OLS 只对基尼系数及其平方项进行回归的显著性最高，在1%的水平上显著。使用随机效应进行回归，虽然显著性有所下降，但也都达到了5%的显著性水平。固定效应回归结果为弱显著，但符号仍然与预期相符。加入其他控制变量后，系数值和显著性水平改变不大，保持了稳定。使用不同的估计方法，尽管各变量的系数值和显著性水平会有所改变，但基尼系数的符号始终为正，基尼系数平方项的符号始终为负。这说明这一结果是稳定的，一个经济体的收入分配结构对经济增长存在倒 U 型影响，基尼系数过低或者过高的经济体的经济增长速度没有基尼系数适中的经济体快。从回归结果还可以看出，尽管一些控制变量不显著，但大部分代表生产要素的控制变量的符号均为正，都对经济增长产生了推动作用，与我们的预期相符。最近三十多年来，对经济增长影响最显著的是物质资本积累，均在 1% 水平下显著。三个虚拟变量在不同显著性水平下符号均为正，与预期相符合，说明发展中国家对发达国家存在追赶效应，经济增长速度快于发达国家。尤其是低收入国家，近三十多年来的经济增长速度平均要高于发达国家 2.5 个左右百分点，并且都在 1% 水平下显著。

三、稳健性检验

为了使我们的结论更为可靠，我们使用其他数据和变量进行稳健性检验。如上文所分析，经济增长是由生产要素的投入数量和使用效率决定的，收入分配结构对经济增长的影响是通过影响劳动者的生产积极性和生产可能性而实现的，换句话说，收入分配结构对经济增长的倒 U 型影响是通过对生产要素的投入数量和使用效率的倒 U 型影响而实现的。而一定时期内劳动力数量的多少直接反映了劳动者的生产积极性和经济活跃程度。为此，我们考察劳动力投入与收入分配的关系。图 17-5 报告了劳动力总量对数对基尼系数的散点图和二次拟合图。从图中可以看出，劳动力投入对基尼系数的拟合存在明显的负二次关系，且比 GDP 增长率的拟合更显著。表 17-6 报告了用劳动力总量对数对基尼系数分别使用三种方法的回归结果。

从回归结果可以看出，基尼系数的符号均为正而基尼系数平方项的符号均为负，而且大部分回归结果达到 1% 的显著水平，比用 GDP 增长率做被解释变量时要高。这说明一个经济体的收入分配结构对劳动力投入总量存在更明显的倒 U 型影响，而劳动力投入直接决定了经济增长。这进一步说明上述研究结论是稳健的，一个经济体的收入分配结构对经济增长存在倒 U 型影响。

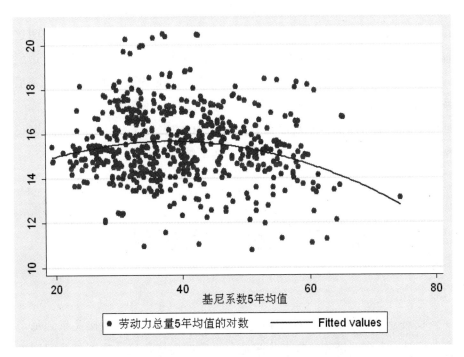

图 17-5　劳动力总量对数对基尼系数的散点图和二次拟合图（面板数据）

资料来源：WDI 数据库和作者绘制。

表 17-6　稳健性检验一：劳动力投入对基尼系数回归结果

	被解释变量：劳动力总量对数 $\ln labor$		
	混合回归（1）	固定效应（2）	随机效应（3）
gini	0. 1629*** （0. 0479）	0. 0157* （0. 009）	0. 0166* （0. 009）
gini^2	−0. 0022*** （0. 0006）	−0. 003*** （0. 0001）	−0. 0003*** （0. 0001）
常数项	12. 5865*** （0. 9698）	15. 3042*** （0. 1876）	14. 987*** （0. 233）
R^2	0. 0352		
观察值	572	572	572

注：（1）括号内的数字是回归估计的标准误；（2）＊、＊＊、＊＊＊分别表示在 10%、5%、1%的水
平下显著。

资料来源：WDI 数据库和作者绘制。

经过以上的实证分析，我们有充足的证据表明收入分配差距对经济增长的影响是倒 U 型的，虽然在一些回归结果中显著性不高，但不能说明这种关系微弱。因为我们所强调的收入分配的两个极端在现实中并不会达到完全的平均主义或者完全的两极分化，据统计，在 1981—2013 年里，基尼系数最低的国家达到 24.79，最高的达到 66.52，这使我们只能得到这样的回归结果。如果现实中的基尼系数能低于 10 或者高于 90，那么经济增长率会更低，我们也可能会得到更显著的实证结果。

第六节　最优的收入分配制度

收入分配是一个经济体全体成员对合作成果的分享，直接关系到每个人的福祉。一个经济体的收入分配是在一定的经济环境，特别是分配制度下进行的，设计一个良好的收入分配制度不仅是道义上实现公平的需要，也是实现经济持续健康发展的基础。从效率看，以上的理论和实证分析中，我们得出一个经济体的收入分配对经济增长的影响是倒 U 型的，所以最优的收入分配制度既要克服平均主义，又要防止两极分化，而要得到一个适度差距的分配结构，这种分配结构服从正态分布且具有完全的流动性。从公平看，正态分布且具有完全流动性的收入分配符合人类天性，是环境公平下人们最优化行为的自然结果，从而也是公平的，在长期甚至是平等的。这种收入分配结构只有在完全公平的健全制度下才能形成。生产和分配活动是在一定的经济环境下进行的，经济环境构成分配的起点，具体的分配活动是分配的过程，每个成员的最后所得是分配的结果，所以最优收入分配制度的设计包括起点、过程和结果三个层次。

一、起点公平：机会均等的经济环境

收入分配离不开一定的宏观制度背景，经过几百年的理论和实践证明，大部分经济体在基本国家治理体系的选择上，已经摒弃了以完全公有制和平均主义为特征的高度集中统一的计划经济体制与以完全私有制和自由放任为特征的无政府经济体制，而是选择了市场与政府结合，让市场发挥基础性作用，同时更好发挥政府作用的体制，与此体制相适应，收入分配也是由市场和政府两只手共同调节的。另外，一个经济体的产权制度、法律制度、教育制度、医疗制度、就业制度和政府政策等都会对最终分配结果产生基础性的影响。收入分配制度的设计要从经济环境的营造开始，最优收入分配制度的核心在于经济环境的公平，要有公平的经济环境保证所有经济主体的起点公平。这要求市场、政府和具体制度要公平地对待每一个经济主体，要一体化，不搞分割，要无歧视，不搞区别对待。在初始产权的界定上保证人们占有自然资源和物质资本等生产资料的平均，在劳动者身体健康、受教育和就业上有平等的机会，要求给予一个经济体的全体成员在经济活动中的平等待遇、机会均等，使生产要素能充分自由流动到报酬最高的地方。

二、过程公平：自由市场决定的初次分配

在市场与政府结合的经济体制下，一个经济体的初次分配是由市场决定的。在起点公平的前提下，一个经济体的产出按什么标准分配，通常有按贡献分配与按参与和努力分配之争，如果完全按贡献分配会打击能力低者的积极性，而完全按参与和努力分配又会打击能力高者的积极性，所以最优的收入分配制度要兼顾按参与和按贡献分配。现实中的工资往往由基础工资和绩效工资按一定的比例组成，基础工资体现的就是按参与和努力的分配，绩效工资体现的就是按贡献分配。而每个人所获得的分配数量的多少及按贡献与按努力分配的比例应该由市场的供给和需求机制决定。所以，最优收入分配制度要求在初次分配中，自然资源、物质资本、劳动、人力资本、企业家才能、社会资本的所有者各自按其在生产过程中的参与程度和贡献获得由市场价格决定的要素报酬，遵循所得与所付出和所贡献相匹配的原则。

三、结果公平：政府调节的再分配和私人调节的三次分配

如果经济体的成员都具有完全理性，并且处于完全信息和完全竞争的

环境中，那么上述起点公平和过程公平足以形成结果公平的符合人性的正态分布且具有完全流动性的收入分配结构。但现实中，人是有限理性的，信息不完全，竞争也不充分，所以收入分配会偏离正态分布，如果不公平的制度导致起点和过程严重不公，则收入分配甚至会趋于两极分化或平均主义。所以，政府的再分配制度和政策是必不可少的，政府的再分配应尽量熨平由起点和过程不公造成的收入分配不合理，补贴由于起点和过程不公形成的受害者。

为了社会持续稳定发展，尤其是要建立健全的社会保障制度，保障最低收入人群能满足基本人类需求。政府的再分配最常规的是通过税收和转移支付对收入分配的调节，用从高收入者征收的税收补贴低收入的弱势群体。这种"劫富济贫"的制度不仅对不公平的初次分配结果是必要的，就是对于公平的初次分配结果也是必要的，因为这不仅仅是出于人道意义上的考虑，更是一种符合经济学逻辑的社会保险行为。在完全公平的制度下，没有一个高收入者能够保证自身及其后代能永远是高收入者，其多交的税相当于是一种投保行为。在初次分配和再分配的基础上，一个经济体的收入分配可能仍然是存在问题的，所以还有必要发展三次分配作为补充。三次分配是指以慈善、捐助等自愿形式发生的收入由高收入人群向低收入人群的转移，这是人性善作用的结果，也是人类集体互助的理性行为。另外，一个社会也存在收入由低收入人群向高收入人群的逆向转移，如寻租、腐败、行贿受贿、过度送礼等，有些学者称之为四次分配，这种灰色收入和黑色收入则应打击和取缔。总之，要发挥政府再分配和私人三次分配的作用，矫正初次分配中形成的收入分配不合理，使收入分配趋于理想的正态分布且具有完全流动性。

综上，最优的收入分配制度是由一系列保证起点公平、过程公平和结果公平的制度组成的完整制度体系，在公平的经济环境下，与市场与政府结合的治理体系相适应，以市场决定的初次分配为基础，辅之以政府再分配的调节，以三次分配为补充，其目标是形成正态分布且具有完全流动性的收入分配结构。

第七节　中国收入分配制度变迁与经济增长

　　中国的收入分配制度经历了各种形式的变化。研究收入分配对经济增长的影响，以中国为案例能得到更科学的解释，只是由于数据的缺乏，现在还只能做一些经验上的解释。由于世界银行的年份基尼系数缺失值较多，且可能低估了中国的基尼系数，为了更好地观测中国收入分配的演变，我们用图 17-6 报告了 Frederick Solt 制作的 SWIID 数据库中对中国基尼系数的估计，该数据库综合了世界上各大收入分配数据库，对各国基尼系数做了区间估计，能较好地反映各国的收入分配。从图 17-6 可以看出，20 世纪 80 年代以前，中国基尼系数较低且趋于下降，改革开放以后，中国基尼系数快速上升，在新世纪已达 50 多的高位，不过近几年已有微弱的下降趋势。

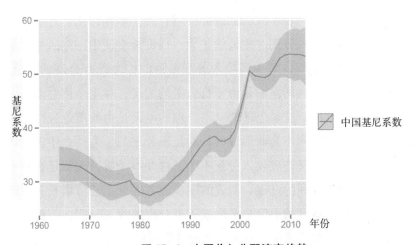

图 17-6　中国收入分配演变趋势

注：图中实线表示平均估计，阴影区域表示置信度为 95% 的置信区间。

资料来源：SWIID 数据库，http：//myweb. uiowa. edu/fsolt/swiid/swiid. html。

收入分配制度的变迁是中国整体改革的重要组成部分，对中国的经济增长起到了巨大的推动作用。在改革开放以前，中国的收入分配制度是在公有制和计划经济的制度体系下，在城市实行等级工资制，在农村实行工分制，在分配中都具有平均主义倾向，否定了个人能力和努力的差异，抑制了劳动者的生产积极性，从而在长期使经济增长不可持续。改革开放以来，中国逐步确立了建立社会主义市场经济体制的目标，在农村实行家庭联产承包责任制，在城市发展多种所有制经济。与市场化改革和建立现代产权制度的改革相适应，中国的收入分配逐步建立了按劳分配与按生产要素分配相结合的制度，确立了劳动、资本、技术、管理等生产要素按贡献参与分配的原则，这些改革激发了劳动者的生产积极性，释放了生产力。打破平均主义的收入分配制度改革是改革开放以来中国经济持续高速增长的一个重要原因。Chan 等（2004）用中国省际数据研究证实：改革开放以来中国收入不平等的上升促进了经济增长，"让一部分人先富起来"的政策是中国经济高速发展的重要原因。

但近年来，中国的收入分配差距正朝着过大的趋势演变，在 2000 年左右基尼系数已超过 40 这条国际警戒线。赵倩（2008）认为在中国经济发展的初期，收入分配差距的不断扩大有利于促进经济增长；而随着经济的不断发展，收入差距进一步扩大将会对经济增长产生制约作用。还有的研究认为，如果中国的收入分配差距持续扩大，很可能会使中国陷入中等收入陷阱。而且，改革开放以来中国收入分配差距的扩大既有合理的成分，也有不合理的成分。合理的差距是由于打破平均主义，尊重个体在能力和努力上的差异而形成的，这是公平的。不合理的差距是由改革过程中的制度不健全导致起点和过程不公而形成的，这是不公平的。为什么中国的改革既促进了经济增长，又造成收入分配不公，这并不矛盾，改革是在原有体制上逐步释放制度红利的过程，制度的逐步完善促进了经济增长，但改革不可能一步到位，制度的不健全又造成了不合理的收入分配，不健全的制度有的是原有体制留下来的，有的是在改革中新形成的。

从以上的经验和历史分析中可以看出，新中国建立以来，中国的收入分配结构和分配制度经历了急剧的变迁。从计划经济到市场经济，从平均主义到趋于两极分化，收入分配先是阻碍了经济增长，而后大大刺激了经济增长，如果将来持续恶化，将又会阻碍经济增长。中国收入分配对经济增长的影响经历了完整的倒 U 型轨迹。为了持续推进经济发展和国家富强，中国仍需按照最优收入分配制度推进中国的收入分配制度改革。首先，最关键的是要营造公平的经济环境，保障起点公平，在改革中要防止国有资产流失和共有自然资源的贱卖，要大力发展公共教育和公共医疗，减少因病致穷，要在稳定的前提下有序发展民主，做到人人平等；要打破行业垄断，放开市场准入，平衡发展地区经济，逐步取消户籍制度和城乡分割，打破铁饭碗，建立全国统一的一视同仁的社会保障制度。其次，应继续完善市场与政府结合的基本国家治理体系，建立成熟完善的市场经济，更好地发挥政府的作用，为促进经济增长和合理收入分配构建良好的制度框架。在此框架下，建立完善的包括初次分配、再分配和三次分配在内的分配体系，确保过程公平和结果公平：在初次分配中，各种生产要素的所有者各自按其在生产过程中的参与程度和贡献获得由市场价格决定的要素报酬；在再分配中，要加大转移支付力度，建立完善的社会保障制度，保障弱势群体生存和发展的权利；大力发展三次分配作为补充；还要严厉打击灰色收入，取缔非法收入。最终要形成一个中产阶级占主体的呈正态分布且具有完全流动性的收入分配结构。

参考文献

［1］胡祖光：《基尼系数理论最佳值及其简易计算公式研究》，《经济研究》2004 年第 9 期。

［2］刘生龙：《收入不平等与经济增长的关系》，《经济科学》2007 年第 3 期。

［3］刘生龙：《收入不平等对经济增长的倒 U 型影响：理论和实证》，《财经研究》2009 年第 2 期。

［4］陆铭、陈钊、万广华：《因患寡，而患不均——中国的收入差距、投资、教育和增长的相互影响》，《经济研究》2005 年第 12 期。

［5］杨俊、张宗益、李晓羽：《收入分配、人力资本与经济增长：来自中国的经验（1995—2003）》，《经济科学》2005 年第 5 期。

［6］尹恒、龚六堂、邹恒甫：《收入分配不平等与经济增长：回到库兹涅茨假说》，《经济研究》2005 年第 4 期。

［7］赵倩：《收入分配差距对经济增长的影响分析》，《内蒙古农业大学学报（社会科学版）》2008 年第 4 期。

［8］Aghion P. , Caroli E. , García-Peñalosa, C. , "Inequality and Economic Growth: The Perspective of the New Growth Theories", *Journal of Economic Literature*, 1999, 37 (4) .

［9］Alesina A. , Perotti R. , "Income Distribution, Political Instability, and Investment", *European Economic Review*, 1996, 40 (6) .

［10］Amarante V. , "Revisiting Inequality and Growth: Evidence for Developing Countries", *Growth & Change*, 2014, 45 (4) .

［11］Banerjee A. , Duflo E. , "Inequality and Growth: What Can the Data Say?", *Journal of Economic Growth*, 2003, 8 (3) .

［12］Barro R. J. , "Inequality and Growth in a Panel of Countries", *Journal of Economic Growth*, 2000, 5 (1) .

［13］Bénabou R. , "Inequality and Growth", NBER/Macroeconomics Annual (MIT Press), 1996, 11 (1) .

［14］Chambers D. , Krause A. , "Is the Relationship between Inequality and Growth Affected by Physical and Human Capital Accumulation?", *Journal of Economic Inequality*, 2010, 8 (2) .

［15］Chan K. S. , Zhou X. , Pan Z. , "The Growth and Inequality Nexus: The Case of China", *International Review of Economics & Finance*, 2014, 34.

［16］Chen B. , "An Inverted-U Relationship between Inequality and Long-run Growth", *Economics Letters*, 2003, 78 (2) .

［17］Clarke G. R. , "More Evidence on Income Distribution and Growth", *Journal of Development Economics*, 1995, 47 (2) .

［18］Davis L. , Hopkins M. , "The Institutional Foundations of Inequality and Growth", *Journal of Development Studies*, 2011, 47 (7) .

［19］de la Croix D. , Doepke M. , "Inequality and Growth: Why Differential Fertility Matters", *American Economic Review*, 2003, 93 (4) .

［20］Deininger K. , Squire L. , "New Ways of Looking at Old Issues: Inequality and Growth", *Journal of Development Economics*, 1998, 57 (2) 9.

［21］Fajnzylber P. , Lederman D. , Loayza N. , "Inequality and Violent Crime", *Journal of Law & Economics*, 2002, 45 (1) .

［22］Fawaz F. , Rahnama M. , Valcarcel V. J. , "A Refinement of the Relationship Between Economic Growth and Income Inequality", *Applied Economics*, 2014, 46 (27) .

［23］Forbes Kristin J. , "A Reassessment of the Relationship Between Inequaiity and Growth", *American Economic Review*, 2000, 90 (4) .

［24］Galor O. , "Income Distribution and the Process of Development", *European Economic Review*, 2000, 44 (4-6) .

［25］Galor O. , Zeira J. , "Income Distribution and Macroeconomics", *Review of Eco-

nomic Studies, 1993, 60.

［25］García-Peñalosa C. , Turnovsky S. J. , "Growth and Income Inequality: a Canonical Model", *Economic Theory*, 2006, 28（1）.

［27］Herzer D. , Vollmer S. , "Inequality and Growth: Evidence from Panel Cointegration", *Journal of Economic Inequality*, 2012, 10（4）.

［28］Kelly M. , "Inequality and Crime", *Review of Economics & Statistics*, 2000, 82（4）.

［29］Li Hongyi, Zou Heng-fu, "Income Inequality is not Haumful for Growth: Theory and Evedence", *Review of Development Economics*, 1998, 2（3）.

［30］Lin Y. , Huang H. , Yeh C. , "Inequality-Growth Nexus Along the Development Process", *Studies in Nonlinear Dynamics & Econometrics*, 2014, 18（3）.

［31］Malinen T. , "Inequality and Growth: Another Look with a New Measure and Method", *Journal of International Development*, 2013, 25（1）.

［32］Marrero G. A. , Rodríguez J. G. , "Inequality of Opportunity and Growth", *Journal of Development Economics*, 2013, 104.

［33］Murphy K. M. , Shleifer A. , Vishny R. , "Income Distribution, Market Size, and Industrialization", *Quarterly Journal of Economics*, 1989, 104（3）.

［34］artridge M. D. , "Is Inequality Harmful for Growth? Comment", *American Economic Review*, 1997, 87（5）.

［35］Perotti R. , "Income Distribution and Investment", *European Economic Review*, 1994, 38（3/4）.

［36］Shin I. , "Income Inequality and Economic Growth", Economic Modelling, 2012, 29（5）.

［37］Susanu C. G. , "Divergent Perspectives on the Causal Relationship between Economic Growth and Income Inequality", *Journal of Academic Research in Economics*, 2012, 4（2）.

［38］Voitchovsky S. , "Does the Profile of Income Inequality Matter for Economic Growth?", *Journal of Economic Growth*, 2005, 10（3）.

［39］Yamamura E. , Shin I. , "Effects of Income Inequality on Growth through Efficiency Improvement and Capital Accumulation", *International Economic Journal*, 2009, 23（2）.

［40］Zak P. J. , Knack S. , "Trust and Growth", *Economic Journal*, 2001, 111（4）.

第十八章 中国城乡收入差距扩大化是内植于体制吗？*

城乡收入差距扩大化是中国社会现阶段十分突出的发展问题。中国的经济体制改革不仅引致了经济高速增长，同时也改变了整个社会的利益分配机制。那么，体制改革真的是引起中国城乡收入差距扩大的"内在主因"吗？这实际上这并不是一个能简单回答的问题，故此，本章构建一个刻画体制变化的体制柔性指标来全面分析体制改革对城乡收入差距的影响。研究发现，体制变革不仅不是收入差距扩大化的"主因"，而且还能有效缓解城乡居民之间"穷者更穷、富者更富"的"马太效应"。进一步，"让一部分人先富起来"的市场化改革并不是导致收入差距扩大的"罪魁祸首"。通过细化指标的分析发现，经济权利制度方面的改革和权利保障制度的改革都对改善收入问题有积极影响，但政府改革方面的滞后会加强和固化城乡收入扩大化。

第一节 引 言

中国在改革开放的几十年间取得了举世瞩目的经济高速增长，但同时收入不平等问题也成为十分突出的社会问题。中国的经济体制改革不仅激励了经济高速增长，同时也改变了利益分配机制。收入分配不单表现为经

---

* 本章作者：靳涛、李帅。

济增长的结果,同时也是影响经济持续健康发展的一个重要变量。如果一味追求经济增长而忽视收入差距问题,那中国的经济发展有极大可能会落入"中等收入陷阱",长期经济增长的数量和质量都会受到严重威胁。

改革开放以来,中国居民生活持续得到改善,但是城乡收入差距越来越大。尽管中国从 1982 年起在全国范围推行家庭联产承包责任制,提高了农业效率,实现了粮食增产、农民增收。但是由于中国农村人地关系高度紧张,家庭联产承包责任制并未从根本上改变"三农"问题。从 1985 年起的连续几年里,粮棉油等主要农产品产量徘徊不前,农业生产发展速度放慢,农民增收困难。与此同时,城乡收入差距并未继续缩小而是呈现扩大趋势。由于城市居民福利由财政负担(城市利益集团享有的食品补贴、社会保障和文化教育等全部由财政支付的福利制度,在几乎是现收现付的困难状态下,根本不可能对农民建立起统一的社会保障),农村经济改革释放出来的大量廉价劳动力并没有转移到城市成为产业工人,而是通过城乡户籍分割制度被阻滞在城市福利之外。随着人口的增加,这样的矛盾更加突出。尽管国家为了提高农民收入,在 1994 年、1996 年连续提高农产品价格,使得城乡居民收入比在 1994—1997 年有所下降。但是由于导致城乡居民收入差距的体制因素依然存在,加之此后的经济体制改革和政策的重点转向工业和城市,城乡收入差距逐年扩大(见图 18-1)。

中国的城乡收入差距长期得不到改善,必然和中国经济增长背后的体制结构存在内在联系。我们在对中国收入差距的文献梳理及实证研究中一直有一个疑问,即中国收入差距扩大化趋势是内植于中国这种特殊的体制本身吗?为什么大多数国家当人均 GDP 达到一定水平后收入差距都会趋于收敛,而中国的收入差距却没有表现得如此?那么,如何从体制入手来观察和分析收入差距呢?因此,我们构建了一个系统衡量体制变迁的体制柔性指标,认为体制柔性取决于权利分配、经济结构和政府与公民的关系等几个方面,研究发现,中国收入差距变化与体制柔性关系密切。此外,虽然中国经济有几十年高速增长做支撑,但收入差距迟迟得不到解决并不是体制本身的问题,中国体制框架中的经济权利分配和权利保障都对缓解收入差距起到了积极作用,而政府建设方面滞后则严重影响了收入差距的收敛,这说明中国体制的突出问题是政府改革滞后。最后,研究还发现东、

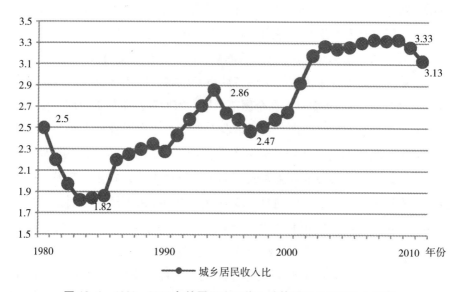

图 18-1 1980—2011 年按居民实际收入计算的城乡居民收入差距

资料来源:《中国统计年鉴》《新中国 60 年统计资料汇编》及各省份历年统计年鉴。

中、西部地区体制柔性与收入差距关系显著不同，东、中部地区两者关系更为正面，而西部地区两者关系更为负面。

第二节 文献综述

中国收入分配出现了全范围、多层次的收入差距扩大的态势。很多学者对造成中国收入差距的原因做了全面深入的研究。张建辉和靳涛（2011）认为中国的转型特征削弱了由经济增长所带来的农村收入增加的效果。地方政府行为模式导致城乡收入差距扩大作用显著。蔡昉（2003）认为城乡收入差距持久扩大主要是因为城市利益集团的压力以及传统经济体制遗留的制度障碍。同时大量文献表明以户籍制度为核心的城乡分割的管理体制以及城市偏向性的制度安排是造成中国劳动力市场扭曲和城乡收入差距扩大的主要原因。李实等（1998）把中国的收入差距扩大问题归结为发展因素、改革因素和政策因素引起的,并把收入分配变化分为有序的变化和无序的变化。有序变化是与市场化进程相关的,是改革进程中不可避免的,无序变化是与市场化改革相悖的,需要通过包括政治改革在内的改革深化进行纠正。Lu(2002)认为部门之间的劳动力流动所获得的潜在收益越大,则城乡消费差距越小,这意味着限制劳动力的城乡流动是不利于缩小城乡收入差距的。章奇等(2004)的一篇工作论文发现,经济开放的重要表现为国家间商品和资本的频繁流动。中国外向型的贸易结构主要表现为规模扩大的制造业以及与贸易相关的金融贸易和服务业。而这些产业集中在城镇地区。同样道理,拉动中国经济增长的另一个源动力 FDI 也主要集中在城镇地区。因此,预期经济的开放将加大城乡收入差距。李实(2003)认为如果考虑到城镇居民的医疗补贴、教育补贴等因素,城乡收入差距将更大。陆铭和陈钊(2004)认为城镇化对缩小城乡收入差距有积极作用。

通过对现有文献的梳理可以看出,收入分配的平等问题可以从两个方面加以考虑:一是初次分配的平等,反映了生产要素的合理定价和合法占有的关系;二是再分配的平等,反映了再分配过程中社会各阶层的关系和国家宏观调控目标和机制的有效性。一方面,市场收入分配的结果很大程度上取决于支配市场的游戏规则。在市场经济中,每个人所获得的收入,取决于他所拥有的资源(包括物质资本、人力资本等)以及市场对这些资源所确定的价格。从这些表征看,收入分配似乎是市场的"自然产物"。但是,我们进一步考察就会发现,收入分配的变化并不完全是市场力量自发变化的结果,特别是在收入分配状况改善的过程中更是如此。另一方面,社会政策取决于各种力量的博弈,但最终的选择权在政府。虽然社会政策是各种力量博弈的结果,但是富有阶层对政治权力具有天然的影响力,他们会利用手中的巨额财产,通过寻租等方式换取政治权力,制定有利于他们的规则。而一般民众既没有个人动机也没有集体力量去反对既得利益的行为。因此社会的权利体系的设计就至关重要。可见无论是初次分配还是收入再分配,经济权利关系、公民权利保障以及政府自身的能力建设都对全社会的收入分配格局有重要甚至是决定性影响。

第三节 体制柔性与收入差距的典型化事实

一、体制柔性概念与设计

制度变迁方式的选择主要受制于一个社会的利益集团之间的权力结构和社会的偏好结构（樊纲，1993）。不同制度的社会适应性依存于经济体制所面对的历史的、技术的、社会的、经济的环境。特别是对于像中国这样的社会主义发展中大国而言，地域辽阔，人口众多，经济高速增长，但发展又存在不平衡，制度安排必然是复杂并且独具特色的。审视中国的转型过程，政府在规划经济发展、推动经济增长方面角色渐浓且成果显著，但这完全不符合西方主流经济学家的基本结论。而新制度经济学派认为，在制度变迁过程中，政府的力量是不容忽视的，一国的政府结构以及受到的权力约束必然会对经济增长产生重要影响（Shleifer 和 Vishny，1993）。因此，在西方正统的经济增长理论框架中思考中国的高速增长，困难在于界定多级政府和微观市场主体的角色、各主体的多重目标和互动关系，这些制度变迁参与者相互作用形成了整个经济社会的运行系统。中国改革开放的几十年是一个从国家对经济深度干预的计划经济向政府对市场放权的市场经济过渡的过程，是一个基础性的制度变迁过程，即政府以行政手段推动了市场化进程。中国的许多学者对此种制度变迁模式进行了深刻且富有创造性的研究和讨论（周业安，2000；杨瑞龙和杨其静，2000；黄少安，1999；陈抗等，2002；靳涛，2003）。无论怎样，国内外学者至少在以下两点上是达成共识的：第一，中国的制度变迁是政府主导型的制度变迁。第二，体制变革是一个全面重新界定权力的过程，围绕着对"责、权、利"的重新定位与分解，各博弈主体，特别是中央政府与地方政府，始终进行着权力集中与分散的博弈。

中国经过几十年的体制改革，如何评价所形成的权力结构和社会偏好结构是否适应现阶段的经济发展阶段？是否存在体制改革从制度层面推进了经济增长？目前这种体制本身是否具有生命力？为了更好地解释这些问题，我们构造了"体制柔性"的概念，即把体制适应一国经济社会发展的能力及其自身的活力定义为体制柔性。基于中央政府、地方政府以及市场的微观主体三方的权力结构的互动变革，综合考虑中国体制改革这几十年来在经济体制、社会体制和政治体制三个方面的经验和成绩，从经济权利、权利保障以及政府建设三方面构造体制柔性指标（见表18-1）。同时，体制柔性也是基于生产关系适应生产力发展的逻辑来考虑和定量研究的。构建体制柔性也是想进一步探究中国的经济增长和体制存在何种关系。我们能否用一个有效且有中国特色的"背景因素"来解释和说明中国的经济增长？

表18-1　体制柔性指标构成一览表

经济权利	非国有化	非国有工业增加值/全社会工业增加值	%	正指标
	政府干预经济能力	预算内地方财政支出/GDP	%	逆指标
	财政分权	预算内地方财政收入/预算内国家财政收入	%	正指标
权利保障	法律制度环境	樊纲的法律制度环境指数	1	正指标
	进入市场权利	樊纲的要素市场指数	1	正指标
	社会保障指数	财政支出中社会保障与就业支出的比例	%	正指标
政府建设	政府规模指数	政府消费/GDP	%	负指标
	官员权力非正规化途径	预算外财政收入/总财政收入	%	负指标
	官员权力约束	贪污腐败涉案人数/公职人员数	%	正指标

中国的城乡收入差距没能伴随中国经济增长得到改善，必然和中国特殊的体制结构有着必然联系。因此，我们用体制柔性指标来量化分析中国迟迟得不到改观的收入差距问题究竟在多大程度上可以由"体制"这一因素来解释。体制柔性也是基于生产关系适应生产力发展的逻辑来考虑和定量研究的。希望通过体制柔性概念的设计，能对中国经济增长过程中出现的收入差距持续扩大这一经济社会问题给出更为合理和有效的解释。

二、体制柔性指数的建构

体制柔性的建构要考虑体制的包容性、灵活性和适应性，要从对社会、政府、企业、个人各类主体适应目标的多重性来刻画，要适应经济增长的制度、自由、秩序和效率等多重目标。我们认为从经济权利、权利保障和政府建设三个大方面来刻画是比较合适的。以下从这三个方面再细分具体的指标来构建。

1. 经济权利

中国的改革开放是从放权让利开始的，这就隐含地承认了社会中存在不同利益主体这一事实。社会发展重塑了整个社会结构，阶层与阶层、群体与群体之间在经济、社会方面的权利差异日益显现。各个利益集团在经济体制改革的过程中不断成长、发展，并且在一定程度上影响并改变着中国改革开放的进程，比如国企改革、社会保险制度改革、医疗卫生事业改革等，实质上都表现为权利资源在不同利益群体间的重新配置。改革开放以来，计划体制向市场经济过渡的经济体制改革总体上是中央政府、地方政府以及市场的微观主体三方在经济领域的权利变迁，主要是从提高经济开放度、进行经济的非国有化改革以及实行财政改革（包括政府从经济活动中的退出以及财政分权）三个方面展开的。因此，我们从非国有化、政府干预经济能力和财政分权这三个方面来构造体制柔性指数的第一个分指标——经济权利指数。

（1）非国有经济比重

中国经济体制转轨过程中，以国有部门为主的计划轨道和以非国有部门为主的市场轨道之间的互动是理解中国经济增长的一个关键问题。从计划经济向市场经济转轨的经济体制改革本身就是一个权力重新调整的过程。但是，中国式转轨，又不同于苏联、东欧等国家的转轨模式，独具特色。许多学者认为，中国渐进式改革之所以能取得成功的一个重要原因在于，其开创性的实施了体制外增量改革，即不是立即取消旧体制，而是在暂不触动旧体制的情况下，先发展"新体制"。这样渐进式发展起来的以市场为导向的"非国有经济"，一方面，支撑了经济的增长；另一方面，也暴露了单纯的国有体制的无效率——生产效率低下、预算软约束、垄断——造成的资源配置扭曲等问题，迫使国企进行改革。同时，非国有经济的发展提供了一定的就业机会和经济剩余，使得政府可以利用这部分收入增量对在国企改革中受到损害的利益集团进行一定的补偿，减小改革的阻力。因此，我们采用"全社会工业增加值中非国有工业增加值占比"来衡量非国有经济比重，构成衡量经济权利分指标的一个正向指标。

（2）政府干预经济能力

在中国，国家权力除了通过国有经济部门直接参与经济运行之外，还会使用财政手段和行政审批等方式直接干预经济发展。政府过度干预会阻碍市场机制发挥作用，阻碍经济增长：首先，政府干预会降低市场机制在资源配置中发挥的作用，从而降低资源的配置效率。特别是当落后地区的政府投资于生产性领域时，经常会出现无效率投资的问题，对经济发展不利（张建辉和靳涛，2011）。其次，地方政府对经济的参与还可能伴随着一些寻租和腐败的活动，造成大量资源的非生产性消耗。最后，政府的财政支出会对民间投资造成挤出效应，降低地方经济活力（严冀等，2005）。因此政府逐渐退出经济活动，减少行政审批手续，转变财政支出结构和功能，对地方经济增长有积极作用。因此，我们采用"地方预算内财政支出占当地 GDP 的比重"来衡量政府退出经济活动，构成经济权利指标的一个逆向指标。

（3）财政分权

财政体制是政府间财政权力关系的集中体现，是由中央政府根据自身需要发起、并与地方政府进行博弈的结果。中央政府与地方政府之间的权力与利益的调整是促使财政体制变迁的重要原因。1994 年，中央政府为了摆脱财政困境，杜绝财政包干体制的弊端，开始实施分税制改革。分税制的本质是通过税收征管分权进而实现中央收入集中。显然，这种分税制并不是真正意义上的分权体制。中国的分税制改革更多地呈现了再集权化的趋势，极大弱化了地方政府的财政激励，改变了其最优选择（周雪光，2005）。朱恒鹏（2004）的研究表明分税制改革大大降低了地方政府的财政自给率，1994 年以后地方财政的自给率只有75%左右。财政收入的层层上解和支出责任的层层下压是一种短视行为，不利于制度创新和公共品的供给，结果还造成矛盾的层层下放，中央政府的日子好过了，地方政府的日子却难过了。但是地方政府是和老百姓接触最密切的政府，矛盾在地方政府的聚集会严重影响地方政府办事能力，引起老百姓对地方政府的不满，从而影响社会的安定。这已经不仅仅是一个财政问题，而是关乎政府行政体制乃至国家安定的大问题。因此，我们采用"预算内地方财政总支出/预算内国家财政总支出"从政府支出角度衡量财政分权，构成经济权利指标的一个正向指标。

2. 权利保障

政府不仅有追求收入最大化的经济目标，同时也有社会支持最大化的政治目标。在法律等正式规范以及其他非正式规范的约束下，行政力量的主流还是被用于增进社会福利的，从而使自己的统治地位得以延续。随着中国经济改革的不断深化，一方面社会财富两极分化、贪污腐败等社会矛盾加剧，另一方面个人的权利和公平意识也在不断增强，对自己的权利保障制度有更高的诉求。要保障人民平等分享改革成果的权利，一方面需要政府进行有效的制度设计。健全社会保障体制，加大财政上的社会保障性支出的占比；建立成熟的法律制度环境，保护产权和合同的履行。另一方面，政府也要加强对权力运行的制约和监督，把权力关进制度的笼子里，形成不敢腐、不能腐和不想腐的保障机制，从而使得设计好的政策措施能够得到有效的实施落实。因此，我们从法律制度环境、进入市场权利以及社会保障三个方面来构造体制柔性的第二个分指标——权利保障指数。

（1）法律制度环境

大量的研究表明，一国的司法制度对金融市场和经济发展有着巨大影响（Shleifer 和 Vishny，1993；Delong 和 Shleifer，1993；La Porta 等，1998）。Acemoglu 等（2005）最近一系列的开创性研究也再次提醒人们产权保护制度对于长期经济增长的关键意义。国内学者樊纲（2011）构造的市场化指数也将法制环境纳入重点考察维度，并且实证检验结果证实法制环境对中国长期经济增长具有显著的正向影响。因此，我们采用樊纲市场化指数中的一个分项指标"法律制度环境"来衡量法律制度环境指标，构成权利保障指标的一个正向指标。

（2）进入市场权利

美国传统基金会认为"经济自由是在商品和服务的生产、分配和消费过程中，免受政府的威胁与限制，并对公民提供必要的保护"。加拿大弗雷泽研究所认为"个人而非集体的选择,通过市场的自愿交换而非政治过程来进行资源的配置,自由进入市场竞争和保护个人及其财产免受他人威胁,是经济自由的四大基石"。显然,保障进入市场的权利是经济自由的一个关键环节。已经有很成熟的研究结论显示,资本市场和劳动力市场的进入壁垒和所有制差异是阻碍中国经济增长和造成收入差距拉大等社会负面问题的重要因素(邵挺,2010)。因此,建立完善的市场经济制度的首要条件之一就是建立一个自由进出、公平竞争的要素市场。通过优化资源配置提高市场运行效率,增进社会福利。因此,我们采用樊纲市场化指数中的一个分项指标"要素市场指数"来衡量进入市场权利指标,构成权利保障指标的一个正向指标。

(3)社会保障

财政支出中社会保障部分主要是指社保支出中政府承担的部分。社会保障体系旨在构建社会安全网。中国早期实行计划经济体制时,国民生活由政府统一调配,社会保障并没有作为一个问题提出来。但是,随着中国转向市场经济,社会安全网削弱,而市场安全网还来不及就位的情况下,建立一个强有力的社会保障体系是十分必要的。在中国经济增长过程中,整个社会保障性支出并没有获得相应的较快增长,社会福利发展水平滞后于经济发展。这主要体现在四个方面:一是在社会性支出中,政府实际承担的份额相对较低,有的科目还在不断下降。二是社会性支出增加而获益方面,不同地区、不同阶层或收入群体差异很大,不公平问题颇为严重。三是改革开放以后,相当规模和比重的社会保障支出由中央政府下放到地方政府,大约70%的公共支出发生在地方(即省、市、县、乡)[①]。四是财政社会保障支出中负主要责任的地方政府在"GDP挂帅"的晋升考核标准下,更倾向于把财政支出投入绩效明显、见效快的基础设施和固定资产投资等经济建设领域,对科教文卫事业和社会保障事业等公共服务的供给动力明显不足的(张军等,2007;傅勇,2008)。这样的支出结构虽然保证了地区经济的增长,但同时也拉大了地区间、居民间收入差距(胡宝娣等,2011)。已有研究的见解是,政府职责的缺位正是导致中国当前陷入"发展失衡"困

---

① 世界银行:《中国:省级支出考察报告》,2001年,见 http://www.usc.cuhk.edu.hk。

境的症结所在（中国经济增长与宏观稳定课题组，2006）。因此，中国摆脱发展失衡的困境需要政府职责的归位，发挥政府在提供社会性公共产品方面的基础性作用。因此，我们采用"财政支出中社会保障与就业支出的比例"来衡量社会保障指标，构成权利保障指标的一个负向指标。

3. 政府建设

在制度变迁过程中，政府的力量不容忽视。政府，是公共力量的实体化，掌握着公权力，代表着公共利益。由于政府掌握着公共权力，因此它对于社会的资源配置有决定权。一方面，政府担负着为管理社会公共事务、向社会提供公共产品和公共服务的职能；另一方面，政府官员手中的公共权力又可能成为其谋取私利的工具，造成对公共利益的偏离。改革开放以来，中国政府在 1982 年、1988 年、1993 年、1998 年、2003 年、2008 年、2013 年，即每隔 5 年就会进行一次政府机构改革。2018 年中国共产党第十九届中央委员会第三次全体会议通过《中共中央关于深化党和国家机构改革的决定》，随后印发了《深化党和国家机构改革方案》。纵观中国政府行政改革的历程，不难发现，中国共产党作为中国唯一合法的执政党也在不断通过改革提高自身执政能力。因此，我们从政府规模、官员权力非正规化和官员权力约束三个方面来构造体制柔性指数的第三个分指标——政府建设指数。

（1）政府规模

政府规模指的是政府职能与权力范围以及与之相对应的政府机构与人员。合理的政府规模是行政改革追求的重要目标。政府一旦形成，就有一种自发扩张的趋势。政府规模的膨胀是政府职能扩张的直接结果。此外，双轨体制下，政府干预会形成巨额"经济租金"，这些经济租金使政府权力具有实实在在的经济价值，一些"既得利益者"便不愿离开政府机关或想方设法挤进政府机关，造成政府机关工作人员难以精简和日益膨胀的局面。更糟的是，可能诱导寻租腐败的泛滥，导致权力集团化及政府对公共利益的偏离。政府在特定领域设租并与既得利益集团勾结，形成奥尔森所称的"分利联盟"。陈东琪（1999）用"国家机关、政党机关和社会团体工作人员"来衡量中国的政府规模，分析显示"国家机关、政党机关和社会团体工作人员/全国总人口"这一比重近 20 年来明显提高。1978 年，这个比重只有 0.48%，1990 年达到 0.99%，之后有所下降，但是到 1997 年仍然在 0.88%。政府规模增长的幅度高达 84%。这个幅度明显地快于中国经济工业化程度提高的幅度。周黎安和陶婧（2009）运用中国省级水平1989—2004 年的面板数据证明政府规模的增加可能会带来更多的腐败，直接影响政府运行效率。因此，我们采用"政府消费/GDP"来衡量政府规模，构成政府建设指标的一个负向指标。

（2）官员权力的非正规化途径

官员权力的非正规化指的是，官员所掌握公权力没有被公平、公正、公开，合理、合法、合规的使用，并且无法被上级政府机关或相关监察机关监督。它可以衡量在中央集权的政治体制形式下，地方官员实际行政权力的大小。其具体表现可以是官员腐败，权力在交易中滥用的"隧道行为"（公权私用），权力部门利用手中权力"横征暴敛"，或是为了达到晋升目的所规划的急功近利但不符合当地经济发展情况的政策措施（晋升锦标赛）。特别是 1994 年财政分权制度改革之后，中央政府向地方政府上收财权、分散事权，大大降低了地方政府的资金分配能力。另一方面，分权式改革连带出了事权财权化意识，激活了原来受压抑的局部利益，地方政府机构试图通过预算外、体制外筹资来落实自己扩展了的事权。预算外收入虽然收入范围受到中央的控制，但具体的征收工作则是分散到地方政府的各职能部门，事实上其收入规模和支出方向很难受到实质性的监管。地方政府利用各种名目来征收预算外收入，通过权力将额外负担强加于企业和个人。虽然这些收入有些可能被用以填补预算内收入的不足、支撑一些政府部门的运转，但它们的征收是无组织、缺乏管理、受单位和部门甚至政府官员个人狭隘利益所驱使的。其中相当一部分被腐败的官员消费掉或转移到国外（万广华和吴一平，2012）。不仅如此，无论是分税制前以"经营企业"为特征的地方保护主义经济增长模式，还是分税制后以"经营土地"为特征的土地发展主义经济增长模式，都产生于地方官员追逐非正规权力、地方政府追求预算外收入的过程之中。因此，我们采用"预算外财政收入/预算内财政收入"来衡量官员权力非正规化途径，构成政府建设指标的一个负向指标。

（3）官员权力约束

政府官员为其自身利益而滥用职权或是偏离公共职责的权力变异现

象，被称为"腐败"。在中央集中领导的政治体制下，地方政府主要面临上级政府的垂直监督，所受的水平方向的监督和制约非常有限。在这种情况下，腐败的立案数反映了上级政府对下级政府的监察力度。因此我们用"每万公职人员贪污贿赂案件立案数"来度量各省份的反腐败力度，构成政府建设指标的一个正向指标。

三、体制柔性指标体系及权重的选取

由于一些数据获取的有限性，我们运用 1998—2011 年 29 个省份的经济运行数据，借鉴杨永恒（2005）、钞小静和惠康（2009）等人的做法合成了体制柔性指数。使用的数据来自《中国统计年鉴》《新中国六十年统计资料汇编》《中国财政年鉴》《中国检查年鉴》《中国市场化指数》和各地区统计年鉴。对于个别省份、个别年份的缺失数据采取平滑、回归的方式补齐。对各分量指标进行无量纲化处理，对负向指标取倒数，用主成分分析的方法赋予权重。为了使数据更具直观性和可比性，借鉴杨永恒（2005）的做法，将数据进行了 0—1 标准化处理。体制柔性指标体系及权重的选取见表 18-2。具体数据见本章附表。

表 18-2　体制柔性指标体系及权重的选取

指标体系	方面指数权重	分项指数权重
1 经济权利	0.5810	
1a 非国有化		0.4890
1b 政府干预经济能力		0.2180
1c 财政分权		0.2930
2 权利保障	0.2010	
2a 法律制度环境		0.4460
2b 进入市场权利		0.4740
2c 社会保障指数		0.0800
3 政府建设	0.2180	
3a 政府规模指数		0.4320
3b 官员权力非正规化途径		0.2120
3c 官员权力约束		0.3560

资料来源：作者整理。

　　图18-2描绘了经测算得到的1998—2011年各省份平均体制柔性指数和分指标变化趋势。不难看到，全国整体范围的体制柔性水平都取得了明显的进展。1998年全国各省份的平均体制柔性指数为3.44，到2011年增长至5.70。1998年到2000年间，体制柔性出现短暂下滑，之后逐年稳步上升。观察体制柔性分指标变化趋势图可以发现，经济权利和权利保障这两个科目在统计期间有明显的提升，经济权利的排名情况与体制柔性基本保持一致，反映这一时期中国的改革主要集中在经济方面；但是2003年经济权利指标增长放缓，分析认为经济体制改革前期的获利者作为既得利益集团阻碍改革继续深化开展。这些既得利益者为了避免自己的利益和潜在获利机会受到威胁，会通过人为设置进入市场的障碍抓紧权力不放来延缓市场化进程。中国的经济体制改革和社会建设也在一定程度上对应了权利保障的发展。政府建设这一项在2000年之后掉头呈现不断下降的趋势，这可能是因为2000年以后中央政府和地方政府的财政关系开始恶化，同时地方政府的激励机制出现问题。这一时期地方政府虽然通过招商引资，"跑部钱进"，重点扶持房地产等行业的方式推动了本地区GDP量上的增长，但是，一些地区的政府出现权力过大、权力不当、非正规操作以及贪腐问题也很多，对整个经济社会发展造成隐患。这也反映了我们这些年的地方政府"晋升锦标赛"的激励机制虽然推动了经济增长，但是也带来了很多社会问题。

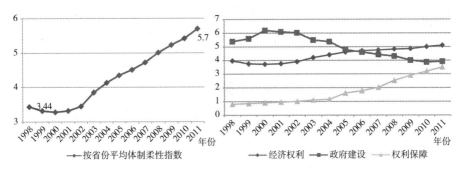

图18-2　1998—2011年中国各省份平均的体制柔性指标（左）和分指标变化趋势图（右）

资料来源：作者计算。

第三节　体制柔性与城乡收入差距的
回归结果与分析

从理论上讲，在自由平等的市场机制作用下，经济人对私人物品和个人利益的追逐会使得收入差距不断扩大，即"马太效应"。但是另一方面，政府出于公共利益和执政稳定的考虑，会在体制设计上控制收入差距的这种自我强化趋势。因此，本章引入体制柔性指数作为自变量，构建了如下解释城乡收入差距的动态模型：

$$\ln inc_{it} = c + \alpha \ln inc_{i,\ t-1} + \beta\, power_{it} + \delta\, X_{it} + u_i + \varepsilon_{it}$$

其中，下标 i 表示地区，下标 t 表示年份，$\ln inc$ 是以城镇居民人均可支配收入与农民人均纯收入之间的比率描述的城乡收入差距 inc 的对数，构建的体制柔性指数 $power$ 作为核心解释变量。控制变量 X 包括教育（edu）用城乡劳动力平均受教育年限之比[1]表示，地区开放程度（FDI）用地区 GDP 中 FDI 占比来衡量。u_i 是个体特质效应，它不随时间的变化而变化；ε_{it} 是随机扰动项，服从正态分布 $N(0,\ \sigma_i^2)$，如果 $\sigma_i^2 = \sigma_j^2 (i \neq j)$ 表明个体上存在着同方差，否则说明存在异方差。本章研究使用的样本为1998—2011 年 28 个省份的面板数据。除了合成体制柔性指标的分指标的资料来源在第二节已详述之外，城市（农村）居民实际人均收入、GDP、FDI、人均受教育年限的原始资料来源于《新中国六十年统计资料汇编》以及各省份统计年鉴。变量的统计性描述详见表 18-3，计量结果详见表18-4。

---

① 韩其恒和李俊青（2011）认为全国性的教育均等化政策并不会有效降低城乡收入差距，只有在农村单独实施教育优惠政策才能有效降低城乡收入差距。因此，这里我们采用了城乡劳动力平均受教育年限之比作为衡量城乡教育水平差距的替代指标。人均受教育年限 =（大专以上文化人数×16+高中文化程度人数×12+初中文化程度人数×9+小学文化程度人数×6）/总人数，数据来源于《中国统计年鉴》"人口"部分。

模型引入滞后项 $lninc_{i,\,t-1}$,一方面是考虑到收入差距可能具有"马太效应",另一方面可以使模型能够涵盖未考虑到的可能影响城乡收入差距的其他因素,从而降低计量模型的设定误差,但与此同时也会产生内生性问题。因此,为了解决内生性问题和避免内生变量的工具变量选择的盲目性,我们采用系统 GMM 方法进行估计。

表 18-3 数据的统计性描述

变量	观察值	平均值	标准差	最小值	最大值
lninc	392	1.040	0.220	0.480	1.560
power	392	4.260	2.720	0.000	10.000
urban	392	0.330	0.120	0.140	0.740
edu	392	7.930	1.030	4.910	11.170
open	392	0.0400	0.0500	0.000	0.240

资料来源:作者计算。

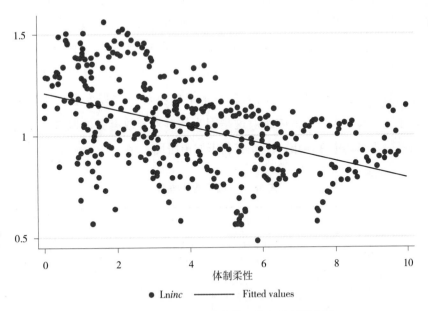

图 18-3 体制柔性与城乡居民收入差距拟合图

资料来源:作者计算。

我们把 $lninc_{i,\,t-1}$ 和 $power_{i,\,t}$ 视为内生变量,并将它们的两阶及更高阶的滞后项视为工具变量，最终的估计结果报告在表 18-4 第（1）列。计量结果与图 18-3 显示结果保持一致：1998—2011 年间，城乡收入差距具有不断扩大的自我强化机制，但是体制柔性的估计系数显著为负，这表明同时期的体制柔性有效控制了城乡收入差距自我强化的趋势，即削弱了"马太效应"。可见收入分配的公平深深依赖于政治和社会制度安排。各检验统计量表明：Sargan 检验的 P 值均大于 0.1，表明不能拒绝工具变量为过度识别的原假设，即工具变量的选择是有效的；残差序列相关性检验结果显示，差分后的残差只存在一阶序列相关（AR（1）小于 0.1）而不存在二阶序列相关性（AR（2）大于 0.1），从而可以推断模型的误差项没有序列相关性。我们进一步划分东中西部地区进行了实证回归。实证结果在表18-4 第（2）—（4）列，表明东部和中部地区的体制柔性缩小了城乡收入差距，西部的结果则显示扩大了城乡收入差距，这可能与西部的制度激励不显著有关。此外，城市化显著减少了城乡收入差距，符合现有的研究结论。考虑了韩其恒和李俊青（2011）认为全国性的教育均等化政策并不会有效降低城乡收入差距，只有在农村单独实施教育优惠政策才能有效降低城乡收入差距。因此，这里我们采用了城乡劳动力平均受教育年限之比作为衡量城乡教育水平差距的替代指标，实证结果证明即便考虑了城乡间差异化的教育投入，提高劳动力教育水平也会在一定程度上缩小收入差距。经济开放扩大了收入差距。这是因为与对外开放有关的制造、贸易和金融等行业都集中在城市，主要有利于城市居民。

表 18-4　模型估计结果

	（1）	（2）	（3）	（4）
ln*inc*	0.885*** (92.21)	0.830*** (81.07)	0.806*** (73.57)	0.804*** (97.53)
power	−0.014*** (−14.75)			
east×power		−0.011*** (−6.42)		
middle×power			−0.004*** (−2.47)	

续表

	（1）	（2）	（3）	（4）
west×power				0.004*** （10.43）
urban	−0.123*** （−4.88）	−0.126*** （−3.69）	−0.093*** （−2.90）	−0.069** （−2.40）
edu	−0.008*** （−2.75）	−0.003 （−1.35）	−0.005** （−2.31）	−0.015*** （−6.16）
open	0.436*** （8.25）	−0.291*** （−3.65）	−0.273*** （−3.47）	−0.080 （−1.47）
常数项	0.277*** （17.87）	0.307*** （18.89）	0.300*** （16.21）	0.361*** （17.70）
Arellano-Bond AR（1）检验	0.000	0.000	0.000	0.000
Arellano-Bond AR（2）检验	0.958	0.777	0.819	0.697
Sargan-Hansen 检验	0.362	0.361	0.386	0.359
观察值	364	364	364	364

注：①括号内数值为系数的异方差稳健标准误。②***、**、*分别表示在1%、5%及10%的水平上显著。③Arellano-Bond AR（1）和AR（2）检验的零假设分别是模型不存在一阶和二阶自相关。④Sargan-Hansen检验的零假设是"工具变量为过度识别"，若接受零假设则说明工具变量是合理的。

表 18-5　模型估计结果

	（1）	（2）	（3）	（4）
ln*inc*	0.885*** （92.21）	0.865*** （66.20）	0.859*** （183.99）	0.846*** （67.75）
power	−0.014*** （−14.75）			
PC		−0.134*** （−12.70）		
PG			−0.090*** （−12.92）	
PB				0.054*** （3.62）
urban	−0.123*** （−4.88）	−0.153*** （−5.10）	−0.077*** （−4.48）	−0.053** （−2.14）
edu	−0.008*** （−2.75）	−0.009*** （−2.85）	−0.008*** （−3.62）	−0.012*** （−8.21）

续表

	（1）	（2）	（3）	（4）
open	0.436*** （8.25）	0.447*** （9.77）	0.160*** （6.94）	−0.032 （−0.66）
常数项	0.277*** （17.87）	0.342*** （23.48）	0.263*** （19.20）	0.273*** （10.76）
Arellano-Bond AR（1）检验	0.000	0.000	0.000	0.000
Arellano-Bond AR（2）检验	0.958	0.899	0.945	0.538
Sargan-Hansen 检验	0.362	0.324	0.346	0.353
观察值	364	364	364	364

注：①括号内数值为系数的异方差稳健标准误。②***、**、*分别表示在1%、5%及10%的水平上显著。③Arellano-Bond AR（1）和AR（2）检验的零假设分别是模型不存在一阶和二阶自相关。④Sargan-Hansen检验的零假设是"工具变量为过度识别"，若接受零假设则说明工具变量是合理的。

资料来源：作者计算。

　　单纯的体制柔性综合指标在整体上反映了体制这一要素对缩小城乡收入差距的影响。在此基础上，我们对体制柔性的分解指标对城乡收入差距的效应进行了回归分析，进一步分析体制柔性对缩小收入差距的作用机制，希望从中捕捉一些有益的政策性结论。表18-5报告了体制柔性的分解指标——经济权利 PC、权利保障 PG 和政府建设 PB——对收入差距的影响：经济权利指标和权利保障指标与城乡收入差距的回归系数为负，政府建设与城乡收入差距的回归系数为正，特别是经济权利的公平分配对缩小收入差距的效果更为显著，说明中国收入差距变化与体制柔性关系密切。

　　研究还发现，虽然中国经济有几十年高速增长做支撑，但收入差距迟迟得不到解决并不能单纯地看作是体制本身的问题，中国体制框架中的经济权利分配和权利保障都对缓解收入差距起到了积极作用，而政府建设方面滞后则严重影响了收入差距的收敛，这说明中国的突出问题是政府改革滞后。

　　从图18-1我们可以看到，城乡居民收入差距扩大的趋势从2003年开始得到显著控制，并且从2009年开始出现下滑。这可能就会引发一个疑问："让一部分人先富起来"的市场化改革究竟是不是导致收入差距扩大的"罪魁祸首"? 泽林尼和科斯泰罗 (1996) 曾经通过观察 20 世纪 60 年代到 90 年代的东欧转型提出市场发展是一个历史的、多维的、动态的"市场渗透"过程。早期的市场渗透主要发生于再分配体系"边缘地带"的简单商品交换,如小商品和劳务在地方的流动与交易,这样就出现了再分配经济中的地方商品市场。在这一时期,进入市场的小生产者的收入提高,导致全社会的收入不平等有所下降。如果市场继续渗透,将导致商品市场的发育和劳动力、资本市场的形成,从而出现一个再分配经济为主导、市场机制和再分配机制并存的社会主义混合经济。相对更为彻底的第三种市场渗透就是以发达的劳动力市场和资本市场为标志的"市场整合"的经济或资本主义导向的经济。虽然泽林尼和科斯泰罗对东欧转型的经验总结并不一定代表是经济转型的必然的逻辑顺序,但他们关于市场演进是多维的、历史的、动态的观点可以参照考量中国经济转型的历程。

此外,虽然中国的经济体制改革最先在农村展开,但是以家庭联产承包责任制为主要内容的农村经济体制改革仅仅进行了 4 年。自 1984 年党的十二届三中全会将改革重点转向城市和工业至今,城乡二元体制以及赶超战略下的工农业产品剪刀差,是导致出现城乡收入差距问题的最根本的原因。但是到了 20 世纪 90 年代中期,绝大多数产品价格已经不再是由计划确定,一个由市场调节的完整的产品市场体系得以确立。同一时期的劳动力市场也发生了深刻的变革,1992 年起的国企改革使得城市出现的大批"下岗"工人丢掉了"铁饭碗",转入非国有经济领域,减少了工资性收入,同时还有大量的农民工进入城市工作,打破了劳动力在城乡间完全不流动、农业要素价格被压制的局面。我们构建的经济权利指标,从交易权利再分配的视角很好地诠释了伴随着市场多维演进、动态发展,各市场参与主体的交易权利被重新定义、公平分配,由市场配置资源,有利于缩小城乡居民收入差距。至少说明从交易权利再分配的角度来看,20 世纪 90 年代后期至今的市场改革是有利于从体制上改善城乡收入问题的。另外,法律制度建设、要素市场开放以及政府的社会保障支出在一定程度上缓解了城乡收入差距进一步拉大的趋势。表 18-5 中模型 (4) 回归结果显示,政府建设在 1998—2011 年间并没有对缩小收入差距起到积极影响。说明政府规模的不合理设置、权力缺乏制约和监督等政府自身能力建设方面造成的体制僵化对缩小收入差距造成了负面影响。因此提出加强政府执政能力建设、加快政府转型具有现实基础。

第四节 结 论

本章通过对制度经济学理论和中国体制变革过程的梳理，在中央政府、地方政府以及市场微观主体三方权利互动的逻辑基础上，提炼出三个方面共九个具体指标，并运用主成分分析赋予权重的方法塑造中国体制柔性指数。在此基础上，以中国1998—2011年的省级面板数据为样本，建立动态面板模型对城乡收入差距问题进行了实证检验，我们得到的主要结论有：

第一，中国的经济体制改革是引起城乡收入差距变化的重要因素，但经济体制改革不仅不是城乡收入差距扩大化的主因，而且能有效缓解城乡居民之间"穷者更穷、富者更富"的"马太效应"。农村居民收入的基数小，会出现城乡收入差距不断扩大的这种自我强化的趋势，这一点并不难理解。但是如果一国的体制安排具有弹性，体制柔性的优势会有效地控制城乡收入差距这种自我强化的趋势，即削弱了"马太效应"。可见政治和社会安排对收入分配的公平具有重要意义。

第二，体制柔性对城乡收入差距的作用在不同区域有明显的差异，这主要是因为东、中部地区经济较为发达，经济发展水平高，政府效率相对较高，使得中部地区体制柔性可以有效抑制该地区城乡收入差距的扩大；而在西部地区，由于本地区经济发展水平较低，地方财政缺口相对大，体制矛盾更为尖刻，体制柔性要比东中部地区差很多，体制活力不足，反而扩大了城乡收入差距。从全国来看，体制柔性也是有效缩小了城乡收入差距。这主要也是因为在改革开放中中国的体制改革使得体制活力和有效性得到了进一步的释放，这必定会缩小城乡收入差距。

第三，刻画体制变革的体制柔性分指标对城乡收入差距的实证回归能够帮助我们更好地发现体制改革对改善收入差距问题的关键所在。我们从交易权利再分配入手构建的经济权利分指标与收入差距的回归结果说明市场参与配置经济资源对社会成员的利益分配的影响并非一成不变的,而是多维演进、动态发展的。从 20 世纪 90 年代后期开始,被压制的农业资源逐渐被放开,实现流动,由市场调节定价是有利于农村居民改善收入的。中国这一阶段的市场化改革是有利于从体制上缩小城乡收入差距的。权利保障有利于社会公平是国际公认的结论。在中国,在城乡收入差距问题上,这一共识同样得到了证实——法律制度建设、要素市场开放以及政府的社会保障支出在一定程度上缓解了城乡收入差距进一步拉大的趋势。政府建设在 1998—2011 年间并没有对缩小收入差距起到积极影响,说明政府规模的不合理设置、权力缺乏制约和监督等政府自身能力建设方面造成的体制僵化对缩小收入差距造成了负面影响。政府是公权力的代表。政府权力,比如审批,会形成巨额"经济租金"。这些经济租金可能诱导寻租腐败的产生,导致权力集团化及政府对公共利益的偏离。政府可能在特定领域设租并借此与既得利益集团勾结。前期改革的获利者作为既得利益集团为避免自己的利益和潜在获利机会受到威胁,会人为设置进入市场的障碍、抓紧权力不放来阻碍改革继续进行下去。这些固化的既得利益阶层毫无疑问会对收入差距改善,甚至整个社会福利的增进形成障碍。此外,中国的财政体制改革和地方政府官员晋升机制的演化,不仅增强了地方政府事权财权化意识,而且促发了其一味追求经济增长的短视行为。无论是以"经营土地"为特征的土地财政问题,还是当前频现兑付危机的地方债问题,都不仅仅是一个单纯的财政问题,而是关乎政府行政体制乃至国家可持续发展的大问题。

此外,我们还将城市化进程、教育投入以及地区经济开放度等因素作为控制变量,研究了它们对城乡收入差距问题的影响。城市化显著缩小了城乡收入差距,符合现有的研究结论。我们采用了城乡劳动力平均受教育年限之比作为衡量城乡教育水平差距的替代指标,实证结果证实即便考虑了城乡间差异化的教育投入,提高劳动力教育水平也会在一定程度上缩小收入差距。经济开放扩大了收入差距。这是因为与对外开放有关的制造业、贸易业和金融业等行业都集中在城市,主要有利于城市居民。

综上，中国经济体制变革在激励经济高速增长的同时，也引起了收入分配格局和收入差距出现了显著性变化。伴随着中国经济的高速增长，收入差距矛盾凸显，为了保持社会的长治久安和经济的健康发展，应当继续深化体制改革，保持体制柔性。我们的研究对今后体制改革的方向具有重要的政策启示意义：尽管中国目前的体制柔性对控制城乡收入差距持续扩大具有积极作用，但是我们要看到，我们的体制改革过程中有些方面并不尽如人意。这些改革进程滞后的部分会阻碍体制发挥对社会公平的促进作用。继续深化市场化改革、完善法律制度环境、保障公民权利以及清晰政府转型思路，对增强体制活力、保持中国经济持续健康发展具有重要意义。

参考文献

［1］蔡昉：《城乡收入差距与制度变革的临界点》，《中国社会科学》2006年第5期。

［2］陈东琪：《政府规模与机构改革》，《经济学家》1999年第3期。

［3］陈抗、Arye L. Hillman、顾清扬：《财政集权与地方政府行为变化——从援助之手到攫取之手》，《经济学（季刊）》2002年第10期。

［4］钞小静、任保平：《中国经济增长质量的时序变化与地区差异分析》，《经济研究》2011年第4期。

［5］樊纲：《渐进之路：对经济改革的经济学分析》，中国社会科学出版社1993年版。

［6］樊纲、王小鲁、朱恒鹏：《中国市场化指数——各地区市场化相对进程2009年报告》，经济科学出版社2010年版。

［7］傅勇：《中国的分权为何不同：一个考虑政治激励与财政激励的分析框架》，《世界经济》2008年第11期。

［8］韩其恒、李俊青：《二元经济下的中国城乡收入差距的动态演化研究》，《金融研究》2011年第8期。

［9］胡宝娣、刘伟、刘新：《社会保障支出对城乡居民收入差距影响的实证分析——来自中国的经验证据（1978—2008）》，《江西财经大学学报》2011年第2期。

［10］黄少安：《制度变迁主体角色转换假说及其对中国制度变革的解释》，《经济研究》1999年第1期。

［11］陆铭、陈钊：《城市化、城市化倾向的经济政策与城乡收入差距》，《经济研究》2004年第6期。

［12］靳涛：《双层次互动进化博弈制度变迁模型——对中国经济制度渐进式变迁

的解释》,《经济评论》2003 年第 3 期。

[13] 李实、赵人伟、张平:《中国经济转型与收入分配变动》,《经济研究》1998年第 4 期。

[14] 李实、丁赛:《中国城镇教育收益率的长期变动趋势》,《中国社会科学》2003年第 6 期。

[15] 秦晖:《转轨经济学中的公正问题》,《战略与管理》2011 年第 2 期。

[16] 邵挺:《资本市场扭曲、资本收益率与所有制差异》,《经济科学》2010 年第5 期。

[17] 万广华、吴一平:《司法制度、工资激励与反腐败:中国案例》,《经济学(季刊)》2012 年第 3 期。

[18] 严冀、陆铭、陈钊:《改革、政策的相互作用和经济增长——来自中国省级面板数据的证据》,《世界经济文汇》2005 年第 1 期。

[19] 杨永恒、胡鞍钢、张宁:《基于主成分分析法的人类发展指数替代技术》,《经济研究》2005 年第 7 期。

[20] 杨瑞龙、杨其静:《阶梯式的渐进制度变迁模型——再论地方政府在中国制度变迁中的作用》,《经济研究》2000 年第 3 期。

[21] 张建辉、靳涛:《经济自由与可持续经济增长:中国的检验》,《中国工业问题》2011 年第 4 期。

[22] 章奇、刘明兴、陶然、Vincent Yiu Chen:《中国的金融中介增长与城乡收入差距》,2004 年工作论文。

[23] 周雪光:《逆向软预算约束:一个政府行为的组织分析》,《中国社会科学》2005 年第 2 期。

[24] 周业安:《中国制度变迁的演化论解释》,《经济研究》2000 年第 5 期。

[25] 朱恒鹏:《地区间竞争、财政自给率和公有制企业民营化》,《经济研究》2004年第 10 期。

[26] 张军、高远、傅勇、张弘:《中国为什么拥有了良好的基础设施?》,《经济研究》2007 年第 3 期。

[27] 中国经济增长与宏观稳定课题组:《增长失衡与政府责任——基于社会性支出角度的分析》,《经济研究》2006 年第 10 期。

[28] 周黎安、陶婧:《政府规模、市场化与地区腐败问题研究》,《经济研究》2009年第 1 期。

[29] D. Acemoglu, S. Johnson, J. A. Robinson, "Institutions as A Fundamental Cause of Long-run Growth", *Handbook of Economic Growth*, 2005.

[30] Lu, Ding, "Rural-Urban Income Disparity: Impact of Growth, Allocative Efficiency and Local Growth Welfare", *China Economic Review*, 2002.

[31] La Porta, R., F. Lopez-de-Silanes, A. Shleifer, R. Vishny, "Law and Finance", *Journal of Political Economy*, 1998.

［32］J. Bradford De Long, Andrei Shleifer, "Princes and Merchants: European City Growth before the Industrial Revolution", NBER Working Paper, 1993 (4274).

［33］Shleifer, Andrei and Robert W. Vishny, "Corruption", *Quarterly Journal of Economics*, 1993.

［34］Szelenyi, I., Kostello, E., "The Market Transition Debate: Toward A Synthesis?", *American Journal of Sociology*, 1996.

附表 18-1　1998—2011 年 28 个省份体制柔性指标

	1998 年	1999 年	2000 年	2001 年	2002 年	2003 年	2004 年	2005 年	2006 年	2007 年	2008 年	2009 年	2010 年	2011 年
北京	3.94	3.14	3.50	4.06	4.62	4.92	5.11	5.42	5.79	5.78	6.26	6.42	6.44	6.56
天津	5.40	5.51	5.29	5.27	5.39	5.30	5.24	5.41	5.35	5.52	5.74	5.85	5.97	6.14
河北	4.71	4.65	4.57	4.49	4.70	5.08	5.36	5.71	6.00	6.01	6.13	6.01	6.00	6.17
山西	2.98	2.64	2.31	2.03	2.47	2.99	3.33	3.58	3.64	3.61	3.60	3.30	3.59	3.74
内蒙古	1.00	0.91	1.18	1.20	1.47	2.51	3.06	3.41	4.06	4.45	4.40	4.86	5.18	5.14
辽宁	3.73	3.40	2.98	3.09	3.16	3.66	3.93	4.27	4.83	4.98	5.42	5.99	6.32	6.66
吉林	1.32	0.99	0.91	0.94	1.08	1.40	1.70	2.06	2.46	2.94	3.54	3.71	3.91	4.14
黑龙江	1.93	1.43	1.31	1.19	1.28	1.36	1.57	1.84	1.77	2.00	2.31	2.77	3.09	3.27
上海	5.85	5.35	5.41	6.10	6.37	6.88	6.98	7.57	7.57	7.96	7.89	7.99	8.33	8.53
江苏	6.48	6.52	6.48	6.64	6.82	7.32	7.58	8.14	8.36	8.75	9.09	9.89	9.75	9.55
浙江	6.77	6.92	7.15	7.35	7.55	7.86	8.91	8.21	8.37	8.53	8.68	9.07	9.61	10.0
安徽	3.10	3.12	3.01	2.78	2.99	3.19	3.39	3.66	4.03	4.25	4.34	4.65	5.21	5.71
福建	6.10	6.05	6.02	6.16	6.40	6.63	6.79	7.12	7.17	7.28	7.36	7.45	7.62	7.83
江西	1.67	1.49	1.49	1.39	1.38	2.18	3.03	3.59	3.88	4.48	4.99	5.43	5.69	5.95
山东	6.62	6.55	6.47	6.46	6.40	6.91	7.46	8.05	8.09	8.10	8.24	8.45	8.40	8.56
河南	4.76	4.46	4.27	4.23	4.06	4.16	4.87	5.37	5.75	5.56	6.09	6.14	6.31	6.51
湖北	3.73	3.44	3.26	2.87	3.05	3.53	3.74	4.00	4.20	4.10	4.50	4.70	5.03	5.43
湖南	2.81	2.73	2.75	3.01	2.98	3.66	4.09	4.37	4.39	4.55	5.02	5.54	5.94	6.41
广东	8.05	7.75	8.36	8.68	8.45	8.61	8.48	8.96	9.18	9.19	9.04	9.30	9.60	9.77
广西	2.82	2.49	2.53	2.57	2.56	2.91	3.30	3.64	3.88	4.07	4.31	4.12	4.41	4.72
四川重庆	3.97	3.81	3.63	3.66	3.94	4.62	4.88	5.27	5.32	5.70	5.90	6.31	6.83	7.40
贵州	1.32	1.31	1.29	1.19	1.30	1.79	1.75	1.95	2.16	2.32	2.71	2.13	2.49	2.93
云南	0.61	0.65	0.65	0.41	0.62	1.09	1.66	2.06	2.30	2.40	2.58	2.75	2.81	2.96
陕西	1.83	1.48	1.14	1.04	1.13	1.47	1.79	2.10	1.90	2.02	2.31	2.83	2.90	3.21

续表

	1998 年	1999 年	2000 年	2001 年	2002 年	2003 年	2004 年	2005 年	2006 年	2007 年	2008 年	2009 年	2010 年	2011 年
甘肃	1.10	1.29	1.19	1.11	1.33	1.00	0.92	1.05	1.07	1.01	1.06	0.87	0.95	0.96
青海	0.00	0.02	0.10	0.28	0.05	0.38	0.31	0.35	0.54	0.95	1.62	1.88	2.07	2.10
宁夏	0.41	1.01	1.09	0.87	1.24	1.86	2.11	2.23	2.61	2.78	2.76	2.74	2.70	2.80
新疆	0.37	0.10	0.23	0.43	0.40	0.75	0.75	0.74	0.56	0.78	0.95	1.50	1.71	1.52

附表 18-2　1998—2011 年 28 个省份经济权利指标

	1998 年	1999 年	2000 年	2001 年	2002 年	2003 年	2004 年	2005 年	2006 年	2007 年	2008 年	2009 年	2010 年	2011 年
北京	3.28	3.12	3.52	3.76	4.32	4.62	4.80	4.96	5.31	5.14	5.04	4.87	4.57	4.34
天津	5.72	5.97	5.84	5.65	5.62	5.39	5.24	5.25	5.10	5.13	5.14	4.97	5.00	5.02
河北	5.53	5.35	5.28	5.15	5.35	5.71	5.98	6.11	6.36	6.28	6.36	6.21	6.20	6.36
山西	3.40	3.05	2.68	2.48	2.91	3.41	3.71	3.85	3.88	3.71	3.73	3.26	3.53	3.70
内蒙古	1.22	1.02	1.29	1.38	1.63	2.79	3.27	3.58	4.26	4.59	4.57	5.02	5.27	5.15
辽宁	4.26	4.05	3.76	3.69	3.79	4.07	4.19	4.36	4.95	4.99	5.47	5.94	6.21	6.42
吉林	1.82	1.47	1.44	1.38	1.52	1.71	2.03	2.29	2.73	3.15	3.75	3.90	4.07	4.30
黑龙江	2.40	1.85	1.74	1.60	1.73	1.77	1.82	1.92	1.74	1.95	2.32	2.81	2.96	3.12
上海	6.02	5.64	5.57	5.75	5.78	6.10	6.33	6.72	6.58	6.62	6.47	6.24	6.19	6.07
江苏	8.45	8.32	8.40	8.43	8.48	8.87	8.98	9.35	9.44	9.46	9.50	9.58	9.74	9.76
浙江	8.52	8.54	8.72	8.58	8.72	8.93	8.94	8.90	8.96	8.87	8.73	8.54	8.59	8.44
安徽	3.81	3.60	3.57	3.46	3.64	3.77	3.93	3.96	4.21	4.43	4.41	4.58	4.97	5.35
福建	6.96	6.77	6.73	6.80	6.98	7.20	7.35	7.54	7.57	7.67	7.64	7.54	7.56	7.65
江西	2.18	1.88	1.97	2.00	2.08	2.83	3.58	3.88	4.19	4.76	5.22	5.57	5.72	5.87
山东	7.58	7.42	7.28	7.29	7.20	7.50	8.03	8.50	8.48	8.40	8.42	8.49	8.27	8.31
河南	5.52	5.13	5.01	4.88	4.72	4.76	5.46	5.84	6.24	6.00	6.49	6.43	6.52	6.64
湖北	4.43	4.00	3.83	3.43	3.58	3.93	4.13	4.25	4.44	4.25	4.58	4.68	4.92	5.24
湖南	3.51	3.54	3.52	3.52	3.59	4.11	4.52	4.76	4.79	4.96	5.36	5.66	5.83	6.12
广东	9.78	9.39	9.86	10.00	9.70	9.72	9.52	9.80	9.90	9.73	9.57	9.62	9.68	9.66
广西	3.29	2.88	3.00	3.12	3.05	3.45	3.88	4.10	4.37	4.52	4.73	4.40	4.65	4.90
四川重庆	4.57	4.41	4.32	4.19	4.33	4.95	5.28	5.58	5.55	5.88	5.96	6.21	6.61	7.01
贵州	1.87	1.68	1.77	1.73	1.86	2.37	2.26	2.30	2.50	2.65	2.91	2.20	2.50	2.88
云南	1.01	1.01	1.02	0.91	1.01	1.43	1.94	2.22	2.42	2.45	2.65	2.71	2.76	2.88

续表

	1998年	1999年	2000年	2001年	2002年	2003年	2004年	2005年	2006年	2007年	2008年	2009年	2010年	2011年
陕西	2.17	1.95	1.64	1.51	1.51	1.85	2.12	2.29	2.04	2.03	2.28	2.77	2.77	2.98
甘肃	1.48	1.62	1.60	1.57	1.74	1.36	1.24	1.18	1.13	1.02	1.03	0.73	0.70	0.60
青海	0.30	0.14	0.03	0.00	0.36	0.72	0.61	0.51	0.58	0.99	1.52	1.72	2.00	1.98
宁夏	0.60	1.14	1.33	1.21	1.59	2.28	2.53	2.56	2.91	3.11	3.04	3.05	2.91	2.82
新疆	0.58	0.37	0.53	0.57	0.44	0.68	0.66	0.61	0.44	0.70	0.75	1.34	1.50	1.29

附表 18-3 1998—2011 年 28 个省份权利保障指标

	1998年	1999年	2000年	2001年	2002年	2003年	2004年	2005年	2006年	2007年	2008年	2009年	2010年	2011年
北京	2.85	1.24	1.43	2.20	2.26	2.26	2.41	2.69	2.79	3.12	4.52	5.23	6.02	6.87
天津	1.17	1.05	1.11	1.64	1.85	2.00	2.19	2.51	2.65	2.97	3.27	3.61	3.96	4.33
河北	0.21	0.63	0.68	0.70	0.75	0.76	0.92	1.32	1.33	1.37	1.49	1.52	1.57	1.63
山西	0.70	0.70	0.92	0.56	0.61	0.65	0.80	1.07	1.12	1.20	1.37	1.51	1.68	1.66
内蒙古	0.41	0.59	0.77	0.73	0.75	0.81	0.93	1.13	1.10	1.12	1.26	1.41	1.59	1.77
辽宁	0.75	0.65	0.77	1.02	1.09	1.31	1.43	1.71	1.77	2.00	2.12	2.47	2.79	3.12
吉林	0.55	0.72	0.73	0.82	0.82	0.86	0.88	1.16	1.19	1.38	1.53	1.63	1.78	1.93
黑龙江	0.60	0.66	0.78	0.99	1.03	1.09	1.12	1.36	1.30	1.41	1.58	1.61	1.73	1.82
上海	1.84	1.32	1.83	3.13	3.48	3.95	3.55	4.13	4.46	5.36	5.50	6.46	7.25	8.06
江苏	0.43	0.93	0.96	1.45	1.60	1.76	1.92	2.41	2.73	3.59	4.35	6.12	7.94	10.00
浙江	1.03	1.48	1.72	2.54	2.64	2.84	2.96	3.74	3.86	4.55	5.30	6.57	7.79	9.11
安徽	0.11	0.69	0.63	0.44	0.47	0.46	0.65	1.18	1.45	1.59	1.75	2.10	2.45	2.82
福建	0.57	0.94	1.13	1.25	1.36	1.42	1.44	1.81	1.89	2.00	2.11	2.49	2.83	3.19
江西	0.18	0.59	0.48	0.36	0.47	0.60	0.74	1.05	1.04	1.19	1.34	1.61	1.90	2.21
山东	0.48	0.74	0.71	0.93	1.00	1.22	1.38	1.67	1.84	2.04	2.17	2.43	2.72	3.02
河南	0.18	0.59	0.61	0.63	0.64	0.62	0.73	1.12	1.16	1.27	1.47	1.67	1.90	2.15
湖北	0.32	0.61	0.63	0.61	0.69	0.85	0.88	1.23	1.28	1.54	1.78	2.03	2.32	2.62
湖南	0.22	0.05	0.09	0.35	0.47	0.64	0.85	1.00	0.95	1.00	1.18	1.64	2.12	2.65
广东	1.04	1.15	1.75	2.11	2.29	2.55	2.69	3.25	3.53	3.90	3.90	4.45	4.93	5.42
广西	0.38	0.67	0.68	0.65	0.68	0.70	0.71	0.90	0.87	1.04	1.21	1.28	1.42	1.56
四川重庆	0.29	0.45	0.39	0.66	0.77	0.88	0.96	1.26	1.33	1.53	1.74	2.17	2.51	2.94
贵州	0.22	0.59	0.46	0.28	0.28	0.31	0.39	0.71	0.73	0.91	1.09	1.15	1.31	1.44

续表

	1998年	1999年	2000年	2001年	2002年	2003年	2004年	2005年	2006年	2007年	2008年	2009年	2010年	2011年
云南	0.27	0.40	0.54	0.33	0.38	0.39	0.51	0.91	0.99	1.15	1.29	1.45	1.63	1.81
陕西	0.69	0.22	0.24	0.19	0.35	0.41	0.56	0.93	1.05	1.28	1.50	1.60	1.74	1.90
甘肃	0.18	0.40	0.23	0.00	0.05	0.07	0.28	0.69	0.78	0.86	0.95	1.24	1.53	1.83
青海	0.21	0.49	0.58	0.06	0.09	0.06	0.07	0.19	0.26	0.52	0.78	0.76	0.82	0.93
宁夏	0.50	0.64	0.47	0.17	0.19	0.34	0.58	0.80	0.80	0.91	1.18	1.22	1.42	1.45
新疆	0.58	0.34	0.30	0.70	0.89	1.07	1.11	1.24	1.17	1.17	1.34	1.30	1.37	1.43

附表18-4 1998—2011年28个省份政府建设指标

	1998年	1999年	2000年	2001年	2002年	2003年	2004年	2005年	2006年	2007年	2008年	2009年	2010年	2011年
北京	2.23	2.57	3.60	3.19	2.85	2.64	2.89	2.29	2.07	1.87	1.47	0.95	1.07	1.04
天津	3.99	4.89	6.49	7.18	6.31	5.44	5.46	5.02	4.62	4.42	3.12	1.44	2.02	1.91
河北	5.88	6.55	6.94	6.69	6.54	5.96	6.33	5.39	4.68	3.85	3.71	3.67	3.98	3.86
山西	5.38	5.55	6.49	6.01	5.57	5.04	4.94	4.70	4.57	3.46	4.57	3.58	3.85	3.86
内蒙古	3.65	3.34	3.90	4.52	4.06	4.67	3.92	4.04	3.65	2.63	3.67	3.83	3.63	3.63
辽宁	6.06	7.42	10.00	8.83	9.49	7.56	6.11	5.13	5.12	4.83	5.45	5.47	5.94	5.75
吉林	7.24	8.14	8.92	8.32	8.12	6.48	6.49	6.28	6.43	6.20	6.37	6.46	6.71	7.10
黑龙江	6.49	6.75	7.51	8.46	9.17	8.87	6.88	5.78	4.22	4.38	5.50	5.54	3.88	3.86
上海	5.02	4.44	5.27	5.11	3.72	3.17	2.73	2.59	2.62	2.56	2.27	3.08	2.09	2.02
江苏	5.82	6.24	7.83	8.65	7.64	6.54	5.45	4.90	4.75	4.29	4.04	3.63	3.40	3.55
浙江	5.87	6.38	6.77	6.65	6.24	5.72	5.88	5.38	4.59	4.88	4.98	4.07	3.74	4.17
安徽	5.69	5.81	6.60	7.37	6.89	5.80	5.99	5.61	5.09	5.52	5.05	4.67	3.89	3.78
福建	6.60	6.89	7.69	7.35	6.93	6.97	6.61	6.54	6.64	7.04	6.23	5.64	5.42	5.51
江西	5.19	5.88	6.57	7.52	9.09	8.36	7.06	4.98	4.73	4.59	4.20	4.07	3.88	3.78
山东	6.81	7.16	6.42	7.75	8.06	5.81	5.82	5.27	5.30	5.24	4.36	3.81	3.27	3.21
河南	4.95	6.15	7.38	6.33	6.52	5.74	5.61	5.53	5.55	5.72	5.62	5.36	5.35	5.46
湖北	6.01	6.11	6.43	6.67	6.46	5.31	5.08	4.88	4.89	5.22	5.09	5.00	4.94	5.03
湖南	6.42	7.07	6.67	4.65	6.46	4.69	5.02	4.99	4.97	5.02	4.66	3.83	3.07	3.01
广东	4.42	4.19	4.87	4.16	4.47	3.97	3.94	3.84	3.67	3.38	3.34	3.38	2.55	2.67
广西	4.49	5.34	6.26	7.03	6.40	6.80	6.92	6.15	6.05	6.22	6.47	5.33	5.19	4.98
四川重庆	4.41	5.27	6.34	5.66	4.41	3.50	4.42	4.31	3.73	3.86	3.21	3.05	2.84	2.35

续表

	1998 年	1999 年	2000 年	2001 年	2002 年	2003 年	2004 年	2005 年	2006 年	2007 年	2008 年	2009 年	2010 年	2011 年
贵州	6.27	5.98	6.61	6.46	6.58	6.40	6.17	5.59	5.38	5.92	4.95	4.29	3.97	3.55
云南	5.37	5.61	6.31	7.12	5.84	4.83	4.22	4.23	3.94	3.73	4.58	3.77	4.64	4.93
陕西	5.52	5.02	5.82	5.43	4.99	4.98	4.83	4.66	4.87	4.36	4.60	4.20	4.09	3.43
甘肃	4.25	4.47	4.76	4.28	3.71	3.59	4.20	3.84	3.45	3.31	3.30	3.59	3.62	3.79
青海	4.37	3.81	4.51	3.86	4.10	3.92	3.51	2.44	1.19	2.05	0.97	0.00	1.10	1.00
宁夏	4.19	3.71	4.04	3.90	3.82	4.74	5.58	5.58	4.81	5.49	6.26	6.79	6.68	4.44
新疆	4.96	4.74	4.78	4.64	4.55	3.68	3.73	3.79	3.85	4.14	3.32	3.03	2.59	2.80

第十九章 中国式财政分权及支出结构促进了城乡收入均衡化吗？[*]

中国经济转型升级和可持续发展需要财政政策的支持。本章通过构建理论模型探讨了财政分权和财政支出结构影响城乡收入均衡化水平的机制，同时应用中国省际面板数据进行了实证检验与分析。研究发现：东部地区财政分权和财政支出结构是有利于城乡收入均衡的，而中西部地区这种政策则不利于城乡收入均衡。一定限度的财政分权是有益的，但如果绩效考核体系偏重增长激励、城乡二元体制固化程度与城市倾向性较高，那么必然会进一步引致支出政策及相关配套政策扭曲，从而收入不均衡程度加深。财政支出政策应更综合、全面地承担起优化公共服务、改善民生的责任。

第一节 引言与文献回顾

中国经济在转型式增长的道路上已经进展到一个关键的节点，人口红利渐渐消失，城乡二元结构面临着向一元结构新古典 S 型增长过渡的关键转型期，青木昌彦（Aoki，2011）认为这一过渡阶段的特征是库兹涅茨结构式的。就目前来看，收入不均衡是影响中国发展转型的关键性因素。伴

---

* 本章作者：靳涛、李明昕。

随着新一轮的城镇化和产业升级，中国的市场化改革必须进一步推向深入。但中国目前政府主导的转型增长模式是不是能很好适应这种发展趋势，非常值得我们认真思考。毋庸置疑的是，中国想成功跨越中等收入陷阱，真正进入一元新古典增长的良性循环，必须在政府主导型市场经济发展过程中进一步完善财政分权及支出体制，以此来促进城乡收入均衡化，实现经济的良性增长。

20世纪50年代，美国学者库兹涅茨（Kuznets，1955）最早提出了经济增长与收入不均衡程度之间存在着倒U型演化形态。Chu等（2000）探讨了转型国家、发展中国家历年的收入分配政策，发现平均而言，发展中国家的税前收入分配比发达国家较为公平，但是税收政策和转移支付制度在缩小收入不均衡上却表现得缺乏效率。巴丹（Bardhan，2002）肯定了分权体制能使地方政府紧密结合地区优势，实现资源的优化配置，也指出集权体制下的政府在公共服务和经济有效运转的执行上更具优越性，有利于满足绝大多数贫困人口所需。塞西莉亚和特诺夫斯基（Cecilia和Turnovsky，2007）认为，基于增长型激励驱动的政府政策往往会导致更加不均衡的收入分配。

在转型期的中国，政府是改革的先导者与最重要的自觉主体，中国的政府主导发展模式呈现出财政分权、政治集权的体制现状与增长共识，且中国地方政府在上述体制现状与激励下财政支出结构发生扭曲。在第一代财政联邦制理论的基础上，蒙蒂诺拉（Montinola等，1995）提出了第二代财政联邦制理论，认为中国政府形成了一个类似于西方联邦主义的M型分权结构，是"市场维护型"的"中国式财政联邦主义"。张军（2005）、周黎安（2007）总结了地方政府晋升激励的"锦标赛"竞争模式。傅勇和张晏（2007）指出，中国财政分权以及基于经济增长政绩考核下的地方政府竞争，导致了地方政府公共支出结构重基本建设、轻人力资本投资和公共服务。龚锋和卢洪友（2009）认为，中国目前尚不具备使财政分权正向激励效应得以有效发挥的制度基础。那么中国政府在现阶段发挥最深刻作用的是分权力量还是集权力量呢？王守坤和任保平（2009）对比重视分权一端的财政联邦主义框架和重视集权一端的委托代理框架之后，发现中国中央政府与地方政府间的分权性质更接近于前者，认为中央政府现阶段应当发挥协调作用，全面调控，而不仅是"做对激励"。

中国自改革开放起一直在转型中摸索前进，取得了举世瞩目的经济增长成就，但也存在着上述财政体制问题，这样的体制环境又是如何影响中国城乡收入均衡水平的?

李稻葵（2011）认为，现行财政体制是引致中国收入分配问题的根源所在。第一，地方政府与中央政府财政分权是中国政府主导发展模式的重要特征。陈安平（2009）指出，财政分权使地方政府的财政支出显著增加，但并不必然促进经济增长和收入均衡。黄智淋和赖小琼（2011）发现财政分权在长期和短期均会导致城乡收入不均衡。曾国安和胡晶晶（2009）认为中国现行财政体制强化了城乡二元结构，增加了城乡收入不均衡程度。第二，财政支出结构问题。陆铭和陈钊（2004）基于中国省级面板数据分析发现，不同的财政支出对于降低城乡收入差距具有不同的影响效应，其中支持农业和基本建设的支出能够有效地缩小城乡收入差距，而科教文卫事业的支出将扩大城乡收入差距。王艺明和蔡翔（2010）研究发现政府财政支出结构对城乡收入差距有显著影响，不同财政支出项目对于城乡收入差距的影响效应不尽相同，并且存在地区差异性。

从以上的研究结果可以看出，学者们对财政政策与收入不均衡的影响因素的分析已较为全面，但是深入的理论分析并不多见，关于中国式财政分权以及财政支出结构影响城乡收入不均衡水平的理论机制是怎样的，收入结构在其中起到了怎样的作用? 将这一研究置于中国转型期政府主导型市场经济发展模式下进行较为全局性的检验与评价的结论又是如何?

本章研究的特色在于：第一，构建内生理论模型深入探究中国地方政府与中央政府财政分权、不同类型的财政支出对居民工资性收入、财产性收入、转移性收入的影响，进而分析了财政政策的城市倾向引起收入不均衡产生的路径，并探索这样的影响基于怎样的乘数效应与传导机制被延续、深化、放大。第二，分别从总体、不同区域的角度纳入政府主导型市场经济的相关因素进行实证检验，由于财政统计口径在 2007 年出现较大变革，以往的学者们基本上都是基于 2006 年以前的数据进行分析，我们则选取了 2007—2012 年 6 年 31 个省份的样本刻画中国城乡收入不均衡化的现状，回答了现阶段中国的财政体制等影响因素在城乡收入不均衡化上的具体表现，并提出一些建议。

第二节　理论框架

本章在 Barro（1990）与 Devarajan 等（1996）的内生增长模型的基础上建立模型。我们对政府财政支出结构进行了细分，同时将其归类为地方政府支出与中央政府财政支出，考察了财政分权、支出结构通过经济增长机制、人力资本机制与转移支付机制对收入不均衡水平的影响。

一、基本模型

1. 政府预算约束

假设政府收支平衡，财政收入仅来自税收，即地方政府财政支出 G_1 与中央政府财政支出 G_2 之和与产出的比例恒定为税率 ε 。

$$G = G_1 + G_2 = \varepsilon Y \tag{19-1}$$

$$\begin{cases} G_1 = b_1 G_1 + d_1 G_1 + e_1 G_1 \\ G_2 = b_2 G_2 + d_2 G_2 + e_2 G_2 \end{cases} \tag{19-2}$$

其中，$b_1 G_1$、$b_2 G_2$ 为政府生产性财政支出中不包含人力资本投入的部分。$d_1 G_1$、$d_2 G_2$ 表示财政支出投入到人力资本的比例，科学、教育、卫生支出等财政支出都有助于人力资本规模的增加。$e_1 G_1$、$e_2 G_2$ 为财政转移性支出，是直接的资本转移，对应着消费者的转移性收入，通过消费者的投资作用于生产。

2. 厂商及生产函数

假定生产函数由人力资本 B、劳动力投入 L、私人资本 K、地方政府财政支出 G_1 与中央政府财政支出 G_2 决定。A 为制度性因素等人力资本、劳动力、资本投入以外的因素。

$$Y = F(B, L, K, G_1, G_2) = A (BL)^{\alpha} (b_0 K)^{\theta_0} (b_1 G_1)^{\theta_1} (b_2 G_2)^{\theta_2}$$

$$\tag{19-3}$$

这里，人力资本的规模 B 由私人资本投入以及财政支出决定。d_0、d_1、d_2 分别为私人资本、地方政府财政支出、中央政府财政支出投入到人力资本提升中的比例。

$$B = \mu \left(d_0 K \right)^{\theta_0} \left(d_1 G_1 \right)^{\theta_1} \left(d_2 G_2 \right)^{\theta_2} \tag{19-4}$$

上式中，私人资本 K 取决于消费者获取的工资性收入 W，因此，

$$B = B(K(W)) = B(W)$$

$$Y = F(B(W)L)$$

假设厂商以利润 π 最大化为经营目标，$\pi = Y - WL$。即：

$$\mathrm{MAX}_{W,\ L}\pi = F(B(W)L) - WL \tag{19-5}$$

构造拉格朗日函数求解，一阶条件为：

$$F'(B(W)L) \times B'(W) - W = 0$$

$$F'(B(W)L) \times B'(W) - L = 0 \tag{19-6}$$

由此可推导出工资决定函数：

$$W = F'(B(W)L) \times B'(W) \tag{19-7}$$

3. 消费者

假设代表性消费者的追求无限时间域中所有瞬时效用贴现值之和的最大化：

$$\mathrm{Max}_c \int_0^{\infty} U(C) e^{-\rho t} \mathrm{d}t \tag{19-8}$$

其中，$\rho > 0$，为时间偏好率，$U(C)$ 为瞬时效用函数，满足 $U'(C) > 0$ 与 $U''(C) < 0$ 以及稻田条件。假设 $U(C)$ 为 CRRA 效用函数：

$$U(C) = \frac{c^{1-\sigma} - 1}{1 - \sigma}$$

其中，$\sigma > 0$，为边际效用弹性参数，$\dfrac{1}{\sigma}$ 为相邻两个时期消费的跨期替代弹性。

假设 I_0 为初始财富。消费者的收入 I 来源有三项：I_1 为工资性收入，来源于消费者每期提供的人力资本与劳动；I_2 为财产性收入，来源于消费者向生产部门投入的资本收益，r 为资本收益率；I_3 为转移性收入，由地方政府的财政支出 G_1 与中央政府的财政支出 G_2 的转移性支出比例 e_1 与 e_2 决定。

$$I = I_1 + I_2 + I_3 \tag{19-9}$$

$$\begin{cases} I_1 = W \\ I_2 = rK \\ I_3 = e_1 G_1 + e_2 G_2 \end{cases}$$

（19-10）当税收比例为 ε 时，消费者每期向生产部门投入的资本动态为：

$$\dot{K} = (1 - \varepsilon)I - C \tag{19-11}$$

消费者面临的预算约束为

$$\int_0^\infty e^{-rt} C_t \mathrm{d}t \leqslant I_0 + \int_0^\infty e^{-rt} I_t \mathrm{d}t \tag{19-12}$$

二、地方财政、中央财政分权与城乡收入均衡化水平

1. 双乘数效应引致的收入增长机制

政府支出通过财产性乘数效应与人力资本乘数效应决定着收入的增长。由消费者的效用函数、预算约束可知：

$$\frac{\partial U}{\partial I} = \frac{\partial U}{\partial C} \frac{\partial C}{\partial I} > 0 \tag{19-13}$$

T 时期消费者新增的财产性收入为：

$$I_{2T} = I_0 e^{rt} + e^r \int_0^{T-1} e^{rt}(I_{1t} + I_{2t} + I_{3t} - C_t)\,\mathrm{d}t \tag{19-14}$$

消费者的财产性收入为初始财富、前期工资性收入、财产性收入与转移性收入的函数，通过资本利润率呈现收入增长的财产性乘数效应。第 T 期的收入：

$$I_T = I_{1T} + I_0 e^{rt} + e^r \int_0^{T-1} e^{rt}(I_{1t} + I_{2t} + I_{3t} - C_t)\,\mathrm{d}t + I_{3T} \tag{19-15}$$

其中，工资性收入 $I_1 = W = F'(B(W)L)B'(W)$，令单位人力资本劳动收入为 $w = W/B = F'(BL)$。

$$\frac{\partial W}{\partial G} = B \frac{\partial W}{\partial w} \frac{\partial w}{\partial G} + w \frac{\partial W}{\partial B} \frac{\partial B}{\partial G} > 0 \tag{19-16}$$

因此，消费者的私人资本由收入决定，其中工资性收入受到政府财政支出的间接正向影响，转移性收入由政府直接决定。

人力资本是经济增长、进而收入增加的动力源泉之一，同时受到私人资本、政府财政支出的两方面投入的影响。消费者可以决定私人资本对人力资

本规模的投入，如将一部分资金用于自身教育。消费者收入越高，则人力资本投入越多，收入增长越多，表现为乘数效应。同理，消费者从财政人力资本投入中获益。从而政府财政支出通过多个渠道达到收入增长的人力资本乘数效应。因此，地方政府财政支出通过三个途径影响消费者收入：（1）经济增长机制：财政支出通过多渠道促进经济增长，增加消费者的三项收入。（2）人力资本机制：财政支出通过人力资本规模、单位人力资本劳动收入影响工资性收入。（3）转移支付机制：通过财政转移性支出直接影响消费者收入。此外，财政支出最终也会影响消费者效用和福利水平。

2. 最优政府财政分权比例

工资性收入是财政支出影响消费者收入的重要环节，由工资决定函数可知：

$$W = \alpha A \mu^{\alpha} d_0^{\,\alpha\varphi_0} d_1^{\,\alpha\varphi_1} d_2^{\,\alpha\varphi_2} b_0^{\,\theta_0} b_1^{\,\theta_1} b_2^{\,\theta_2} L^{\alpha-1} K^{\theta_0+\alpha\varphi_0} G_1^{\,\theta_1+\alpha\varphi_1} \qquad (19\text{-}17)$$

在财政支出分权的背景下，考察工资性收入最大化条件：

$$\text{Max}_{G_1,\,G_2} W = \alpha A \mu^{\alpha} d_0^{\,\alpha\varphi_0} d_1^{\,\alpha\varphi_1} d_2^{\,\alpha\varphi_2} b_0^{\,\theta_0} b_1^{\,\theta_1} b_2^{\,\theta_2} L^{\alpha-1} K^{\theta_0+\alpha\varphi_0} G_1^{\,\theta_1+\alpha\varphi_1} G_2^{\,\theta_2+\alpha\varphi_2}$$

$$(19\text{-}18)$$

$$\text{s. t.} \ G_1 + G_2 = \varepsilon Y \qquad (19\text{-}19)$$

令：

$$V = \alpha A \mu^{\alpha} d_0^{\,\alpha\varphi_0} d_1^{\,\alpha\varphi_1} d_2^{\,\alpha\varphi_2} b_0^{\,\theta_0} b_1^{\,\theta_1} b_2^{\,\theta_2} L^{\alpha-1} K^{\theta_0+\alpha\varphi_0} \qquad (19\text{-}20)$$

一阶条件为：

$$\begin{cases} V(\theta_1 + \alpha\varphi_1) G_1^{\,\theta_1+\alpha\varphi_1-1} G_2^{\,\theta_2+\alpha\varphi_2} - \lambda\left(\varepsilon\dfrac{\partial Y}{\partial G_1} - 1\right) = 0 \\[2mm] V(\theta_2 + \alpha\varphi_2) G_1^{\,\theta_1+\alpha\varphi_1} G_2^{\,\theta_2+\alpha\varphi_2-1} - \lambda\left(\varepsilon\dfrac{\partial Y}{\partial G_2} - 1\right) = 0 \end{cases} \qquad (19\text{-}21)$$

由于 $\dfrac{\partial Y}{\partial G_1} = (\theta_1 + \alpha\varphi_1)\dfrac{Y}{G_1}$，$\dfrac{\partial Y}{\partial G_1} = (\theta_2 + \alpha\varphi_2)\dfrac{Y}{G_2}$。则：

$$\frac{G_1}{G_2} = \frac{\theta_1 + \alpha\varphi_1}{\theta_2 + \alpha\varphi_2} \qquad (19\text{-}22)$$

$$G_1 = \frac{\theta_1 + \alpha\varphi_1}{\theta_1 + \alpha\varphi_1 + \theta_2 + \alpha\varphi_2}\varepsilon Y \qquad (19\text{-}23)$$

$$G_2 = \frac{\theta_2 + \alpha\varphi_2}{\theta_1 + \alpha\varphi_1 + \theta_2 + \alpha\varphi_2}\varepsilon Y \qquad (19\text{-}24)$$

要达到消费者工资性收入最大化，财政支出有一个最优的分权比例。分权比例由地方政府、中央政府影响人力资本规模与直接作用于产出的弹性系数决定。当地方政府的弹性系数较大时，地方政府的财政支出比例较高有利于增加工资性收入，同时通过财产性收入的乘数效应增加总收入。

3. 政府的城市倾向与城乡收入均衡化水平

程开明和李金昌（2007）指出并论证了在城乡收入差距的原始形成机制中，政府政策存在的城市倾向是重要原因。而中国式财政分权通过经济增长外部激励与官员晋升内部激励很大程度上导致了财政政策的城市倾向性。政府生产性支出的城市偏向会导致二者的经济增长差距，进而影响居民收入。此外转移机制方面，居民从政府支出中得到的转移性收入往往取决于现行体制性因素而存在城乡差异。

由于存在地方政府与中央政府在最优分权比例时可以使得工资性收入、总收入增长最大化，同时政府支出影响收入增长的经济增长、人力资本、转移支付机制具有双乘数效应，这就意味着财政支出中的城市与农村偏向通过这一机制使得城乡居民收入增长往往很难达到最优增长路径，而且两者存在较大差异，同时财产性乘数效应与人力资本乘数效应使得每一时点的收入差距都对未来有着深远影响。

首先，资本利润率的存在使得城乡居民收入差距在存在原始性差异时会自然扩大。这是属于初次分配的部分。细分资本结构，中国居民财产性收入增长渠道与股票市场有效性、银行等金融机构与民间借贷要素扭曲性、土地财政问题等关联紧密。

同时，政府在城乡教育、医疗、科技、文化上的投入往往存在差异，是政府与居民自身的差异性投入通过影响个人文化知识水平、社会关系网络、信息获取能力与成本等多个方面影响着以后多个期间的收入。现在学界往往以受教育水平在经验分析中衡量人力资本，但是如上文所述，人力资本并不仅仅是指受正规教育的程度，因此不能够单以学历这样一个不动态也不全面的变量来衡量一个人以及政府对人力资本的投入与结果。我们所分析的财政体制影响收入不均衡水平的渠道与机制，是潜在的传导途径，并不单列出变量进行分析。

综上而言，地方政府与中央政府的财政分权、地方政府的生产性支出、科教文卫支出、转移性支出会通过多个渠道影响居民收入，城乡居民收入差距取决于政府在城乡间的政策倾向。而在中国经济转型期政府主导型市场经济发展阶段的具体影响如何，是否不同地区有不同的表现，我们将通过实证研究进行探讨。

第三节　计量方法、指标选择和数据说明

一、模型设定与变量选取

这里，计量模型的被解释变量为城乡收入不均衡化水平 IE，核心解释变量为中国式财政分权 FD 及支出结构 FE，控制变量为政府主导型市场经济特征性解释变量集 EC，政府主导型市场经济发展阶段性解释变量集 ES。为了使模型更加优化，尽量避免多重共线性、异方差性以及非平稳性等问题，我们对所有变量都取了自然对数。

$$IE_{it} = \eta FD_{it} + \upsilon FE_{it} + \tau FD_{it} \times FE_{it} + pEC_{it} + qES_{it} + \varepsilon_{it} \qquad (19-25)$$

1. 被解释变量：城乡收入不均衡化水平

IE：农村人均纯收入/城镇人均可支配收入。衡量收入不均衡化水平的有绝对变量、相对变量以及其他测度变量。国内学者在经验研究中较多采用相对变量即城乡居民收入的比值，以及基尼系数。我们采用相对变量农村人均纯收入与城镇人均可支配收入的比值表示城乡收入均衡化水平，比值越高表示均衡程度越高。

2. 核心解释变量：财政分权及支出结构

（1）财政分权 FD：省份人均财政支出/（省份人均财政支出+中央人均财政支出）。财政分权可以通过财政支出分权或财政收入分权来刻画，还有一部分学者如 lin 等（2000）采用收入的边际或平均增量来度量。国内学者采用第一种方法较为多见，我们结合理论模型，选取了财政支出分权 FD 进行分析。

（2）财政支出结构 FE。FES：科教文卫支出/一般预算支出；FEG：

公共服务支出/一般预算支出；*FET*：交通环保支出/一般预算支出。2007年后的财政收支分类改革使国家统计局财政支出的数据在统计口径上存在较大的差异，参考改革后的分类指标，科教文卫支出是科学技术、教育、文化体育与传媒、医疗卫生支出之和；公共服务支出是一般公共服务、城乡社区事务、社会保障和就业支出之和；交通环保支出是交通运输、节能环保支出之和。由理论分析可知，科教文卫支出对人力资本具有直接促进作用，公共服务支出不仅包含转移性支出，也更多地体现了制度性因素对于城乡收入不均衡的影响，交通环保支出则属于生产性支出，与经济增长直接相关。

3. 控制变量

（1）政府主导型市场经济特征性变量。①国有化水平 *SO*：国有企业固定资产投资/全社会固定资产投资。樊纲指出，非国有化程度是市场化的一个重要方面。我们参考樊纲的市场化指数选取了这一指标，以考察国有经济份额对城乡收入均衡化水平的影响。国有企业改革是中国转型绕不过去的一个重要关隘，所涉良多，需要说明的是，无论检验结果如何，都只能作为一方面的参考。同时需要注意的是，在相同的国有化水平下，竞争环境不同的市场所导致的收入分配差异必定是巨大的，产权归属并不是唯一决定性因素。②外资依赖度 *FDI*：外商直接投资/国内生产总值。在中国政治集权、财政分权的环境下，地方政府为了发展经济、进行政治锦标赛而对招商引资展开各种形式的竞争，我们选取外资依赖度作为衡量这一特征的指标，按照相应年份人民币对美元汇率平均价折算外商直接投资。*FDI* 对城乡收入均衡化水平的影响渠道也是多方面的，包括技术溢出、就业结构、增长方式等，因此最终表现难以定论，学者们对此也意见不一，结果有待检验。

（2）政府主导型市场经济发展阶段性变量。①经济发展水平 *RPGDP*：人均实际国内生产总值。我们以 2007 年为基准对 GDP 进行了平减，并以人均值衡量中国经济发展水平。经济发展水平促进抑或抑制收入均衡是具有阶段性的。②产业结构非农化水平 *STRU*：（第二产业产值+第三产业产值）/国内生产总值。产业结构非农化水平体现了现阶段两部门经济结构的变动，城乡收入均衡化水平也许会因此而打破。③城镇化水平 *CITY*：城镇人口/总人口。城镇化水平包含人口城镇化、经济产值城镇化、面积城镇化三个方面，我们选取了学界普遍公认的第一个指标进行衡量。城镇化水平可以通过集聚效应、辐射效应促进收入均衡，但是城乡二元结构的一些固化因素如户籍制度对要素流动的限制等在城镇化水平到达一定阶段时又可能会扩大收入不均衡。综合效果依然有待检验。

二、数据说明

我们选取的样本为全国 31 个省份的面板数据，由于财政收支科目的统计分类在 2007 年进行了改革，相关数据在 2007 年前后存在较大差异，所以选取样本的时间跨度为 2007 年至 2012 年。[①] 除此以外，我们还对东、中、西部三个次级样本进行了分析。资料来源于各个省份的统计年鉴以及《中国财政年鉴》。变量的统计性描述如下。

表 19-1　变量的统计性描述

变量	全国		东部		中部		西部	
	均值	标准误	均值	标准误	均值	标准误	均值	标准误
lnIE	−1.094	0.183	−0.953	0.103	−1.024	0.116	−1.270	0.122
lnFD	−0.196	−0.196	−0.179	0.072	−0.241	0.061	−0.181	0.074
lnFES	−1.329	0.136	−1.261	0.120	−1.328	0.089	−1.392	0.147
lnFEG	−1.103	0.154	−1.081	0.154	−1.079	0.126	−1.139	0.165
lnFET	−2.516	0.407	−2.758	0.494	−2.521	0.256	−2.291	0.242
lnSO	−1.189	0.360	−1.437	0.304	−1.267	0.290	−0.909	0.239
lnFDI	−4.040	0.958	−3.278	0.534	−3.984	0.484	−4.776	0.940
ln$RPGDP$	10.130	0.504	10.600	0.414	9.958	0.250	9.814	0.370
ln$STRU$	−0.122	0.064	−0.087	0.084	−0.139	0.035	−0.143	0.042
ln$CITY$	−0.729	0.286	−0.483	0.226	−0.772	0.129	−0.926	0.241

资料来源：作者计算。

---

① 改革财政支出功能科目设计的指导思想是体现市场经济条件下政府的职能和公共财政体系建设的需要，属于政府必办公共事务要突出反映，单独设类，在政府职能中需要逐步弱化或退出的事务，只在款级或项级科目中反映或合并到其他款、项中反映。这样设计体现了小政府、大服务的市场经济理念。改革后的科目与原科目有显著差异。

第四节　实证结果分析

一、全国样本的回归结果

我们以城乡收入均衡化水平为被解释变量，财政分权、财政支出结构及其交叉项为解释变量、中国政府主导型市场经济特征性、发展阶段性变量为控制变量，采用固定效应回归模型进行估计。

表 19-2 第（1）列至（6）列为检验结果，第（3）列为基本模型。根据豪斯曼检验，选取固定效应模型是合理的，同时就结果而言是比较稳健的。以全国为样本总体来看，财政分权的系数显著为负，这意味着财政分权越大对城乡收入均衡化水平的负面影响也越高，选取第（6）列为例，当不考虑间接影响时，财政分权每提高 1%，直接导致城乡收入均衡化水平降低 1.62%。科教文卫支出、公共服务支出的系数及其有关交叉项的系数也显著为负，表明财政分权的提高将使得这两类支出降低城乡收入均衡化水平的作用更加明显。而交通环保支出系数及其交叉项基本上为正，但是显著性不是非常稳定。此外，国有化水平显著扩大了城乡收入差距，外资依赖度则缩小了城乡收入差距。经济发展水平的提高对促进收入均衡而言是存在正向影响的，同时产业结构非农化水平与城镇化水平的提高则导致了收入的不均衡。

表 19-2　全国样本的估计结果

变量	（1）	（2）	（3）	（4）	（5）	（6）
lnFD	−1.113** （−1.99）	−2.566*** （−4.64）	−1.537** （−2.00）	−1.479* （−1.97）	−1.564** （−2.13）	−1.620** （−2.27）
lnFES	−0.277*** （−3.63）	−0.240*** （−3.50）	−0.223*** （−3.16）	−0.260*** （−3.65）	−0.188*** （−2.73）	−0.209*** （−3.00）
lnFEG		−0.280*** （−5.56）	−0.213*** （−3.52）	−0.206*** （−3.33）	−0.208*** （−3.56）	−0.223*** （−3.71）

续表

变量	(1)	(2)	(3)	(4)	(5)	(6)
$\ln FET$			0.043* (1.87)	0.052** (2.30)	−0.003 (−0.13)	0.003 (0.11)
$\ln FD \times \ln FES$	−1.412*** (−3.42)	−1.310*** (−3.53)	−1.228*** (−3.25)	−1.250*** (−3.38)	−0.897** (−2.28)	−0.906** (−2.37)
$\ln FD \times \ln FEG$		−1.575*** (−5.94)	−1.193*** (−3.64)	−1.022*** (−3.10)	−1.266*** (−4.03)	−1.203*** (−3.76)
$\ln FD \times \ln FET$			0.211** (1.99)	0.231** (2.21)	0.076 (0.75)	0.074 (0.73)
$\ln SO$				−0.073*** (−3.04)		−0.053** (−2.36)
$\ln FDI$				0.011 (1.46)		0.017** (2.37)
$\ln RPGDP$					0.179*** (4.24)	0.173*** (4.20)
$\ln STRU$					−0.906*** (−3.57)	−0.948*** (−3.78)
$\ln CITY$					−0.341*** (−3.22)	−0.334*** (−3.18)
C	−1.317*** (−12.77)	−1.552*** (−14.52)	−1.353*** (−9.26)	−1.44***3 (−9.74)	−3.602*** (−7.27)	−3.581*** (−7.47)
观测值	186	186	186	186	186	186
R^2	0.5990	0.6811	0.6894	0.7126	0.7403	0.7605
F 统计量 1	75.69***	64.07***	46.94***	40.22***	41.33***	37.84***
Hausman	8.38*	13.17**	33.16***	32.06***	29.98***	25.31***
F 统计量 2	186.35***	217.13***	185.56***	106.60***	94.10***	92.62***

注: *、**、***分别表示在10%、5%、1%的水平上显著;括号内为 t 值;F 统计量 1 为参数联合检验 F 统计量;Hausman 检验原假设为随机效应,备择假设为固定效应;F 统计量 2 为混合回归检验 F 统计量,原假设为混合回归,备择假设为固定效应。

资料来源:作者计算。

二、东、中、西部样本的回归结果

全国不同地区的政府主导型市场经济发展情况、环境不一,同时个别变量的显著性存在不稳定性，因此有必要对中国的东、中、西部分别进一步检验。① 结果显示，中部、西部地区与全国样本的检验结果基本一致，而东部地区则迥然不同（见表19-3）。

东部地区的相关方程回归分析表明，东部地区的财政分权有助于提高中国城乡收入均衡化水平，系数显著为正。除此以外，各项财政支出对中国城乡收入均衡化水平而言都是起到正向促进效果的，但是系数的显著性并不稳定。控制变量中外资依赖度的系数为负，其余变量的影响方向与全国样本是相同的。以表19-3第（3）列为例，财政分权的系数为3.279，即不考虑间接影响时，财政分权每增加1%，城乡收入均衡化水平提高3.279%；外资依赖度每增加1%，城乡收入均衡水平则下降0.025%。交叉项也为正，表明财政分权的提高将使得财政支出促进城乡收入均衡化的作用更加明显。

中部地区与西部地区的情况相类似，财政分权对城乡收入均衡化则起到了负面影响，以表19-3第（7）列为例，西部地区财政分权系数为-2.581。而财政支出及交叉项也多起到负面影响。以第（7）列为例，当不存在财政分权时，西部地区科教文卫支出每增加1%，城乡收入均衡化水平下降0.233%。西部地区公共服务支出每增加1%，城乡收入均衡化水平下降0.336%。不可忽视的是，与全国样本的检验结果一样，交通环保支出及其有关交叉项的系数显著性并不稳定，可见现阶段在中、西部地区这类支出对城乡收入均衡化的影响较为复杂，并无明显特征。控制变量的检验结果与全国样本基本一致，以第（6）列为例，中部地区国有化水平每上升1%，城乡收入均衡化水平则显著下降0.152%，除此以外，产业结构非农化水平与城镇化水平对城乡收入均衡也同样起到负面影响，相反的，外资依赖度、经济发展水平的上升则提高了城乡收入均衡化水平。

---

① 东部地区：北京、天津、河北、辽宁、上海、江苏、浙江、福建、山东、广东、海南；中部地区：山西、吉林、黑龙江、安徽、江西、河南、湖北、湖南；西部地区：内蒙古、广西、重庆、四川、贵州、云南、西藏、陕西、甘肃、青海、宁夏、新疆。

表 19-3 东部、中部、西部样本的估计结果

变量	东部			中部			西部		
	(1)	(2)	(3)	(4)	(5)	(6)	(7)	(8)	(9)
lnFD	5.428*** (2.97)	4.700*** (2.89)	3.279* (1.87)	-5.117 (-1.39)	-6.127* (-1.92)	-5.898** (-2.17)	-2.581** (-2.12)	-2.586** (-2.14)	-2.791** (-2.02)
lnFES	0.545*** (3.02)	0.351** (2.07)	0.219 (1.20)	-0.683** (-2.18)	-0.967*** (-3.43)	-0.818*** (-3.38)	-0.233** (-2.58)	-0.208** (-2.26)	-0.168 (-1.55)
lnFEG	0.294** (2.22)	0.495*** (3.75)	0.354** (2.49)	-0.460* (-1.87)	-0.396* (-1.86)	-0.311 (-1.67)	-0.336*** (-3.97)	-0.375*** (-4.29)	-0.436*** (-4.43)
lnFET	0.076*** (2.85)	0.087*** (3.62)	0.056* (1.83)	-0.010 (-0.07)	0.001 (0.01)	-0.102 (-1.01)	-0.008 (-0.14)	-0.009 (-0.15)	-0.044 (-0.76)
lnFD × lnFES	2.080** (2.36)	1.432* (1.75)	0.782 (0.88)	-2.742* (-1.86)	-3.952*** (-3.00)	-3.421*** (-3.01)	-1.466*** (-3.03)	-1.356*** (-2.82)	-1.212* (-1.85)
lnFD × lnFEG	0.989 (1.30)	1.266* (1.76)	0.748 (1.02)	-2.501** (-2.47)	-1.567* (-1.72)	-1.233 (-1.56)	-1.751*** (-3.75)	-1.753*** (-3.56)	-2.005*** (-3.71)
lnFD × lnFET	0.378** (2.54)	0.327** (2.33)	0.245 (1.68)	0.007 (0.02)	0.100 (0.25)	-0.267 (-0.73)	0.147 (0.56)	0.132 (0.50)	-0.027 (-0.10)
lnSO		-0.141*** (-3.94)	-0.111*** (-2.95)		-0.180*** (-3.39)	-0.152*** (-3.27)		-0.023 (-0.46)	-0.033 (-0.67)
lnFDI		-0.028 (-0.97)	-0.025 (-0.91)		0.006 (0.36)	0.015 (1.02)		0.017* (1.83)	0.023** (2.49)
ln$RPGDP$			0.111 (1.43)			0.135* (1.95)			0.121 (1.34)
ln$STRU$			-1.500** (-2.28)			-0.491 (-1.42)			-0.980** (-2.27)
ln$CITY$			-0.301 (-1.31)			-0.456** (-2.63)			-0.440* (-1.76)
C	0.389 (1.15)	0.086 (0.26)	-1.689 (-1.56)	-2.175 (-2.40)	-2.814*** (-3.49)	-4.446*** (-3.27)	-1.812*** (-7.44)	-1.784 (-7.20)	-3.551*** (-3.46)
观测值	66	66	66	48	48	48	72	72	72
R^2	0.563	0.674	0.712	0.807	0.865	0.914	0.791	0.804	0.827
F 统计量 1	8.84***	10.55***	8.87***	19.73***	22.11***	24.88***	28.58***	23.2***	19.07***
Hausman	39.46***	39.5***	44.05***	36.62***	35.03***	31.1***	25.1***	16.26*	50.89***
F 统计量 2	24.93***	33***	21.18***	51.04***	52.14***	31.86***	63.76***	36.96***	27.4***

注:*、**、***分别表示在10%、5%、1%的水平上显著;括号内为 t 值;F 统计量 1 为参数联合检验 F 统计量;Hausman 检验原假设为随机效应,备择假设为固定效应;F 统计量 2 为混合回归检验 F 统计量,原假设为混合回归,备择假设为固定效应。

资料来源:作者计算。

第五节　结论与政策建议

结合理论分析可知，财政支出的系数是该项支出在城市与乡村之间的倾向性通过综合传导机制影响城乡收入均衡化水平的表现，而实证分析的结果说明这一表现存在着地区差异性，同时财政分权会进一步扩大各项支出对城乡收入均衡化水平的影响，无论这一影响是正向还是负向的。东部地区财政政策基本上是有利于提高城乡收入均衡化水平的，而中部、西部地区的财政政策则具有明显的城市倾向性，会导致城乡收入不均衡。基于此，全国范围样本的经验分析结果也显示财政政策在促进城乡收入均衡化方面是需要调整的。

中国政府主导型市场经济发展特征性变量与阶段性变量对城乡收入均衡化水平的影响地区差异性较小。（1）国有化水平上升会导致收入不均衡，说明国有产业发展的红利并未使得全体国民公平享有，其红利存在一定的体制内循环性并且对城镇居民收入的增加起到更重要的作用。（2）外资依赖度的系数在东部地区、中部地区的作用是不显著的，而在西部地区显著为正，这体现了外资影响的复杂性。外商投资以制造业、房地产业为主，集中于东部沿海的劳动密集型产业，不仅直接影响劳动者的收益，同时通过技术溢出、对外贸易产生了间接影响。（3）经济发展水平上升可以促进城乡收入均衡化，但是系数显著性并不稳定，表明中国工业化已经进入较深层次甚至部分地区已经逼近库兹涅茨拐点，但是这一转折尚不明朗。（4）产业结构非农化水平的上升导致收入不均衡，则体现了城镇居民在二、三产业部门的发展中得到了较多收益，在工业化进程中，城乡居民的收入结构、面临的金融环境、得到的就业机会都在不断变化着，财产性乘数效应与人力资本乘数效应将使得城镇居民得到更多的积累，获得更多的信息，占有更多的收益。（5）城镇化水平上升现阶段导致了收入不均衡，可能有以下原因：城镇化的发展在中国政府主导型市场经济环境下由于财政分权、政治集权等多方面因素可能会扭曲相关财政支出以及配套政策，城乡二元结构的体制性限制也会使得较为富裕的农村居民通过婚姻、征收土地、教育等途径进入城镇化行列的可能性较高，而这一过程中的辐射效应并不能使得尚未步入城镇化的农村居民得到同样甚至更高的收益。

综合理论分析与经验分析，我们提出以下政策建议：

（1）财政分权与合理的绩效考核制度相结合。由于地方政府在政策制定方面具有信息成本、决策成本的优势，一定限度的财政分权是有益的，但是政府的绩效考核体系如果过于偏重增长型激励，那么在财政分权的环境下地方政府的支出政策与配套政策会产生扭曲，很可能使收入不均衡更加恶化。首先，应当将收入均衡置于考核指标体系中的重要地位；其次，应当拓宽农民参与政治决策，反馈自身意愿的渠道，增加自下而上的监督。

（2）财政支出结构与倾向性需要进一步调整，财政支出政策应当承担起优化公共服务、改善民生、促进收入均衡的责任，提高支出的公平性。单是重视科教文卫支出与社会保障支出并不能解决问题，还应当平衡各财政支出在城乡间的差异。

（3）深化国有企业改革，但不能片面强调产权与私有化，在保证国有企业在公共服务、战略影响部门力抗重鼎之时，要注重培养更大范围内的竞争性的市场环境。

（4）利用外商投资要与中国产业结构优化升级相适应，与城镇化步伐相呼应。应当促进产业高技术化、服务化，同时保障农业作为基础性产业的发展。城镇化的过程中要逐步打破固化的城乡二元体制，保障农民工在产业升级、外资流入的过程中向"新市民"的顺利转换，提供技能培训与就业、医疗卫生、子女教育等公共服务。

参考文献

［1］陈安平：《财政分权、城乡收入差距与经济增长》，《财经科学》2009 年第10 期。

［2］程开明、李金昌：《城市偏向、城市化与城乡收入差距的作用机制及动态分析》，《数量经济技术经济研究》2007 年第 7 期。

［3］傅勇、张晏：《中国式分权与财政支出结构偏向：为增长而竞争的代价》，《管理世界》2007 年第 3 期。

［4］龚锋、卢洪友：《公共支出结构、偏好匹配与财政分权》，《管理世界》2009 年第 1 期。

［5］黄智淋、赖小琼：《中国转型期通货膨胀对城乡收入差距的影响——基于省际面板数据的分析》，《数量经济技术经济研究》2011 年第 1 期。

［6］李稻葵：《财政税收体制需要调整》，《英才》2011 年第 1 期。

［7］陆铭、陈钊：《城市化、城市倾向的经济政策与城乡收入差距》，《经济研究》2004 年第 6 期。

［8］王艺明、蔡翔：《财政支出结构与城乡收入差距——基于东、中、西部地区省级面板数据的经验分析》，《财经科学》2010 年第 8 期。

［9］王守坤、任保平：《财政联邦还是委托代理：关于中国式分权性质的经验判断》，《管理世界》2009 年第 11 期。

［10］曾国安、胡晶晶：《论中国城市偏向的财政制度与城乡居民收入差距》，《财政研究》2009 年第 2 期。

［11］张军：《中国经济发展：为增长而竞争》，《世界经济文汇》2005 年第 4 期。

［12］周黎安《中国地方官员的晋升锦标赛模式研究》，《经济研究》2007 年第 7 期。

［13］Aoki M.，"The Five-phases of Economic Development and Institutional Evolution in China and Japan"，Asian Development Bank Institute，No. 340，2011.

［14］Bardhan P.，"Decentralization of Governance and Development"，*The Journal of Economic Perspectives*，2002，16（4）.

［15］Barro，R. J.，"Government Spending in a Simple Model of Endogenous Growth"，*Journal of Political Economy*，1990，（98）.

［16］Cecilia G. P.，Turnovsky，S.，"Growth, Income Inequality, and Fiscal Policy：What Are the Relevant Trade-offs?"，*Journal of Money, Credit and Banking*，2007，39（2）.

［17］Chu，K.，Davoodi，H. R.，Gupta，S.，"Income Distribution and Tax and Government Social Spending Policies in Developing Countries"，IMF Working Paper，2000.

［18］Devarajan，S.，Swarrop，V.，Zou H. F.，"The Composition of Public Expenditure and Economic Growth"，*Journal of Monetary Economics*，1996，37（2）.

［19］Kuznets，S.，"Economic Growth and Income Inequality"，*American Economic Review*，1955，45（1）.

［20］Lin J. Y.，Liu Z.，"Fiscal Decentralization and Economic Growth in China"，*Economic Development and Cultural Change*，2000，49（1）.

［21］Montinola，G.，Qian，Y. and Weingast，B.，"Federalism, Chinese Style：the Political Basis for Economic Success in China"，*World Politics*，1995，48（1）.

第二十章　收入不平等、经济增长与 财政支出偏向[*]

本章在财政支出偏向的视角下进一步考察中国收入不平等与经济增长之间的关系。我们首先通过建立数理模型，从理论上说明了收入不平等、经济增长与财政支出偏向三者之间的关系。随后，通过建立面板计量模型，检验理论模型得出的结论。结果表明，当存在财政支出偏向时，收入不平等对中国的经济增长有正向效应。但这并不是说收入不平等程度越高越好。收入不平等程度过高是内需不足的一个重要原因，中国经济结构失衡的调整首先应该调整政府的支出结构，减少生产性公共品的供给，增加公共福利性支出，调整政府财政支出城市偏向的政策。

第一节　引　言

改革开放以来，中国经济年平均增速达到 9.4%，被世人誉为"增长奇迹"，中国经济不仅在总量上超越日本位居世界第二位，而且人均 GDP 在 2012 年已经超过了 6000 美元，进入中等偏上收入国家行列。但与经济快速稳定增长相伴随的一个突出问题是收入分配不平等问题比较严重。根据国家统计局公布的数据，反映国民收入分配状况不平等程度的"基尼系数"在 2013 年为 0.473，已越过国际安全警戒线 0.4 的标准。从统计数据

---

[*] 本章作者：张兆侠、龚敏。

上来看，目前中国已成为世界上收入分配最不均等的国家之一。收入不平等程度的加剧不仅会影响到社会的和谐、稳定，而且还严重制约了社会主义共同富裕的终极目标的尽早实现。

　　另一方面，中国在过去几十年中能够实现"增长奇迹"与政府的财政支出有着密切的关系。已有的研究表明：1978年改革开放以来，中国经济能够飞速发展，创造世界经济增长奇迹的一个很重要原因就是政府直接参与经济活动来主导经济增长（Xu，2011）。这一点可以从财政支出占GDP的比重以及其支出结构上得到直观的反映（见图20-1）。1990年，财政支出占GDP的比重高达16.52%，1994年，分税制改革之后，中国的财政支出占GDP的比重又开始不断上升，2006年达到18.69%。

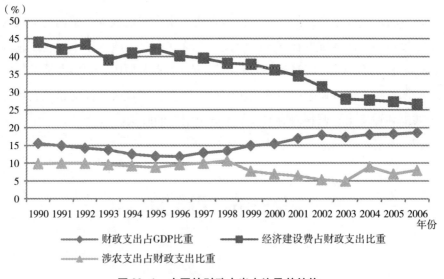

图20-1　中国的财政支出占占比及其结构

注：2006年后的数据由于报告口径变化而没有包括。

资料来源：CEIC中国经济数据库以及《中国统计年鉴2007》。

　　在财政支出结构方面，中国的财政分权以及基于政绩考核下的政府竞争，造就了地方政府公共支出结构"重基本建设、轻人力资本投资和公共服务"的明显扭曲（傅勇和张晏，2007）；而中国正处于工业化的进程当中，由于非农产业的生产率要远远高于农业，经济的增长点主要来源于城市地区的非农产业，所以地方财政支出往往偏向于城市地区

（陆铭和陈钊，2004）。以上这两点在图 20-1 中有直观的反映。经济建设费是中国财政预算支出的主要部分，是国家财政支出中用于发展生产和扩大再生产的支出，体现了中国社会主义财政的生产建设性。虽然财政支出中用于经济建设费的支出所占比重自 1978 年至 2006 年一直处于下降趋势，但是经济建设费在总量上却是不断递增的。直到 2006 年，当年经济建设费总额为 10734.63 亿元，占财政支出的比重仍然高达 26.56%。在涉农财政支出方面，1990 年以来用于农村地区的财政支出占全国财政总支出的比重在绝大部分年份低于 10%，最高的年份也仅为 10.69%，而财政支出用于非农业的支出占财政总支出的比重大部分年份都超过了 89%。

　　贺大兴和姚洋（2011）认为中国政府是一个中性政府（disinterested government），这样的政府不会迁就于某些特殊利益群体，其经济政策与群体间的非生产性特征无关，中性政府倾向于把资源分配给生产力比较高的社会群体，从而促进经济增长。政府促进经济增长的一个主要方式是政府的生产性支出（Barro，1990），例如公共基础设施的建设。如果中国政府是中性政府，必然会将财政支出中较大的比例用于生产性公共品的投资之中，这一点已在图 20-1 中得到了说明。本章并不打算探究中国经济增长奇迹的政治制度基础，中国政府是一个中性政府的观点可视为本章的前提。本章重点要研究的是在中国过去经济发展的过程中，收入不平等、经济增长和政府的财政支出偏向三者之间的关系。收入不平等程度过大是中国经济内需不足的一个主要原因，厘清这三者之间的关系对于缩小收入不平等程度、扩大内需、转变经济发展方式有着重要的理论意义和现实意义。

　　本章余下部分的结构安排如下：第二节首先对相关文献进行综述，并由此说明本章的贡献；第三节建立了理论模型，从理论上探讨了收入不平等、经济增长与财政支出偏向三者之间的关系；第四节为经验研究，通过使用中国省级面板数据对理论模型的结论进行检验；第五节是本章的主要结论和政策含义。

第二节　文献综述

收入不平等与经济增长的关系是经济增长和经济发展领域的一个重要课题。[①] 早在 1955 年，库兹涅茨（Kuznets）就提出了经济增长与收入不平等呈倒 U 型关系的假说，他认为在经济发展过程当中，一个国家的收入不平等程度是先扩大后缩小的。在人均收入水平较低时，经济增长与收入不平等扩大相伴随；当人均收入水平达到一定程度后，经济增长有助于缓解收入不平等。库兹涅茨（1955）讨论的是经济增长对收入不平等的影响，而本章主要关注的却是收入不平等对经济增长的影响。

已有的有关收入不平等与经济增长的理论研究表明，收入不平等可以通过多种渠道来影响经济增长，这其中既有正向效应也有负向效应。我们通过对已有相关文献的回顾，发现：收入不平等对经济增长的正向效应依赖于纯经济的机制，而且这种影响能够很快地发生；另一方面，收入不平等对经济增长的负向效应通常涉及政治—经济机制的相互作用，因此，这种效应的实现需要更长的时间。

对于正向效应的传导渠道，早期的文献认为，储蓄函数关于财富水平是凸的（Kuznets，1955；Kaldor，1955）。因此，在其他条件不变的情况下，更高的收入不平等可以带来更高的总储蓄水平，经济也会因此更快地收敛到平衡增长路径上来。更近一些的文献集中探讨收入不平等对投资项目选择的影响（Matsuyama，2000）。他们的主要观点是，在金融市场不完美的条件下，能否获得外部融资取决于个人的财富水平。所以，如果整个社会的财富被平均分配到每一个人的身上，那么，将没有人能够筹得足够的资金来实现需要更多投资的高回报的投资项目。在这种情况下，财富的更集中的分布可以使有限数量的企业家有能力投资于投资量较大的高回报

---

① 参阅本书第 15—17 章。

的项目，进而促进经济增长。这种效应会由于高回报的项目通常也是高风险的项目这一事实而加强（Rosenzweig 和 Binswanger，1993）。结果，在财富分配相对平等的情况下，能够投资高回报高风险项目的富有的企业家的数量将非常少。因此，一个更集中的财富分布可以增加高回报项目实现的数量。最后，已有的研究还讨论了收入不平等的正的需求面效应。收入不平等程度越高，总需求中对"高端产品"（相对于仅满足基本需求的产品而言）需求的比例越大。这样，国内市场就会支持那些开发新的、种类多样的产品的投资项目，创新者也可以从国内市场获得更多的利润（Foellmi 和 Zweimueller，2006）。

尽管传递渠道不一样，但这些正向效应有一点是共同的：它们都强调纯经济的机制，并且收入不平等对经济增长的影响能够快速实现。而对于负向效应则不是这样，它们的大多数依赖于政治—经济的相互作用。例如，已有的研究指出，在民主社会，更大的收入不平等会使更多的人投票支持提高税率来促进再分配，而更高的税率则弱化对储蓄和投资的激励（Perotti，1993）。与此相关的论点还集中在政府的财政支出结构上。在收入不平等程度较高时，大多数的（同时也是起决定性作用的）投票者提供更少的生产要素（比如物质资本和人力资本），结果，相对于生产性公共品的投资，他们可能更偏好直接的转移支付。最终，收入不平等会通过财政政策渠道而对经济增长产生负向效应。

此外，国内外学者对收入不平等、经济增长与财政政策的研究还包括以下两大领域：一方面，基于内生增长理论，承认政府财政政策对经济增长有重要的影响，研究了财政支出对经济增长的影响。自 Barro（1990）的开创性论文发表以来，财政支出与经济增长的关系一直是经济增长理论研究的一个重要主题。Barro（1990）把政府的生产性支出看作私人部门生产过程中必不可少的投入品，从而把政府的生产性支出纳入生产函数中，提出了一个以政府财政支出为中心的内生经济增长模型，说明了生产性公共品在内生增长中的作用。在 Barro（1990）的模型中，假定劳动力供给不变，对于给定的政府生产性支出，私人资本的边际报酬是递减的；但是如果政府的生产性支出能够不断增加，那么就不会出现私人资本边际报酬递减的情形，经济将实现内生增长。换言之，在持续的内生经济增长中，政府所提供的生产性公共品是不可或缺的。

另一方面，有一部分学者研究了财政政策对收入不平等的影响。在施行市场经济的国家中，财政政策天然地具有调节收入分配的作用。政府既可通过税收介入国民收入的分配过程（如征收累进的所得税），把高收入者的一部分收入集中到政府手中，同时也可通过转移支付将从高收入者那里取得的收入，转移给那些需要救济的低收入者。

再者，国内现有的文献大部分集中在财政支出结构对城乡收入差距的影响上。陆铭等（2004）基于 1987—2001 年间中国省级面板数据的估计结果表明，政府财政支出的结构对城乡收入差距有显著影响，基本建设支出、支持农业生产和事业的支出的比重上升均有助于缩小城乡收入差距，文教科学卫生事业的财政支出比重增加将提高城乡收入差距，但显著程度在不同的估计结果中略有不同。陈安平和杜金沛（2010）采用动态面板数据模型和系统广义矩（system-GMM）估计方法的研究结果表明，政府增加财政支出是否能有效引导农民收入增长并缩小城乡收入差距取决于地方政府在追求本地 GDP 高速增长的政绩最大化条件下，利用自身财政自主权所选择的不同支出结构。在财政分权的背景下，即使财政投入总量增加了，城乡收入差距也未必会缩小，只有倾向于农业投入以及科教文卫支出增加的政府财政支出结构才能有效缩小城乡收入差距。邓旋（2011）分析了改革开放以来中国城乡收入不平等的变动趋势，采用中国 1995—2009 年省级面板数据实证考察了财政支出规模及支出结构对城乡收入差距的影响效应。研究结果表明：由于长期实施的财政支出"城市偏向"分配机制，财政支出显著地扩大了城乡间收入差距；而不同项目的财政支出对城乡收入差距的影响互异，其中农林水务支出能够显著缩小城乡间相对收入差距，而公共安全支出以及社会保障支出的受益范围主要局限于城市，显著不利于城乡间收入状况的改善。

上述文献深化了收入不平等、经济增长与财政政策问题的研究，但是在已有的有关收入不平等对经济增长的影响的研究中忽视了财政支出偏向的作用，并且也没有建立起三者之间内生关系的理论模型。本章试图在以下三个方面取得突破：一是将收入不平等、经济增长和财政支出偏向放在一个统一的框架内，探讨了三者之间的关系；二是采用了中国分省份面板数据，弥补对中国收入不平等、经济增长与财政支出偏向的实证研究的空白；三是进一步深化对中国经济结构失衡的认识，从财政支出结构角度出发，分析财政支出偏向与经济结构失衡的关系。

第三节 理论模型

为了描述收入不平等、经济增长与财政支出偏向三者之间相互作用的机制，我们考虑一个简单的无限期经济体：经济由连续域的个体组成，其测度被标准化为1。

一、消费与生产部门

所有个体从消费中获得效用，其偏好由效用函数表示。假设效用函数为线性形式，即 $u(c_t) = c_t$，代表性个体的终生效用可由下式来表示：

$$U_t = E_t \left\{ \sum_{s=0}^{\infty} \beta^s c_{t+s} \right\} \tag{20-1}$$

其中，c_t 代表 t 期个人的消费，β 为时间贴现因子。个体在生产率方面存在异质性。假设刚开始时，经济中有 α（$\alpha > 1/2$）部分的个体（低收入者或农村居民，用 P 来表示）拥有 $w^P(D_t) < 1$ 的财富水平，其中，1 是整个经济中平均的财富水平。剩下的个体（高收入者或城市居民，用 R 来表示）拥有的财富水平为 $w^R(D_t) = (1 - \alpha w^P(D_t))/(1 - \alpha) > 1$，状态变量 $D_t \in \{L, H\}$ 代表了经济中不平等的程度，L 表示低水平的不平等，H 表示高水平的不平等，因此，$w^P(L) > w^P(H)$。此外，由于偶然性的原因，随机因素的冲击，经济中不平等的程度会外生地改变。例如，一线劳动力的供给突然减少，在其他条件不变的情况下，普通工人的工资就会上涨，而这种变化可能会导致收入不平等程度的降低。假设 $prob\{D_t = D_{t-1}\} = \pi$，$prob\{D_t \neq D_{t-1}\} = 1 - \pi$，这样，$\pi$ 值的大小反映了收入不平等程度持续性的强弱。

进一步假设个人拥有线性生产函数：

$$y^i(D_t, G_t) = a^i w^i(D_t) X(G_t) \qquad (20-2)$$

这里，$i \in \{P, R\}$，a^i 是生产率参数，$X(G_t)$ 代表政府提供的生产性公共品的数量。假设高收入者（或者是城市居民）比低收入者（或者是农村居民）的生产率要高，即：$a^R > a^P$，这是由于高收入者可以比低收入者受到更好的教育，拥有更高的人力资本水平，或者是城市居民从事的非农产业的生产率要高于农村居民从事的农业的生产率。状态变量 $G_t \in \{0, 1\}$ 反映了在每期期初，政府是否投资具有生产性的公共品，1 代表投资，0 表示不投资。因此，$X(1) - X(0) = \Delta X > 0$。

在总量水平上，我们现在可以推出私人部门总产出的表达式：

$$Y(D_t, G_t) = (a^R - \alpha(a^R - a^P) w^P(D_t)) X(G_t) \qquad (20-3)$$

在其他条件一样的情况下，由于总财富中的更大的份额被配置在了具有更高生产率的高收入者（或者是城市居民）手中，所以，高不平等状态下（$D_t = H$）的总产出 Y 更大；同样地，如果生产性公共品的供给水平比较高（$G_t = 1$），那么总产出 Y 也更高。为了使 $Y(L, 1) > Y(H, 0)$（这个条件保证了追求产出最大化的政府会持续增加生产性公共品的投资），我们假设以下条件成立：

$$\frac{X(1) - X(0)}{X(1) w^P(L) - X(0) w^P(H)} > \alpha \frac{a^R - a^P}{a^R} \qquad (20-4)$$

这样的话，我们就可以得出不同状态下的总产出水平之间的关系，即：

$$Y(H, 1) > Y(L, 1) > Y(H, 0) > Y(L, 0) \qquad (20-5)$$

二、政府部门

现在转到政府部门，假设政府每期可以得到 Z 单位的最终产品的收入流。在这里，我们可以认为政府的收入来自国有企业、自然资源部门等。对于政府支出，政府必须在 t 期决定 G_{t+1}，政府要么把其收入的一部分用于生产性公共品的投资（如公路、铁路和机场等基础设施的建设），要么全部用于对低收入者（或者是农村居民）的转移支付。我们假设政府如果投资生产性公共品，需要投资 F 单位的最终产品（$F<Z$），剩下的部分用

于转移支付。

下面考察两种政府，一种是民选政府，其决策依据大多数规则进行；另一种是中性政府，其决策目标是产出最大化。

命题1：民选政府只能执行大多数人（在这里是低收入者或者是农村居民）的偏好而不能有其他选择，在政治—经济均衡（大多数规则）中，如果以下条件满足，即：

$$\frac{\Delta X}{F} a^P \left(\pi w^P(H) + (1 - \pi) w^P(L) \right) < \frac{1}{\beta} \leqslant \frac{\Delta X}{F} a^P$$

$$(\pi w^P(L) + (1 - \pi) w^P(H)) \tag{20-6}$$

则，民选政府下一期是否对生产性公共品投资依赖于当期收入不平等的程度，即：

$$G_{t+1} = \begin{cases} 1, & D_t = L \\ 0, & D_t = H \end{cases}$$

否则的话，政府要么每期都投资于生产性公共品（如果 $1/\beta$ 比 (20-6) 式中的前面一项要小），要么每期都不投资于生产性公共品（如果 $1/\beta$ 比 (20-6) 式中的后面一项要大）。

当 (20-6) 式满足时，相对于投资生产性公共品而言，低收入者（或者是农村居民）更偏好政府的转移支付。收入不平等程度高意味着低收入者（或者是农村居民）能够从政府生产性公共品投资中获得的收益少，这是因为，此时，低收入者（或者是农村居民）拥有的生产性资本的数量少。然而，在收入不平等程度低时，低收入者（或者是农村居民）从政府投资于生产性公共品获得的收益就要高于从政府的转移支付中获得的收益。

命题2：无论收入不平等的程度是高还是低，追求产出最大化的中性政府每一期都会选择投资生产性公共品。

这是因为 $Y(H, 1) > Y(L, 1) > Y(H, 0) > Y(L, 0)$ ，所以，持续投资生产性公共品是追求产出最大化的政府的占优策略，即无论收入不平等程度是高还是低，投资生产性公共品都能得到最大的产出。

下面，我们来推导出收入不平等与总产出的关系的正式表达式。在

（20-4）式、（20-6）式同时成立的情况下，对（20-3）式两边取自然对数，可得：

$$y_t = \ln Y_t = \ln\left(1 - \alpha\frac{a^R - a^P}{a^R}w^P(D_t)\right) + \ln\left(1 + \frac{\Delta X}{X(0)}\frac{H - D_{t-1}}{H - L}\right) +$$
$$\ln a^R + \ln X(0)$$

上式右边第二项代表了 $X(G_t(D_{t-1}))$ 的均衡表达式，我们进一步假设 $D_t = 1 - w^P(D_t)$，因此，$D_t \in \{L, H\}$ 代表了人均禀赋与低收入者（或农村居民）的禀赋之间的差额。上式可以近似地表示成线性回归方程：

$$y_{it} = \delta_1 D_{it} + \delta_2 D_{it-1} + \eta_i + \varepsilon_{it} \tag{20-7}$$

这里，$\delta_1 = \alpha(a^R - a^P)/a^R > 0$，$\delta_2 = -\Delta X/(X(0)(H - L)) < 0$，并且，$\delta_1 + \delta_2 < 0$（由（20-4）式可得）。常数项的和由 η 代表，ε_{it} 为随机扰动项。

然而，一旦政府每一期都投资于生产性公共品，那么，$\delta_2 = -\Delta X/(X(0)(H - L)) = 0$，因为 $\Delta X = 0$，所以，（20-7）式就要改写成下式：

$$y_{it} = \delta_1 D_{it} + \eta_i + \varepsilon_{it} \tag{20-8}$$

显然，（20-7）式不同于（20-8）式。后者中没有包含反映收入不平等程度的滞后项 D_{t-1}，也即当追求产出最大化的中性政府每一期都增加生产性公共品的投资时，可以忽略上一期收入不平等程度对当期总产出的影响。

通过对模型的结果进行总结，我们可以得到如下结论：一个追求产出最大化的中性政府会将更多的支出用于生产性公共品的投资，而这主要是由于收入不平等在短期内对经济增长有正向效应。

第四节　实证研究

一、计量模型的设定

设计计量模型的目的是考察收入不平等以及政府财政支出偏向对中国经济增长的影响。根据姚洋等（2011）所提出的中性政府的概念，中国政府是一个追求产出最大化的政府，地方官员为了实现短期政绩目标，热衷于对 GDP 拉动效应高的基础设施投资，可以说，收入不平等通过政治—经济机制对经济增长的负向效应在中国不存在。因此，我们基于（20-8）式设定我们的计量模型，同时，在模型中加入收入不平等与政府财政支出的交互项，以考察收入不平等对经济增长的影响是否受到地方财政支出的影响。

遵循现有研究经济增长文献的做法，为了表示政府财政支出对经济增长的影响，我们引入地方政府财政支出占 GDP 的比重（r_gov）作为控制变量，同时为了考察投资、经济开放程度、人力资本和通货膨胀对经济增长的作用，我们分别控制固定资本形成总额占 GDP 的比重（r_inv）、进出口总额占 GDP 的比重（r_open）、人均受教育年限（edu）和衡量通货膨胀水平的居民消费价格指数 cpi。

计量模型设定具体如下：

$$y_{it} = \delta_1 D_{it} + \delta (D \times gov)_{it} + X_{it}\theta + \eta_i + \varepsilon_{it}$$

其中，下标 i 表示地区，t 表示时间。我们以 y_{it} 表示人均 GDP 的自然对数，作为被解释变量。回归方程右边的 D_{it} 是代表收入的不平等程度的变量，$(D \times gov)_{it}$ 为收入不平等与政府财政支出的交互项，X_{it} 为一系列控制变量，η_{it} 为不可观察的地区效应，ε_{it} 为随机扰动项。其中，δ_1 和 δ 是我们最为关注的回归系数。

二、指标设计和数据说明

1. 人均 GDP 的自然对数（ln$gdppc$）

我们首先获得人均 GDP 的数据，其单位为元，然后计算出人均 GDP 的自然对数，用 ln$gdppc$ 来表示。

2. 收入不平等变量（D）

很多文献指出，收入不平等主要表现为居民之间和城乡之间的收入不平等。衡量居民之间收入不平等的变量是基尼系数，但由于官方并未公布各省份收入分配的基尼系数，因此，我们首先使用田卫民（2012）对 27 个省份总体居民收入的基尼系数的测算数据来作为中国收入不平等程度的度量，其时间范围是 1997—2010 年，共 14 年。根据世界银行的报告

（1997）以及大量相关研究文献认为，城乡收入差距可以解释中国的收入不平等的 70%—80% 的总体差异。城乡收入差距被认为是构成中国收入差距的主要成分（Kanbur 和 Zhang，2005）。此外，我们从图 20-2 中可以看出，2003—2013 年，中国的基尼系数与城乡收入比有基本一致的变化趋势。基于以上几点考虑，我们同时采用城乡收入比（用城镇家庭人均可支配收入与农村家庭人均纯收入之比 r_inc 来度量）来衡量中国的收入不平等，其数据范围为 1997—2012 年。

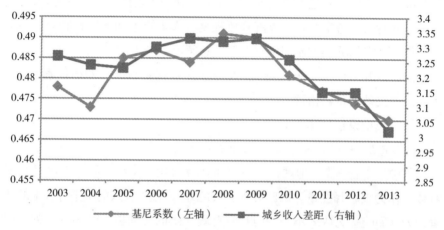

图 20-2　2003—2013 年中国基尼系数与城乡收入比的变化趋势

资料来源：CEIC 中国经济数据库。

3. 影响经济增长的其他控制变量

根据前面计量模型的设定，影响经济增长的控制变量有：政府财政支出（gov）、投资水平（inv）、经济的开放程度（$open$）、人均受教育程度（edu）以及通货膨胀率（cpi）。政府支出（gov）以各省份地方政府财政支出来衡量，单位是十亿人民币；投资水平（inv）以各省份的固定资本形成总额来衡量；经济的开放程度（$open$）以各省份进出口总额来衡量。出于数量级上的考虑，我们在进行回归时，用以上变量的相对值，即上述变量分别占 GDP 的比重。对于人均受教育年限的计算，我们使用历年《中国统计年鉴》中的人口受教育结构数据。具体计算方法是，将每一种受教育程度按一定的教育年限进行折算，然后乘以该教育水平的人数，加总之和再除以相应的总人口，便得到人均受教育水平。对于教育年限的处理如下：

大专及以上教育以 16 年计，高中、初中、小学和文盲分别以 12 年、9 年、6 年和 0 年计。另外，通货膨胀率以居民消费价格指数 *cpi* 来代表。

最后，我们实证研究所使用的数据均来自 CEIC 中国经济数据库、《新中国 60 年统计资料汇编》以及历年《中国统计年鉴》，各变量的描述性统计见表 20-1。

表 20-1　各变量的描述性统计

变量	定义	观测值	均值	标准差	最小值	最大值
ln*gdppc*	人均 GDP 的自然对数	496	9.5251	0.8043	7.7187	11.4422
r_inc	城乡收入比	494	2.9499	0.6801	1.5992	5.6048
gini	*gini* 系数	360	0.3828	0.0572	0.2275	0.4907
gov	地方政府财政支出	496	116.5207	124.9504	3.363	738.786
rinc×gov	*r_inc* 与 *gov* 的交互项	494	337.4674	353.8201	8.5303	2118.114
gini×gov	*gini* 与 *gov* 的交互项	360	34.1827	34.2732	1.2477	224.2349
r_gov	地方政府财政支出占 GDP 的比重	496	18.5435	14.4173	5.1249	129.1443
r_inv	固定资本形成占 GDP 的比重	496	47.2305	14.441	25.4705	110.6294
r_open	进出口总额占 GDP 的比重	496	30.8103	39.6224	3.2074	179.926
edu	人均受教育年限	496	7.866392	1.256298	2.94794	11.8363
cpi	居民消费价格指数	494	102.0263	2.4455	96.4	110.1

三、回归结果及其分析

表 20-2 给出了分别使用固定效应模型和随机效应模型的计量回归结果。表中的第（1）列和第（2）列以基尼系数来衡量收入不平等的程度，第（3）列和第（4）列以城乡收入比来衡量收入不平等的程度。Hausman 检验的结果均显示，在 1% 的显著性水平下，拒绝了随机效应的原假设，从而支持了固定效应模型，固定效应模型的估计方法相对更合理。因此，我们以固定效应模型的回归结果为准。

表 20-2 回归结果

解释变量	被解释变量：lngdppc（人均 GDP 的自然对数）			
	（1）	（2）	（3）	（4）
gini	0.2975 (0.3589)	−0.4647 (0.3198)		
gini×gov	0.0070*** (0.0004)	0.0070*** (0.0004)		
r_inc			0.2054*** (0.0295)	0.0977*** (0.0246)
rinc×gov			0.0008*** (0.0000)	0.0007*** (0.0000)
r_inv	0.0133*** (0.0013)	0.0141*** (0.0013)	0.0132*** (0.0009)	0.0139*** (0.0009)
r_gov	0.0201*** (0.0031)	0.0144*** (0.0030)	0.0110*** (0.0019)	0.0065*** (0.0014)
r_open	0.0015** (0.0007)	0.0030*** (0.0007)	0.0021*** (0.0007)	0.0039*** (0.0006)
edu	0.2724*** (0.0301)	0.3328*** (0.0251)	0.2753*** (0.0268)	0.3354*** (0.0201)
cpi	0.0229*** (0.0035)	0.0201*** (0.0037)	0.0226*** (0.0035)	0.0201*** (0.0037)
常数项	3.5951*** (0.3638)	3.7207*** (0.3792)	2.0028*** (0.4952)	3.3988*** (0.3719)
模型	FE	RE	FE	RE
观察值	360	360	494	494
R^2	0.7399	0.8415	0.7041	0.8393

注：括号内的数为回归系数的标准误，***、**分别表示 1%、5%的水平下显著，FE 和 RE 分别代表固定效应模型和随机效应模型。
资料来源：作者计算。

根据表 20-2 的结果，我们可以发现，在模型（1）中，以基尼系数来衡量收入不平等程度时，其回归系数为正，但不显著，同时，基尼系数与政府财政支出的交互项的回归系数显著地为正。在模型（3）中，以城乡收入比来衡量收入不平等程度时，其回归系数为正，且非常显著，同时，城乡收入比与政府财政支出的交互项的回归系数也显著地为正。这其中的原因在于：城乡收入比衡量的是城乡之间的居民的收入不平等程度，而基尼系数衡量的是全体居民的收入不平等程度，基尼系数包含了比城乡收入比更多的收入不平等因素，并且这些因素大多对经济增长有负向效应。因此，基尼系数的回归系数不显著也就是可以理解的了。但是，基尼系数与政府财政支出的交互项的回归系数为正，且显著地不为 0。由此，我们可以得到这样的结论，当存在财政支出偏向时，收入不平等对经济增长有正向效应，这验证了上一节中的理论模型的结论。

在其他控制变量方面，无论是模型（1）还是模型（3），这些变量对人均 GDP 的自然对数的作用方向跟我们的预期一致，且都非常显著。代表投资水平的控制变量 r_inv 的回归系数符号为正，这说明投资水平的上升对经济增长有正向影响；代表政府财政支出的控制变量 r_gov 的回归系数为正，这表明政府财政支出的提高也会带来人均收入水平的上升；代表经济开放程度的控制变量人 r_open 的回归系数为正，这告诉我们对外开放程度越高人均收入水平越高；代表人力资本的变量 edu 的回归系数符号为正，这说明人力资本水平对人均收入水平有正向影响；cpi 被发现对经济增长有正向影响，这可能是由于我们使用的是名义人均 GDP，未去除通货膨胀的影响。

第五节　结论与政策建议

本章首先通过建立理论模型，说明了收入不平等、经济增长与财政支出偏向三者作用的机制。由于中国政府是一个中性政府，其目标是追求产出最大化，收入不平等影响经济增长的政治—经济渠道并不畅通，这就使得我们在做收入不平等对经济增长影响的经验研究时无需考虑该方面的影响。随后，我们通过实证研究证实了理论模型分析所得的结论。发现，当政府存在财政支出偏向时，在中国收入不平等对经济增长有正向效应。

改革开放之初，物质产品短缺，中国经济发展所需要解决的主要矛盾是人民日益增长的物质文化需求同落后的社会生产之间的矛盾。为了解决上述矛盾，政府的工作重心转移到以经济建设为中心的社会主义现代化建设上来，大力发展社会生产力。至此，各级地方政府形成了发展的共识，政府的目标是追求产出最大化，并且在改革开放的几十年中，迅速把 GDP 这块经济蛋糕做大，中国的经济总量已于 2010 年超过日本，跃居世界第二。进入 21 世纪，中国彻底告别了物质产品短缺的年代，开始出现内需不足的状况，大量投资形成的生产力远远超过国内需求，过剩产能只能依靠国外市场来消化，这严重制约了中国经济的健康可持续发展。扩大内需已经成为中国经济结构调整的当务之急。

内需不足的一个主要原因是收入不平等程度过大。根据凯恩斯的消费理论，消费需求的大小取决于边际消费倾向（边际消费倾向是指在增加的一个单位收入中用于消费的部分所占比例）。凯恩斯认为，边际消费倾向是递减的，即随着收入的增加，在每一单位的收入增量中，人们用来增加消费的支出部分呈减少趋势，而用于储蓄的部分则越来越大。也就是说，高收入者的边际消费倾向和平均消费倾向低，低收入者的边际消费倾向和平均消费倾向高。因此，收入分配越不平等，全社会的消费需求占 GDP 的比重就越低。国家统计局数据显示，中国的基尼系数早已超过了 0.4 的国际警戒线，这说明中国是一个中低收入者占大多数的国家。中低收入者的边际消费倾向远大于高收入者，因此，扩大消费需求关键在于中低收入者的收入是否能够得到提高。如果一个国家的人均 GDP 的增长主要反映在高收入者收入的增加上，要拉动消费谈何容易？要通过消费拉动经济又谈何容易？

在国内物质产品极为缺乏的年代，政府以产出最大化为目标，持续增加生产性公共品的投资，并执行偏向城市的财政支出，有一定的合理性和必要性。政府财政支出偏向于生产性公共品的投资和城市地区，虽然可以极大地促进生产力的发展，提高人均收入水平，但却会使收入不平等程度上升。当经济发展到一定阶段之后，需求不足成为制约经济持续发展的主要障碍，此时，如果政府的财政支出结构不能及时加以转变，经济持续发展将难以为继。

我们的研究结论有一个明确的政策含义：当中国经济发展的主要矛盾已由供给面转向需求面时，调整经济结构失衡的关键在于转变政府支出结构，实现由生产型（功能型）财政向公共型财政的转型，减少用于生产性公共品的财政支出，增加用于民生方面的财政支出，特别是对于低收入群体的转移支付；扭转地方政府城市偏向的财政支出政策，提高对农村基本设施建设、科教文卫、社会保障等事业的财政支出水平，实现城乡协调发展，缩小城乡收入差距。

参考文献

［1］陈安平、杜金沛：《中国的财政支出与城乡收入差距》，《统计研究》2010 年第 11 期。

［2］傅勇、张晏：《中国式分权与财政支出结构偏向：为增长而竞争的代价》，《管理世界》2007 年第 3 期。

［3］贺大兴、姚洋：《社会平等、中性政府与中国经济增长》，《经济研究》2011 年第 1 期。

［4］李永友、沈坤荣：《财政支出结构、相对贫困与经济增长》，《管理世界》2007 年第 11 期。

［5］刘承礼：《从经济持续健康发展的角度看中国国民收入十年倍增计划》，《经济学家》2013 年第 2 期。

［6］陆铭、陈钊：《城市化、城市倾向的经济政策与城乡收入差距》，《经济研究》2004 年第 6 期。

［7］田卫民：《省域居民收入基尼系数测算及其变动趋势分析》，《经济科学》2012 年第 2 期。

［8］邓旋：《财政支出规模、结构与城乡收入不平等——基于中国省级面板数据的实证分析》，《经济评论》2011 年第 4 期。

［9］Barro, Robert J., "Government Spending in a Simple Model of Endogeneous Growth", *Journal of Political Economy*, 1990, 98 (S5).

［10］Foellmi, Reto and Josef Zweimueller., "Income Distribution and Demand-Induced Innovations", *Review of Economic Studies*, 2006, 73 (4).

［11］Foellmi, Reto and Manuel Oechslin, "Why Progressive Redistribution CanHurt the Poor", *Journal of Public Economics*, 2008, 92 (3).

［12］Halter, Daniel, Manuel Oechslin, and Josef Zweimüller, "Inequality and Growth：The Neglected Time Dimension", *Journal of Economic Growth*, 2014, 19 (1).

［13］Kaldor, Nicholas, "Alternative Theories of Distribution", *Review of Economic Studies*, 1955, 23 (2).

［14］Kanbur, Ravi, Zhang Xiaobo, "Fifty Years of Regional Inequality in China：A Journey through Central Planning, Reform and Openness", *Review of Development Economics*,

2005, 9（1）.

[15] Kuznets, Simon, "Economic Growth and Income Inequality", *American Economic Review*, 1955, 45（1）.

[16] Matsuyama, Kiminori, "EndogenousInequality", *Review of Economic Studies*, 2000, 67（4）.

[17] Perotti, Roberto, "Political Equilibrium, Income Distribution, and Growth", *Review of Economic Studies*, 1993, 60（4）.

[18] Rosenzweig, Mark R. and Hans P. Binswanger, *Wealth, Weather Risk and the Composition and Profitability of Agricultural Investments*, World Bank Publications, 1992.

[19] Xu, C., "The Fundamental Institutions of China's Reforms and Development", *Journal of Economic Literature*, 2011, 49（4）.

附录（命题1的证明）

首先，我们引入一些记号。代表性群体 $i \in \{P, R\}$ 的值函数由 $V^i(D_t, G_t)$ 来表示，这里 D_t 和 G_t 是两个状态变量。这样，当我们考察对下一期生产性公共品的偏好水平时，低收入者或者是农村居民（起决定性作用的个体）必须要解下面的递归问题：

$$V^P(D_t, G_t) = \max_{G_{t+1} \in \{0, 1\}} \left\{ \begin{matrix} a^P w^P(D_t) X(G_t) + Z - G_{t+1} F + \\ \beta E[V^P(D_{t+1}, G_{t+1})] \end{matrix} \right\}$$

该递归问题的解是一个政策函数 $G_{t+1} = G^P(D_t, G_t)$ ，该函数意味着下一期生产性公共品的供给水平是两个状态变量的函数。

我们现在来证明，如果（20-6）式成立，被提出的政策函数是上述递归问题的解（如果（20-6）式不成立，均衡的政策函数可以用相似的方式得出）。政策函数确定的决策规则在未来的每一期都被不改变的运用。命题1就是要证明，代表性低收入者的最优选择为：（1）如果 $D_t = L$ ，那么，$G_{t+1} = 1$ ；（2）如果 $D_t = H$ ，那么，$G_{t+1} = 0$ 。（1）成立的条件为：

$$V^P(L, G_t) = a^P w^P(L) X(G_t) + Z - F + \beta[\pi V^P(L, 1) + (1 - \pi) V^P(H, 1)]$$
$$\geq a^P w^P(L) X(G_t) + Z + \beta[\pi V^P(L, 0) + (1 - \pi) V^P(H, 0)]$$

上式的第二行给出了如果 $G_{t+1} = 0$ 时的值函数。整理上式可得：

$$\pi[V^P(L, 1) - V^P(L, 0)] + (1 - \pi)[V^P(H, 1) - V^P(H, 0)] \geq F/\beta$$

$$\tag{A1}$$

上式与 G_t 无关。同样地，（2）成立的条件是：

$$\pi[V^P(H,\ 1) - V^P(H,\ 0)] + (1 - \pi)[V^P(L,\ 1) - V^P(L,\ 0)] < F/\beta \tag{A2}$$

上式也与当期的生产性公共品的投资 G_t 无关。

根据基本的代数知识，我们可以得到：

$$V^P(L,\ 1) = a^P w^P(L)\ X(1) + Z - F + \beta[\pi V^P(L,\ 1) + (1 - \pi) V^P(H,\ 1)]$$

$$V^P(L,\ 0) = a^P w^P(L)\ X(0) + Z - F + \beta[\pi V^P(L,\ 1) + (1 - \pi) V^P(H,\ 1)]$$

上述两式相减，可以得到：

$$V^P(L,\ 1) - V^P(L,\ 0) = a^P w^P(L)\ [X(1) - X(0)] \tag{A3}$$

同样，我们有：

$$V^P(H,\ 1) = a^P w^P(H)\ X(1) + Z + \beta[\pi V^P(L,\ 0) + (1 - \pi) V^P(H,\ 0)]$$

$$V^P(H,\ 0) = a^P w^P(H)\ X(0) + Z + \beta[\pi V^P(L,\ 0) + (1 - \pi) V^P(H,\ 0)]$$

上述两式相减，可以得到：

$$V^P(H,\ 1) - V^P(H,\ 0) = a^P w^P(H)\ [X(1) - X(0)] \tag{A4}$$

把（A3）式和（A4）式代入（A1）式和（A2）式中，可得（20-6）式，命题 1 得证。

第二十一章 中国高资本报酬率与低消费率的一个解释[*]

居民消费率（即居民消费占 GDP 的比例）持续不断下降，这一国民经济结构的失衡特征已成为下一阶段中国经济健康持续发展的主要隐患。本章在前面章节有关国民收入分配结构讨论的基础上，基于动态一般均衡模型，考察中国经济在趋向稳态的高速增长过程中国民收入分配结构失衡对居民消费率的动态影响机理。结果表明：（1）中国居民消费率持续下降的事实，一定程度上符合赶超型经济体在经济高增长阶段表现出的共同特征；（2）中国国民收入分配中较高的资本报酬占比是导致居民消费率长期持续下降的主要原因之一；（3）降低资本报酬占比，如使之下降到 40%，可以遏制消费率的下降态势，并使其在 2020 年转向逐步上升。

第一节 引 言

居民消费率（即居民消费占 GDP 的比例）持续不断下降，不仅表明中国经济结构失衡的局面在不断加剧，而且也已成为制约中国经济可持续稳定发展的核心问题。按支出法核算的 GDP 统计，中国居民消费率在 20 世纪 80 年代基本维持在 50% 的水平；1990 年降至 48.8%，2000 年为

---

* 本章作者：龚敏、李文溥。

46.4%；2012 年仅为 35.7%。① 伴随着经济高速增长，中国居民消费率持续快速下降，与经济增长方式长期以来严重依赖"投资驱动、出口拉动"密切相关（李文溥和龚敏，2013；2010）。经济增长主要依靠高投资和高出口，最终消费（特别是居民消费）对 GDP 增长的贡献偏低。这一国民经济结构的失衡特征已成为下一阶段中国经济健康持续发展的主要隐患。

世界各国经济增长的实践表明，赶超型经济体在起飞阶段，人均消费增长通常会滞后于人均收入和财富的增长，因此居民消费率在一定时期内呈持续下降态势。随着人均收入水平的不断提高，居民消费率则会逐步趋于稳定，而后开始提高。基于 Penn Table 7.1，② 图 21-1 给出了日本、韩国以及中国台湾在其经济快速增长的过程中居民消费率的变化情况。日本在 1970 年人均实际 GDP 达到 13754 美元之后，居民消费率停止持续下滑，并维持在 60% 上下的水平。韩国在 1989 年人均实际 GDP 提高到了 10574 美元，其居民消费率开始稳定在 57% 上下的水平。中国台湾也呈现相近的变化：1986 年人均地区生产总值到达 10210 美元之后，消费率开始止跌回升。按照 2005 年不变价且通过 PPP 转换后，2010 中国人均 GDP 仅为 7129 美元。这意味着一定程度上，中国居民消费率不断下滑的态势在一定程度上符合赶超型经济体在经济增长最初阶段所体现的共同趋势特征。

但是，低至 35.7% 的居民消费率还是让我们觉得以下的问题值得研究：中国居民消费率目前的变化是赶超型经济体在起飞阶段必然要经历的一般过程表现，还是中国经济本身特有问题的表现，抑或两者叠加放大的结果？目前如此低的居民消费率水平是否仍位于赶超经济体在起飞阶段居民消费率下降的合理范围内？其变化趋势是否符合现阶段中国经济应有的动态特征？

本章试图在新古典增长理论的框架下对中国经济增长过程中消费率长期持续下降的趋势进行解释。通过构建一个单一部门无限期存活的竞争性

---

① 数据引自 CEIC 数据库。

② 数据引自美国宾夕法尼亚大学"生产/收入/价格国际比较研究中心"编制的 Penn World Table 7.0，为按购买力平价及 2005 年不变价美元计算国际比较数据。Alan Heston，Robert Summers and Bettina Aten，Penn World Table Version 7.1，Center for International Comparisons of Production，Income and Prices at the University of Pennsylvania，July 2012。

市场增长模型，利用 1993—2007 年期间中国经济增长的特征表现对模型进行校准后，基于模型进行反事实（counterfactual）分析及预测分析。研究结果表明：（1）中国资本报酬占比的变化对居民消费率的长期动态特征有重要影响。较高的资本报酬占比可能是导致居民消费率不仅偏低而且长时期不断下降的主要原因。（2）降低资本报酬占比，例如下降到 40%，可以遏制消费率的下降态势，并使其在 2020 年转向逐步上升。

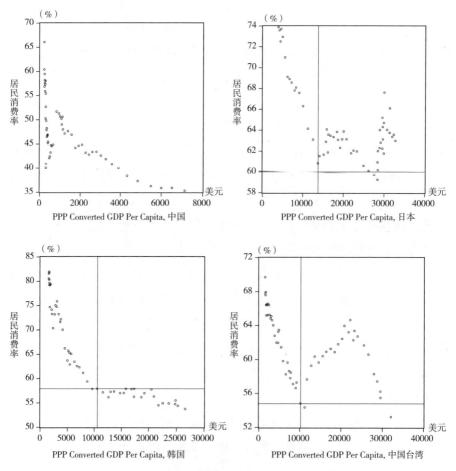

**图 21-1　赶超型经济体人均 GDP（地区生产总值）与
居民消费率的变化比较（1955—2010 年）**

资料来源：*Penn World Table 7.1*。

第二节　文献综述

现有文献关于中国消费率过低的原因分析，主要从居民高储蓄率以及居民低收入两个方面进行解释。关于导致中国高储蓄率的原因可归纳如下：（1）基于生命周期理论分析中国人口增长率以及人口构成变化对消费、储蓄行为的影响，认为总人口中劳动年龄人口比例的提高直接提高了经济的储蓄率（Caihe 和 Wang，2005；Modigliani 和 Cao，2004；Bloom，Canning，和 Sevilla，2002 等）。Wei 和 Zhang（2009）还进一步研究了中国人口的性别构成变化对储蓄、消费行为的影响。（2）中国社会保障制度不健全，使国民不得不通过强制性、预防性储蓄来实现自我保障，因而居民边际储蓄倾向较高（Chamon 和 Prasad，2010；Blanchard 和 Giavazzi，2005 等）。（3）金融市场不完善使消费者面临信贷约束，提高了家庭的储蓄倾向，使家庭在持久收入提高时储蓄得更多（Wen，2009）。（4）现阶段中国经济的"投资驱动和出口拉动"的增长模式，使产出超过本国国民有支付能力的需求，从而对内导致储蓄增加，对外导致顺差积累。

关于中国居民低收入的原因，有研究认为中国现行的粗放式经济增长方式在带动人均 GDP 快速提高的同时不能快速提高人均收入水平，从而抑制了居民消费的扩张（李文溥和龚敏，2009）。此外，国民收入分配环节中居民收入占比不断下降，居民收入中工资性收入比例过高、财产性收入比例过低等也被认为直接地抑制了消费需求的扩张。特别地，关于劳工工资增长缓慢、中国经济增长对就业扩张的效应较弱等都成为研究的重点（Guo 和 N'Diaye，2010；Aziz 和 Cui，2007）。然而，这一方面的研究基本是从逻辑分析和统计、计量分析得出的结论：居民收入由于增长方式或收入分配等原因而增长缓慢，消费需求疲弱，因而消费占 GDP 的比例不断下降。

上述研究一定程度上解释了中国居民低消费率、高储蓄率的事实，但却难以解释近 20 年来人均消费增长滞后于人均收入增长的动态趋势特征。事实上，上述分析中所研究的一些影响消费储蓄行为的因素近期已不同程度地减弱，但是，消费率下降的趋势不仅没有得到扭转相反却更为剧烈了。决定居民消费率长期变化趋势的主要因素究竟是什么？

基于动态一般均衡模型，可把诸如国民收入分配的结构变化（资本报酬占比）、技术进步率、折旧率以及人口增长等影响经济增长与消费行为变化的因素统一在一个框架内，探讨经济体在趋向稳态的过程中消费率变化的动态行为特征（Cole 和 Ohanian，1999；Kehoe 和 Prescott，2002）。Chen 等（2006，2007，2009）的研究发现，一个封闭经济下基于完全竞争市场的动态一般均衡模型不仅能够解释美国也能够解释日本在过去 30 年里储蓄率和消费率的变化趋势。尽管中国经济处于转型时期，但新古典增长模型仍可在一定程度上解释中国经济的行为。Wen（2009）以及 Aziz（2006）基于新古典增长模型研究了中国家庭的借贷约束对消费行为的影响。宋、斯托斯莱登和齐利波蒂（Song，Storesletten 和 Zilibotti，2011）构建了一个具有生产者异质性的增长模型用于解释中国金融市场的不完全对中国内外经济不平衡的影响。但是，这些研究大多没有关注到中国收入分配结构变化的影响。作为体现国民收入分配结构的一个重要参数，即资本报酬占比（劳动报酬占 GDP 的比例）在上述研究中常常被假定是一个常数，如 0.5（如 Song，Storesletten 和 Zilibotti，2011；Ding 和 Knight，2008；何立新等，2008）。这样的假定忽略了中国国民收入分配格局的变化对经济增长过程中消费动态行为的影响。

这里，我们通过构建一个单一部门无限期存活的竞争性市场增长模型，利用 1993—2007 年中国经济增长的特征表现对模型进行校准，重点分析资本报酬占比的变化对消费行为的影响，以研究国民收入分配格局的调整对居民消费率的影响机制。本章的研究试图在以下方面区别于现有研究：（1）在理论模型方面，分析赶超型或转型中的经济体在什么条件下居民消费增长会滞后于 GDP 的增长。认为，如果收入分配中资本报酬占比（α）较高，那么，经济在其向稳态趋近的高速增长时期，消费率将呈单调下降的态势。（2）在实证研究方面，强调国民收入结构的变化对消费率动态趋势的影响。认为，中国经济中消费率持续下降的事实一定程度上符合新古典增长理论对现实经济的解释。因此，本章从理论和实证两个层面分别解释了中国国民收入分配中较高的资本报酬占比对消费率的影响机制，说明了中国资本报酬率的变化对居民消费率的长期动态特征具有重要影响：较高的资本报酬率可能是导致居民消费率不仅偏低而且长时期不断下降的主要原因。这一结论具有重要的政策意义：尽管一定程度上中国居民消费的持续下降是中国经济在赶超过程中的必然表现，但是，调整国民收入分配格局，降低资本报酬率，可能在一定程度上遏制并扭转消费率的下降态势。

本章余下的部分包括：第三节给出用于分析问题的理论模型及求解方法；第四节在对模型进行校准后，展开反事实分析和区间外预测；第五节是结论。

第三节　理论模型

首先，在一个标准的增长模型框架下推导消费率的动态变化路径，并给出在一定条件下，一个经济体在向稳态趋近的过程中，居民消费占 GDP 的比例会呈现单调下降的长期态势；之后，在模型中引入政府，加入税收等因素讨论政府的税收与财政支出政策对消费率动态路径的影响；最后，给出模型的求解方法。

一、基准的动态一般均衡模型

基于新古典的 Ramsey-Cass-Koopmans 增长模型的假定，[①] 沿着最优增长路径，按有效劳动平均的消费（$\hat{c}$）变化率和资本存量（$\hat{k}$）变化率需满足以下微分方程组：

---

① 这里生产函数为 $X_1 = F_1(K_1, L_1) = L_1 f_1(k_1)$，效用函数为 $X_2 = \alpha F_2(K_2, L_2) = \alpha L_2 f_2(k_2)$。在新古典增长模型的假定下，经济存在鞍点均衡。

$$\frac{\dot{\hat{c}}}{\hat{c}} = \frac{\alpha \hat{k}^{\alpha-1} - \delta - \rho - \theta x}{\theta} \qquad (21-1)$$

$$\dot{\hat{k}} = \hat{k}^{\alpha} - (\delta + n + x)\hat{k} - \hat{c} \qquad (21-2)$$

这里，ρ，θ 分别为将来效用的贴现率和代表性家庭的消费跨期替代弹性的倒数；α，δ，x 分别为资本报酬占国民收入的比例，折旧率和技术进步率（TFP）；n 为人口增长率。在经济到达稳态状态时，储蓄率将维持在一个稳定的水平上。即：

$$s^{ss} = \frac{\alpha(\delta + n + x)}{\delta + \rho + \theta x} \qquad (21-3)$$

定义消费占 GDP 的比例为 $z = \frac{\hat{c}}{\hat{y}}$，我们有：$\frac{\dot{z}}{z} = \frac{\dot{\hat{c}}}{\hat{c}} - \frac{\dot{\hat{y}}}{\hat{y}} = \frac{\dot{\hat{c}}}{\hat{c}} - \alpha\frac{\dot{\hat{k}}}{\hat{k}}$。将上述（21-1）式、（21-2）式关于（$\hat{c}$，$\hat{k}$）的微分方程组转换为关于消费率 z 和资本存量 $\hat{k}$ 的微分方程组，可得：

$$\frac{\dot{z}}{z} = \alpha(\frac{1}{\theta} - 1)\hat{k}^{\alpha-1} + \alpha z \hat{k}^{\alpha-1} + \alpha(\delta + n + x) - \frac{\delta + \rho + \theta x}{\theta} \qquad (21-4)$$

$$\frac{\dot{\hat{k}}}{\hat{k}} = \hat{k}^{\alpha-1} - (\delta + n + x) - z\hat{k}^{\alpha-1} \qquad (21-5)$$

让 $\dot{\hat{k}} = 0$，我们有

$$z = 1 - (\delta + n + x)\hat{k}^{1-\alpha} \qquad (21-6)$$

让 $\dot{z} = 0$，我们有

$$z = 1 - \frac{1}{\theta} + \varphi\hat{k}^{1-\alpha} \qquad (21-7)$$

其中，$\varphi = \frac{\delta + \rho + \theta x}{\alpha\theta} - (\delta + n + x)$。利用（21-3）式，可得：

$$\varphi = \frac{\delta + \rho + \theta x}{\alpha}\left[\frac{1}{\theta} - \frac{\alpha(\delta + n + x)}{\delta + \rho + \theta x}\right] = \frac{\delta + \rho + \theta x}{\alpha}\left(\frac{1}{\theta} - s^{ss}\right) \qquad (21-8)$$

由（21-7）式可知，在（z，$\hat{k}$）的空间，如果 $\theta > 1$ 且

$$s^{ss} = \frac{\alpha(\delta + n + x)}{\delta + \rho + \theta x} > \frac{1}{\theta} \Rightarrow \varphi < 0 \qquad (21-9)$$

则 $\dot{z} = 0$ 为一条负斜率的曲线。[①] 此时，在一个由（21-4）式、（21-5）式组成的动态系统中，当经济从一个较低的按有效劳动平均的资本存量出发，在其趋向稳态的高速增长过程中，居民消费占产出的比例（ $z = \hat{c}/\hat{y}$ ）将呈现单调下降的趋势。

（21-9）式表明，资本报酬占比 α ，资本折旧率 δ ，TFP 增长率 x ，人口增长率 n ，将来效用的贴现率 ρ 以及消费跨期替代弹性的倒数 θ 等都是决定居民消费率是否单调下降的因素。在其他条件不变时，如果收入分配中资本报酬占比（ α ）较高以及跨期替代弹性较低（即较高的 θ 值），那么，经济在其向稳态趋近的高速增长时期，消费增长的速度就可能滞后于收入增长的速度，导致消费率在经济趋向稳态的过程中单调下降。李稻葵等（2009）计算了 1960—2005 年部分国家调整后可比的资本报酬占比水平，其中美国为 0.39，日本为 0.44，韩国为 0.46，中国为 0.48；[②] 白重恩和钱震杰（2009）对收入法核算的中国各省份 GDP 数据进行了调整，得到一组中国劳动报酬率的数据，表明，如 2006 年中国资本报酬占比可能到达 0.53。同时，顾六宝和肖红叶（2004）的研究发现中国家庭的消费跨期替代弹性的倒数即 θ 可能高达 3.169 或 3.916。这两个现实条件加在一起，很可能说明中国经济符合（21-9）式给出的条件。从而，中国经济中消费率持续下降的这个重要特征很可能符合新古典增长理论对现实经济的解释。

二、引入政府的模型

假设政府对代表性家庭征收资产税 τ_a ，对企业征收收益税 τ_f ；政府支出占 GDP 的比例给定为 η ，同时政府维持平衡预算。[③] 那么，经济沿着最优增长路径，按有效劳动平均的消费（ $\hat{c}$ ）变化率和资本存量（ $\hat{k}$ ）变

[①]　Hashmi（2009）指出 Barro 和 Sala-i-Martin（2004）在论述储蓄率变化的动态路径时存在瑕疵，并重新给出了储蓄率变化的相位图，但没有推导消费率变化呈递增或递减特征的条件。本章的（21-9）式及（21-17）式分别给出了不存在政府和存在政府两种情形下消费率呈递减特征需满足的条件。

[②]　李稻葵等（2009）也给出了调整前的数据，其中美国为 0.42，日本为 0.47，韩国为 0.60，中国为 0.67。

[③]　由于模型中没有考虑劳动供给的因素，因此没有对劳动收入的征税。

化率需满足以下微分方程组：

$$\frac{\dot{c}}{c} = \frac{(1-\tau_a)(1-\tau_f)[\alpha\hat{k}^{\alpha-1} - \delta] - \rho - \theta x}{\theta} \tag{21-10}$$

$$\dot{\hat{k}} = \hat{k}^{\alpha} - (n + x + \delta)\hat{k} - \hat{c} - \hat{g} \tag{21-11}$$

这里 $\hat{g} = \eta \times \hat{y}$。将上述关于 $\hat{c}$ 和 $\hat{k}$ 的微分方程转换为关于 z 和 $\hat{k}$ 的微分方程组，可得：

$$\frac{\dot{z}}{z} = \left[\frac{(1-\tau_a)(1-\tau_f)}{\theta} + \eta - 1\right]\alpha\hat{k}^{\alpha-1} + z\alpha\hat{k}^{\alpha-1} + \alpha(n + x + \delta)$$

$$- \left[\frac{(1-\tau_a)(1-\tau_f)\delta + \rho + \theta x}{\theta}\right] \tag{21-12}$$

$$\frac{\dot{\hat{k}}}{\hat{k}} = \hat{k}^{\alpha-1} - (n + x + \delta) - z\hat{k}^{\alpha-1} - \eta\hat{k}^{\alpha-1} \tag{21-13}$$

在稳态状态让 $\dot{\hat{k}} = 0$，我们有

$$z = 1 - \eta - (n + x + \delta)\hat{k}^{1-\alpha} \tag{21-14}$$

让 $\dot{z} = 0$，我们有

$$z = 1 - \eta - \frac{(1-\tau_a)(1-\tau_f)}{\theta} + \varphi\hat{k}^{1-\alpha} \tag{21-15}$$

这里，$\varphi = \dfrac{\left[(1-\tau_a)(1-\tau_f)\delta + \rho + \theta x\right]}{\alpha}\left[\dfrac{1}{\theta} - \dfrac{\alpha(\delta + n + x)}{(1-\tau_a)(1-\tau_f)\delta + \rho + \theta x}\right]$。

由（21-14）式和（21-15）式可求出稳态状态的储蓄率为：

$$s_T^{ss} = 1 - \eta - (\hat{c}/\hat{y})^{ss} = \frac{(1-\tau_a)(1-\tau_f)\alpha(\delta + n + x)}{(1-\tau_a)(1-\tau_f)\delta + \rho + \theta x} \tag{21-16}$$

进一步可得：

$$\varphi = \frac{\left[(1-\tau_a)(1-\tau_f)\delta + \rho + \theta x\right]}{\alpha}\left[\frac{1}{\theta} - \frac{s_T^{ss}}{(1-\tau_a)(1-\tau_f)}\right]$$

因此，要使 $\dot{z} = 0$ 为一条负斜率的曲线，需要（21-15）式中的 $\varphi < 0$，也就是

$$s_T^{ss} > \frac{(1-\tau_a)(1-\tau_f)}{\theta} \tag{21-17}$$

（21-17）式给出了经济在向稳态趋近时消费率不断下降的条件。[①] 与没有考虑政府的情形相似（即（21-9）式），在其他条件不变的情况下，较高的资本报酬占比和较高的税率等因素，将可能导致经济在向稳态趋近的高速增长时期，消费率呈现单调下降的态势。

三、模型求解

参照 Hayashi 和 Prescott（2002），我们用"猜"（shooting algorithm）的方法寻找经济从某个初始状态出发到达稳态的最优路径，并模拟经济趋向稳态的过程中消费率变化的情况。[②] 从实证研究的可操作性考虑，我们将把上述时间连续的模型转化为离散模型，以便使用年度数据进行分析。同时，把生产函数替换为 $Y = AK^{\alpha}L^{1-\alpha}$，方便计算 TFP 增长率。[③] 重新定义效用贴现率为 $\beta = 1/(1 + \rho)$。构建离散模型后，按有效劳动平均的消费（$\hat{c}$）变化率和资本存量（$\hat{k}$）变化率需满足以下方程组：

$$\left(\frac{\hat{c}_{t+1}}{\hat{c}_t}\right)^{\theta} = \frac{\beta}{(1 + x)^{\theta}} \times \left[1 + (1 - \tau_a)(1 - \tau_f)(\alpha\hat{k}_{t+1}^{\alpha-1} - \delta)\right] \quad (21-18)$$

$$\hat{k}_{t+1}(1 + n)(1 + x) = \hat{k}_t^{\alpha} + (1 - \delta_t)\hat{k}_t - \hat{c}_t - g_t \quad (21-19)$$

在上述动态系统中，从一个给定的初始资本存量 K_0 出发，我们猜一个内生的初始消费水平 C_0，使用（21-18）式和（21-19）式获得内生变量诸如消费率（C_t/Y_t）等随时间变化而变化的动态路径。如果此路径没有趋向稳态，则修改所选的初始消费水平 C_0，直至"猜中"某个消费水平并由其生成的动态路径趋向于鞍点均衡。在此框架下，资本报酬占比（也即国民收入分配格局）的变化对居民消费率的影响机制为：一方面，资本报酬占比 α 进入生产函数，直接影响投入对产出的结果；另一方面，资本报酬占比决定要素的边际产出，从而进入家庭的预算，影响消费支出的决策。这两方面的结果共同决定了居民消费占产出比例的动态变化路径。在

---

① 与不存在政府的基准模型相比，这里 $\alpha = a_1\ln(BM) + a_2CM$。

② 参照 Hayashi 和 Prescott（2002）以及 Chen 等（2006，2007）的研究，本文采用"猜"的方法而没有使用时间消除法来生成一条最优增长路径（saddle path）。

③ 可以证明不论生产函数为 $Y = K^{\alpha}(AL)^{1-\alpha}$ 还是 $Y = AK^{\alpha}L^{1-\alpha}$，不会影响模型求解的一阶条件。

满足（21-9）式和（21-17）式的条件下，资本报酬占比较高的经济体，在一定时期内伴随着经济增长居民消费率将呈不断下降的态势。

第四节 模型校准及实证结果

基于上述构建的单一部门的新古典增长模型，利用中国 1993—2007 年的数据进行模型校准，在确定性条件下利用模型模拟生成中国消费率变化的动态路径；在此基础上，分析资本报酬占比的变化对消费率的长期影响机制。这里，在（21-18）式、（21-19）式组成的动态一般均衡模型中，模型的参数包括代表性家庭对将来效用的贴现率 ρ 以及消费跨期替代弹性的倒数 θ；涉及企业生产技术的参数：A_t 及其外生的增长率 x_t（即 TFP 增长率），资本折旧率 δ_t，国民收入中资本或劳动所占的份额 α_t；人口增长率 n_t；政府支出占 GDP 的比例 η_t，对居民及企业的税率 $\tau_{a\,t}$，τ_{ft}；以及初始资本存量水平 K_0。

一、模型校准

1. 资本报酬占比 α_t（或劳动报酬率 $1-\alpha_t$）

可从两个渠道获得中国的劳动报酬率（即劳动报酬占 GDP 的比例）：一是利用各省份收入法核算的 GDP 数据；[①] 二是利用资金流量表（实物交易）计算。此外，白重恩和钱震杰（2009）对收入法核算的各省份 GDP 数据进行调整，提供了另一组中国劳动报酬率的数据。以下将以这三组资本报酬占比进行模拟分析。

2. TFP 的增长率 x_t

使用王小鲁等（2009）计算的不变价全国固定资本存量、GDP 及劳动人口，利用上面提到的资本报酬占比，按照 $A_t = Y_t / (K_t^\alpha L_t^{1-\alpha})$ 计算 1993—

---

① 收入法核算的 GDP 包括劳动报酬、生产税净额、固定资产折旧和营业盈余四个部分。

2007 年中国 TFP 的增长率，即 $x_t = A_t/A_{t-1} - 1$。

3. 折旧率 δ

在资本存量的运动方程中，$K_{t+1} = (1 - \delta)K_t + I_t$，代入资本产出率 K_t/Y_t、投资产出率 I_t/Y_t、折旧率 δ_t 以及 TFP 增长率 x_t，得下式：

$$(1 + x_t) \times \frac{K_t}{Y_t} = (1 - \delta_t) \times \frac{K_t}{Y_t} + \frac{I_t}{Y_t} \tag{21-20}$$

利用各年资本产出率、投资占 GDP 比例以及上面得到的 x_t，即可计算各年的折旧率。由于理论模型是在封闭条件下构建的，因此，对应的投资占 GDP 的比例还应包括净出口占 GDP 的比例。值得注意的是，由此计算的资本折旧率大致保持在 10% 至 14% 的水平，高于现有文献中使用的 5% 至 8% 的水平。

4. 效用贴现率和消费跨期替代弹性的倒数 ρ，θ

依据家庭效用最大化的一阶条件（（21-10）式），稳态状态时这两个参数应满足：

$$\rho = (1 - \tau_a)(1 - \tau_f)\left[\alpha\left(\frac{\hat{Y}}{K}\right) - \delta\right] - \theta x \tag{21-21}$$

因此，关于不同的 θ 值，可计算对应的贴现率 ρ。有些研究使用对数线性效用函数，取 $\theta = 1$。但是，如（21-9）式所示，$s^{ss} > 1/\theta$ 是保证居民消费率单调下降的条件。因此，要使理论模型所生成的消费率路径在趋势上吻合中国居民消费率的实际变化特征，需要 θ 取一个较高的值。顾六宝和肖红叶（2004）用两种统计估算方法得出的估计值分别高达 3.169 和 3.916。但是，Cohcrane（1991）建议 θ 值不应大于 3。此外，要保证利用（21-21）式计算的贴现率 ρ 为正，θ 的取值也不能超过 2.5。以下分别让 $\theta = 1.8$、$\theta = 2\theta = 2.5$，ρ 分别对应地取 0.0303、0.0221 和 0.0014，以对比分析模拟结果，说明模型结果的稳定性。

5. 其他参数

政府支出所占份额 η_t，取各年《中国统计年鉴》中支出法核算的政府支出占 GDP 的比例。税率 τ_t，取资金流量表（实物交易）中生产税净额与收入税的加总占国民收入的比例。简化起见，模型中不再区分家庭财产税和企业营利税。人口增长率 n_t，取《中国统计年鉴》中的人口自然增长率。初始资本存量设定为 1993 年按可比价计算的固定资本存量 26611 亿元（王小鲁等，2009）。

二、模型模拟及反事实分析

在基准模型中，假定效用贴现率和消费跨期替代弹性的倒数（ρ，θ）为固定参数，其他所有参数均随时间的变化而变化，包括资本报酬比例 α_t，技术进步率（TFP）的变化率 x_t，折旧率 δ_t，人口增长率 n_t，政府支出占 GDP 的比例 η_t 以及总税率 τ_t。对于样本区间内（1993—2007 年）的模拟，我们使用相关参数各年的实际值来计算；对于区间外（2008 年以后）的预测模拟，各参数均取 2000—2007 年间的均值。

根据三组资本报酬占比的数据运行基准模型，我们分别模拟生成了 1993—2007 年期间居民消费率的动态变化路径，并与实际的消费率变化路径进行比较。其中，按资金流量表计算的资本报酬占比各年均较低，2000—2007 年的均值为 40.1%；按收入法核算的省际 GDP 计算的资本报酬占比各年均较高，均值为 55.7%；按白重恩等（2009）数据计算的资本报酬占比居中，均值为 48.4%。如图 21-3 所示，在均值为 48.4% 的资本报酬占比水平下，由基准模型模拟生成的消费率路径在 1993—2003 年期间与实际的消费率路径不仅水平而且变化趋势都最为吻合，一定程度上说明了基准模型对现实经济的解释力。均值较低的资本报酬占比对应一条较高水平的消费率路径，其整体趋势相对平稳，仅在 1997—2003 年期间表现出下降的趋势。均值较高的资本报酬占比对应一条较低水平的消费率路径，而且期间内整体下降的趋势较为明显。结果表明，较高的资本报酬占比对应着一条不仅水平较低而且呈下降趋势的消费率路径，随着资本报酬占比的降低，不仅消费率不断提高，而且下降的趋势逐渐趋缓。

但是，上述三种情形模拟生成的消费率在 2004—2007 年期间都明显高于实际的消费率。由基准模型得到的消费率可以被认为是其他条件不变、现有国民收入分配格局下，居民消费率应当保持的合理水平。对应于不同的资本报酬占比，模拟结果表明：2004—2007 年，居民消费率的均值应分别保持在 44.2%、47.5% 及 53.5% 的水平，但是，同期中国实际的居民消

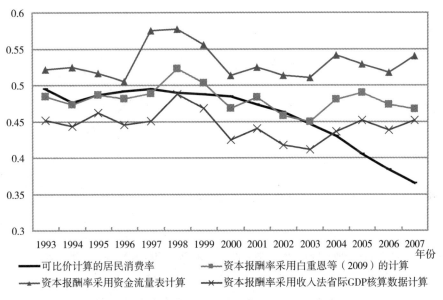

图 21-2　基于基准模型模拟的中国居民消费率

资料来源：作者计算。

费率均值仅为 39.6%（见图 21-2）。[①] 这说明，2004—2007 年有一些模型中假定不变的条件发生了改变，从而降低了实际消费率水平。其中之一，可能是居民边际消费倾向的大幅度下降。按照资金流量表（实物交易）计算，1993—1999 年期间中国居民的边际消费倾向为 0.731，2000—2007 年期间骤降为 0.572。如此大的居民边际消费倾向下降可能是导致模型模拟结果与实际数据出现偏差的主要原因。

为了分离出资本报酬占比对消费率变化的影响，我们利用基准模型进行反事实分析。取白重恩等（2009）计算的资本报酬占比为例。首先，让所有参数都取 2000—2007 年期间的实际均值，模拟消费率的动态路径。如图 21-3，它是一条较为平缓的消费率路径。其次，继续保持其他参数取其均值，唯独让资本报酬占比每年发生变化，以此分离出资本报酬占比变化对消费变化的影响。[②] 结果表明，资本报酬占比的变化对消费率的动态

---

①　需要指出，由于模拟所用的资本收入占比是 2000—2007 年实际值的平均数，它已经偏高，因此，模拟得出的这个居民消费率是偏低的。

②　事实上，对其他参数的影响我们也逐一进行了模拟，限于篇幅，结果不再给出。

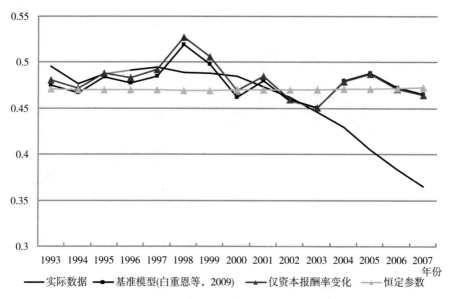

图 21-3　资本报酬占比变化对中国居民消费率的影响

资料来源：作者计算。

路径有重要影响。保持其他参数不变、仅资本报酬占比变化得到的消费率路径基本接近允许所有参数都变化的基准模型获得的模拟结果。这一反事实分析的结果表明，在影响消费率路径的各因素中，资本报酬占比起着重要的作用：不仅决定消费率的高低，而且决定着消费率长期变化的趋势。

　　综上，我们认为，不考虑随机因素、利用动态一般均衡模型对中国1993—2007 年的数据校准后所生成的消费率路径在一定程度上拟合了实际消费率的长期变化情况；在其他外生变量中，资本报酬占比的变化对消费率具有重要影响；较高的资本报酬占比可能是导致中国经济在向稳态趋近的高速增长时期居民消费率长期持续下降的主要原因。

三、预测分析

　　在上述基准模型的基础上，我们对居民消费率在今后 20 年即到 2030年的可能变化路径进行预测分析，并讨论调整国民收入分配格局对居民消费率的影响。

　　考虑到今后一段时期中国的人口增长率还可能进一步下降，预测时我们适当降低了人口的增长率，从2000—2007年的均值0.615%降到0.58%；同时仅让资本报酬占比在0.35—0.6的区间内变化，其他所有的参数均取2000—2007年期间的均值，① 运行模型观察今后的20年内居民消费率的动态路径（见图21-4）。②

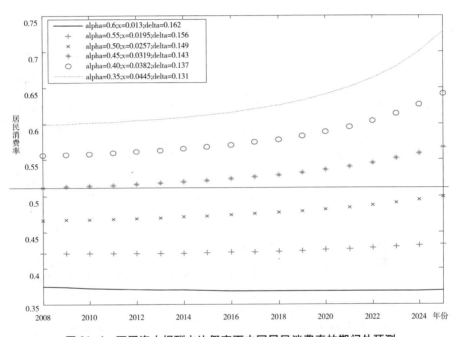

图21-4　不同资本报酬占比假定下中国居民消费率的期间外预测

资料来源：作者计算。

结果表明，随着资本报酬占比的提高，居民消费率水平不断降低，而且消费率保持下降趋势的时期也将不断延长。如果当前中国国民收入分配格局进一步向资本倾斜，使资本报酬占比提高到60%，那么，即使到2025年，居民消费率仍将低于40%。反之，如果降低资本报酬占比，例如下降到50%，那么，居民消费率将可能停止下滑的趋势；如果进一步降低资本报酬占比，例如下降到40%，那么，居民消费率自2020年起就会转向上升。

---

① 由于参数之间具有的内在联系，资本收入占比的变化将影响TFP的增长率以及折旧率的水平。

② 我们对消费跨期替代弹性的倒数 θ 取不同的数值，可发现 θ 值越大，消费率下降的趋势越明显，下降持续的时间也越长。

第五节　结　论

　　基于动态一般均衡模型，本章考察了中国国民收入分配格局、经济增长、居民消费需求三者之间的内在影响机制，研究了中国经济在趋向稳态的高速增长过程中消费占 GDP 比例的动态变化路径。利用 1993—2007 年的数据对模型进行校准后，模型的模拟结果和预测分析揭示了资本报酬占比的变化对消费率的变动趋势具有重要影响，较高的资本报酬占比可能是导致中国经济在向稳态趋近的高速增长时期居民消费率长期持续下降的主要原因之一。这说明中国居民消费率在近 20 年里下降，尤其是 2000 年以来的再度急剧下降，尽管一定程度上是发展中经济体在经济起飞过程中的一种必然趋势，但与资本报酬占比较高有密切关系。

　　由于偏高的资本报酬占比是导致居民消费率长期下降的不容忽视的重要原因，因此，适当控制资本报酬占比，使之处于一个适度水平上，则有利于遏制消费率下降的趋势。如果对过高的资本报酬占比不仅不加以控制，而且继续实行向资本倾斜的国民收入分配政策，将使居民消费率在今后相当长时期内仍维持在较低水平，那么，中国在今后较长时期内仍将困扰于内需尤其是居民消费不足，经济增长不得不继续依靠出口拉动、投资推动；反之，将资本报酬占比控制在适当水平上，居民消费率下降的趋势将有可能较快（相比较高的资本报酬占比而言）得以扭转，并使经济增长的驱动力逐步从外需和投资转向国内居民消费。与此同时，2004—2007 年中国居民的实际消费率与模型模拟值的比较说明，目前居民的实际消费率大幅低于现阶段中国经济增长过程中、现有国民收入分配格局下应有的消费率。基于居民边际消费倾向自 2001 年以来有较明显下降的事实，因此可以得出的另一个结论是：中国居民消费率的提高，不仅要调整国民收入的分配格局，适度降低资本报酬占比，而且必须着力提升居民的边际消费倾向，至少使之逐步恢复到 1992—2000 年的平均水平上。

确认中国的资本报酬占比偏高，必然会问：中国的资本报酬占比为什么不仅高于美国，而且高于日本和韩国？显然，从逻辑上说，作为一个比日本、韩国更为后发而且至今经济发展水平仍低于它们的经济体，中国在其经济起飞阶段，人均 GDP 水平更低，资本更为稀缺，资本报酬占比更高是可以理解的。在经济赶超阶段，较高的资本边际产出是投资扩张的主要驱动力。由此导致的资本报酬占比上升必然对应着劳动报酬率的下降。而后者一定程度上也体现中国经济结构调整的结果（白重恩和钱震杰，2009）。随着经济结构从劳动报酬占比较高的农业部门为主转向资本报酬占比较高、劳动报酬占比较低的工业部门为主，客观上国民收入分配中劳动报酬率会不断下降。

但是，与此同时，我们不能不关注中国现行政治经济体制对这一趋势的叠加影响。从图 21-1 可知，2000 年之后中国居民消费率再度急剧下降。一个经济体在实现了经济高速增长 20 年之后，资本的稀缺状况应有所缓解，资本报酬占比应当低于经济起飞的初始阶段，但是，2000 年之后的居民消费率再度急剧下降却意味着资本报酬占比的相反变动趋势。[①] 这显然不能再用赶超经济体经济起飞阶段的一般趋势予以解释，而必须关注中国现行政治经济体制对这一趋势的叠加影响。在中国目前的政府主导型经济体制下，各级政府普遍追求经济增长及财政收入最大化，争相提供优惠条件地引资。在初次分配环节，或对资本以种种方式予以补贴，或坐视劳资双方力量对比失衡，容忍利润侵蚀工资，对劳动以或明或暗的方式进行剥夺。这些不仅扭曲了要素比价，导致了以出口劳动密集型产品为导向的粗放型经济发展方式长期难以转变，自主创新、技术进步、产业结构升级缺乏需求及动力，而且扭曲了国民收入的分配结构，致使劳动报酬率过快下降；在再分配环节，收入分配向政府倾斜，与此同时，政府在城市居民住宅、社保以及教育、卫生等公共服务领域的投入不足，[②] 不仅进一步降低了居民收入增长速度，而且大幅度地降低了居民的边际消费倾向，再度抑

---

① 资金流量表（实物交易）给出了 2007 年中国企业部门所得占全社会可支配收入的比重（18.4%）比 1997 年（13.1%）上升了 5.3 个百分点。

② 2007 年政府部门所得占全社会可支配收入的比重（24.1%）比 1997 年（18.3%）提高了 5.8 个百分点（资金流量表（实物交易））。

制了居民消费的扩张。中国现行政治经济体制对居民消费率变动趋势的影响显然亟须关注，而且必须通过体制改革与政策调整予以改善的。

　　居民消费率在一定时期内下降，尽管是赶超经济体在经济起飞阶段不可避免的趋势，但是，其存在的合理性是以一定的度为界限的。首先，居民消费率的下降应以不会导致该经济体社会再生产的不可持续为限，以服务于该经济体的较快稳定增长为前提。当居民消费率的长期持续下降抑制了最终消费对经济增长的拉动作用，使经济增长严重依赖"出口拉动、投资驱动"，经济稳定性下降，难以抵御外部经济波动的冲击，其合理性也就值得考虑了；其次，从根本而言，它应以未来居民消费的更大扩张为补偿。否则，将何以说明我们这个社会经济增长终极目标的合理性呢？

参考文献

　　[1] 白重恩、钱震杰：《国民收入的要素分配：统计数据背后的故事》，《经济研究》2009 年第 3 期。

　　[2] 龚敏、李文溥：《论扩大内需政策与转变经济增长方式》，《东南学术》2009 年第 1 期。

　　[3] 顾六宝、肖红叶：《中国消费跨期替代弹性的两种统计估算方法》，《统计研究》2004 年第 9 期。

　　[4] 何立新、封进、[日] 佐藤宏：《养老保险改革对家庭储蓄率的影响：中国的经验证据》，《经济研究》2008 年第 10 期。

　　[5] 李文溥、龚敏：《要素比价扭曲与居民消费不振》，《高校理论战线》2013 年第 1 期。

　　[6] 李文溥、龚敏：《出口劳动密集型产品为导向的粗放型增长与国民收入结构失衡》，《经济学动态》2010 年第 7 期。

　　[7] 李稻葵、刘霖林、王红领：《GDP 中劳动份额演变的 U 型规律》，《经济研究》2009 年第 1 期。

　　[8] 王小鲁、樊纲、刘鹏：《中国经济增长方式转换和增长可持续性》，《经济研究》2009 年第 1 期。

　　[9] Aziz, J. and C. , Li, "Explaining China's Low Consumption：The Neglected role of Household Income", IMF Working Paper, WP/07/181, 2007.

　　[10] Aziz, J. , "Rebalancing China's Economy：What Does Growth Theory Tell Us?", IMF Working Paper, WP/06/291, 2006.

　　[11] Barro, R. J. And Salai-Martin, X. , *Economic Growth*, *Second Edition*, the MIT Press, 2004.

[12] Blanchard, O. J. and F. , Giavazzi, "Rebalancing Growth in China: A Three-Handed Approach", MIT Department of Economics Working Paper, No. 05-32, 2005.

[13] Bloom, D. E. , Canning, D. , and Sevilla, J. , "The Demographic Dividend: A New Perspective on the Economic Consequences of Population Change", Santa Monica, Calif. : RAND, MR-1274, 2002.

[14] Cai, F. and D. , Wang, "China's Demographic Transition: Implications for Growth" in Ross Garnaut and Ligang Song, eds, *The China Boom and Its Discontents*, Canberra: Asia Pacific Press, 2005.

[15] Chen, K. , İmrohoroğlu, A. and İmrohoroğlu, S. , "A Quantitative Assessment of the Decline in the U. S. Current Account", *Journal of Monetary Economics*, 2009, Vol. 56 (8) .

[16] Chen, K. , İmrohoroğlu, A. and İmrohoroğlu, S. , "The Japanese Saving Rate between 1960 and 2000: Productivity, Policy Changes, and Demographics", *Economic Theory*, 2007, vol. 32 (1) .

[17] Chen, K. , İmrohoroğlu, A. and İmrohoroğlu, S. , "The Japanese Saving Rate", *American Economic Review*, 2006, vol. 96 (5) .

[18] Chamon, M. and E. , Prasad, "Why Are Saving Rates of Urban Households in China Rising?", *American Economic Journal: Macroeconomics*, American Economic Association, 2010, vol. 2 (1) .

[19] Cole, H. L. and L. E. Ohanian, "The Great Depression in the United States from a Neoclassical Perspective", *Federal Reserve Bank of Minneapolis Quarterly Review*, 1999, 23.

[20] Cochrane, H. J. , "A Simple Test of Consumption Insurance", *Journal of Political Economy*, 1991, Vol. 99 (5) .

[21] Ding, S. and J. , Knight, "Can the Augmented Solow Model Explain China's Economic Growth? A Cross-Country Panel Data Analysis", Economics Series Working Papers 380, University of Oxford, Department of Economics, 2008.

[22] Guo, K. , and P. N'Diaye, "Determinants of China's Private Consumption: An International Perspective", IMF Working Paper, WP/10/93, 2010.

[23] Hashmi, A. R. , "A Note on the Transitional Behaviour of the Saving Rate in the Neo-classical Growth Model", http: //mpra. ub. uni-muenchen. de/14128, 2009.

[24] Hayashi, F. and E. Prescott, "The 1990s in Japan: A Lost Decade", *Review of Economic Dynamics*, 2002, Vol. 5 (1) .

[25] Hayashi, F. , "Why is Japan's Saving Rate so Apparently High?" in Stanley Fischer, ed. , *NBER Macroeconomics Annual*, Cambridge, MIT Press, 1986.

[26] Kehoe, T. and E. Prescott, "Great Depressions of the 20th Century", *Review of Economic Dynamics*, 2002, Vol. 5.

［27］ Modigliani, F. and S. L. , Cao, "The Chinese Saving Puzzle and the Life Cycle Hypothesis", *Journal of Economic Literature*, 2004, 42.

［28］ Song, Z. , Storesletten, K. and F. , Zilibotti, "Growing like China", *American Economic Review*, 2011, 101: 202-241.

［29］ Wei, S. and X. Zhang, "The Competitive Saving Motive: Evidence from Rising Sex Ratios and Saving Rates in China", NBER Working Paper 15093, 2009.

［30］ Wen, Y. , "Saving and Growth under Borrowing Constraints Explaining the 'High Saving Rate' Puzzle", Working Papers 2009-045, Federal Reserve Bank of St. Louis, 2009.

第二十二章　不确定性、信贷约束、习惯形成与居民消费率下降*

　　本章将把中国家庭所面临的收入不确定性、信贷约束和消费习惯形成等微观经济特征引入到一个包括代表性家庭和企业的两部门动态随机一般均衡（DSGE）模型中，研究中国家庭所具有的这些微观行为特征如何导致宏观层面的居民消费率持续下降的问题。研究表明，家庭所面临的不确定性和信贷约束导致在经济高增长的同时，居民消费率不断降低；而习惯形成特征的存在，通过提高流动性风险补贴，进一步强化了信贷约束对居民消费行为的影响，使得居民消费率处于一个更低的水平，并且习惯形成特征强度越大，居民消费率越低。结合理论分析和政策分析发现，缩小收入差距，合理调整财政收支政策能够有效地促进居民消费，提高居民消费率。

第一节　引　言

　　转型期收入水平的快速提高形成并强化了居民消费的习惯特征，金融市场的不完善导致消费者面临信贷约束，消费结构变化使得消费者面临消费偏好冲击等，这些因素无疑会改变居民的最优消费储蓄决策。本章将基于转型期中国居民所具有的消费习惯形成特征以及所面临的信贷约束条

---

　　* 本章作者：武小利、龚敏。

件，引入消费偏好冲击，构建两部门的动态随机一般均衡（DSGE）模型，研究中国转型时期家庭的微观经济特征如何影响居民消费率的变化。

在研究方法方面，与使用时间可分的效用函数的模型相比，我们在DSGE模型中引入习惯形成特征后，模型的结论主要有以下几方面的不同：一是由于过去的消费水平决定了消费存量，消费存量越高越不利于将来消费的效用实现，因此，居民往往通过增加储蓄的形式来避免过快地提高消费，从而使消费支出趋于平滑化。结果是经济高增长在提高收入的同时也提高了储蓄率，边际消费倾向不断下降，消费率也随之下降（Alvarez-Cuadrado 等，2004；Carroll 等，2000；等等）。二是消费支出对技术、收入或是利率等冲击的敏感性降低，习惯形成特征会进一步加大谨慎性储蓄，居民平滑消费的意愿更强烈（严成樑和崔小勇，2013）。

本章的结构安排如下：第二节为文献综述；第三节在一个两部门的DSGE模型中引入导致居民消费行为变迁的两个重要因素，即习惯形成和信贷约束条件，构建模型分析经济增长过程中居民消费率变化的动态特征；第四节通过模型校准，利用模型进行数值模拟，以分析消费习惯形成特征对消费率变化的影响；第五节给出结论。

第二节　文献综述

目前已有大量文献对居民消费问题进行了研究。其中大部分文献从宏观的层面展开分析，包括收入分配、收入差距与居民消费的关系、政府财政政策与居民消费的关系以及老龄化、房地产等与居民消费的关系。本章着重从微观层面综述有关居民消费的研究，主要包括两个方面：不确定性、预防性储蓄与居民消费，以及信贷约束与居民消费。

一、不确定性、预防性储蓄与居民消费

预防性储蓄理论是 Leland 在 1968 年提出的。他指出，若效用函数的

三阶偏导大于 0，在存在不确定性的条件下，居民的消费行为会更加谨慎。该理论认为，当存在未来不确定性预期时，消费者就会减少现期的消费，增加储蓄，以避免不确定性导致未来消费水平的降低。并且，不确定性预期越强，居民的预防性储蓄倾向就越高，从而导致消费的"过度平滑性"。坎贝尔和迪顿（Campbell 和 Deaton，1989）认为，居民对滞后收入的过度敏感将导致居民消费对未来收入变动的过度平滑，所以该理论能够解释消费的"过度平滑性"和"过度敏感性"现象。Caballero（1991）采用CRRA 型的效用函数，比较了美国的净财富与由收入不确定性而导致的预防性储蓄，研究发现并指出收入不确定性导致的预防性储蓄是家庭总财富积累的主要来源，并且美国 60%的净财富均来自预防性储蓄。随着预防性储蓄理论的发展和完善，近年来，国内很多学者开始利用预防性储蓄理论研究中国居民的消费问题，特别是研究中国居民的消费行为是否存在预防性储蓄动机，得到的结论基本一致，即中国居民（包括城镇居民和农村居民）的消费行为存在预防性储蓄动机，这在一定程度上解释了中国居民消费率持续偏低的经济事实。下面从几个不同的角度，对现有相关文献做简单的阐述。

由于消费和储蓄是一个问题的两个方面，采用预防性储蓄理论进行的相关研究更多的是从储蓄的角度进行探讨。一些文献研究发现，中国居民的消费行为存在显著的预防性储蓄特征。比如，宋铮（1999）的相关研究是较早研究居民预防性储蓄动机的具有代表性的文献之一，他利用 1985—1997 年间的时间序列数据，并以收入标准差衡量未来居民收入的不确定性，对居民储蓄的年增量进行实证分析，研究结果显示中国居民存在较强的预防性储蓄动机，并指出未来居民收入的不确定性是导致其进行预防性储蓄的重要因素。随后，许多研究也表明中国居民的消费—储蓄行为中具有显著的预防性储蓄动机。比如，刘金全等（2003）研究中国居民在耐用品与非耐用品方面的消费特征，发现居民存在显著的预防性储蓄动机，同时指出中国居民在这两种消费品上的预防性储蓄动机高达 20%左右；裴春霞和孙世重（2004）采用动态建模的方法，研究发现中国经济转型期居民的消费行为具有预防性储蓄和信贷约束的特征；王曦和陆荣（2011）在随机动态优化的框架下进行研究，发现收入和支出的双重不确定性增强了中国居民的预防性储蓄动机；李俊青和韩其恒（2009）研究了异质性个体在不完全资本市场条件下的动态消费过程，认为由于中国的金融市场相对更加不完善，居民具有显著的预防性储蓄动机。也有研究将中国居民的预防性储蓄动机与西方发达国家相比较，发现中国居民的预防性储蓄动机更为显著（Xu，2008等）。

一些学者有针对性地研究了中国城镇居民消费行为的预防性储蓄动机，但是由于使用的数据和分析方法不同，对预防性储蓄动机强度的估算结果也有所不同。具有代表性的文献有：龙志和和周浩明（2000）、李勇辉和温娇秀（2005）分别估算了中国城镇居民的预防性储蓄动机程度，得到的估算结果基本一致，前者估算的相对谨慎系数为5.08，后者为5.02，这说明中国城镇居民存在非常强烈的预防性储蓄动机。并且，李勇辉和温娇秀（2005）认为未来居民收支的不确定性显著地影响居民的预防性储蓄行为。然而，施建淮和朱海婷（2004）的估计结果与上述文献稍有不同，他们估算城镇居民的相对谨慎系数均小于1，该结论意味着城镇居民的储蓄行为中确实存在预防性储蓄动机，但强度并不高；李燕桥和臧旭恒（2011）也对中国城镇居民的预防性储蓄动机强度进行测量，发现城镇居民的消费行为中确实存在预防性储蓄动机，但是他们认为该动机对居民消费水平变动和消费增长率变动的作用不大；孙凤和王玉华（2001）的研究发现，未来收入和支出的不确定性均是导致中国城镇居民进行预防性储蓄的重要原因，同时指出，中低收入阶层和35岁以上年龄组群的预防性储蓄动机较强；周绍杰（2010）利用中国城市住户调查数据进行分析，发现中国城市家庭存在较为强烈的预防性储蓄动机，并且呈增强趋势；与孙凤和王玉华（2001）的结论类似，周绍杰（2010）发现老年组群的预防性储蓄动机比年轻组群的要强。随着中国经济的高速发展，居民收入水平的逐步提高，导致中国城镇居民产生预防性储蓄动机的不确定性逐渐发生变化，由原来的失业风险（收入的不确定性）逐步变为社会福利的不确定风险（邓翔和李锴，2009）。

也有一些文献对中国农村居民消费—储蓄行为中的预防性储蓄动机进行研究。具有代表性的文献有：周建（2005）利用消费函数的变参数空间状态模型进行分析，发现中国农村居民存在明显的预防性储蓄动机，并指出 70%的储蓄增量均是来自预防性储蓄动机；易行健（2008）对农村居民的预防性储蓄动机的强度及其时序变化和地区差异进行研究，发现农村居民具有较强的预防性储蓄动机，并且西部地区的预防性储蓄动机高于中部地区和东部地区，同时指出，中国不同地区间居民的相对谨慎系数差异较大；刘兆博和马树才（2007）利用 CHNS 数据集对农村居民的预防性储蓄动机进行研究，发现农民具有明显的预防性储蓄动机，农民通过增加预防性储蓄来抵御未来的不确定性，同时指出提高农民的持久收入能显著地减少其预防性储蓄动机，而提高农民受教育程度会增加其预防性储蓄动机。也有文献对某个省份农村居民的预防性储蓄动机进行研究，比如，黄祖辉等（2011）利用浙江省农村固定观察点数据研究浙江省农民的预防性储蓄强度，发现浙江省农民具有较强的预防性储蓄动机，并指出处于财富均值水平的农户的收入风险标准差每增加 50%，预防性储蓄占家庭净财富的比重就会增加 75%；对于全体样本农户而言，如果不存在收入不确定性，预防性储蓄的消失将导致家庭净财富总和下降 67%。

由于中国特殊的二元经济结构，导致城镇居民和农村居民进行预防性储蓄的因素有所差异，而且预防性储蓄动机的强度也有所不同。孙凤（2002）的研究发现城镇居民由于预防性储蓄动机而增加储蓄，而农村居民由于信贷约束而增加储蓄。杜宇玮和刘东皇（2011）研究发现，中国居民具有较强的预防性储蓄动机，且自 1990 年以来呈上升的态势，同时表明城镇居民的预防性储蓄动机高于农村居民。凌晨和张安全（2012）基于消费者预期效用最大化模型分析中国城乡居民的 2004—2010 年间的消费数据，结果发现中国城乡居民的储蓄行为存在非常显著的预防性储蓄动机，而且城镇居民的预防性储蓄动机强度更大，约为农村居民的两倍。

值得注意的是，在研究居民消费—储蓄行为的预防性储蓄动机的过程中，一个很重要的步骤是选取衡量未来不确定性的指标，目前的相关研究中衡量不确定性的指标并不是一致的。宋铮（1999）把未来收入不确定性的指标用居民的收入标准差来衡量；而万广华等（2001）用消费增长率的方差来衡量；孙凤（2002）选取的是年度收入的方差；施建淮和朱海婷（2004）选取的是月度的人均可支配收入的方差；等等。

二、信贷约束与居民消费

信贷约束又称为流动性约束，最早提出信贷约束理论的是 Tobin（1971），他认为有必要将信贷约束引入储蓄模型中，因为现实经济中信息的不对称和金融体制发展的不完善，导致居民在整个生命周期中不可能通过自由借贷进行一生消费的最优规划，所以居民面临信贷约束是不可避免的。后来，学者们将信贷约束和预防性储蓄理论结合起来解释现实经济问题。

国外的代表性文献有：Dow 等（1991）采用二次型的效用函数验证出信贷约束是产生预防性储蓄的一个重要因素；Xu（1995）在信贷约束的条件下将预防性储蓄分为仅包含信贷约束的预防性储蓄和预防未来收入不确定性的预防性储蓄两种情况，研究发现，预防性储蓄随着年龄的变动而出现较大的改变，年轻时，仅包含信贷约束的预防性储蓄要高于由未来收入不确定性引起的预防性储蓄，随着年龄的增长，两者的关系是此消彼长。Browning 和 Lusardi（1996）在非二次型的效用函数情况下构建包含预防性动机的信贷约束模型，研究发现，信贷约束能够减少消费者的当期消费量，并且，当预期到未来存在信贷约束时，消费者也会降低当期的消费，即信贷约束能够降低当期的消费，提升储蓄规模；Carroll 和 Kimball（1996）认为，预防性储蓄规模关于信贷约束并不是严格递增的函数，而是在一定程度上提高信贷约束才会带来预防性储蓄的增加，若大幅提升信贷约束强度，预防性储蓄并不会持续上升；Lee 和 Sawada（2007）将消费者分为不受信贷约束的影响、受到信贷约束的部分影响、完全受到信贷约束的影响三种情况分别探讨不同的信贷约束类型对预防性储蓄的影响机制；Lee 和 Sawada（2010）认为，在不考虑信贷约束变量的情况下，对受信贷约束影响的消费者的预防性储蓄动机进行估计时将出现向下的偏误，即当消费者受到信贷约束时，其消费将更加谨慎，预防性储蓄动机也将更加强烈；等等。

随着信贷约束理论的发展，国内的学者开始利用不确定性和信贷约束解释中国经济转型时期居民消费行为的特征，主要从以下几个角度进行研究。

1. 不确定性和信贷约束对中国居民消费行为的影响

在中国经济转型时期，不确定性和信贷约束对中国居民消费投资的决策产生重要的影响。具有代表性的文献有：叶海云（2000）建立一个短视消费模型，证明了短视行为和信贷约束太强是造成中国居民消费疲软的根本原因。裴春霞和孙世重（2004）使用动态建模的方法研究中国居民消费问题，证明了中国经济转型期居民消费行为确实存在预防性储蓄和信贷约束的特征。万广华等（2001）利用 Hall 的消费函数，分析中国居民消费行为演变过程中信贷约束和不确定性的作用，研究发现，信贷约束型消费者占比上升是造成中国内需不足和低消费率的重要原因，同时指出，不确定性与信贷约束的共同作用进一步强化了对居民消费的影响，最终使居民消费和消费增长率均呈下降趋势。张继海和臧旭恒（2008）将寿命不确定和信贷约束相结合研究中国居民的消费行为，发现在面临寿命不确定和信贷约束的情况下，居民会减少当期消费，增加储蓄。刘金全和邵欣伟（2003）对中国消费总量中受信贷约束的程度进行估算，发现受信贷约束的比重竟高达 83.46%。

2. 不确定性和信贷约束对中国城镇居民的消费行为的影响

目前这一方面的研究得到的结论基本一致，即城镇居民面临较强的不确定性和信贷约束。比如：申朴和刘康兵（2003）的研究证实了城镇居民面临着强度较大的不确定性和信贷约束，同时指出在这种情况下城镇居民会减少当期消费，增加储蓄，进而导致平均消费倾向显著下降。杭斌和申春兰（2004）通过构建状态空间模型对城镇居民的消费过度敏感性进行分析，发现预防性储蓄动机和信贷约束的加强是城镇居民消费敏感性提高的重要因素。赵霞和刘彦平（2006）实证研究发现城镇居民中受信贷约束的居民消费占居民总消费的 70.62%。杭斌和王永亮（2001）研究了信贷约束对北京市城镇居民的影响，他们利用北京市城镇居民 1994 年 1 月份至 2000 年 9 月份的人均生活费支出和人均可支配收入的月度资料进行研究，发现北京市城镇居民中受信贷约束的居民消费占居民总消费的比例高达 44%，该数字明显高于英、美等发达国家。同时指出，个人消费信贷的发展缓解了北京市城镇居民受信贷约束的影响。

3. 不确定性和信贷约束对中国农村居民消费行为的影响

目前该方面研究的结论也基本一致，即不确定性和信贷约束同样是造成农村消费不足的重要原因之一。比如：朱信凯（2005）的实证研究发现中国农村居民的消费行为表现出过度敏感性，并给出过度敏感系数的平均值为 0.625，这意味着受信贷约束的农户手中保留有将近 62.5% 的总收入，这就导致了农村消费需求疲软。高梦滔等（2008）利用中国 8 个省份的 1320 个农村居民的微观面板数据，检验农户的消费行为，研究发现，对于受信贷约束影响的农户组，存在着消费行为的过度敏感性现象；而对于不受信贷约束影响的农户组，其消费行为较好地遵循持久收入假说。

另外，还有一些文献比较了城镇居民和农村居民受不确定性和信贷约束影响的程度。比如：杜海韬和邓翔（2005）利用城乡时间序列数据，研究城镇居民和农村居民的消费行为特征，发现偏紧的信贷约束和逐渐增强的不确定性导致居民的预防性储蓄动机增强。同时指出，城镇居民较农村居民具有相对较高的收入水平、宽松的信贷约束和完善的社会保障体系，使得城镇居民的预防性储蓄动机要弱于农村居民。唐绍祥等（2010）的研究不仅比较了不确定性和信贷约束对城乡间居民的消费行为的影响，而且也比较了其对区域间的居民消费行为的影响；城乡间的分析表明，收入不确定性对农村居民消费行为的负面影响要小于城镇居民，而农村居民面临的信贷约束大于城镇居民；区域间的分析表明，中部地区的居民相对于东部和西部地区的居民面临更强的信贷约束。

正是由于中国居民（无论是城镇居民还是农村居民）具有较强的不确定性和信贷约束，所以很多学者研究中国消费信贷发展对居民消费行为的影响，得到的结论有一些差异。第一种具有代表性的观点是：自从 1999 年，中国消费信贷的发展放松了居民受信贷约束的程度，从而促进了居民消费水平的提高（刘金全和邵欣伟，2003；赵霞和刘彦平，2006；张继海和臧旭恒，2008；等等）。第二种具有代表性的观点是：中国消费信贷发展对居民消费行为的刺激作用并不明显，主要原因是消费信贷并没有真正流向有需求的低收入人群（林晓楠，2006；樊向前和戴国海，2010；等等）。臧旭恒和李燕桥（2012）更为详细地研究了消费信贷条件的变动对城镇居民消费的影响，他们指出城镇居民的消费行为对信贷条件变动和收入变动均呈现出过度敏感的特性，但是收入的敏感系数要大于信贷的敏感系数；同时发现，当期的消费信贷仅缓解城镇居民当期的信贷约束，增加了耐用品的消费，但是对非耐用品和服务消费的作用较弱；不同收入阶层的居民对信贷条件变化的敏感度不同，具体来讲，较高收入阶层和中等收入阶层居民的信贷敏感系数最高，高收入阶层居民次之，较低收入阶层和低收入阶层居民最低。

如上一章所述，基于宏观层面对居民消费问题进行研究的文献虽然得到了一些有价值的结论，但仍然存在较多不足：没有考虑在中国经济转型时期家庭所面临的一些微观经济特征，而这些微观经济特征会通过影响家庭的消费储蓄行为，进而影响宏观层面的居民消费率。因此，在本章中，我们在上一章的基础上，将不确定性、信贷约束和习惯形成等中国经济转型时期家庭所面临的微观经济特征引入一个 DSGE 模型，研究这些微观经济特征如何影响宏观层面的居民消费率的动态路径。

值得一提的是，Wen（2009）的研究中将收入冲击和信贷约束结合在一起研究了中国的"高增长、高储蓄、低消费"问题，但是，其并没有考虑在经济转型时期，中国居民面临着越来越多的消费偏好冲击。为此，我们不仅将收入冲击纳入本章的分析框架中，同时考虑消费偏好冲击对居民消费率的影响。在本章的研究中不仅考察了冲击服从幂分布的形式，同时研究了冲击服从 1 阶自回归过程（AR（1））的形式。我们与 Wen（2009）的另外一个不同之处，我们不仅考虑了家庭效用函数为对数型的情况，同时考虑了家庭效应函数为 CRRA 型的情况。

第三节　理论模型：动态随机一般均衡分析

我们使用 Carroll 等（2000）的效用函数，设风险回避系数为 1，并采用相除的形式在效用函数中引入两期的消费水平；不同于 Walsh（2003）以及贾男等（2011），我们使用服从幂分布的偏好冲击，而没有选择 1 阶自回归过程（Wen，2009）。生产函数采用新古典生产函数（Alvarez-Cuadrado 等，2004）。结果显示，在没有收入冲击的情况下，习惯形成特征会强化信贷约束的作用进一步降低消费率；且习惯形成特征越强，居民消费率就越低。

一、厂商

假设完全竞争的厂商，其生产函数为 $Y_t = K_t^\alpha (A_t N_t)^{1-\alpha}$。其中，$\alpha$ 表示产出的资本弹性或资本报酬占比，K_t 表示 t 期的资本存量，N_t 表示 t 期的劳动投入，A_t 表示 t 期的技术进步水平。假定 A_t 满足 $A_t = (1 + \bar{g}) A_{t-1}$，其中，$\bar{g}$ 为外生的技术进步增长率。

当期的产出用于消费（C_t）和投资（I_t）。资本存量积累方程为 $K_{t+1} = (1 - \delta) K_t + I_t$。其中，$\delta$ 为折旧率。厂商利润最大化的一阶条件为：$W_t = (1 - \alpha) \dfrac{Y_t}{N_t}$ 和 $r_t + \delta = \alpha \dfrac{Y_t}{K_t}$。这里，$W_t$ 和 r_t 分别为 t 期的工资和利率水平。

假定人口增长率为 0，且 $A_0 = 1$，$N_0 = 1$ 的情况下，为方便起见，可将上述变量按有效劳动平均，可得：$y_t = \dfrac{Y_t}{(1 + \bar{g})^t}$，$k_t = \dfrac{K_t}{(1 + \bar{g})^t}$，$w_t = \dfrac{W_t}{(1 + \bar{g})^t}$，$c_t = \dfrac{C_t}{(1 + \bar{g})^t}$，以及 $w_t = (1 - \alpha) \dfrac{y_t}{N_t}$ 和 $r_t + \delta = \alpha \dfrac{y_t}{k_t}$。

二、代表性家庭

这里，我们引入消费偏好冲击作为不确定性的来源。假设经济中存在无限期存活的异质性家庭，用 i 表示不同类的家庭，服从均匀分布 $U(0，1)$。对于家庭 i，其具有习惯形成特征的一生效用函数为：

$$U_0 = E_0 \sum_{t=0}^{\infty} \beta^t [(\log C_t(i) - \varphi \log C_{t-1}(i)) (\zeta_t(i) + \theta) - N_t(i)]$$

其中：E_0 表示基于 0 期信息形成的条件期望算子；$0 < \beta < 1$，表示效用贴现率；$\varphi \in [0，1)$，为习惯形成参数，φ 越大，习惯形成特征越强；[①] $C_t(i)$ 表

[①] 这里消费存量采用上一期的消费而不是过去消费的平均，参见 Carroll 等（2000）等的研究。

示家庭 i 在 t 期的消费，给定 $C_{-1} > 0$; $N_t(i)$ 表示家庭 i 在 t 期的劳动供给。参考 Wen（2009），假设消费偏好冲击为 $\zeta_t(i) + \theta$。其中，θ 为常数，是一个参考的平均偏好水平，且 $\theta \in (0, 1)$；假设 $\zeta_t(i)$ 服从幂分布[①]，且是独立同分布的；其分布函数为 $F(\zeta_t) = \left(\dfrac{\zeta_t}{\zeta_{max}} \right)^{\sigma}$，$\zeta_t \in [0, \zeta_{max}]$，$\sigma \in (0, +\infty)$。假定 $E(\zeta_t(i) + \theta) = 1$，以排除个体的偏好冲击不会对加总的效用产生扭曲，在此假定下，$\zeta_{max} = \dfrac{(1 + \sigma)(1 - \theta)}{\sigma}$。

把变量转换为按有效劳动平均的形式后，家庭 i 的效用最大化问题可表示为：

$$\max_{|c_t(i), \, s_{t+1}(i), \, N_t(i)|_{t=0}^{\infty}} E_0 \Big\{ \sum_{t=0}^{\infty} \beta^t \left[(\log c_t(i) - \varphi \log c_{t-1}(i))(\zeta_t(i) + \theta) - N_t(i) \right] \Big\}$$

s. t.　$c_t(i) + (1 + \bar{g}) s_{t+1}(i) \leqslant (1 + r_t) s_t(i) + w_t N_t(i)$　　　　（22-1）

$$s_{t+1}(i) \geqslant 0 \qquad\qquad\qquad (22\text{-}2)$$

这里，$s_{t+1}(i)$ 是家庭 i 在 t 期意愿的储蓄水平；定义 t 期的总收入为 $x_t(i) = (1 + r_t) s_t(i) + w_t N_t(i)$。（22-1）式和（22-2）式分别表示第 i 类家庭面临的预算约束和信贷约束[②]。

求解上述最大化问题，可得家庭 i 关于消费和储蓄 $\{c_t(i), s_{t+1}(i)\}$ 的最优决策：

$$c_t(i) = [\min\{\zeta_t(i) + \theta, \zeta_t^* + \theta\} - \beta\varphi] w_t R(\zeta_t^*, \varphi) \qquad (22\text{-}3)$$

$$(1 + \bar{g}) s_{t+1}(i) = \max\{\zeta_t^* - \zeta_t(i), 0\} w_t R(\zeta_t^*, \varphi) \qquad (22\text{-}4)$$

$$\frac{1 + \bar{g}}{w_t} = \beta E_t \left(\frac{1 + r_{t+1}}{w_{t+1}} \right) R(\zeta_t^*, \varphi) \qquad (22\text{-}5)$$

$$x_t = (\zeta_t^* + \theta - \beta\varphi) w_t R(\zeta_t^*, \varphi) \qquad (22\text{-}6)$$

其中，ζ_t^* 为消费偏好冲击的临界点，$R(\zeta_t^*, \varphi) = \displaystyle\int_{\zeta_t \geqslant \zeta_t^*}$

---

①　选择幂分布不仅因为其涵盖了若干已知的重要分布（邬学军，2011），还因为异质性家庭面临的偏好冲击是不均匀的且具有较大的差异性，幂分布的极不均匀性更能够真实地反映这些冲击的不确定性。

②　理论上借贷约束也可设为 $s_{t+1}(i) \geqslant -\alpha$，$\alpha \geqslant 0$ 为常数。但不影响模型的结果，因此把借贷约束重写为 $s_{t+1}(i) + \alpha \geqslant 0$。

$\dfrac{\zeta_t(i) + \theta - \beta\varphi}{\zeta_t^* + \theta - \beta\varphi} dF(\zeta) + \displaystyle\int_{\zeta_t < \zeta_t^*} dF(\zeta)$ ，Wen（2009）定义其为流动性风险补贴，表示在信贷约束的条件下，居民因进行储蓄而获得的补贴其流动性的收益。通过简单计算可知，$R(\zeta_t^*, \varphi) \geqslant 1$；且 $R(\zeta_t^*, \varphi)$ 为习惯形成特征参数 φ 的增函数。这说明习惯形成特征越强，居民进行储蓄所获得的流动性风险补贴就越多，居民储蓄的意愿就越强。

（22-3）式和（22-4）式表明，对于同样的收入水平，偏好冲击 $\zeta_t(i)$、偏好冲击临界点 ζ_t^* 以及习惯形成参数 φ 直接影响家庭 i 所选择的最优消费和储蓄。具体而言，当偏好冲击 $\zeta_t(i)$ 大于其冲击临界点 ζ_t^* 时，居民不会进行储蓄，家庭的收入全部用于消费支出；当偏好冲击 $\zeta_t(i)$ 小于或等于其击临界点 ζ_t^* 时，家庭 i 的消费为 $\dfrac{\zeta_t(i) + \theta - \beta\varphi}{\zeta_t^* + \theta - \beta\varphi} x_t$，储蓄为 $\dfrac{\zeta_t^* - \zeta_t(i)}{\zeta_t^* + \theta - \beta\varphi} x_t$。可以发现，一方面，偏好冲击越大，即消费结构的升级会不断刺激居民的消费支出；另一方面，居民的消费习惯形成参数 φ 越大，居民总收入中用于消费的比例越低；反之，习惯形成参数越小，居民总收入中用于消费的比例越高。

t 期经济加总的消费水平为 $c_t = \displaystyle\int c_t(i)\, \mathrm{d}i$，总储蓄为 $s_{t+1} = \displaystyle\int s_{t+1}(i)\, \mathrm{d}i$，劳动总供给为 $N_t = \displaystyle\int N_t(i)\, \mathrm{d}i$。在最优路径上，根据（22-3）式和（22-4）式加总可得：

$$c_t = [D(\zeta_t^*) - \beta\varphi]\, w_t R(\zeta_t^*, \varphi) \tag{22-7}$$

$$(1 + \bar{g})\, s_{t+1} = H(\zeta_t^*)\, w_t R(\zeta_t^*, \varphi) \tag{22-8}$$

其中：

$$D(\zeta_t^*) = \theta + \int_{\zeta_t < \zeta_t^*} \zeta_t(i)\, \mathrm{d}F(\zeta) + \int_{\zeta_t \geqslant \zeta_t^*} \zeta_t^*\, \mathrm{d}F(\zeta)$$

$$H(\zeta_t^*) = \int_{\zeta_t < \zeta_t^*} \zeta_t^*\, \mathrm{d}F(\zeta) - \int_{\zeta_t < \zeta_t^*} \zeta_t(i)\, \mathrm{d}F(\zeta)$$

并且通过简单计算可知，$D(\zeta_t^*) + H(\zeta_t^*) = \theta + \zeta_t^*$。

在幂分布的假定下可求得：

$$R(\zeta_t^*, \varphi) = \frac{1}{\zeta_t^* + \theta - \beta\varphi}\left[\frac{\sigma}{\sigma + 1}\zeta_{\max} + \theta - \beta\varphi + \frac{1}{\sigma + 1}\zeta_t^{*\,\sigma+1}\zeta_{\max}^{-\sigma}\right]$$

$$\tag{22-9}$$

$$D(\zeta_t^*) = \theta + \zeta_t^* - \frac{1}{\sigma + 1}\zeta_t^{*\ \sigma+1}\zeta_{\max}^{-\sigma} \tag{22-10}$$

$$H(\zeta_t^*) = \frac{1}{\sigma + 1}\zeta_t^{*\ \sigma+1}\zeta_{\max}^{-\sigma} \tag{22-11}$$

三、市场出清

市场出清的条件是：

$$s_t = k_t \tag{22-12}$$

$$c_t + (1 + \bar{g})k_{t+1} = y_t + (1 - \delta)k_t \tag{22-13}$$

定义经济的居民总储蓄为可支配收入 $y_t - \delta k_t$ 中没有被消费掉的部分，根据（22-13）式可得居民储蓄率为：[①]

$$\tau_t = \frac{(1 + \bar{g})k_{t+1} - k_t}{y_t - \delta k_t} \tag{22-14}$$

从而，定义居民消费率为 C_t，则 $C_t = 1 - \tau_t$。

四、稳态分析

在上述对生产函数的假定下，经济达到稳态时，所有宏观经济变量的增长速度应为技术进步增长率，按有效劳动平均后的变量的增长速度应为 0。在稳态时，（22-7）式、（22-8）式以及（22-5）式、（22-6）式转换为：

$$c = [D(\zeta^*) - \beta\varphi]\,wR(\zeta^*,\ \varphi) \tag{22-15}$$

$$(1 + \bar{g})k = H(\zeta^*)\,wR(\zeta^*,\ \varphi) \tag{22-16}$$

$$1 + \bar{g} = \beta(1 + r)\,R(\zeta^*,\ \varphi) \tag{22-17}$$

$$x = (\zeta^* + \theta - \beta\varphi)\,wR(\zeta^*,\ \varphi) \tag{22-18}$$

其中，稳态时偏好冲击临界点 ζ^* 在给定条件下是唯一确定的。

由（22-14）式的定义，稳态时经济的居民储蓄率为 $\tau = \dfrac{\bar{g}k}{y - \delta k} = \dfrac{\bar{g}k}{c + \bar{g}k}$，利用（22-15）式、（22-16）式和 $D(\zeta^*) + H(\zeta^*) = \theta + \zeta^*$ 可得居民储蓄率为

---

① 参见国家统计局的指标解释以及汪伟和郭新强（2011）。

$$\tau = \frac{\bar{g}H(\zeta^*)}{(1+\bar{g})(\zeta^* + \theta - \beta\varphi) - H(\zeta^*)} \qquad (22\text{-}19)$$

或者，改写（22-14）式的定义，稳态时经济的居民储蓄率，$\tau =$

$\dfrac{\bar{g}k}{y - \delta k} = \dfrac{\bar{g}\dfrac{k}{y}}{1 - \delta\dfrac{k}{y}}$。进一步，由于 $r = \alpha\dfrac{y}{k} - \delta$，代入（22-17）式可得 $\dfrac{k}{y} =$

$\dfrac{\alpha\beta R(\zeta^*, \varphi)}{(1+\bar{g}) - \beta(1-\delta)R(\zeta^*, \varphi)}$，从而居民储蓄率的另一种表达式为：

$$\tau = \frac{\alpha\beta\bar{g}R(\zeta^*, \varphi)}{(1+\bar{g}) - \beta(1-\delta+\alpha\delta)R(\zeta^*, \varphi)} \qquad (22\text{-}20)$$

由居民储蓄率的两种表达式可知，经济增长率 $\bar{g}$、习惯形成特征参数 φ 以及资本报酬占比等均决定了经济的居民储蓄率 τ。从而我们可得到以下结论：

结论一：在其他条件不变时，习惯形成特征和信贷约束的存在，在导致经济高增长的同时，居民储蓄率不断提高，居民消费率不断降低。由（22-19）式可知，居民储蓄率 τ 为经济增长率 $\bar{g}$ 的增函数；相应地，消费率为经济增长率 $\bar{g}$ 的减函数。一方面，经济增速的提高会改善居民的收入水平，习惯形成特征的存在会减缓居民现期消费水平的快速提高，从而居民储蓄率会上升、居民消费率会下降；另一方面，当居民随着收入水平的提高而相应扩大消费，信贷约束的存在会提高储蓄的流动性风险补贴，从而进一步提高了居民储蓄率、降低了居民消费率。

结论二：在其他条件不变时，习惯形成特征越强，居民储蓄率越高、居民消费率就越低。由（22-20）式可知，居民储蓄率是流动性风险补贴的增函数 $R(\zeta^*, \varphi)$，而流动性风险补贴 $R(\zeta^*, \varphi)$ 是习惯形成参数 φ 的增函数，故居民储蓄率是习惯形成参数 φ 的增函数。所以习惯形成参数越大，居民储蓄率越高，居民消费率就越低。

结论三：在其他条件不变时，习惯形成特征会进一步强化信贷约束对居民消费储蓄决定的影响，从而进一步提高居民储蓄率和降低居民消费率。

在没有习惯形成特征时，即 $\varphi = 0$，居民储蓄率为：

$$\tau^0 = \frac{\alpha\beta\bar{g}R(\zeta^*)}{(1+\bar{g}) - \beta(1-\delta+\alpha\delta)R(\zeta^*)} \tag{22-21}$$

其中，$R(\zeta^*) = \int_{\zeta \geq \zeta^*} \frac{\zeta(i)+\theta}{\zeta^*+\theta}\mathrm{d}F(\zeta) + \int_{\zeta < \zeta^*}\mathrm{d}F(\zeta)$。对比（22-20）式，可以发现，由于 $1 \leq R(\zeta^*) = R(\zeta^*, 0) < R(\zeta^*, \varphi)$ 成立，所以，$\tau^0 < \tau$。

第四节　模型校准及模拟分析

一、模型参数校准

为校准上述模型，需要赋值的参数有两类：一是由中国经济的实际运行情况选取的参数值；二是偏好冲击中所含参数的数值。对于前者涉及的参数有：生产函数中的资本报酬占比 α。这可通过计算劳动报酬占比获得。有两个渠道：一是利用各省份收入法核算的 GDP 数据；二是利用资金流量表（实物交易）计算。按资金流量表计算的资本报酬占比各年均较低，2000—2007 年期间的均值为 40.1%；按收入法核算的省际 GDP 计算的均值为 55.7%。此外，按白重恩等（2009）的数据计算的平均值为 48.4%。这里，我们先取 α 等于 0.55，之后，再改变 α 的值以分析国民收入分配结构的调整对居民消费率变化的影响。对于年贴现率 β 以及资本折旧率 δ 在参考现有文献的基础上（陈昆亭等，2004），分别取 0.96 和 0.12。对于后者，消费偏好冲击 $\zeta(i)$ 的分布函数中涉及的参数，我们选择 Wen（2009）中的数值，即 $\theta = 0.1, \sigma = 0.15$。

二、数值模拟分析

以下进行两方面的模型模拟分析：一是研究习惯形成特征参数对中国经济居民储蓄率和消费率的影响；二是分析调整国民收入分配结构对提高居民消费率的作用。

1. 习惯形成特征强弱对居民消费率的影响分析

基于现有文献的实证研究，我们让居民的消费习惯形成特征参数 φ 在 [0.30，0.65] 的区间内变化，以反映习惯形成特征的不断增强。我们把 $\varphi = 0$ 的情形作为基准模型做对比。图 22-1 给出了给定了一个 φ 值，随着经济增速的不断提高，居民储蓄率与消费率变化的情况。

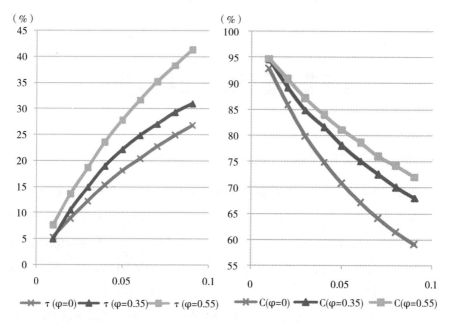

图 22-1 经济增长率与居民储蓄率、消费率之间的动态关系
资料来源：作者计算。

给定一定的习惯形成特征参数，经济增长率越高，居民储蓄率越高、消费率越低；且随着习惯形成特征的不断增强，经济越快增长，消费率下降越快。如图 22-2 所示，首先，在没有习惯形成特征的情况下，信贷约束的存在导致居民储蓄率随着经济增长速度提高而提高，同时，居民消费率随着经济增长速度提高而下降；其次，当存在习惯形成特征时，$\varphi = 0.35$，对应于同样的经济增长率，居民储蓄率会进一步提高，居民消费率会进一步下降；最后，当习惯形成特征进一步增强时，$\varphi = 0.55$，居民储蓄率下降和居民消费率提高的态势也进一步增强。这一结论意味着，习惯形成特征的存在会进一步强化信贷约束对居民储蓄率和消费率的影响。

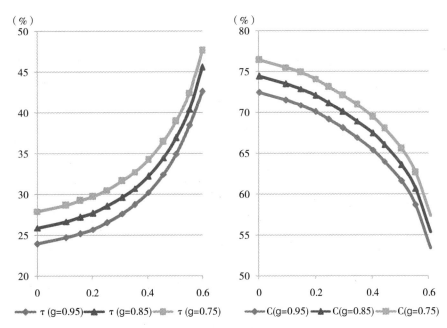

图 22-2　习惯形成特征与居民储蓄率、消费率之间的动态关系

资料来源：作者计算。

　　另一方面，给定一定的经济增长率，习惯形成特征越强，居民储蓄率越高、居民消费率越低；且随着经济增长的提速，居民储蓄率上升越快，居民消费率下降也越快。如图 22-3 所示，在 7.5% 的经济增长速度下，习惯形成特征参数 φ 从 0 上升到 0.6，居民储蓄率可从 24.47% 提高到 41.64%，居民消费率从 75.53% 下降到 58.36%；在 8.5% 的经济增长速度下，同样的习惯形成特征的变化，可使居民储蓄率从 26.28% 提高到 44.65%，居民消费率从 73.72% 下降到 55.35%；而在 9.5% 的经济增长速度下，习惯形成特征的增强，居民储蓄率可从 27.92% 提高到 47.37%，居民消费率从 72.08% 下降到 52.63%。这一结论意味着，在转型期存在习惯形成特征以及信贷约束的情况下，如果经济能适当降低增长速度，在一定程度上可提高居民消费率，从而推动经济结构的转型。

2. 调整国民收入分配结构对居民消费率的影响分析

　　通过改变国民收入分配结构中资本与劳动报酬的占比，基于模型可分析国民收入分配结构的调整对居民储蓄率和消费率变化的影响。假定不断降低国民收入分配中的资本报酬占比，也就是说提高劳动者报酬的占比，如分别令 $\alpha = 0.55$、$\alpha = 0.5$、$\alpha = 0.45$ 和 $\alpha = 0.4$，基于模型模拟降低资本报酬占比对居民消费率的影响。

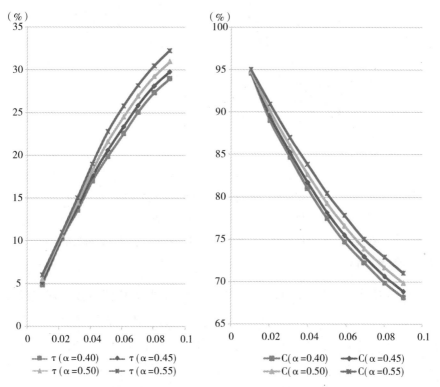

图 22-3   不同资本收入占比下经济增长率与居民储蓄率、消费率之间的关系

资料来源：作者计算。

　　如图 22-3 所示，当习惯形成特征参数 φ 为 0.35 时，在 9.5% 的经济增长速度下，使资本报酬占比从现阶段的 55% 下降到 40%，居民消费率可以从 67.22% 提高到 70.10%，居民储蓄率从 32.78% 下降到 29.90%；如果在 7.5% 的经济增长速度下，使资本报酬占比从现阶段的 55% 下降到 40%，居民消费率可以从 71.37% 提高到 74.17%，居民储蓄率从 28.63% 下降到 25.83%。结果表明，在现阶段习惯形成特征较强的情况下（以及存在不确定性和信贷约束），适当控制经济增长速度，并不断降低资本报酬的占比有利于提高居民消费率，促进经济结构的调整。

第五节　结　论

近年来，在中国经济高增长的同时，居民消费率却不断下降，经济结构失衡的局面不断加强。尽管一定程度上中国居民消费率持续下降的事实，符合赶超型经济体在经济高增长阶段表现出的共同特征，但是，目前如此低的居民消费率水平却需要从现阶段中国经济的转型特征寻找解释。从宏观层面看，现有的"投资驱动、出口拉动"经济增长方式必然对应着"高投资、低消费"的国民经济支出结构；此外，国民收入分配中持续下降的劳动者报酬占比也直接抑制了消费需求的快速提高。更重要的，从微观层面看，要素比价的扭曲以及消费者行为变迁都影响着居民消费率的变化。

本章从转型时期中国居民所具有的消费习惯形成特征以及所面临的信贷约束条件出发，基于动态随机一般均衡模型（DSGE）研究了中国经济增长与消费率变化之间的动态作用机理。结果表明，即便不存在将来收入的不确定性，消费习惯形成特征的存在也会降低消费率；习惯形成特征会强化信贷约束降低消费率的影响；且消费习惯形成特征越强，居民消费率水平就越低。基于模型模拟结果表明，现阶段适当降低经济增长速度并调整国民收入分配结构，提高劳动者报酬，有利于提高消费率，并推进经济结构的调整。

本章的研究表明在其他条件不变时，当家庭面临不确定性和信贷约束等微观经济特征时，会导致经济高增长的同时，居民储蓄率不断提高，相应地，居民消费率不断下降。并且不确定性和信贷约束的存在会削弱财政税收政策的有效性。如果减弱不确定性和信贷约束对居民消费行为的影响，不仅能够有效地刺激居民消费，提高居民消费率，而且也会促使税收政策的有效性提高。

参考文献

［1］白重恩、钱震杰：《国民收入的要素分配：统计数据背后的故事》,《经济研究》2009 年第 3 期。

［2］裴春霞、孙世重：《流动性约束条件下的中国居民预防性储蓄行为分析》,《金融研究》2004 年第 10 期。

［3］陈昆亭、龚六堂、邹恒甫：《基本 RBC 方法模拟中国经济的数值试验》,《世界经济文汇》2004 年第 2 期。

［4］邓翔、李锴：《中国城镇居民预防性储蓄成因分析》,《南开经济研究》2009 年第 2 期。

［5］杜海韬、邓翔：《流动性约束和不确定性状态下的预防性储蓄研究——中国城乡居民的消费特征分析》,《经济学》2005 年第 2 期。

［6］杜宇玮、刘东皇：《预防性储蓄动机强度的时序变化及影响因素差异——基于 1979—2009 年中国城乡居民的实证研究》,《经济科学》2011 年第 1 期。

［7］高梦滔、毕岚岚、师慧丽：《流动性约束、持久收入与农户储蓄：基于八省微观面板数据的经验研究》,《数量经济技术经济研究》2008 年第 4 期。

［8］杭斌、申春兰：《经济转型期中国城镇居民消费敏感度的变参数分析》,《数量经济技术经济研究》2004 年第 9 期。

［9］杭斌、王永亮：《流动性约束和居民消费》,《数量经济技术经济研究》2001 年第 8 期。

［10］黄祖辉、金铃、陈志钢、喻冰心：《经济转型时期农户的预防性储蓄强度：来自浙江省的证据》,《管理世界》2011 年第 5 期。

［11］贾男、张亮亮、甘犁：《不确定性下农村家庭食品消费的"习惯形成"检验》,《经济学（季刊）》2011 年第 1 期。

［12］李俊青、韩其恒：《不完全资本市场，预防性储蓄与通货膨胀的福利成本分析》,《经济学（季刊)》2009 年第 4 期。

［13］李燕桥、臧旭恒：《中国城镇居民预防性储蓄动机强度检验》,《经济学动态》2011 年第 5 期。

［14］李勇辉、温娇秀：《中国城镇居民预防性储蓄行为与支出的不确定性关系》,《管理世界》2005 年第 5 期。

［15］凌晨、张安全：《中国城乡居民预防性储蓄研究：理论与实证》,《管理世界》2012 年第 11 期。

［16］刘金全、邵欣炜：《"预防性储蓄"动机的实证检验》,《数量经济技术经济研究》2003 年第 1 期。

［17］刘兆博、马树才：《基于微观面板数据的中国农民预防性储蓄研究》,《世界经济》2007 年第 2 期。

［18］龙志和、周浩明：《中国城镇居民预防性储蓄实证研究》,《经济研究》2000

年第 11 期。

　　[19] 申朴、刘康兵：《中国城镇居民消费行为过度敏感性的经验分析：兼论不确定性，流动性约束与利率》，《世界经济》2003 年第 1 期。

　　[20] 施建淮、朱海婷：《中国城市居民预防性储蓄及预防性动机强度：1999—2003》，《经济研究》2004 年第 10 期。

　　[21] 宋铮：《中国居民储蓄行为研究》，《金融研究》1999 年第 3 期。

　　[22] 孙凤：《中国居民的不确定性分析》，《南开经济研究》2002 年第 2 期。

　　[23] 孙凤、王玉华：《中国居民消费行为研究》，《统计研究》2001 年第 4 期。

　　[24] 唐绍祥、汪浩瀚、徐建军：《流动性约束下中国居民消费行为的二元结构与地区差异》，《数量经济技术经济研究》2010 年第 3 期。

　　[25] 汪伟、郭新强：《收入不平等与中国高储蓄率：基于目标性消费视角的理论与实证研究》，《管理世界》2011 年第 9 期。

　　[26] 万广华、张茵、牛建高：《流动性约束，不确定性与中国居民消费》，《经济研究》2001 年第 11 期。

　　[27] 王曦、陆荣：《中国居民消费/储蓄行为的一个理论模型》，《经济学》2011 年第 1 期。

　　[28] 邬学军、唐明：《幂分布》，《大学数学》2011 年第 6 期。

　　[29] 叶海云：《试论流动性约束，短视行为与中国消费需求疲软的关系》，《经济研究》2000 年第 11 期。

　　[30] 严成樑、崔小勇：《习惯形成及其对宏观经济学发展的影响——一个文献综述》，《世界经济文汇》2013 年第 1 期。

　　[31] 易行健、王俊海、易君健：《预防性储蓄动机强度的时序变化与地区差异》，《经济研究》2008 年第 2 期。

　　[32] 赵霞、刘彦平：《居民消费，流动性约束和居民个人消费信贷的实证研究》，《财贸经济》2006 年第 11 期。

　　[33] 张继海、臧旭恒：《寿命不确定与流动性约束下的居民消费和储蓄行为研究》，《经济学动态》2008 年第 2 期。

　　[34] 周建、杨秀祯：《中国农村消费行为变迁及城乡联动机制研究》，《经济研究》2009 年第 1 期。

　　[35] 周绍杰：《中国城市居民的预防性储蓄行为研究》，《世界经济》2010 年第 8 期。

　　[36] 朱信凯：《流动性约束，不确定性与中国农户消费行为分析》，《中国农业经济评论》2005 年第 1 期。

　　[37] Alvarez-Cuadrado, F., Monteiro, G., Turnovsky, S. J., " Habit Formation, Catching up with the Joneses, and Economic Growth", *Journal of Economic Growth*, 2004, 9 (1).

　　[38] Browning, M., Lusardi, A., " Household Saving: Micro Theories and Micro

Facts", *Journal of Economic literature*, 1996.

[39] Caballero, R. J., "Earnings Uncertainty and Aggregate Wealth Accumulation", *The American Economic Review*, 1991.

[40] Campbell, J., Deaton, A., "Why is Consumption so Smooth?", *The Review of Economic Studies*, 1989, 56 (3).

[41] Carroll, C. D., Overland, J. and Weil, D. N., "Saving and Growth with Habit Formation", *American Economic Review*, 2000.

[42] Carroll, C. D., Kimball, M. S., "On the Concavity of the Consumption Function", *Econometrica: Journal of the Econometric Society*, 1996.

[43] Dolde, W., Tobin, J., "Wealth, Liquidity, and Consumption", in Consumer Spending and Monetary Policy: The Linkages, Boston: Federal Reserve Bank of Boston, 1971.

[44] Dow Jr, James, P., Olson, L. J., "An Analytic Solution to a Stochastic Consumption Saving Problem with Liquidity Constraints", *Southern Economic Journal*, 1991, 58 (2).

[45] Lee J. J., Sawada, Y., "The Degree of Precautionary Saving: A Reexamination", *Economics Letters*, 2007, 96 (2).

[46] Lee J. J., Sawada, Y., "Precautionary Saving under Liquidity Constraints: Evidence from Rural Pakistan", *Journal of Development Economics*, 2010, 91 (1).

[47] Walsh, Carl, E., *Monetary Theory and Policy*, 2003, MIT Press, 2nd edition.

[48] Wen, Y., "Saving and Growth under Borrowing Constraints Explaining the 'High Saving Rate' Puzzle", Federal Reserve Bank of St. Louis, Working Papers, 2009, No. 2009-045C.

[49] Xu, X., "Consumption Risk-Sharing in China", *Economica*, 2008, 75 (298).

[50] Xu X., "Precautionary Savings under Liquidity Constraints: A Decomposition", *International Economic Review*, 1995, 36 (3).

第二十三章　调整社保缴费率对城镇居民消费储蓄行为的影响分析[*]

社保缴费率的变化会改变居民对将来收入的预期，从而影响居民的消费储蓄行为。本章基于一个世代叠加模型分析调整社保缴费率对中国城镇居民消费储蓄行为的影响。研究表明：（1）不论是提高现收现付制还是提高基金制下的缴费率都会降低家庭的储蓄意愿，且调整基金制下的缴费率对储蓄的影响程度要大于调整现收现付制下缴费率的影响程度；（2）提高现收现付制下的缴费率可同时扩大家庭在年轻和老年时的消费水平；但仅在个人养老金账户收益率高于市场利率时，提高基金制缴费率才会扩大家庭两期的消费；（3）在缴费率给定的情况下，个人账户收益率与市场利率的差距越大，家庭的储蓄意愿就越小。因此，当前在加快完善中国社会保险制度的同时，应提高政府对个人养老金账户资金的管理水平，优化投资组合、拓宽养老保险基金的投资渠道，提高养老金账户的收益率。在居民收入持续提高的同时，适当提高基金制的缴费率，以此降低居民的储蓄意愿，并扩大居民的消费水平，推动经济结构调整，并推进经济增长方式的转变。

第一节　引　言

长期以来中国居民消费占 GDP 的比重持续下滑并维持在低位水平。其

---

* 本章作者：龚敏、杨艳。

中一个主要原因可归于居民的预防性储蓄以及谨慎性储蓄动机。一个完善的社会养老保障体系旨在降低居民对未来预期收入的风险，改善居民一生的效用水平。在中国现行的社会保障制度下，适当调整社保缴费率能否有效促进居民消费、降低储蓄率并扩大内需，是一个对当前中国调结构、转方式、稳增长具有重要现实意义的课题。

本章在邵宜航等（2010）以及杨再贵（2014）相关研究的基础上，基于一个世交迭代模型分析现收现付制和基金制下社保缴费率的变化对中国城镇居民消费储蓄行为的影响。基于中国的国情，在模型中假定现收现付制下养老保险由企业缴交，基金制下的养老保险由个人缴交；同时，假定个人养老金账户收益率不同于市场的储蓄利率。这些与现有研究不同的模型假定导致了不同的研究结论：提高基金制的缴费率在个人养老金账户的收益率高于市场利率的情况下，可在短期内促进居民消费的提高，而不是现有研究所提出的"基金制缴费率的变化对居民消费没有影响"。这一结论具有重要的现实意义：现阶段在加快完善中国社会保险制度的同时，如果能够提高个人养老金账户资金的管理水平，提高养老金账户的收益率，那么，适当提高基金制下的社保缴费率将有利于扩大居民的消费水平。

本章安排如下：第二节为文献综述；第三节构建理论模型，分析社保缴费率的变化对居民消费储蓄、企业投资的短期和长期影响；第四节进行数值模拟分析，利用1989—2013年的数据进行实证分析；第五节提出政策建议。

第二节　文献综述

关于社会保障制度对家庭消费储蓄行为的影响，在国外的研究中，Feldstein（1974）以扩展的生命周期模型为基础，提出资产替代效应和退休效应是社会保障制度影响居民消费和储蓄行为的两个渠道。其中资产替代效应指的是养老保险对家庭财富存在着替代效应，它会减少居民储蓄增加消费；退休效应指的是养老保险会缩短工作时间，延长居民的退休时间，从而增加储蓄减少消费。基于美国的数据所进行的实证研究显示，社会保障制度的设立有效减少了居民储蓄，促进了消费的扩大。科特里科夫（Kotlikoff，1979）认为社会保障的存在通过促进代际间和代际内不同时期的财富转移，对不同年龄层的消费和储蓄决策影响各不相同。其中年轻一代有可能因此而增加储蓄。

巴罗（Barro，1974）从具有利他性的父母出发，认为父母会把退休后获得的养老金作为遗产留给后代，其子女可用这部分遗产去缴纳社保。如此代代延续下去，家庭一生的预算约束可能不受社保缴费的影响，因此认为社会保障对消费的影响是不确定的。戴维斯（Davis，1995）以12个OECD国家以及智利和新加坡为研究对象，考察得出基于基金制的养老保险制度对于居民储蓄的影响并不明晰。

此外，还有一些研究关注到社保制度转轨的问题，但并没有取得一致的结论。例如，Belan、Michel和Pestieau（1998）提出社会保障制度从现收现付制转为基金制可以提高税制效率，弥补现收现付制的不足，促进代际间的公平，因而转轨是有效的。巴尔（2003）认为虽然基金制在储蓄功能上优于现收现付制，但是这部分储蓄是否就能促进投资从而刺激经济还有待探究。奥尔巴赫和李（Auerbach和Lee，2011）选用随机模拟的方法对比了美国、德国、瑞士三国不同的社保制度，结果显示，相比之下瑞士采用的基金积累制更有利于维护代际间的公平，不过会造成社会福利净损失。Buyse等（2011）在开放经济下用一个四阶段的世代交叠模型来分析社保制度转轨的影响，数值模拟的结果显示现收现付制在促进就业、人力资本积累、经济增长和社会福利方面具有更强的积极作用。Vogel等（2012）以多国世代交叠模型为基础讨论了人口老龄化背景下为实现福利效应最大化的政策选择问题。表明选择内生化人力资本的养老保险制度和提高退休年龄比进行海外投资更能应对人口变化的不利影响。

在国内的研究中，大部分研究集中在中国社会保障制度所应选择的筹资方式上，关于缴费率的调整对居民消费储蓄行为的影响研究得比较少。其中，赞同现收现付制的研究有：朱青（2001）从社会总负担系数的角度出发，通过对比儿童负担比例和老年依赖性人口比例的大小，得出在21世纪初中国人口老龄化还在社会经济发展可承受的范围内，所以不赞成从现收现付制转为基金制。封进（2004）认为如果一国收入差异较大，或者工资增长率和人口增长率之和超过投资报酬率，那么选择现收现付制能改善社会总福利，所以中国的养老保险体系仍应选择现收现付制以获得社会福利最大化。程永宏（2005）通过构建现收现付制度下在职者养老负担理论模型得出人口老龄化并不会导致现收现付制度必然出现收支失衡的情况，现收现付制能够更好地化解中国存在的养老金隐性债务危机。郭凯明和龚六堂（2012）在一个世代交叠模型中考虑了人力资本和子女对老年人的赡养，研究显示社会保障可以通过替代家庭养老促进经济增长，而且现收现付制对于家庭养老的替代作用更大，对经济增长的促进作用也更明显。

赞同基金制的研究有：北京大学中国经济研究中心宏观组（2000）通过构建一个涵盖世代交叠和 Ramsey 增长的宏观模型说明基金制在促进消费增长、提高消费水平、合理化税率方面比现收现付制表现得更好，所以更适合中国的社保制度是基金制。一些其他方面的研究还包括：赵耀辉和徐建国（2001）认为在中国城镇养老保险体制改革中忽视激励机制问题促使收支失衡愈来愈严重，对此提出了在个人账户上实行完全基金积累制的解决方案。彭浩然和申曙光（2007）丰富了弱利他模型，考虑父母对子女的教育投资，结果表明采用现收现付制会抑制储蓄，对经济增长产生不利影响，因此中国应坚持向统账结合模式转轨的大方向。袁志刚和宋铮（2000）通过建立两期叠代模型得出无论养老保险制度采取何种形式，人口老龄化都会通过利率或者代际间的转移来改变当代年轻人退休后的消费水平和最优储蓄率，数值模拟的结果证实了人口年龄结构的变化会提高中国城镇居民储蓄倾向。张迎斌等（2013）在跨期替代模型中增加了成年人存活至退休期的概率这一因素，实证结果表明现收现付制替代率的提高将导致社会统筹养老金账户价值与退休期消费水平提高，个人账户养老金价值以及工作期消费将下降，并对社会总储蓄起到了挤压作用，消费者总效用下降，个人账户替代率提高的作用正好相反。

关于缴费率变化对消费储蓄行为的影响方面，主要有以下的研究：Chamon 等（2010）基于预防性储蓄假说，研究了中国城镇居民储蓄率居高不下的现状，结果显示中国居民的收入不确定性较高及 1997 年推行的社保制度改革导致养老金替代率降低，这些原因都推高了中国城镇家庭的储蓄率。邵宜航等（2010）通过建立异质性主体的内生增长世代交叠模型，对比了两类社会保障制度对经济增长和收入分配的影响。结果表明现收现付制虽然不利于提高经济增长率，但是它的收入再分配功能却能促进社会福利的提高，中国收入差距较大，所以未来中国应注重发挥现收现付制的收入再分配功能。杨再贵（2014）在构建世代交叠模型时考虑了中国当前实行统账结合的养老模式，理论上推导出虽然提高个人缴费率会增加个人养老账户的本金，但它对资本劳动比率，社会统筹养老金、消费和效用却无影响；提高企业缴费率会增加社会统筹养老金和退休期间的消费，但会减少资本劳动比例、个人养老账户本金、工作期间的消费和效用。因此他主张通过提高个人缴费率、降低企业缴费率来改善社会福利。

我们拟在中国统账结合的社保制度背景下，以邵宜航等（2010）以及杨再贵（2014）的研究为基础，对现有研究中的模型设定进行改进，假定个人养老金账户的收益率与市场储蓄利率不同，从而得出了与邵宜航等（2010）以及杨再贵（2014）不同的结论：一是否定了调整基金制缴费率对消费无影响的观点，认为在个人养老金账户的收益率高于市场利率的情况下，提高基金制的缴费率可在短期内促进居民消费的提高；二是杨再贵（2014）提出现收现付缴费率的提高会抑制年轻人消费、促进老年人消费，我们认为，提高现收现付制下的缴费率可在短期促进年轻一代居民消费的提高。

第三节　理论模型

对比邵宜航等（2010）和杨再贵（2014）的研究，我们模型的异同在于：（1）引入邵宜航等（2010）关于异质性主体的设定，认为存在于各个个体间的收入差异是外生的；（2）在中国统账结合的社保制度背景下，基金制下的养老保险由企业缴交，现收现付制下的养老保险由个人缴纳（杨再贵，2014）；（3）由于个人缴纳的养老保险一定程度上具有个人储蓄的性质，因而假定每一期可用于生产的资本存量由上期经济中的总储蓄和个人缴纳的养老金共同组成（邵宜航等，2010）；（4）对现有研究的一个重要改进是，现有文献中认为个人养老金账户的收益率等同于储蓄的市场利率。这个假定显然与现实经济不符合。因而我们假定这两个利率不同，得出了基金制下缴费率的变化在一定的条件下会对居民消费产生影响的结论。

一、模型的构建

1. 代表性企业的问题

假设一个具有柯布—道格拉斯形式的生产函数：$Y_t = F(K_t，A_t L_t) = K_t^{\alpha}(A_t L_t)^{1-\alpha}$，其中 Y_t 为 t 期的总产出，A_t 为技术进步，K_t 为可用于 t 期生产的资本存量，L_t 为当前可投入生产的劳动力总量，α 为产出的资本弹性。这里，基于邵宜航等（2010），生产中投入的劳动力因人力资本存量的不同存在生产效率的差异，其工资水平也各不相同。假设可把劳动力分为 m 类，第 i 类劳动力是数量表示为 L_t^i，$i = 1,\dots，m$，那么，t 期可投入生产的劳动力总量为 $L_t = \sum_{i=1}^{m} \sigma_i L_t^i$，其中 $\sigma_i > 0$ 表示劳动力的人力资本存量的权重。简化起见，假设 $\sum_{i=1}^{m} \sigma_i / m = 1$。

此外，假定折旧率为零，实际利率等于资本的边际产出，即 $1 + r_t = F_1(K_t，A_t L_t)$；在技术进步的增长率为零的情况下，记人均资本存量为 k，那么，

$$1 + r_t = \alpha k_t^{\alpha-1} \tag{23-1}$$

记 w_t 为社会平均劳动工资，其应等于劳动的边际产出。由于引入了现收现付制，企业雇佣劳动所支付给工人的实际工资仅为边际产出的一定比例，如 λ_P 为现收现付制下的缴纳率，那么：

$$w_t = \frac{(1-\alpha) k_t^{\alpha}}{1 + \lambda_P} \tag{23-2}$$

这样，缴费率越高，单位劳动的实际工资水平就越低。记 w_t^i 为 i 类劳动力的工资，有 $w_t^i = \sigma_i w_t$。

2. 家庭的问题

假设家庭中每个成员只存活两期，t 期工作（年轻时期）和 $t+1$ 期退休（老年时期）。每个人在年轻时工作获得收入，进行消费和储蓄，并支付基金制下的个人养老保险，缴费率为 λ_F；在老年时不工作，以储蓄和来自现收现付制下的养老金账户和基金制账户的保险金维持生活。简化起见，体现不同人力资本水平的各类劳动其人口增长率均设为 n。记第 i 类劳动力在 t 期的消费数量为 $c_{1,t}^i$、储蓄为 s_t^i；在 $t+1$ 期的消费表示为 $c_{2,t+1}^i$。家庭从两期的消费中获取效用，效应函数设为，$U_t|_{\{c_{1,t}^i, c_{2,t+1}^i\}} = \ln c_{1,t}^i + \beta \ln c_{2,t+1}^i$，其中 β 为效用的时间贴现率，效用函数满足 $U'(\cdot) > 0$，$U''(\cdot) < 0$ 的凹函数设定。

3. 政府的问题

政府维持社保制度政策运行有两个任务：一个是向企业征收现收现付制下的社会统筹养老保险金，用于支付当期老年一代家庭的退休金；另一个是建立个人养老金账户，将其汇集成全社会的养老基金进行投资管理，在个人退休后把个人累积的个人养老金连本带息地返还给个人。

记基金制下个人在 t 期上缴的养老金费率为 λ_F，第 i 类家庭的个人养老金账户金额为 $I_t^i = \lambda_F w_t^i = \lambda_F \sigma_i w_t$；个人养老金账户的收益率为 η，$0 < \eta < 1$。这里，虽然个人养老金账户的资金具有储蓄的性质，但 η 可不同于市场利率 r_t。到 $t+1$ 期，个人可从账户中领取 $(1+\eta)I_t^i$ 的养老金。另一方面，记 t 期企业在现收现付制下的缴费率为 λ_P，它为所雇佣的各类劳动需支付的社会统筹养老金为 P_t^i；政府将企业缴费作为社会统筹资金来支付当期退休者的社会统筹养老金。假设 t 期全社会统筹的养老金总额为 P_t，让 $P_t^i = \sigma_i P_t$。这些资金将支付给当期存活的老年人，有 $\sum_{i=1}^{m} P_t^i L_{t-1}^i = \sum_{i=1}^{m} \lambda_P w_t^i L_t^i$。进而有 $P_t = (1+n)\lambda_P w_t$，$P_t^i = (1+n)\lambda_P \sigma_i w_t$。

二、调整社保缴费率对家庭消费储蓄行为的影响分析

基于以上设定，t 期 i 类家庭效用最大化问题表示如下：

$$\max_{c_{1,t}^i, c_{2,t+1}^i} U = \ln c_{1,t}^i + \beta \ln c_{2,t+1}^i \qquad (23-3)$$

$$\text{s. t. } c_{1,\,t}^{i} = (1 - \lambda_{F}) w_{t}^{i} - s_{t}^{i} \tag{23-4}$$

$$c_{2,\,t+1}^{i} = (1 + r_{t+1}) s_{t}^{i} + (1 + \eta) \lambda_{F} w_{t}^{i} + (1 + n) \lambda_{P} \sigma_{i} w_{t+1} \tag{23-5}$$

其中 $w_{t}^{i} = \sigma_{i} w_{t}$。在上述家庭的效用最大化问题中，基金制和现收现付制下的缴费率 $(\lambda_{F}, \lambda_{P})$ 进入了家庭的预算约束，因而它们会对居民消费储蓄行为产生影响。

求解家庭的效用最大化问题，可得家庭选择两期消费应满足如下的欧拉方程：

$$c_{2,\,t+1}^{i} = \beta (1 + r_{t+1}) c_{1,\,t}^{i} \tag{23-6}$$

以及家庭在 t 期的储蓄额为：

$$s_{t}^{i} = \left[\frac{\beta(1 - \lambda_{F})}{1 + \beta} - \frac{(1 + \eta)\lambda_{F}}{(1 + \beta)(1 + r_{t+1})} \right] \sigma_{i} w_{t} - \frac{(1 + n)\lambda_{P}}{(1 + \beta)(1 + r_{t+1})} \sigma_{i} w_{t+1}$$

$$\tag{23-7}$$

上式表明，影响家庭储蓄的因素有：两期的工资收入 (w_{t}, w_{t+1})，基金制和现收现付制下的缴费率 $(\lambda_{F}, \lambda_{P})$，以及个人账户保险金收益率和市场利率 (η, r_{t+1})。在缴费率给定的情况下，个人账户收益率 η 与市场利率的差距越大，家庭的储蓄意愿就越小。因此，管理好个人养老金账户的资金，提高其收益率，将有利于降低家庭的储蓄。

1. 社保缴费率与储蓄的关系

首先分析调整现收现付制下缴费率 λ_{P} 对储蓄的影响。基于（23-7）式，有：

$$\frac{\partial s_{t}^{i}}{\partial \lambda_{P}} = - \frac{(1 + n)}{(1 + \beta)(1 + r_{t+1})} \sigma_{i} w_{t+1} < 0 \tag{23-8}$$

这说明提高现收现付制的缴费率会降低家庭的储蓄意愿，因为家庭老年时可以从社会统筹账户获得部分养老保险。

其次，分析调整基金制下缴费率 λ_{F} 对储蓄的影响。同上有：

$$\frac{\partial s_{t}^{i}}{\partial \lambda_{F}} = - \left[\frac{\beta}{1 + \beta} + \frac{(1 + \eta)}{(1 + \beta)(1 + r_{t+1})} \right] \sigma_{i} w_{t} < 0 \tag{23-9}$$

这意味着提高基金制的缴费率也会降低家庭的储蓄意愿，因为个人养老金一定程度上具有储蓄的性质，但是强制性的。由此可见无论是现收现付制还是基金制，缴费率的提升都会对储蓄有挤出效应。比较（23-8）式和（23-9）式，调整基金制下的缴费率对储蓄的影响程度要大于调整现收现付制下缴费率的影响。

2. 社保缴费率与消费的关系

把（23-7）式代入（23-4）式和（23-5）式，可得家庭在两期的消费（$c_{1,t}^i$，$c_{2,t+1}^i$）分别为：

$$c_{1,t}^i = \left[\frac{1}{1+\beta} + \frac{(\eta - r_{t+1})\lambda_F}{(1+\beta)(1+r_{t+1})}\right]\sigma_i w_t + \frac{(1+n)\lambda_P}{(1+\beta)(1+r_{t+1})}\sigma_i w_{t+1}$$

$$\text{(23-10)}$$

$$c_{2,t+1}^i = \left[\frac{\beta(1+r_{t+1})}{1+\beta} + \frac{\beta(\eta - r_{t+1})\lambda_F}{1+\beta}\right]\sigma_i w_t + \frac{\beta(1+n)\lambda_P}{1+\beta}\sigma_i w_{t+1}$$

$$\text{(23-11)}$$

先看调整现收现付制下缴费率的情形。基于（23-10）式有：

$$\frac{\partial c_{1,t}^i}{\partial \lambda_P} = \frac{(1+n)}{(1+\beta)(1+r_{t+1})}\sigma_i w_{t+1} > 0 \tag{23-12}$$

表明，提高现收现付制下的缴费率可扩大年轻一代的消费，因为有了一定程度上年老时来自社会统筹账户的养老保险，年轻一代家庭年轻时需要自愿储蓄的数量下降了，可消费的数量就提高了。同时，基于（23-11）式有：

$$\frac{\partial c_{2,t+1}^i}{\partial \lambda_P} = \frac{\beta(1+n)}{1+\beta}\sigma_i w_{t+1} > 0 \tag{23-13}$$

说明提高现收现付制下的缴费率也可增加老年人的消费，因为家庭可使用来自统筹账户的养老金进行消费。

再看调整基金制下缴费率对消费的影响。基于（23-10）式有：

$$\frac{\partial c_{1,t}^i}{\partial \lambda_F} = \frac{(\eta - r_{t+1})}{(1+\beta)(1+r_{t+1})}\sigma_i w_t \tag{23-14}$$

上式的符号取决于个人账户收益率 η 与市场利率 r_{t+1} 的大小。如果 $\eta > r_{t+1}$，那么，$\frac{\partial c_{1,t}^i}{\partial \lambda_F} > 0$。这意味着提高现收现付制下的缴费率可促进年轻一代家庭的消费。虽然缴费率的提高减少了年轻一代家庭的当期收入，不利于当期消费的扩大；但另一方面，当个人养老金账户收益率高于市场利率时，较低的市场储蓄利率会抑制年轻一代储蓄的意愿，再加上个人养老金账户有较高的收益预期以及老年时预期可从基金制统筹中获得养老金，综合起来，年轻一代家庭就可能扩大当期的消费。而如果 $\eta < r_{t+1}$，$\dfrac{\partial c_{1,\,t}^{i}}{\partial \lambda_F} < 0$，较高的储蓄利率激励年轻一代储蓄的意愿，同时对将来个人养老金账户资金较低收益的预期，尽管老年时可从基金制统筹中获得养老金，年轻一代家庭也可能减少当期的消费。如果 $\eta = r_{t+1}$，$\dfrac{\partial c_{2,\,t+1}^{i}}{\partial \lambda_F} = 0$，则提高现收现付制的缴费率不会对年轻一代家庭的消费产生影响。[①]

最后，基于（23-11）式，有：

$$\frac{\partial c_{2,\,t+1}^{i}}{\partial \lambda_F} = \frac{\beta(\eta - r_{t+1})}{1 + \beta}\sigma_i w_t \tag{23-15}$$

上式表明，仅在当个人养老金账户收益率高于市场利率时，提高基金制缴费率才会扩大家庭在老年时的消费。

综上，调整社保缴费率由于改变了家庭的预算约束，因而会影响家庭的消费储蓄行为。上述对家庭问题的研究表明，（1）不论是提高现收现付制还是提高基金制下的缴费率都会降低家庭的储蓄意愿；（2）提高现收现付制下的缴费率可同时扩大家庭年轻和老年时的消费水平；但仅在个人养老金账户收益率高于市场利率时，提高基金制缴费率才会扩大家庭两期的消费。（3）在缴费率给定的情况下，个人账户收益率 η 与市场利率的差距越大，家庭的储蓄意愿就越小。因此，管理好个人养老金账户的资金，提高其收益率，将有利于降低家庭的储蓄。

三、比较静态分析

这里将分析社保缴费率的调整对经济长期资本存量的影响。在这个世代交叠模型中，t 期年轻一代家庭的储蓄和基金制下的个人养老保险金之和成为 $t+1$ 期经济可用于生产的资本存量，即：

$$K_{t+1} = \sum_{i=1}^{m} (s_t^i + \lambda_F w_t^i) L_t^i \tag{23-16}$$

将（23-7）式代入上式，整理计算人均资本量为：

---

① 见邵宜航等（2010）和杨再贵（2014）。

$$k_{t+1} = \left[\frac{\beta}{(1+n)(1+\beta)} - \frac{(\eta - r_{t+1})\lambda_F}{(1+n)(1+\beta)(1+r_{t+1})} \right] w_t -$$

$$\frac{\lambda_P}{(1+\beta)(1+r_{t+1})} w_{t+1} \tag{23-17}$$

进一步把（23-1）式和（23-2）式代入上式，且两边同乘以 $k_{t+1}^{\alpha-1} \alpha (1+n)(1+\beta)(1+\lambda_P)$ 可得关于人均资本存量 k_t 的运动方程为：

$$(1+\eta)(1-\alpha)\lambda_F \left(\frac{k_t}{k_{t+1}} \right)^{\alpha} = \alpha(1-\alpha)(\beta + \lambda_F) \frac{k_t^{\alpha}}{k_{t+1}} -$$

$$(1+n)[\alpha(1+\beta) + (1+\alpha\beta)\lambda_P] \tag{23-18}$$

在稳态状态下，$k_{t+1} = k_t = k_{ss}$，有：

$$k_{ss} = \left[\frac{\alpha(1-\alpha)(\beta + \lambda_F)}{(1+n)[\alpha(1+\beta) + (1+\alpha\beta)\lambda_P] + (1+\eta)(1-\alpha)\lambda_F} \right]^{\frac{1}{1-\alpha}}$$

$$\tag{23-19}$$

令 $Z = \dfrac{\alpha(1-\alpha)(\beta + \lambda_F)}{(1+n)[\alpha(1+\beta) + (1+\alpha\beta)\lambda_P] + (1+\eta)(1-\alpha)\lambda_F}$，那么，$k_{ss} = Z^{1/(1-\alpha)}$，$Z > 0$。

基于（23-19）式，分析调整社保缴费率对经济长期资本存量的影响。先看现收现付制下缴费率变化的影响。显然，$\dfrac{\partial Z}{\partial \lambda_P} < 0$，从而有 $\dfrac{\partial k_{ss}}{\partial \lambda_P} = \dfrac{1}{1-\alpha} Z^{\frac{\alpha}{1-\alpha}} \dfrac{\partial Z}{\partial \lambda_P} < 0$。这意味着提高现收现付制的缴费率，因为降低了年轻一代家庭的储蓄，也就降低了经济长期的人均资本存量水平。

再看基金制缴费率变化的影响。基于（23-19）式，有：

$$\frac{\partial Z}{\partial \lambda_F} = \frac{\alpha(1-\alpha)\{(1+n)[\alpha(1+\beta) + (1+\alpha\beta)\lambda_P] - \beta(1+\eta)(1-\alpha)\}}{\{(1+n)[\alpha(1+\beta) + (1+\alpha\beta)\lambda_P] + (1+\eta)(1-\alpha)\lambda_F\}^2}$$

$$\tag{23-20}$$

当 $\lambda_P > \dfrac{\beta(1+\eta)(1-\alpha) - \alpha(1+n)(1+\beta)}{(1+n)(1+\alpha\beta)}$ 时，$\dfrac{\partial k_{ss}}{\partial \lambda_F} = \dfrac{1}{1-\alpha} Z^{\frac{\alpha}{1-\alpha}}$，$\dfrac{\partial Z}{\partial \lambda_F} > 0$。其他情况下，$\dfrac{\partial k_{ss}}{\partial \lambda_F} \leqslant 0$。提高基金制下缴费率一方面会降低年轻一代家庭的储蓄率（见（23-9）式），从而降低资本存量；但另一方面却又会提高个人账户的养老金（见（23-16）式）。这一正一负的作用无法

直接判定孰大孰小，最终的结果取决于参数的大小。

让 $A = \dfrac{\beta(1+\eta)(1-\alpha) - \alpha(1+n)(1+\beta)}{(1+n)(1+\alpha\beta)}$ ，那么，参考各个参数的合理取值范围，可以发现，当 $\alpha \to 0$ 时， A 接近一个大于 1 的正数，因而有 $\dfrac{\partial k_{ss}}{\partial \lambda_F} \leqslant 0$ ；而但当 $\alpha \to 1$ 时， $A = -1$ ，那么， $\dfrac{\partial k_{ss}}{\partial \lambda_F} > 0$ 。

综上，现收现付制缴费率的提高会抑制长期资本存量的规模，因为降低了年轻一代家庭的储蓄，也就降低了经济长期的人均资本存量水平。提高基金制缴费率对于长期资本存量的影响受现收现付制缴费率与效用贴现率、资本产出弹性、人口增长率以及基金账户收益率等关系的影响。在资本产出弹性较高的经济中，提高缴费率可能扩大经济长期的资本存量水平。

第四节　数值模拟

这里，将对上述理论模型进行校准，并基于模型推导的结论数值模拟两类社保制度下缴费率的变化对家庭消费储蓄以及经济资本积累的影响。我们以 1989—2013 年间的中国宏观经济数据作为样本校准模型中的相关参数，并进行数值模拟。

一、参数校准

1. 效用函数和生产函数的参数设定

（1）时间跨度的设定。世代交叠模型一般假定一期的时间跨度在 25—30 年之间，遵循前人的做法并考虑数据的可获得性，本章以 25 年为一期。

（2）主观效用贴现率的设定。*Pecchenino* 和 *Pollard*（2002）以及杨再贵（2008）设定每年主观效用贴现率为 0.98，邵宜航（2010）设定每一年的主观贴现率为 0.9953。本章选择 0.98 作为个人每年主观效用贴现率，则一期的效用贴现率为 $\beta = 0.98^{25} \approx 0.6$ 。

（3）资本产出弹性的设定。发达国家通常取值为 0.3，如 *Zhang* 等（2001）、佩奇尼诺等（*Pecchenino* 等，2002）的研究。中国学者林忠晶和龚六堂（2007）总结了在以中国经济作为范例时，若生产函数为柯布道格拉斯型函数，那么物质资本的贡献率一般在 0.3—0.8 之间，他们自己采用的是 0.65。张军（2002）使用新古典理论和技术估计出中国的资本产出弹性为 0.499。本章将中国的资本产出弹性设定为 $\alpha = 0.5$。

（4）技术进步率。为简化起见，本章不考虑技术进步持续增长的情形，将 A 简单设定为 1000。

2. 宏观经济参数设定

（1）人口增长率的设定。由于中国城乡社保制度尚未统一，本章考察的主要是城镇基本养老保险制度，所以使用 1989—2013 年《中国统计年鉴》中城镇人口这一数据口径得到城镇年均人口增长率为 3.8%，因此模型中 $n = 1.038^{25} - 1 = 1.54$。

（2）个体差异的设定。在个人人力资本差异度 σ 的取值上沿用邵宜航（2010）的处理办法，不同的是本章只选择考虑城镇居民收入情况。根据 2013 年《中国统计年鉴》中将城镇居民按人均可支配收入分为低收入户、中等偏下户、中等收入户、中等偏上户、高收入户总共 5 组，为了简化将中等收入户设为中间值 1，从而有 $\sigma_i = (\sigma_1, \sigma_2, \sigma_3, \sigma_4, \sigma_5) = (\frac{1}{2}, \frac{3}{4}, 1, \frac{4}{3}, \frac{23}{10})$。

3. 养老保障制度参数设定

（1）养老金缴费率的设定。2015 年 1 月 14 日，国务院正式发布《关于机关事业单位工作人员养老保险制度改革的决定》规定，该决定统一了机关事业单位工作人员和企业职工的基本养老保险缴费方式，由单位和个人共同负担养老金。单位缴费比例为本单位工资总额的 20%，个人缴费比例为本人缴费工资的 8%。由于本章研究的是城镇地区的情况，因此本章选取 20% 作为社会统筹养老金缴费率，8% 作为个人养老金账户缴费率，即 $\lambda_F = 8\%$、$\lambda_P = 20\%$。

（2）城镇基本养老保险基金收益率的设定。根据郑秉文《中国养老金发展报告 2013》显示中国城镇基本养老保险基金的名义收益率为 2.86%，考虑 2013 年前个人养老金账户收益率更低，在不考虑通胀因素的情况下，本章设定个人养老金账户的年均收益率为2%，即$\eta = 1.02^{25} - 1 = 0.64$。

上述模型参数校准的结果总结在表23-1中。

表23-1　参数取值

α	β	A	n	λ_P	λ_F	η	σ_i
0.5	0.6	1000	1.54	0.2	0.08	0.64	$\left(\frac{1}{2},\ \frac{3}{4},\ 1,\ \frac{4}{3},\ \frac{23}{10}\right)$

二、模拟结果

结合中国现行的社会统筹养老金缴费率为20%，个人养老金账户缴费率为8%的现状，通过Matlab程序首先模拟关于人均资本存量、实际利率、人均实际工资、人均产出、家庭两期消费以及人均储蓄的时间序列变化趋势图（见图23-1-1至图23-1-7）。[①]

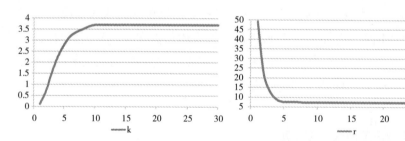

图23-1-1　人均资本存量的时序变化　　图23-1-2　25年期利率的时序变化

除实际利率外（见图23-1-2），其余各个变量均呈向上趋势。在图23-1-5、图23-1-6和图23-1-7中，不同收入群体消费储蓄的差距随着时间的推移而扩大，表现出收入越高的组别家庭，其两期消费和储蓄也较高。由于模型设定时把人力资本的差异作为外生给定的，因而，模型无法模拟随着家庭收入水平提高其人力资本的变化情况。这将作为我们下一阶段进一步研究的内容。

在此基础上，分析调整社保缴费率对家庭消费储蓄以及经济长期资本

---

① 这里考虑的是变量的趋势变化，因而不涉及单位量纲的问题。

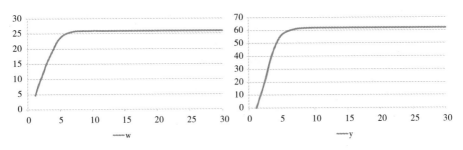

图 23-1-3　人均工资的时序变化　　　　图 23-1-4　人均产出的时序变化

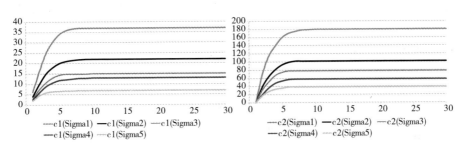

图 23-1-5　人均当期消费的时序变化　　图 23-1-6　人均未来消费的时序变化

资料来源：作者计算。

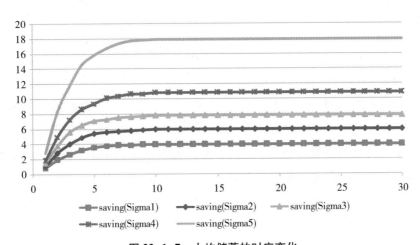

图 23-1-7　人均储蓄的时序变化

存量的影响。为了简化比较，下面的讨论只考虑中等收入群体的变化情况，其他收入群体的变化与它只是数值上的差别，不改变变化趋势。假设分别把现收现付制和缴基制的缴费率提高 2 个百分点。

1. 社保缴费率的变动对人均储蓄的影响

如图 23-2-1 所示，在基金制缴费率保持 8% 不变的情况下，随着现收现付制缴费率在第五年末从 20% 上升至 22%，人均储蓄会从 7.5908 的水平下降到 7.4904，降幅大约为 1.3%。另一方面，如图 23-2-2 所示，在现收现付制缴费率保持 20% 不变的情况下，随着基金制缴费率在第五年末从 8% 上升至 10%，人均储蓄会从 7.5908 下降到 7.3335，降幅大约为 3.4%。调整基金制下的缴费率对储蓄的影响程度要大于调整现收现付制下缴费率的影响。

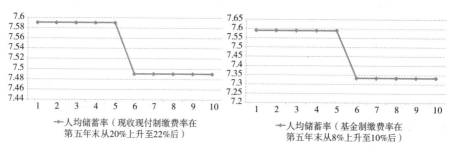

图 23-2-1　现收现付制缴费率变动的情形　　图 23-2-2　基金制缴费率变动的情形

资料来源：作者计算。

2. 社保缴费率的变动对年轻一代家庭消费的影响

如图 23-3-1 所示，在基金制缴费率保持 8% 不变的情况下，随着现收现付制缴费率在第五年末从 20% 上升至 22%，年轻一代家庭的消费会从 16.0190 上升到 16.1193，增长 0.6%。如图 23-3-2 所示，在现收现付制缴费率保持 20% 不变的情况下，随着基金制缴费率在第五年末从 8% 上升至 10%，年轻一代家庭的消费消费会从 16.0190 下降到 15.7630，降幅为 1.6%。消费下降的原因主要在于模型参数设定中，个人养老金账户收益率为 2%，小于市场利率。

3. 社保缴费率的变动对老年一代家庭消费的影响

如图 23-4-1 所示，在基金制缴费率保持 8% 不变的情况下，随着现收

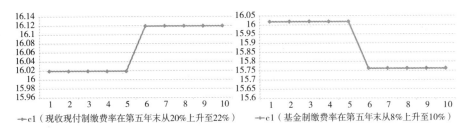

图 23-3-1　现收现付制缴费率变动的情形　图 23-3-2　基金制缴费率变动的情形

资料来源：作者计算。

现付制缴费率在第五年末从 20% 上升至 22%，老年一代家庭的消费会从 78.0264 上升到 78.5152，增长 0.6%。如图 23-4-2 所示，在现收现付制缴费率保持 20% 不变的情况下，随着基金制缴费率在第五年末从 8% 上升至 10%，老年一代家庭的消费在个人养老金账户小于市场利率的情况下，从 78.0264 下降到 76.7795，下降 1.6%。

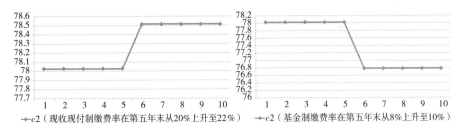

图 23-4-1　现收现付制缴费率变动的情形　图 23-4-2　基金制缴费率变动的情形

资料来源：作者计算。

4. 提高个人养老金账户收益率的效应

图 23-5-1 和图 23-5-2 的模拟结果显示，当个人养老账户的收益率低于市场利率时，提高基金制的缴费率会抑制家庭在年轻和老年两期的消费。这里，我们将个人养老金账户的收益率提高至 10% 的水平，显著高于市场利率，再次模拟基金制缴费率的变化对家庭消费的影响。如图所示，基金制缴费率在第五年末从 8% 上升至 10% 后，年轻一代家庭的消费从 15.3113 上升至 15.6343，增长了 2.1%；老年一代家庭的消费从 82.5515 上升至 84.2927，增长了 2.1%。表明，当个人养老金账户收益率大于市场利率时，提高基金制缴费率会扩大家庭两期消费。由此可见，政府如果能

保障社保基金的收益率高于市场利率，那么对于家庭而言选择缴纳养老金显然比选择储蓄更具有吸引力，可以起到提振消费的效果。

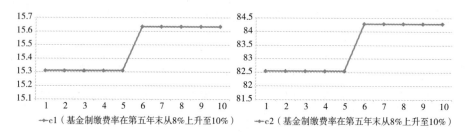

图 23-5-1　年轻一代家庭消费变动的情形　图 23-5-2　老年一代家庭消费变化的情形
资料来源：作者计算。

5. 社保缴费率变动对长期资本存量的影响

如图 23-6-1 所示，在基金制缴费率保持不变的情况下，现收现付制缴费率从 20% 提高到 22%，人均资本存量从 3.7994 下降到 3.6181，下降了 4.8%。如图 23-6-2 所示，在现收现付制缴费率不变的情况下，基金制缴费率从 8% 提高到 10%，人均资本存量从 3.7994 上升到 3.9725，增加了 4.6%。

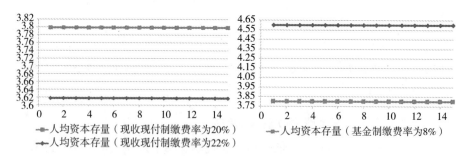

图 23-6-1　现收现付制缴费率变动的情形　图 23-6-2　基金制缴费率变动的情形
资料来源：作者计算。

综上，上述基于中国宏观数据的参数校准而进行的数值模拟分析，定量测定了基金制和现收现付制下缴费率的变化（分别为 2 个百分点）对家庭储蓄、两期的消费以及经济长期资本存量的影响；同时，模拟分析还测算了提高基金制个人养老金账户的收益率，使其高于市场利率，那么，基金制缴费率的提高将有利于降低家庭的储蓄，并扩大家庭两期的消费。

第五节 结 论

我们基于一个世代交叠模型分析调整社保缴费率对中国城镇居民消费储蓄行为的影响。研究表明：（1）不论是提高现收现付制还是提高基金制下的缴费率都会降低家庭的储蓄意愿，且调整基金制下的缴费率对储蓄的影响程度要大于调整现收现付制下缴费率的影响程度。（2）提高现收现付制下的缴费率可同时扩大家庭在年轻和老年时的消费水平；但仅在个人养老金账户收益率高于市场利率时，提高基金制缴费率才会扩大家庭两期的消费。（3）在缴费率给定的情况下，个人账户收益率与市场利率的差距越大，家庭的储蓄意愿就越小。因此，管理好个人养老金账户的资金，提高其收益率，将有利于降低家庭的储蓄。（4）提高现收现付制的缴费率会抑制长期资本存量的规模，因为降低了年轻一代家庭的储蓄，也就降低了经济长期的人均资本存量水平。而提高基金制缴费率对于长期资本存量的影响具有不确定性，在资本产出弹性较高的经济中，缴费率提高的可能扩大经济长期的资本存量水平。

进一步，通过参数校准而进行的数值模拟分析给出了缴费率调整对消费、储蓄以及经济资本存量的影响程度。

第一，在保持基金制缴费率为8%的情况下，让现收现付制的缴费率从20%上升至22%，那么：（1）人均储蓄可能会下降1.3%的水平；（2）年轻一代家庭的消费会增长0.6%，老年一代家庭的消费大约会增长0.6%；（3）经济长期的人均资本存量会下降4.8%的水平。

第二，在保持现收现付制缴费率为20%的情况下，让基金制的缴费率从8%上升至10%，那么：（1）人均储蓄会下降约3.4%；（2）当个人养老金账户收益率设定为2%且小于市场利率时，年轻一代家庭的消费会下降1.6%，老年一代家庭的消费也会下降1.6%；（3）经济长期的人均资本存量会增加4.6%。

第三，如果将个人养老金账户的收益率大幅提高至10%的水平，显著高于市场利率，那么，基金制的缴费率从8%上升至10%后，年轻一代家庭的消费可增长2.1%；老年一代家庭的消费可增长2.1%。

长期以来，中国经济增长都具有"高增长、高储蓄"的特征。由此导致了中国经济增长的驱动力也长期来自投资驱动。国际金融危机爆发至今，因出口需求的持续疲软，以及国内工资成本的持续上升而导致加工贸易行业不断萎缩，抑制了出口的增长；同时，"四万亿"刺激政策所引发的基础设施以及房地产业的快速扩张导致了钢铁、水泥等生产资料行业的产能过剩以及房地产的过度库存，使投资增长持续大幅减速。这两方面因素的叠加影响，导致中国经济开始持续减速。其中，"高储蓄、低消费"始终是阻碍经济增长转向"内需为主，消费驱动"的主要原因。

虽然有大量的文献对中国"高储蓄、低消费"的特征形成进行了分析，但从社保缴费率调整角度对居民消费储蓄行为进行研究的还比较少。并且，现有研究由于对模型的设定偏离了中国经济的现实，如假定个人养老金账户的收益率等同于市场利率，从而得出基金制缴费率的变化对居民消费没有影响的结论。实际上，中国长期以来一年期定期存款利率为3%，基本养老保险基金收益率仅接近2.1%（郑秉文《中国养老金发展报告2013》），低于市场利率。因而，在根据中国经济的实际修改了现有研究中的相关理论模型后，我们发现，提高基金制的缴费率在个人养老金账户的收益率高于市场利率的情况下，可促进居民消费的提高。同时，提高基金制缴费率可在较大程度上降低居民的储蓄意愿。这一结论具有重要的现实意义：现阶段在加快完善中国社会保险制度的同时，如果能够适当提高个人养老金账户资金的管理水平，提高养老金账户的收益率，那么，适当提高基金制下的社保缴费率将有利于扩大居民的消费水平，降低居民的储蓄意愿。

然而，在当前经济持续减速的背景下，一方面，工业部门的通货紧缩（生产者价格指数长期持续负增长）已严重抑制了中国工业部门的利润增长，企业的社保负担也普遍认为在日趋加重；另一方面，经济的持续减速已开始导致中国居民的实际收入增速持续下滑。在此背景下，提出提高现收现付制和基金制下的缴费率以促使居民降低储蓄、扩大消费，是否有现实的可操作性？

这里，我们不想陷入当前中国社保缴费率是否过高的讨论。需要强调的是，理论上社保缴费率的调整会影响家庭的消费储蓄行为，从而促进宏观经济结构的调整和经济增长方式的转变。缴费率的高低无疑是与中国的人均 GDP 水平、企业的劳动生产率以及居民的实际收入密切相关的。随着下一个阶段供给侧供给结构改革的推进，以及市场化改革的深入（如生产要素市场、资本市场以及政府管制的放松等等），中国资源配置的效率将大幅提升，企业的劳动生产率也必然显著提高；同时，财政税收政策方面结构性减税的推进也将减轻企业的税负负担。再加上收入分配制度的改革，如把国企利润的一部分用于补充社保基金，等等，这些措施都将在一定程度上减轻企业的社保负担。另一方面，劳动生产率的提高将有利于居民收入的快速增长。在此背景下，加快完善中国社会保险制度的同时，提高政府对个人养老金账户资金的管理水平，优化投资组合、拓宽养老保险基金的投资渠道，提高养老金账户的收益率，那么，在居民收入提高的同时，适当提高基金制的缴费率可降低居民的储蓄意愿，并扩大居民的消费水平。因此，在下一阶段，随着供给侧改革的推进，适当调整社保缴费率有利于促使居民降低储蓄、扩大消费，推动经济结构调整，并推进经济增长方式的转变。

参考文献

［1］［英］尼古拉斯·巴尔：《福利国家经济学》，郑秉文、穆怀中等译，中国劳动社会保障出版社 2003 年版。

［2］北京大学中国经济研究中心宏观组：《中国社会养老保险制度的选择：激励与增长》，《金融研究》2000 年第 5 期。

［3］程永宏：《现收现付制与人口老龄化关系定量分析》，《经济研究》2005 年第 3 期。

［4］封进：《中国养老保险体系改革的福利经济学分析》，《经济研究》2004 年第 2 期。

［5］郭凯明、龚六堂：《社会保障、家庭养老与经济增长》，《金融研究》2012 年第 1 期。

［6］何樟勇、袁志刚：《基于经济动态效率考察的养老保险筹资模式研究》，《世界

经济》2004 年第 5 期。

[7] 胡颖、齐旭光:《中国社会保险与居民储蓄关系的实证研究》,《广东商学院学报》2012 年第 3 期。

[8] 焦津强:《中外养老保险筹资模式比较》,《中国社会保障》2012 年第 5 期。

[9] 李学增、朱崇实:《养老保险能否有效降低家庭储蓄——基于中国省际动态面板数据的实证研究》,《厦门大学学报（哲社版）》2011 年第 3 期。

[10] 林忠晶、龚六堂:《退休年龄、教育年限与社会保障》,《经济学（季刊）》2007 年第 1 期。

[11] 彭浩然、申曙光:《现收现付制养老保险与经济增长:理论模型与中国经验》,《世界经济》2007 年第 10 期。

[12] 邵宜航、刘雅南、张琦:《存在收入差异的社会保障制度选择——基于一个内生增长世代交替模型》,《经济学（季刊）》2010 年第 4 期。

[13] 杨华:《完善中国基本养老保险基金投资运营机制研究》,《中央财经大学学报》2012 年第 9 期。

[14] 袁志刚、宋铮:《人口年龄结构、养老保险制度与最优储蓄率》,《经济研究》2000 年第 11 期。

[15] 张迎斌、刘志新、柏满迎、罗淇耀:《中国社会基本养老保险的均衡体系与最优替代率研究——基于跨期叠代模型的实证分析》,《金融研究》2013 年第 1 期。

[16] 张军:《增长、资本形成与技术选择:解释中国经济增长下降的长期因素》,《经济学（季刊）》2002 年第 2 期。

[17] 赵耀辉、徐建国:《中国城镇养老保险体制改革中的激励机制问题》,《经济学（季刊）》2001 年第 1 期。

[18] 郑秉文、史寒冰:《东亚地区社会养老保险制度模式与经济发展》,《世界经济》2001 年第 10 期。

[19] 郑秉文主编:《中国养老金发展报告 2013——社保经办服务体系改革》,北京经济管理出版社 2013 年版。

[20] 周小川:《论当前中国社会保障体系的模式选择》,CCER-NBER 年会发言稿 1999 年。

[21] 朱青:《当前养老保险筹资模式不宜转向基金模式》,《经济理论与经济管理》2000 年第 12 期。

[22] Alan J. Auerbach, Ronald Lee, "Welfare and Generational Equity in Sustainable Unfunded Pension Systems", *Journal of Public Economics*, 2011, (95).

[23] Barro, R., "Are Government Bonds Net Wealth", *Journal of Politics*, 1974, 82 (6).

[24] Buyse T., F. Heylen and R. Van de Kerckhove, "Pension Reform, Employment by Age and Long-run Growth", *Journal of Population Economics*, 2013, (26).

[25] Chamon M., K. Liu and E. Prasad, "Income Uncertainty and Household Savings

in China", NBER Working Papers, No. 16565, 2010.

[26] Edgar Vogel, Alexander Ludwig, Axel BÖrsch-Supan, "Aging and Pension Reform: Extending the Retirement Age and Human Capital Formation", NBER Working Papers, No. 18856, 2013.

[27] Feldstein, M., "Social Security Induced Retirement, and Aggregate Capital Accumulation", *Journal of Politics*, 1974, 82 (5).

[28] Kotlikoff, L., "Testing the Theory of Social Security and Life Cycle Accumulation", *The American Economist*, 1979, 69 (3).

[29] Pascal Belan, Philippe Michel, Pierre Pestieau, "Pareto-Improving Social Security Reform", *The Geneva Papers on Risk and Insurance Theory*, 1998, (23).

[30] Pecchenino, R. A. and P. S. Pollard, "Dependent Children and Aged Parents: Funding Education and Social Security in an Aging Economy", *Journal of macroeconomics*, 2002, (24).

[31] Philip Edavis, *Pension Funds-Retirement-Income Security and Capital Markets an International Perspective*, Oxford: Clarendon Press, 1995.

[32] Zaigui, Yang, "Optimal Contribution Rate of Public Pension in China within an OLG Model", *International Journal Sociology Study*, 2014, 2 (1).

[33] Zhang, J., J. Zhang, R. Lee, "Mortality Decline and Long-run Economic Growth", *Journal of Public Economics*, 2001, (80).

第二十四章　中国城乡不同收入组别家庭的边际消费倾向测定[*]

本章利用中国收入分配研究院提供的 CHIP2002 年和 CHIP2013 年相关数据，对居民在 2002 年和 2013 年两个时间点的边际消费倾向进行测算，通过时间序列和横截面数据的比较，揭示中国城乡不同收入组别家庭的收入增长与边际消费倾向的变化特征。研究发现：（1）比较 2002 年和 2013 年，随着收入水平的提高，城乡居民的边际消费倾向总体都呈整体上升趋势，其中低收入家庭边际消费倾向上升的幅度最大。（2）从横截面数据看，2013 年，全国居民的边际消费倾向与收入水平之间呈倒 U 型关系，即全国总体来看，随着收入的增加，家庭的边际消费倾向先上升后下降，中等收入的家庭具有较高的边际消费倾向。（3）城乡居民边际消费倾向的特征差异较大：农村居民的边际消费倾向随收入的增加呈递减趋势；城镇居民的边际消费倾向随收入水平的提高呈先递减后递增再递减的态势。

第一节　引　言

国际金融危机后，国际经济形势动荡，使得中国外需持续减弱。严峻的国外经济形势导致中国的进出口增速均出现了下滑趋势，中国长期以来靠外需拉动消费增长的局面发生了变化。面对这种压力，消费支出作为经

---

[*] 本章作者：王晓庆、龚敏。

济增长的主力军之一，应发挥更大的拉动作用。图 24-1 给出了中国三大需求对 GDP 增长的贡献率。可以看出，在拉动经济增长的"三驾马车"之中，最终消费支出对 GDP 增长的平均贡献率在 1995—2000 年之间为 63.5%，2001—2005 年为 47.4%，2006—2010 年之间为 46.5%，2011—2015 年之间为 54.5%；而资本形成总额对 GDP 增长的平均贡献率在 1995—2000 年之间为 28.18%，2001—2005 年为 53.7%，2006—2010 年之间为 58.6%，2011—2015 年之间为 46.88%。中国最终消费对 GDP 增长贡献率和对 GDP 增长的拉动百分点一直在上下波动，并且多次低于资本形成总额对 GDP 增长的贡献率和拉动百分点。中国要继续保持经济的中高速增长，消费支出对经济增长的贡献率必须有显著性提高。

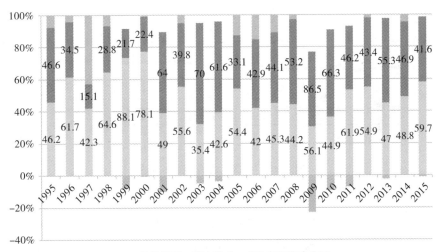

图 24-1　三大需求对中国 GDP 增长的贡献率

资料来源：《中国统计年鉴 2016》。

进一步，在中国最终消费支出的构成中，政府消费支出占据了 20% 以上的比例，居民消费支出占比不到 80% 并且有下降趋势（见图 24-2）；在中国居民消费支出构成中，城镇居民的消费支出占比远远高于农村居民，二者差距有扩大趋势（见图 24-3）。从中国居民消费支出的整体表现情况来看，居民的消费能力需要得到进一步的提升才能更好地刺激经济增长；从城乡居民消费支出占比情况来看，2015 年中国农村居民人口占比为

43.9%，而对应的消费支出占比仅为22.2%，中国庞大的农村市场使得农村居民的消费水平急需提高。因此，在外需持续减弱，投资对增长的刺激效果日趋减弱的情况下，提高居民消费水平对促进国民经济增长具有积极影响。消费行为的变化对经济产出、就业形势乃至整个经济周期都起到很大的影响，消费疲软会对中国宏观经济运行状况及经济增速产生不利影响。所以，提高中国居民的消费能力对实现中国经济增长起积极作用，居民愿意消费才会促使整个经济变得活跃，利于形成良性循环。

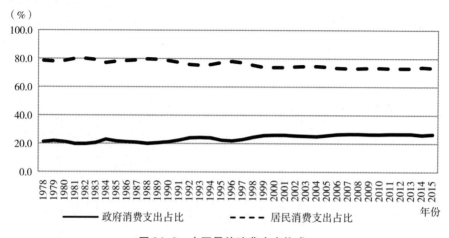

图24-2　中国最终消费支出构成

资料来源：《中国统计年鉴2016》。

　　另一方面，随着中国居民人均可支配收入的飞速增长，城乡之间以及城乡内部的收入差距越来越大。图24-4给出了改革开放以来中国城乡居民收入比的变动趋势，可以发现，1983年这一比率还是1.82，到了2002年以后，城镇居民人均收入高达农村居民人均收入的3倍以上。收入分配不公平已经是各界关注的热点问题。

　　边际消费倾向衡量的是居民增加的可支配收入中用于消费和储蓄的比例，直接决定家庭随着收入的增长愿意用于消费支出的大小。测定边际消费倾向的大小以及分析影响边际消费倾向的因素对于扩大居民消费显然具有重要的意义。城乡收入差距的变化对城乡居民的边际消费倾向产生怎样的影响？这一问题在现有的研究中涉及较少。因此，本章试图利用中国收入分配研究院提供的CHIP2002和CHIP2013相关数据，对居民在2002年

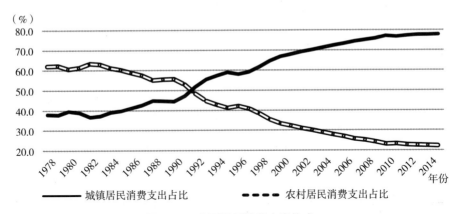

图 24-3　中国居民消费支出构成

资料来源：《中国统计年鉴 2016》。

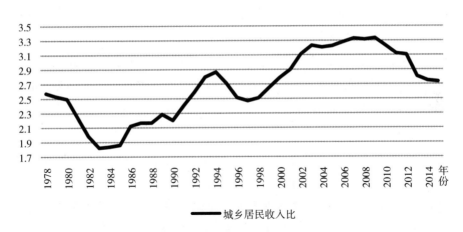

图 24-4　中国城乡居民收入比

注：城镇居民采用人均可支配收入指标；2013 年之前农村居民人均收入用人均纯收入，2013 年之
　　后采用人均可支配收入。

资料来源：根据国家统计局网站数据计算。

和 2013 年两个时间点的边际消费倾向进行测算，通过时间序列和横截面数据的比较，揭示中国城乡不同收入组别家庭的收入增长与边际消费倾向的变化特征。研究中国居民在不同的收入层次的边际消费倾向可以对传统理论进行检验和补充，具有十分重要的意义。

　　本章的结构如下：第二节为文献综述；第三节提供一个分析收入差距与边际消费倾向之间相互作用关系的理论模型；第四节基于 CHIP2002 和

CHIP2013 数据总结收入差距与边际消费倾向的变化特征；第五节估计边际消费倾向；第六节给出结论和政策建议。

第二节　文献综述

关于居民收入和消费之间的关系国内外学者不论是在理论还是在实证层面都做了大量的研究。最早，在凯恩斯的绝对收入假说下，居民当期消费主要由当期收入决定，且居民的边际消费倾向是递减的。而库兹涅茨（1946）在研究美国居民收入和消费关系时发现，美国居民消费支出占国民收入的比重非常稳定，说明长期内居民的边际消费倾向与平均消费倾向非常接近，这个现象也被称为"库兹涅茨之谜"。布林德（Blinder，1957）通过测量不同收入水平下的边际消费倾向来判断总消费和收入分配之间的关系，发现合理的收入再分配有助于提高总消费需求。库尔特（Culter，1992）研究发现：美国 20 世纪 80 年代不同收入水平下的居民收入与消费是平行变化的，美国当时劳动力市场上的报酬变化是导致其收入和消费不均衡的关键因素。巴雷特和克罗斯利（Barretthe 和 Crossley，2000）在对澳大利亚居民收入水平与消费支出的变化趋势研究中发现，二者不平等的趋势都在加剧，相比之下，收入不平等的趋势更加强烈。米拉诺维奇（Milanovic，2002）利用购买力平价方法，证明了随着居民平均可支配收入的大幅提升，穷国和富国之间的收入差距正在逐步扩大。Ma 和 Wang（2011）发现无论是从国际标准、历史经历，还是模型预测的角度，中国储蓄率都比较高，而且自 2000 年后呈现逐步上升趋势。以下主要围绕国内学者的研究进行综述。

一、关于凯恩斯边际消费倾向规律的认识

中国学者关于居民消费倾向进行了更加深入和广泛的讨论。综合理论和实证两个层面来看，现有研究在许多问题上还存在一些争议。

陈德津（1998）、马列光（1997）强调边际消费倾向（MPC）不存在普遍适用的变化规律。陈德津归纳总结了边际消费倾向递减理论、边际消费倾向不变论、边际消费倾向上升论以及边际消费倾向不确定论，强调了这些不同的理论都仅在特定的场合下才能适用，在一定的条件下才有意义。

丁冰（1987）则认为，凯恩斯的边际消费倾向递减理论只是建立在抽象的人性论上，实际上并不存在，不具有普遍适用性；焦培欣（1989）、李红继（1990）、胡乃武等（2001）、秦熠群等（2003）都强调在中国的特殊体制和国情下，凯恩斯的边际消费倾向递减论并不适用，这些学者从不同的角度探讨了如何进一步提高中国居民的消费倾向。

与上面两方面观点不同的是，中国大多数学者对凯恩斯的边际消费倾向递减理论持肯定态度：王忻昌（1994）、王开明（1999）、王法金和林雁（2001）认为边际消费倾向递增是特殊时期的特殊现象，边际消费倾向递减理论还是不能被否定的；吴爽（2007）进一步为边际消费倾向增减规律补充了一个条件，强调存在一个基本消费水平，只有当收入超过该水平时，才会出现边际消费倾向递减规律。

二、对中国居民边际消费倾向变化趋势的认识

杨汝岱和朱诗娥（2007）、杨天宇和朱诗娥（2007）不仅通过对理论模型的分析得出结论，"居民收入分配呈正态分布且边际消费倾向与收入水平之间呈倒 U 型关系时，缩小收入差距总能提高总消费需求"[1]，还利用中国社科院收入分配研究所提供的 CHIP1995 和 CHIP2002 两年微观数据对中国居民边际消费倾向和收入水平之间的关系进行了实证分析，实证结果表明，中国居民边际消费倾向呈倒 U 型，即中等收入阶层的居民边际消费倾向最高，所以缩小收入差距可以同时实现"公平"和"效率"两大目标，并且指出中国医疗与教育支出对居民消费行为的影响愈来愈大，医疗与教育体制的改革应进一步完善。储德银（2014）利用中国 1978—2012

---

[1]　杨汝岱、朱诗娥：《公平与效率不可兼得吗？——基于居民边际消费倾向的研究》，《经济研究》2007 年第 12 期。

年相关宏观数据，结合可变参数的状态空间模型，对中国城乡居民的边际消费倾向进行了估算，结果也支持中国居民边际消费倾向与收入水平之间呈倒 U 型变动关系，而且，农村居民的边际消费倾向要比同期的城镇居民低。

刘长庚和吕志华（2005）结合中国 1978—2002 年的时间序列数据和凯恩斯的经典消费函数，对居民边际消费倾向进行测算，发现中国的居民边际消费倾向呈现出分段情况：整体经历了先递增、后递减的过程，并且发现 1993 年为拐点，1978—1993 年边际消费倾向递增；1993—2002 年居民的边际消费倾向则呈下降趋势。他们的研究还针对中国 1993 年之后的边际消费递减现象做出了进一步的分析和说明，认为中国居民收入差距的不断扩大和社会保障体系的不完善是造成此现象的重要原因。

不过，郑璋鑫（2008）对中国 1953—2006 年的相关数据研究同样支持中国居民长期边际消费倾向比较稳定这一说法，指出中国城镇居民的长期消费倾向存在与美国类似的"库兹涅茨之谜"，既没有呈现出递增趋势，也无递减趋势。

朱红恒（2010）研究表明，中国农村居民边际消费倾向呈 U 型变化特征，具有收入门槛效应。同时指出中国农村居民边际消费倾向由于受收入门槛效应的制约而处于较低水平时期，所以削弱了收入水平提高对消费的拉动作用。强调要在短期内提高农村居民中等收入层次的收入水平，助其摆脱收入门槛效应的制约；在长期内则应该提高农村居民低收入阶层的收入水平，缩小农村居民的贫富差距，最终实现共同富裕。

更多的学者研究支持凯恩斯的边际消费倾向递减理论。臧旭恒和裴春霞（2002）、袁志刚和朱国林（2002）、王忻昌（1994）、陈建宝等（2009）等分别用不同的方法对中国居民边际消费倾向做了实证分析，分析结果都认为中国居民边际消费倾向存在下降的趋势。古炳鸿等（2009）基于中国城乡居民不同收入阶层与消费支出相关数据做了分析，发现收入水平与边际消费倾向呈负相关关系，特别是农村居民的边际消费倾向高于城镇居民。提出：在短期应提高低收入家庭的可支配收入直接拉动消费；在中期，鼓励消费政策的着力点应放在提高城镇居民中高收入水平阶层的消费；在长期，促进中国居民消费持续增长的根本还是在于改善收入分配结构、缩小城乡居民的收入差距。

综合国内外现有学者的研究结果，对目前与边际消费倾向有关的研究还存在以下三个具有争议的观点：

第一，对于消费倾向变化规律的认识。从西方消费理论的发展史可以看出，不同消费理论下的消费倾向呈现出了不同的变化规律。凯恩斯的绝对收入假说下认为边际消费倾向会随收入水平的提高而递减。弗里德曼的持久收入假说下就有了消费倾向不变论。拿凯恩斯的边际消费倾向递减理论来说，凯恩斯提出这一理论时是以假定其他条件不变为前提，而且主要研究的是短期内消费关于收入水平的变化情况，但是对于短期是什么样的一个时间区间没有给出明确说明，所以，一旦超越了凯恩斯的短期假设的时间限制之后，边际消费倾向会不会表现出随收入水平的增加而递增的趋势，取值会不会出现负值或者是大于 1 的情况，就很难说了。再者，现在的经济发展和形势的变化是比较快的，如果不符合凯恩斯的"特定条件"假设，边际消费倾向可能就会出现负值或者大于 1 的可能性。

第二，边际消费倾向递减是不是一种经济规律。抛开边际消费倾向递减这一特定假说，我们知道所谓的经济规律都是从现实的经济现象中抽象出来的，现实社会情况千变万化，而几乎所有的经济规律都是在各种条条框框的假设下才成立的，不能因为现实经济中的偶然现象就否定经济规律本身。最好的做法是对先前经济规律中不能解释现实经济发生的特殊情况做补充，使该经济规律更完善。再说边际消费倾向递减规律，如果研究的经济体不符合凯恩斯的"短期"和"特定条件"假设，出现了与该理论相悖的现象，可以就相悖的原因作深入分析，进一步完善该理论。

第三，边际消费倾向递减规律的适用性。凯恩斯的边际消费倾向递减理论是基于市场经济条件下资本主义私有制社会的大量观察和研究而提出的。该理论是否在不同的经济体制下同样适用存在较大争议。王法金和林雁（1997）认为在中国特定的历史过程和体制影响下，中国居民的边际消费倾向必然是随着收入水平的提高而递增的。首先从新中国成立到改革开放之前这段历史，中国的经济政策一直是比较看重积累，工资水平较低，居民不敢消费，也没钱消费；1978 年之后，随着中国经济的飞速发展，居民手中渐渐有钱，日常消费品购买量特别是耐用消费品的购买量直线上升，文体娱乐的消费支出也呈递增形态，造成中国当时呈现居民边际消费倾向递增的现象。另一方面，中国经济从体制方面也发生了质的变化，改革之前，居民除了日常食物和衣着的其他消费支出都由国家或企业承担，"大锅饭"是计划经济下的生活常态，而边际消费倾向递减理论是对西方发达国家市场经济体制下的居民消费特点的长期总结，中国的特殊国情导致凯恩斯这一理论在当时的中国没有得到验证。王珺（1988）对凯恩斯的边际消费倾向递减理论提出的质疑中，有一点是十分关键的，就是边际消费倾向递减会导致社会消费总需求不足现象。王珺认为凯恩斯这是颠倒了因果关系，边际消费倾向递减论把边际消费倾向作为原因去解释消费不足这一结果是不合理的，居民工作创造的收入第一位是消费，而不是储蓄，所以该理论逻辑上存在较大不足。丁冰（1987）认为凯恩斯的边际消费倾向递减规律是唯心主义虚构的，"先验人性"不足以作为理论的依据；而且凯恩斯忽略了资本主义社会中居民的异质性，不同阶级的居民消费特征会存在差异，而凯恩斯这种单纯的总量分析法存在很大漏洞。

综上，凯恩斯的边际消费倾向递减理论是否与现阶段中国经济社会中居民的收入和消费情况相符，需要进一步深入研究。

此外，在实证研究方面，国内外学术界对中国居民边际消费倾向与收入水平之间呈现的关系进行了大量的研究，并针对研究结果给出了相应的解释。但是国内学者的研究大多用的是宏观数据，样本量偏小；朱诗娥等（2007）用 CHIP 的微观数据进行了研究分析，但是所用数据截止到 2002 年，距今已有十几年。这十几年来，中国经济发生了巨大的变化，居民的消费特点与之前很有可能存在差异，所以有必要用最新微观数据针对居民边际消费倾向和收入水平之间的关系作进一步的探究。

本章与以上研究的主要不同之处在于：使用 CHIP2013 对 2013 年中国不同收入组别下城乡内部的边际消费倾向进行研究，并与 2002 年的数据进行对比分析。研究发现 2013 年中国城镇居民和农村居民的边际消费倾向变动趋势不一致，农村居民边际消费倾向呈递减趋势，而城镇居民边际消费倾向则表现出先递减后递增再递减的变化趋势。

第三节　收入增长、收入差距与边际消费倾向

居民边际消费倾向随收入水平变化所呈现的特征可以归结为五种：（1）递减型，即边际消费倾向递减论，在这种情况下如果实施缩小收入差距的政策，极端情况就是居民收入完全相等，实现绝对公平，但是此时的居民边际消费倾向处于什么水平，总消费需求较政策实施前是扩大了还是缩小了很难判断。（2）递增型，同递减型，考虑完全均等的收入情况，不能直接判断居民的边际消费倾向处于什么水平，更无从判断是否会刺激总消费需求的增长。（3）倒 U 型，即低收入和高收入阶层的居民边际消费倾向都低于中间收入水平的居民边际消费倾向，此时实施缩小收入差的政策，使居民收入集中在中间收入水平，整体上提高了边际消费倾向，总消费需求也就随之增加。（4）U 型，即低收入和高收入阶层的居民边际消费倾向偏高，且都高于中间收入水平的居民边际消费倾向，此时将居民收入平均化势必会降低居民整体的边际消费倾向，造成总消费需求减少的后果。（5）无相关关系，居民的消费不随收入变化而产生相应的变化，此时，收入分配政策对消费需求的影响也是无法判断的。

为了进一步研究边际消费倾向递减型和边际消费倾向递增型情况下，实施缩小收入差距的收入分配政策对社会总消费需求的影响表现如何。我们将在杨汝岱和朱诗娥（2007）的理论研究基础上对递增型和递减型的边际消费倾向下收入分配对总消费需求（本章的讨论中只涉及私人消费）、边际消费倾向的影响做理论分析。

一、理论模型

我们首先从凯恩斯经典的消费函数入手，建立模型：

$$C = a + bY \tag{24-1}$$

其中 a 表示不随收入变化而变化的固定消费支出，即刚性消费；b 表示收入水平在 Y 时的边际消费倾向，Y 表示当期可支配收入，C 表示当期消费支出。不同于现有文献两种收入层次的假设，本章将引入更一般的假设，假设社会上存在三种收入水平的住户，即低收入水平住户、中等收入水平住户和高收入水平住户；三种收入水平下的居民刚性消费需求 a 一样，且处于同等收入水平的住户具有同质性。则可以得到三个收入水平下住户的消费需求模型。

低收入阶层的消费需求为：

$$C_1 = a + b_1 \times M_1 \tag{24-2}$$

其中，b_1 表示低收入阶层的边际消费倾向，M_1 为低收入阶层的可支配收入。

中等收入阶层的消费需求表示为：

$$C_2 = a + b_2 \times M_2 \tag{24-3}$$

其中，b_2 表示中等收入阶层的边际消费倾向，M_2 为中等收入阶层的可支配收入。

高收入阶层的消费需求表示为：

$$C_3 = a + b_3 \times M_3 \tag{24-4}$$

其中，b_3 表示高收入阶层的边际消费倾向，M_3 为高收入阶层的可支配收入。

则经济社会中总消费需求可表示为：

$$C_b = 3a + b_1 \times M_1 + b_2 \times M_2 + b_3 \times M_3 \tag{24-5}$$

现在考虑实施缩小收入差距的政策，在极端情况下，实施政策后将收入完全均分，且社会总收入保持不变，表示为：

$$M = M_1 + M_2 + M_3 \tag{24-6}$$

政策实施后，社会上居民边际消费倾向变为：

$$b = \lambda_1 \times b_1 + \lambda_2 \times b_2 + (1 - \lambda_1 - \lambda_2) \times b_3 \tag{24-7}$$

这里 $0 < \lambda_1 < 1$，$0 < \lambda_2 < 1$，λ_1 和 λ_2 是收入分配效应系数，可以得到经济社会中总消费需求为：

$$C_a = 3a + (\lambda \times b_l + (1 - \lambda) \times b_h) \times (M_l + M_h) \tag{24-8}$$

要使收入分配政策能起到扩大总消费需求的目的，则有：$C_a > C_b$，即：

$$2a + (\lambda_1 \times b_1 + \lambda_2 \times b_2 + (1 - \lambda_1 - \lambda_2) \times b_3) \times (M_1 + M_2 + M_3)$$
$$> 3a + b_1 \times M_1 + b_2 \times M_2 + b_3 \times M_3 \tag{24-9}$$

结合（24-6）式和（24-9）式，简化可得：

$$\lambda_1 \times (b_1 - b_3) + \lambda_2 \times (b_2 - b_3) > \frac{(b_1 - b_3) \times M_1 + (b_2 - b_3) \times M_2}{M}$$
$$\tag{24-10}$$

下面对边际消费倾向随收入变化而变化的两种情况做具体讨论：

1. 边际消费倾向递减型

边际消费倾向递减在上述假设中表示为：$b_1 > b_2 > b_3$，此时如果要使实施收入再分配政策后总消费需求是扩大的，就要求（24-10）式成立。实体经济中，高低收入阶层的收入容易测定，但是收入分配效应系数 λ_1 和 λ_2 是无法得知的。所以，在边际消费倾向递减时，实施缩小收入差距的政策并不一定能增加社会总消费需求，当 $\lambda_1 \times (b_1 - b_3) + \lambda_2 \times (b_2 - b_3) < \dfrac{(b_1 - b_3) \times M_1 + (b_2 - b_3) \times M_2}{M}$ 时，平均居民的收入水平会带来与预期相反的效果，社会总消费需求会减少。

2. 边际消费倾向递增型

边际消费倾向递增在上述假设中表示为：$b_1 < b_2 < b_3$，此时若（24-10）式成立，即如果使收入再分配后总消费需求是扩大的，则有 $\lambda_1 \times (b_3 - b_1) + \lambda_2 \times (b_3 - b_2) < \dfrac{(b_3 - b_1) \times M_1 + (b_3 - b_2) \times M_2}{M}$。与第一种情况类似，由于收入分配效应系数 λ_1 和 λ_2 是无法得知的，实施缩小收入差距的政策对消费需求的影响效果不确定。

二、边际消费倾向呈倒 U 型时缩小收入差距对消费需求的影响

在上面的假设中对居民收入水平限制太严苛，在现实经济中不具有普遍适用性，接下来的理论研究中将引入比上节假设更为一般化的假设条

件。实体经济中，经济变量多表现出正态分布特点，故假设居民的收入分配服从密度函数为 $f(x \mid \mu, \sigma^2)$ 的正态分布，对应的累积分布函数形式为 $F(\cdot)$，这里，σ^2 为方差，代表收入分配的公平程度，方差越大说明收入分配越不公平。

我们假设住户的收入分配是服从正态分布的，然后对住户的收入进行对称性分层，分为低、中、高三种收入水平，从低到高排序的分界点记为 x_1、x_2。显然在对称分层的情况下有 $\mu - x_1 = x_2 - \mu$，用 x 表示收入水平，则可以得到具体收入分层情况为：$x < x_1$ 的住户处于低收入阶层，$x_1 < x < x_2$ 的住户处于中等收入阶层，$x > x_2$ 的住户处于高收入阶层。针对边际消费倾向呈倒 U 型，我们可以进一步假设低收入阶层边际消费倾向为 b_l，中等收入阶层的边际消费倾向为 b_h，高收入阶层的边际消费倾向也为 b_l，这里，$b_h > b_l$。依然基于凯恩斯的绝对收入假说，建立消费函数：$C = a + bY$，刚性消费 a 为保持不变的常数，边际消费倾向 b 则被分为三段，此时，我们可以得到社会的总消费支出为：

$$C = a + b_l \int_{-\infty}^{x_1} xf(x)\,dx + b_h \int_{x_1}^{x_2} xf(x)\,dx + b_l \int_{x_2}^{+\infty} xf(x)\,dx \qquad (24\text{-}11)$$

根据正态分布的性质，有：

$$\int_{x_1}^{x_2} xf(x)\,dx = \mu \int_{x_1}^{x_2} f(x)\,dx \qquad (24\text{-}12)$$

$$\int_{-\infty}^{x_1} xf(x)\,dx + \int_{x_2}^{+\infty} xf(x)\,dx = \mu\left(1 - \int_{x_1}^{x_2} f(x)\,dx\right) \qquad (24\text{-}13)$$

将 (24-12) 式和 (24-13) 式代入 (24-11) 式，得到：

$$C = a + b_l\left(\int_{-\infty}^{x_1} xf(x)\,dx + \int_{x_2}^{+\infty} xf(x)\,dx\right) + b_h \int_{x_1}^{x_2} xf(x)\,dx$$

$$= a + b_l\mu\left(1 - \int_{x_1}^{x_2} f(x)\,dx\right) + b_h\mu\int_{x_1}^{x_2} f(x)\,dx$$

$$= a + b_l\mu + (b_h - b_l)\mu\int_{x_1}^{x_2} f(x)\,dx$$

$$= a + b_l\mu + (b_h - b_l)\mu\left[2\Phi\left(\frac{x_2 - \mu}{\sigma}\right) - 1\right] \qquad (24\text{-}14)$$

对于标准正态分布的累积分布函数 $\Phi(\cdot)$，一阶导数是恒大于零的。所以对于目标问题，边际消费倾向呈倒 U 型时，收入分布于总消费支出的

关系可以通过考察 $\dfrac{\partial C}{\partial \sigma}$ 的符号来确定。经过简单的数学推导，可以知道 $\dfrac{\partial C}{\partial \sigma}$ <0，说明社会总消费支出会随着收入分配不公平程度的降低而增加，即实施缩小收入差距的分配政策，有利于刺激消费增长，从而拉动经济的增长。

第四节　城乡居民收入增长与边际消费倾向的变化特征

这里，我们使用来自北京师范大学中国收入分配研究院 2002 年和 2013 年的中国居民收入调查（China Household Income Projects，简称 CHIP）数据。中国收入分配研究院在长期的研究中，积累了丰富的研究资料，CHIP 在 1989 年到 2014 年期间进行了五次入户调查，形成了"CHIP"数据库，也是截至目前中国收入分配和劳动力市场研究领域中权威性最高的基础性数据资料。鉴于之前学者使用微观数据研究中国居民边际消费倾向问题时使用的最新数据是 2002 年的，本章的研究将使用 CHIP2002 和 CHIP2013 城乡住户和个人相关数据。这样研究主要有三个目的：一是用相同的方法对不同的数据进行研究，验证其他学者的研究结论；二是用不同的方法对相同的数据研究，探究使用不同的实证方法会不会产生不一样的结果；三是对十多年来中国居民的边际消费倾向做纵向比较分析，探究在经济发展迅速的背景下，中国居民的边际消费倾向与收入水平之间的关系发生了怎样的变化，为刺激居民消费，有效拉动内需提供可靠的参考依据。

一、CHIP2013

CHIP2013 样本涵盖东部、中部和西部省份，覆盖了来自 15 个省份的 126 个城市下面的 234 个县区，包括 17164 个住户样本及 58953 个个体样本。其中城镇住户样本 6674 户，包含 19887 个个体样本；农村住户样本 10490 户，包含 39066 个个体样本。CHIP2002 数据集包括 16035 个住户样本及 58601 个个体样本。其中城镇住户样本 6835 户，包含 20632 个个体样本；农村住户样本 9200 户，包含 37969 个个体样本。本章对样本数据进行了筛选处理，对于年收入和支出这两个核心变量，出现负值的做剔除处理，包括年末人民币金融资产余额、外币金融资产余额、受教育年限和健康状况这几个指标，出现负值的均不纳入最终研究样本范围。所有指标样本值空缺的也做剔除处理。最终得到的样本情况如下：CHIP2013 最终取样涵盖了 16853 个住户样本及 58036 个个体样本，其中城镇住户样本 6583 户，包含 19637 个个体样本；农村住户样本 10270 户，包含 38399 个个体样本；CHIP2002 最终取样涵盖了 15982 个住户样本及 58320 个个体样本，其中城镇住户样本 6820 户，包含 20502 个个体样本；农村住户样本 9162 户，包含 37818 个个体样本（见表 24-1）。

表 24-1　CHIP2013 及 CHIP2002 年的数据集样本量

（单位：户）

年份	2013 年			2002 年		
	全国	城镇	农村	全国	城镇	农村
住户	16853	6583	10270	15982	6820	9162
个人	58036	19637	38399	58320	20502	37818

资料来源：根据 CHIP 数据库整理得到。

二、样本收入阶层的划分

为了考察中国居民在不同收入水平下的边际消费倾向差异，我们把样本分为城镇样本、农村样本和全国样本等两年六个数据集。参考杨汝岱和朱诗娥（2007）的划分方法，大样本下，由于住户人均收入可近似为正态分布，故本章将住户在整个社会中的收入水平所处的阶层按照 10%、25%、50%、75% 和 90% 分位数为临界点进行划分，最终将各数据集中的住户分为低收入组、较低收入组、中低收入组、中高收入组、较高收入组和高收入组六个水平。特别地，为了更好地考察高收入水平中极端高收入阶层的边际消费情况，进一步将住户人均收入最高的 5% 列为最高收入组。表 24-2 和表 24-3 分别列举了 CHIP2013 和 CHIP2002 各数据集的收入等级的划分以及对应的样本量和收入范围。

表 24-2　CHIP2013 住户收入阶层划分及样本容量

收入层次	百分比	全国（2013）		城镇（2013）		农村（2013）	
		收入范围（元）	样本量	收入范围（元）	样本量	收入范围（元）	样本量
低收入	0—10%	0—4925	1686	0—10000	696	0—3961	1027
较低收入	10%—25%	4926—8000	2572	10000—15083	950	3962—6250	1597
中低收入	25%—50%	8001—14125	4169	15084—23333	1690	6251—10000	2641
中高收入	50%—75%	14126—24000	4243	23334—34000	1606	10001—16250	2456
较高收入	75%—90%	24001—36666	2499	34001—49500	983	16251—24831	1522
高收入	90%—100%	36667—	1684	49501—	658	24832—	1027
最高收入	95%—100%	47672—	843	60929—	330	30984—	514

资料来源：CHIP2013。

表 24-3　CHIP2002 住户收入阶层划分及样本容量

收入层次	百分比	全国（2002）		城镇（2002）		农村（2002）	
		收入范围（元）	样本量	收入范围（元）	样本量	收入范围（元）	样本量
低收入	0—10%	0—1197	1599	0—4683	682	0—946	917
较低收入	10%—25%	1198—1967	2397	4684—6588	1023	947—1427	1374
中低收入	25%—50%	1968—4000	3999	6589—9465	1705	1428—2179	2290
中高收入	50%—75%	4001—8765	3991	9466—13338	1705	2180—3344	2290
较高收入	75%—90%	8766—13835	2397	13339—18503	1023	3345—5004	1374
高收入	90%—100%	13836—	1599	18504—	682	5005—	917
最高收入	95%—100%	17942—	800	23001—	340	6504—	459

资料来源：CHIP2002。

三、2002 年和 2013 年收入与消费变化的特征分析

由于 CHIP 数据中既含有住户调查数据，也涉及个人调查数据，具体

操作中不能直接将数据集中的住户和个人的收入、消费等数据完全区分开来，所以之后的研究以住户为单位，所用到的变量均做取住户的平均值处理。需要说明的是：（1）因为我们要对跨年度的变量进行比对，且由于边际消费倾向是个比值概念，故对所选取的两年样本中与收入和消费相关的变量均采用当年价格，未进行定基价格调整。（2）CHIP2013 中对农村居民的住户调查中搜集的收入数据是住户年可支配收入总额。

表 24-4 和表 24-5 分别给出了 2013 年和 2002 年全国总体及城乡居民收入与消费等各个变量的基本统计特征。

表 24-4　2013 年各变量的描述性统计

数据集	变量	变量命名	均值	中位数	标准差	最小值	最大值
全国	住户人口数	num	3.44	3.00	1.37	1.00	13.00
	人均生活消费支出	cs	11233.00	8000.00	11509.66	0.00	267053.67
	人均可支配收入	yd	18731.51	14125.00	18159.27	116.67	617000.00
	人均金融资产余额	fina	18488.35	8000.00	50032.82	0.00	4000000.00
	人均受教育年数	edu	8.49	8.25	3.01	0.00	20.00
	人均健康状况	heal	2.07	2.00	0.76	1.00	5.00
	人均年龄	age	41.24	38.00	14.02	11.60	93.00
城镇	住户人口数	num	2.98	3.00	1.10	1.00	8.00
	人均生活消费支出	cs	17017.95	13333.33	14615.18	0.00	267053.67
	人均可支配收入	yd	27787.11	23333.33	21789.11	540.40	617000.00
	人均金融资产余额	fina	29078.88	14000.00	71803.55	0.00	4000000.00
	人均受教育年数	edu	10.33	10.33	2.97	0.00	20.00
	人均健康状况	heal	2.06	2.00	0.76	1.00	5.00
	人均年龄	age	42.52	39.00	14.77	12.50	90.00
农村	住户人口数	num	3.74	4.00	1.44	1.00	13.00
	人均生活消费支出	cs	7524.90	6000.00	6728.96	0.00	120000.00
	人均可支配收入	yd	12926.93	10000.00	12271.21	116.67	533333.33
	人均金融资产余额	fina	11699.90	5833.33	26180.49	0.00	1401500.00
	人均受教育年数	edu	7.31	7.33	2.37	0.00	20.00
	人均健康状况	heal	2.08	2.00	0.75	1.00	5.00
	人均年龄	age	40.42	37.25	13.45	11.60	93.00

资料来源：由 CHIP2013 相关数据计算得到。

表 24-5 2002 年各变量描述性统计

数据集	变量	变量命名	均值	中位数	标准差	最小值	最大值
全国	住户人口数	num	3.65	3.00	1.23	1.00	12.00
	人均生活消费支出	cs	3826.19	2524.98	3973.24	217.75	70637.63
	人均可支配收入	yd	6245.47	4000.00	6239.51	20.00	84000.00
	人均金融资产余额	fina	7061.25	1936.46	19813.72	0.00	953333.33
	人均受教育年数	edu	7.93	7.67	2.65	0.00	20.00
	人均健康状况	heal	2.07	2.00	0.64	1.00	5.00
	人均年龄	age	36.46	34.33	11.41	11.20	82.00
城镇	住户人口数	num	3.01	3.00	0.79	1.00	8.00
	人均生活消费支出	cs	6281.35	5198.99	4478.67	394.87	70637.63
	人均可支配收入	yd	10935.26	9465.25	6758.54	195.00	84000.00
	人均金融资产余额	fina	13939.36	7333.33	28676.54	0.00	953333.33
	人均受教育年数	edu	9.65	9.67	2.55	0.00	20.00
	人均健康状况	heal	2.17	2.00	0.72	1.00	5.00
	人均年龄	age	39.42	37.67	12.00	16.00	82.00
农村	住户人口数	num	4.13	4.00	1.29	1.00	12.00
	人均生活消费支出	cs	1998.61	1479.90	2186.47	217.75	62437.00
	人均纯收入	yd	2754.48	2179.83	2313.46	20.00	35225.33
	人均金融资产余额	fina	1941.33	828.29	3361.25	0.00	56734.33
	人均受教育年数	edu	6.65	6.67	1.90	0.00	14.33
	人均健康状况	heal	2.00	2.00	0.56	1.00	5.00
	人均年龄	age	34.25	32.40	10.42	11.20	81.00

资料来源：由 CHIP2002 相关数据计算得到。

对比 2013 年和 2002 年各个变量的变动情况，我们可以发现：

第一，就人均可支配收入而言，全国居民增加了 66.66%，城镇居民增加了 60.65%，农村居民增加 78.69%；而同期人均消费支出情况为，全国居民上涨 65.94%，城镇居民上涨 63.09%，农村居民上涨 73.44%。城镇居民人均消费支出的增长幅度要高于人均可支配收入的增幅，农村居民的人均消费支出增幅小于人均可支配收入的增幅，全国范围来看，居民人均消费支出的增长速度与人均可支配收入的增长速度基本保持同步。与此同时，城镇居民和农村居民人均可支配收入及人均消费支出的标准差也发生了很大的变化：城镇居民 2002 年的人均可支配收入标准差为 6758.54、人均生活消费支出为 4478.67，到 2013 年人均可支配收入的标准差达到了 21789.11、人均生活消费支出的标准差则达到 14615.18；农村居民 2002 年的人均可支配收入标准差为 2313.46、人均生活消费支出为 2186.47，2013 年人均可支配收入的标准差是 12271.21、人均生活消费支出的标准差达到 6728.96。这说明收入分配的不公平程度进一步加剧了。

第二，从财富累积情况看，城镇居民的金融资产余额增加了 52.06%，低于可支配收入的增长速度；农村居民的金融资产余额同期增加了 83.41%，高于可支配收入的增长速度。

第三，居民对教育的重视程度也有明显的变化，城镇居民人均受教育年限从 9.65 年提高到 10.33 年，农村居民人均受教育年限从 6.65 年提高到 7.31 年。值得关注的是两者的标准差变大了，城镇居民的人均受教育年限标准差从 2002 年的 2.55 上升到 2013 年的 2.97，农村居民的人均受教育年限标准差从 2002 年的 1.90 上升到 2013 年的 2.37。这说明中国居民整体上越来越重视教育，或者说是更重视人力资本的投资，但是教育的不公平程度在扩大。

第四，家庭规模上，城镇住户由 2002 年的平均一家 3.01 个人下降到 2013 年的 2.98 个，农村住户由 2002 年的平均一家 4.13 个人下降到 3.74 个。这在一定程度上与现代中国居民的婚姻、家庭观念有关。

四、城乡居民不同收入组别家庭收入与消费变化的特征分析

上面仅从全样本数据给出的统计特征在一定程度上反映了中国居民收入和消费的大致状况，却不能反映出各收入组别下、城乡内部居民收入和消费的详细特点。故需要对比分析各收入组别下、城乡内部居民的样本数据。

对比城乡居民低收入组样本数据的描述性统计特征（见表 24-6），可以发现：

表 24-6　城乡居民低收入组各变量描述性统计

数据集	变量	均值	中位数	标准差	最小值	最大值
2013 年城镇	住户人口数	3.65	3.00	1.27	1.00	8.00
	人均生活消费支出	6076.34	5750.00	3273.94	0.00	40692.83
	人均可支配收入	7446.25	7905.09	2190.80	540.40	10000.00
	人均金融资产余额	5865.69	2500.00	8565.68	0.00	80000.00
	人均受教育年数	8.45	8.50	2.58	0.00	15.67
	人均健康状况	2.13	2.00	0.76	1.00	5.00
	人均年龄	38.47	36.00	12.90	15.00	88.00
2013 年农村	住户人口数	4.00	4.00	1.58	1.00	10.00
	人均生活消费支出	2826.87	2500.00	2034.08	0.00	20696.50
	人均可支配收入	2695.89	2894.80	856.86	116.67	3950.00
	人均金融资产余额	4599.30	1300.00	10641.07	0.00	181725.00
	人均受教育年数	6.42	6.33	2.32	0.00	17.00
	人均健康状况	2.31	2.20	0.80	1.00	5.00
	人均年龄	41.98	37.50	15.73	11.60	93.00
2002 年城镇	住户人口数	3.15	3.00	0.86	1.00	8.00
	人均生活消费支出	2971.85	2619.57	1753.95	634.93	25492.75
	人均可支配收入	3590.15	3808.34	872.23	195.00	4680.60
	人均金融资产余额	4027.64	1666.67	7008.60	0.00	72500.00
	人均受教育年数	8.11	8.25	2.24	0.00	15.00
	人均健康状况	2.22	2.25	0.78	1.00	4.50
	人均年龄	37.88	36.67	10.99	18.50	80.50
2002 年农村	住户人口数	4.71	5.00	1.38	1.00	10.00
	人均生活消费支出	1006.76	820.33	765.41	217.75	9446.00
	人均纯收入	691.49	738.75	198.21	20.00	946.00
	人均金融资产余额	586.50	201.75	1138.19	0.00	12979.00
	人均受教育年数	5.95	6.00	1.84	0.00	12.67
	人均健康状况	2.06	2.00	0.54	1.00	5.00
	人均年龄	32.12	31.00	9.93	11.20	73.00

资料来源：由 CHIP2013 和 CHIP2002 相关数据计算得到。

　　第一，从 2013 年样本数据来看，城镇居民住户人口规模略小于农村居民；城镇居民住户人均生活消费支出均值为 6076.34 元，是农村居民均值

2826.87 元的 2.15 倍；人均可支配收入方面，城镇居民的均值为 7446.25 元，是农村居民均值 2695.89 元的 2.76 倍，值得注意的是城镇居民的住户人均可支配收入标准差为 2190.8，远远大于农村居民 856.86 的标准差，说明低收入组中城镇居民的收入差距比农村居民更大；城镇居民的人均金融资产余额和人均受教育年数均高于农村居民，说明在低收入阶层，城镇居民比农村居民人均家庭储蓄要多，同时得到了更多的教育；城镇居民与农村居民的健康状况相差不大，而且城镇居民的住户人均年龄要比农村居民小。

第二，从 2002 年样本数据来看，城镇居民住户人口规模均值为 3.15 人，明显小于农村居民 4.17 人的均值；城镇居民的住户人均生活消费支出均值为 2971.85 元，是农村居民均值 1006.76 元的 2.95 倍；城镇居民的住户人均收入均值为 3590.15 元，是农村居民均值 691.49 元的 5.19 倍，同时城镇居民的住户人均收入的标准差是农村居民的 4.4 倍，城镇居民的收入差距远高于农村居民；住户人均金融资产余额方面，城镇居民的均值为 4027.64 元，远远高于农村居民 586.5 元的均值水平；城镇居民人均受教育年数为 8.11 年，明显高于农村居民 5.96 年的受教育年数；城镇居民的人均健康状况与农村居民差异不大；在住户人均年龄上，城镇居民则以 37.88 岁的均值高于农村居民 32.12 岁的均值水平。

第三，对比 2013 年和 2002 年样本数据来看，城乡居民的人均消费支出和人均收入水平从 2002 年到 2013 年均有大幅提升，城镇居民人均消费支出由 2971.85 元提高到 6076.34 元、人均收入也从 2002 年的 3590.15 元增长到 2013 年的 7446.25 元，农村居民人均消费支出由 2002 年的 1006.76 元提高到 2013 年的 2826.87 元、人均收入从 691.49 元增长到 2695.89 元。同时需要注意的是城乡居民人均收入和人均消费支出的标准差也发生了明显的变化，2013 年城镇居民的人均消费支出和人均收入的标准差分别是 2002 年的 1.87 倍和 2.51 倍，2013 年农村居民的人均消费支出和人均收入的标准差分别是 2002 年的 2.66 倍和 4.32 倍，说明低收入阶层的城乡居民人均收入及人均消费支出差距越来越大了。城镇居民的平均住户人口规模由 2002 年的 3.15 人上升到 2013 年的 3.65 人，而农村居民的平均住户人口规模则从 2002 年的 4.17 人下降到 2013 年的 4 人，虽然 2013 年农村居民的平均住户人口数仍然大于城镇居民，但是二者差距明显小于 2002 年的差距，与农村居民计划生育政策的长期落实有关。在人均金融资产余额方面，城乡居民 2013 年均较 2002 年有较大幅度的增加，其中城镇居民的增幅为 45.7%，农村居民的增幅高达 784.2%。教育方面，城乡居民 2013 年的人均受教育年数均高于 2002 年，说明城乡居民对人力资本的投资更重视了。城镇居民的住户人均年龄从 2002 年的 37.88 岁上升到 2013 年的 38.47 岁，变化不大，而农村居民的住户人均年龄则从 2002 年的 32.12 岁显著上升到 2013 年的 41.98 岁。

再看较低收入组城乡居民的各指标（见表 24-7），可以发现：第一，2013 年，城乡居民较显著的差异主要体现在城镇居民平均住户人口规模为 3.31 人，少于农村居民的平均住户人口数 4.03 人；城镇居民人均消费支出、人均收入和人均财富积累水平均显著高于农村居民；城镇居民人均受教育年数比农村居民高出 2.5 年，说明城镇居民对人力资本的投入更大，这一方面与城乡教育环境、资源有关，另一方面与城镇和农村居民的教育理念不同有关。第二，2002 年，农村居民的住户人口规模均值要比城镇居民高出 1.5 人，平均年龄却比城镇居民低了 6 岁，反映了城乡居民不同的婚姻家庭观念；城镇居民在人均消费支出、人均收入和人均财富积累方面都远远高于农村居民，同时人均收入和人均金融资产余额的标准差差异也说明了较低收入组内城镇居民的收入和财富积累分布相比于农村居民更加不公平；城镇居民平均受教育年数更长。第三，对比 2013 年和 2002 年的数据，可以发现 2013 年城镇居民的住户人口规模比 2002 年有所变大，而农村居民呈现出了相反的趋势；城乡居民在 2013 年的住户人均年龄比 2002 年均变大了，城镇居民平均增加了 1 岁、农村居民平均增加了 7 岁多；2013 年城乡居民在人均消费支出、人均收入、人均财富积累和人均受教育年限上都有大幅的提升；不同于城镇居民在健康状况方面有所改善的情况，农村居民的健康状况有所下降。

表 24-7　城乡居民较低收入组各变量描述性统计

数据集	变量	均值	中位数	标准差	最小值	最大值
2013 年城镇	住户人口数	3.31	3.00	1.14	1.00	8.00
	人均生活消费支出	9307.68	9000.00	3919.14	0.00	45211.00
	人均可支配收入	12998.13	13001.67	1439.06	10048.50	15077.33
	人均金融资产余额	10905.33	6666.67	14387.88	0.00	150885.40
	人均受教育年数	9.17	9.25	2.61	0.00	18.00
	人均健康状况	2.10	2.00	0.74	1.00	4.00
	人均年龄	40.70	37.09	13.74	15.75	83.00
2013 年农村	住户人口数	4.03	4.00	1.55	1.00	10.00
	人均生活消费支出	4192.67	3950.00	2182.37	0.00	28500.00
	人均可支配收入	5119.66	5000.00	697.69	3962.33	6250.00
	人均金融资产余额	5177.93	2500.00	10534.24	0.00	275800.00
	人均受教育年数	6.53	6.60	2.28	0.00	14.00
	人均健康状况	2.26	2.00	0.77	1.00	5.00
	人均年龄	40.89	36.83	14.77	12.60	90.00
2002 年城镇	住户人口数	3.07	3.00	0.85	1.00	7.00
	人均生活消费支出	3985.19	3654.95	2038.03	545.42	30828.48
	人均可支配收入	5695.26	5696.00	545.96	4683.50	6588.50
	人均金融资产余额	6550.88	3333.33	11345.79	0.00	160000.00
	人均受教育年数	8.63	8.67	2.31	0.00	17.67
	人均健康状况	2.20	2.00	0.75	1.00	5.00
	人均年龄	39.75	37.67	12.04	18.33	81.00
2002 年农村	住户人口数	4.52	4.00	1.38	1.00	12.00
	人均生活消费支出	1235.31	1059.25	974.47	274.33	19072.67
	人均纯收入	1198.12	1200.90	137.70	946.25	1427.75
	人均金融资产余额	794.63	393.32	1223.96	0.00	20086.40
	人均受教育年数	6.09	6.00	1.80	0.00	12.33
	人均健康状况	2.06	2.00	0.57	1.00	4.00
	人均年龄	33.08	31.33	9.87	14.00	79.50

资料来源：由 CHIP2013 和 CHIP2002 相关数据计算得到。

进一步看其他组别的情况（见表 24-8 至表 24-12），可以看出：

第一，类似低收入组和较低收入组，中低收入组、中高收入组、较高收入组、高收入组和最高收入组这五个收入组别的城乡居民在人均消费支出、人均收入和人均金融资产余额方面表现出了一致的变动趋势。2013 年及 2002 年城镇居民在人均消费支出、人均收入和人均财富积累水平上都远远高于农村居民；时间层面上，城镇居民和农村居民在 2013 年的人均消费支出、人均收入和人均财富积累水平均高于 2002 年的水平。

第二，在住户人口规模方面，中低收入组与低收入组及较低收入组变动情况一致，城镇居民在 2013 年的平均住户人口数较 2002 年有所增加，农村居民 2013 年的平均住户人口数比 2002 年则有所减少；而在中高收入组、较高收入组、高收入组和最高收入组这四组收入水平下，不论是城镇居民还是农村居民在 2013 年的平均住户人口数较 2002 年均有所下降；在各收入组别内，城镇居民 2013 年和 2002 年的平均住户人口规模都比农村居民小。

第三，在受教育年限方面，七个收入组别的城乡居民变动情况一致。具体表现为城镇居民在 2013 年和 2002 年的人均受教育年数均高于农村居民；2013 年城乡居民的受教育年数都大于 2002 年时的水平，农村居民的教育环境、教育资源需要改善。

第四，在健康方面，各收入组的城镇居民在 2013 年的平均健康程度较 2002 年均有所提高；农村居民 2013 年的健康状况在较高收入组、高收入组和最高收入组比 2002 年有所改善，而在低收入组、较低收入组、中低收入组和中高收入组内，农村居民 2013 年的健康状况还不如 2002 年时的水平，农村居民的医疗水平及医疗保险深度均有待提高。

第五，住户平均年龄方面，各收入组别的城乡居民住户平均年龄在 2013 年都大于 2002 年；这一方面反映了晚婚晚育理念不论是在城镇还是在农村都被更多的人接受，另一方面也说明随着医疗环境的改善，城乡居民平均寿命得到了延长。

表 24-8　城乡居民中低收入组各变量描述性统计

数据集	变量	均值	中位数	标准差	最小值	最大值
2013 年 城镇	住户人口数	3.11	3.00	1.06	1.00	8.00
	人均生活消费支出	12814.34	12319.92	5673.61	0.00	80000.00
	人均可支配收入	19255.90	19400.00	2329.66	15089.17	23333.33
	人均金融资产余额	16248.74	11387.50	19491.99	0.00	277250.00
	人均受教育年数	9.76	9.67	2.61	0.00	18.00
	人均健康状况	2.08	2.00	0.77	1.00	5.00
	人均年龄	42.06	38.67	14.46	14.00	89.00
2013 年 农村	住户人口数	3.87	4.00	1.44	1.00	11.00
	人均生活消费支出	5715.22	5125.00	3412.18	0.00	76950.00
	人均可支配收入	8309.18	8275.00	1178.50	6250.80	10000.00
	人均金融资产余额	7196.32	4600.00	9847.69	0.00	128000.00
	人均受教育年数	7.04	7.00	2.24	0.00	15.00
	人均健康状况	2.12	2.00	0.77	1.00	5.00
	人均年龄	39.93	36.50	13.89	13.50	88.00
2002 年 城镇	住户人口数	3.02	3.00	0.80	1.00	7.00
	人均生活消费支出	5138.24	4650.43	2583.39	1014.65	34367.57
	人均可支配收入	7992.83	7986.00	834.33	6588.68	9465.00
	人均金融资产余额	9587.99	6000.00	25519.60	0.00	953333.33
	人均受教育年数	9.27	9.33	2.37	0.00	17.50
	人均健康状况	2.18	2.00	0.73	1.00	4.50
	人均年龄	40.16	38.33	12.17	16.00	82.00
2002 年 农村	住户人口数	4.25	4.00	1.24	1.00	10.00
	人均生活消费支出	1476.10	1317.93	842.49	314.25	16139.75
	人均可支配收入	1794.62	1782.50	218.89	1428.20	2179.67
	人均金融资产余额	1203.00	681.54	1812.52	0.00	26668.33
	人均受教育年数	6.44	6.50	1.77	0.00	12.75
	人均健康状况	2.00	2.00	0.57	1.00	4.25
	人均年龄	33.44	31.60	10.35	14.20	79.00

资料来源：由 CHIP2013 和 CHIP2002 相关数据计算得到。

表 24-9 城乡居民中高收入组各变量描述性统计

数据集	变量	均值	中位数	标准差	最小值	最大值
2013 年 城镇	住户人口数	2.83	3.00	0.98	1.00	7.00
	人均生活消费支出	17523.60	16666.67	10672.59	0.00	233527.67
	人均可支配收入	28352.36	28000.00	3051.57	23365.00	34000.00
	人均金融资产余额	27694.34	17666.67	32364.91	0.00	300000.00
	人均受教育年数	10.56	10.60	2.83	0.00	19.00
	人均健康状况	2.05	2.00	0.75	1.00	5.00
	人均年龄	44.09	40.40	15.36	12.50	88.00
2013 年 农村	住户人口数	3.70	4.00	1.36	1.00	13.00
	人均生活消费支出	7805.40	7200.00	4447.69	0.00	95000.00
	人均可支配收入	12996.77	12754.88	1673.91	10002.75	16250.00
	人均金融资产余额	10616.08	7000.00	13793.84	0.00	273650.00
	人均受教育年数	7.50	7.50	2.19	0.00	15.00
	人均健康状况	2.02	2.00	0.72	1.00	5.00
	人均年龄	39.66	36.80	12.63	13.67	87.00
2002 年 城镇	住户人口数	2.98	3.00	0.76	1.00	7.00
	人均生活消费支出	6539.28	5949.48	3389.65	394.87	33769.32
	人均可支配收入	11270.47	11202.22	1094.64	9465.50	13338.00
	人均金融资产余额	13970.61	9066.67	24482.40	0.00	750000.00
	人均受教育年数	10.03	10.00	2.39	0.00	18.00
	人均健康状况	2.14	2.00	0.72	1.00	5.00
	人均年龄	39.45	37.25	12.44	16.00	82.00
2002 年 农村	住户人口数	4.04	4.00	1.21	1.00	11.00
	人均生活消费支出	1931.17	1672.88	1354.50	350.71	29098.75
	人均可支配收入	2689.59	2644.88	333.47	2180.00	3344.00
	人均金融资产余额	1974.59	1180.34	2703.78	0.00	37167.50
	人均受教育年数	6.81	7.00	1.83	0.00	13.00
	人均健康状况	1.98	2.00	0.56	1.00	5.00
	人均年龄	34.32	32.50	10.29	13.25	74.67

资料来源：由 CHIP2013 和 CHIP2002 相关数据计算得到。

表 24-10 城乡居民较高收入组各变量描述性统计

数据集	变量	均值	中位数	标准差	最小值	最大值
2013年城镇	住户人口数	2.64	3.00	0.92	1.00	7.00
	人均生活消费支出	24774.92	23333.33	14011.37	0.00	229324.00
	人均可支配收入	40352.06	40000.00	4130.90	34038.00	49500.00
	人均金融资产余额	40695.69	29250.00	43844.11	0.00	540000.00
	人均受教育年数	11.70	12.00	2.71	2.50	19.00
	人均健康状况	2.02	2.00	0.76	1.00	4.50
	人均年龄	44.55	41.67	15.33	18.00	89.00
2013年农村	住户人口数	3.46	3.00	1.29	1.00	9.00
	人均生活消费支出	10499.98	10000.00	5760.13	0.00	63333.33
	人均可支配收入	19638.95	19520.00	2305.17	16285.25	24828.17
	人均金融资产余额	16492.51	11142.50	19042.59	0.00	235000.00
	人均受教育年数	7.99	8.00	2.25	0.00	15.00
	人均健康状况	1.95	2.00	0.68	1.00	5.00
	人均年龄	40.32	38.00	11.98	14.75	90.00
2002年城镇	住户人口数	2.93	3.00	0.72	1.00	7.00
	人均生活消费支出	8344.30	7567.20	4428.34	1236.80	50899.86
	人均可支配收入	15461.29	15208.00	1482.58	13340.00	18500.00
	人均金融资产余额	19780.99	13600.00	27337.35	0.00	600000.00
	人均受教育年数	10.63	10.67	2.40	0.00	20.00
	人均健康状况	2.16	2.00	0.69	1.00	4.50
	人均年龄	39.30	38.00	12.03	17.50	79.50
2002年农村	住户人口数	3.70	4.00	1.12	1.00	8.00
	人均生活消费支出	2712.24	2285.25	2064.01	511.75	33029.50
	人均可支配收入	4026.78	3955.25	464.28	3344.60	5004.00
	人均金融资产余额	2958.72	1951.88	3486.70	0.00	35864.50
	人均受教育年数	7.15	7.19	1.88	0.00	14.33
	人均健康状况	1.96	2.00	0.56	1.00	4.50
	人均年龄	36.10	34.00	10.72	14.75	81.00

资料来源：由 CHIP2013 和 CHIP2002 相关数据计算得到。

表 24-11　城乡居民高收入组各变量描述性统计

数据集	变量	均值	中位数	标准差	最小值	最大值
2013 年城镇	住户人口数	2.39	2.00	0.94	1.00	6.00
	人均生活消费支出	37697.31	33077.84	25976.72	2700.00	267053.67
	人均可支配收入	72415.34	61043.47	38891.69	49568.67	617000.00
	人均金融资产余额	98848.58	55000.00	195735.79	0.00	4000000.00
	人均受教育年数	12.85	13.00	2.80	5.00	20.00
	人均健康状况	1.92	2.00	0.76	1.00	5.00
	人均年龄	43.76	41.27	15.30	15.00	90.00
2013 年农村	住户人口数	3.18	3.00	1.26	1.00	9.00
	人均生活消费支出	16978.46	14000.00	12828.86	0.00	120000.00
	人均可支配收入	37059.09	31000.00	24149.31	24857.60	533333.33
	人均金融资产余额	36012.79	22100.00	67338.70	0.00	1401500.00
	人均受教育年数	8.70	9.00	2.47	0.00	20.00
	人均健康状况	1.83	2.00	0.70	1.00	5.00
	人均年龄	41.32	39.67	11.26	15.00	81.00
2002 年城镇	住户人口数	2.90	3.00	0.68	1.00	7.00
	人均生活消费支出	12153.66	10613.29	7307.99	1642.97	70637.63
	人均可支配收入	25869.36	23000.00	8762.02	18536.00	84000.00
	人均金融资产余额	36971.64	24808.34	54136.69	0.00	816666.67
	人均受教育年数	11.25	11.00	2.49	3.50	19.00
	人均健康状况	2.16	2.00	0.64	1.00	4.00
	人均年龄	38.70	37.00	11.14	18.33	80.00
2002 年农村	住户人口数	3.51	3.00	1.10	1.00	9.00
	人均生活消费支出	4538.20	3582.67	4825.51	402.33	62437.00
	人均可支配收入	7802.21	6503.67	3820.36	5005.00	35225.33
	人均金融资产余额	5250.70	3088.25	6859.99	0.00	56734.33
	人均受教育年数	7.56	7.50	2.03	1.50	13.67
	人均健康状况	1.93	2.00	0.54	1.00	4.50
	人均年龄	37.26	35.00	10.68	17.00	80.00

资料来源：由 CHIP2013 和 CHIP2002 相关数据计算得到。

表 24-12　城乡居民最高收入组各变量描述性统计

数据集	变量	均值	中位数	标准差	最小值	最大值
2013 年城镇	住户人口数	2.28	2.00	0.92	1.00	6.00
	人均生活消费支出	44452.20	38524.00	32598.46	3000.00	267053.67
	人均可支配收入	90778.31	75433.75	48263.69	60934.44	617000.00
	人均金融资产余额	130217.20	75000.00	260567.64	0.00	4000000.00
	人均受教育年数	13.17	13.50	2.93	5.00	20.00
	人均健康状况	1.86	2.00	0.76	1.00	5.00
	人均年龄	43.54	40.50	15.95	15.00	90.00
2013 年农村	住户人口数	3.18	3.00	1.32	1.00	9.00
	人均生活消费支出	20508.49	16666.67	15710.29	0.00	120000.00
	人均可支配收入	46854.58	39646.67	31150.88	31000.00	533333.33
	人均金融资产余额	46467.55	26666.67	90026.62	0.00	1401500.00
	人均受教育年数	8.90	9.00	2.52	0.00	20.00
	人均健康状况	1.77	2.00	0.66	1.00	4.00
	人均年龄	41.13	39.67	11.44	15.00	75.50
2002 年城镇	住户人口数	2.89	3.00	0.62	1.00	5.00
	人均生活消费支出	13655.00	12159.30	8524.25	1642.97	70637.63
	人均可支配收入	31295.07	28200.00	9681.89	23004.00	84000.00
	人均金融资产余额	46875.92	34666.67	70505.22	0.00	816666.67
	人均受教育年数	11.28	11.00	2.61	3.50	19.00
	人均健康状况	2.18	2.00	0.66	1.00	4.00
	人均年龄	37.90	36.67	10.55	19.33	77.00
2002 年农村	住户人口数	3.43	3.00	1.07	1.00	7.00
	人均生活消费支出	5375.85	4267.25	5568.57	759.00	60678.00
	人均可支配收入	9961.84	8446.33	4433.05	6503.67	35225.33
	人均金融资产余额	6250.03	3802.50	8064.15	0.00	56734.33
	人均受教育年数	7.75	7.75	1.95	1.50	13.50
	人均健康状况	1.92	2.00	0.56	1.00	4.00
	人均年龄	38.26	36.25	10.69	18.33	80.00

资料来源：由 CHIP2013 和 CHIP2002 相关数据计算得到。

第五节　城乡不同收入组别家庭
边际消费倾向的估计

这里将通过计量分析估计中国不同收入组别、城乡居民边际消费倾向，并揭示随着收入的增长边际消费倾向的变化特征。

一、实证方法

使用微观数据进行实证研究的文献中，大多应用最小二乘法（OLS）测算边际消费倾向。虽然使用微观数据样本量足够大，变量的统计性质比较好，但是研究居民边际消费倾向与收入水平之间的关系，中位数回归能较好表现出不同收入水平下数据的本质特点，故以下研究中使用中位数回归方法。由于中位数回归是分位数回归的一种特例，我们使用一般化的分位数回归方法。

基于凯恩斯的绝对收入假说，我们建立了如下的模型：

$$C_{it} = a + bY_{it} + \sum_{k=1}^{m} c_k X_{kit} + u_{it}$$

其中 C_{it} 表示第 i 个住户在 t 期的人均消费支出，Y_{it} 表示第 i 个住户在 t 期的人均可支配收入；a 表示不随收入改变而变化的基本消费需求，即刚性需求，b 表示边际消费倾向。X_{kit} 表示第 i 个住户在 t 期可能影响消费支出的第 k 各变量，$k=1\cdots m$；c_k 表示第 k 个控制变量对消费支出的影响程度。

考虑到中国居民的实际消费情况，我们选择住户人口规模、住户资产规模、住户的平均年龄、健康状况以及受教育程度作为控制变量。需要说明的是，居民教育支出和医疗支出也是影响居民消费的因素，但是由于调查问卷设置的局限性，并考虑到 2002 年和 2013 年所选指标的一致性，无法直接获得居民教育和医疗支出数据，故使用受教育年限、健康状况这两个指标来间接体现。最终选择的指标有：住户人均可支配收入、人均消费支出、人均金融资产余额、人均受教育年限、人均健康状况（这里健康状况的衡量标准为：①非常好，②好，③一般，④不好，⑤非常不好）、人均年龄和住户人口数，住户人口数则是衡量住户人口规模的总量指标，不取均值。

我们将使用 Eviews 对 CHIP2013 和 CHIP2002 中选取的指标（或简单计算得到的指标）进行计量分析，并对计量结果进行组内、城乡居民的横向对比分析及不同年份相同变量的纵向对比分析。

二、2013 年的边际消费倾向估计

基于 2013 年的数据获得的不同收入组别下全国、城镇和农村家庭的边际消费倾向的估计结果分别在附表 24-1 至附表 24-3 中给出。① 图 24-5 给出了基于 2013 年数据估计获得的全国、城镇和农村居民边际消费倾向的变化趋势。

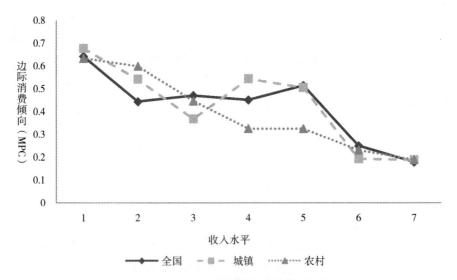

图 24-5　2013 年中国居民边际消费倾向估计

资料来源：作者计算。

分析 2013 年数据的实证结果，可以发现：

---

① 基于 2002 年的数据估计获得的结果，由于篇幅所限，这里不再给出。

第一，农村居民的边际消费倾向随着收入水平的提高呈现递减趋势，从低收入阶层的 0.6343 逐渐递减至最高收入阶层的 0.1878，这与基本计量模型得到的趋势吻合。

第二，城镇居民的边际消费倾向与基本模型下走势略有不同，基本模型下城镇居民的边际消费倾向表现为从低收入阶层到中高收入阶层逐渐递减；而在扩展模型下，城镇居民的边际消费倾向表现为从低收入阶层的 0.6771 逐渐递减至中低收入阶层的 0.3681，然后在中高收入和较高收入阶层表现出了较高的边际消费倾向，维持在 0.5 以上，随着收入水平的进一步提高，城镇居民的边际消费倾向在高收入阶层和最高收入阶层下降到最低点，取值在 0.2 以下。

第三，从全国样本来看，扩展模型下的边际消费倾向走势与基本计量模型下一致，除低收入阶层之外，边际消费倾向随着收入水平的提高呈现出了倒 U 型关系。

第四，当居民收入在中低收入水平以下时，城镇居民的边际消费倾向低于农村居民；随着收入继续增长到中高水平以后，城镇居民的边际消费倾向高于农村居民。

第五，中国居民的消费支出与家庭平均年龄之间呈负相关关系，也就是说同等条件下，平均年龄较小的住户消费需求更大，这也反映出中国现实社会中年轻人的边际消费倾向要高于老年人。这一点可以从三个方面解释：一是年轻人对未来的预期收入比较乐观，他们有更多的时间和机会去赚钱，预防性储蓄规模就会低于劳动能力较弱的老年人，所以表现出较高的消费倾向；二是年轻人与老年人的消费观不一样，近些年中国出现了越来越多的月光族，年轻人更注重即时效用，最典型的例子就是信用卡的拥有率和使用率在年轻人中远远高于老年人；三是老年人相对于年轻人来说，大件耐用型消费品和奢侈品的购买量会比较少，这也会显著减少他们的消费支出。

第六，不管是城镇居民还是农村居民，受教育水平对消费需求的影响呈显著的正相关。一方面，受教育年限越长，受教育程度越深，住户的教育支出费用就越高；另一方面，居民接受教育的年限越长，也就是说学历越高，对生活品质的要求相对也就越高，这也会导致消费支出的增加。从不同收入阶层来看，收入水平越高的住户，越重视教育，越重视对人力资本的投资，表现为随着收入水平的提高，每增加一年的教育年限，住户消费支出增加得越多。

第七，住户资产方面，我们可以看到住户人均金融资产余额对消费支出有一定的影响，而且更多的表现为正向影响，这与持久收入假说相符，但是总体来看住户的消费支出受资产规模的影响较小，计量结果多为不显著，消费支出更多还是受当期收入的影响。

第八，住户成员健康方面，由于人均健康程度的取值越大表示健康程度越差，故可以看出，健康状况越差的住户，会产生更高的医疗费用支出，导致当期消费支出越高；而且收入水平高的家庭在医疗支出方面越舍得花钱，具体表现为随着收入水平的提高，健康状况每下降一个等级，居民的消费支出水平越高。

第九，住户人口规模与消费支出之间呈强烈的负相关，即住户每增加一个家庭成员，整个住户的人均边际消费量是下降的；因为一般来说，一个家庭人口数越大，面临消费支出的不确定性也就越大，相应的预防性储蓄规模也就越大，导致人均消费支出减少；而且越富有的家庭对于人口规模越敏感，预防性储蓄水平越高。

三、边际消费倾向的变化特征分析

这里，我们将对比 2013 年和 2002 年不同收入组别、城乡居民的边际消费倾向估计值，以发现其变化特征。如图 24-6 至图 24-8 所示，可以发现：

第一，从 2002 年到 2013 年，随着中国居民收入水平的整体提高，全样本下除最高收入组外其他收入组别的居民边际消费倾向均有所提高，特别是低收入组的居民边际消费倾向提高幅度最大，从 0.3401 提高到 0.6426。

第二，城镇居民随着收入水平的提高，2013 年各收入组别的边际消费倾向基本都高于 2002 年的水平。

第三，农村居民低收入组、较低收入组和中低收入组在 2013 年的边际消费倾向高于 2002 年的水平，中高收入水平以上的居民边际消费倾向则低

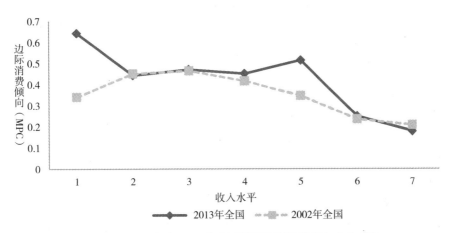

图 24-6　2002 年和 2013 年全国居民边际消费倾向变化对比

资料来源：作者计算。

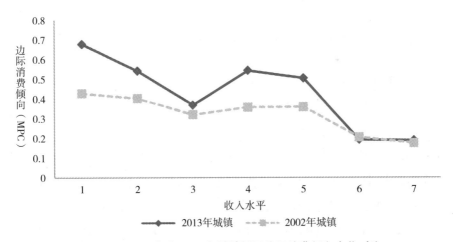

图 24-7　2002 年和 2013 年城镇居民边际消费倾向变化对比

资料来源：作者计算。

于 2002 年的水平。

第四，不管是从全国来看，还是从城镇、农村内部来看，低收入组的边际消费倾向提高的幅度最大，高收入组和最高收入组的边际消费倾向变化不大。随着中国市场化进程的进一步规范，低收入阶层居民的显性实物消费增加，使其边际消费倾向出现明显上升，所以提高低收入群体的收入水平可有效刺激这部分居民的消费需求；对于高收入阶层居民而言，生存

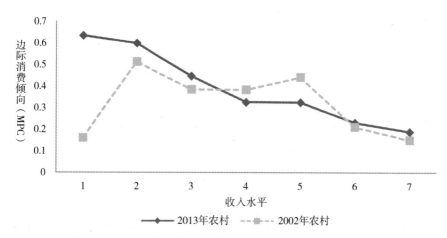

图 24-8 2002 年和 2013 年农村居民边际消费倾向变化对比

资料来源：作者计算。

性消费需求基本达到饱和状态，对奢侈品和耐用消费品的消费能力是有限的，而且遗赠性储蓄倾向较高，所以导致高收入阶层的边际消费倾向维持在较低水平。

综上，我们发现：

第一，相对于 2002 年，2013 年中国居民的人均消费支出与住户人均年龄的关系发生了较大的变动，2002 年人均年龄对人均消费支出的影响方向不确定，2013 年两者则表现出了很强的负相关性。说明从 2002 年到 2013 年，中国居民的消费观念发生了较大的改变，特别是年轻人消费需求比较大而且愿意消费，老年人则表现出了较强的预防性储蓄倾向。

第二，不论是从 2002 年到 2013 年居民整体收入水平的提高来看，还是从同一年份下收入阶层的变化来看，都反映出受教育程度对消费支出影响较大，即越是富有的家庭，越愿意进行人力资本投资，具体表现为同一收入阶层下城镇居民教育支出倾向高于农村居民、同一数据集内高收入阶层教育支出倾向高于低收入阶层。同时需要注意的是就全国样本而言，2013 年人均受教育年数的回归系数较 2002 年有明显的提高，但是就不同收入组别来看，低收入组和较低收入组的回归系数变小了，中低收入水平以上人均受教育年数的回归系数变大，这就说明伴随经济的快速增长较低收入水平的居民的教育情况并没有得到改善，中国教育体制改革对低收入群体的影响值得引起重视。

第三，家庭的累积财富对居民的消费支出有微弱的正影响，影响程度远不及当期收入水平。

第四，随着收入水平的提高，中国居民在健康方面的支出也是呈递增趋势，2013年居民健康消费倾向明显高于2002年。从不同收入组别来看，低收入组和最高收入组的健康方面消费倾向没有随收入水平的整体提高而提高，最高收入组群体的健康支出在2002年已经处于较高水平，这部分人群即使收入水平进一步提高了对健康的投资增加部分也是有限的；不同的是，低收入组的居民是因为医疗费用较高和医疗保险的不完善才表现出更小的健康方面消费倾向。

第五，住户人口规模也随着居民收入水平的整体上升对消费支出产生越来越大的削弱作用，收入水平的提高一般意味着更多的消费支出，而每增加一个家庭成员，将会使住户面临的不确定性更强，从而产生更高的预防性储蓄。

第六节 结论及政策建议

基于住户调查微观数据的实证分析，得到以下结论：

第一，随着收入水平的整体提高，中国各收入阶层的居民边际消费倾向整体都呈上升趋势，其中低收入水平的居民边际消费倾向上升的幅度最大，与凯恩斯的边际消费倾向递减理论不符。

第二，2002年，中国居民的边际消费倾向与收入水平之间呈现倒U型关系，缩小居民收入分配差距可有效提高社会总消费需求。2013年，从总体上看，全国居民的边际消费倾向基本呈倒U型；城镇居民的边际消费倾向随收入水平的提高呈先递减后递增再递减的变化趋势，中高收入阶层和较高收入阶层的居民边际消费倾向较高；农村居民的边际消费倾向呈递减趋势，并且当居民收入在中低收入水平以下时，城镇居民的边际消费倾向低于农村居民，随着收入继续增长到中高水平以后，城镇居民的边际消费倾向高于农村居民。

我们提出：

第一，应加快提高中国居民收入水平。2013年中国居民在不同收入阶层下的边际消费倾向都高于2002年，印证了影响居民消费的关键性因素还是收入，所以提高中国居民的收入水平，可以提高居民的边际消费倾向，进而提高社会总消费需求，扩大内需。

第二，应充分完善社会保障体系，增强居民消费欲望。社保体制的完善，一方面可以切实增加收入水平较低居民的可支配收入，让这部分居民在养老、教育和医疗方面没有太多后顾之忧，敢于花钱；另一方面是可以在心理层面让这部分居民不再因惧怕生病等突发事情而产生过高的预防性储蓄，改变他们的消费理念，进一步改善消费预期。在完善社保体系方面，政府既要加大投入力度，还要扩大社保覆盖面，即广度和深度都要抓，特别是对低收入群体的社保投入力度。针对中国现有的城乡二元经济体制，尽量避免二元分立的社保制度，可以加快城镇化建设、缩小城镇和农村居民实际收入差距。

第三，应全面改善消费环境。首先是改善产品的供给状况，产品质量不过关问题在中国仍然比较严重，这不仅会打击消费者的消费信心，还会对提供优质产品的生产商造成伤害，最终导致优质企业退市，居民谨慎消费。然后是改善产品的流通体系，达到居民能够达成自己消费意愿的目标，提高边际消费倾向。再者，居民消费的金融环境也是影响最终消费支出的重要因素，推广更优良的个人信贷服务，同时做好监管措施，使居民可以放心消费。

第四，应大力激发农村消费潜力。从2013年农村居民的消费状况来看，居民的边际消费倾向随收入水平的增加而递减，而且在较高收入阶层低于城镇居民，这说明农村居民的消费欲望不够。消费欲望通常要通过消费品来满足，所以对农村消费品的种类和匹配度方面应该做合适的调整，毕竟在中国农民基数大，农村市场的消费需求占整个社会总消费需求的比例不容小觑。满足农村居民的消费需求可有效刺激内需，促进经济增长。

第五，应切实调整收入分配结构。从全国范围来看，居民的边际消费倾向与收入水平之间呈现倒 U 型增长关系，理论研究表明在这种情况下，缩小居民间的收入差距，可有效提高社会总消费需求。近些年中国的基尼系数都在 0.46 以上，其中 2012 年为 0.474，2013 年为 0.473，2014 年为 0.469，2015 年为 0.462，到了 2016 年中国的基尼系数高达 0.465，说明中国收入分配不公平程度比较严重，会很大程度上损害低收入居民的福利。上面提到的完善社会保障体系也是收入分配的一种途径，同时可以考虑征收遗产税及赠与税，使高收入阶层居民的遗赠动机减弱，提高消费支出水平。

参考文献

[1] 陈建宝、杜小敏、董海龙：《基于分位数回归的中国居民收入和消费的实证分析》，《统计与信息论坛》2009 年第 7 期。

[2] 陈德津：《消费倾向：上升、递减抑或不变？——西方消费学说介评》，《消费经济》1988 年第 5 期。

[3] 储德银：《中国城乡居民边际消费倾向的再估算》，《当代经济管理》2014 年第 9 期。

[4] 丁冰：《简析凯恩斯的消费倾向论及其影响——兼论中国应否实行鼓励消费政策》，《学术月刊》1987 年第 5 期。

[5] 古炳鸿、李红岗、叶欢：《中国城乡居民边际消费倾向变化及政策含义》，《金融研究》2009 年第 3 期。

[6] 胡乃武、张海峰、张琅：《中国居民消费倾向的实证分析》，《宏观经济研究》2001 年第 6 期。

[21] 焦培欣：《中国居民的边际消费倾向不是递减的》，《现代财经》1989 年第 3 期。

[7] 李红继：《关于"边际消费倾向"问题的商榷》，《现代财经》1990 年第 4 期。

[8] 刘长庚、吕志华：《改革开放以来中国居民边际消费倾向的实证研究》，《消费经济》2005 年第 4 期。

[9] 马列光：《边际消费倾向的吸引子、倍周期和混沌》，《数量经济技术经济研究》1997 年第 4 期。

[10] 王忻昌：《关于近年来中国居民平均消费倾向下降趋势成因的分析》，《消费经济》1994 年第 4 期。

[11] 王珺：《浅析消费倾向与消费需求不足——对凯恩斯的消费需求不足假说的两点质疑》，《消费经济》1988 年第 1 期。

[12] 王开明：《关于消费倾向和投资拉动经济的分析与思考》，《管理世界》1999 年第 5 期。

［13］王法金、林雁：《中国边际消费倾向递增状况及其原因》，《黑龙江财会》2001年第5期。

［14］吴爽：《中国居民边际消费倾向变化比较分析》，《合作经济与科技》2007年第1期。

［15］杨天宇、朱诗娥：《中国居民收入水平与边际消费倾向之间"倒U"型关系研究》，《中国人民大学学报》2007年第3期。

［16］杨汝岱、朱诗娥：《公平与效率不可兼得吗？——基于居民边际消费倾向的研究》，《经济研究》2007年第12期。

［17］袁志刚、朱国林：《消费理论中的收入分配与总消费——及以中国消费不振的分析》，《中国社会科学》2002年第2期。

［18］臧旭恒、裴春霞：《流动性约束理论与转轨时期的中国居民储蓄》，《经济学动态》2002年第2期。

［19］郑璋鑫：《"库兹涅茨悖论"的中国解证——基于中国城镇居民长期消费倾向的分析》，《华东经济管理》2008年第9期。

［20］朱红恒：《中国农村居民边际消费倾向的收入门槛效应》，《宏观经济研究》2009年第10期。

［21］朱春燕、臧旭恒：《预防性储蓄理论——储蓄（消费）函数的新进展》，《经济研究》2001年第1期。

［22］Barrett, G. F., Crossley, T. F., Worswick, C., "Consumption and Income Inequality in Australia", *Economic Record*, 2000, 76 (233).

［23］Blinder, A. S., "Distribution Effects and the Aggregate Consumption Function", *Journal of Political Economy*, 1975, 83 (Volume 83, Number 3).

［24］Cutler, D. M., Katz, L. F., "Rising Inequality? Changes in the Distribution of Income and Consumption in the 1980s", National Bureau of Economic Research, Inc., 1992.

［25］Kuznets, S. S., Epstein, L., Jenks, E., "National Product Since 1869", *Journal of Political Economy*, 1947, 12 (Volume 55, Number 5).

［26］Ma G., Yi W., "Why is the Chinese Saving Rate so High?", *World Economics*, 2011, 12 (1).

［27］Milanovic, B., Yitzhaki, S., "Decomposing World Income Distribution: Does the World Have a Middle Class?", *Review of Income and Wealth*, 2002, 48 (2).

附表24-1 2013年全国居民边际消费倾向的估计

组别	yd	age	edu	fina	heal	num
总体	0.4490***	-9.3371***	240.4552***	-0.0008	300.3983***	-357.6248***
	(52.81)	(-3.33)	(15.33)	(-0.31)	(7.04)	(-14.31)

续表

组别	yd	age	edu	fina	heal	num
低收入	0.6426***	−3.9771	13.7741	0.0061**	20.5452	−92.1666***
	(20.52)	(−1.54)	(0.96)	(2.38)	(0.52)	(−3.69)
较低收入	0.4432***	−14.4882***	41.0024**	−0.0077	124.9733**	−259.0687***
	(10.16)	(−3.62)	(1.99)	(−1.04)	(2.14)	(−6.92)
中低收入	0.4701***	−9.2347	193.7269***	−0.0127***	215.0573***	−388.8316***
	(13.84)	(−1.61)	(7.92)	(−2.85)	(2.60)	(−8.71)
中高收入	0.4509***	6.1198	423.2009***	−0.0084**	560.2031***	−585.5060***
	(13.03)	(0.72)	(11.77)	(−1.98)	(4.08)	(−6.80)
较高收入	0.5135***	−25.6102	450.6696***	0.0050***	1346.5530***	−1284.7230***
	(9.37)	(−1.58)	(6.23)	(3.30)	(5.01)	(−6.66)
高收入	0.2488***	−35.6410	854.6505***	0.0105	1207.1590***	−1802.1360***
	(4.87)	(−1.21)	(6.02)	(1.13)	(2.01)	(−4.44)
最高收入	0.1776***	−26.3931	922.8596***	0.0130	577.1942	−2353.7940***
	(2.65)	(−0.56)	(3.55)	(1.29)	(0.59)	(−2.98)

资料来源：作者计算。

附表24−2 2013年城镇居民边际消费倾向的估计

组别	yd	age	edu	fina	heal	num
总体	0.4449***	−10.7201	226.5247***	−0.0024	638.8072***	−654.6114***
	(33.96)	(−1.55)	(6.79)	(−0.37)	(5.52)	(−9.46)
低收入	0.6771***	−13.2712	10.0197	−0.0057	166.5532	−200.2067***
	(16.57)	(−1.49)	(0.28)	(−0.29)	(1.25)	(−2.99)
较低收入	0.5416***	−18.8341*	79.1358	0.0025	634.6413***	−516.4317***
	(6.19)	(−1.70)	(1.58)	(0.24)	(3.16)	(−4.24)
中低收入	0.3681***	−0.1559	257.8399***	−0.0137**	553.0476***	−705.0866***
	(5.87)	(−0.01)	(4.69)	(−2.12)	(2.72)	(−5.02)
中高收入	0.5435***	−30.4847*	337.0993***	−0.0089	1148.7410***	−1334.9310***
	(7.05)	(−1.61)	(3.75)	(−1.51)	(3.45)	(−5.96)
较高收入	0.5043***	−69.5724**	259.4209*	0.0033	1414.3750**	−1180.6290***
	(5.13)	(−2.27)	(1.65)	(0.40)	(2.52)	(−2.80)

组别	yd	age	edu	fina	heal	num
高收入	0.1920***	−22.6081	704.2608**	0.0188*	610.9786	−2587.0320***
	(2.68)	(−0.45)	(2.42)	(1.74)	(0.58)	(−2.94)
最高收入	0.1884*	−15.2659	497.9906	0.0159	1123.6760	−2020.5860
	(1.75)	(−0.19)	(1.04)	(1.09)	(0.60)	(−1.25)

资料来源：作者计算。

附表 24-3 2013 年农村居民边际消费倾向的估计

组别	yd	age	edu	fina	heal	num
总体	0.3776***	−10.8266***	132.1272***	−0.0033	102.2867**	−259.5885***
	(38.16)	(−3.73)	(8.61)	(−0.62)	(2.27)	(−10.00)
低收入	0.6343***	−5.4410*	−9.0491	0.0036	1.1043	−100.8920***
	(14.43)	(−1.66)	(−0.66)	(0.71)	(0.02)	(−3.11)
较低收入	0.5990***	−7.5252*	34.6413	0.0080	161.5826**	−135.3355***
	(10.16)	(−1.80)	(1.60)	(1.48)	(2.48)	(−3.34)
中低收入	0.4460***	−3.6645	78.9658***	−0.0107	−46.5534	−218.7340***
	(10.22)	(−0.75)	(3.10)	(−1.62)	(−0.60)	(−5.01)
中高收入	0.3254***	−0.3332	180.2594***	−0.0193**	184.7679	−395.5094***
	(6.73)	(−0.04)	(4.73)	(−2.52)	(1.46)	(−5.26)
较高收入	0.3247***	−19.0755	335.2554***	0.0068	500.2225**	−272.0965*
	(5.11)	(−1.32)	(5.09)	(0.95)	(2.30)	(−1.91)
高收入	0.2299***	−22.6642	409.0903***	0.0071**	241.7042	−880.9830***
	(3.76)	(−0.78)	(3.39)	(2.13)	(0.56)	(−3.21)
最高收入	0.1878	−39.5029	618.4816***	0.0059	−264.6336	−1364.6430***
	(1.30)	(−0.74)	(2.93)	(1.45)	(−0.28)	(−3.15)

资料来源：作者计算。

第二十五章　政府支出和对外开放如何影响中国居民消费？*

　　本章针对中国经济转型阶段的增长特征，在 Barro 理论模型的基础上做了扩展研究，构建了一个地方政府支出和对外开放影响居民消费的理论模型。以此为基础，利用中国 1997—2012 年的省际面板数据，采用工具变量两阶段最小二乘法（2SLS），分别检验了全国范围内以及东中西部地区地方政府支出规模和对外开放对居民消费的影响。研究表明，地方政府支出规模对各个地区内居民消费的影响不一，而对外开放都有利于提高居民消费水平。此外，研究发现地方政府支出规模与对外开放在各个地区内皆存在互补关系，其中，中西部地区互补作用显著。最后，在研究基础上对提高居民消费给出了积极的政策建议。

第一节　引言与文献综述

　　中国居民消费水平自 20 世纪 90 年代以来长期处于较低水平，经历国际金融危机之后，扩大以居民消费为主的内需更是成为中国经济增长方式转变和可持续发展的现实选择。由于目前居民消费的持续健康增长难以完全靠市场力量驱动，所以中国政府通过搭配实施财政政策和货币政策，来刺激居民消费的快速增长并保持经济的稳定增长。由于中国财政政策历来

---

　　* 本文作者：靳涛、陶新宇。

是以增加政府支出为主要政策手段，政府支出在拉动居民消费水平方面的有效性成为政府和学术界关注的重要课题之一。但同时考虑政府的支出以及对外经济开放对于全国范围内以及东中西部地区的居民消费水平分别有何影响的研究还不多。基于此，本章将探讨财政支出以及对外经济开放和居民消费水平之间的关系。

在国外的现有理论文献中，一方面主要基于宏观层面探讨政府支出与居民消费水平之间的关系，即挤出效应（替代效应）抑或引致效应（互补效应）。贝利（Bailey，1971）最先通过建立一个有效消费函数对政府支出与居民消费水平支出之间的关系进行研究，结果显示政府财政支出可能对私人消费产生挤出效应，即二者之间存在替代关系。科尔门迪（Kormendi，1983）和阿肖尔（Aschauer，1985）则通过长期收入决定模型对美国的经济数据展开实证研究，发现美国的政府财政支出与居民消费支出存在极为明显的替代关系，也即李嘉图等价原理成立。德弗鲁（Devereux 等，1996）则在假定寡头竞争和规模报酬递增的基础上展开研究，指出政府财政支出将内生地提高劳动生产率，进而提高个人的实际工资与消费。Ho（2001）通过对经济合作与发展组织（OECD）的 24 个国家的相关经济数据进行实证分析，发现政府财政支出与居民消费支出二者在单一国家中不存在规律性的结果，但是如果对多个国家的数据进行协整分析就会发现二者存在明显的替代关系。与此相反的是，卡拉斯和乔治斯（Karras 和 Georgios，1994）通过对 30 个工业化国家的经济数据进行实证研究，结果显示政府财政支出增加将提高居民消费的边际效用，进而提高居民的消费支出水平，二者之间存在一种互补关系，而且互补程度与政府规模之间呈负相关。

另一方面，从居民消费着眼研究财政政策作用的微观消费基础，成为研究稳定性财政政策有效性的一个重要方面。根据经济学发展脉络来看，李嘉图等价与凯恩斯需求管理理论正好相反，因而检验李嘉图等价的有效性已经成为检验稳定性财政政策有效性的基础与前提。但现有的研究并没有就此得出一致的结论。科尔门迪（Kormemdi，1983）在假设政府预算平衡的基础上，指出财政支出的债务融资或课税对社会总需求水平的决定不产生影响。然而艾哈迈德（Ahmed，1986）则通过研究认为，无论政府临时性支出和持久性支出对财富及产出有何种含义和解释，都会对居民的消费支出产生挤出效应。自他们之后,莫迪利亚尼和斯特林(Modigliani 和 Sterling,1986)、格拉汉姆(Graham,1995)则先后从多个方面对科尔门迪(Kormendi,1983)的研究提出了异议。由此可以看出,财政政策的相关变化都会从某些方面影响居民消费支出,而这一定程度上否定了李嘉图中性消费假说。

国内近年来关于政府财政支出与居民消费支出之间关系的研究已取得了一些进展。刘溶沧等(2001)认为财政支出与社会总需求存在正相关关系,实施积极财政政策能够有效促进消费增长。黄赜琳(2005)利用 RBC 模型拓展形式进行研究,发现政府支出的增加导致居民消费减少,二者存在一定的替代关系。李广众(2005)通过对 1978 年以来近 30 年的统计数据进行研究,发现政府财政支出与居民消费支出之间存在显著的互补关系,这也解释了积极财政政策可以有效拉动内需。洪源(2009)通过对中国 1985—2007 年的相关统计数据进行研究,结论显示政府民生消费性支出与居民消费存在显著的互补关系。申琳和马丹(2007)基于 1978—2005 年共 28 年的数据,对中国政府财政支出影响居民消费水平的消费倾斜渠道和资源撤出渠道展开实证分析,发现中国人均政府财政支出与人均居民消费支出之间存在长期替代关系。胡蓉、劳川奇和徐荣华(2011)则通过对改革开放 30 年以来的数据进行相关研究,指出短期范围内政府财政支出会对居民消费支出产生挤入效应,而在长期范围内则具有挤出效应。黄威和丛树海(2011)则考察和比较了东中西部地区财政政策对城乡居民消费的影响。胡书东(2002)、潘彬等(2006)采用贝利(Baily,1971)的方法对中国政府财政支出与居民消费的替代互补关系展开研究,其共同缺陷就是都忽略了消费者预算约束变动的影响。

上述研究鲜有从中国经济转型阶段增长模式内在的缘由来考究,我们将基于开放条件下地方政府主导的投资拉动型模式研究其对居民消费的影响,其核心框架是考察地方政府行为和对外开放对居民消费的效应。我们一方面研究了地方政府支出规模和对外开放在全国以及东中西部地区内对居民消费的直接影响效应;另一方面,还分别研究了在各个地区内地方政府支出规模和对外开放内部形成交互效应来共同影响居民消费。

本章的结构安排为:第二节为理论框架,第三节为计量模型的设定、指标的度量和描述性分析，第四节为计量模型的参数估计以及结果分析，第五节对实证结果进行稳健性检验分析，最后一节是结论与政策建议。

第二节　理论模型

在现有的文献中，巴罗（Barro，1990）提出了一个能够研究政府活动对消费的影响的模型，主要研究了地方政府支出的规模即地方政府支出占地区生产总值的比重对消费的影响效应。这里的理论模型主要借鉴其思想并对其进行扩展。具体而言，与巴罗的理论类似，我们引入地方政府支出规模来作为衡量地方政府活动的其中一个经济变量。接下来，我们仿效 Barro 的理论建立相应的理论模型。

这里，我们将证明地方政府支出对居民消费平衡增长路径的影响。我们把地方政府支出作为外生变量，其对地区中的企业有影响，从而影响地区中的居民消费水平。[①]

令 G 代表政府的支出，在通常的 AK 模型中，由于 A 代表了技术水平，而对外开放能够有效地吸收国外先进的技术，因而在一定程度上反映了技术水平。因此，我们假设 open 代表对外开放度，而技术水平 A 与对外开放度 open 具有如下的关系：

$$A = A_0 e^{open} \tag{25-1}$$

其中 A_0 为除对外开放以外影响技术水平的因素，且 $A_0 > 0$。

我们借用萨缪尔森（Samuelson，1954）对公共品的标准分析方法，假定 G 具有非竞争性和非排他性。因而每个企业都能利用全部的 G，而且一个企业对公共品的利用并不减少其他企业可利用的数量。

假定企业 i 的生产函数采取 Cobb-Douglas 的生产函数形式：[②]

---

①　参看 Robert J. Barro，Xavier Sala-i-Martin，*Economic Growth*，Second Edition：pp. 220-221。

②　参看 Barro 和 Xavier Sala-i-Martin（1999），*Economic Growth*，Second Edition：pp. 220-221。

$$Y_i = AL_i^{1-\alpha}K_i^{\alpha}G^{1-\alpha} \tag{25-2}$$

其中, $0 < \alpha < 1$, 这个公式意味着每个企业的生产都呈现出对其投入 L_i 和 K_i 的不变规模报酬。我们假设总劳动力 L 是不变的。对于固定的 G, 总资本 K 的积累具有报酬递减效应; 但是如果 G 随着 K 的增加而增加, 那么将不会报酬递减。对于固定的 L_i, 生产函数对 K_i 和 G 具有不变报酬效应。所以就像 AK 模型一样, 经济能够实现内生增长。

如果 (25-2) 式中 G 的指数小于 $1-\alpha$, 则 K_i 和 G 的报酬将递减, 说明内生增长将不会发生。反过来, 如果指数大于 $1-\alpha$, 则增长率将趋于持续上升。因此我们聚焦于 G 的指数正好等于 $1-\alpha$ 的特殊情形, 此时 K_i 和 G 的不变报酬意味着经济能够实现内生增长。除了总资本存量 K 被地方政府支出 G 替代以外, 这一框架类似于 Romer 模型的生产函数。

将 (25-1) 式代入 (25-2) 式可得:

$$Y_i = A_0 e^{open}L_i^{1-\alpha}K_i^{\alpha}G^{1-\alpha} \tag{25-3}$$

将 (25-2) 式转换成资本的人均形式有:

$$Y_i = AL_ik_i^{\alpha}G^{1-\alpha} \tag{25-4}$$

其中 $k_i = \dfrac{K_i}{L_i}$。

假定地方政府按总缴纳的人头税来融资提供相应的地方政府支出。因此, 对每个给定的 G, 每个追求利润最大化的企业使其资本的边际产出等于资本的租赁价格 $r + \delta$。其中, r 为利率, δ 为资本的折旧率。因此, 由 (25-2) 式可以得出:

$$\alpha Ak_i^{\alpha-1}G^{1-\alpha} = r + \delta \tag{25-5}$$

根据 (25-5) 式有, 每个企业选择相同的资本—劳动比, $k_i = k$。因此, (25-4) 式可以被加总成:

$$Y = ALk^{\alpha}G^{1-\alpha} \tag{25-6}$$

由 (25-6) 式可以推出:

$$G = \left(\frac{G}{Y}\right)^{\frac{1}{\alpha}}(AL)^{\frac{1}{\alpha}}k \tag{25-7}$$

下面我们考虑社会计划者的问题。假定一个无限期的代表性家庭一生的效用函数为:

$$U = \int_0^\infty e^{-\rho t} \frac{c^{1-\theta} - 1}{1 - \theta} \mathrm{d}\theta \qquad (25-8)$$

在社会计划者的问题中，社会计划者选择 c、k 和 G 使得代表性家庭一生的效用达到最大。这个问题等价于：

$$\mathrm{Max} U = \int_0^\infty e^{-\rho t} \frac{c^{1-\theta} - 1}{1 - \theta} \mathrm{d}\theta$$

受制于

$$\dot{k} = Ak^\alpha G^{1-\alpha} - c - \delta k - \frac{G}{L} \qquad (25-9)$$

其中 θ 代表了两期消费之间的替代弹性，δ 为资本折旧率，ρ 为贴现率，c 为代表性家庭的人均消费支出，k 为代表性家庭的人均资本存量。

对于这个最大化问题，其相应的 Hamiltonian 函数为：

$$H = e^{-\rho t} \frac{c^{1-\theta} - 1}{1 - \theta} + \mu(Ak^\alpha G^{1-\alpha} - c - \delta k - \frac{G}{L}) \qquad (25-10)$$

一阶条件为：

$$\frac{\partial H}{\partial c} = 0 \Rightarrow e^{-\rho t} c^{-\theta} = \mu \qquad (25-11)$$

$$\frac{\partial H}{\partial G} = 0 \Rightarrow A(1 - \alpha)k^\alpha G^{-\alpha} = \frac{1}{L} \qquad (25-12)$$

$$\frac{\partial H}{\partial k} = -\dot{\mu} \Rightarrow \mu(A\alpha k^{\alpha-1} G^{1-\alpha} - \delta) = -\dot{\mu} \qquad (25-13)$$

$$\lim_{t \to \infty} \mu(t)k(t) = 0 \qquad (25-14)$$

其中（25-14）式为横截性条件。

将（25-11）式的两边取对数，再对 t 求导得：

$$-\frac{\dot{\mu}}{\mu} = \rho + \theta \frac{\dot{c}}{c} \qquad (25-15)$$

将（25-15）式代入（25-13）式可得：

$$\frac{\dot{c}}{c} = \frac{\alpha Ak^{\alpha-1} G^{1-\alpha} - \delta - \rho}{\theta} \qquad (25-16)$$

结合（25-7）式、（25-12）式和（25-16）式，可得：

$$\frac{\dot{c}}{c} = \frac{\alpha A^{\frac{1}{\alpha}} \left(\dfrac{G}{Y}\right)^{\frac{(1-\alpha)}{\alpha}} L^{\frac{(1-\alpha)}{\alpha}} - \delta - \rho}{\theta} \tag{25-17}$$

我们假设给定消费函数在 $t=0$ 的值 $c(0)$，那么相应的消费路径为：

$$c(t) = c(o)\exp\left\{\frac{1}{\theta}\left[\alpha A^{\frac{1}{\alpha}}\left(\frac{G}{Y}\right)^{\frac{(1-\alpha)}{\alpha}} L^{\frac{(1-\alpha)}{\alpha}} - \delta - \rho\right]t\right\} \tag{25-18}$$

将（25-1）式代入（25-18）式可得：

$$c(t) = c(o)\exp\left\{\frac{1}{\theta}\left[\alpha (A_0 e^{open})^{\frac{1}{\alpha}}\left(\frac{G}{Y}\right)^{\frac{(1-\alpha)}{\alpha}} L^{\frac{(1-\alpha)}{\alpha}} - \delta - \rho\right]t\right\} \tag{25-19}$$

上述理论模型说明了地方政府支出规模 G/Y 以及对外经济开放 $open$ 对居民消费水平具有正向的影响，但是这只是通过 Barro 的经济增长理论说明了这一点，我们还需要结合中国实际来加以考察，应用计量模型加以分析。此外，中国地域辽阔，各个地区经济的发展情况不甚相同，其中最主要的区域发展差异表现为东中西部地区差异。东中西部地区差异是众多因素综合作用而成的，主要包括以下几点：经济基础因素、文化因素、人口因素、地理因素等。具体来说，基础因素主要指的是东部地区处于改革开放的前沿，得益于改革开放的政策，工业布局主要集中在东部沿海地区和长江中下游沿江中部地区，这使得东部地区的经济增长率相较于中西部地区较高，不平衡性凸显。文化因素体现在东中西部地区的文化差异，东部沿海地区的有着一定冒险精神的区域文化，与中西部地区保守、被动的文化观念产生地区差异。人口因素是经济增长的重要源泉之一，人口因素的差异在很大程度上影响了扩大再生产的效率。地理因素通过直接和间接的方式造成东中西部地区差异，其中间接的方式是指通过影响文化、人口和基础因素来间接影响区域经济。综上所述，各类因素的综合作用造成东中西部发展严重不平衡的格局。

有鉴于此，我们既要考虑全国范围内地方政府支出规模以及对外开放对居民消费的影响，又要分别考虑东中西部地区地方政府支出规模以及对外开放对居民消费的影响。为此，我们提出以下待检验的推论：

推论 1：在控制其他因素的条件下，地方政府支出规模增加将提高一个地区的居民消费水平。

根据有关文献，地方政府支出规模越大，可以促进相关消费的增长，提高居民消费水平。比如说，地方政府加大对基础设施的投资力度，促进相关消费的增长；并且基础设施服务接入水平的提高和供给质量的改善对消费需求的提升具有明显的促进作用。

推论 2：在控制其他影响因素的条件下，对外经济开放将提高一个地区的居民消费水平。

对外经济开放能够使得一个地区吸收国外先进的技术和管理经验，以此来丰富本地区的知识储备，这对于中国这样的发展中国家尤其重要，能够为在赶超发达国家过程中展现自身的后发优势创造条件，从而有利于该地区经济的发展，增加该地区居民的收入和消费。

上述是从地方政府支出规模和对外经济开放两个独立视角分别提出对地区内居民消费影响的推论。而中国改革开放后几十年经济增长的最大特色就是政府主导下的投资拉动和对外开放，那么政府主导作用和对外开放对中国经济增长在不同地区都相应起到什么样的作用，且二者之间又是如何作用的，这都是剖析中国经济增长需要搞清楚的，但目前国内外研究从这个角度分析得还不是很多，本章试图从这个角度进行深入研究。

鉴于改革开放以来政府在实行对外开放中所起的作用，我们不免有一个疑问：二者在共同影响居民消费水平上会不会存在"互补效应"？在中国对外开放的过程中，政府无疑起到了重要的作用，它有力地推动了对外开放。在此过程中，伴随着政府支出规模的扩大，对外开放的程度也在加深，而对外开放也使中国能够通过向世界学习、扩大国际经贸交往以及积极参与经济全球化，赢得了开放型经济的空前发展和繁荣，这又有利于居民消费水平的提高。为此，我们提出本章的第三个待检验的推论：

推论 3：在影响地区居民消费方面，地方政府支出规模和对外经济开放之间存在互补关系，即地方政府支出规模越大，则对外经济开放对居民消费的影响就越高；而地方政府支出规模越小，则对外经济开放对居民消费的影响就越低。

为了检验推论3是否成立，我们还要进一步引入地方政府支出规模和对外经济开放的交叉项。如果交叉项的估计系数大于0，则表明在影响居民消费方面，地方政府支出规模和对外经济开放之间是互补的，反之则存在替代关系。

下面,我们将在全国范围内和东中西部地区分别验证推论 1、推论 2 和推论 3。

第三节 计量模型、指标选择与数据说明

一、计量模型

这里主要考察地方政府行为和对外开放对中国居民消费的影响。我们将分析全国以及东中西部地区的居民消费以及它们与地方政府支出规模和对外开放度之间的关系。在对居民消费的相应研究中,我们除了要考察地方政府支出规模以及对外开放度分别对全国以及东中西部地区的居民消费的影响效应,还要考察地方政府支出规模以及对外开放度对全国以及东中西部地区的居民消费的共同影响效应。因此,我们要分别考虑全国以及东中西部地区,并在理论模型中地方政府支出和对外开放度与居民消费关系的基础上构建计量模型如下:

$$consume_{i,\,t} = \alpha + \beta_1 govscale_{i,\,t} + \beta_2 open_{i,\,t} + u_i + \varepsilon_{it} \qquad (25\text{-}20)$$

在加入地方政府支出规模以及对外开放度的交叉项之后,为防止可能出现的共线性干扰,去掉 open 项构建计量模型如下:

$$consume_{i,\,t} = \alpha + \beta_1 govscale_{i,\,t} + \beta_2 govscale_{i,\,t} \times open_{i,\,t} + u_i + \varepsilon_{it}$$

$$(25\text{-}21)$$

其中,i 表示地区,t 表示时间,我们的样本包括除西藏、海南以外的 30 个内地省、直辖市和自治区,选取的时间段为 1997—2012 年。consume 表示各省份的居民消费水平,govscale 表示地方政府支出规模,open 表示各省份对外开放度,u_i 表示个体的固定效应,ε_{it} 表示随机误差项。另外,我们加入一些控制变量以得到更为准确的结果。根据有关的研究文献,我们主要还考虑以下 3 个变量作为控制影响居民消费的其他重要因素:城镇化

率（*rpu*）、工业化程度（*industry*）以及人均 GDP（*income*）。

最终使用的计量模型修正为：

$$consume_{i,\,t} = \alpha + \beta_1 govscale_{i,\,t} + \beta_2 open_{i,\,t} + \beta_3 rpu_{i,\,t} + \beta_4 industry_{i,\,t}$$

$$+ \beta_5 income_{i,\,t} + u_i + \varepsilon_{it} \qquad\qquad (25\text{-}22)$$

引入地方政府支出规模与对外开放度的交叉项之后，修正的计量模型如下：

$$consume_{i,\,t} = \alpha + \beta_1 govscale_{i,\,t} + \beta_2 govscale_{i,\,t} \times open_{i,\,t} + \beta_3 rpu_{i,\,t}$$

$$+ \beta_4 industry_{i,\,t} + \beta_5 income_{i,\,t} + u_i + \varepsilon_{it} \qquad\qquad (25\text{-}23)$$

二、指标的度量

1. 居民消费水平

考虑到前文所述的理论模型中关于消费的变量是人均消费支出，因而我们用居民消费总支出除以总人数表示居民消费水平。再者，由于所得数据的数量级较大，因此，再对其除以 10000 得到所用数据。其中，数值越大，表示居民消费水平越高。

2. 核心解释变量

（1）地方政府支出规模。我们采用地方政府财政支出占地区生产总值的比重来衡量地方政府支出规模，以此来表示地方政府对经济活动的参与。根据前文的理论分析，这个变量的值越大，说明地方政府对经济活动的干预程度越大，会引起全国居民消费水平上升，可能系数为正，但这是西方经济增长理论所得出的结论，这样的结论放在中国不同地区是否都适用，这依然还是一个问题。有待我们在后文中用中国的省际面板数据通过计量分析来检验。

（2）对外开放度。本章的另一研究重点是对外开放对居民消费水平的影响，因而需要一个能够衡量对外开放的核心解释变量。我们采用当年的按美元兑人民币汇率中间价折算的进出口总额占地区生产总值的比重作为对外开放度，用以衡量对外开放。由于对外开放在过去几十年期间显著地促进了中国国民经济发展，进而提高居民消费水平，因此，结合此前估计以及前文的理论分析，我们预计系数为正。

3. 控制变量

（1）城镇化率（*rpu*）。用城镇人口占总人口的比重衡量城镇化率。城镇化与一个地区的经济发展水平密切相关，进而影响居民消费水平。

（2）工业化程度（*industry*）。采用工业产值占地区生产总值的比重衡量工业化程度，工业化程度的高低也在一定程度上反映了一个地区的经济发展水平，因而与居民消费也相关。

（3）人均 GDP（*income*）。将人均 GDP 数据除以其最大值，作为所要使用的数据，其数值处于 0—1 之间。

原始数据均来自《新中国六十年统计资料汇编》以及国家统计局网站。

三、描述性统计分析

为了保持变量的齐整性，我们选取 1997—2012 年除西藏、海南以外的 30 个内地省、直辖市和自治区的面板数据作为分析样本，表 25-1 报告了主要变量的统计特征（包括变量间的相关系数矩阵）。另外，我们可以从两个方面来考察各个解释变量是否存在共线性：其一，通过观察各个解释变量之间的相关系数矩阵，发现各个解释变量之间的相关系数最大值为 0.780，大多数数值都低于 0.3，可以初步认为各个解释变量之间不存在多重共线性；其二，通过计算方差膨胀因子（Variance Inflation Factor，VIF），发现取值都小于 3.2，也在可接受范围之内[①]，因此这里不存在多重共线性问题。

表 25-1 主要变量的统计特征和相关系数

变量		1	2	3	4	5	6
consume	1	1.0000					
govscale	2	0.235***	1.0000				
open	3	0.196***	−0.227***	1.0000			
rpu	4	0.171***	−0.012	0.659***	1.0000		
industry	5	0.044	−0.169***	0.097**	0.150***	1.0000	
income	6	0.324***	0.085*	0.599***	0.780***	0.290***	1.0000

① 根据经验法则，如果最大的方差膨胀因子 VIF = max｛VIF₁, …, VIFₙ｝≤10，则表明不存在多重共线性问题。

续表

变量	1	2	3	4	5	6
最小值	0. 0590	0. 0512	0. 0320	0. 1400	0. 0725	0. 0247
最大值	14. 7517	0. 6121	1. 7991	0. 8933	0. 5575	1. 0000
均值	0. 8867	0. 1703	0. 3131	0. 3847	0. 3881	0. 2109
标准差	1. 3726	0. 0808	0. 4015	0. 1708	0. 0828	0. 1831
观察值	480	480	480	480	480	480

资料来源：作者计算。

最后，为了直观起见，图 25-1 和图 25-2 分别描绘了全国范围内地方政府支出规模和对外开放度与居民消费水平之间关系的二维散点图以及回归的拟合曲线。不难发现，全国范围内地方政府支出规模和对外开放度与居民消费水平之间均存在正相关关系。值得一提的是，这仅仅是对全国范围内地方政府支出规模和对外开放度与居民消费水平之间关系进行的初步估计，关于东中西部各个地区内上述关系还有待后文通过计量分析得出相应结论。

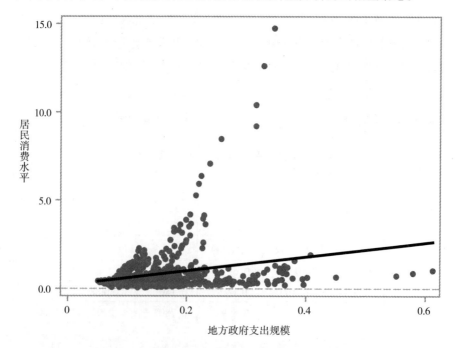

图 25-1 全国的居民消费水平与地方政府支出规模

资料来源：作者计算。

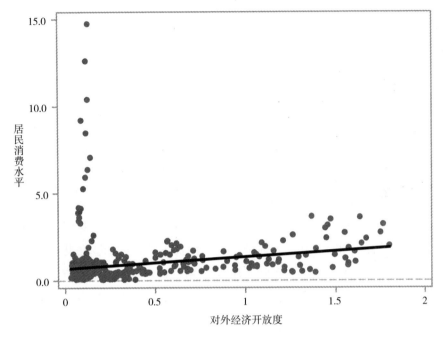

图 25-2 全国的居民消费水平与对外经济开放度

资料来源：作者计算。

第四节 计量结果及分析

一、初步估计结果

由于我们既要考虑全国范围内地方政府支出规模和对外开放度与居民消费之间的关系，又要考虑东中西部各个地区内的上述关系，因此，我们分别对全国以及东中西部地区进行计量分析。

1. 全国

在考察全国范围内地方政府支出规模和对外开放度与居民消费之间的关系时，我们使用面板普通最小二乘法给出初步的估计结果，表 25-2 的第（1）（2）（3）列。为了便于比较，在第（1）列给出了混合最小二乘法（Pooled Least Square）的估计结果，然后分别在第（2）列和第（3）列报告固定效应（Fixed Effect，FE）和随机效应（Random Effect，RE）估计结果。F 检验说明 FE 模型比混合 OLS 更合适，而 Breusch-Pagan LM 检验说明 RE 模型比混合 OLS 更合适，因此不能使用混合回归。最后，为了比较固定效应和随机效应模型的适用性，我们还进一步进行了 Hausman 检验，发现在 10% 水平上不能拒绝原假设，说明应该选用随机效应模型。

我们以随机效应模型为基础进行回归结果分析。地方政府支出规模对全国的居民消费水平具有正向的影响，并且在 1% 水平上显著，这与图 25-1 显示的关系是相吻合的，因此支持了推论 1。对外开放度的系数为正，但不显著，即对外开放度提高了居民消费水平，推论 2 在此得到了印证。在控制变量中，城镇化率和人均 GDP 对居民消费水平都具有正向的影响，并且都在 1% 水平上显著，而工业化程度则在 1% 水平上负向地影响居民消费水平。

表 25-2　全国 OLS 以及 2SLS 回归

	（1）	（2）	（3）	（4）	（5）
	OLS	FE	RE	IV	IV_inter
govscale	4.028*** (5.13)	2.524*** (3.71)	2.677*** (4.06)	8.658 (1.09)	8.249 (1.07)
open	0.616*** (2.99)	0.456* (1.81)	0.347 (1.48)	1.033 (1.45)	
rpu	−2.023*** (−3.47)	2.149*** (3.71)	1.738*** (3.13)	−1.933 (−1.16)	−2.251 (−1.20)
industry	−0.179 (−0.24)	−2.224*** (−3.10)	−2.029*** (−2.91)	0.807 (0.45)	1.972 (0.85)
income	2.966*** (5.37)	1.702*** (4.93)	1.832*** (5.38)	1.945* (1.84)	1.285 (0.86)
govscale×open					9.278 (1.39)
常数项	0.230 (0.61)	−0.00860 (−0.03)	0.0548 (0.16)	−0.889 (−0.62)	−1.117 (−0.72)
R^2 或 Centered R^2	0.176	0.382	0.113	0.113	0.103

续表

	(1)	(2)	(3)	(4)	(5)
	OLS	FE	RE	IV	IV_inter
面板设定 F 检验		54.57 [0.0000]			
Breusch-Pagan LM 检验			1943.18 [0.0000]		
Hausman 检验			6.82 [0.2344]		
D-W-H 内生性检验				12.48743 [0.00041]	17.97106 [0.00013]
Kleibergen-Paap rk LM 统计量				9.916 [0.0070]	9.334 [0.0094]
Sargan-Hansen 检验				1.321 [0.2504]	1.388 [0.2388]
观察值	480	480	480	465	465

注：①表中第（1）（2）列括号内数值为回归系数的 t 值，第（3）—（5）列括号内为 t 值，中括号内数值为相应检验统计量的 p 值。②***、**和*分别表示1%、5%和10%的显著性水平。③FE 表示固定效应，F 检验的原假设是误差项独立同分布，若拒绝原假设则说明存在个体固定效应。RE 表示随机效应，Breusch-Pagan LM 检验的原假设是误差项独立同分布，若拒绝原假设则说明存在个体随机效应；Hausman 检验的原假设是 FE 和 RE 的估计系数没有系统性差异。④Kleibergen-Paap rk LM 检验的原假设是工具变量为识别不足，若拒绝原假设则说明拒绝工具变量识别不足，即工具变量是合理的。⑤Sargan-Hansen 检验的原假设是工具变量为过度识别，若接受原假设则说明工具变量是合理的。

资料来源：作者计算。

2. 东中西部地区

这里，我们所要考察的是东中西部各个地区内的上述关系。我们对东中西部地区分别进行了 Hausman 检验，发现东部和西部都在10%水平上不能拒绝原假设，而中部在1%水平上高度拒绝原假设，说明东部和西部都应该选用随机效应模型，中部应该选用固定效应模型。其中，东、中、西部地区的相应结果分别报告在表25-3的第（1）（4）（7）列。东西部地区的 Breusch and Pagan LM 检验则说明 RE 模型比相应的混合 OLS 更合适，而中部地区相应的面板设定 F 检验说明 FE 模型比相应的混合 OLS 合适，因此东中西各个地区都不能使用混合回归。

表 25-3　东中西部地区 OLS 以及 2SLS 回归

	东部			中部			西部		
	(1)	(2)	(3)	(4)	(5)	(6)	(7)	(8)	(9)
	RE	2SLS	2SLS 交叉项	FE	2SLS	2SLS 交叉项	RE	2SLS	2SLS 交叉项
govscale	-1.160*** (-3.32)	-5.659** (-2.34)	-8.774*** (-2.63)	0.964*** (5.93)	-4.312* (-1.97)	-3.609* (-1.84)	2.505* (1.66)	13.28*** (3.39)	10.41*** (2.64)
open	0.384*** (6.41)	0.186** (2.29)		0.172 (1.42)	2.085** (2.10)		4.208* (1.82)	10.23*** (2.85)	
rpu	0.233 (1.30)	0.634*** (2.84)	0.866*** (2.59)	0.311*** (4.90)	0.0373 (0.33)	0.0647 (0.78)	5.491** (2.47)	-10.31*** (-3.64)	-9.965*** (-3.61)
industry	-0.858** (-2.51)	-1.028 (-1.34)	-1.897* (-1.65)	-0.0634 (-0.72)	-0.367** (-2.11)	-0.405*** (-3.11)	-8.536*** (-3.28)	-14.54*** (-2.92)	-14.17*** (-2.85)
income	2.642*** (25.94)	2.998*** (11.54)	3.244*** (8.16)	2.285*** (35.78)	3.916*** (6.83)	3.529*** (8.61)	3.135* (1.71)	9.269** (2.37)	8.490** (2.18)
govscale×open			0.363 (0.36)			8.590* (1.95)			46.39*** (3.25)
常数项	0.261 (1.51)	0.734 (1.36)	1.392* (1.84)	-0.0893*** (-2.91)	0.475*** (2.96)	0.506*** (2.88)	1.088 (0.86)	4.114** (2.05)	4.600** (2.28)
R^2 或 Centered R^2		0.831	0.724	0.988	0.826	0.902		0.0650	0.0567
面板设定 F 检验				16.02 [0.0000]					
Breusch - Pagan LM 检验	402.36 [0.0000]						480.53 [0.0000]		
Hausman 检验	5.54 [0.3533]			35.65 [0.0000]			4.01 [0.5481]		
D-W-H 内生性检验		10.16016 [0.00144]	56.18755 [0.00000]		41.35084 [0.00000]	24.09091 [0.00001]		12.76895 [0.00035]	13.89714 [0.00096]
Anderson canon. corr. LM 统计量		11.109 [0.0039]	8.482 [0.0144]		6.101 [0.0473]	6.526 [0.0383]		47.92 [0.0000]	47.67 [0.0000]
Sargan-Hansen 检验		0.009 [0.9260]	0.008 [0.9274]		2.636 [0.1044]	9.667 [0.0019]		3.113 [0.0777]	2.991 [0.0837]
观察值	176	168	168	144	141	141	160	156	156

注：①第（1）—（9）列中第（4）列的括号内数值为回归系数的 t 值，其他数值皆为 z 值，中括号内数值为相应检验统计量的 p 值。②***、**和*分别表示1%、5%和10%的显著性水平。③FE 表示固定效应，F 检验的零假设是误差项独立同分布，若拒绝零假设则说明存在个体固定效应；RE 表示随机效应。Hausman 检验的零假设是 FE 和 RE 的估计系数没有系统性差异。④Anderson canon. corr. LM 统计量的零假设是工具变量为识别不足，若拒绝零假设则说明拒绝工具变量识别不足，说明工具变量与内生变量相关。⑤Sargan-Hansen 检验的零假设是工具变量为过度识别，若接受零假设则说明工具变量与随机误差项无关。

资料来源：作者计算。

接下来，我们分别以东中西部地区相应的 FE 或者 RE 模型为基础对所获得的回归结果进行分析。

首先，对东部地区的 RE 模型进行分析。地方政府支出规模对居民消费具有负向的影响，并且在 1% 水平上显著，这说明推论 1 在东部地区并不适用。对外开放度的系数为正，并且在 1% 水平上显著，即对外开放提高了东部地区居民消费水平，推论 2 在此得到了印证。在控制变量中，城镇化和人均 GDP 对居民消费水平都具有正向的影响，其中，城镇化影响不显著，而人均 GDP 在 1% 水平上显著。而工业化程度对居民消费在 5% 水平上产生显著的负向影响。

其次，对中部地区的 FE 模型进行分析。地方政府支出规模对居民消费具有正向的影响，并且在 1% 水平上显著。对外开放度的系数为正，但并不显著。在控制变量中，城镇化和人均 GDP 对居民消费的影响在 1% 水平上显著为正，而工业化程度对居民消费产生不显著的负向作用。

最后，对西部地区的 RE 模型进行回归结果分析。地方政府支出规模对居民消费具有正向的影响，并且在 10% 水平上显著，这说明推论 1 在西部地区适用。对外开放度的系数在 10% 水平上显著为正，推论 2 在西部地区同样适用。控制变量的符号与东、中部地区一样，并且都显著。

二、内生性的处理及工具变量 2SLS 估计

在上文的初步估计中，尽管 FE 模型和 RE 模型有效地解决了混合 OLS 无法解决的一些问题，但二者都要求解释变量与随机误差项无关，即解释变量都是外生的。但在本章的核心解释变量中，地方政府支出规模可能存在内生性。这主要是基于以下考虑：地方政府支出规模与居民消费存在联立性偏误（Simultaneity Bias）问题，比如说地方政府支出规模越大，表明了地方政府的总财政支出越多，从而促进了地区经济的发展，提高了地区的居民收入，进而提高该地区的居民消费水平；而与此同时，地区的居民消费水平的提高，意味着消费需求的增加，有效地带动了地区生产，增加地区生产总值，从而增加地方政府的税收和扩大地方政府规模，从这方面来看，可能会存在内生性问题。有鉴于此，我们针对全国以及东中西部地区进行了 D-W-H 内生性检验，见表 25-2 和表 25-3。结果表明，各个地区

均在 1% 水平上显著拒绝了原假设，说明地方政府支出规模存在内生性问题。考虑到严重的内生性将导致 OLS 估计结果有偏或非一致性，故为了降低偏误，需要对内生性问题进行控制，而解决内生性问题的一个有效的方法就是工具变量（IV）估计法。

我们选取的第一个工具变量是各省份的人均耕地面积。考虑到数量级较大，将人均耕地面积的数据除以 100，得到所用数据，用 *gengdip* 表示。

在大样本的条件下，增加工具变量通常会得到更加有效的估计结果（Wooldridge，2002）。有鉴于此，我们还选取 1970 年各省份的地方政府支出规模（用 *gover* 表示）作为地方政府支出规模的工具变量，将这两个工具变量分别记为 iv_1 和 iv_2，并采用多重工具变量（Multiple Instrument）两阶段最小二乘法（2SLS）进行估计。

需要强调的是，一个合格的工具变量一般要具备两个条件：其一是与模型残差项的无关性，其二要与内生变量之间具有相关性。我们选取上述两个工具变量主要是基于以下考虑：第一，从外生性的角度来看，各省份的人均耕地面积是由地理因素决定的，它所反映的是地理因素对地方政府支出规模的影响，这显然是外生的；而 1970 年的地方政府支出规模是历史上的数据，不会对当前的居民消费有显著影响，因此也满足外生性。第二，从与内生变量的相关性来看，由于人均耕地面积反映的是农业情况，而农业又是政府支出的重点领域，所以各省份的人均耕地面积与地方政府支出规模相关。此外，由于地方政府支出有一定的延续性，如果在实施改革开放政策前一些地区的地方政府支出规模较大，那么改革开放后，这些地区的地方政府支出规模仍会较大。因此，所选取的工具变量与内生变量的相关性是满足的。

接下来，我们分别对全国以及东中西部地区分别进行工具变量回归结果分析。

1. 全国

（1）地方政府支出规模以及对外开放度对居民消费的影响

表 25-2 第（4）列报告了全国范围内工具变量 2SLS 估计结果。为了验证工具变量的有效性，我们对所选的工具变量分别进行识别不足检验（Kleibergen-Paap rk LM 统计量）和过度识别检验（Sargan-Hansen 检验）。

一方面，Kleibergen-Paap rk LM 统计量的 p 值为 0.0070，即在 1% 的显著性水平上高度拒绝工具变量是识别不足的原假设，说明工具变量与内生变量相关；另一方面，Sargan-Hansen 检验的 p 值为 0.2504，即在 10% 的显著性水平上不拒绝工具变量是过度识别的原假设，说明工具变量与随机误差项无关。综合上述两个方面，可以认为所选的两个工具变量是合理的，进而说明模型的设定是可靠的。

相较于 FE 模型，我们发现：在采用工具变量有效地控制内生性之后，地方政府支出规模的估计系数大幅度增加，但变得不显著，这充分说明内生性问题使得 OLS 估计产生明显的偏差，因此，我们采用 2SLS 进行估计是很有必要的。可以看出，对地方政府支出规模内生性的控制再一次验证了推论 1，即地方政府支出规模正向地影响居民消费水平。对外开放度的估计系数依然为正，而且数值增大，但不显著，说明推论 2 得到了支持：对外开放度提高了居民消费水平。我们对此的解释为：对外开放能够吸收外国先进的技术和管理经验，有效地促进本国企业的发展，带动国内的经济，从而提高居民的收入和消费水平。此外，城镇化对居民消费水平产生负向作用，但不显著。工业化程度的系数为正，但不显著，说明工业化程度的加深有利于居民消费水平的提高，其原因可能在于，工业是推动中国经济发展的支柱产业，工业化程度的加深，会提高社会经济水平，进而提高居民消费。人均 GDP 对居民消费同样具有正向的影响，并在 10% 水平上显著为正，人均 GDP 反映的是居民收入，而收入与消费为正向的关系，所以系数为正。

（2）地方政府支出规模和对外开放度存在互补关系吗？

为了检验推论 3 在全国范围内是否成立，我们在表 25-2 第（4）列的基础上进一步引入地方政府支出规模和对外开放度的交叉项，即对应着回归方程式（25-23）。所采用的方法仍然为工具变量 2SLS 法，其中，iv_1 和 iv_2 为地方政府支出规模的工具变量，将 iv_2（gover）与对外开放度的乘积作为交叉项的工具变量①，估计结果报告在表 25-2 第（5）列。从中可以

---

① 若将地方政府支出规模的两个工具变量 gengdip 和 gover 分别与对外开放度的乘积都作为交叉项的工具变量，则较多地区的过度识别检验不能通过，所以只选用 gover。

看出，地方政府支出规模与对外开放度交互项的系数为正，但不显著，这一结果表明推论 3 中的互补关系在全国范围内成立。

此外，从估计结果中还可以发现，地方政府支出规模的系数符号和显著性与引入交叉项之前一样。控制变量的系数符号和显著性水平与表 25-2 第（4）列的估计结果很相似。最后，相应的检验统计量说明工具变量是合适的，因此，估计结果是可靠的。

2. 东中西部地区

1）东部地区

（1）地方政府支出规模以及对外开放度对居民消费水平的影响

表 25-3 第（2）列报告了东部地区的工具变量 2SLS 估计结果。Anderson canon. corr. LM 统计量的 p 值为 0.0039，并且 Sargan-Hansen 检验的 p 值为 0.9260，二者共同说明了所选的工具变量是合适的，进而说明模型的设定是可靠的。

相较于东部地区的 RE 模型，在采用工具变量之后，地方政府支出规模的系数变为-5.659 且在 5% 水平上显著，这被验证低估了地方政府支出规模对居民消费的抑制作用。可以看出，对地方政府支出规模内生性的控制依然表明推论 1 在东部地区并不适用。对外开放度的系数为正，而且在 5% 水平上显著，这表明推论 2 在此得到了验证。对于控制变量，在 2SLS 中，城镇化率的系数有所增加，并且在 1% 水平上显著，说明城镇化对居民消费的提高具有显著的促进作用。在加入工具变量进行 2SLS 回归之后，工业化程度对居民消费依然产生负向的作用，但变得不显著。人均 GDP 的系数仍然在 1% 水平上显著为正，说明人均 GDP 对居民消费的促进作用仍然显著。

（2）地方政府支出规模和对外开放度存在互补关系吗？

为了检验推论 3 在东部地区是否成立，我们在表 25-3 第（2）列的基础上进一步引入二者的交叉项，即对应着回归方程式（25-23）。所采用的方法和全国的一样，估计结果报告在表 25-3 第（3）列。不难看出，二者交互项的系数为 0.363，但不显著，这一结果表明推论 3 中的互补关系在东部地区是成立的，但不显著。

此外，从估计结果中还可以发现，地方政府支出规模的系数为负数，并且在 1% 水平上显著,说明在引入交叉项之后,地方政府支出规模对居民消费仍然具有显著的负向影响。控制变量的系数符号和显著性水平与表 25-3 第 (2) 列的估计结果很相似,同样检验统计量表明估计结果是可靠的。

2) 中部地区

(1) 地方政府支出规模以及对外开放度对居民消费水平的影响

表 25-3 第 (5) 列报告了中部地区的工具变量 2SLS 估计结果。Anderson canon. corr. LM 统计量的 p 值为 0.0473,并且 Sargan-Hansen 检验的 p 值为 0.1044,二者共同说明所选的工具变量是合适的,进而说明模型的设定是可靠的。

相较于中部地区的 FE 模型,地方政府支出规模的估计系数变为负数,并且在 5% 水平上显著,这说明在对地方政府支出规模内生性的控制之后,地方政府支出规模对居民消费的作用由促进变为抑制。可以看出,推论 1 在中部地区同样不适用。和 FE 模型一样,对外开放度的系数依然为正,且变得显著了,这表明推论 2 在中部地区适用。考虑控制变量,在 2SLS 中,城镇化率的系数依然为正,但不显著。工业化程度的系数为负数,但变得显著了。而人均 GDP 的系数有所增加,依然在 1% 水平上显著。

(2) 地方政府支出规模和对外开放度存在互补关系吗?

对应着回归方程式 (25-23),我们在表 25-3 第 (5) 列的基础上进一步引入二者的交叉项,以检验推论 3 在中部地区是否成立。所采用的方法和全国一致,估计结果报告在表 25-3 第 (6) 列。从中可以看出,交互项的系数为 8.59,且在 10% 水平上显著,这一结果表明推论 3 的互补关系被验证在中部地区是显著的。

此外,从估计结果中还可以发现,地方政府支出规模的系数为负数,且在 10% 水平上显著,说明在引入交叉项之后,地方政府支出规模对中部居民消费仍然有着显著的负向影响。控制变量的系数符号和显著性水平与表 25-3 第 (5) 列的估计结果很相似。识别不足检验 (Anderson canon. corr. LM 统计量) 表明工具变量与内生变量相关,但过度识别检验 (Sargan-Hansen 检验) 表明拒绝原假设,这意味着工具变量与随机误差项相关,不满足工具变量的条件,这可能与中部地区复杂的经济结构有关,我们姑且关注其回归结果。

3) 西部地区

(1) 地方政府支出规模以及对外开放度对居民消费水平的影响

表25-3第（8）列报告了西部地区的工具变量2SLS回归结果。Anderson canon. corr. LM统计量的 p 值为0.0000，而Sargan-Hansen检验的 p 值为0.0777，说明所选工具变量是合适的。

和西部地区的RE模型相比较，地方政府支出规模的估计系数大幅度增大，并且在1%水平上显著，这被验证低估了西部地区内地方政府支出规模对居民消费的促进作用。可以看出，对地方政府支出规模内生性的控制验证了推论1在西部地区的适用性。对外开放度的系数同样大幅度增加，且在1%水平上显著，推论2在此同样被验证是适用的。再来考察控制变量，在2SLS中，城镇化率的系数变为负数，并且在1%水平上显著，说明在西部地区城镇化显著地抑制居民消费的提高。而工业化程度和人均GDP的系数显著性和符号与RE模型相差不大。

(2) 地方政府支出规模和对外开放度存在互补关系吗？

为了检验推论3在西部地区是否成立，我们在表25-3第（8）列的基础上进一步引入交叉项。所采用的方法和全国一样，估计结果报告在表25-3第（9）列。从中不难看出，交互项的系数为46.39，且在1%水平上显著，这一结果表明推论3的互补关系被验证在西部地区是显著的。

此外，从估计结果中还可以发现，地方政府支出规模的系数在1%水平上显著为正，说明在引入交叉项之后，地方政府支出规模对西部居民消费仍然具有显著的正向影响。控制变量的系数符号和显著性水平与表25-2第（8）列的估计结果很相似。最后，相应的检验统计量说明工具变量是合适的。

综上所述，对于地方政府支出规模、对外开放度和二者交叉项与居民消费之间的关系而言，各个地区的情况并不相同。从全国范围来看，上述3个变量对居民消费都产生正向的影响，但都不显著，这说明推论1、推论2和推论3的适用性得到了验证。具体到东中西部各个地区而言，地方政府支出规模的扩大在西部地区有利于居民消费的提高，而在东、中部地区则阻碍居民消费的提高，这说明推论1在不同地区的适用性各不相同。对于东中西部地区，对外开放度的加大皆会提高居民消费水平，这意味着推论 2 对于各个地区都适应。交叉项的系数都为正，其中，中部和西部地区更为显著，说明推论 3 也得到了验证。由此可以看出，中、西部地区的发展潜力依然很大，在发展过程中通过政府引导对外开放，二者有效地合作，这对于提高该地区经济发展水平无疑是很有帮助的。

三、稳健性分析

为了确保实证分析结论的可靠性，我们将采用有限信息最大似然估计（LIML）方法对以上的工具变量 2SLS 回归进行相应的稳健性检验。

如果所选取的工具变量中存在弱工具变量问题，那么两阶段最小二乘法（2SLS）就很可能存在估计偏差，斯托克等（Stock 等，2002）通过蒙特卡罗模拟发现在有限样本条件下采用 LIML 方法能够得到更优的估计结果。对表 25-2 中第（4）（5）列以及表 25-3 中第（2）（3）（5）（6）和（8）（9）列相应地采用工具变量 LIML 方法（IV-LIML）得到的估计结果报告在表 25-4 第（1）—（8）列，通过与前文中工具变量 2SLS 比较发现，各个地区的地方政府支出规模和对外开放度以及二者交叉项的系数符号和显著性与前者极为相似，控制变量稳健性检验的估计结果也很类似。这说明实证估计结果并没有受潜在弱工具变量实质性的影响，因此，回归结果是稳健的。

表 25-4　稳健性检验

地区	全国		东部		中部		西部	
	(1)	(2)	(3)	(4)	(5)	(6)	(7)	(8)
模型	LIML	LIML 交叉项	LIML	LIML 交叉项	LIML	LIML 交叉项	LIML	LIML 交叉项
govscale	9.060 (1.06)	8.746 (1.04)	-5.663** (-2.34)	-8.782*** (-2.63)	-6.575* (-1.80)	-11.25 (-1.43)	14.02*** (3.46)	11.11*** (2.73)
open	1.071 (1.41)		0.186** (2.29)		3.072* (1.87)		10.25*** (2.82)	
rpu	-1.926 (-1.16)	-2.283 (-1.20)	0.634*** (2.84)	0.867*** (2.59)	0.0299 (0.19)	0.0821 (0.40)	-10.10*** (-3.51)	-9.768*** (-3.48)

续表

地区	全国		东部		中部		西部	
	(1)	(2)	(3)	(4)	(5)	(6)	(7)	(8)
industry	0.903 (0.47)	2.179 (0.84)	-1.029 (-1.34)	-1.900* (-1.65)	-0.362 (-1.49)	-0.455 (-1.42)	-14.57*** (-2.90)	-14.21*** (-2.83)
income	1.855 (1.58)	1.111 (0.64)	2.998*** (11.54)	3.245*** (8.15)	4.492*** (4.73)	5.070*** (3.17)	8.878** (2.23)	8.107** (2.05)
govscale×open		9.892 (1.32)		0.361 (0.36)		24.95 (1.46)		46.87*** (3.24)
常数项	-0.991 (-0.63)	-1.261 (-0.72)	0.735 (1.36)	1.394* (1.84)	0.628** (2.40)	1.165* (1.70)	3.937* (1.93)	4.432** (2.17)
Centered R^2	0.102	0.0865	0.831	0.723	0.659	0.415	0.0443	0.0351
Kleibergen-Paap rk LM 统计量	9.916 [0.0070]	9.334 [0.0094]						
Anderson canon. corr. LM 统计量			11.109 [0.0039]	8.482 [0.144]	6.101 [0.0473]	6.526 [0.0383]	47.924 [0.0000]	47.670 [0.0000]
Sargan-Hansen 检验	1.299 [0.2543]	1.352 [0.2449]	0.009 [0.9260]	0.008 [0.9275]	1.896 [0.1686]	4.150 [0.0416]	3.080 [0.0793]	2.958 [0.0855]
观察值	465	465	168	168	141	141	156	156

注：①第（1）—（8）列括号内数值为回归系数的 z 值，中括号内数值为相应检验统计量的 p 值。
②***、**和*分别表示1%、5%和10%的显著性水平。③Kleibergen-Paap rk LM 统计量的原
假设是"工具变量为识别不足"，若拒绝原假设则说明工具变量与内生变量相关，所选工具变
量是合理的。④Anderson canon. corr. LM 统计量的原假设是"工具变量为识别不足"，若拒绝
原假设则说明工具变量是合理的。⑤Sargan-Hansen 检验的原假设是"工具变量为过度识别"，
若接受原假设说明工具变量与随机误差项无关。

资料来源：作者计算。

第五节　结论与政策建议

本章结合中国实际，对 Barro 的理论模型进行扩展，通过理论梳理和
实证研究，不仅分析了在全国以及东中西部地区内地方政府支出规模和对
外开放影响居民消费的直接影响效应，而且还分析了各个地区内二者对居

民消费影响的交互效应。具体而言，通过构建一个地方政府支出规模和对外开放影响居民消费水平的理论模型，提出了 3 个推论，并以中国 1997—2012 年的省际面板数据为样本，采用工具变量 2SLS 方法进行了实证检验。我们得到的结论主要有:(1) 在控制其他因素的条件下，就全国范围而言，地方政府支出规模的扩大有利于提高居民消费水平;就东中西部地区而言，在西部地区地方政府支出规模对居民消费具有显著的正向影响，而在东部和中部地区内地方政府支出规模的扩大则显著地阻碍居民消费的提高。(2) 在控制其他因素的条件下，对外开放有利于提高居民消费水平，其中，对东中西部地区作用显著。(3) 在影响居民消费的因素中，各个地区的地方政府支出规模和对外开放皆存在互补关系，其中，在中部和西部地区二者的互补作用显著。(4) 不同地区内城镇化对居民消费水平的影响并不相同，工业化在多数情况下不利于居民消费水平的提高，人均 GDP 对居民消费都有着显著的正向影响。

国际金融危机的冲击之后，扩大内需成为中国经济增长方式转变和可持续发展的现实选择，而中国经济持续性增长的关键在于拉动内需。为此，提出:

第一，政府的作用在不同地区并不相同，比如西部地区经济相对落后，政府应当扩大其支出规模，这样有利于拉动经济增长，提高居民消费水平;而在东部和中部地区，应当控制政府的支出规模，否则会阻碍居民消费的提高，不利于经济持续性增长。

第二，对外开放对各地区总体上都产生促进作用，表明需要加大对外开放的力度，有效地借鉴和吸收国外先进的技术和管理经验。

第三，由于地方政府支出规模和对外开放存在互补关系，这就需要地方政府根据自己的实际情况合理地引导对外开放，使得政府干预和对外开放能够真正产生良好的互补效应，从而达到拉动内需的目的，实现中国经济的可持续增长。

参考文献

[1] 黄赜琳:《中国经济周期特征与财政政策效应——一个基于三部门 RBC 模型的实证分析》,《经济研究》2005 年第 6 期。

［2］洪源：《政府民生消费性支出与居民消费水平：理论诠释与中国的实证分析》，《财贸经济》2009 年第 10 期。

［3］胡蓉、劳川奇、徐荣华：《政府支出对居民消费水平具有挤出效应吗》，《宏观经济研究》2011 年第 2 期。

［4］胡书东：《中国财政支出和民间消费需求之间的关系》，《中国社会科学》2002 年第 6 期。

［5］李广众：《财政支出与居民消费水平：替代还是互补》，《世界经济》2005 年第 5 期。

［6］刘溶沧、马栓友：《赤字、国债与经济增长关系的实证分析——兼评积极财政政策是否具有挤出效应》，《经济研究》2001 年第 2 期。

［7］潘彬：《政府购买与居民消费水平的实证研究》，《中国社会科学》2006 年第 5 期。

［8］申琳、马丹：《政府支出与居民消费水平：消费倾斜渠道与资源撤出渠道》，《世界经济》2007 年第 11 期。

［9］Ahmed, Shaghil, "Temporary and Permanent Government Spending in An Open Economy: Some Evidence for the United Kingdom", *Journal of Monetary Economics*, 1986, 17 (2).

［10］Aschauer, D. A., "Fiscal Policy and Aggregate Demand", *American Economics Review*, 1985, 75.

［11］Bailey, Martin, *National Income and Price Level*, New York: McGraw-hill, 1971.

［12］Devereux, Michael, B. Head, Allen, C. and Lapham, Beverly, J., "Monopolistic Competition, Increasing Returns, and The Effects of Government Spending", *Journal of Money, Credit, and Banking*, 1996, 28.

［13］Graham, F. C., "Government Debt, Government Spending, and Private-Sector Behavior: Comment", *The American Economic Review*, 1995.

［14］Karras and Georgios, "Government Spending and Private Consumption: Some International Evidence", *Journal of Money, Credit and Banking*, 1994 (1).

［15］Kormendi, Roger, C. and Philip Meguire, "Government Debt, Government Spending, and Private Sector Behavior: Reply and Update", *The American Economic Review*, 1983.

［16］Modigliani, Franco and Arlie Sterling, "Government Debt, Government Spending and Private Sector Behavior: Comment", *The American Economic Review*, 1986.

［17］Robert J. Barro, Xavier and Sala-i-Martin, *Economic Growth*, *Second Edition*, London: The MIT Press, 2004.

［18］Stock, J., J. Wright and M. Yogo, "A Survey of Weak Instrument and Weak Identification in Gen-eralized Method of Moments", *Journal of Business and Economic Statistics*,

2002, 20 （4） .

[19] Tsung-WuHo, "The Government Spending and Private Consumption: A Panel Integration Analysis", *International Review of Economics and Finance*, 2001, 10.

[20] Wooldridge, J. , *Econometrics Analysis of Cross Section and Panel Data*, Cambridge, MA: The MIT Press, 2002.

第二十六章　中国资本利用率、企业税负与结构调整[*]

本章基于一个动态随机一般均衡模型，通过内生化资本利用率，分析了技术进步冲击、固定资产加速折旧以及调整企业所得税率等政策对资本利用率、经济增长以及经济结构调整的影响。研究发现：首先，通过技术进步提高中国的资本利用率水平，可在实现稳定增长的同时，降低资本产出比，改善经济结构。其次，短期内，允许企业加速固定资产折旧的政策，虽然可以减轻企业的税负，但却会降低企业的资本利用率。最后，从长期来看，当加速固定资产折旧的政策已促使企业加快设备更新，推进科技研发创新之后，就需适时适当调高企业所得税率，才能够提高经济长期的资本利用率水平，改善供给质量和效率，降低资本产出比。

第一节　引　言

2001 年以来，投资对中国 GDP 增长的贡献率开始超过最终消费；2004 年起，按支出法核算的中国 GDP 中资本形成总额的占比超过居民消费的占比，而且不断提高至 2008 年的 43.8%。2008 年底全球金融危机的爆发，出口急剧萎缩，进一步加剧了中国经济增长对投资的依赖。2009年，中国实现 9.3% 的经济增长，其中，投资贡献了 87.6%。此后，至

---

　　* 本章作者：龚敏、谢攀、李文溥。

2014 年，投资对经济增长的贡献率都稳定在 50% 左右；固定资本形成总额的占比也进一步提高至 47.8%。中国经济增长对投资的高度依赖已导致诸多问题：一是投资效率降低，一定数量的投资对经济增长的贡献不断下降。自 20 世纪 90 年代以来，中国增量资本产出率（ICOR）就一直高于国际平均水平（刘元春和陈彦斌，2013），而且产能过剩局面频繁出现[①]。二是经济结构失衡。2010 年中国人均实际 GDP 为 7746 美元[②]，在 189 个国家和地区中列第 91 位；居民消费率为 44.2%，仅列第 171 位。过低的居民消费率显然不利于提升居民福利。三是长期基于信贷扩张的投资扩张，加剧了中国金融体系的不良债权风险。商业银行不良贷款率 2015 年末已升至 1.67%。因此，宏观调控放弃了此前的大规模投资刺激政策，转向控制信贷总量、调整投资结构的"微刺激"和"定向宽松"政策；同时，开启固定资产加速折旧政策，试图通过微观主体而非宏观刺激推动投资，以期在短期稳定增长，长期促进工业经济竞争力的提升。

资本积累对经济增长的作用，不仅取决于资本存量的规模及结构，而且取决于资本利用率。现有文献中，有关中国资本存量规模及其结构对经济增长的影响已有较多研究。但是，关于中国资本利用率与经济增长关系的研究却相对缺乏。按照 Taubman 和 Wilkinson（1970）以及 Calvo（1975）的定义，资本利用率（capital utilization rate）是指现有资本投入生产的密度，如每天或每周的工作时间等。一方面，资本利用率决定了实际可投入生产的资本数量，从而决定了经济增长率；另一方面，资本利用率越高，折旧越快，而资本折旧率决定了资本投资的边际成本，从而影响经济的投资水平。因此，分析资本积累对经济增长的作用不应忽视资本利用率变化这个因素。更重要的，由于资本利用率的高低是企业利润最大化决定的结果，因而，技术进步以及财政税收政策等可通过影响企业最优决策而影响资本利用率，进而影响经济增长以及经济结构。

本章在一个动态随机一般均衡（DSGE）模型的框架下，内生化企业的资本利用率，以揭示中国经济增长过程中资本利用率变化的影响。通过

---

① 中国经历了三轮大规模的产能过剩，第一次是 1998—2001 年，第二次是 2003—2006 年，第三次是 2009 年至今。参阅文献卢锋：《不恰当干预无助于产能过剩》,《金融实务》2010 年第 1 期。

② 基于 Penn 7.1，按照 2005 年价格及 PPP 汇率计算。

分析资本利用率的决定因素，探讨技术进步冲击以及固定资产加速折旧政策、企业所得税率调整等对资本利用率以及资本积累的影响，进而研究中国经济增长过程中资本积累、经济增长与经济结构变化的动态机制。研究表明，首先，提高资本利用率不仅有利于控制投资规模，而且有利于改善经济结构。给定资本存量，技术进步率的提高可以促进企业提高资本利用率，降低资本产出比率。其次，短期内，允许企业加速折旧的政策，可以减轻企业税负，但却会降低资本利用率；长期来看，当加速折旧的政策已促使企业加快设备更新，推进科技研发创新之后，需要适时适当上调企业所得税率，才能够提高经济长期的资本利用率水平，降低资本产出比。最后，资本损耗较快的行业，其本身资本利用率较低，不宜再允许加速折旧；反之，资本损耗较慢的行业，本身资本利用率较高，可在短期适当促进加速折旧。以上研究结论意味着，在投资依然扮演着稳增长"压舱石"的情况下，提高资本利用率是提升供给体系质量和效率，进而调整经济结构的可行路径；与此同时，从提高资本利用率的角度看，不宜使适用于短期的加速折旧政策长期化。

本章余下部分安排如下：第二节为文献综述；第三节为理论模型，首先构建一个内生化资本利用率的动态随机一般均衡模型，揭示资本利用率的决定因素及其对经济增长及经济结构的影响机制；在此基础上，引入政府，探讨企业所得税率和加速固定资产折旧的政策对资本利用率、资本积累以及结构调整的影响；第四节，基于中国上市公司数据库校准模型，模拟技术进步冲击以及加速固定资产折旧的政策对提高资本利用率的影响；第五节是结论和政策含义。

第二节　文献综述

20 世纪 90 年代中期以来，生产要素价格扭曲使中国经济形成了"投资驱动型"的增长方式，导致经济结构失衡，损害了增长效率（陈永伟、胡伟民，2011；李文溥、李静，2011；罗德明等，2012）。对此，有关研究已取得一些成果（Huang 和 Tao，2011；李稻葵和徐翔，2012 年；Hsieh，Chang-Tai 和 Klenow，2009；张杰等，2011）。在资本存量规模方面，与张延（2010）相反，大部分学者认为中国的资本积累规模已导致经济增长进入了动态无效的区间，投资率对产出增长率的正效应并不显著、甚至为负（项本武，2008；范子英和张军，2009 年；胡永刚和石崇，2016）。在资本结构方面，中国社科院经济研究所经济增长前沿课题组、王亚芬等还重点分析了公共资本投资与私人资本投资对经济增长的不同作用（中国经济增长前沿课题组，2004；王亚芬，2012 年）。

实践中，资本积累对经济增长的作用，既取决于资本存量的规模及结构，更重要的，还取决于资本利用率的高低。关于资本利用率内生决定的研究最早可以追溯至 Lucas（190）以及 Smith（1970）等。所谓内生化资本利用率，是指企业根据宏观经济运行情况、行业景气程度及自身运营状况等因素，基于利润最大化选择的资本利用率水平。Greenwood，Hercowitz 和 Huffman（1988）以及 Burnside，Eichenbaum 和 Rebelo（1993）研究了内生化资本利用率对经济周期产生的影响。之后，陆续有学者在新古典增长模型的框架下引入企业内生决定的资本利用率，证明了企业最优决策会选择不完全利用资本，即最优的资本利用率是低于 100% 的（Licandro 和 Puch，2001；Beatriz 和 Auernheimer，2001）。Dalgaard（2003）在新古典增长模型的框架下发现，内生化的资本利用率会降低经济向稳态收敛的速度。Chatterjee（2005）综合新古典生产函数和 AK 类生产函数，进一步论证了只要折旧率对资本利用率变化较敏感，最优的资本利用率会低于 100%，而且经济向稳态的收敛速度会因此而降低。与假定资本利用率为 100% 的研究相比，基于内生化资本利用率的增长模型的数值模拟结果被认为更能贴近现实经济情形。此外，在实证研究方面[①]，Shapiro（1986）和

---

① 国外学者对资本利用率的估计有两类做法：一类是狭义口径，聚焦于资本平均每周工时（Average Workweek of Capital，AWW）的估算，依据劳工部门统计的就业规模、工作时间、轮休制度等，以 168 小时/周（即 7 天×24 小时）为最大工时极限，综合测算得到资本平均每周工时后，将其与最大工时极限相除，得到资本利用率，譬如 Chatterjee（2005）等；另一类是广义口径，聚焦于工业产能利用率（Industrial Capacity Utilization Rate），其核心是测算实际产出对潜在产出的比率，譬如 Marc-Andre（2004）等。

Orr（1989）的研究发现美国制造业在 1952—1984 年期间，资本的平均工作时间为每周 50 多个小时，其对应的资本利用率仅为 30%。Beaulieu 和 Mattey（1998）估计了 1974—1992 年期间资本的工作时间，发现上升至平均每周 97 小时，资本利用率提高至 58%左右；同时发现不同行业之间的资本利用率差距较大，最低为 26.5%，最高为 93.5%。还有一些研究进行了国际间资本利用率的比较。Anxo 等（1995）发现，1989 年，德国的资本利用率仅为 31.5%，比利时为 45.8%，欧洲平均为 39%。

长期以来，持续快速的资本积累都是中国经济增长的主要驱动力。有关文献集中分析了导致中国低资本利用率和低投资效率的原因（林毅夫等，2010；中国经济增长前沿课题组，2012；江飞涛等，2012；于立和张杰，2014），但仍存在以下不足：一是基本上都是在假定资本被完全利用的条件下进行的，对资本利用率以及折旧率进行内生化的研究尚不多。二是对资本利用率与资本积累之间的关系，进而对经济增长及结构调整的机理缺乏深入研究。陈昆亭和龚六堂（2004）虽然在一个 RBC 模型中内生化了资本利用率，但却是在一个不考虑财政政策的框架下进行的。三是虽然普遍的观点认为中国资本的利用率较低，但却缺乏有关资本实际工作时间或者资本利用率的数据佐证。一些研究利用增量资本产出率，即 ICOR ＝当期固定资本形成总额/GDP，来测算中国资本的利用率。其依据在于，如果给定资本存量，那么，资本利用率越高，等量的资本存量就可生产更多的产出，ICOR 就越低，投资效率就越高。然而，ICOR 的变化既取决于资本存量的规模，又取决于资本利用率的水平。中国 ICOR 不断提高，在很大程度上是大规模投资增加的结果，难以反映资本利用率的情况。

区别于以往文献，我们的贡献在于：

第一，首次将资本利用率因素引入分析资本积累对中国经济增长的作用之中。资本利用率的变化通过影响资本的折旧率，从而影响企业的投资、资本积累，最终影响经济增长以及经济结构。由于资本利用率的变化决定了折旧率的快慢，进而，改变了资本使用的边际成本，影响投资决定以及经济增长。也就是说，资本利用率的高低一方面决定了经济现期生产所投入使用的资本数量；另一方面通过影响折旧率而影响未来的投资。因此，分析资本积累对经济增长的作用不应忽略资本利用率。

第二，在一个 DSGE 的框架中将资本利用率内生化。通常，折旧率是资本利用率的增函数：资本利用率越高，资本折旧越快，将来经济的增长就需要更多投资。两者之间的这一关系直接决定着资本积累的边际收益与边际成本，从而影响经济向稳态运行的动态过程。由于资本利用率的高低是企业利润最大化决定的结果，因而，宏观政策如财政政策等可通过对企业最优行为的影响而影响资本利用率，进而可对经济增长和经济结构产生影响。据此，本章在模型扩展中引入税收政策，进一步探讨企业所得税与加速折旧比率的变化对资本利用率、资本积累及经济增长的影响。

第三，基于国泰安（CSMAR）上市公司财务指标分析数据库（2006—2012）披露的"固定资产周转率"，构建了资本利用率的函数，并通过校准模型，模拟分析技术进步冲击以及加速固定资产折旧的政策对资本利用率的影响。基于这些研究，可揭示资本利用率的决定因素，分析中国经济增长过程中资本利用率与资本积累规模之间的作用，探讨财政税收政策对资本利用率进而对经济结构调整的影响机制和实际效果。

第三节　理论模型

这里，构建一个离散时间且无限期存活的 DSGE 模型。代表性家庭一生效用的期望为 $E_0 \sum_{t=0}^{\infty} \beta^t \log(c_t)$ ，其中，β 是效用贴现因子，c_t 是当期人均消费。简化起见，假设这个模型经济中没有人口增长，人口总量单位化为 1。代表性企业的生产函数设为 $y_t = e^{z_t}(u_t k_t)^{\alpha}$ ，其中 k_t 是当期企业可使用的资本存量；u_t 为企业选择的资本利用率水平，$0 \leqslant u_t \leqslant 1$，$u_t k_t$ 为企业实际投入生产的资本存量水平。这里，资本利用率与资本的边际产出正相关：资本边际产出越高时，企业会提高资本利用率。z_t 是一个随机变量，代表技术进步的水平，并遵循一阶自回归过程，$z_{t+1} = \rho z_t + \varepsilon_{t+1}$ ，其中，$\{\varepsilon_{t+1}\}_{t=0}^{\infty}$ 是独立同分布，且服从 $N(0, \sigma^2)$ ，$|\rho| < 1$。

假定折旧率为资本利用率的增函数，其函数形式为 $\delta(u_t) = \delta_0 + \delta_1 \frac{u_t^{\varphi}}{\varphi}$。其中 δ_0 为资本的自然折旧率，也即资本闲置也必定产生的折旧，有 $\delta(0) = \delta_0 > 0$；$\delta_1 > 0$ 为常数。$\varphi > 1$ 为折旧率关于资本利用率的弹性。这里，资本折旧率随资本利用率的提高而提高，有 $\delta'(u) > 0$，$\delta''(u) > 0$。此外，如果 $\varphi \to \infty$，那么，$\delta(u) \to 0$。此外，在经济达到稳态时，如果资本利用率保持稳定，那么，折旧率为 φ 的一个减函数。在这个内生化资本利用率的模型经济中，资本存量的变化将影响资本的边际产出，继而影响资本利用率以及折旧率；另一方面，折旧率的变化将影响投资，从而影响资本存量。在经济起步阶段，资本存量较低时，资本的边际产出较高，资本利用率以及折旧率就相对较高。随着经济接近其稳态，资本边际产出的下降会降低资本的利用率，使资本利用率和折旧率都逐渐下降并趋于其稳态。在其他条件不变时，技术进步以及其他可提高资本边际产出的因素，都会提高资本利用率。

一、一个内生化资本利用率的 DSGE 模型

在不存在政府的情况下，当期经济的总产出用于消费和投资，记投资量为 x_t，则有 $c_t + x_t = e^{z_t}(u_t k_t)^{\alpha}$。那么，资本积累的运动方程为 $k_{t+1} = [1 - \delta(u_t)] k_t + x_t$，$k_0 > 0$。这里构建一个社会计划者问题以研究资本利用率的决定因素以及技术进步冲击对资本利用率的影响。

一个社会计划者问题为存在一组资源配置 $\{c_t, u_t, k_{t+1}\}_{t=0}^{\infty}$，满足：

$$v(k_t) = \max_{\{c_t, u_t, k_{t+1}\}} \{\log(c_t) + \beta E_t [v(k_{t+1})]\} \qquad (26-1)$$

$$\text{s.t.} \quad c_t + k_{t+1} = e^{z_t}(u_t k_t)^{\alpha} + \left[1 - \delta_0 - \delta_1 \frac{u_t^{\varphi}}{\varphi}\right] k_t \qquad (26-2)$$

求解上述社会计划者问题，可得当期资本利用率 u_t 和资本存量 k_t 之间应满足：

$$u_t = e^{\frac{z_t}{\varphi - \alpha}} \left(\frac{\alpha}{\delta_1}\right)^{\frac{1}{\varphi - \alpha}} k_t^{\frac{\alpha-1}{\varphi-\alpha}} \qquad (26-3)$$

上式表明，资本利用率水平除了受资本存量所决定的边际产出的影响外，还受技术进步冲击的影响。一个正向的技术进步冲击提高了资本的边

际产出后，进一步可提高资本利用率。同时，资本产出比为：

$$\frac{k_t}{y_t} = \frac{\alpha}{\delta_1} u_t^{-\varphi} \tag{26-4}$$

上式表明，资本产出比与资本利用率呈反向的关系，即 $\dfrac{\mathrm{d}(k_t/y_t)}{\mathrm{d}u_t} < 0$。

这意味着资本利用率的提高可降低经济的资本产出比。进一步，消费产出

比为：

$$\frac{c_t}{y_t} = 1 - \frac{[k_{t+1} - (1 - \delta(u_t)) k_t]}{y_t} \tag{26-5}$$

当经济达到稳态时，可以求得稳态时的资本利用率 u^* 为：

$$u^* = \left(\frac{1}{\delta_1}\right)^{\frac{1}{\varphi}} \left[\frac{\varphi}{\varphi-1}\right]^{\frac{1}{\varphi}} \left[\frac{1}{\beta} + \delta_0 - 1\right]^{\frac{1}{\varphi}} \tag{26-6}$$

基于资本利用率与边际产出之间的正向关系，资本利用率将从一个较
高的水平逐步下降并收敛于上式决定的稳态水平。折旧率也逐渐下降至其
稳态水平 $\delta(u^*)$。稳态时的资本存量 k^* 为：

$$k^* = \left(\frac{\delta_1}{\alpha}\right)^{\frac{1}{\alpha-1}} (u^*)^{\frac{\varphi-\alpha}{\alpha-1}} \tag{26-7}$$

最后，稳态的产出 y^* 为：

$$y^* = \left(\frac{\delta_1}{\alpha}\right) (u^*)^{\varphi} k^* = \left(\frac{\delta_1}{\alpha}\right)^{\frac{\alpha}{\alpha-1}} (u^*)^{\frac{\alpha(\varphi-1)}{\alpha-1}} \tag{26-8}$$

推论：在一个内生化资本利用率的模型中，稳态时有 $\dfrac{c^*}{y^*} = 1 - \dfrac{\alpha\delta_0}{\delta_1} (u^*)^{-\varphi}$，

因而 $\dfrac{\mathrm{d}(c^*/y^*)}{\mathrm{d}u^*} > 0$。

上述模型推导结果及推论表明，第一，当经济从初始状态向其稳态运
行的过程中，随着资本利用率的逐步下降，资本产出比率将逐步提高。第
二，当经济到达稳态时，提高资本利用率，会降低稳态时的资本存量，消
费占产出的比例便可随之提高。第三，正向的技术进步冲击可提高资本利
用率。这一结果对当前中国经济增长尤其是供给侧结构性改革具有重要的
现实意义：在给定资本存量的情况下，提高资本利用率不仅有利于控制投

资规模，抑制融资杠杆，而且还有利于改善经济结构，提升消费对国民经济增长的贡献。

二、模型扩展：引入企业所得税及固定资产加速折旧政策

为避免当前 GDP 增速因工业生产减速而快速下滑，2014 年 9 月，国务院常务会议部署了完善固定资产加速折旧的政策。[①] 通过加速折旧，减轻企业税负，促进企业更换机器设备，扩大制造业投资，从而避免工业经济过快下滑。这项政策试图通过激励微观主体而非宏观刺激来稳定投资，并在长期推进企业技术进步，促进制造业产业升级，提升竞争力。然而，在短期内，加速折旧政策对企业的资本利用率有何影响？这里，我们在上述理论模型中引入政府，分析企业所得税以及加速折旧政策对资本利用率的影响。

简化起见，假定没有技术进步冲击，技术进步的增长率也为零。记代表性家庭单位劳动时间中用于劳动供给的比例为 $\{l_t\}_{t=0}^{\infty}$，其实际工资水平为 $\{w_t\}_{t=0}^{\infty}$。家庭的效用函数设为 $\log(c_t) + \varphi\log(1 - l_t)$，$\varphi > 0$ 为常数。家庭的初始资产为 $a_0 > 0$。政府允许企业加速其固定资本折旧，这个速度的快慢记为 $\{\tau_t > 0\}_{t=0}^{\infty}$；同时设所得税税率为 $\{\tau_t^r\}_{t=0}^{\infty}$。政府的支出记为 $\{g_t\}_{t=0}^{\infty}$，不影响家庭的效用，也不进入生产函数。政府可发行一年期到期的债券融资，t 期发行的 $t + 1$ 期到期的债券数量记为 $\{b_{t+1}\}_{t=0}^{\infty}$，实际利率为 $\{r_t\}_{t=0}^{\infty}$。

一个序贯市场竞争性均衡为，存在一组资源配置 $\{c_t, l_t, u_t; b_{t+1}, k_{t+1}\}_{t=0}^{\infty}$ 以及价格 $\{r_t, w_t\}_{t=0}^{\infty}$，满足：

1. 代表性家庭

给定初始资产 a_0 和价格 $\{r_t, w_t\}_{t=0}^{\infty}$ 的条件下，效用最大化确定消费需求 $\{c_t\}_{t=0}^{\infty}$、劳动供给 $\{l_t\}_{t=0}^{\infty}$ 以及资产组合 $\{a_{t+1}, b_{t+1}\}_{t=0}^{\infty}$。代表性家庭的问题为：

$$\max_{\{c_t, l_t; a_{t+1}, b_{t+1}\}} \sum_{t=0}^{\infty} \beta^t [\log(c_t) + \varphi\log(1 - l_t)] \tag{26-9}$$

---

① 《关于完善固定资产加速折旧企业所得税政策的通知》，国家税务总局公告 2014 年第 64 号。

s. t. $\quad c_t + a_{t+1} + b_{t+1} = w_t l_t + (1 + r_t)(a_t + b_t)$ $\qquad$ (26-10)

以及关于两种资产余额的横截性条件：$\lim_{t \to \infty}(\lambda_t a_{t+1}) = 0$，$\lim_{t \to \infty}(\lambda_t b_{t+1}) = 0$，其中 λ_t 是家庭财富的影子价格。

2. 代表性企业

企业的生产函数设为 $y_t = (u_t k_t)^\alpha l_t^{1-\alpha}$。给定要素价格 $\{r_t, w_t\}_{t=0}^\infty$、企业所得税以及固定资产加速折旧比率 $\{\tau_t^f, \tau_t\}_{t=0}^\infty$ 条件下，利润最大化确定资本需求 $\{k_t\}_{t=0}^\infty$，劳动需求 $\{l_t\}_{t=0}^\infty$ 以及资本利用率 $\{u_t\}_{t=0}^\infty$。代表性企业的问题为：

$$\max_{\{k_t, l_t, u_t\}} \Pi = (1 - \tau_t^f)[(u_t k_t)^\alpha l_t^{1-\alpha} - (1 + \tau_t)\delta(u_t) k_t - w_t l_t] - r_t k_t$$

$$(26-11)$$

3. 政府平衡预算

$$g_t + (1 + r_t) b_t = \tau_t^f[(u_t k_t)^\alpha l_t^{1-\alpha} - (1 + \tau_t)\delta(u_t) k_t - w_t l_t] + b_{t+1}$$

$$(26-12)$$

4. 市场均衡

$$c_t + k_{t+1} + g_t = (u_t k_t)^\alpha l_t^{1-\alpha} + \left(1 - \delta_0 - \delta_1 \frac{u_t^\varphi}{\varphi}\right) k_t \qquad (26-13)$$

$$a_t = k_t \qquad (26-14)$$

求解上述序贯市场竞争性均衡的问题，可得代表性家庭选择的两期消费水平 (c_t, c_{t+1}) 应满足如下的 Euler 方程：

$$\frac{c_{t+1}}{c_t} = \beta\left[1 + (1 - \tau_{t+1}^f)\left(\alpha \frac{y_{t+1}}{k_{t+1}} - (1 + \tau_{t+1})\left(\delta_0 + \delta_1 \frac{u_{t+1}^\varphi}{\varphi}\right)\right)\right] \quad (26-15)$$

以及家庭选择的同期消费与劳动供给水平 (c_t, l_t) 应满足：

$$\varphi \frac{c_t}{1 - l_t} = (1 - \alpha) \frac{y_t}{l_t} \qquad (26-16)$$

由企业利润最大化得到资本利用率为：

$$u_t = \left(\frac{\alpha}{(1 + \tau_t)\delta_1}\right)^{\frac{1}{\varphi - \alpha}} \left(\frac{k_t}{l_t}\right)^{\frac{\alpha - 1}{\varphi - \alpha}} \qquad (26-17)$$

上式表明，在其他条件不变时，政府允许企业加速折旧，短期将降低企业所选择的资本利用率水平，即 $\dfrac{\partial u_t}{\partial \tau_t} < 0$。

在最优路径上，资本产出率为：

$$\frac{k_t}{y_t} = \frac{\alpha}{(1 + \tau_t)\delta_1} u_t^{-\varphi} \tag{26-18}$$

由（26-18）式易得 $\dfrac{\partial(k_t/y_t)}{\partial \tau_t} > 0$。这意味着，在经济趋向稳态的过程中，政府允许企业加快固定资产折旧，会激励企业扩大投资，从而提高经济的资本产出比。

从长期来看，在稳态时，由（26-15）式可知，经济的资本利用率为：

$$u^* = \left(\frac{1}{\delta_1}\right)^{\frac{1}{\varphi}} \left[\frac{\varphi}{\varphi - 1}\right]^{\frac{1}{\varphi}} \left[\frac{1 - \beta}{\beta(1 - \tau^f)(1 + \tau)} + \delta_0\right]^{\frac{1}{\varphi}} \tag{26-19}$$

这里，$\dfrac{\partial u^*}{\partial \tau^f} > 0$ 以及 $\dfrac{\partial u^*}{\partial \tau} < 0$。近似地，有：

$$u^* \approx \left(\frac{1}{\delta_1}\right)^{\frac{1}{\varphi}} \left[\frac{\varphi}{\varphi - 1}\right]^{\frac{1}{\varphi}} \left[\frac{1 - \beta}{\beta[1 - (\tau^f - \tau)]} + \delta_0\right]^{\frac{1}{\varphi}} \tag{26-20}$$

上式表明 $\dfrac{\partial u^*}{\partial(\tau^f - \tau)} > 0$，对于 $\tau^f > \tau$。也就是，从长期来看，经济稳态时资本利用率水平取决于企业所得税率与政府允许企业加快折旧的速度之差。两者差距越大，稳态时经济的资本利用率就越高。因而，从长期提高资本利用率的角度来看，加快企业资本折旧的政策，还应辅之以企业所得税率的调整。只有在此条件下，允许企业加快折旧，才有助于提高经济长期的资本利用率，进而降低稳态时的资本产出率，提高消费占产出的比例。

综上，当前为减轻企业税负而实施的加速折旧政策，短期内可激励企业扩大投资，但同时也会降低企业的资本利用率，进一步提高经济的资本产出比。因此，这项政策即便是通过激励微观主体而非宏观刺激来稳定投资，也不利于经济结构的调整。在长期，加快企业资本折旧的政策，还应配合企业所得税率政策的调整，才有可能提高经济长期的资本利用率，进而降低稳态时的资本产出率，提高消费占产出的比例。

第四节　模拟分析

一、参数赋值

对于效用函数中的贴现率 β，国内外文献取值大多在 0.96—0.99 之间，此处设定为 $\beta = 0.99$。根据邹等（1993，2002）等的研究，资本的产出份额 α 设定为 0.55。借鉴 Rumbos 和 Auernheimer（2001）的做法，并结合中国企业经营实践和相关法规，不失一般性，将自然折旧率 δ_0 设定为 1%。衡量持续技术进步水平的参数 ρ 取 0.90。

对于折旧率函数中的两个参数即 δ_1 和 φ 的取值，目前并没有数据可参照。我们用一种间接的方法来获得。首先，基于万得（Wind）资讯上市公司数据库（2006—2012），通过计算"（当年累计折旧额－上年累计折旧额）/当年固定资产原值"，来近似地获得企业当年的折旧率 $\delta(u_t)$，取平均值代表当年的折旧水平。

其次，考虑到没有直接符合资本利用率内涵的指标，我们先从国泰安（CSMAR）上市公司财务指标分析数据库（2006—2012）中得到"固定资产周转率"[①]，记为 $turnover\_fa_{it}$。借鉴 Marc-Andre（2004）对加拿大的一项实证研究的方法，假定中国资本利用率（u_{it}）大致也在 0.5—1 之间波动。故可对 i 企业 t 年的固定资产周转率 $turnover\_fa_{it}$ 进行 logistic 转化，即 $u_{it} = \dfrac{1}{1 + e^{-turnover\_fa_{it}}}$，从而把数值较高、波动区间较大的固定资产周转率合理地转化为生产要素投入中具有经济学意义的资本利用率（李稻葵等 2009；

[①]　固定资产周转率＝销售收入（或主营业务收入）/固定资产平均净值，其中分母项固定资产平均净值＝（固定资产期初净值＋固定资产期末净值）/2。该指标反映了企业固定资产周转情况，是衡量固定资产利用效率的重要依据。观察发现，企业固定资产周转率因产业资本密集度和景气程度不同而呈现出较大差异。如批发和零售业因其轻资本运营的行业属性，单位固定资产创造的营业收入一直遥遥领先；房地产业、建筑业则得益于房价持续多年上涨的推动，销售收入与投入的固定资产相比也稳居前列；相比之下，采掘业、制造业、电力、煤气及水的生产和供应业等重资本行业的固定资产周转率较低。

韩国高等，2011）。这里，资本使用效率 u_{it} 越接近于1，说明相对于其他企业而言，投入企业 i 中的固定资产潜力得到越充分的发挥，固定资产利用率越高，经营管理水平越好。取各企业平均后得到当年的资本利用率。按这一方法计算的资本利用率与经济周期呈现出同步波动的特性（见图26-1）。2008年国际金融危机以来，中国经济增长率较快的2010年，恰好也是资本利用率（63.8%）较高的一年。这与韩国高等（2011）对中国产能利用率变化趋势的观察是一致的。

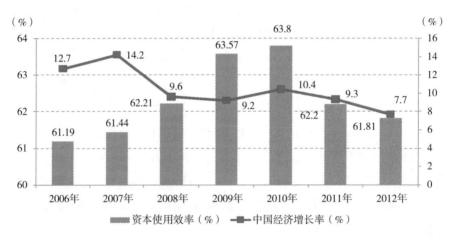

图 26-1　样本上市公司资本利用率（2006—2012 年）

资料来源：作者根据国泰安（CSMAR）数据库固定资产周转率指标测算。

最后，利用折旧率函数的定义 $\delta(u_t) = \delta_0 + \delta_1 \dfrac{u_t{}^{\varphi}}{\varphi}$，通过移项、取对数回归的方式获得函数中的两个参数（δ_1，φ）。表26-1给出了模型校准后的参数值。

表 26-1　模型参数校准值

参数	β	α	δ_0	δ_1	ρ	φ
校准	0.99	0.55	0.01	0.16	0.90	1.3

上述我们对两个关键参数值的选取和测算有四点新意：（1）样本公司的国民经济代表性较强。本章选取的样本上市公司包括主板、中小板、创

业板上市的国有、民营、外资、集体等各种类型企业 2467 家。2012 年全部样本公司合计实现营业收入 24.53 万亿元，净利润 1.95 万亿元，净利润约占全国规模以上工业企业的 1/3，具有一定的行业代表性和区域代表性①。（2）样本公司的数据可靠性较高。与非上市公司数据相比，新会计准则实施以来，财务指标统计口径稳定，上市公司经审计后公开披露的数据可靠性能得到较好的保证。（3）样本期间始末的可比性较好。2005 年 9 月 6 日以前，上市公司股权分置改革尚未启动，"同股不同权""同股不同利"等问题突出。股权分置改革后，上市公司股权结构、公司治理等都发生了显著变化，为增强样本可比性，故选择 2006 年以后年份。（4）以往研究多受工业企业数据库所限，样本期限截至 2007 年，本章首次尝试集合两大代表性金融数据库的优点，将样本期限延伸至 2012 年，更有利于体现企业应对国际金融危机以来的新情况。

二、技术进步冲击对资本利用率的影响分析

基于表 26-1 中的相关参数值，我们利用模型模拟了技术进步冲击对资本利用率及其他宏观变量的影响。如图 26-2 所示，一个单位的正的技术进步冲击，可在随后的 2 个时期提升经济的资本利用率，最高达 3 个百分点之多（见图 26-2a）；资本存量受资本利用率提高伴随的折旧相应加快的影响，积累速度放缓，产出也受此影响，小幅下降约 1 个百分点（见图 26-2b），资本产出比下降近 1.3 个百分点（见图 26-2c）；而消费产出比则可上升 1 个百分点（见图 26-2d）。

据此，可以得出本章基础模型的传导机制如下：给定一次正向的技术进步冲击，理性的社会计划者首先通过调节生产投入资本的使用效率对冲击作出反应。随后，资本利用率通过折旧率传导至投资决策，进而影响到资本存量的积累过程，最终决定产出水平及其在未来投资与消费之间的分配比例。由于资本利用率提高使得获得既定产出水平所需的投资规模减少，所以，资本产出比率下降，消费占产出的比率将随着资本积累速度的放缓而增加，全社会福利状况得以改善。

---

① 根据《中国证券业发展报告（2013）》相关数据。

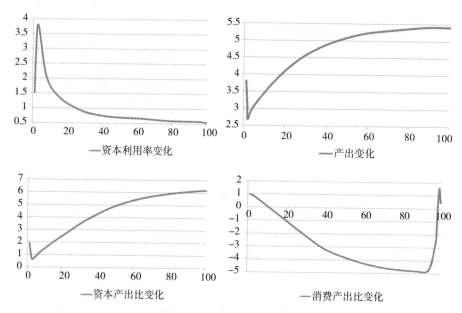

图 26-2 技术冲击下的脉冲反应

资料来源：作者计算。

三、调整企业所得税率以及加速固定资产折旧对资本利用率的影响分析

进一步，利用模型模拟企业所得税率变化以及差异化的加速折旧政策对资本利用率的影响。基于（26-20）式，我们设定企业所得税率的变化范围为 $\tau^f \in (0.15，0.25)$，允许折旧加速的比率变化范围为 $\tau \in (0.10，0.20)$，模拟不同的组合对提高稳态时资本利用率的影响。

假定其他参数如表 26-1 所示，允许加速折旧的比率越大，企业所选择的资本利用率越低。如图 26-3 所示，随着允许折旧加速的比率从 10% 逐渐增加至 20%，在所得税率分别为 25%、20% 和 15% 的情形，资本利用率会下降至 56.5%、54% 和 52%，分别下降 5.5、5 以及 4.5 个百分点。另一方面，从长期提高资本利用率的角度看，实行加速折旧的政策，还需辅之以提高企业的所得税率：如允许加速折旧 15%，那么，将所得税率从 15% 调高到 20%，可使资本利用率从 54.5% 提高至 56.5%；所得税率从 20% 调高到 25%，可使资本利用率从 56.5% 再提高至 59%。

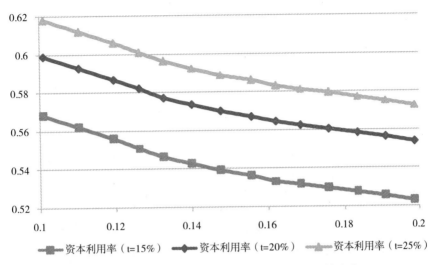

图 26-3　资本利用率与允许固定资产加速折旧的比率

注：图中从上到下的实线、点划线和虚线，依次对应企业所得税率分别为 25%、20% 和 15% 的情景。

资料来源：作者计算。

　　模拟结果表明，短期允许加速折旧，或能减轻企业的税负，但却不利于提高企业的资产利用效率。在长期，当加速折旧的政策已促使企业加快设备更新，推进科技研发创新之后，就需适时适当调高企业所得税率，才能够提高经济长期的资本利用率水平，降低资本产出比。

四、折旧率关于资本利用率弹性的变化对资本利用率的影响分析

　　行业间折旧率、固定资产周转率等存在较大差异，导致不同行业资本折旧的速度各不相同。这体现在上述模型中的参数 φ 的不同取值上。它是折旧率关于资本利用率变化的弹性，有的行业弹性较高，即资本利用率的提高会快速提高折旧率；而弹性较低的行业，随着资本利用率的提高，折旧率提高得较慢。这里，将模拟对应于不同的弹性值，经济的资本利用率水平会有什么改变。假定企业所得税率为 25%，允许固定资产折旧加速的比率为 5%，其他参数如表 26-1 所示。让折旧率关于资本利用率的弹性变化范围为 $\varphi \in (1, 1.3)$，基于（26-20）式观察资本利用率的变化。如图

26-4 所示，随着折旧率关于资本利用率弹性不断提高，资本利用率水平不断降低。这一模拟结果表明，如果经济的折旧率关于资本利用率弹性越大，稳态时资本利用率水平会越低。

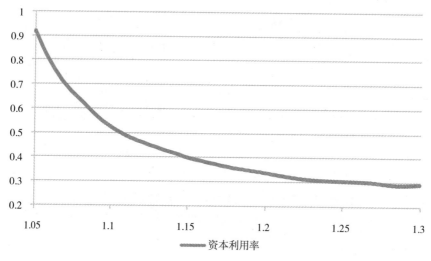

图 26-4　资本利用率与折旧弹性

资料来源：作者计算。

第五节　结论和政策建议

　　长期以来资本快速积累都是促进中国经济增长的主要动力。然而，持续多年的"投资驱动型"增长逐渐导致了中国经济结构的严重扭曲。当前，在经济增长面临长短期强大下行压力之时，是否进一步通过扩大投资规模以稳定增长成为宏观调控必然面临的课题。2014 年 9 月，国务院常务会议部署了完善固定资产加速折旧政策，试图通过减轻税负，加快企业设备更新，来稳定制造业投资和经济增长；长期促进企业技术改造和科技研发创新。然而，从结构调整的角度看，允许固定资产加速折旧的政策在保增长的同时，会对结构调整产生什么影响？能否在不进一步加剧结构扭曲的前提下，既实现稳定增长又改善结构？由于资本积累对经济增长的作用，不仅取决于资本存量的规模及结构，而且取决于资本利用率的高低，因而本章基于一个动态随机一般均衡模型，通过内生化资本利用率，分析了技术进步冲击、加速折旧以及调整企业所得税率等政策对资本利用率、经济增长以及结构调整的影响。研究发现：

首先，提高资本利用率可以降低经济的资本产出比。并且，一个单位的正的技术进步冲击，可在随后的 2 个时期提升 3 个百分点多的资本利用率水平。这意味着，通过技术进步提高中国的资本利用率水平，可在实现稳定增长的同时，降低资本产出比，改善经济结构。

其次，短期内，允许企业加速折旧的政策，虽然可以在一定程度上减轻企业税负，但却会降低企业的资本利用率。在一定的所得税率下（如20%），如果允许加速折旧的比例从 10% 逐渐增加至 20%，资本利用率会下降 5 个百分点。目前，高新技术企业执行 15% 的所得税优惠税率，从长期来看，当加速固定资产折旧的政策已促使这些企业加快设备更新，推进科技研发创新后，就需要适时适当上调企业所得税率，才能够提高经济长期的资本利用率水平，降低资本产出比。

最后，对于资本损耗较快的行业而言，其本身资本利用率较低，不宜再允许加速折旧；反之，对于资本损耗较慢的行业，本身资本利用率较高，可在短期适当促进加速折旧。但长期，还需适当上调这些行业的所得税率，才能保证这些行业在设备更新和研发创新的同时，提高其资本利用率水平。

本章的研究表明，在当前制造业化解过剩产能，投资增速下降的情况下，与其依靠逐渐减弱的投资与经济增长之间的关系，加大投资力度，托底经济，不如转换思维，在存量投资上做文章，通过提高资本利用率深挖资产潜力。具体而言：

第一，鼓励企业通过改造旧设备，采用新设备、新材料、新工艺等方式，推进技术进步和应用创新，提高存量资本利用率，从而减少为经济增长"托底"所需积累的物质资本，相应降低投资规模，并提高消费产出比，缓解稳增长对投资的过度依赖。

第二，实施加速折旧的政策，虽然可以在一定程度上稳定企业投资，但却不利于提高资本利用率。基于此，这项政策的实施必须考虑以下因素：一是不宜使适用于短期的加速折旧政策长期化；二是应区别企业类型，实施差异化的加速折旧政策；三是当加速折旧的政策已促使企业加快设备更新，推进科技研发创新后，就需要适当上调企业所得税率，才能够提高经济长期的资本利用率水平，降低资本产出比。应用万得资讯金融数据库 A 股制造业 1163 家上市公司数据进一步模拟发现，在加大计提折旧力度同时，适时适度上调企业所得税率对企业综合效应是利大于弊的。①

第三，从企业减负的角度看，应本着建设有限政府的宗旨，规范政府获得收入行为，减少税外融资规模，建立为企业减轻税费负担的长效机制。持续推进并优化负面清单管理模式，稳定企业预期，激发市场活力，调动民间投资积极性，为私营企业、涉农企业、小微企业发展打开空间。

第四，在提高存量资本利用率的同时，重视资本存量结构的调整。在制造业产能严重过剩的同时，国民经济并不乏投资不足、居民消费需求难以得到满足的部门，它们主要集中于正逐渐成为国民经济新增长点的服务业，尤其是长期被政府管制，并依照事业单位管理运营的服务业。这些领域既有旺盛的需求，又严重缺乏投资，而且因垄断和事业化管理，效率低下。因此，需要加大全面深化改革力度，开放新的投资领域，使制造业加快折旧而变现的资本能够投资这些领域，加快推动要素市场化流动，实现资产在国民经济行业间的结构调整，促进市场竞争，提升资源配置效率。

参考文献

[1] 陈永伟、胡伟民：《价格扭曲、要素错配和效率损失：理论和应用》，《经济学季刊》2011 年第 4 期。

[2] 陈昆亭、龚六堂：《中国经济增长的周期与波动的研究：引入人力资本后的

---

① 加大计提折旧力度对企业实际纳税负担减轻的程度，与中长期上调企业所得税率可能引起税负增加的程度，两者贴现后，综合效应如何？针对这一问题，我们设计了 4 种具体情景，对制造业的 26 个二级子行业进行了模拟估算，模拟结果发现：其中，情景 3 在提升资本利用率的同时，对所有样本企业的利都远大于弊；情景 1、4 仅有少数样本企业的综合效应弊大于利；即使是在情景 2 的情况下，仍然对大部分样本企业的综合效应是利大于弊的。限于篇幅，此处不再列示具体模拟结果，如有需要，可向笔者索取。

RBC 模型》,《经济学季刊》2004 年第 4 期。

　　［3］陈建奇:《庞氏骗局、动态效率与国债可持续性》,《世界经济》2006 年第
12 期。

　　［4］范子英、张军:《财政分权与中国经济增长的效率——基于非期望产出模型的
分析》,《管理世界》2009 年第 7 期。

　　［5］韩国高、高铁梅、王立国、齐鹰飞、王晓姝:《中国制造业产能过剩的测度、
波动及成因研究》,《经济研究》2011 年第 12 期。

　　［6］江飞涛、耿强、吕大国、李晓萍:《地区竞争、体制扭曲与产能过剩的形成机
理》,《中国工业经济》2012 年第 6 期。

　　［7］江飞涛、陈伟刚:《投资规制政策的缺陷与不良效应》,《中国工业经济》2007
年第 6 期。

　　［8］刘元春、陈彦斌:《中国经济增长趋势和政策选择》,《中国高校社会科学》
2013 年第 2 期。

　　［9］林毅夫:《潮涌现象与发展中国家宏观经济理论的重新构建》,《经济研究》
2007 年第 7 期。

　　［10］林毅夫、巫和懋、邢亦青:《“潮涌现象”与产能过剩的形成机理》,《经济研
究》2010 年第 10 期。

　　［11］罗德明、李晔、史晋川:《要素市场扭曲、资源错置与生产率》,《经济研究》
2012 年第 3 期。

　　［12］卢峰:《不恰当干预无助于产能过剩》,《金融实务》2010 年第 1 期。

　　［13］李文溥、李静:《要素比价扭曲、过度资本深化与劳动报酬比重下降》,《学术
月刊》2011 年第 2 期。

　　［14］李尚骜、陈继勇、李卓:《干中学、过度投资和 R&D 投资对人力资本积累的
“侵蚀效应”》,《经济研究》2011 年第 6 期。

　　［15］李稻葵、徐翔:《市场机制是中国经济结构调整基本动力》,《比较》2012 年
第 6 期。

　　［16］王亚芬:《公共资本对产出及私人资本的动态冲击效应研究》,《数学的实践与
认识》2012 年第 5 期。

　　［17］项本武:《中国经济的动态效率:1992 ~ 2003》,《数量经济技术经济研究》
2008 年第 3 期。

　　［18］于立、张杰:《中国产能过剩的根本成因与出路:非市场因素及其三步走战
略》,《改革》2014 年第 2 期。

　　［19］袁志刚、何樟勇:《20 世纪 90 年代以来中国经济的动态效率》,《经济研究》
2003 年第 7 期。

　　［20］中国经济增长前沿课题组:《财政政策的供给效应与经济发展》,《经济研究》
2004 年第 9 期。

　　［21］中国经济增长前沿课题组:《中国经济长期增长路径、效率与潜在增长水

平》,《经济研究》2012 年第 11 期。

[22] 赵振华:《关于产能过剩问题的思考》,《中共中央党校学报》2014 年第 2 期。

[23] 张曙光、程炼:《中国经济转轨过程中的要素价格扭曲与财富转移》,《世界经济》2010 年第 10 期。

[24] 张杰、周晓艳、李勇:《要素市场扭曲抑制了中国企业 R&D?》,《经济研究》2011 年第 8 期。

[25] Auernheimer, Leonardo. , "Variable Depreciation and Some of its Implications", *Canadian Journal of Economics*, 1986, 9, 1, February.

[26] Burnside, A. Craig, Martin S. Eichenbaum and Sergion T. Rebelo. , "Labor Hoarding and the Business Cycle", *Journal of Political Economy*, 1993, 101.

[27] Beaulieu, J. , Mattey, J. , "The workweek of capital and capital utilization in manufacturing", *Journal of Productivity Analysis*, 1998, 10.

[28] Beatriz Rumbos, Leonardo Auernheimer. , "Endogenous Capital Utilization a Neo-classical Economic Growth Model", *Atlantic Economic Journal*, 2001, Volume 29, Issue 2.

[29] Calvo, Guillermo, A. , "Efficient and Optimal Utilization of Capital Services", *American Economic*, 1975, 65.

[30] Chatterjee, S. , "Capital Utilization, Economic Growth and Convergence", *Journal of Economic Dynamics and Control*, 2005, 29 (12) .

[31] Chow, Gregory, C. , "Capital Formation and Economic Growth in China", *Quarterly Journal of Economics*, 1993, Vol. 108.

[32] Chow, Gregory, C. and Kui-Wai Li, "China's Economic Growth: 1952—2010", *Economic Development and Cultural Change*, 2002, Vol. 51.

[33] Dalgaard, C. , "Idle Capital and Long-Run Productivity", *Contributions to Macroeconomics*, 2003, 3.

[34] Dominique Anxo, Gerhard Bosch, Derek Bosworth, Gilbert Cette, Thomas Sterner and Dominique Taddei, *Work Patterns and Capital Utilisation: An International Comparative Study*, Kluwer Academic Publishers, 1995.

[35] Greenwood, J. , Hercowitz, Z. , Huffman, G. , "Investment, Capacity Utilization, and the Real Business Cycle", *American Economic Review*, 1988, 78.

[36] Gilchrist S, Saito M. , "Expectations, Asset Prices, and Monetary Policy: the Role of Learning", NBER Working Paper, No. 12442, 2006.

[37] Hsieh, Chang-Tai and Klenow, Peter J. , "Misallocation and Manufacturing TFP in China and India", *The Quarterly Journal of Economics*, 2009, Vol. CXXIV, Issue 4.

[38] Huang Yiping and Kunyu Tao, "Causes of and Remedies for the People's Republic of China's External Imbalances: The Role of Factor Market Distortion", ADBI Working Paper Series, No. 279, 2011.

[39] Johnson, Paul, A. , "Capital Utilization and Investment, When Capital Depreci-

ates in Use: Some Implication and Tests", *Journal of Macroeconomic*, 1994, 16, 2, Spring.

［40］Keynes, John, M. , *The General Theory of Employment*, *Interest and Money*, 1ˢᵗ ed. , London: Macmillan, 1936.

［41］Licandro, O. , Puch, L. A. , Ruiz-Tamarit, J. R. , "Optimal Growth under Endogenous Depreciation, Capital Utilization and Maintenance Costs", *Investigaciones Economicas*, 2001, 25 (3) .

［42］Lucas, R. , "Capacity, Overtime, and Empirical Production Function", *American Economic Review*, 1990, 60.

［43］Marshall, Alfred. , 1922, *Principles of Economics*, 1ˢᵗ ed. , London: Macmillan. *Review*, 65, 1, March.

［44］Marc-Andre. , "Capital Utilization and Habit Formation in a Small Open Economy Model", *Canadian Journal of Economics*, 2004, Vol. 37, No, 3.

［45］Orr, J. , "The Average Workweek of Capital in Manufacturing, 1952 – 1984", *Journal of the American Statistical Association*, 1989, 84.

［46］P. Taubman and M. Wilkinson, "User Cost, Capital Utilization, and Investment Theory", *International Economic Review*, 1970, 11 (2) .

［47］Rumbos, B. , Auernheimer, L. , "Endogenous Capital Utilization in A Neoclassical Growth Model", *Atlantic Economic Journal*, 2001, 29.

［48］Rober J. Barro and Xavier Sala-i-Martin, "Convergence", *Journal of Political Economy*, 1992, Vol. 100, No. 2.

［49］Shapiro, M. , "Capital Utilization and Capital Accumulation: Theory and Evidence", *Journal of Applied Econometrics*, 1986, 1.

［50］Smith, K. , "Risk and the Optimal Utilization of Capital", *Review of Economic Studies*, 1970, 37.

第二十七章　中国经济持续增长的阶段性动力解析与比较[*]

本章从一般生产要素、结构因素和体制因素三个层次来考察新中国成立以来的中国经济增长，根据数据的特征用计量方法对时间序列划分时间段，并根据自相关检验选择采用 Prais Winsten AR（1）或最小二乘法（OLS）分别进行回归，从而解释各个时间段不同的经济增长动力机制。此外，我们还重点分析了各阶段人均 GDP、结构指数与体制指数之间的相互关系。最后，根据阶段性动力的研究对中国下阶段经济增长提出一些积极的政策建议。

第一节　引　言

新中国成立初期，高度的计划经济体制发挥了社会主义集中力量办大事的优势，使中国经济得以迅速恢复，工业基础得以初步建立，并且通过对个体农业、手工业和私营工商业进行大规模社会主义改造，建立起了社会主义公有制。但是随着国民经济的发展，计划经济体制开始不适应于当时的经济发展需要，这就要求对经济体制进行改革，以达到保持经济增长的目标。因而，在此后数十年社会主义建设实践中，我们对计划和市场关系的认识不断进步和深化，最终突破了计划经济等同于社会主义、市场经济等同于资本主

　＊　本章作者：靳涛、陶新宇。

义的传统观点，在社会主义经济建设中引入了市场经济体制。

改革开放以来，中国一直致力于从计划经济体制向市场经济体制转轨的改革，至今已有 40 年。在此期间，中国经济发展取得了举世瞩目的成就：实现了年均近 10% 的增长率；2010 年，中国经济总量已经超过日本，成为仅次于美国的世界第二大经济体。但近年来中国经济增速递减的趋势也非常明显，特别是自 2009 年以来，增长速度明显滑落。中国经济增长的趋势性特征值得我们深入分析，而要研究这一变化趋势，就必然要对中国过去几十年来经济发展历程进行总结，并分析出其阶段性特征及相应经济增长动力。

本章所考虑的影响中国经济增长的因素有三大类：资本、劳动力、全要素生产率。其中，资本分为物质资本和人力资本，这些都属于禀赋因素，而从影响增长的全要素生产率（索罗黑箱）中抽取出创新管理、结构因素和体制因素，这是本章的创新也是比较符合揭示长期中国经济增长的事实的着眼点。另外，我们采用主成分分析法分别将结构因素和体制因素合成为结构指数和体制指数，进一步考察经济增长、结构指数与体制指数之间的关系。通过这种禀赋因素、结构因素和体制因素的多层次考察，能够对中国持续经济增长的阶段性动力给出更合理和客观的揭示。

本章余下部分的结构安排如下：第二节文献综述，第三节构建经济增长理论与逻辑；第四节讨论模型和数据；第五节进行实证分析；第六节对经济增长作进一步分析；并进行了稳健性检验；最后一部分为结论与政策建议。

第二节　文献综述

在有关中国经济增长阶段性特征的研究方面，代表性的研究有青木昌彦（2011）、蔡昉（2013）、Maddison（2007）等。青木昌彦（2011）比较了中、日、韩三个国家的发展特点，将其分为五个阶段：即 M（马尔萨斯）阶段，G（政府参与型）阶段，K（库兹涅兹）阶段，H（人力资本）

阶段，*PD*（后人口转变）阶段。其中，他将中国的 1952—1977 年、1977—1989 年和 1990—2011 年分别定义为 *G* 阶段、*K* 阶段以及 *K* 和 *H* 的混合阶段。认为：在第一阶段，政府将物质的增长资源从第一产业转移到第二、三产业，而人力资源的转移则受到约束；在第二阶段，劳动力比例的提高以及劳动力从第一产业向第二、三产业的转移对人均收入快速增长的贡献达到 25%—50%；在第三阶段，由于计划生育政策，劳动力数量所带来的人口红利对中国人均 GDP 持续高增长的贡献已经渐渐不如劳动力的结构转变。

蔡昉（2013）将经济增长分为以下几个阶段：*M* 类型增长（马尔萨斯式的贫困陷阱），*L* 类型增长（刘易斯式的二元经济发展），*T* 类型增长（刘易斯转折点）和 *S* 类型增长（索洛式的新古典增长），并且认为中国已经经历了上述四种增长类型中的前三个过程。在第一阶段，由于中国的物资资本和人力资本的积累受到限制，导致其长期处于"高水平的贫困陷阱"中；在第二阶段，对中国快速经济增长贡献最大的因素是资本形成和劳动力增长，劳动者受教育程度的提高也做出了值得注意的贡献；在第三阶段（*L* 向 *S* 的过渡阶段），通过增加劳动力供给和提高劳动生产率，达到抵消资本边际报酬降低导致的投资回报率下降效果，从而保持经济增长；在第四阶段，即新古典阶段，主要通过全要素生产率的提高来保持经济增长。

Maddison（2007）在更长的时间跨度上，通过考虑中国经济的阶段性特征，对中国长期经济增长做了持续分析和推断。

此外，中国经济增长前沿课题组（2012、2013）也对中国经济增长不同阶段的转换进行了研究。他们从经济结构的角度研究中国经济增长，认为中国经济正以高投资和出口拉动为代表的增长阶段 Ⅰ 向以城市化和服务业发展为代表的增长阶段 Ⅱ 过渡，并且在这一过程中效率提高促进经济结构优化是其主要特征，而促使阶段 Ⅰ 向阶段 Ⅱ 转型的主导因素有人口结构调整、要素弹性参数逆转以及经济结构服务化的形成。此外，他们还认为中国目前正经历由工业化高增长向城市化的过渡阶段，由于经济增长供给层面因素的变化，将必然导致结构性减速。

另一方面，鉴于中国改革开放以来所取得的成就，也有学者对中国 1978 年之后经济增长的动力及未来经济可持续增长的影响因素进行了研究。蔡昉等（2013）认为，中国改革开放前30年高速增长的根本原因在于普遍地压低要素成本，这种要素市场的扭曲为经济超常发展提供了额外的激励。他还认为，中国正在经历从"经济奇迹"到"常规发展"的重大转变。王小鲁（2000）认为，中国改革开放以来经济增长的主要因素是资本形成，但对经济增长更大的贡献则是来自由制度变革引起的资源重新配置，并且认为未来的中国经济增长取决于一些深层体制改革和相应的政策调整。邱晓华等（2006）认为改革开放以来中国经济持续增长取决于资本、技术和产业结构的推动。张德荣（2013）认为制度创新与技术进步是推动中国经济可持续增长的关键因素。而胡文国和吴栋（2004）认为中国的持续增长取决于资本要素、劳动要素和制度因素。此外，王小鲁等（2009）和樊纲等（2011）认为改革时期的经济增长加速和全要素生产率提高主要贡献因素是市场化。

从中国经济增长的阶段性特征和动力出发，有必要探究当前处于新常态下的中国经济如何走向新模式，寻找新动力。关于这个问题，也有学者做出了深入的研究。洪银兴（2013）认为，中国目前面临的"中等收入陷阱"压力首先是发展模式问题，或者说是发展方式问题。蔡昉（2013）深入分析了中国经济增长如何转向全要素生产率驱动型发展战略。刘志彪（2013）认为，建立创新驱动型国家的战略目标，是中国迈向新的全球化战略的重要引力。张军（2012）分析认为，中国经济旧模式的内在结构性矛盾日益凸显，应从机制转型与创新的角度思考改变。中国前期的经济增长基本符合新古典增长理论的基本观点，但随着经济总量的不断增大，必须重构中国经济增长的动力机制（沈坤荣和滕永乐，2013）。林毅夫（2012）认为，经济发展是一个持续的技术创新、产业升级和结构转型的过程，这取决于国家如何调整和更有效利用和整合他们的土地资源、劳动力、资本和基础设施。刘世锦（2012）认为，中国经济增长回落是在高速增长潜力基本释放完毕的情况下出现的，它是大幅度结构变动的结果，在结构变动的背后则是经济需求和供给条件的显著变动和重新组合。刘伟（2013）从经济发展方式的角度对增长进行研究，他认为，经济发展方式是一定历史和技术条件下的产物，当发展条件变了，发展方式也要随之调整。

另外，还有一些国外学者对中国经济增长和宏观经济运行也进行了研究。Lardy（2006，2012）认为扩张性投资在中国经济增长中所发挥的作用日益重要；中国经济增长属于指数经济增长路径，它是非典型的经济学增长路径，仅可视为经济增长过程中的特例。Krugman（2013）在题为《中国碰壁》（*Hitting China's Wall*）的文章提出，一旦投资收益骤减，那么就需要消费支出大幅提升才能取代投资的地位，但消费增速太慢，不足以避免严重的经济滑坡。科斯和王宁（2013）认为，中国经济的二元结构改革，从改革初期一直延续到现在。中国经济转型和发展的速度是惊人的，但即使中国成为世界最大的经济体，如果无法显著提高创新能力的话，其生产力依旧只能排在中游水平。Palley（2006）认为，中国当前的经济发展过于依赖出口导向型增长。而 Nolan（2005）认为，在新一轮发展中，中国政府应该从根本上提高它的效率和消除腐败。

综上，国内外关于中国经济增长研究的文献非常多，而且研究视角和结论各不相同，然而到底哪种结论更有说服力和可信度，尚不清晰。我们试图在文献总结的基础上更深入研究和揭示中国经济增长的阶段性动力。我们将新中国成立以来的几十年分为几个时间段，针对每个时间段和整个几十年进行可对比的计量实证分析。本章尝试根据数据的特征用计量的方法对时间序列划分经济增长阶段，并且根据自相关检验，选择采用 Prais Winsten AR（1）或最小二乘法（OLS）进行回归，从而解释各个时间段不同的经济增长动力机制。

第三节　经济增长理论与逻辑构建

索洛（Solow，1956）提出了新古典经济增长理论，认为影响经济增长的主要因素为全要素生产率和生产要素，其中全要素生产率由技术进步所影响，生产要素分为物资资本以及劳动力。卢卡斯（Lucas，1988）则提出了人力资本是影响经济增长的主要生产要素之一，将其定义为有效劳动力数量，包括劳动力的数量和质量两个方面。综合上述理论，本章所考虑的影响中国经济增长的因素有三大类：资本、劳动力、全要素生产率。其中，资本分为物质资本和人力资本，并且人力资本（反映劳动力质量）受到科技水平的影响；全要素生产率主要受创新管理、体制因素以及结构因素的影响，其中创新管理与科技水平紧密相关，而体制因素包括体制活力和政府主导效率，结构因素包括经济外向型结构、产业结构、城乡结构和金融结构等。

一、生产要素

生产要素包括资本和劳动力，其中资本包括物资资本和人力资本，这些都是影响中国经济增长的禀赋因素。物资资本是指在生产过程中的实物投入，是用于生产的必要物品。人力资本是指为劳动者能运用科学知识与技术进行生产，提高劳动者的劳动生产率而进行的投入。

劳动力是经济活动的主体，对经济增长有着直接的作用。劳动力的增长率和劳动生产率决定了一个社会潜在的 GDP 增长率。

二、全要素生产率

全要素生产率由创新管理、体制因素以及结构因素所影响，其代表了生产效率。

创新管理与生产要素中的人力资本互相影响，创新管理与科技水平紧密相关，二者相互依存，相互促进。

体制因素可以影响资源的分配与配置，毫无疑问，资源生产率低的部门向生产率高的部门转移会加快总体经济的增长。体制因素包括体制活力以及政府主导效率。体制活力体现在非国有经济对中国总体经济增长所做的贡献，中国的非国有经济的发展带来了体制活力，有利于提高经济运行效率，进而提高潜在 GDP 的增长率。政府主导效率在中国这样一个政府主导的国家里体现得比较明显，它表示政府参与资源配置过程的效率，并进而影响生产效率。

结构因素反映了总体经济的内部运行结构，关系到经济各部门能否协调发展。本章结构因素主要考虑了经济外向型结构、产业结构、城乡结构和金融结构等几个方面。用对外开放度反映经济外向型结构，它体现了中国经济与世界经济的联系，随着对外开放度的增加，中国更多地引进国外的先进技术和管理经验，大大缩小中国与国外先进国家的差距；产业结构体现了国内的产业发展态势，产业结构是否合理关系到国内经济能否协调发展，同时关系到资源在不同产业之间能否合理配置，因此，可以通过对产业结构的合理调整分配来提高资源的使用效率；用城镇化率来反映城乡结构，城镇化是指伴随着工业化进程的推进和社会经济的发展，农业人口不断转变为非农业人口的过程，其本身更是反映了社会经济变化的过程，通过合理地引导城镇化，可以使其成为中国经济的主要增长点和主要推动力；金融结构反映了金融市场与宏观经济之间的关系，由于金融市场通过投资等方式影响宏观经济，因而合理地管理金融市场，有利于经济增长。

根据以上对各个经济增长因素的分析，可以得出影响中国经济增长的各因素结构框架图（见图 27-1）。

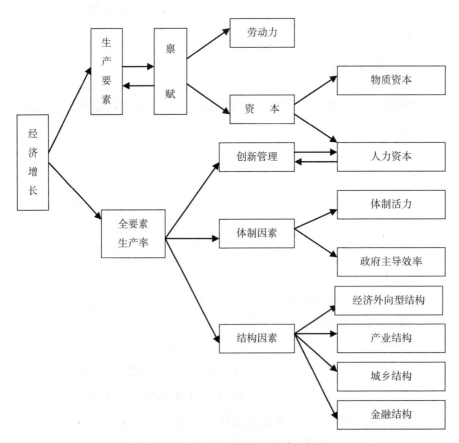

图 27-1 中国经济增长影响因素结构图

一直以来，在西方经济学中，人们普遍认为全要素生产率（又称"索洛黑箱"）主要是指广义上的技术进步，是通过创新管理来提高技术进步率。但是在中国，影响经济效率的因素来自结构和体制的活力释放这一点也是不容忽视的。所以，针对中国国情考虑影响全要素生产率的因素除了创新管理，还必须考虑体制因素以及结构因素。因此，可以认为，对于中国来讲，创新管理、体制因素和结构因素共同影响着全要素生产率，进而影响着经济增长。

第四节　模型与数据

一、变量选择与数据说明

我们所采用的是 1952—2012 年全国的时间序列数据，数据均来源于《新中国 60 年统计资料汇编》和国家统计局网站，以及《中国工业统计年鉴》。表 27-1 给出了本章将要使用到的变量及其定义，相关变量的统计描述在表 27-2 中给出。

表 27-1　变量定义与说明①

变量符号	变量名称	变量说明
rgdpp	人均 GDP	参照张平、刘霞辉（2007）使用人均 GDP 水平衡量长期增长的方法，本章采用人均实际 GDP 度量中国经济增长水平。该指标通过名义 GDP 除以 GDP 平减指数（1978＝1）得到实际 GDP，最后将其除以人口数求得
cap	固定资本存量	参考王小鲁等（2009）的数据并进行补充，具体做法是根据国家统计局的全社会固定投资数据，用永续盘存法计算，在计算过程中使用了固定资产投资价格指数作为平减指数
lab	就业人数	从国家统计局网站获取数据
sci	科技资本存量	参考王小鲁等（2009）的数据并进行补充
ub	城镇化率	城镇人口占总人口的比重，反映城乡结构

---

① 在下文计量回归的表格中，变量前面加上 *l* 表示对其取自然对数

变量符号	变量名称	变量说明
open	对外开放度	进出口总额占 GDP 的比重，反映经济外向型结构
ind	产业结构	考虑到第一产业产值所占比重较低，故采用第三产业产值与第二产业产值的比值衡量产业结构
fin	金融结构	贷款与工业总产值的比值，反映金融结构
fis	政府主导	财政收入占 GDP 的比重
nonstate	非国有化程度	非国有工业产值占工业总产值的比重，反映体制活力

表 27-2 变量的统计描述

变量	观察值	均值	标准差	最小值	最大值
rgdpp	61	1284.42	1589.57	134.52	6501.62
cap	61	41654.14	72038.25	700.00	337696.00
lab	61	51242.85	22332.61	20729.00	103500.00
sci	61	989.54	1452.40	3.00	6182.19
ub	61	0.26	0.11	0.12	0.53
ind	61	0.77	0.20	0.45	1.35
open	61	0.24	0.18	0.05	0.67
fin	61	0.90	0.31	0.48	1.54
fis	61	0.22	0.07	0.10	0.39
nonstate	61	0.39	0.22	0.09	0.74

资料来源：作者计算。

二、计量模型的设定

回顾有关经济增长的实证文献，Cobb-Douglas 形式的两要素生产函数一直是最常用的生产函数形式。Lucas（1988）认为人力资本是影响经济增长的主要生产要素之一。但是该模型主要针对国外的经济增长，对于中国而言，人力资本到底是怎么影响经济增长，这还有待研究。有鉴于此，我们在研究中国经济增长时，有必要在传统的 Cobb-Douglas 形式的两要素生产函数中加入用以反映人力资本对经济增长影响的变量。至于该变量如何选取，我们首先来看人力资本是如何定义的。人力资本指的是所有能够增加个人生产经济价值能力的属性的总和，它包括很多方面，如创新性和创造性、特定领域里有用的知识和工作技能、社会技能、个性以及职业道德等。和其他资本相比，人力资本拥有更大的增值空间，它具有创造性和创新性。不仅如此，根据 Lucas（1988）的模型，人力资本反映了生产效率，它的积累可以有效促进生产效率的提高；另外，从图 27-1 中也可以看出创新管理和人力资本之间的关系：创新管理与人力资本相互影响、相互促进，共同促进全要素生产率的提高。因此，本章主要关注人力资本中创造性和创新性方面的特性，所以应当选用能够反映这一方面特性的变量。

关于这一变量的选取，一方面，由于人力资本的创新性和创造性与科技的发展是紧密相关的，科技的不断积累和发展会伴随着各种有效的创造和创新，所以相比较起来，科技资本存量能够较好地反映人力资本在创新与创造方面对经济增长的影响。另一方面，张帆（2000）认为广义的人力资本应当包括有形人力资本（将儿童抚养到工作年龄的消费支出）、教育投资、健康投资以及研究和发展投资。我们尝试从研究和发展投资的角度找出反映人力资本的变量，而科技资本存量正是利用永续盘存法，根据研究与试验发展经费支出计算得出，因而能够从这一视角较好地反映人力资本。综上所述，本章选取科技资本存量反映人力资本，即：

$$rgdpp_t = A_t cap_t^{\alpha} lab_t^{\beta} sci_t^{\gamma} \tag{27-1}$$

其中，$rgdpp_t$、cap_t、lab_t 和 sci_t 分别代表第 t 年的人均 GDP、物资资本、劳动力和科技资本。α、β 和 γ 则分别代表物资资本、劳动力和科技资本的产出弹性。A_t 则是代表了全要素生产率（TFP），它是将物资资本和人力资本对经济增长的贡献扣除之后的其他因素。我们认为，在当前中国的现实条件下，TFP 最主要来源于两个方面，一是体制因素，二是结构因素。其中，体制因素包括体制活力和政府主导效率，结构因素包括经济外向型结构、产业结构、城乡结构和金融结构。根据已有的相关文献，我们选用相应的指标进行量化，将全要素生产率定义为：

$$A_t = Ae^{(\rho \ln ub_t + \delta \ln open_t + \theta \ln ind_t + \eta \ln fin_t + \mu fis_t + \lambda nonstate_t + \varepsilon_t)} \tag{27-2}$$

其中，ub_t 代表第 t 年的城镇化率，$open_t$ 代表第 t 年的对外开放度，ind_t 代表第 t 年的产业结构，fin_t 表示第 t 年的金融结构，fis_t 表示第 t 年的政府主导，$nonstate_t$ 表示第 t 年的非国有化程度，ε_t 是随机扰动项。

将（27-2）式代入（27-1）式，并对等式两边取对数，我们得到如下计量回归模型：

$$\ln rgdpp_t = \ln A + \alpha \ln cap_t + \beta \ln lab_t + \gamma \ln sci_t + \rho \ln ub_t +$$

$$\delta \ln open_t + \theta \ln ind_t + \eta \ln fin_t + \mu fis_t + \lambda nonstate_t + \varepsilon_t \qquad (27-3)$$

第五节　实证分析

一、划分经济增长的不同时间段

由于我们的重点是研究中国经济增长的阶段性动力，因此，如何划分时间段就变得很重要。如前文所述，我们采用人均 GDP 衡量经济增长水平，因而划分时间段就变为如何找出人均 GDP 序列的结构断点，进而完成时间段的划分。结合中国自 1952 年以来的经济发展过程，我们不难发现对中国经济影响颇深的三个事件为改革开放、亚洲金融危机以及全球金融危机。由此，我们推测，在各个事件相应的时间点附近可能会存在人均 GDP 序列的结构断点。但是如果亚洲金融危机之后这一时间段被世界金融危机这一事件划分成两个时间段，那么做出的回归结果中部分变量会被忽略，我们推测这可能是由于时间序列数据的样本太少造成的，而这不利于研究中国经济增长的阶段性动力。因此，我们经过初步判断，认为应当选取允许人均 GDP 序列可以有两个结构断点的计量方法来划分时间段。

近些年来，对表现出结构断点的变量如何进行单位根检验，已经逐渐引起计量经济学界的广泛讨论。佩伦（Perron，1990）考虑了对在均值水平上有一个结构变化点的时间序列序列进行单位根检验。克莱门特、蒙塔尼斯和雷耶斯（Clemente、Montanes 和 Reyes，1998）对佩伦（Perron，1990）的研究方法进行推广，允许变量的时间序列数据的均值发生两个结构变化。我们参考克莱门特、蒙塔尼斯和雷耶斯（1998）的计量方法，尝试找出人均 GDP 的自然对数的结构变化点，进而对时间段进行划分，具体结果见图 27-2。

由图 27-2 可知，在采用上述计量方法之后，我们找出了两个结构断

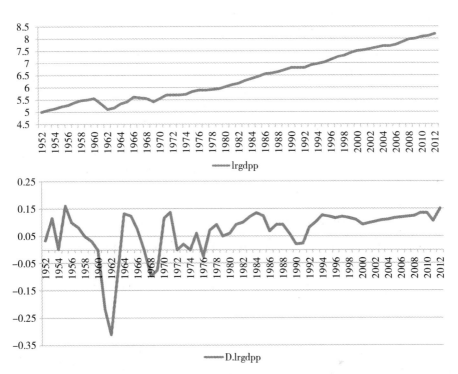

图 27-2 划分经济增长的不同时间段

资料来源：作者计算。

点，它们分别在 1981 年以及 1997 年这两个时间点上。因此，1952—2012 年的时间序列被划分为三个时间段，它们分别为 1952—1981 年、1982—1997 年和 1998—2012 年。考虑到时间序列可能存在的自相关，本章将对所分的每个时间段分别进行序列自相关检验（DW 值检验），检验结果见表 27-3。接着根据 DW 检验结果，选择使用 Prais Winsten AR（1）或者最小二乘法（OLS）进行回归，以此来分析经济增长各个阶段的影响因素。

二、计量回归结果与分析

我们使用 Stata11.2 软件，对（27-3）式分时间段进行计量分析，回归结果报告在表 27-3 中。

从表 27-3 中 DW 值可以看出，1952—2012 年以及 1952—1981 年的时间序列的 DW 值分别为 0.85 和 1.12，故认为存在自相关，因而采用 Prais Winsten AR（1）的方法进行回归，改进后的 DW 值分别为 1.53 和 1.50，皆达到

1.5 以上，可以认为扰动项基本上不存在自相关。而 1982—1997 年以及 1998—2012 年的时间序列的 DW 值分别为 1.74 和 2.28，可认为基本上不存在自相关，因而可以使用 OLS 进行回归。总体来看，1952—2012 年的时间序列数据的自相关可能主要是由 1952—1981 年期间的时间序列的自相关引起的。

表 27-3　中国经济增长影响因素的 OLS 回归①

		被解释变量：$lrgdpp$（人均 GDP 的自然对数）			
		（1）	（2）	（3）	（4）
		Prais WinstenAR	Prais WinstenAR	OLS	OLS
		1952—2012 年	1952—1981 年	1982—1997 年	1998—2012 年
生产要素	$lcap$	0.588 *** (22.33)	0.278 *** (2.89)	0.739 (1.59)	0.671 *** (4.74)
	$D. llab$	0.567 * (1.87)	0.339 (0.89)	0.312 (0.08)	2.363 (1.33)
	$D. lsci$	0.292 ** (2.42)	0.167 (0.97)	0.414 (0.45)	0.568 (0.45)
结构因素	$D. ub$	0.636 ** (2.63)	0.259 (0.86)	0.805 (0.64)	4.514 (1.91)
	$lopen$	0.107 ** (2.11)	0.125 (1.56)	0.165 (0.88)	0.487 (1.46
	$lind$	−0.0779 (−0.92)	−0.516 *** (−3.33)	−0.253 (−0.79)	0.561 (1.55)
	$lfin$	0.180 (1.66)	0.0357 (0.20)	0.0137 (0.03)	−0.527 (−0.96)
体制因素	$D. fis$	0.557 * (2.01)	0.127 (0.37)	−0.305 (−0.19)	2.907 (0.76)
	$nonstate$	0.450 *** (2.79)	0.309 (1.60)	0.293 (0.13)	−1.381 (−0.96)
	常数项	0.900 *** (2.81)	3.293 *** (4.04)	−0.515 (−0.14)	1.526 (0.97)
	DW（original） DW（transformed）	0.85 1.53	1.12 1.50	1.74	2.28
	观察值	59	28	15	14

①　为了排除部分变量的时间序列数据可能存在的不稳定性会对回归结果造成影响，本章对变量 lab、sci、ub 和 fis 作一阶差分，变量前加 D. 表示。

续表

		被解释变量：*lrgdpp*（人均 GDP 的自然对数）			
		（1）	（2）	（3）	（4）
		Prais WinstenAR	Prais WinstenAR	OLS	OLS
		1952—2012 年	1952—1981 年	1982—1997 年	1998—2012 年
	Adj. R²	0.982	0.978	0.993	0.993

注：①＊＊＊、＊＊和＊分别表示 1%、5% 和 10% 的显著性水平；②因为部分变量采用差分形式，所以观察值相应减少；③括号中为相应 t 值。

资料来源：作者计算。

接下来，将要根据不同阶段的实证结果来分析中国各阶段经济增长动力。

表 27-3 中第（1）列表示的是全部年份采用 Prais Winsten AR（1）回归的实证结果。不难看出，资本、劳动力、科技创新、城镇化、对外开放、政府主导以及非国有化都对经济增长有显著的推动作用，其中资本和非国有化的推动作用最为显著，科技创新、城镇化和对外开放也在经济增长中扮演着重要的角色，政府主导和劳动力也发挥着它们对增长的重要作用。但也有我们需要注意的地方：产业结构的扭曲对经济增长产生了阻碍作用。

表 27-3 中第（2）—（4）列分别对 1952—1981 年、1982—1997 年和 1998—2012 年三个时间段回归，其中 1952—1981 年采用 Prais Winsten AR（1）回归，而后两个时间段采用 OLS 回归。结果显示资本总体上显著地推动经济增长，这说明资本在整个经济发展过程中一直是推动中国经济增长的重要动力。劳动力总体上对增长的贡献逐渐增大。科技创新对增长的溢出效应逐渐增强，说明应当继续加大科技投入，鼓励科技创新，努力建设创新型社会。城镇化和对外开放对增长的促进作用也是越来越大，说明它们已逐渐成为经济增长动力的重要组成部分。

产业结构在计划经济时代对经济增长的作用显著为负，说明计划经济体制下产业结构扭曲，而且资源在各个产业之间没有得到有效配置，这些都显著阻碍了经济增长。改革开放以后，产业结构对经济增长的负向作用变为不显著，说明产业结构的调整取得成效，产业结构的扭曲得到一定的缓解。但在1997年亚洲金融危机之后，产业结构对增长的作用变为正向，虽然不显著，但能体现出国家对产业结构的调整取得了很好的效果，产业结构扭曲的问题得到缓解，这是中国宏观经济利好的一面。

在1997年亚洲金融危机之后金融结构对经济增长的作用为负，说明金融结构问题开始凸显，其对中国宏观经济的负面影响应当引起重视。

计划经济时期，政府主导推动经济增长。改革开放后，政府主导对经济增长的作用为负，在此阶段政府干预的减弱使得非国有经济有了很大的发展，带动了经济增长。但在1997年亚洲金融危机后，政府为了应对这场危机，调整投资计划，扩大投资规模，集中力量加快基础设施建设，以支撑经济持续快速增长。

本研究中用非国有化程度的高低代表一个经济体的体制活力的强弱，随着非国有化程度的提高，经济体的体制活力逐渐增强，表现为经济快速增长。但在1997年亚洲金融危机之后，政府为了应对这场危机，加大基础设施建设投入，支撑经济持续快速增长。而基础设施建设的投资领域主要集中于国有经济，因此政府更多侧重国有经济发展，通过强化国有经济拉动经济增长意图明显。但这导致政府过于关注国有经济，非国有经济的发展则受到限制，比如私营企业相比国有企业融资困难以及融资成本高，这无形中挤压了民营经济的空间，进而导致民营经济发展的困难，产生了所谓的"国进民退"。

综上，我们对中国1952—2012年各时间段经济增长的主要动力及其作用进行总结，见表27-4。

表27-4　中国经济增长主要阶段性动力的作用分析

时间段	1952—2012年	1952—1981年	1982—1997年	1998—2012年
经济增长主要阶段性动力及其作用	资本、劳动力、科技创新、城镇化、对外开放、政府主导以及非国有化都对经济增长有显著的推动作用，而产业结构扭曲，阻碍了经济增长	资本对增长的贡献显著，而计划经济体制下的产业结构严重扭曲，显著地阻碍了经济增长	资本和城镇化推动经济增长；非国有经济的蓬勃发展带动了经济增长	资本的作用更为显著；政府主导对经济增长的推动作用加强，但限制了非国有经济的发展；产业结构矛盾有所缓解，但金融结构对增长的阻碍凸显

第六节 对经济增长的进一步分析

从第四节的经济增长理论以及随后的模型回归可以得知，结构因素和体制因素对经济增长的影响不容小觑。因此，接下来我们采用主成分分析法分别获得中国 1952—2012 年结构因素和体制因素中各基础指标的权数，并进而求得相应的结构指数和体制指数。

在现有运用主成分分析法进行多指标综合评价的研究中，一般根据前面几个主成分的累计贡献率大于 85% 来确定主成分的个数，再求得综合主成分值。但是单个主成分综合原始数据信息的能力是以其贡献率来衡量的，而第一主成分综合原始数据信息的能力最强。因此，我们采用第一主成分来确定各基础指标的权数，即第一主成分中各基础指标的系数作为各基础指标相应的权数，由此求得结构指数和体制指数。其中，结构指数数值越大，说明结构情况越好；体制指数亦同。值得一提的是，我们着重于研究结构指数以及体制指数的变化情况，所以考虑的是相对值而不是绝对值。

一、结构指数、体制指数及其权重的选取

运用 Stata11.2 进行主成分分析，可得各基础指标的相应权数（见表 27-5），在此基础上求得结构指数和体制指数，并且作出结构指数和体制指数分别关于时间变化的图形，见图 27-3。

表 27-5 基础指标以及结构和体制指数权重的选取

结构指数		体制指数	
基础指标	基础指标权数	基础指标	基础指标权数
城镇化率	0.5621	政府主导	-0.7071

续表

结构指数		体制指数	
基础指标	基础指标权数	基础指标	基础指标权数
产业结构	0.2080	体制活力	0.7071
金融结构	0.5705		
对外开放度	0.5614		

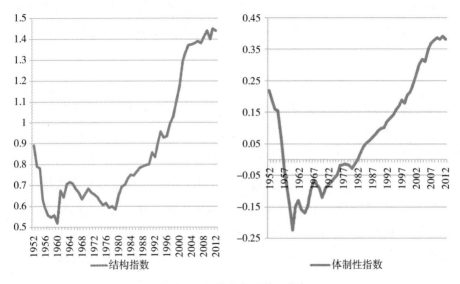

图 27-3 结构指数和体制指数

资料来源：作者计算。

接下来，我们将对图 27-3 中运用主成分分析法所得的结构指数和体制指数进行评价。可以看出，结构指数在 1952—1960 年期间一直下降，说明在此期间结构问题越来越严重，并在 1960 年跌至最低点。在 1960—1978 年，结构指数有很大的波动，期间有上升有下降，说明期间结构虽然在不断地调整，但可能受到当时意识形态的影响，结构时好时坏，并不稳定。1978 年以后结构指数一直上升，说明自改革开放以来，结构失调问题得到有效解决。但是 2004 年以后结构指数停滞不前，表明当前结构问题依然要引起重视，需要不断地改革。

体制指数在 1952—1960 年期间一直下降，并在 1960 年跌至最低点，说明在此期间体制逐渐僵化。在 1960—1980 年期间，伴随着体制改革，体制指数波动上升，这表明体制逐渐释放活性，但可能由于受到当时意识形态的影响，体制指数存在较大的波动性。1980 年以后，体制指数一直上升，说明自改革开放以来，体制方面卓有成效的改革使得体制逐渐柔性化。但是 2004 年以后体制指数开始趋于平缓，甚至开始下降。

进一步，我们通过分别画出体制因素和结构因素与人均 GDP 的二维关系图，来探讨它们之间的关系，结果见图 27-4（将 1952 年编号为 1，以此类推，用数字表示年份的顺序，比如 9 代表 1960 年）。

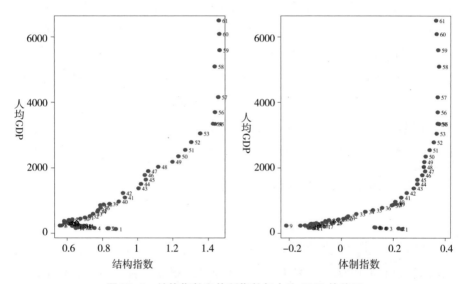

图 27-4　结构指数和体制指数与人均 GDP 的关系

资料来源：作者计算。

在 1952—1980 年期间，结构指数一直在下降，而人均 GDP 则缓慢上升，这表明结构问题越来越严重，拖累了经济增长。1980 年之后，结构指数不断地上升，并且人均 GDP 也快速增长，说明改革开放以后，结构问题逐渐得到有效解决，这也推动了经济快速增长。但是 2007 年以后，结构指数停滞不前，甚至在 2009 年和 2012 年出现了倒退，而人均 GDP 依然增长速度较快，这说明结构对经济增长的影响具有一定的时滞性。总体而言，结构和经济增长保持一致，只是在不同年份二者的变化速度有所不同。虽然 2007 之后几年，增长势头依然强劲，但根据二者的一致性，可以预见不久的将来，增长将会放缓。因此，政府应根据结构和经济增长的一致性，不断地调整结构。

在1952—1960年期间，体制指数一直在下降，直到1960年降到最低点，而人均GDP也只是非常缓慢的增长，这说明经济缓慢增长可能是体制逐渐僵化所造成的。在1960—1980年期间，体制指数一直在〔-1.5，-0.5〕的区间上下波动，人均GDP很缓慢地增长，说明体制的不稳定不利于经济增长。在1980—1994年期间，体制指数增加得较快，而人均GDP增长较为缓慢，这表明经济增长相较于体制改革具有滞后性，但体制改革已经取得成效，能够为经济增长扫除体制上的障碍，这也为下一轮的增长提供了良好环境。在1994—2004年期间，体制指数的增长放缓并且开始逐渐趋于平稳，而人均GDP则快速地增长，这得益于前一时间段卓有成效的体制改革。2004年之后，体制指数几乎保持不变，甚至在2011年和2012年出现了回落，而人均GDP依然快速增长。总体上，经济增长相对于体制改革有一定的滞后性，当前体制效应减弱，这意味着在不久的将来，经济增长可能会放缓，因而政府依然要坚持深化体制改革，不断地为经济增长营造良好的环境。

二、结构指数和体制指数之间的关系

上述研究只是探讨了结构指数和体制指数分别与人均GDP之间的关系。接下来，我们要直接研究结构指数和体制指数之间的关系，所得结果见图27-5（将1952年编号为1，以此类推，用数字表示年份的顺序，比如9代表1960年）。

从图27-5中可以看出，结构指数与体制指数呈现正相关关系，两者相互支撑，互为倚重。但在不同年份两者关系也表现出不同的特点。在1952—1960年期间，结构指数和体制指数都在下降，并在1960年双双跌至最低点，这与图27-3保持一致，表明计划经济体制使得结构和体制逐渐呈现僵化状态。在1960—1973年期间，结构指数和体制指数变化混乱，说明在此阶段结构调整和体制创新相互牵制、相互作用，导致结构和体制的不稳定。在1973—1980年期间，结构指数在缓慢下降，而体制指数虽然有波动，但总体呈上升状态，这说明制度方面已改变"大跃进"时期激进过渡策略，体制指数比前期有效，而结构问题却越来越严重。在1980—

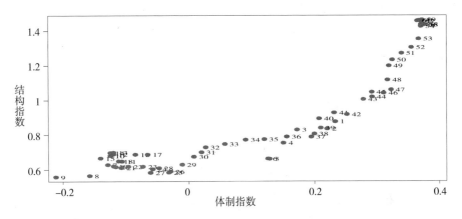

图 27-5 结构指数与体制指数的关系

资料来源：作者计算。

1984 年期间，改革开放后结构指数开始加快增长，制度创新滞后于结构变化，这个阶段结构变化是支撑中国经济增长的主要动力。在 1984—1989 年期间，结构指数较为稳定，而体制指数的增长速度又加快，这说明在此期间制度创新快于结构创新，在此阶段体制创新比结构变化对中国经济增长影响更为显著。在 1989—2004 年期间，结构指数和体制指数都增长得较快，这段期间中国也保持了持续的高增长，这充分说明此阶段是中国经济增长的最高效阶段。在此阶段制度创新与结构调整相互支撑，带动中国经济增长的高速持续增长。2004 年之后，结构指数和体制指数都变化迟缓，这说明结构和体制都表现出僵化状态。整体来看，此时结构指数和体制指数的变化方向具有一致性，这说明体制与结构互相牵制，表现出谁也动不了的状态。这也说明 2004 年以来中国改革和发展进程遇到了较大的阻力，结构和体制活力正逐步衰退。

三、稳健性检验

考虑到之前的计量回归可能存在的内生性问题，我们采用 VAR（Vector Autoregression）模型对表 27-3 第（1）列进行稳健性检验。由于 VAR 模型中不宜含有较多的变量，因而基于前一部分主成分分析合成的体制指数和结构指数，我们对人均 GDP、体制指数和结构指数组成的系统使用VAR模型进行稳健性检验，并且将结构指数和体制指数的回归结果与表27-3第（1）列中相应基础指标的回归结果进行对比，稳健性检验的回归结果见表27-6。结果表明，体制指数的符号与相应基础指标一致，结构指数则除了产业结构的系数符号相反，其他都一致，这说明前文的计量回归即使考虑了内生性问题依旧比较稳健。

表 27-6　稳健性检验

被解释变量：*dlrgdpp*	
解释变量	VAR 模型
ln*dlrgdpp*	0. 438 *** （3. 38）
ln*dinstitution*	0. 259 （1. 06）
ln*dstructure*	0. 254 （0. 97）
常数项	0. 0322 ** （2. 53）
观察值	59

注：① ***、**和*分别表示1%、5%和10%的显著性水平；②在 *lrgdpp*、*institution* 以及 *structure* 之前加上 *d* 表示对应变量的一阶差分，*L.* 表示对应变量的一阶滞后项；③括号中为相应变量的 *z* 值。

资料来源：作者计算。

第七节　结论与政策建议

通过对新中国成立以来经济持续增长的研究，我们发现经济增长既取决于资本、劳动等要素禀赋条件，还与一个国家的经济结构和体制背景有关，并且这些因素之间又互相影响，共同支撑着一个国家的长期经济增长。就中国的经济增长研究所得结论表明：（1）新中国成立以来，资本、劳动力、科技创新、城镇化、对外开放、政府主导以及非国有化都对经济增长有显著的推动作用，而产业结构扭曲阻碍了经济增长。（2）在1952—1981年阶段，资本对经济增长的贡献显著，而计划经济体制下的产业结构严重扭曲显著地阻碍了经济增长。（3）在1982—1997年阶段，资本和城镇化推动经济增长，非国有经济的蓬勃发展也带动了经济增长。（4）在1998—2012年阶段，资本的作用更显著；政府主导对经济增长的推动作用加强，但限制了非国有经济的发展；产业结构矛盾有所缓解，但金融结构对经济增长的阻碍凸显。此外，在改革开放至亚洲金融危机这一阶段非国有经济发展较好，而这期间国有经济的衰退与非国有经济的蓬勃发展相伴而生；在亚洲金融危机之后，政府更注重国有经济发展，而非国有经济发展困难重重，效果不佳。从目前来看，大力推动金融体制改革，给民营经济发展提供更为宽松和公平的市场竞争环境是改革的重点。

从结构因素和体制因素的相互作用及对经济增长的影响来看：（1）结构指数与体制指数呈正相关，二者都是在1952—1960年期间一直下降，1980—2004年一直上升，2004年以后几乎保持不变，而在1960—1980年期间，结构指数和体制指数都有较大的波动性，不同的是结构指数总体先上升后下降，而体制指数总体呈上升状态。此外，结构指数和体制指数与经济增长也呈正相关，这说明他们三者的关系是正相关的，也就是说当结构和体制都变得有效时，经济增长的效果会更好。但是需要注意的是，经济增长的变化都分别滞后于结构和体制的变化。（2）虽然总体上结构指数与体制指数和经济增长保持一致，但有时他们也表现出不同步的特点。如在1952—1960年期间，结构指数和体制指数都下降，并在1960年都跌至最低点，在此阶段二者逐渐呈现僵化状态，显著不利于经济增长。在1960—1973年期间，结构指数和体制指数变化混乱，这种结构和体制的不稳定必然会导致经济增长速度的下降。在1973—1984年期间，由于结构指数与体制指数变化不同步，呈现出互相抵制的现象，这也必然会表现出增长的不稳定和增长速度的持续下降。并且只有在改革开放后当结构和体制都变得更有效后，才出现了中国经济的持续快速增长。当然，在改革开放初期，结构变化对中国经济增长的影响更显著，1984年以后，随着改革的深入，体制创新效率才比结构作用更有效。另外，在1989—2004年，中国结构创新与体制创新呈现同步优化状态时，此时经济处于最为显著的黄金增长期。（3）在 2004 年以后，结构指数和体制指数又逐步呈现僵化和低效率状态，此时结构指数与体制指数呈现同步的停滞不前，二者呈正相关，这说明二者呈现互相牵制和互相影响的状态，二者的低效率必然对中国持续经济增长产生不利影响。中国在 2008 年随着世界经济危机的影响，增长率呈现下降状态，这既是世界经济不景气的影响，实际上更多的是结构阻力和体制阻力的持续影响。所以，我们认为现阶段进行体制改革和结构改革已刻不容缓。

上述结论对制定政策有一定的启示。政府应当不断地调整经济结构，坚持深化体制改革，并且要做到统筹调控经济结构，以结构优化和体制改革来促进经济增长；同时，还要有效地推进城镇化，并特别注重对产业结构与金融结构的梳理和优化，以释放增长活力；此外，还要正确利用政府的力量，通过制度界定"看得见的手"和"看不见的手"的界限，并积极推进非国有化的发展，进而推动经济可持续增长。

参考文献

［1］蔡昉：《中国经济增长如何转向全要素生产率驱动型》,《中国社会科学》2013 年第 1 期。

［2］蔡昉：《理解中国经济发展的过去、现在和将来——基于一个贯通的增长理论框架》,《经济研究》2013 年第 11 期。

［3］樊纲、王小鲁、马光荣：《中国市场化进程对经济增长的贡献》,《经济研究》2011 年第 9 期。

［4］洪银兴：《深化改革推动新阶段的经济发展》,《经济学家》2013 年第 12 期。

［5］胡文国、吴栋：《中国经济增长因素的理论与实证分析》,《清华大学学报：哲学社会科学版》2004 年第 4 期。

［6］黄益平、苟琴、蔡昉：《中国经济从奇迹走向常规发展》,《中国金融》2013 年第 10 期。

［7］科斯、王宁：《变革中国：中国市场经济之路》,中信出版社 2013 年版。

［8］林毅夫、张建华：《繁荣的求索：发展中经济如何崛起》,北京大学出版社 2012 年版。

［9］刘世锦：《中国增长阶段转换与发展方式转型》,《国家行政学院学报》2012 年第 2 期。

［10］刘伟：《促进经济增长均衡与转变发展方式》,《学术月刊》2013 年第 2 期。

　　[11] 刘志彪：《战略理念与实现机制：中国的第二波经济全球化》，《学术月刊》2013 年第 1 期。

　　[12] [美] 尼古拉斯·拉迪：《中国经济增长靠什么？》，中信出版社 2012 年版。

　　[13] 邱晓华等：《中国经济增长动力及前景分析》，《经济研究》2006 年第 5 期。

　　[14] 沈坤荣、滕永乐：《"结构性"减速下的中国经济增长》，《经济学家》2013 年第 8 期。

　　[15] 王小鲁：《中国经济增长的可持续性与制度变革》，《经济研究》2000 年第 7 期。

　　[16] 王小鲁、樊纲、刘鹏：《中国经济增长方式转换和增长可持续性》，《经济研究》2009 年第 1 期。

　　[17] 张德荣：《"中等收入陷阱"发生机理与中国经济增长的阶段性动力》，《经济研究》2013 年第 9 期。

　　[18] 张帆：《中国的物质资本和人力资本估算》，《经济研究》2000 年第 8 期。

　　[19] 张军：《中国特色的经济增长与转型》，《学习与探索》2012 年第 3 期。

　　[20] 张平、刘霞辉：《经济增长前沿》，社会科学文献出版社 2007 年版。

　　[21] 中国经济增长前沿课题组：《中国经济长期增长路径、效率与潜在增长水平》，《经济研究》2012 年第 11 期。

　　[22] 中国经济增长前沿课题组：《中国经济转型的结构性特征、风险与效率提升路径》，《经济研究》2013 年第 10 期。

　　[23] Jesus Clemente, Antonio Montanes, Marcelo Reyes, "Testing for A Unit Root in Variables with A Double Change in the Mean", *Economics Letters*, 1998.

　　[24] Krugman P., "Hitting China's Wall", *The New York Times*, 2013.

　　[25] Lardy, N. R., "China: Toward a Consumption-driven Growth Path", Peterson Institute for International Economics Working Paper, No. PB06-6, 2006.

　　[26] Maddison A., "Chinese Economic Performance in the Long Run", OECD Publishing, 2007.

　　[27] Masahiko Aoki., "The Five Phases of Economic Development and Institutional Evolution inChina, Japan and Korea", Presidential Lecture at The XVIth World Conference of The International Economic Association, 2011.

　　[27] Nolan, P. H., "China at the Crossroads", *Journal of Chinese Economic and Business Studies*, 2005.

　　[28] Palley, T. I., "External Contradictions of the Chinese Development Model: Export-led Growth and the Dangers of Global Economic Contraction", *Journal of Contemporary China*, 2006.

　　[30] Pierre Perron, "Testing for a Unit Root in a Time Series with a Changing Mean", *Journal of Business & Economic Statistics*, 1990.

　　[31] Robert E. Lucas, "On the Mechanics of Economic Development", *Journal of Mo-*

netary Economics, 1988.

[32] Robert M. Solow, "A Contribution to the Theory of Economic Growth", *The Quarterly Journal of Economics*, 1956.

第二十八章　中国经济增长的结构性羁绊与国际比较[*]

中国在经历几十年的高速增长后，经济增长率趋于下降，出现很多学者都提到的中国"结构性减速"问题。那么，中国的经济结构是如何影响经济增长的呢？是不是所有发达国家都曾经历"结构性减速"这一阶段呢？本章借助国际比较，尝试从结构视角对中国经济减速的背后逻辑进行探讨。我们认为，中国经济的投资消费结构、外贸结构、人口结构、产业结构和城乡收入结构都存在僵化和失衡等问题，而原来的投资拉动型增长模式已不可持续，终会导致增长率的下降。但与发达国家相比，中国经济结构又具有一定的复杂性和特殊性。所以，应从世界经济增长的共性中找出中国经济增长的个性，并努力推进经济结构调整，摆脱结构性羁绊，实现中国经济的持续性增长。

第一节　引　言

改革开放以来，中国经济保持了平均近 10% 的年均增速，并且一跃成为世界第二大经济体，经济发展的"中国模式"也越来越引起世界的关注。但是，这种模式是政府主导型经济增长模式，其主要特征是高储蓄、高投资，并且是以资源和环境为代价的粗放型经济增长模式。这使得该模

---

　　* 本章作者：靳涛、陶新宇。

式也被国内外不少学者所诟病，且认为这种模式难以持续。的确，改革开放所释放的巨大活力使得中国经济进入了快速增长轨道，但与此同时，在经济发展过程中也存在一些隐患，而这些隐患近年来日益凸显，并使得中国经济的增长速度逐渐下降。

究竟是什么原因导致中国经济增长率的下降？Solow（1955）提出了新古典增长模型，认为通过资本和劳动力的变化基本上可以解释经济增长的变化，但这只是对于国外的经济条件适用而已。中国经济有着自身的特色，导致资本和劳动力不能够完全解释中国经济增长，需要再寻找其他因素对此进行解释。

针对中国的经济发展和转型，许多国内学者尝试从结构视角做了大量的相关研究，诸如袁富华（2012）、沈坤荣和滕永乐（2013）等。他们在研究经济结构与经济增长的关系时，提出了中国经济正步入"结构性减速"阶段的结论。进一步，中国经济增长前沿课题组（2013）认为，中国经济6个结构性特征的共同作用可能导致了经济增长减速。

此外，也有学者通过构建指标体系对中国经济结构的失衡问题进行测度分析。项俊波（2008）和刘燕妮等（2014）从产业结构、投资消费结构、金融结构、区域经济结构和国际收支结构的角度对中国经济结构失衡的问题进行了测度分析，认为中国经济结构失衡越来越严重。此外，刘燕妮等（2014）还研究了这5个结构如何分别对经济增长质量产生影响，认为产业结构、投资消费结构和金融结构的失衡程度抑制经济增长，而区域经济结构和国际收支结构对经济增长产生正作用。

从上述文献可以看出，从结构视角研究中国的经济转型和发展，不仅有利于从宏观层面把握中国经济的动态，也能为当前政策的制定提供更多有效的借鉴。因此，本章尝试从结构视角，并借助国际比较对中国经济增长的相关问题进行进一步探讨。

为了能够从结构视角较为清晰地阐释中国经济减速的原因，本章研究的逻辑如下：通过分析相关的先行工业化国家的人均GDP增长率曲线，总结出其长期经济增长的变化规律，并由此引入对中国经济何时减速问题的讨论。在此基础上，参照国际比较得出的具有一定普遍性的经验，从结构视角探讨中国经济减速的原因。

第二节　国际经验与比较分析

一、发达国家长期经济增长的统计性规律

根据张平和刘霞辉（2007）的研究，代表发达国家长期经济增长的人均 GDP 水平呈现一种 S 型路径，并且他们对这一轨迹上不同阶段的特征进行了有意义的解读。这里我们主要关注一些发达国家的人均 GDP 增长率的变化规律（见图 28-1），希冀从长期经济增长路径的层面，发现一些规律性的经验，以便为中国经济增长提供值得借鉴的经验。而所选的发达国家均为先行工业化国家，它们皆较早地开始了工业化，而且经济增长模式相近，都具有较高的经济发展水平，因而这些国家之间具有可比性，能够对它们的人均 GDP 增长率曲线取均值，并研究均值的变化规律。

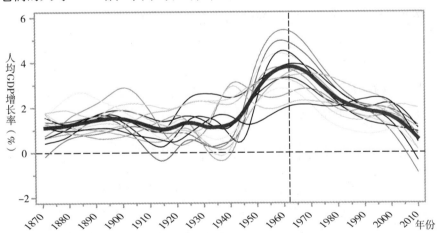

图 28-1　14 个工业化国家 1870—2010 年人均 GDP 增长率（HP 滤波）[1]

资料来源：张平和刘霞辉（2007）。

---

[1]　14 个工业化国家分别为奥地利、比利时、加拿大、丹麦、芬兰、法国、德国、意大利、荷兰、挪威、瑞典、瑞士、英国和美国。本章的人均 GDP 序列的数据来自 The Maddison-Project，并采用 HP 滤波计算其增长率，技术上遵循普遍采用的参数设定。14 个工业化国家的人均 GDP 增长率序列在图中用细线画出，其平均值曲线用粗线画出（下同）。图中横轴上的虚线对应 1962 年，纵轴上的虚线对应着 0。

从这些发达国家的人均 GDP 增长率的变化曲线以及均值曲线的变化特征可以看出，各国的经济增长率的变化分为了三个阶段：平稳阶段、加速阶段和减速阶段，而这些阶段性特征代表了这些资本主义发达国家长期经济增长的普遍规律。具体地说，1940 年之前的时间段是各国经济增长的平稳阶段，它们的人均 GDP 增长率平均维持在 1% 左右，说明各国经济保持稳定的增长速度。20 世纪 40 年代至 20 世纪 60 年代为各国经济增长的加速阶段，各国在第二次世界大战之后，都不约而同地将重心放在了经济发展上，在此期间工业化所带来的红利起到了关键性的作用；此外，由于经济发展的重心由农业向非农业以及劳动力从低效率部门向高效率部门的转移，各国全社会劳动生产率的增长速度都有较大的提升，因而这一阶段为发达国家经济发展的"黄金时期"。

到 20 世纪 60 年代之后，有的发达国家已经开始经济减速，70 年代之后发达国家则普遍处于经济增长率下降的阶段，这并非是巧合，而是多种因素综合作用的结果。关于尝试解释发达国家经济增长率下降问题的众多文献中，我们认为从长期来看，Maddison（1989）的观点以及与此相近的解释更为有效：1973 年之后 OECD 及其他国家经济增长率下降的原因主要有以下三个：（1）石油危机和布雷顿森林体系崩溃；（2）政策实践过程中过于谨慎；（3）劳动生产率增长速度下降。此外，Bjork（1999）也尝试从产业结构、人口结构等一些重要长期因素对经济增长作用的角度，对美国经济减速作出了相关解释。

二、长期经济增长中"减速拐点"的讨论

如前文所述，发达国家的经济增长基本上都是一个从平稳到加速，再到减速的过程。从发达国家的经济发展史来看，在一个经济体发展到一定阶段之后，经济减速是不可避免的，这也是遵循了经济规律，并非政策所能解决。既然经济减速不可避免，那么经济减速何时发生？也就是说，经济增长的"减速拐点"在哪里？

表 28-1　十四个工业化国家人均 GDP

年份	奥地利	比利时	加拿大	丹麦	芬兰	法国	德国
1960	6519	6952	8753	8812	6230	7398	7705
1961	6827	7253	8833	9312	6658	7718	7952
1962	6950	7583	9277	9747	6819	8067	8222
1963	7186	7862	9566	9732	6994	8363	8386
1964	7567	8341	9999	10560	7307	8819	8822
1965	7734	8559	10473	10953	7670	9165	9186
1966	8112	8776	10946	11160	7824	9544	9388
	意大利	荷兰	挪威	瑞典	瑞士	英国	美国
1960	5456	8287	7204	8688	12457	8645	11328
1961	5853	8202	7595	9137	13099	8857	11402
1962	6203	8639	7746	9469	13354	8865	11905
1963	6532	8832	7982	9917	13710	9149	12242
1964	6728	9437	8316	10515	14191	9568	12773
1965	6964	9798	8690	10815	14504	9752	13419
1966	7366	9936	8945	10936	14727	9885	14134

资料来源：同图 28-1。

一项来自摩根士丹利亚洲有限公司的研究表明，根据 Maddison 的数据[①]，一个经济体经济增长的"减速拐点"为人均 GDP 达到 7000 美元的时候（王庆和章俊，2011）。关于这个问题，我们可以从 14 个工业化国家人均 GDP 增长率的均值曲线总结出相近的规律。从图 28-1 中可以看出，经济增长从加速阶段向减速阶段转换时，"减速拐点"出现在了 1962 年，在图 28-1 中用虚线表示。接着，我们根据 Maddison 的数据，将这 14 个工业化国家 1960—1966 年的人均 GDP 列出，见表 28-1。可以发现，除奥地利和意大利外，其他 12 个工业化国家 1962 年的人均 GDP 皆超过 7000 美元。奥地利 1963 年人均 GDP 为 7186 美元，也超过了 7000 美元；意大利 1962 年的人均 GDP 为 6203 美元，1966 年超过了 7000 美元。以上统计规律使得王庆等的研究得到了一定的佐证，同时也说明这些工业化国家的人

---

① Maddison 的数据库是以 1990 年国际美元为基准。

均 GDP 增长率普遍下降并非是一种巧合，而是内含一定的经济规律。

此外，Eichengreen 等（2012）进行了更为深入的数据分析，认为按照 2005 年美元购买力平价计算，当一个经济体的人均 GDP 达到 17000 美元时，该经济体的增长速度将会明显下降。蔡昉（2012）对照中国经济增长，估计 2015 年的中国就达到这一门槛。而根据 Maddison 的数据，中国的人均 GDP 在 2009 年为 7308 美元，已经超过 7000 美元这一"魔幻数字"。事实上，中国的 GDP 增长率在 2010 年以后，已经开始逐年下滑，这也从侧面反映出中国经济增长正面临减速的风险。

上述研究表明，学者们对于中国经济减速已经基本上达成共识，不过对于何时减速以及减速多少，仍然存在着争议。而这并不是我们关注的重点，我们主要致力于研究中国经济减速的背后的逻辑。

第三节　中国经济的结构症结与国际比较

当前，中国经济增长已经开始减速。借助国际比较，我们可以清楚地看到，一个经济体在高增长后必然要经历调整，进而导致该经济体会面临经济减速的风险。针对各种关于中国经济增长的"减速拐点"的讨论，我们不必过于在意其预测值，而是应该关注其背后的逻辑（张晓晶，2012）。本章试图通过对"结构性减速"这一问题的国际比较研究，揭示中国经济减速的普遍性原因与特殊性原因。

改革开放以来，中国的经济增长基本上符合新古典增长框架。按照新古典增长理论，影响经济增长的重要因素主要有资本、劳动力以及全要素生产率。对于中国而言，许多文献也试图估算出三者对 GDP 增长的贡献。结论显示，全要素生产率对 GDP 增长的贡献一直强劲，说明了全要素生产率对于中国经济增长的重要性。本章主要关注全要素生产率中的结构因素对经济增长的影响，系统地研究经济结构是否对于经济减速具有一定的解释力。

长期经济增长，其实是一种结构演进到均衡路径逐步达成的过程（中国经济增长前沿课题组，2012）。对于中国而言，经济结构对于经济增长的重要性不言而喻。刘燕妮等（2014）就指出了中国现阶段经济发展过程中失衡的五大结构分别为投资消费结构、产业结构、金融结构、区域经济结构和国际收支结构，并认为这五大结构的失衡导致了中国经济增长质量的下降。

鉴于经济结构对中国经济增长的重要性，选取何种结构作为研究对象关系到是否能够较为准确地研究结构与中国经济增长之间的关系。有鉴于此，我们将着重探讨中国经济结构的变化，并从中梳理出相关结构作为研究对象。近些年来，中国经济结构发生了一些改变，主要有以下几点：（1）中国国内实际工资的显著上升，部分原因为人口结构的转变；（2）制造业比重下降，服务业所占比重显著上升；（3）国际收支经常项目顺差在2007年以后显著下降，说明中国的外部再平衡在进行中；（4）由于工资的快速上涨，家庭收入占 GDP 的比重快速上升，但家庭消费占 GDP 的比重增加的幅度并不大，说明家庭消费还远不能成为中国经济的支柱；（5）农村人均收入增长率超过城市人均收入增长率，但是整体收入不平等却在扩大。为了能够较为准确地涵盖上述经济结构的变化，本章选择人口结构、投资消费结构、外贸结构、产业结构和城乡收入结构这五类结构作为研究对象，探讨结构与经济增长之间的关系。

本章试图通过和发达国家的比较，从普遍性中找出中国经济的特殊性，做到从共性到个性的过渡。由于中国长期以来的经济增长是政府主导的投资拉动型经济增长模式，同时中国渐进式改革也造成了中国二元经济的固化与特殊的利益矛盾。因此，中国的经济结构，特别是投资消费结构、外贸结构、基于"计划生育"政策的人口结构、产业结构和城乡收入结构都呈现一定的特殊性。本章基于普遍性与可比性的考虑，通过对比前文所述的 14 个发达工业化国家 1970 年以来人口结构、投资消费结构、外贸结构、产业结构的特征，研究中国的上述四种结构对经济增长的影响。此外，由于国外城乡收入结构的数据缺乏，本章还单独分析了中国所特有的城乡收入结构（主要体现为城乡收入差距）对经济增长的作用。

一、投资消费结构

投资和消费是社会总需求的重要组成部分，它们相对比例的大小在一定程度上决定了社会总需求结构是否合理，因而我们应当对投资和消费的结构予以重视。提出"二元经济结构模型"的美国发展经济学创始人刘易斯（Lewis，1954）在其经济增长理论中就格外重视投资和消费的结构。与前文 14 个工业化国家相比，中国的投资消费比一直处于上升阶段，从 1995 年开始基本上大于 0.6。而发达国家的投资消费比基本维持稳定，大致处于 0.2—0.4 之间。这说明中国的投资消费比过高，投资所占总需求的比重过大，而消费占总需求的比重过小，这不利于经济的可持续发展。尤其在金融危机之后外需疲软的情况下，亟须通过扩大内需来消化经济增长所带来的过剩产能，而过高的投资会挤压消费的空间，可能会对中国持续性的经济增长产生抑制作用。因此，伴随着二元经济结构的转变，我们应当努力推动投资消费结构的逐渐合理化，以便带动经济增长的转型，实现经济的持续性增长。

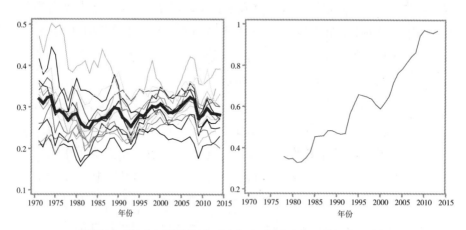

图 28-2　14 个工业化国家（左）与中国（右）的投资消费比

资料来源：世界银行数据库。

中国投资消费比高有两个缘由：一是作为转型国家，中国改革开放后的招商引资和地方竞争加剧了投资的带动作用；二是中国经济增长模式本身就是一种政府投资拉动型经济增长模式，这种模式比其他国家更凸显了投资的重要作用。但要看到从 2011 年后，中国的投资消费比开始下降，虽不是很显著，但可预计在以后的时间这一比值必将进一步持续下降。从国外经验来看，由于投资对增长的带动作用要强于消费，中国在投资消费比下降的过程中，增长率下降是正常的。图 28-2 也告诉我们，从投资消费比来看中国的"结构性减速"是长期的，现在才拉开序幕，远没有结束。

二、外贸结构

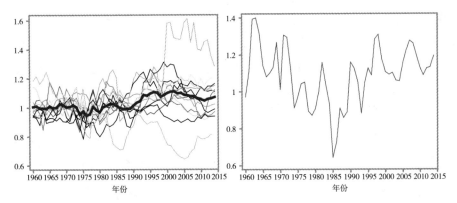

图 28-3　14 个工业化国家（左）与中国（右）的出口/进口（商品和服务）

资料来源：世界银行数据库。

从图 28-3 左图平均值曲线中可以看出，14 个工业化国家出口和进口基本上相等，保持进出口贸易的平衡。而中国出口贸易与进口贸易的比值波动很大。图 28-3 右图则表示，在大部分时间里，中国出口要高于进口；在较少的时期内，进口大于出口。总体来看，与发达国家相比，中国的进出口贸易出现了严重的不平衡，很多时候中国快速经济增长所带来的产能过剩，需要靠出口到国外进行消化。但这种靠外需拉动经济增长的方式是不可持续的，应当逐步转换成靠扩大内需对过剩的产能进行消化。此外，进出口贸易的平衡也有利于维持整个经济体经济增长的稳定。

近年来，中国外贸结构波动幅度已趋于平稳，但出口还是远大于进口，这说明中国要做到贸易平衡还需要相当长的一段时间，这既是中国投资拉动型增长模式的结果，也是"两高一低"① 的后果。实际上，作为"世界工厂"的中国出现贸易盈余也是正常的，但贸易盈余的数量可以预计会逐步减少，这也会影响到中国经济增长率的下降。当然，这个过程也是长期的。

三、人口结构

劳动年龄人口占总人口比重较大以及抚养率较低，那么这样的人口结构意味着劳动力供给充足，资本报酬递减不会发生。经济总体所呈现的特征为高储蓄、高投资和高增长，这就是所谓的"人口红利"。人口红利这一变量不可观察，国际上常常采用人口抚养比作为其替代变量。从国际视角来看，图28-4表示在1960—2014年期间内，14个发达国家的人口抚养比经历了先下降后上升的变化，人口抚养比下降所带来的人口红利促进了经济增长，而之后人口红利的消失造成这些国家的经济减速。国外学者如布卢姆和威廉姆森（Bloom 和 Wiliamson，1998）、威廉姆森（Williamson，1998），也对人口红利的消失会使得经济减速这一问题做了研究。与之相比较，图28-4表明了中国的人口抚养比在2010年之前一直下降，但在2010年之后开始上升。人口抚养比作为人口红利的替代变量，其下降说明劳动力的充足供给使得资本报酬不会递减，进而保持较高的生产率；而人口抚养比的上升，则说明劳动力无限供给所带来的人口红利逐渐消失，取而代之的是有限的劳动力供给，这会导致资本边际报酬不断下降，这样经济就会面临减速的风险。此外，根据蔡昉（2013）的研究，人口红利的消失会使得所有的经济增长源泉都受到影响，进而导致潜在增长率的下降。因此，这一人口结构的转变所造成的影响很可能较为深远，而且所造成的冲击也不可小觑，这应当引起我们足够的重视。

中国近些年来人口抚养比的上升，既是计划生育政策的结果，也符合随着经济增长率的提升而人口抚养比上升经济社会发展的普遍规律。当然，人口抚养比的上升，必定会提高劳动力成本，这就对优化产业结构，提升竞争优势提出了更高的要求，也对中国调结构和走创新型发展之路提

---

① "两高一低"是指高投资、高出口和低消费。

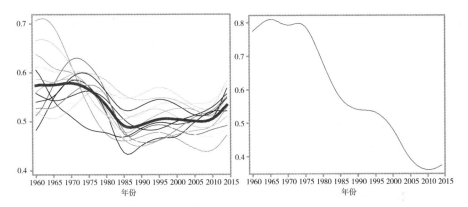

图28-4　14个工业化国家（左）与中国（右）的人口抚养比

资料来源：世界银行数据库。

出了更高的要求。由于中国是一个人口大国，劳动力数量在一定时期内还是充足可保证的，只是劳动力成本的提高会使低附加值产业难以为继。从这个方面来看，短期内人口结构会对经济增长有一定阻碍，但也会刺激产业结构的优化和提升，进而会有利于提高人均增长率。

四、产业结构

从14个工业化国家产业结构的变化曲线以及其均值曲线可以看出，1970年以后，工业化国家的产业重心逐渐由第二产业转向第三产业，即所谓的"产业结构服务化"（见图28-5）。与这些工业化国家相比，中国由于工业化发展起步较迟且各地发展也不是很均衡，导致由工业化向产业结构服务化转变的时间长且各地差异也较大。从国际上来看，产业结构服务化导致了发达国家的经济减速是一客观事实，而中国近年来正处在从工业化向产业结构服务化转变的大趋势中，在这种背景下中国"结构性减速"也不可避免，并且这一过程还将持续。

产业结构服务化是一长期过程，我们不能机械和盲目地来发展服务业。中国是一制造业大国，且各地发展阶段差异明显，这就决定中国的产业结构优化和升级必须因地制宜和顺势而为。此外，对于中国而言，情况更为复杂的是，第二产业产值所占比重明显高于第三产业产值所占比重，但不同的阶段表现出不同的特征。干春晖等（2011）将第二、三产业产值

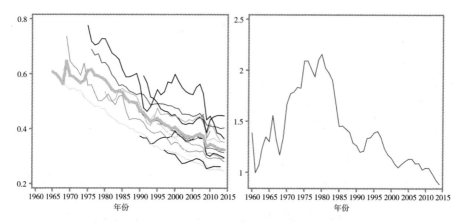

图 28-5　14 个工业化国家（左）与中国（右）的第二、三产业产值之比
资料来源：世界银行数据库。

之比定义为产业结构高级化，认为其高级化进程对经济增长的影响具有明显的阶段性特征。从中国的产业结构曲线可以看出，中国在 1960—1980 年期间产业重心偏向第二产业，而工业化带来的红利也促进中国经济增长。1980 年以后，随着改革开放的深入进行，第二产业产值相对于第三产业产值比重逐渐下降，而在 1980—2010 年期间，中国经济增长率年均近 10%，也在 2010 年超越日本成为世界第二大经济体。而这时第二产业产值和第三产业产值几乎相等，之后二者比值仍然在下降，经济增长速度也随之开始下降。

对此，我们认为第二产业产值和第三产业产值的平衡发展是中国近期理想的产业结构，保持第二产业产值和第三产业产值的均衡对于中国经济持续性增长的重要性不言而喻。同时，从中国经济发展水平来看，中国也远没达到发达国家走向产业结构服务化时的经济水平，如果过早地不切实际地走向服务化，可能不利于经济发展水平的提升和国家经济竞争力的提升。

五、城乡收入结构

鉴于中国经济的复杂性和特殊性，除上述结构之外，我们还将引入城乡收入结构对经济增长进行解释。库兹涅茨（Kuznets，1955）从发展经济学的角度，分析经济增长与收入不平等的关系，提出了所谓的倒 U 曲线。有关研究表明，中国收入差距的重要组成部分是城乡收入差距。因此，城乡收入差距与经济增长就变得紧密相关。城乡收入差距的扩大意味着整体收入差距扩大，而整体收入差距的扩大对社会总消费会产生抑制作用，因而不利于通过扩大内需拉动经济增长的政策实施。在经济发展的初始阶段，由于发展起点低，一定的收入差距能够调动个体的积极性，增强经济的活力。但当经济发展到一定阶段后，经济增长所带来的产能过剩就必须要通过扩大社会总需求来进行消化。而消费又是社会总需求的重要组成部分，尤其是在金融危机之后外需不断下降的情况下，消费在社会总需求中的地位将无可替代。自 20 世纪 90 年代之后，中国的城乡收入差距呈现不断扩大的态势，这将会抑制社会总消费，造成总体供需失衡。因此，控制城乡收入差距对于中国经济的可持续发展具有举足轻重的作用。

改革开放以来，中国城乡收入差距也呈扩大趋势（近年来有所减小），这是不利于经济可持续发展和社会和谐的。这也说明中国经济发展不能自动消除城乡二元结构，制度创新和政府推动是经济发展必要的补充。

综上所述，通过国际比较可以发现，中国经济与市场经济发达国家的经济相比既具有共性，也具有自己的个性。发达国家的一些经济规律对于中国经济同样适用，但是我们也不能忽视中国经济的特殊性。从结构视角研究中国经济增长，应当在借鉴国际经验的同时兼顾到中国经济自身的复杂性和特殊性。

第四节　结论与政策建议

本章从 14 个工业化国家 100 多年人均 GDP 增长率的变化曲线中得出长期经济增长减速的结论，并由此引入中国经济面临减速风险的分析。为了探讨中国经济减速的背后逻辑，结合国际比较的经验，本章分析了中国经济的投资消费结构、外贸结构、人口结构、产业结构和城乡收入结构，得出结论：中国经济的投资消费结构、外贸结构、人口结构、产业结构和城乡收入结构存在结构僵化和失衡问题。此外，与发达国家相比，中国的经济结构具有一定的复杂性和特殊性。因此，我们在总结发达国家共性的同时，也应当考虑中国经济的个性，并以史为鉴，从世界经济增长的普遍性中寻找到中国经济增长的特殊性。

为保持中国经济持续性增长，应当做到以下两点：一方面，努力推进中国经济结构的调整，做到对各种结构统筹兼顾，从而带动中国经济的转型与发展；另一方面，在保持国民经济平稳快速增长的同时，积极调整经济结构，提高要素配置效率。总而言之，在保增长中调结构，在调结构中保增长，二者缺一不可，应当辩证地看待二者之间的关系。

参考文献

［1］蔡昉：《历史规律与万有引力：中国经济增长的十字路口》，《人民论坛》2012年第7期。

［2］蔡昉：《从人口学视角论中国经济减速问题》，《中国市场》2013年第7期。

［3］干春晖、郑若谷、余典范：《中国产业结构变迁对经济增长和波动的影响》，《经济研究》2011年第5期。

［4］刘燕妮、安立仁、金田林：《经济结构失衡背景下的中国经济增长质量》，《数量经济技术经济研究》2014年第2期。

［5］沈坤荣、滕永乐：《"结构性"减速下的中国经济增长》，《经济学家》2013年第8期。

［6］王庆、章俊、Ernest Ho：《2020年前的中国经济：增长减速不是会否发生，而是如何发生》，《金融发展评论》2011年第3期。

［7］张平、刘霞辉：《经济增长前沿》，社会科学文献出版社2007年版。

［8］张晓晶：《增长放缓不是"狼来了"：中国未来增长前景展望》，《国际经济评论》2012年第4期。

［9］项俊波：《中国经济结构失衡的测度与分析》，《管理世界》2008年第9期。

［10］袁富华：《长期增长过程的"结构加速"与"结构减速"：一种解释》，《经济研究》2012年第3期。

［11］中国经济增长前沿课题组：《中国经济转型的结构特征、风险与效率提升路径》，《经济研究》2013年第10期。

［12］中国经济增长前沿课题组：《中国经济长期增长路径、效率与潜在增长水平》，《经济研究》2012年第11期。

［13］Bjork, G. C., *The Way It Worked and Why It Won't*, London：Praeger, 1999.

[14] Bloom, D. E., Williamson, J. G., "Demographic Transitions and Economic Miracles in Emerging Asia", *The World Bank Economic Review*, 1998, 12 (3).

[15] Eichengreen B., Park D., Shin K., "When Fast-Growing Economies Slow Down: International Evidence and Implications for China", *Asian Economic Papers*, 2012, 11 (1).

[16] Kuznets S., "Economic Growth and Income Inequality", *The American Economic Review*, 1955.

[17] Lewis, W. A., *Unlimited Supplies of Labour*, Manchester School, 1954.

[18] Maddison, A., *The World Economy in the 20th Century*, Paris: OECD Publishing, 1989.

[19] Solow, R. M., "A Contribution to the Theory of Economic Growth", *The Quarterly Journal of Economics*, 1956.

[20] Williamson, Jeffrey G., "Growth, Distribution, and Demography: Some Lessons from History", *Explorations in Economic Histry*, 1998, 35 (3).

第二十九章 体制柔性与经济增长之谜[*]

  关于中国转型经济增长道路的理论探讨正越来越呈现分析乏力和无效率。过去的体制外改革、增量改革和成本最小化改革已不能适应今天中国转型经济增长进程的新发展，原因在于体制内改革和攻坚改革已进入关键时期。那么，如何刻画中国转型经济增长的内在逻辑？中国的体制改革与经济增长的互动关系在现阶段又如何概括？这都是很多学者感兴趣而没有得到普遍认可的重大问题。本章试图构建体制柔性的概念（即体制适应性及体制活力），从经济权利、权利保障以及政府建设三方面定义体制柔性指标，提出体制柔性是转型经济增长的内在支撑条件，并以此刻画和表述中国的转型经济增长进程。

第一节 引 言

  中国经济自改革开放以来保持了几十年的高速增长，被世人誉为"增长奇迹"。但从经济理论的角度看，中国经济增长奇迹的神秘之处在于其非常规性：经济增长理论所强调的若干增长条件，如自然资源禀赋、物质和人力资本积累以及技术创新能力，中国与其他国家相比并无独特之处，甚至处于低水平阶段，如人均资源禀赋、技术创新水平。也就是说，按照这些理论的预言，中国不应该有经济奇迹发生。

---

  [*] 本章作者：靳涛、李帅。

由于诺斯和托马斯（North 和 Thomas，1971）的开创性贡献，20 世纪80 年代以来经济学家开始关注制度尤其是经济和政治制度对经济增长的重要作用。物质资本和人力资本的增长以及技术进步被认为是增长的结果，而不是增长的内在源泉，更深层次的决定因素是一国的制度安排。已有研究表明，一国的司法制度对金融市场和经济发展有着巨大的影响，而政府的结构以及受到的权力约束也同样影响经济增长（Shleifer 和 Vishny，1999；De Long 和 Shleifer，1993；La Porta，Lopez-de-Silanes 和 Shleifer，1998；Acemoglu，Johnson 和 Robinson，2005）。然而，这些文献研究愈加彰显出中国经济增长的奇迹所在。因为按照西方主流文献所列出的评判标准，中国目前很多方面，如投资者保护、公司治理、会计标准等均位于世界大多数国家的后面。但是，中国在过去几十年里一直是世界上增长速度最快的国家之一，这又如何解释呢？

制度安排是重要并且复杂的。显然，在中国，提供这些激励的制度与西方意义上的标准范式并不相同，为了解释中国的经济增长，我们需要寻找这些具有中国特色的制度因素。但是现有文献中，中国制度变迁方面的研究大多集中在制度框架的理论演绎或是某一个制度方面的论述。由于制度变迁涉及多重制度逻辑，如果我们超越具体的社会背景或是仅从统计意义上"控制"其他制度逻辑而孤立抽象地讨论某一个制度逻辑的作用，显然很容易造成对其作用的片面认识甚至误读。对于中国转型经济增长的研究现在缺乏一个研究框架，过去认为中国的改革是增量式改革，成本最小化改革和体制外改革，但在 20 世纪 90 年代中期以后，中国经济进入后转型期，这些改革理论都已逐渐无法指导现今中国的经济转型和经济改革，而中国改革和转型需要什么样的理论指导，又有什么样的理论能概括和阐明现今的改革路径，这成为国内外众多学者探索的"体制改革之谜"。本章通过构建体制柔性这个概念，分析中国转型经济增长的内在逻辑，解读中国转型经济增长的脉络以及区域发展不平衡的机理。

第二节　体制柔性指标的界定和构建

审视中国的经济转型过程，政府在规划经济发展、推动经济增长方面作用突出且成果显著，但从主流新古典经济学观点来看，完全不符合主流经济学的基本结论。因此，在西方正统的经济增长理论框架中思考中国的高速增长，困难在于界定多级政府和微观市场主体的角色。

一、构建体制柔性指标的理论基础和概念界定

樊纲（1993）指出制度变迁方式的选择主要受制于一个社会的利益集团之间的权力结构和社会的偏好结构。因此，一国的政府结构以及受到的权力约束必然会对经济增长产生重要影响（Shleifer 和 Vishny，1993）。中国改革开放的几十年是一个从国家对经济深度干预的计划经济向政府向市场放权的市场经济过渡的过程，是一个基础性的制度变迁过程。政府以行政手段推动市场化进程。可以说，政府自身的市场化过程决定整个经济体制的市场化过程。中国的许多学者对此种制度变迁模式进行了深刻且富有创造性的研究。周业安（2000）认为政府作为权力中心，制定外部规则。社会中的其他微观主体基于内部规则展开竞争、创新，不断冲击外部规则的边界。这样的制度变迁方式具有纵向推进、增量改革、试点推广、利用已有组织资源推进改革等特征，在以较低的摩擦成本启动市场化改革。

但是，杨瑞龙（1993，1998，2000）认为这种只区分政府和微观主体的新制度经济学的二元分析方法不能很好地解释中国的制度变迁模式，中国的制度变迁是中央政府、地方政府和微观主体三方互动的博弈。在目前中国所处的中间扩散型制度变迁阶段，中央政府是改革的倡导者和组织者，决定制度变迁的方向。在分税制和放权让利的改革战略框架下，利益独立化的地方政府成为沟通中央政府制度供给意愿和微观主体制度创新需求的中介，减弱市场化改革的"政权约束"，以较低的摩擦成本、相对平

稳的推进中国的市场化改革。但是杨瑞龙的这一制度变迁阶段和主体划分的方式受到了黄少安的质疑。

黄少安（1999）认为这种划分方式不仅在理论上存在逻辑矛盾，而且得不到实践证实。中央政府、地方政府、民众和其他主体的角色定位和转换要复杂得多，在不同方面的改革和改革的不同阶段，不同主体的角色定位和转换取决于制度变迁对各自利益的影响，提出"制度变迁主体角色转换假说"。靳涛（2003）、陈抗（2002）认为在中国改革开放过程中，地方政府起到了不可忽视的作用。地方政府在制度变迁过程中，扮演了双向代理的角色。一方面，地方政府在"GDP 锦标赛"的晋升激励下，为了本地区的经济发展会顾及非国有经济发展的制度需求。另一方面，在行政集权的体制下，中央政府借助行政指令、法律规范等方式自上而下的规范、监控地方政府的制度创新，防止改革变形，维护中央政府的权威和意愿。在这种三大主体、双层互动的框架下，地方政府既有可能成为经济的"协助之手"，也有可能成为"掠夺之手"。

可见，中国制度变迁模式的争论都集中在中央政府与地方政府、政府与微观市场主体在改革中的角色、作用的界定上。但是无论怎样，国内外学者至少在这两点上是达成共识的：第一，中国的制度变迁是政府主导型的制度变迁。第二，体制变革是一个全面重新界定权力的过程，围绕着对"责、权、利"的重新定位与分解，各博弈主体，特别是中央政府与地方政府，始终进行着权力集中与分散的博弈。可见中国的制度变迁是一个多群体、多方面互动的动态变化过程，绝非一个简单的僵化的固定模式。多级政府之间、政府与市场之间是否建立了良性互动关系是思考体制柔性的关键。

因此，结合已有的研究成果，我们提出体制柔性概念来审视、测度中国改革进程中的体制问题。体制柔性即适应经济增长和社会发展的制度、自由、秩序和效率的多重目标。体制柔性的建构需要考虑体制的包容性、灵活性和适应性，也就是要从对社会、政府、企业、公民各类主体适应目标的多重性来勾画体制柔性指标。因此我们选择经济权利、权利保障以及政府建设三类大指标和 9 类小指标来具体刻画体制柔性概念（见表 29-1），通过主成分分析法来构成体制柔性指数，并用实际经济运行数据来论证这一指标对中国经济增长的解释力和契合度。

二、体制柔性指标的建构

表 29-1　体制柔性指标构成一览表

经济权利 PC	非国有化	非国有工业增加值/全社会工业增加值	%	正指标
	政府干预经济能力	预算内地方财政支出/GDP	%	逆指标
	财政分权	预算内地方财政收入/预算内国家财政收入	%	正指标
权利保障 PG	法律制度环境	樊纲的法律制度环境指数	1	正指标
	进入市场权利	樊纲的要素市场指数	1	正指标
	社会保障指数	财政支出中社会保障与就业支出的比例	%	负指标
政府建设 PG	政府规模指数	政府消费/GDP	%	负指标
	官员权力非正规化途径	预算外财政收入/总财政收入	%	负指标
	官员权力约束	贪污腐败涉案人数/公职人员数	%	正指标

1. 经济权利

改革开放是从放权让利开始的，这就隐含了承认社会中存在不同利益主体这一事实。一方面社会的发展重塑了整个社会结构，阶层与阶层、群体与群体之间在经济、社会方面的权利差异日益显现。另一方面，不同的利益集团在经济体制改革的过程中不断发展、成长，而且在一定程度上，影响并改变着中国改革开放的进程，比如国企改革、社会保障制度改革、医疗卫生事业改革等，实质上都表现为权利资源在不同利益群体间的重新配置。改革开放以来，计划体制向市场经济过渡的经济体制改革总体上是中央政府、地方政府以及市场的微观主体三方在经济领域的权利变迁，主要从三个方面展开的，即提高经济的开放程度、进行经济的非国有化以及实行财政改革（包括政府从经济活动中的退出以及财政分权）。因此，我们从非国有化经济比重、政府对经济的活动的参与、财政分权这三个方面来构造体制柔性指标的第一个分指标——经济权利指数。

（1）非国有化经济比重

中国经济转轨过程中，以国有部门为主的计划轨道和以非国有部门为主的市场轨道之间的互动是理解中国经济增长的一个关键问题。从计划经济向市场经济转轨的改革本身就是一个交易权利重新调整的过程（秦晖，2001）。许多学者认为，中国渐进式改革之所以能取得成功的一个重要原因在于，其最先实行了体制外增量改革，即在不触动旧体制的情况下，发展起了一个以市场为导向的"非国有经济"。非国有经济的发展，一方面支撑了经济的增长，改变了国有部门改革的条件和环境，迫使国企进行改革。另一方面，提供了一定的就业机会和经济剩余，使得政府有可能以某种方式利用这部分收入增量来对在国有部门改革中受到损害的利益集团进行一定的补偿，减小改革的阻力。因此，我们采用"全社会工业增加值中非国有工业增加值占比"来衡量非国有化经济比重，构成经济权利分指标的一个正向指标。

（2）政府干预经济能力

在中国，国家权力除了通过国有经济部门直接参与经济运行外，还会使用行政审批和财政手段干预经济发展。第一，地方政府的干预降低市场机制在资源配置中发挥的作用，会降低经济资源的配置效率。特别是当落后地区的政府投资于生产性领域时，经常会出现无效率投资的问题（张建辉和靳涛，2011）。第二，地方政府对经济的参与还可能伴随寻租和腐败的活动，造成大量资源的非生产性消耗。第三，政府的财政支出对民间的投资会构成挤出效应，降低地方经济的活力。因此政府逐渐退出经济活动，转变财政支出结构和功能，特别是减少政府在生产领域内的投资，对地方经济增长有积极作用。因此，我们采用"地方预算内财政支出占当地GDP 的比重"来衡量政府退出经济活动的逆向指标。

（3）财政分权

财政体制是政府间财政权力关系的集中体现。中央政府与地方政府之间的权力与利益的调整是促使财政体制变迁的重要原因。中国的分税制改革更多地呈现了再集权化的趋势，极大地弱化了地方政府的财政激励，改变了其最优选择（周雪光，2005）。一方面，在晋升激励的约束下，地方官员会着力于其任期内的经济增长，增加税收；另一方面，分税制没有透明公正统一的转移支付制度，这就形成了事实上的中央政府设租，地方政府寻租的局面。这样的制度设计使地方政府行为发生变异，出现了"跑部钱进"、地方政府大量借款以及扩大预算外、体制外收入的现象，并形成潜在的财政风险。财政收入的层层上缴和支出责任的层层下压是一种短视行为，不利于制度创新和公共品的供给，结果造成矛盾的层层下放。因此，我们采用"预算内地方财政总支出/预算内国家财政总支出"从政府支出角度衡量财政分权，构成经济权利指标的一个正向指标。

2. 权利保障

政府不仅有追求收入最大化的经济目标，同时也有追求社会支持最大化的政治目标。随着中国经济改革的不断深化，一方面社会财富两极分化、贪污腐败等社会矛盾加剧，另一方面公民的民主、权利和公平意识也在不断增强，对权利保障制度有更高的诉求。要保障人民平等分享改革成果的权利，一方面需要政府进行有效的制度设计。例如，健全社会保障体制，加大财政上的社会保障性支出的占比；建立成熟的法律制度环境，保护产权和合同的履行等。另一方面，政府也要加强自身对权力运行的制约和监督，把权力关进制度的笼子里，形成不敢腐的惩戒机制、不能腐的防范机制、不易腐的保障机制，从而使得设计好的政策措施能够得到有效的实施落实。因此，我们从法律制度环境、进入市场权利以及社会保障三个方面来构造体制柔性的第二个分指标——权利保障指数。

（1）法律制度环境

大量的研究表明，一国的司法制度对金融市场和经济的发展有着巨大影响。Acemoglu 等（2005）人最近一系列的开创性工作也再次提醒人们产权保护制度对于长期经济增长的关键性意义。国内学者樊纲等构造的市场化指数也将法制环境纳入重点考察维度，并且实证检验结果证实法制环境对中国经济增长具有显著的正向影响（樊纲等，2011）。因此，我们采用樊纲市场化指数中的一个分项指标"法律制度环境"来衡量法律制度环境指标，构成权利保障指标的一个正向指标。

（2）社会保障

财政中社会保障支出部分主要是指社保支出中政府所承担的部分。社会保障体系旨在构建社会安全网。中国早期实行计划经济体制时期，国民生活由政府统一调配，社会保障并没有作为一个问题提出来。但是，随着中国转向市场经济，社会安全网削弱，而市场安全网还来不及就位的情况下建立一个强有力的社会保障体系是十分必要的。在经济增长过程中，整个社会性支出没有获得相应的较快增长，社会发展与经济发展不相称。已有研究的见解是，政府职责的缺位正是导致中国当前陷入"发展失衡"困境的症结所在（中国经济增长与宏观稳定课题组，2006；吕炜和王伟同，2008）。因此，中国摆脱发展失衡的困境需要政府职责的归位，发挥政府在提供社会性公共产品方面的基础性作用。因此，我们采用"财政支出中社会保障与就业支出的比例"来衡量社会保障指标，构成权利保障指标的一个负向指标。

（3）进入市场权利

美国传统基金会认为"经济自由是在商品和服务的生产、分配和消费过程中，免受政府的威胁与限制，并对公民提供必要的保护"。加拿大弗雷泽研究所认为"个人而非集体的选择，通过市场的自愿交换而非政治过程来进行资源的配置，自由进入市场竞争和保护个人及其财产免受他人威胁，是经济自由的四大基石"。显然，自由进入市场的权利是经济自由化的一个关键环节。已经有很成熟的研究结论显示，资本市场和劳动力市场的进入壁垒和所有制差异是阻碍中国经济增长和造成收入差距拉大等社会负面问题的重要因素（赵自芳和史晋川，2006；蔡昉等，2001；邵挺和李井奎，2010）。因此，建立完善的市场经济制度的首要条件之一就是建立一个自由进出、公平竞争的要素市场。通过优化资源配置可以提高市场运行效率，增进社会福利。因此，我们采用樊纲市场化指数中的一个分项指标"要素市场指数"来衡量进入市场权利指标，构成权利保障指标的一个正向指标。

3. 政府建设

在制度变迁过程中，政府的力量是不容忽视。政府掌握着公共权力，对社会的资源配置有着决定权。一方面，政府担负着为管理社会公共事务、向社会提供公共产品和公共服务的职能；另一方面，政府官员手中的公共权力又可能成为其谋取私利的工具，造成对公共利益的偏离。改革开放以来，中国政府在1982年、1988年、1993年、1998年、2003年、2008

年、2013 年每隔 5 年就会进行一次政府机构改革。2018 年中国共产党第十九届中央委员会第三次全体会议通过《中共中央关于深化党和国家机构改革的决定》，随后印发了《深化党和国家机构改革方案》。纵观中国政府行政改革的历程，不难发现，中国共产党作为中国唯一合法的执政党也在不断通过改革提高执政能力。这里，我们从政府规模、官员权力非正规化和官员权力约束三个方面来构造体制柔性指标的第三个分指标——政府建设指数。

（1）政府规模

政府规模指的是政府职能与权力范围以及与之相对应的政府机构与人员。合理的政府规模是行政改革追求的重要目标。陈东琪（1999）用"国家机关、政党机关和社会团体工作人员"来衡量中国的政府规模，分析显示"国家机关、政党机关和社会团体工作人员/全国总人口"这一比重近20 年来明显提高，增长幅度高达 84%，明显的大于中国经济工业化程度提高的幅度。周黎安和陶婧（2009）运用中国省级水平 1989—2004 年的面板数据证明政府规模的增加可能会带来更多的腐败，直接影响政府运行效率。因此，我们采用"政府消费/GDP"来衡量政府规模，构成政府建设指数的一个负向指标。

（2）官员权力的非正规化途径

1994 年财政分权式改革之后，中央政府向地方政府上收财权，分散事权，大大降低了地方政府的资金分配能力。一方面，由于预算内的转移支付存在较严重的非客观性；另一方面，分权式改革连带出了事权财权化意识，激活了原来受压抑的局部利益。地方政府机构试图通过预算外、体制外筹资来落实自己扩展了的事权。无论是分税制前以"经营企业"为特征的地方保护主义经济增长模式，还是分税制后以"经营土地"为特征的土地发展主义经济增长模式，都产生于地方政府追求预算外收入的过程之中。虽然这些收入有些可能被用以填补预算内收入的不足、支撑一些政府部门的运转，但它们的征收是无组织、缺乏管理、受单位和部门甚至政府官员个人狭隘利益所驱使的。其中相当一部分被腐败的官员消费掉或转移到国。预算外收入和制度外收入基本上反映了"攫取之手"的行为（贾康和白景明，1998；王文剑和覃成林，2008）。因此，我们采用"预算外财政收入/预算内财政收入"来衡量官员权力非正规化途径,构成政府建设指数的一个负向指标。

(3) 官员权力约束

政府官员为其自身利益而滥用职权或是偏离公共职责的权力变异现象,被称为"腐败"。在中央集中领导的政治体制下,地方政府主要面临上级政府的垂直监督,所受的水平方向的监督和制约非常有限。在这种情况下,腐败的立案数反映了上级政府对下级政府的监察力度。因此我们用"每万公职人员贪污贿赂案件立案数"来度量各省份的反腐败力度,构成政府建设指数的一个正向指标。

三、数据处理

表 29-2　体制柔性指标体系及权重的选取

指标体系	方面指数权重	分项指数权重
1 经济权利	0.5810	
1a 非国有化		0.4890
1b 政府干预经济能力		0.2180
1c 财政分权		0.2930
2 权利保障	0.2010	
2a 法律制度环境		0.4460
2b 进入市场权利		0.4740
2c 社会保障指数		0.0800
3 政府建设	0.2180	
3a 政府规模指数		0.4320
3b 官员权力非正规化途径		0.2120
3c 官员权力约束		0.3560

资料来源:作者计算。

由于一些数据获取的有限性,我们运用 1998—2011 年 28 个省份的经济数据并借鉴杨永恒等 (2005) 的方法合成体制柔性指标 (钞小静和任保平,2011)。使用的数据来自《中国统计年鉴》《新中国六十年统计资料汇编》《中国财政年检》《中国检查年鉴》《中国市场化指数》和各地区统计年鉴。对于个别省份个别年份的缺失数据采取回归、平滑的方式补齐。对各分量指标进行无量纲化处理，对负向指标取其倒数值，用主成分分析的方法赋予分指标权重。为了使数据更具直观性和可比性，借鉴杨永恒等（2005）的做法，将数据进行了0—1标准化处理。体制柔性指标体系及权重的选取见表29-2。

四、体制柔性指标的统计性描述

经测算得到1998—2011年中国全国和分地区体制柔性的时间序列[①]。可以看出，中国体制柔性无论是全国范围还是东、中、西部地区，在2001年前后出现拐点，2001年之前呈现下降趋势，2001年之后保持稳步上升趋势，而且东部地区的体制柔性远远高于中西部地区（见图29-1）。从体制柔性分指标的变化趋势（见图29-2）不难看出，经济权利和权利保障这两个科目在统计期间有明显的提升，这说明伴随着经济增长，中国的经济体制改革和社会建设也在一定程度上保障了经济主体的权利和公民自由的发展。政府建设这一项在2000年之后掉头呈现不断下降的趋势，这可能是因为2000年之后地方政府"晋升锦标赛"和财政分权的激励更加明显，各地方政府一方面积极引进外资促进本地区的经济增长，另一方面千方百计扩大预算外财政收入，努力扩大自身可支配资源权限，同时期各省份贪污腐败案件也大量出现。这符合我们的观感，也符合中国经济的目前的运行逻辑。

上述的加总数据的分析可能会掩盖地区间的差异性特征，为此，我们将1998—2011年28个省份的体制柔性指标的具体数据进行比较。结果显示，体制柔性得分较高的省份全部来自东部沿海地区，排名前三的是广东、江苏和浙江。经济权利的排名情况与体制柔性基本保持一致，说明这一时期中国的改革主要集中在经济方面；但是2003年以后经济权利指数增长放缓，这可能是因为经济体制改革前期的获利者作为既得利益集团阻碍改革继续深化开展。这些既得利益者为了避免自己的利益和潜在获利机会受到威胁，会通过人为设置进入市场的障碍抓紧权力不放来延缓市场化进

---

① 限于篇幅，体制柔性具体计算结果从略，有需要的读者可以向作者索取。

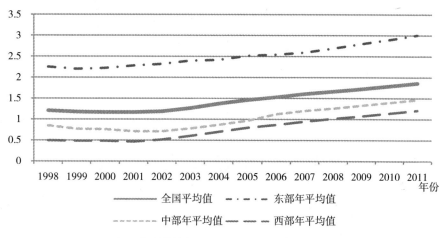

图 29-1　体制柔性年平均值（全国、东中西部地区）

资料来源：作者计算。

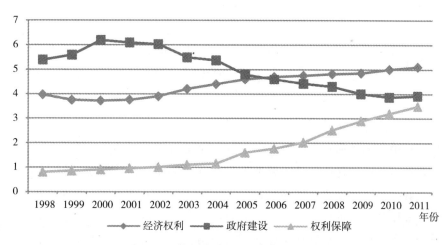

图 29-2　体制柔性分指标变化趋势图

资料来源：作者计算。

程。权利保障这一项，北京、上海、天津这三个直辖市，西部大开发的重要试点地区——四川、重庆以及老工业振兴计划的东北地区的排名都有显著上升，说明在权利保障方面，国家政策具有决定性作用。

有意思的是，在政府建设方面，一些经济大省和直辖市反而评分不高，这说明这些省市的政府虽然通过招商引资、"跑部钱进"、重点扶持房地产等行业的方式推动了本地区的 GDP 增长，但是在我们的视角下，这些地区的政府出现权力过大、权力不当、非正规操作以及贪腐问题也很多。这也反映了我们这些年的地方政府"晋升锦标赛"的激励机制虽然推动了经济增长，但是也带来了很多社会问题。

第三节　计量模型、变量与数据

中国经济增长的过程伴随着体制的不断变革、不断完善，因此是一种转型式的经济增长。在经济增长过程中，体制对经济增长的适应性和体制活性是评价体制优劣的一个重要方面。毫无疑问，中国改革开放几十年来，体制变革对经济增长的贡献毋庸置疑。更加值得关注的是，伴随着经济增长和社会发展，已有的体制形式是否还保持活力，是否还有改革红利释放，是否还能继续促进增长，现在的体制或是体制的某一方面是否真的如一些人所说已经构成对经济增长和社会发展的一种禁锢。图 29-3 说明了中国的体制变革确实促进了经济增长，但是"改革红利"对增长的促进作用可能越来越弱，开始进入倒 U 型的下滑阶段。果真如此的话，认清现阶段体制已经固化的领域，调整改革思路，继续深化改革就是当务之急。

我们的研究重点是构建指标——体制柔性，研究体制柔性对中国经济增长的影响。从理论上讲，一个国家或地区的体制柔性水平越高，经济活性越高，市场主体权利越有保障，经济增长越有保障。我们知道，在新制度经济学理论的基础上，将制度视为经济增长的一个决定因素，故这里在增长函数中引入体制柔性作为核心解释变量，构建了如下解释经济增长的计量模型：

$$\ln Y_{it} = \alpha + \beta_1 \ln K_{it} + \beta_2 \ln L_{it} + \beta_3 \, power_{it} + \mu_i + \varepsilon_{it} \tag{29-1}$$

其中，下标 i 表示地区，下标 t 表示年份，Y 为实际 GDP，μ_i 是个体特质效应，它不随时间的变化而变化，可以用固定效应或者随机效应来刻画；ε_{it} 是随机扰动项，服从正态分布 $N(0, \sigma_i^2)$，如果 $\sigma_i^2 = \sigma_j^2 (i \neq j)$ 表明个体上存在着同方差，否则说明存在异方差。对于因变量，遵循 *Frank*（2005）的方法采用实际 GDP 的对数值表示经济增长率，资料来源于全国和地方统计年鉴。构建的体制柔性指标 *power* 作为核心解释变量。资本数据参照张军等（2004）的处理方法：$K_t = (1 - \delta) K_{t-1} + I_t$，其中 K、δ、I 表示资本存量、折旧率和新增投资，δ 假设为 9.6%，并将所有数据处理为 1998 年可比价。劳动投入最理想的衡量指标是劳动时间，但由于数据不可得，我们采用全社会年底从业人员数作为替代指标。本章研究使用的样本为 1998—2011 年 28 个省份的面板数据。除了合成体制柔性指标的分指标的资料来源在第二节已详述之外，实际 GDP、资本、新增投资以及从业人员数的原始资料来源于《新中国六十年统计资料汇编》以及各省份的地方统计年鉴。

表 29-3　模型估计结果

	(1)	(2)	(3)	(4)	(5)	(6)	(7)
lny				0.7230*** (29.0200)	0.6980*** (19.3700)		
ln$k$	1.0040*** (40.2400)	0.9640*** (30.2500)	0.4430*** (3.9700)	0.2310*** (7.6300)	0.3020*** (8.7400)	0.9950*** (34.2300)	0.4900*** (4.3400)
ln$l$	0.1190** (2.5500)	0.2700** (2.1900)	-0.2490 (-1.6200)	0.0120 (0.6500)	0.0540 (0.7600)	0.2960** (2.6500)	0.2330 (1.5300)
power	0.0650*** (5.9200)	0.0830*** (6.7400)	0.0220* (1.6800)	0.0630*** (9.0200)	0.0320*** (4.7400)	0.1640*** (11.2500)	0.0520*** (2.6300)
power^2					-0.0110*** (-8.6200)	-0.0030** (-2.0100)	
常数项	-1.3050*** (-4.0800)	-2.2340*** (-2.7900)	0.0220* (1.6800)	0.0460 (0.4400)	-0.4830 (-1.0300)	-2.7250*** (-3.7500)	5.5980*** (3.8800)
年份效应	未控制	未控制	控制	未控制	未控制	未控制	控制
R-squared	0.9580	0.9580	0.9710			0.9660	0.9710
F		43.0900	110.0700			44.7800	79.3800
Hausman 检验		23.6600***	18.9800***			24.9000***	19.5000***
Sargan-Hansen 检验				0.3520	0.3680		
AR (1) 检验				0.0000	0.0000		
AR (2) 检验				0.1460	0.3360		

续表

	（1）	（2）	（3）	（4）	（5）	（6）	（7）
观测值	364	364	168	336	336	364	168
备注	RE	FE	FE	Sys_GMM	Dif_GMM	FE	FE

注：①括号内数值为系数的异方差稳健标准误。②***、**、*分别表示在1%、5%及10%的显著性水平上显著。③FE和RE分别表示固定效应和随机效应，面板设定F检验的零假设是个体效应不显著，Hausman检验的零假设是FE和RE的估计系数没有系统性差异。④Sys_GMM和Dif_GMM分别表示系统GMM和差分GMM的估计方法。Arellano-Bond AR（1）和AR（2）检验的零假设分别是模型不存在一阶和二阶自相关。Sargan-Hansen检验的零假设是"工具变量为过度识别"，若接受零假设则说明工具变量是合理的。

资料来源：作者计算。

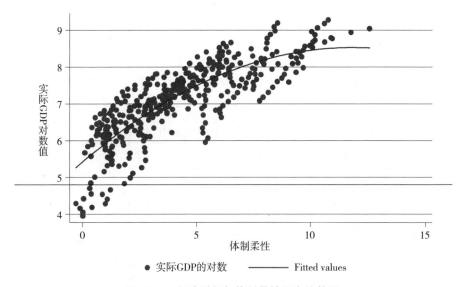

● 实际GDP的对数　　——— Fitted values

图29-3　经济增长与体制柔性拟合趋势图

资料来源：作者计算。

一、静态面板模型的估计结果

表29-3的第（1）—（3）列报告了固定效应模型和随机效应模型的估计结果。面板设定的F检验结果表明个体效应十分显著，我们还进一步采用了Hausman检验，结果在1%的显著性水平上拒绝原假设，说明选择固定效应模型更准确。结果显示，物质资本和劳动力的投入均有

利于经济增长，这符合一般经济学理论。从系数上看，物质资本投入对经济的贡献程度要大于劳动力的影响系数，这也从侧面反映了这期间中国经济是一种投资拉动的增长模式。体制柔性作为我们关注的核心解释变量，对经济增长的影响是正的并且在 1% 水平上显著。从系数上来看，体制对经济的直接短期效应不如直接增加投入物质资本和劳动力的作用显著，这可能是因为中国改革采取的是渐进式的改革路径，改革在短时期内相对平缓的进行，有利于生产资料发挥对经济增长的促进作用。模型（3）在模型（2）的基础上控制了年份，发现体制弹性对经济增长的贡献在一定程度上略有减弱，但依然在 10% 水平上显著。我们推断，这是由于存在未观测的随时间变化的变量，比如个别年份政府政策的推出对经济增长产生的影响。

二、内生性和稳健性检验的处理结果

1. 内生性处理以及稳健性检验 I

一个地区的经济增长可能与过去的经济增长水平有关，为了反映这种增长的"惯性"与时序特征，我们在计量模型（29-1）的基础上引入被解释变量的滞后一期项 $Y_{i,\ t-1}$，从而将回归方程扩展为具有以下形式的动态模型：

$$\ln Y_{it} = \alpha + \delta \ln Y_{i,\ t-1} + \beta_1 \ln K_{it} + \beta_2 \ln L_{it} + \beta_3\, power_{it} + \mu_i + \varepsilon_{it} \quad (29\text{-}2)$$

这里采用动态面板一阶差分 GMM（Dif_GMM）和两步系统 GMM（Sys_GMM）方法对模型进行估计。在估计中，把 $\ln Y_{i,\ t-1}$ 和 $power_{it}$ 看作是内生变量。由于差分 GMM 较易受弱工具变量和小样本偏误的影响，因此我们首先选择了两步系统 GMM 的估计方法进行了回归。但是当解释变量的滞后项 $\ln Y_{i,\ t-1}$ 系数较少时，差分 GMM 估计的有效性较高。因此，我们把差分 GMM 的回归结果作为补充对照组。结果（见表 29-3 第（4）（5）列）与基本的静态面板固定效应估计结果相比，物质资本、劳动力和体制柔性的估计系数的符号没有变化，劳动力的显著性略有下降。此外，这两组实证结果的 Sargan 统计量不能拒绝"工具变量是外生变量"的零假设，AR（1）检验拒绝零假设，而 AR（2）检验接受零假设，表明工具变量有效。因此，我们的动态面板 GMM 估计是有效的。

2. 稳健性检验Ⅱ：考虑体制柔性的二次项

考虑到体制柔性对于经济增长的促进作用可能存在衰减，因此我们在模型（29-1）的基础上引入体制柔性的二次项并同样采取考虑时间效应和不考虑时间效应的固定效应模型进行估计。扩展后的模型是：

$$\ln Y_{it} = \alpha + \beta_1 \ln K_{it} + \beta_2 \ln L_{it} + \beta_3 \, power_{it} + \beta_4 \, power^2 + \mu_i + \varepsilon_{it} \quad (29-3)$$

表 29-3 的第（6）（7）列报告了估计结果。其中物质资本、劳动力和体制柔性的一次项的回归系数与基本模型的回归结果保持一致，系数的显著性以及反映回归方程拟合效果的R^2和 F 值均有所提高。体制柔性的二次项系数为负且在 1% 水平上显著。这说明，我们的推断是正确的：在经济增长的早期，体制柔性对经济增长有显著的正向作用，但当经济增长到一定阶段，这种正向作用开始衰减，即体制柔性对经济增长的作用呈现一个倒 U 型 关系。这可能是因为随着经济发展，原有的体制对经济的适应性降低，体制的某一方面可能出现僵化，这可能与利益集团固化和社会矛盾加深有关。因此我们在下一部分对体制柔性的分指标进行分析。

三、对基本模型的扩展分析：分指标分析

上面单纯的体制柔性综合指标在整体上反映了体制这一要素对中国经济增长的影响。同时，我们还发现了一个有趣的现象，即体制柔性与经济增长存在倒 U 型关系。因此，这里将进一步回归检验体制柔性分指标的增长效应，观察是现行体制的哪一方面造成了体制增长效应的衰减，希望从中捕捉一些有益的政策性结论。

表 29-4 列明了体制柔性的分指标——经济权利 pc、权利保障 pg 和政府建设 pb——对经济增长的影响。对比模型（1），模型（2）报告了经济权利的体制增长效应结果，我们发现政府与市场、中央政府与地方政府之间的分权行为在 1% 水平上显著推动了经济的增长，而且这种增长效应要大于体制柔性整体的增长效应。模型（3）报告了权利保障的增长效应，结果显示其在 1% 的水平上显著为负，即法律制度环境建设、公民作为生产要素的自由流动的权利和社会保障，这些方面的不完善阻碍了经济增长，这也间接说明了法律制度不完善、资源流动性差以及增长成果没有实

现合理分享增加了中国落入中等收入陷阱的可能性。随着这些年政府转型的提出，政府自身的执政能力建设也越来越多的被讨论。模型（4）报告了政府自身能力建设对经济增长的效果。我们发现政府建设的增长效应为负但是不显著。这一方面说明相对于经济改革而言，这些年来政府改革的力度和效果并不明显。另一方面说明政府规模的不合理设置、官员权力过大没有形成有效约束等政府自身能力建设方面的体制僵化。

表 29-4　模型估计结果

	（1）	（2）	（3）	（4）
$\ln k$	0.9640*** (30.2500)	0.9840*** (37.3000)	1.1780*** (41.3500)	1.0960*** (41.6200)
$\ln l$	0.2700** (2.1900)	0.3860*** (3.2400)	0.3560*** (2.7300)	0.2180* (1.6600)
power	0.0830*** (6.7400)			
pc		0.0990*** (8.9200)		
pg			−0.0530*** (−4.4000)	
pb				−0.0120 (−1.6200)
常数项	−2.2340*** (−2.790)	−3.3370*** (−4.3500)	−3.9930*** (−4.5500)	−2.3820*** (−2.7400)
R^2	0.9580	0.9620	0.9550	0.9530
面板设定 F 检验	43.0900	48.0700	43.6000	41.4400
Hausman 检验	23.6600	25.8500	69.2500	150.9700
观测值	364	364	364	364
备注	FE	FE	FE	FE

注：①括号内数值为系数的异方差稳健标准误。②***、**、*分别表示在1%、5%及10%的显著性水平上显著。③FE 表示固定效应，面板设定 F 检验的零假设是个体效应不显著，Hausman 检验的零假设是 FE 和 RE 的估计系数没有系统性差异。

资料来源：作者计算。

第五节　结论与政策建议

本章通过对制度经济学理论和中国制度变迁实践的梳理，在中央政府、地方政府以及市场微观主体三方权利互动的逻辑基础上，提炼出三个方面共九个具体指标并运用主成分分析赋予权重的方法塑造了体制柔性指标。在此基础上，以中国 1998—2011 年的省级面板数据为样本，采用静态面板固定效应估计方法和动态面板 GMM 估计方法进行了实证检验，我们得到的主要结论有：

第一，体制柔性对经济增长的作用呈现一个倒 U 型关系。在经济增长的早期，体制柔性对经济增长有显著的正向作用，但当经济增长到一定阶段，这种正向作用开始衰减。这可能是因为随着经济发展，原有的体制对经济的适应性降低，体制的某一方面可能出现僵化，这可能与利益集团固化和社会矛盾加深有关。

第二，中国经济体制改革在某种程度上是一种分权行为，是政府向市场分权、中央政府向地方政府分权的动态变化过程。这种分权行为增加了中国经济的参与主体，促进了经济权利分散化决策模式的形成。在中国从计划经济体制向市场经济体制转型的过程中，这一分权模式对中国经济增长起到了积极的促进作用。

第三，近些年来，中国经济增长率不断下滑，社会矛盾频出，越来越多的学者开始忧心"中国模式"还是否有效，中国经济是否会掉入中等收入陷阱。权利保障指标 pg 的实证结果显示，在中国经济高速增长的同时，法律制度不完善、经济增长成果没有在公民间实现合理分享等问题形成了对中国经济继续保持高速增长的障碍，增加了中国落入中等收入陷阱的可能性。

第四，中国的经济增长是个奇迹。在西方正统的经济增长理论框架中思考中国奇迹，一个最重要的问题就是评价中国政府。改革开放以来，中国政府进行了多次大规模的政府机构改革，努力通过顶层设计的方式规范各级政府，加强执政能力建设。但是相对于经济改革而言，这些年来政府改革的力度和效果并不明显。改革不足也暴露了政府自身能力建设方面的体制僵化的问题，比如政府规模的不合理膨胀、官员权力不规范、权力过大、没有形成有效约束等。

综上，伴随着中国经济增长速度下滑，社会矛盾凸显，为了保持经济的可持续增长，应当继续深化体制改革，保持体制柔性。本章的研究对今后体制改革的方向具有重要的政策启示意义：尽管中国目前的体制柔性仍然对经济增长具有正向促进作用，但是这种正向作用已经随着经济发展开始弱化。这种促进作用弱化的原因，一方面是由于制度红利衰减，另一方面也反映了利益集团固化，社会矛盾加深从而阻碍了体制发挥对经济发展的促进作用。继续深化市场化改革、完善法律制度环境、保障公民权利以及清晰政府转型思路，对增强体制活力，保持中国经济持续健康发展具有重要意义。

参考文献

［1］蔡昉、王德文、都阳：《劳动力市场扭曲对区域差距的影响》，《中国社会科学》2001 年第 2 期。

［2］钞小静、任保平：《中国经济增长质量的时序变化与地区差异分析》，《经济研究》2011 年第 4 期。

［3］陈抗、Arye L. Hillman、顾清扬：《财政集权与地方政府行为变化——从援助之手到攫取之手》，《经济学（季刊）》2002 年第 10 期。

［4］陈东琪：《政府规模与机构改革》，《经济学家》1999 年第 3 期。

［5］樊纲：《渐进之路：对经济改革的经济学分析》，中国社会科学出版社 1993 年版。

［6］樊纲：《论体制转轨的动态过程：非国有部门的成长与国有部门的改革》，《沿海经济》2001 年第 11 期。

［7］樊纲、王小鲁、马光荣：《中国市场化进程对经济增长的贡献》，《经济研究》2011 年第 9 期。

［8］黄少安：《制度变迁主体角色转换假说及其对中国制度变革的解释》，《经济研究》1999 年第 1 期。

［9］贾康、白景明：《中国政府收入来源及完善对策研究》，《经济研究》1998 年第 6 期。

［10］靳涛：《双层次互动进化博弈制度变迁模型——对中国经济制度渐进式变迁的解释》，《经济评论》2003 年第 3 期。

［11］吕炜、王伟同：《发展失衡，公共服务与政府责任——基于政府偏好和政府效率视角的分析》，《中国社会科学》2008 年第 4 期。

［12］秦晖：《转轨经济学中的公正问题》，《战略与管理》2001 年第 2 期。

［13］邵挺、李井奎：《资本市场扭曲，资本收益率与所有制差异》，《经济科学》2010 年第 5 期。

［14］杨瑞龙：《论制度供给》，《经济研究》1993 年第 8 期。

［15］杨瑞龙：《中国制度变迁方式转换的三阶段论——兼论地方政府的制度创新行为》，《经济研究》1998 年第 1 期。

［16］杨瑞龙、杨其静：《阶梯式的渐进制度变迁模型——再论地方政府在中国制度变迁中的作用》，《经济研究》2000 年第 3 期。

［17］王文剑、覃成林：《地方政府行为与财政分权增长效应的地区性差异——基于经验分析的判断，假说及检验》，《管理世界》2008 年第 1 期。

［18］杨永恒、胡鞍钢、张宁：《基于主成分分析法的人类发展指数替代技术》，《经济研究》2005 年第 7 期。

［19］张建辉、靳涛：《经济自由与可持续经济增长：中国的检验（1978—2008）》，《中国工业经济》2011 年第 4 期。

［20］张军、吴桂英、张吉鹏：《中国省际物质资本存量估算：1952—2000》，《经济研究》2004 年第 10 期。

［21］赵自芳、史晋川：《中国要素市场扭曲的产业效率损失——基于 DEA 方法的实证分析》，《中国工业经济》2006 年第 10 期。

［22］中国经济增长与宏观稳定课题组：《增长失衡与政府责任：基于社会性支出角度的分析》，《经济研究》2006 年第 10 期。

［23］周业安：《中国制度变迁的演化论解释》，《经济研究》2000 年第 5 期。

［24］周雪光：《"逆向软预算约束"：一个政府行为的组织分析》，《中国社会科学》2005 年第 2 期。

［25］周黎安、陶婧：《政府规模，市场化与地区腐败问题研究》，《经济研究》2009 年第 1 期。

［26］D. Acemoglu, S. Johnson, J. A. Robinson, "Institutions As A Fundamental Cause Of Long-Run Growth", Handbook Of Economic Growth, 2005（1）.

［27］De Long J. B., Shleifer A., "Princes And Merchants：European City Growth Before The Industrial Revolution", National Bureau Of Economic Research, 1993.

［28］Frank, M. W, "Income Inequality And Economic Growth In The U. S.：A Panel Cointegration Approach", Working Paper, Sam Houston State University, 2005.

［29］D. C. North, R. P. Thomas, "The Rise And Fall Of The Manorial System：A Theoretical Model", *The Journal of Economic History*, 1971, 31（04）.

［30］La Porta, R., Lopez-de-Silanes, F., Shleifer, A., et al., "Law and Finance", *Journal of Political Economy*, 1998, 106 (6).

［31］A Shleifer And R Vishny, "The Quality Of Government, Journal of Law", *Economics & Organization*, 1999, 1 (15).

［32］Shleifer, Andrei, And Robert W. Vishny, "Corruption", *Quarterly Journal of Economics*, 1993.

第三十章　需求结构升级转换背景下的供给侧结构性改革[*]

旧有产品供给体系无法满足居民消费结构的变化是导致产能过剩与有效供给不足并存的关键因素。随着中国从中等偏上收入经济体向高收入经济体过渡，居民消费将逐渐由以住房交通和食品衣着等实物消费为主，转变为以服务消费与高质量实物消费并重的消费结构。做好供给侧结构性改革，需要围绕居民消费结构的升级转换，通过市场的无形之手，淘汰落后产能，构建能够满足新消费结构的产品供给体系，重塑经济增长的新动力。

第一节　引　言

为应对 2008 年爆发的国际金融危机，中国政府实施了以"四万亿"投资计划为代表的庞大财政刺激政策，然而仅仅时隔两年，中国的经济增速就从回升再度掉头向下，持续下行至今。沉重的现实促使决策高层全面反思自 2008 年国际金融危机以来的以总量需求为主导，侧重需求面，"大水漫灌"的宏观调控政策的缺陷，以及长期以来一直致力于转变经济发展方式但却无法取得突破性进展的症结；并于 2015 年末提出了适应经济新常态，重在改善有效供给能力，提高经济增长质量的供给侧结构性改革新

---

　　[*] 本章作者：王燕武、龚敏、李文溥、卢盛荣。

政，明确了"去产能、去库存、去杠杆、降成本、补短板"的五大重点任务，坚定了从供给侧着眼，稳定经济增长，充分发挥中国经济巨大潜能的战略方向，做好产业结构调整的"加减乘除"四则运算，加快转变经济发展方式，培育形成新的经济增长动力。

应该说，供给侧结构性改革新政的提出是中国政府对过去数年关于中国经济增长的"三期叠加"和"新常态"判断的进一步探索和升华，是最高决策层基于对当前经济形势全面深刻认识，针对现实经济中结构性、体制性、素质性问题，提出的治理方略。然而，目前来看，如何做好供给侧结构性改革，还众说纷纭，有待进一步深入研究。杨伟民认为，结构性改革要解决的核心问题是矫正要素配置扭曲，包括企业内部、企业间和产业间的要素配置结构的优化组合；其政策手段是激发微观主体的活力，打破垄断、放宽准入、激励创新、化解过剩产能，用改革的办法解决结构性问题（杨伟民，2016）。胡鞍钢等（2016）指出，供给侧结构性改革的核心在于经济结构调整和经济发展方式转变，在于提高全要素生产率。其首要目标是做"减法"，去结构性产能过剩。李稻葵（2015）则认为，"十三五"期间，政府可以从增加公共产品提供、加快产业新陈代谢以及利用科技改造生产结构三个方向实施供给侧结构性改革。可以看出，上述研究主要是从生产供给、从相对宏观的视角来解读供给侧结构性改革。但正如习近平总书记所强调的，"我们讲的供给侧结构性改革，既强调供给又关注需求"。需求，尤其是消费需求，对于供给侧结构性改革同样重要。供给侧结构性改革不仅不能忽视需求侧的重要意义，还要满足需求尤其是消费需求的变化，以实现"供需平衡"的理想状态。

为此，本章将着重从微观消费需求升级转换的视角阐述供给侧结构性改革。我们认为，当前要做好供给侧结构性改革，需要清楚地认识由中等偏上收入经济体向发达经济体过渡阶段居民消费需求结构的升级转换及其趋势变化，供给侧的调整必须围绕居民消费需求结构的演变做文章，淘汰落后产能，构筑新增产能，借助于体制改革、机制创新、市场开放等相关措施，构建满足居民新消费结构的产品和现代服务供给体系，增加有效供给，重塑经济增长的新动力。

接下来，我们将主要从三个方面来详细阐述上述观点。具体安排如下：第二节从产品供给与消费需求结构失衡的角度，对当前中国存在的严重产能过剩与有效供给不足并存现象进行解释，指出投资结构偏离消费结构是导致上述现象产生的关键因素；第三节结合先行国家的居民消费结构演变事实，分析由中等偏上收入经济体向发达经济体过渡阶段中国居民消费需求结构的升级转换方向；第四节围绕这一升级转换方向，分析当前中国供给调整的主要障碍及其实现路径。最后给出简要结论及引申出来的政策含义。

第二节　产能过剩与有效供给不足并存：
产品供给与消费需求失衡的后果

产能过剩是中国宏观经济运行中存在的突出问题，也是本轮供给侧结构性改革的重要导火线。杨振（2016）指出，当前中国除钢铁行业外，电解铝、水泥、平板玻璃、造船、有色金属、建材、轻工、纺织、食品等行业的产能过剩问题均相当严重，产能过剩已成为制约中国当前和未来经济发展的顽疾。但是，这并不是说所有行业的产能都过剩了。张卓元（2016）指出，一些高端行业的产能，如集成电路、发动机等反而是严重短缺的；甚至在某些产能过剩的行业内部，一些零配件供给也是短缺的。如风电设备总体过剩，但其内部控制系统、叶轮等零部件却还需要进口。进一步地，从现代服务产品看，供给不足的现象就更为明显了。以教育、医疗和社会保障资源产品为例，中小学适龄学童上学难、城乡居民看病就医难、养老难等问题早已经成为全国性的难题。因此，可以说，产能过剩与有效供给不足同时并存是现阶段中国经济的主要特征之一（杨伟民，2015）。

究其原因，产能过剩与有效供给不足并存现象是中国现有供给体系未能适应需求的重大变化，进而导致供给与需求不匹配、不协调的后果（张卓元，2016）。这里，需求的重大变化可以分解为外部需求和内部需求两个层面来加以理解。就外部需求而言，2008 年以来，受国际金融危机和欧洲债务危机的接连爆发影响，外部需求明显下降，再加上用工成本的持续上涨，使得传统以劳动密集型产品为主的外向型供给体系出现极大困难，迫切需要改变。然而，这种长期经营形成的外向型供给体系却并非短时间内能够纠正的。为此，政府希冀通过鼓励出口转内销、通过扩大内需来消化产能。但是，随着中国顺利地由一个低收入国家升级为中等偏上收入经济体并逐渐向高收入经济体过渡，其内部需求也正在发生明显的变化。主要体现在：

第一，以住房交通和食品衣着等实物消费为主的居民消费结构，逐渐转变为服务消费与实物消费并重的消费结构。经过几十年高速经济增长带来的财富积累，中国正在逐步由中等收入国家向高收入国家过渡，东部沿海一些发达地区已经接近或达到了高收入国家的水平，因此，居民的消费能力和消费观念发生了明显的改变。除了物质生活的满足之外，越来越追求更为高端的服务消费的满足，包括健康便捷的生活、优质的教育、娱乐、文体产品等。2014 年，中国城镇居民的食品、衣着及家庭设备用品支出占比约为 44.37%，居住和交通通信支出占比为 35.69%，分别比 2013 年下降了 0.27 和 0.11 个百分点，医疗保健、教育文化娱乐以及其他商品与服务支出占比约为 19.94%，比 2013 年提高了 0.38 个百分点。对于这一消费结构变化的解释，周学将经济发展阶段、宏观收入、宏观生产与宏观消费的变化联系起来，提出在不同的发展阶段，宏观消费的产品是不一样的。他认为，在中等收入水平阶段，一国的宏观消费主要是以重型消费品为主，而到了高收入阶段，一国的宏观消费将转变为以服务为主（周学，2014）。贾康和冯俏彬（2015）同样认为，以家电、住房、汽车等大宗耐用品为主的消费基本走完排浪式的消费历程，中国居民的消费正走向个性化、多元化和服务型消费。

第二，在实物性消费方面，居民消费对产品品质、品种、规格和安全的要求越来越高。例如，以往用户对于淘宝、天猫、京东等网站的评价多集中在价格便宜，现在则更多开始关注产品质量的好坏、安全与否等；以往出境购物的品种，多以奢侈品为主，现在出境购物则逐渐蔓延到日常用品。从奶粉到厨具，从马桶到电饭煲，从中国香港到日本，近些年来有关居民出境"海淘"的报道不绝于耳，充分说明，随着收入水平的提高，我国居民的需求偏好已向发达国家和地区的普通居民趋近，由此，对产品的品质要求也在提升。

而正是由于内部需求的上述变化，直接导致了现有以水泥、钢铁、煤炭、有色金属等与房地产业、交通运输设备业息息相关的行业产品为主的产品供给体系，以面向低收入群体为主的低质低价产品供给体系以及以出口加工劳动密集型产品为主的外向型产品供给体系，无法跟上消费需求的变动步伐，造成产品库存高企、产能严重过剩，"出口转内销"的战略实施不尽如人意。1999—2015 年，所有工业行业的产品库存年平均增长率高达 12.1%，其中与房地产业、交通运输设备业息息相关的上下游产业，如有色金属冶炼和压延加工业（16.3%）、黑色金属冶炼和压延加工业（13.7%）、黑色金属矿采选业（22.6%）、煤炭开采和洗选业（17.2%）、家具制造业（15.0%），以及与出口加工劳动密集型产品相关的行业，如纺织服装鞋帽制造业（14.0%）、农副食品加工业（15.9%）、木材加工和木竹藤棕草制品业（15.9%）、食品制造业（13.0%）等，均呈现出较高的产品库存年增长率。

进一步地，如果从经济发展导致需求结构转换的角度观察这一问题，我们会发现：这些产业，不仅要去库存，而且必须去产能。因为，随着消费需求结构的进一步升级转换，这些产业的需求将无可挽回地走向萎缩。不可能指望挺过严冬就是春天。

以房地产业为例。首先，从城镇居民人均居住面积看，2012 年，中国城镇居民人均住房面积就已达到 32.9 平方米[1]，基本接近英国、法国、德国和日本等发达国家在 20 世纪 90 年代初的水平[2]，进一步增长的空间有限。其次，从未来数年的住房需求看，对房地产的需求趋于见顶：（1）第三次人口生育高峰所出生的适龄买房人口（出生于 1983—1990 年之间）的刚性需求正在减弱；（2）城镇化率超过 50% 之后，扩张速度将放缓，由此"城市新市民"对房地产的消化能力在下降。房地产市场库存的高企、供需格局的反转以及房地产企业对未来需求扩张预期的弱化，使企业的投

---

① 温家宝：《政府工作报告——2013 年 3 月 5 日在第十二届全国人民代表大会上》。
② 用于得到上述判断的文献资料，引自白雪、王洪卫：《住宅产业综合测度方法研究——基于恩格尔系数与人均住房面积模型分析》，《财经研究》2005 年第 9 期；该文转引自关柯、芦金锋、曾赛星编著：《现代住宅经济》，中国建筑工业出版社 2002 年版，第 3 页。

资积极性明显下滑。例如 2015 年中国房地产开发投资额约为 9.60 万亿元，比 2014 年仅名义增长 1%。最后，从更长期的视角看，根据以往的国际经验观察，随着一个国家逐渐由中等收入国家向更高收入的国家跨越，居民以住房消费、汽车消费等为主的重型消费结构将逐渐被现代服务品消费所替代（周学，2015）。这就意味着，如果中国能在未来五年内顺利跨过人均 GDP10000 美元的大关，住房消费的需求将随之减弱。换言之，即使从今时起，强有力的政策刺激诱发房地产业去库存顺利进行，但这或许也只不过是将未来几年的需求提前释放，房地产业作为重要支柱产业的时代一去不复返。此外，一般消费品产业、以出口为导向的劳动密集型产业、服务它们的上游产业也面临着壮士断腕式的去产能。

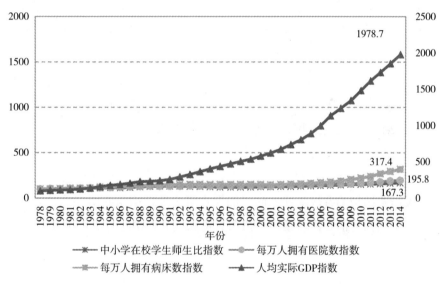

图 30-1　1978—2014 年中国教育医疗供给指标与人均实际 GDP 的增长指数对比
资料来源：整理自 CEIC 数据库。

而与此同时，与过渡阶段居民消费升级方向相关的医疗、教育、文体、健康、休闲等现代服务品的产品供给却严重不足。如图 30-1 所示，以 1978＝100，到 2014 年，全国实际人均 GDP 的指数约为 1978.7，约为 1978 年的 19.79 倍，而同期，全国中小学在校师生比、每万人拥有医院数和病床数指数约为 167.3、195.8 和 317.4，分别仅为 1978 年的 1.67 倍、1.96 倍和 3.17 倍。现代医疗卫生、教育资源的供给远远落后于经济增长的步伐。并且，更加值得注意的是，当前对于上述现代服务品供给的投资不仅没有出现倾斜，反而还在持续下降。2014年，固定资产投资中，房地产业、汽车制造业、铁路船舶等其他交通设备制造业占总投资的比重约为27.3%，如果再加上与之配套的道路运输业和铁路运输业固定资产投资，比重将进一步增加到33.7%，超过同期全部制造业的固定资产投资占比（33.3%）。换言之，以住房、交通为主的重型消费品依然是当前中国投资结构的核心。而现代服务业中，教育、卫生行业的固定资产投资占比分别由2004年的3.05%和0.71%降为2013年的1.24%和0.60%，远远落后于房地产业、交通行业的投资；文体、体育和娱乐业的投资占比2013年也仅为1.12%。

综上所述，基本可以判断：随着经济持续的增长，居民收入水平持续提高，居民的消费需求因此发生了显著的变化，而旧有产品供给体系，却没能及时跟随需求的重大变化而做出调整，从而共同导致了当前中国经济出现产能过剩与有效供给不足并存的怪现象。由于居民消费需求的形成与收入水平提高、消费观念的改变以及人追求更高生活享受、追求自我价值实现的本能息息相关，难以在短期内调整，甚至无法加以调整，因此，从这个意义上讲，当前强调供给侧结构性改革是抓住了问题的关键点。要破除产能过剩与有效供给不足并存的难题，必须是从供给侧加以调整，去除、淘汰过时产能，同时，围绕由中高收入经济体向高收入经济体过渡阶段居民消费结构的升级变迁方向，加大投资力度，构筑新增产能，以纠正产品供给结构与消费需求结构的扭曲失衡状态，重塑经济增长动力。

第三节　过渡阶段中国城乡居民消费结构的升级转换

一、中国城乡居民消费结构的变迁

利用1992—2012年全国城镇和农村居民人均八大类消费支出的调查数据，可以描绘出中国居民消费结构的变化轨迹。

第一，食品支出比重大幅度缩小。1992 年，城镇居民的各类支出中，食品支出占 52.9%，到 2012 年，食品支出仅占 36.2%，下降了 16.7 个百分点，年均下降约 0.8 个百分点（见图 30-2）；同期农村居民的食品支出占比下降幅度更大，由 1992 年的 57.5% 下降到 2012 年的 39.3%（见图 30-3）。调整支出统计口径之后，2013 年和 2014 年的城乡居民食品支出占比进一步下降。其中，城镇居民食品支出占比分别下调为 30.1% 和 30.0%，农村居民食品支出占比分别下调到 34.1% 和 33.6%。

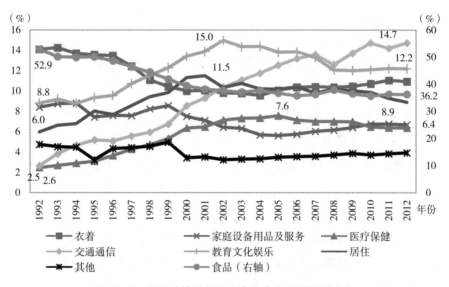

图 30-2　中国城镇居民八大类消费支出的比例变化

资料来源：整理自 CEIC 数据库。

第二，衣着支出、家庭设备用品及服务支出占比稳中趋降。其中，城镇居民这两类支出在前十年持续下降，到 2004 年前后，开始出现回升，但基本维持在一个平稳的水平。2012 年，城镇居民衣着支出和家庭设备用品及服务支出的占比分别为 10.9% 和 6.7%，较 1992 年下降了 3.2 和 1.7 个百分点（见图 30-2）；农村居民的这两类支出占比的变动幅度更小。1992—2012 年，衣着支出占比仅由 8.0% 降至 6.7%，家庭设备用品及服务支出占比则由 5.6% 微升至 5.8%（见图 30-3）。

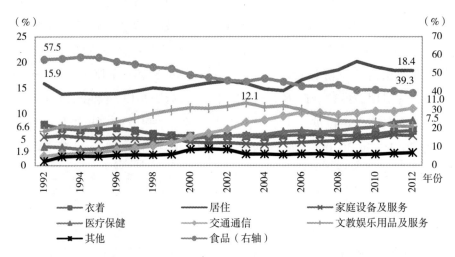

图 30-3　中国农村居民八大类消费支出的比例变化

资料来源：整理自 CEIC 数据库。

第三，交通通信和居住支出显著提升，城镇居民的这两项支出占比之和已经超过食品支出占比，约占全部支出的三分之一强。其中，交通通信支出方面，城乡居民的占比均呈现出持续上扬的趋势。城镇居民由 1992 年的 2.6%，快速提高到 2012 年的 14.7%（见图 30-2），农村居民由 1992 年的 1.9% 提高到 2012 年的 11.0%（见图 30-3）；居住支出在 2013 年统一城乡住户调查、调整相关统计口径之后，居住支出占比跳升到 23.3%，成为仅次于食品支出的第二大支出。2014 年，小幅回降到 22.5%；农村居住支出占比由 2012 年 18.4% 上升至 2013 年的 21.1%。

第四，教育文化娱乐支出呈现"先上升、后下降"的趋势。其中，城镇居民教育文化娱乐支出拐点出现在 2002 年，在占比最高达到 15% 之后，其比重开始逐步下降，近几年基本稳定在 12.2% 左右；农村居民的教育娱乐文化支出最高占比出现在 2003 年，达到 12.1%，随后逐渐下降，到 2012 年，比重回到 7.5%，基本跌到 20 世纪 90 年代初期的水平。2013 年调整口径之后，比重提高到 10.1%，但仍处于较低水平。

第五，医疗保健支出出现城乡差异。城镇居民的医疗保健支出自 1992 年开始连续上升 13 年之后，从 2006 年开始缓慢下滑，直到 2012 年，仍处下降趋势。2013 年，调整口径之后，进一步下滑到 6.1%。农村居民的医疗保健支出则基本保持上涨趋势，从 1992 年的 3.7% 一路升到 7.5%，增长超过一倍。二者变化趋势差异可能与 2005 年之后城乡差别的医疗保险制度有关。城镇居民享受到的医疗保障要优于农村居民，从而导致城镇居民个人承担的医疗卫生支出增速放缓。

简单总结，过去二十多年来，随着中国经济顺利突破贫困障碍，进入中等偏上收入国家，中国居民的消费行为呈现出以下两个特征：

第一，食品衣着类支出在总支出中的比重大幅度下降，由原先占近七成以上，逐渐降到五成以下。交通通信和住房的支出大幅提高，逐渐成为消费支出的重要组成部分。这种消费结构的演变，基本符合发展经济学的理论预期，也与以往的国际发展经验相一致。当一个国家由贫穷向中等收入过渡时，随着资本财富的积累，消费者会逐渐降低对食品、衣着等满足最基本生存物品的消费，而逐渐提高对更高层次的实物消费比重。这就从需求层面解释了中国的汽车和房地产业在过去 20 年间的高速增长。可以说，恰恰是因为，居民对交通和住房的强烈需求，使得一旦制约这两大产品供给的体制障碍被突破，两个产业很快就发展起来，并迅速成为支撑经济增长的支柱产业。

第二，教育文化娱乐、医疗保健等服务产品的支出比重较低，不及全部支出的 20%。并且，从趋势上看，自 2002 年以来，这两类支出的占比还呈现出下降的趋势。这其中，一方面，由于住房、交通通信等现阶段居民主要消费项目占比提高带来的挤压；另一方面，也与这些服务产品本身的供给机制不畅、价格高企息息相关。

二、中国城乡居民消费结构的升级转换

从现有的消费结构出发，未来 5—20 年，中国居民的消费结构将会如何进一步演变呢？理论上，随着一个国家经济由中等偏上收入经济体向发达经济体过渡，居民消费的结构将开始由以实物消费为主转变为服务消费与高质量的实物消费并重，渐趋服务消费为主的消费结构。对比韩国的转型发展经验，这一判断基本成立。

2014 年，中国城镇居民的教育文化娱乐、医疗保健以及其他项目的三项支出占总消费支出的比重约为 19.9%，大约相当于韩国在 20 世纪

80 年代初的水平（18.8%）。2014 年，中国以 2005 年价格计算的实际人均 GDP 是 3862.0 美元，与韩国在 1981 年的实际人均 GDP（4151.2 美元）基本相当。而自 1981 年起，韩国的人均实际 GDP 在八年内增至 8158.1 美元，并于 1992 年跨入到 10000 美元国家和地区行列。伴随经济顺利跨越中等收入陷阱，韩国教育、健康、文化娱乐及杂项四项支出的比重也由 1981 年的 18.8%，迅猛提高到 1989 年的 28.6%。2009 年进一步上升至 33.8%（见图 30-4）。韩国的经济发展历程及居民消费结构变迁轨迹提示我们：未来 5—20 年内，随着中国经济由中等偏上收入逐渐向高收入水平转变，居民的教育文化娱乐和医疗保健的支出比重将大幅度提高。

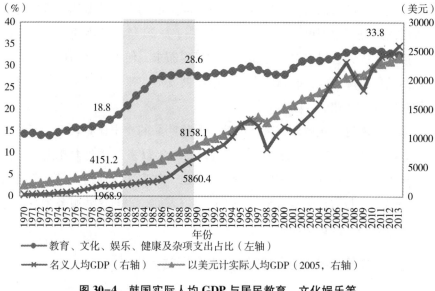

图 30-4　韩国实际人均 GDP 与居民教育、文化娱乐等服务产品支出比重的变化对比

注：居民教育等服务产品支出包括教育、健康、文化娱乐及杂项四项支出之和，数据来自 UNDATA；以美元计的名义人均 GDP 和实际人均 GDP 以 2005 年价格平均。

资料来源：CEIC 数据库。

进一步地，从韩国 20 世纪 70 年代以来的各项消费分类支出比重变化中，我们还可以看出，在 80—90 年代，伴随着韩国从中等偏上收入经济体向发达经济体过渡，是教育、文化、娱乐、健康支出和住房、交通、通信支出的迅速增长，在90年代初先后超过食品、服装支出。其中，先是住房、交通、通信支出上升较快，但自1998年起，在经过长达23年的支出占比提高之后，住房、交通、通信支出的比重开始下降，并延续至今，而教育、文化、娱乐、健康支出占比则保持上涨趋势，二者差距迅速缩小（见图30-5）。

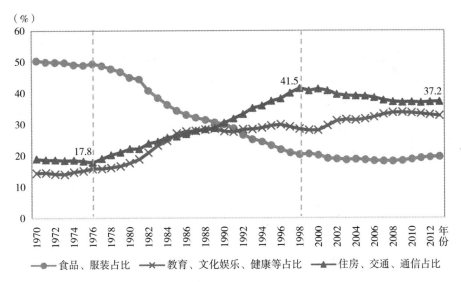

图30-5　韩国居民消费的分类支出比重变化

注：UNDATA共将消费分成12项分类，分别是：1. 食品饮料；2. 酒精、烟草、麻醉品；3. 服装、鞋类；4. 住房、水电、燃料；5. 家具及住房维护；6. 健康；7. 交通；8. 通信；9. 文化娱乐；10. 教育；11. 餐饮住宿；12. 杂项。这里的教育、文化娱乐、健康等支出包含6、9、10、12项；食品、服装支出包含1、3项；住房、交通、通信支出包含4、5、7、8项。

资料来源：UNDATA。

事实上，这种随着收入水平的提高、居民消费结构逐渐偏向以教育、文化娱乐、健康为主的支出构成情况，并不仅仅是发生在韩国，在其他转型成功国家以及高收入国家，如日本、美国，也同样如此。如图30-6、图30-7所示，日本在1980—1995年人均GDP迅速提升的时期，教育、文化娱乐、健康及杂项支出的占比也由1980年的23.3%快速提高到1990年最高的29.4%，增加近6.1个百分点，随后一直保持平稳上升势头（见图30-6）。美国的情况更是迅猛。1970—2008年，近40年时间里，随着人均GDP的持续上涨，居民的教育、文化娱乐、健康等支出占比稳步由1970

年的 28.2%，提高到 2008 年的 45.3%，大幅增长了 17.1 个百分点。其中，自 1998 年，美国居民的教育、文化娱乐、健康等支出占比正式超过食品、服装、住房、交通、通信支出占比，成为居民支出构成中的第一大支出（见图 30-7）。

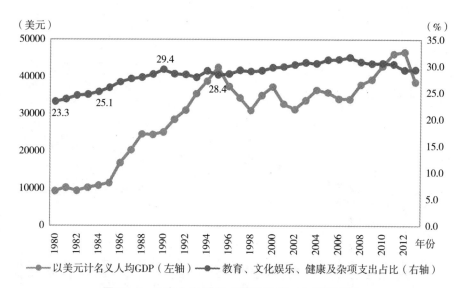

**图 30-6 日本人均 GDP 与居民教育、文化娱乐等
服务产品支出比重的变化对比**

注：居民教育等服务产品支出包括教育、健康、文化娱乐及杂项四项支出之和，数据来自
UNDATA；以美元计的名义人均 GDP 数据均来自 CEIC 数据库。
资料来源：UNDATA，CEIC 数据库。

因此，综合上述分析，我们认为，在今后 10 年之内，随着中国从中等偏上收入经济体向高收入经济体（"十三五"期间中国人均名义 GDP 将突破 10000 美元）过渡，中国居民的消费结构将出现新一轮的升级转换。即，以住房交通和食品衣着等实物消费为主，逐渐转变为以服务消费与高质量的实物消费并重。它将逐步替代已高速增长了近二十年的住房交通消费需求，成为未来 10—20 年之内，中国经济的主要新增消费需求动力。

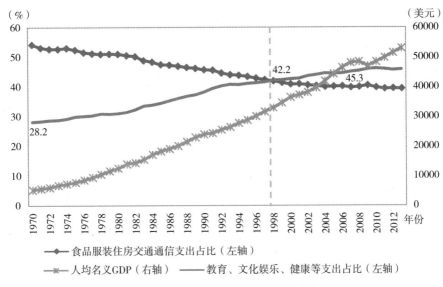

图 30-7 美国人均 GDP 与居民教育、文化娱乐等
服务产品支出比重的变化对比

注：UNDATA 共将消费分成 12 项分类，分别是：1. 食品饮料；2. 酒精、烟草、麻醉品；3. 服装、鞋类；4. 住房、水电、燃料；5. 家具及住房维护；6. 健康；7. 交通；8. 通信；9. 文化娱乐；10. 教育；11. 餐饮住宿；12. 杂项。这里的教育文化娱乐健康等支出包含 6、9、10、12 项；食品服装支出包含 1、3 项；住房交通通信支出包含 4、5、7、8 项；以美元计的名义人均 GDP 数据均来自 CEIC 数据库。

资料来源：UNDATA，CEIC 数据库。

第四节 以消费结构升级为导向、以市场化为手段，借助体制改革进行供给调整

  根据居民消费升级转换的方向，可以清楚地给出下一个阶段供给调整的着力点：一是去库存、去产能。即，去除旧有产品供给体系所产生的过剩产品和过剩生产能力，如钢铁、水泥、煤炭、房地产、纺织鞋帽等；二是增加投资、扩产能。在高质量实物消费品和现代服务品领域，要增加投

资，扩大生产能力，形成有效供给。然而，要顺利实现这"一减一加"的供给结构调整，并非是一件轻而易举的事情。

首先，在去除过剩产能方面，能否按照现有的政策安排，主要依靠政府"看得见的手"来加以调整呢？从以往的经验看，情况不容乐观。杨振的研究表明，在过去的二十多年间，中国的产能过剩已历经数次政策干预和宏观调控，但整体治理效果却收效甚微。以钢铁、电解铝、水泥三个行业为例，自 2003 年起就被国家列为产能过剩行业，而直到现在这三个行业依然是产能过剩行业的典型（杨振，2016）。问题的根源在于：现行的产能过剩治理政策主要基于供给侧的产能供给管制，其运转机制遵循"产能审核——判定过剩——分配指标——逐级淘汰——过剩缓解"的治理程序。尽管从逻辑上看，这一程序能够优化产能治理，但现实操作中，往往在各个环节都会出现难以控制的问题。比如，产能审核往往保护了既有相对落后的产能和技术、难以动态界定产能过剩的标准、分配指标过程中滋生了腐败和暗箱操作、逐渐淘汰往往牺牲掉经营效率较高的私营企业等，这些都造成以政府管控为主导的去过剩产能方式，不仅难以取得应有的效果，反而可能进一步保护了与政府利益密切相关的国有企业和相对落后的产能。

其次，从扩张现代服务品的产能看，需要攻克的障碍和难关要更加艰巨。因为，造成当前中国现代服务有效供给能力不足、效率低下的关键是体制改革滞后和国有垄断。以分行业就业人数和固定资产投资占比为例，2014 年，分行业城镇单位就业人员中，制造业的国有单位就业人数占比仅为 4.0%，而扣除掉批发零售、住宿餐饮以及公共管理、社会保障和社会组织业之后的第三产业国有单位就业人数占比约为 59.7%，其中，教育、卫生和社会工作、文化体育娱乐业的国有单位就业人数占比更是分别高达92.8%、86.9% 和 73.1%；2014 年，分行业固定资产投资（不含农户）中，制造业的国有控股投资占比仅为 8.3%，同样的，扣除掉批发零售、住宿餐饮以及公共管理、社会保障和社会组织业之后的第三产业国有控股投资占比约为 45.2%，其中，教育、卫生和社会工作、文化体育业（扣除娱乐业）的国有控股投资占比分别高达 72.1%、66.3% 和 50.8%。可以说，在现代服务品领域，国有经济占据明显的主导地位。

破解上述难题，我们认为：在解决供给结构无法适应需求结构转换而适时调整的各种体制性、政策性障碍方面，市场机制的无形之手将比看得见的政府调控之手能够更快、更好、更彻底地实现供给结构调整。

以史为鉴，中国在前一个阶段顺利跨越贫困陷阱、实现居民消费结构升级与供给结构的匹配，其主要动力来自20世纪90年代初，伴随居民消费支出逐渐转向住房、交通支出为主，中国在房地产行业实行了市场化改革①，在交通行业尤其是汽车行业较早地实行对外开放、引进外资、合资经营②，极大地释放了住房、汽车等相关产品的供给能力，满足了居民消费需求的升级变迁，从而实现资源的优化配置和效率使用。而现阶段，由于教育、医疗等产业长期以事业单位的非市场形式存在，缺乏运用"看不见的手"进行调节，热衷于"看得见的手"进行管制。它一方面，通过资源垄断限制供给，使得产品供给能力严重不足，供不应求；另一方面，又由于行政价格管制，扼杀了价格对垄断行为的制约作用，进一步放大需求，造成更为严重的供需不匹配。因此，要调整当前的供给结构，使之与消费需求结构的升级转换相匹配，需要通过体制改革、机制创新、市场开放等相关措施，用市场的无形之手，淘汰落后产能，构建能够满足新消费结构的产品和现代服务供给体系，形成有效供给，重塑经济增长的新动力。供给侧结构性改革的关键是放松管制、释放活力、让市场发挥更大作用，降低制度性交易成本，提高供给体系质量和效率，提高投资有效性。

---

　　① 1991年6月，国务院发布了《关于继续积极稳妥地推进城镇住房制度改革的通知》，提出了分步提租、交纳租赁保证金、新房新制度、集资合作建房、出售公房等多种形式推进住房制度改革的思路；10月，召开第二次全国住房制度改革工作会议，提出了"多提少补"或小步提租不补贴的租金改革原则；11月，国务院办公厅转发了国务院住房制度改革领导小组《关于全面推进城镇住房制度改革的意见》，明确了住房制度改革的指导思想和根本目的，标志着住房改革从探索和试点阶段，进入全面推进和综合配套改革的新阶段。

　　② 1983年规定汽车生产企业有一定比例的汽车产品自销权；1984年1月，由北京汽车制造厂与美国汽车公司合资经营的北京吉普汽车有限公司成立；同年5月，国营长安机器厂与日本铃木自动车工业株式会社达成生产ST90系列微型汽车技贸结合引进技术协议；11月，上海拖拉机汽车公司和泰国正大集团香港易初投资有限公司合资的上海易初摩托车有限公司成立；1996年5月，中德合资的联合汽车电子有限公司在上海浦东新区成立；1997年3月，中美合资上海通用汽车有限公司暨泛亚汽车技术中心有限公司签订合资合同；1998年4月，广州和日本本田签署合资合同。汽车行业的对外开放，一开始就走得异常顺利。

第五节　结论及政策建议

在经济持续减速的背景下，单纯的去产能，做减法，只会引起叠加性的需求下降，提高经济螺旋形下滑，陷入债务危机的风险。本章通过解释当前产能过剩与有效供给不足并存现象，指出，旧有产品供给体系无法满足居民消费结构的变化是导致上述现象产生的关键因素。同时，结合先行国家的居民消费结构演变事实，认为：在今后 10 年之内，随着中国从中等偏上收入经济体向高收入经济体过渡，中国居民的消费结构将逐渐由以住房交通和食品衣着等实物消费为主，转变为以服务消费与高质量的实物消费并重的消费结构。它将逐步替代已高速增长了近 20 年的住房交通消费需求，成为未来 10—20 年之内，中国经济的主要新增消费需求动力。最后，围绕居民消费的升级转换，在分析现有以政府产能管制为主的去过剩产能模式的缺陷，以及国有垄断对现代服务品供给抑制的基础上，提出：要做好供给侧结构性改革，需要通过体制改革、机制创新、市场开放等相关措施，用市场的无形之手，淘汰落后产能，构建能够满足新消费结构的产品和现代服务供给体系，形成有效供给，重塑经济增长的新动力。

根据上述分析，本章结论蕴含的政策含义如下：

第一，供给结构调整应当以新发展阶段背景下的需求结构转换为方向指引，在做减法的同时更加重视做加法，做除法的同时做乘法，在运用加法进行供给结构调整的同时扩大需求稳增长。中国自 2010 年人均 GDP 跨过 5000 美元之后，便开始进入了经济发展的新阶段：从中等偏上收入水平向现代发达经济过渡。由于同期遭遇了国际金融危机的冲击，此前的宏观经济政策过多地关注了国际金融危机这一来自外部的周期性冲击，忽略了发展阶段转换所带来的结构性、体制性调整需要，过于重视扩大总需求的刺激政策，一定程度上掩盖了也因此更进一步激化经济发展内在的供需结构性矛盾，延缓了发展阶段转换亟待进行的结构调整及体制改革，从而导致了当前严重的产能过剩与有效供给不足并存、经济增速不断下行的严重局面。然而，经济发展阶段转换所产生的内在要求是不可阻挡的，它体现为在经济不断下行的过程中制造业与服务业的速度发展差异。根据中等偏上收入水平向现代发达经济过渡这一新发展阶段背景下的需求结构转换趋势，对供给结构进行调整，在做减法的同时更加重视做加法，做除法的同时做乘法，将使中国经济更快地实现供给结构调整。运用加法增加有效供给、调整供给结构的同时，将有效地扩大内需，实现经济运行的正向循环，稳定经济增长。

第二，在今后 10 年之内，随着中国人均收入逐渐从中等偏上收入经济体过渡到高收入经济体（"十三五"期间中国人均名义 GDP 将突破 10000 美元），中国居民的消费结构将出现新一轮的升级转换。居民消费将由以住房交通和食品衣着等实物消费为主的消费结构，逐渐转变为服务消费与高质量的实物消费并重的消费结构，对教育文化娱乐和医疗保健的支出比重将出现较大幅度的提高，并在未来 10—20 年之内，成为主要的消费需求动力。为应对消费结构的改善，必须尽快改变当前现代服务品的有效供给能力严重不足的现状。

第三，要充分发挥看不见的手在调节供给结构方面的作用，下一个阶段必须围绕未来 5—10 年、10—20 年的居民消费需求结构的趋势变化，借助于体制改革、机制创新、市场开放等相关措施，淘汰落后产能，构建能够满足新消费结构的产品和现代服务供给体系，形成有效供给，重塑经济增长的新动力。这既有利于供给侧结构性改革的加法和乘法操作，做到有的放矢，进一步明晰供给结构调整工作的重点和方向，同时，也可避免过剩产能问题的循环出现，使得新形成的供给能力与消费需求相适应，实现以新供给创造新需求、新需求推动新消费、新消费倒逼新产业产生的创造性破坏的良性产业演进过程。

第四，对于一个具备广阔内部市场的国家而言，在借助外部市场和工业化顺利跨越贫困增长阶段之后，其维持经济持续增长的关键早已转向国内，制约中国经济发展的症结是非均衡发展下的结构性、体制性矛盾而非周期性和外部性冲击。当此之时，增加投资，扩大需求，利用过剩产能是稳定经济增速的必要之举，在投资品价格为负数的情况下，增加投资，更是经济之举。问题在于：这一投资，虽然结果是扩大当前需求，但却必须立足于未来，根据需求转换的发展轨迹，以调整供给结构为导向。因此，在加快去除过剩产能、去库存的同时，需要放长眼光，围绕未来5—10年、10—20年的市场消费需求结构趋势变化，打造新兴产业，突破体制瓶颈，补齐供给短板。

第五，实行腾笼换鸟术，通过投资置换，吸引民营投资，实行混合所有制改造，将有利于政府部门获得基础设施投资的资金来源，同时，这也将有利于扩大民营经济的投资领域，提高民营经济的投资增速。进一步地，由于国有经济目前主要集中在第三产业中的现代服务业，因此，对这些领域的国有企业实行混合所有制改造，也就意味着，打破垄断，解除管制，引进市场竞争，将大大提高现代服务业的资源利用效率、生产效率，实现供给效率的提高。实行腾笼换鸟术，还必须以新的视角对既有非市场竞争领域的现代服务业的重新审视为前提，通过新的制度安排，使过去被视为事业领域，提供公共服务、社会福利但实际上是可市场化的部门获得进入市场，竞争性经营的可能。

参考文献

［1］胡鞍钢、周绍杰、任皓：《供给侧结构性改革——适应和引领中国经济新常态》，《清华大学学报（哲社版）》2016年第2期。

［2］贾康、冯俏彬：《"十三五"时期的供给侧改革》，《国家行政学院学报》2015年第6期。

［3］李稻葵：《关于供给侧结构性改革》，《理论视野》2015年第12期。

［4］杨振：《以供给侧结构性改革化解产能过剩》，《理论视野》2016年第1期。

［5］杨伟民：《适应引领经济发展新常态、着力加强供给侧结构性改革》，《宏观经济管理》2016年第1期。

［6］杨伟民：《中国供给侧至少存在六大问题》，2015年11月18日，新浪财经，见 http：//finance. sina. com. cn/china/20151118/195023796473. shtml。

［7］张卓元：《供给侧改革是适应新形势的主动选择》，《经济日报》2016年1月11日。

［8］周学：《构建"微观、中观、宏观三位一体"的经济学理论体系——兼论破解中国内需不足的方略》，《经济学动态》2014年第4期。

图表索引

第一章

图 1-1　要素比价扭曲对宏观经济结构失衡的影响 ………………… 5

图 1-2　旨在提高劳动者报酬占比的"工资导向型"增长方式

及其政策配套设想 ……………………………………… 8

第二章

表 2-1　数据的统计性描述 ………………………………………… 25

表 2-2　所有制、政府干预与融资规模回归结果 ………………… 26

表 2-3　所有制、政府干预与融资价格回归结果 ………………… 28

第三章

图 3-1　居民可支配收入占比的国际比较 ………………………… 40

图 3-2　各部门资本要素收入占比情况 …………………………… 52

表 3-1　居民初次分配中各收入来源比例 ………………………… 35

表 3-2　中美日三国居民财产性收入水平比较 …………………… 36

表 3-3　1990—2013 年美国家庭初次分配收入来源结构 ………… 38

表 3-4　1994—2013 年日本家庭初次分配收入来源结构 ………… 39

表 3-5　1992—2012 年中国国民收入分配格局 …………………… 41

表 3-6　居民初次分配收入占国民收入比重的国际比较 ………… 42

表 3-7　劳动报酬占国民收入比重的国际比较 …………………… 43

表 3-8　居民财产性收入占国民收入比重的国际比较 …………… 44

表 3-9　个人经营留存占国民收入比重的国际比较 ……………… 45

表 3-10　税后资本报酬占国民收入比重的国际比较 …………… 46

表 3-11 1992—2012 年中国资本要素收入分配情况 ·············· 49

表 3-12 居民财产性收入占总资本报酬比重的国际比较 ·············· 51

第四章

图 4-1 1992—2012 年中美日居民金融资产回报率比较 ·············· 68

图 4-2 1992—2012 年中美日居民金融资产实际回报率比较 ·········· 69

图 4-3 1992—2012 年中国居民财产收入与资本所有权占比情况 ······ 78

图 4-4 调整后的居民可支配收入占比的国际比较 ··············· 84

表 4-1 1992—2012 年中国居民金融投资额比较 ··············· 60

表 4-2 1992—2012 中国居民金融资产规模 ················· 62

表 4-3 居民金融资产规模国际比较 ················· 63

表 4-4 1992—2012 年中国居民金融资产结构 ··············· 64

表 4-5 1997—2014 年日本家庭金融资产结构 ··············· 66

表 4-6 1992—2014 年美国家庭金融资产结构 ··············· 66

表 4-7 1978—2012 年中国资本存量估算 ················· 72

表 4-8 居民金融负债与净金融资产余额估算 ··············· 75

表 4-9 1978—2012 年中国居民部门生产资本占比情况 ·········· 76

表 4-10 利率管制对中国居民财产收入造成的损失估算 ·········· 82

表 4-11 1992—2012 年中国居民部门应得的财产收入估算 ·········· 83

第五章

图 5-1 劳动报酬占 GDP 的比重 ····················· 87

图 5-2 中国全部 A 股上市公司价格加成（1998—2012 年）·········· 100

表 5-1 劳动力市场和产品市场管制对工资和就业的影响 ··········· 94

表 5-2 产品市场和劳动力市场放松管制对工资和就业的影响 ········· 96

第六章

表 6-1 变量说明及数据来源 ······················· 108

表 6-2 相关变量的描述性统计 ······················ 109

表 6-3 $\ln Fdi\_g$、$\ln Ie\_g$、$\ln TFP$ 的内生性检验结果 ·········· 112

表6-4　ln(*k/y*) 内生性检验结果 ⋯⋯⋯⋯⋯⋯⋯⋯⋯⋯⋯ 112

表6-5　劳动报酬份额、FDI、贸易、资本深化、技术进步⋯⋯⋯⋯⋯ 114

表6-6　劳动报酬占比、FDI、贸易、资本深化、技术进步——
　　　　劳动力市场分割检验 ⋯⋯⋯⋯⋯⋯⋯⋯⋯⋯⋯⋯⋯⋯⋯ 117

表6-7　劳动报酬占比、FDI、贸易、资本深化、技术进步——
　　　　宏观税负检验 ⋯⋯⋯⋯⋯⋯⋯⋯⋯⋯⋯⋯⋯⋯⋯⋯⋯⋯ 119

第七章

图7-1　世界市场对中国提供的就业估计（1993—2012 年）⋯⋯⋯⋯ 143

第八章

图8-1　英国人均实际 GDP 及实际工资变化 ⋯⋯⋯⋯⋯⋯⋯⋯⋯ 152

图8-2　日本人均实际 GDP 及实际工资变化 ⋯⋯⋯⋯⋯⋯⋯⋯⋯ 153

图8-3　中国人均实际 GDP 及城镇实际工资变化 ⋯⋯⋯⋯⋯⋯⋯ 154

图8-4　日本第二次世界大战后人均实际 GDP 增速与实际工资
　　　　增速比较 ⋯⋯⋯⋯⋯⋯⋯⋯⋯⋯⋯⋯⋯⋯⋯⋯⋯⋯⋯⋯ 155

图8-5　日本第一产业就业占比 ⋯⋯⋯⋯⋯⋯⋯⋯⋯⋯⋯⋯⋯⋯ 158

图8-6　中国第一产业实际劳动生产率与就业变化比较 ⋯⋯⋯⋯⋯ 158

图8-7　日本的劳动报酬占 GDP 比重 ⋯⋯⋯⋯⋯⋯⋯⋯⋯⋯⋯ 161

图8-8　中国劳动报酬占 GDP 比重 ⋯⋯⋯⋯⋯⋯⋯⋯⋯⋯⋯⋯ 161

图8-9　日本实际人均 GNP 与人均消费比较 ⋯⋯⋯⋯⋯⋯⋯⋯⋯ 164

图8-10　日本 GNP 的主要构成 ⋯⋯⋯⋯⋯⋯⋯⋯⋯⋯⋯⋯⋯⋯ 165

图8-11　日本的国民储蓄率 ⋯⋯⋯⋯⋯⋯⋯⋯⋯⋯⋯⋯⋯⋯⋯ 165

图8-12　中国居民消费水平指数 ⋯⋯⋯⋯⋯⋯⋯⋯⋯⋯⋯⋯⋯⋯ 166

图8-13　支出法下中国 GDP 的构成 ⋯⋯⋯⋯⋯⋯⋯⋯⋯⋯⋯⋯ 166

图8-14　中国的储蓄率变化 ⋯⋯⋯⋯⋯⋯⋯⋯⋯⋯⋯⋯⋯⋯⋯ 167

表8-1　英格兰和威尔士的社会阶层分布变化 ⋯⋯⋯⋯⋯⋯⋯⋯⋯ 156

表8-2　英国的就业部门结构 ⋯⋯⋯⋯⋯⋯⋯⋯⋯⋯⋯⋯⋯⋯⋯ 156

表8-3　英国国民收入的要素分配份额 ⋯⋯⋯⋯⋯⋯⋯⋯⋯⋯⋯ 160

表8-4　英格兰和威尔士的工业产出的内部和外部需求比较 ⋯⋯⋯ 162

表 8-5　英国 GNP 构成 ························· 163

表 8-6　英国圈地法案数量的时期分布 ·············· 170

第九章

图 9-1　失业率的变化 ························· 179

图 9-2　分地区失业率 ························· 179

图 9-3　分性别失业率变化 ······················ 180

图 9-4　分年龄失业率变化 ······················ 180

图 9-5　教育程度和失业率 ······················ 180

表 9-1　CHNS 调查数据的基本情况 ·············· 177

表 9-2　分地区分性别失业率 ····················· 181

表 9-3　分地区分年龄失业率 ····················· 182

表 9-4　分地区分教育程度失业率 ················· 183

表 9-5　变量定义 ·························· 185

表 9-6　各变量统计描述 ······················· 186

表 9-7　各变量统计描述（16—26 岁劳动人口） ········ 186

表 9-8　城镇失业决定因素的实证分析结果 ··········· 189

表 9-9　城镇失业决定因素的实证分析结果（16—26 岁劳动力）······ 191

第十章

表 10-1　变量定义 ·························· 196

表 10-2　各变量统计描述（N＝32138） ············ 197

表 10-3　政府财政支出影响就业的实证结果（1） ······· 200

表 10-4　政府财政支出影响就业的实证结果（2） ······· 201

表 10-5　政府财政支出影响就业的实证结果（3） ······· 202

第十一章

图 11-1　中国三次产业要素替代弹性的变化趋势 ········ 215

图 11-2　中国三次产业的劳动份额 ················ 219

图 11-3　中国三次产业增加值的变化 ··············· 220

图 11-4 中国劳动份额的变化趋势 ················· 224

图 11-5 日本劳动份额的变化趋势 ················· 225

表 11-1 三次产业回归系数汇总 ··················· 213

表 11-2 日本服务业与总体劳动份额的变化 ······· 225

第十二章

图 12-1 中国工业的资本和劳动占比 ··············· 238

图 12-2 农业的劳动占比 ························· 246

图 12-3 工业的劳动占比 ························· 246

图 12-4 工业化时期的总劳动份额 ················· 246

图 12-5 工业的劳动占比 ························· 247

图 12-6 服务业的劳动占比 ······················· 247

图 12-7 （12-23）式所示充分条件 ··············· 248

图 12-8 去工业化时期的总劳动份额 ··············· 248

图 12-9 产业结构稳定后的总劳动份额 ············· 249

表 12-1 中国工业的资本和劳动占比 ··············· 240

表 12-2 去工业化时期劳动份额的变化分解 ········· 242

表 12-3 产业结构稳定后劳动份额的变化分解 ······· 243

第十三章

图 13-1 工业化时期工业的劳动力占比模拟图 ······· 265

图 13-2 无流动障碍与有流动障碍时工业的劳动力占比差距 ·········· 265

图 13-3 有要素流动障碍时工业和农业的劳动份额 ············· 266

图 13-4 无要素流动障碍时工业和农业的劳动份额 ············· 266

图 13-5 去工业化时期工业的劳动力占比模拟图 ····· 267

图 13-6 有要素流动障碍时两部门劳动份额变化 ······· 269

图 13-7 无要素流动障碍时两部门劳动份额变化 ······· 269

表 13-1 相对错配系数 ··························· 262

第十四章

图 14-1　2007—2012 年中国国家财政支出构成 ·················· 276

图 14-2　1960—1995 年英国劳动报酬占 GDP 的比重 ············· 281

表 14-1　样本国家居民、政府、企业可支配收入比重（2009 年） ··· 278

表 14-2　样本国家相近发展阶段估算 ························· 279

表 14-3　相近发展阶段美国国民收入初次分配、最终分配结构
（1929—1965 年） ································· 282

第十五章

图 15-1　印度、孟加拉国、泰国、土耳其等亚洲国家的收入
分配演变 ··································· 297

图 15-2　南非、坦桑尼亚、尼日尔、尼日利亚等非洲国家的
收入分配演变 ······························· 298

图 15-3　巴西、阿根廷、智利、秘鲁等拉美国家的收入分配演变 ······ 298

图 15-4　塔吉克斯坦、土库曼斯坦、罗马尼亚、格鲁吉亚等
收入分配演变 ······························· 299

图 15-5　收入分配的库兹涅茨倒 U 曲线形成原因分析框架 ······ 300

图 15-6　收入分配的库兹涅茨倒 U 曲线 ··················· 307

表 15-1　收入分配的库兹涅茨倒 U 曲线形成过程分析框架 ·········· 307

第十六章

图 16-1　收入分配差距因素分解和力量对比 ················· 315

图 16-2　基尼系数对净人均 GNI 的散点图和二次拟合图（横截
面数据） ·································· 325

图 16-3　基尼系数对净人均 GNI 的散点图和二次拟合图（面板
数据） ··································· 327

图 16-4　收入最高 20% 人口所占收入份额对净人均 GNI 的
散点图和二次拟合图 ··························· 329

图 16-5　收入最低 20% 人口所占份额对净人均 GNI 的散点图
和二次拟合图 ······························· 331

图 16-6　中国收入分配差距演变 ·· 335

图 16-7　中国净人均 GNI 发展与拐点区对比 ······························· 336

图 16-8　中国非农产业发展与拐点对比 ··· 337

图 16-9　中国城市化发展与拐点对比 ·· 337

表 16-1　变量信息 ··· 323

表 16-2　变量统计特征 ·· 323

表 16-3　主要变量相关系数 ·· 324

表 16-4　149 个国家或地区横截面数据回归结果（基尼系数）········· 325

表 16-5　149 个国家或地区面板数据回归结果（基尼系数）··········· 327

表 16-6　稳健性检验一：149 个国家或地区面板数据回归结果

　　　　（收入最高 20% 人口所占份额）································· 329

表 16-7　稳健性检验二：149 个国家或地区面板数据回归结果

　　　　（收入最低 20% 人口所占份额）································· 331

第十七章

图 17-1　收入分配影响经济增长的经济环境—总需求—总供给框架 ··· 346

图 17-2　收入分配对经济增长的倒 U 型影响 ······························· 353

图 17-3　GDP 增长率对基尼系数散点图和二次拟合图（横截面

　　　　数据）··· 359

图 17-4　GDP 增长率对基尼系数散点图和二次拟合图（面板

　　　　数据）··· 359

图 17-5　劳动力总量对数对基尼系数的散点图和二次拟合图

　　　　（面板数据）·· 363

图 17-6　中国收入分配演变趋势 ·· 367

表 17-1　变量信息 ··· 356

表 17-2　主要变量统计特征 ·· 357

表 17-3　1981—2013 年世界收入分配和经济增长总体对比 ············ 358

表 17-4　149 个国家或地区横截面数据回归结果 ·························· 360

表 17-5　149 个国家或地区面板数据回归结果 ····························· 360

表 17-6　稳健性检验一：劳动力投入对基尼系数回归结果 ············· 363

第十八章

图 18-1 1980—2011 年按居民实际收入计算的城乡居民收入差距 ··· 374

图 18-2 1998—2011 年中国各省份平均的体制柔性指标（左）
和分指标变化趋势图（右） ················· 385

图 18-3 体制柔性与城乡居民收入差距拟合图·············· 388

表 18-1 体制柔性指标构成一览表 ················· 377

表 18-2 体制柔性指标体系及权重的选取 ·············· 384

表 18-3 数据的统计性描述 ···················· 387

表 18-4 模型估计结果 ······················ 388

表 18-5 模型估计结果 ······················ 389

附表 18-1 1998—2011 年 28 个省份体制柔性指标 ·········· 396

附表 18-2 1998—2011 年 28 个省份经济权利指标 ·········· 397

附表 18-3 1998—2011 年 28 个省份权利保障指标 ·········· 398

附表 18-4 1998—2011 年 28 个省份政府建设指标 ·········· 399

第十九章

表 19-1 变量的统计性描述 ···················· 411

表 19-2 全国样本的估计结果 ··················· 412

表 19-3 东部、中部、西部样本的估计结果·············· 415

第二十章

图 20-1 中国的财政支出占比及其结构················ 420

图 20-2 2003—2013 年中国基尼系数与城乡收入比的变化趋势 ······ 430

表 20-1 各变量的描述性统计 ··················· 431

表 20-2 回归结果 ························· 432

第二十一章

图 21-1 赶超型经济体人均 GDP（地区生产总值）与居民
消费率的变化比较（1955—2010 年） ············· 440

图 21-2 基于基准模型模拟的中国居民消费率·············· 451

图 21-3　资本报酬占比变化对中国居民消费率的影响 ···················· 452

图 21-4　不同资本报酬占比假定下中国居民消费率的期间外预测 ······ 453

第二十二章

图 22-1　经济增长率与居民储蓄率、消费率之间的动态关系 ············ 474

图 22-2　习惯形成特征与居民储蓄率、消费率之间的动态关系 ········ 475

图 22-3　不同资本收入占比下经济增长率与居民储蓄率、消费率
　　　　之间的关系 ··· 476

第二十三章

图 23-1-1　人均资本存量的时序变化 ······························· 494

图 23-1-2　25 年期利率的时序变化 ································· 494

图 23-1-3　人均工资的时序变化 ··································· 495

图 23-1-4　人均产出的时序变化 ··································· 495

图 23-1-5　人均当期消费的时序变化 ······························· 495

图 23-1-6　人均未来消费的时序变化 ······························· 495

图 23-1-7　人均储蓄的时序变化 ··································· 495

图 23-2-1　现收现付制缴费率变动的情形 ························· 496

图 23-2-2　基金制缴费率变动的情形 ······························· 496

图 23-3-1　现收现付制缴费率变动的情形 ························· 497

图 23-3-2　基金制缴费率变动的情形 ······························· 497

图 23-4-1　现收现付制缴费率变动的情形 ························· 497

图 23-4-2　基金制缴费率变动的情形 ······························· 497

图 23-5-1　年轻一代家庭消费变动的情形 ························· 498

图 23-5-2　老年一代家庭消费变化的情形 ························· 498

图 23-6-1　现收现付制缴费率变动的情形 ························· 498

图 23-6-2　基金制缴费率变动的情形 ······························· 498

表 23-1　参数取值 ··· 494

第二十四章

图 24-1 三大需求对中国 GDP 增长的贡献率 ············· 505

图 24-2 中国最终消费支出构成 ·················· 506

图 24-3 中国居民消费支出构成 ·················· 507

图 24-4 中国城乡居民收入比 ··················· 507

图 24-5 2013 年中国居民边际消费倾向估计 ············ 534

图 24-6 2002 年和 2013 年全国居民边际消费倾向变化对比 ········ 537

图 24-7 2002 年和 2013 年城镇居民边际消费倾向变化对比 ······· 537

图 24-8 2002 年和 2013 年农村居民边际消费倾向变化对比 ······· 538

表 24-1 CHIP2013 及 CHIP2002 年的数据集样本量 ······ 518

表 24-2 CHIP2013 住户收入阶层划分及样本容量 ········ 519

表 24-3 CHIP2002 住户收入阶层划分及样本容量 ········ 519

表 24-4 2013 年各变量的描述性统计 ·············· 520

表 24-5 2002 年各变量描述性统计 ··············· 521

表 24-6 城乡居民低收入组各变量描述性统计 ··········· 523

表 24-7 城乡居民较低收入组各变量描述性统计 ·········· 526

表 24-8 城乡居民中低收入组各变量描述性统计 ·········· 528

表 24-9 城乡居民中高收入组各变量描述性统计 ·········· 529

表 24-10 城乡居民较高收入组各变量描述性统计 ········· 530

表 24-11 城乡居民高收入组各变量描述性统计 ·········· 531

表 24-12 城乡居民最高收入组各变量描述性统计 ········· 532

附表 24-1 2013 年全国居民边际消费倾向的估计 ········· 542

附表 24-2 2013 年城镇居民边际消费倾向的估计 ········· 543

附表 24-3 2013 年农村居民边际消费倾向的估计 ········· 544

第二十五章

图 25-1 全国的居民消费水平与地方政府支出规模 ·········· 556

图 25-2 全国的居民消费水平与对外经济开放度 ·········· 557

表 25-1 主要变量的统计特征和相关系数 ············· 555

表 25-2 全国 OLS 以及 2SLS 回归 ··············· 558

表 25-3 东中西部地区 OLS 以及 2SLS 回归 ·············· 560

表 25-4 稳健性检验 ··· 567

第二十六章

图 26-1 样本上市公司资本利用率（2006—2012 年）·········· 584

图 26-2 技术冲击下的脉冲反应 ····························· 586

图 26-3 资本利用率与允许固定资产加速折旧的比率·········· 587

图 26-4 资本利用率与折旧弹性 ····························· 588

表 26-1 模型参数校准值 ··································· 584

第二十七章

图 27-1 中国经济增长影响因素结构图 ······················ 600

图 27-2 划分经济增长的不同时间段 ························ 605

图 27-3 结构指数和体制指数 ······························· 610

图 27-4 结构指数和体制指数与人均 GDP 的关系 ··········· 611

图 27-5 结构指数与体制指数的关系 ························ 613

表 27-1 变量定义与说明 ··································· 601

表 27-2 变量的统计描述 ··································· 602

表 27-3 中国经济增长影响因素的 OLS 回归 ··············· 606

表 27-4 中国经济增长主要阶段性动力的作用分析·········· 608

表 27-5 基础指标以及结构和体制指数权重的选取 ·········· 609

表 27-6 稳健性检验 ······································· 614

第二十八章

图 28-1 14 个工业化国家 1870—2010 年人均 GDP 增长率
　　　　（HP 滤波）······································ 621

图 28-2 14 个工业化国家（左）与中国（右）的投资消费比 ······· 626

图 28-3 14 个工业化国家（左）与中国（右）的出口/进口
　　　　（商品和服务）·································· 627

图 28-4 14 个工业化国家（左）与中国（右）的人口抚养比 ······· 629

图 28-5　14 个工业化国家（左）与中国（右）的第二、三

产业产值之比 ·················· 630

表 28-1　十四个工业化国家人均 GDP ·················· 623

第二十九章

图 29-1　体制柔性年平均值（全国、东中西部地区）·········· 645

图 29-2　体制柔性分指标变化趋势图 ·················· 645

图 29-3　经济增长与体制柔性拟合趋势图 ·············· 648

表 29-1　体制柔性指标构成一览表 ·················· 638

表 29-2　体制柔性指标体系及权重的选取 ·············· 643

表 29-3　模型估计结果 ···························· 647

表 29-4　模型估计结果 ···························· 651

第三十章

图 30-1　1978—2014 年中国教育医疗供给指标与人均实际

GDP 的增长指数对比 ·················· 661

图 30-2　中国城镇居民八大类消费支出的比例变化·········· 663

图 30-3　中国农村居民八大类消费支出的比例变化·········· 664

图 30-4　韩国实际人均 GDP 与居民教育、文化娱乐等服务

产品支出比重的变化对比 ·············· 666

图 30-5　韩国居民消费的分类支出比重变化·············· 667

图 30-6　日本人均 GDP 与居民教育、文化娱乐等服务产品

支出比重的变化对比 ·················· 668

图 30-7　美国人均 GDP 与居民教育、文化娱乐等服务产品

支出比重的变化对比 ·················· 669

责任编辑:陈　登
封面设计:胡欣欣
责任校对:余　佳

图书在版编目(CIP)数据

论收入倍增与中国经济增长方式转变/龚敏,李文溥,靳涛 著. —北京:
人民出版社,2020.2
ISBN 978 - 7 - 01 - 021662 - 1

Ⅰ.①论… Ⅱ.①龚…②李…③靳… Ⅲ.①中国经济-国民收入分配-
研究②中国经济-经济增长方式-研究 Ⅳ.①F124.7②F120.3

中国版本图书馆 CIP 数据核字(2019)第 287963 号

论收入倍增与中国经济增长方式转变

LUN SHOURU BEIZENG YU ZHONGGUO JINGJI ZENGZHANG FANGSHI ZHUANBIAN

龚敏　李文溥　靳涛　著

人民出版社 出版发行
(100706　北京市东城区隆福寺街 99 号)

中煤(北京)印务有限公司印刷　新华书店经销

2020 年 2 月第 1 版　2020 年 2 月北京第 1 次印刷
开本:710 毫米×1000 毫米 1/16　印张:43.5
字数:668 千字

ISBN 978 - 7 - 01 - 021662 - 1　定价:120.00 元

邮购地址 100706　北京市东城区隆福寺街 99 号
人民东方图书销售中心　电话 (010)65250042　65289539